Breandán Ó hEithir
Iomramh Aonair

Breandán Ó hEithir
Iomramh Aonair

Liam Mac Con Iomaire

Cló Iar-Chonnachta
Indreabhán
Conamara

© Cló Iar-Chonnachta Teo. 2000
An Dara Cló 2001

ISBN 1 902420 29 2

Dearadh clúdaigh: Ruth Martin
Dearadh: Foireann CIC

Bord na
Leabhar
Gaeilge

Tugann Bord na Leabhar Gaeilge tacaíocht airgid do Chló Iar-Chonnachta

Faigheann Cló Iar-Chonnachta cabhair airgid ó

The Arts Council An Chomhairle Ealaíon

Clóchur: Cló Iar-Chonnachta, Indreabhán, Conamara
    Fón: 091-593307   **Facs:** 091-593362   **r-phost:** cic@iol.ie
Priontáil: Clódóirí Lurgan, Indreabhán, Conamara
    Fón: 091-593251/593157

Do mo chara le 35 bliain

Bairbre Ní Chearbhaill

mór air, mar gur shíl sé gur ghiorraigh an phoiblíocht ar fad faoi eachtra an Rotunda lena saol. Chuaigh sé anonn go Londain, cheannaigh sé clóscríobhán agus shocraigh sé go mbeadh sé ina scríbhneoir.

Ní raibh sé sin éasca ar dtús, agus ní móide go n-éireodh leis ar chor ar bith murach an cúnamh agus an chomhairle a fuair sé ó Edward Garnett, fear a tháinig i gcabhair ar a liachtaí sin scríbhneoir eile, ar nós D.H. Lawrence, Joseph Conrad agus John Galsworthy. Mhol Garnett dó scríobh faoi Árainn, rud a rinne, agus ar chomhairle Garnett ghlac na foilsitheoirí Jonathan Cape lena chéad úrscéal *Thy Neighbour's Wife* i 1924.

Foilsíodh úrscéal eile leis, *The Black Soul*, i 1924 freisin, agus in ainneoin gur dhúirt an file AE (George Russell) faoi gurbh é 'the most elemental thing in Irish literature' é níor éirigh go ró-iontach leis an leabhar. Scéal cumhachtach é faoi strainséir atá i ndrochshláinte coirp agus aigne tar éis an chéad chogaidh mhóir, a thagann go hÁrainn ag téarnamh agus a thiteann i ngrá le bean an tí a bhfuil sé ar lóistín ann, rud a thiomáineann a fear céile glan oscartha as a mheabhair, go socraíonn sé lámh a chur ina bhás féin. Ghoill gach ar scríobh léirmheastóirí Shasana faoin úrscéal chomh mór sin ar Ó Flatharta gurbh éigean dó féin teacht go hÁrainn ag téarnamh uathu.

Trí lá a chaith sé in Árainn sular theith sé ar ais go Baile Átha Cliath. D'airigh sé go raibh na daoine scanraithe roimhe. Níl dabht ar bith nach raibh an cháil imithe amach air go raibh sé ag tabhairt dhúshlán na sagart agus bhí a fhios ag muintir Árann go raibh an chléir go nimheanta ina aghaidh. Tá sé le léamh sa lámhscríbhinn de stair Árann a scríobh an tAthair Ó Cillín gur thóg Flathartaigh Ghort na gCapall taobh Ruairí Uí Dhireáin le linn an aighnis faoi Cheathrú an Chnoc nó an Hill Farm i gCill Éinne, agus *as a result developed a bitterly anticlerical attitude. Liam's filthy novels illustrate the fact.*

In aiste dar teideal 'The 1930s on Aran' sa leabhar *Irish Life and Traditions* a foilsíodh i 1986 scríobh Breandán:

> My uncle, Liam O'Flaherty, had written novels in which the Catholic clergy
> – and particularly some thinly-disguised former parish priests of the Aran
> Islands – had appeared to no great advantage. So 'evil' indeed were some
> of his works that the Irish Government in its wisdom had banned them.[27]

Foilsíodh úrscéal leis, *The Informer,* scéal faoin gCogadh Cathartha, i
1925 agus as sin go ceann a sé nó a seacht de bhlianta tháinig úrscéal
in aghaidh na bliana óna láimh, gan trácht ar bhailiúcháin gearrscéalta
agus cineálacha eile leabhair. Thart ar an am seo a phós sé Margaret
Barrington agus a rugadh a n-iníon, Peigín.

Bhris an pósadh i 1932 agus níor tháinig tada eile óna láimh gur
foilsíodh an leabhar beathaisnéisiúil *Shame the Devil* i 1934 ina bhfuil
cur síos aige ar an dara teip néaróõach agus taom alcólachais a bhí ag
dul dó ar feadh dhá bhliain tar éis don phósadh briseadh.

Sa mbliain 1953 foilsíodh an t-aon bhailúchán dá chuid scéalta
Gaeilge *Dúil.* I gcomparáid lena shaothar Béarla ní mórán a scríobh sé
i nGaeilge. Níor scríobh sé aon úrscéal i nGaeilge ach deir Breandán
go raibh sé tosaithe ar cheann i lár na gcaogaidí ach gur éirigh sé as
nuair a léigh sé an léirmheastóireacht ghéar a rinneadh ar *Dúil.* Níor
scríobh sé níos mó ná fiche gearrscéal i nGaeilge agus d'fhoilsigh sé
leagan Béarla dá bhformhór sin. Baineann an beagán scríbhneoireachta
sin a rinne sé i nGaeilge le dhá thréimhse ina shaol a bhí i bhfad ó
chéile, 1924-1925 agus 1946-1952. Cuireadh *An Fód* agus *Bás na Bó* i
gcló i *bhFáinne an Lae* i Meitheamh-Lúnasa 1925. Tráth dár tháinig sé
ar ais go hÉirinn i 1946 d'iarr iris mhíosúil an Chomhchaidrimh *Comhar*
air gearrscéal a scríobh dóibh agus chuir sé *Teangabháil* chucu i Iúil
1946. Go gairid ina dhiaidh sin foilsíodh *An Beo, An Chulaith Nua* agus
roinnt scéalta eile leis ar *Scéala Éireann.* Nuair a d'fhoilsigh Sáirséal
agus Dill a bhailiúchán gearrscéalta *Dúil* i 1953 bhí Breandán tagtha go
Baile Átha Cliath, é ina chónaí lena 'Uncail Liam', mar a thugadh sé air,
agus é socraithe ina intinn aige bóthar na scríbhneoireachta a thabhairt
air féin freisin. Ach oiread lena uncail, ní bheadh sin éasca.

Chuaigh an triúr deirfiúracha ba shine a bhí ag Liam Ó Flatharta go
Meiriceá in aois a seacht mbliana déag. Fuair an ceathrar cailíní eile
oideachas meánscoile de bharr theacht chun cinn na Gaeilge sa tír ó
bunaíodh Conradh na Gaeilge sa mbliain 1893. Theastaigh ó mhná
rialta i gclochair áirithe go mbeadh deis acu Gaeilge a fhoghlaim, ó ba
chosúil go mbeadh sí riachtanach feasta. Thóraigh siad cailíní óga
éirimiúla sna ceantair Ghaeltachta a bheadh sásta Gaeilge a mhúineadh
dóibh le linn do na cailíní féin a bheith ag fáil oideachais ina gcuid

scoileanna siúd. De réir na scéime sin chuaigh Julia chuig na Doiminiceánaigh i gCill Mhantáin, Annie go Clochar na Trócaire san Inbhear Mór agus chuaigh Lil agus Delia, máthair Bhreandáin, chuig Clochar na Trócaire i nDún Dealgan. Bhíodh ar a muintir airgead póca agus taistil a sholáthar, rud a bhí dian go leor orthu sa saol a bhí ann. Cé nach bhfuil ainm Dháithí Uí Cheallacháin luaite ag Breandán leis an scéim seo, dúirt athair Bhreandáin liom gurbh é Ó Ceallacháin a d'iarr ar na mná rialta an córas ciallmhar seo a chur i bhfeidhm. Tháinig Julia ar ais go hÁrainn tar éis na meánscoile agus phós sí fear de mhuintir Chonceanainn as Inis Meáin a bhí tar éis teacht abhaile as California, Thraenáil Lil agus Delia mar bhunmhúinteoirí i St. Mary's Training College i mBéal Feirste agus chuaigh an bheirt acu ag múineadh scoile sa gcathair sin. Bhí Delia ag múineadh i gceantar Lag an Aoil, ceantar bocht ina mbíodh na páistí scoile ag obair go páirtaimseartha sna muilte líneadaigh. Bhí Lil ag múineadh i Sráid Malone, ceantar meánaicmeach. Phós Lil feirmeoir i gContae Thír Eoghain a raibh Laverty nó Mac Fhlaithbheartaigh air, leagan den sloinne a bhí uirthi féin. Tháinig Annie ar ais go hÁrainn agus chuaigh sí ag múineadh i Scoil Náisiúnta Chill Éinne. An tAthair Murtaí Ó Fearachair, sagart paróiste, a bhí ina Bhainisteoir uirthi. Timpeall an ama seo a cuireadh an buama faoina theach agus a d'ordaigh sé baghcat a chur ar Roger Dirrane agus ar a ghaolta agus ar a chairde. Ba chol ceathar le athair Annie é Roger agus dúirt an sagart paróiste le Annie go raibh sé á hathrú soir go hInis Oírr, mar 'go mbeadh an iomarca plé agat le gasúir Roger i gCill Éinne.' Fuair iníon Annie, Alice Powell, an scéal ar fad óna máthair:

> Bhí an sagart paróiste gaibhte chomh fada is go bhfuair sé lóistín in Inis Oírr di gan í a cheadú. Nuair a dúirt sé léi é dúirt sí leis dul i dtigh diabhail. 'Gabhfaidh mé go Meiriceá' a dúirt sí, agus chuaigh. Sin anois i 1912 nó 1913.

Chaith Delia, máthair Bhreandáin, cúig bliana ag múineadh i mBéal Feirste agus nuair a tháinig follúntas i Scoil Fhearann an Choirce in Árainn, seanscoil *Skerrett*, scríobh a máthair chuici. Cheap Delia nach raibh mórán seans go nglacfadh an tAthair Ó Fearachair léi tar éis an chaoi ar chaith sé lena deirfiúr blianta roimhe sin; nach raibh an gaol céanna aicise le Roger Dirrane is a bhí ag Annie! Ach chuir sí isteach ar an bpost, pé scéal é, agus fuair sí é. 'Bhí an-chion ag Fr Farragher uirthi,' a dúirt Pádraig Ó hEithir liom. 'Mhúineadh sí go leor ceoil agus amhrán do na gasúir agus thaitin ceol agus amhráin leis.' Bliain a bhí caite aici i bhFearann an Choirce, agus í ag tabhairt aire dá máthair a bhí ag dul in aois, nuair a fuair sí post mar Phríomhoide i Scoil na gCailíní i gCill Rónáin go luath sna fichidí.

Pádraig Ó hEithir

Strainséir a bhí i bPádraig Ó hEithir in Árainn, mar nach raibh a chos leagtha ar na hoileáin riamh roimhe sin aige ach iad a fheiceáil uaidh amach ó chósta an Chláir. Bhí an Teastas Dátheangach aige, rud a bhí riachtanach ag an am agus bhí airgead breise le fáil as ucht é a bheith agat. Rinne sé cúrsa míosa i gColáiste Gaeilge Eoghan Uí Chomhraí i gCarraig an Chabhaltaigh i gContae an Chláir agus théadh sé ar ais ag múineadh ar Chúrsaí Samhraidh Gaeilge ansin go ceann blianta fada ina dhiaidh sin. Bhí cleachtadh maith mar sin aige ar an amharc ar Oileáin Árann a bhfuil cur síos ag Breandán air i réamhrá *An Aran Reader.*

> When viewed from the coast of Clare or Connemara at sunset, the three islands of Aran, resembling gigantic humpback whales of varying sizes, straddle the mouth of Galway Bay. They have been inhabited for four thousand years, probably without interruption, and the present community will carry its accumulated traditions into the twenty-first century . . .[28]

Ba é Pádraig Ó hEithir an duine ba shine d'ochtar clainne, ceathrar cailíní agus ceathrar buachaillí, a tógadh ar fheirm bheag i gCnoc an Albanaigh nó Mount Scott, trí mhíle amach as Sráid na Cathrach i gContae an Chláir. Mary, Maggie, Bridie agus Kitty a bhí ar na cailíní agus fuair duine de na buachaillí, Seán, bás nuair nach raibh sé ach seacht mbliana d'aois. Ní mhaireann den chlann ach beirt le linn don leabhar seo a bheith ag dul i gcló – Pádraig féin, a bhí 98 ar an 4ú Meitheamh 2000, agus an duine is óige, Tomás, a d'fhan ar an bhfeirm i Mount Scott, agus a bhfuil an 90 caite aige ó bhliain an 2000. Throid deartháir leo, Mícheál, agus col ceathar leo, Jack Pine, ar thaobh na

Poblachta sa gCogadh Cathartha agus chaith Mícheál bliain i bpríosún ina dhiaidh. Deir Breandán in *Over the Bar*:

My father came from Mount Scott, near Miltown Malbay in West Clare and would probably have taught school somewhere in that region had not a brother and cousin of his earned the undying enmity of the Bishop of Killaloe while fighting on the Republican side in the Civil War. They ended up in jail and my father, who never fired a shot in anger in his life, was forced to seek employment where the Bishop's writ did not run.[29]

Bhí Gaeilge ag athair agus ag máthair Phádraig Uí Eithir ach, mar a tharla ar fud na tíre, Béarla a labhraíodar lena gclann. Ba mhinic Breandán ag machnamh níos deireanaí ar an 'lúb ar lár' sin i slabhra teanga na tíre agus ar an díchuimhne thubaisteach teanga a tháinig dá bharr. Mícheál a bhí ar athair Phádraig Uí Eithir agus Cáit Ní Mhurchaidh a bhí ar a mháthair. Scéalaí mór Gaeilge a bhí ina hathair siúd, Patsy Murrihy agus ba mhinic Breandán ag fiafraí de féin cé uaidh ar thug sé a leithéid seo nó a leithéid siúd de thréith – ó mhuintir a athar nó ó mhuintir a mháthar. Ceithre bliana sula bhfuair sé bás, in aiste dar teideal 'The 1930s on Aran' chaith sé a shúil ghéar féin siar ar a ghinealach:

Temperamentally the O'Flahertys were stern and austere; the Ganlys gay and feckless; the Hehirs introverted and generous; and the Murrihys garrulous and rather Jansenistic. Politics were the only common bond. Both my grandfathers were imprisoned in Limerick during the Land War for doing physical damage to bailiffs . . .[30]

Bhí Pádraig Ó hEithir an-mheabhrach agus is é an t-aon duine den chlann é a fuair meánscolaíocht. Chuaigh sé chuig na Bráithre Críostaí in Inis Díomáin agus as sin chuig Bráithre Naomh Pádraig i Móin Rátha, áit a bhfuair sé an King's Scholarship. Chaith sé na blianta corraitheacha 1920-1922 i gColáiste Phádraig, Droim Conrach i mBaile Átha Cliath, ag traenáil le bheith ina mhúinteoir náisiúnta. Dlí Shasana a bhí sa tír nuair a chuaigh sé isteach agus bhí ár rialtas féin againn nuair a tháinig sé amach ina mhúinteoir.

D'fhill Pádraig Ó hEithir, Oide Scoile, ar Chontae an Chláir i 1922, go mblaisfeadh sé an tsaoirse a bhí bainte amach. Ní cheadódh Easpag Chill Dá Lua, an Dr Ó Fógartaigh aon phost a thabhairt dó ina dheoise mar gheall ar a chlaonadh polaitíochta, nó i bhfocail an Easpaig féin: *'his associations do not recommend him to any manager.'* Bhí múinteoirí eile sa gcás céanna agus ní bhfaighidís aon phost múinteoireachta i nDeoise Chill Dá Lua go gcaillfí an tEaspag.

Cé go raibh an Cogadh Cathartha thart agus daoine scaoilte as géibheann bhí easpaig agus sagairt paróiste ar fud na tíre fós ag ídiú bhinb an Chogaidh Chathartha ar mhúinteoirí a bhí ar thaobh na Poblachta.

Le Cumann na nGael (Fine Gael ina dhiaidh sin) a bhí an chléir ar fad beagnach ag an am. Go deimhin b'éigean don mhúinteoir a bhí i gCill Rónáin roimh Phádraig Ó hEithir a phost a fhágáil, faoi go ndeachaigh sé amach ag iarraidh vótaí d'Ard Rúnaí an INTO, T.J. O'Connell agus do Pháirtí an Lucht Oibre a bhunaigh James Connolly i 1912. Is fiú a lua nach raibh aon Teachta Dála ag Páirtí an Lucht Oibre i nGaillimh ó d'imigh T.J. O'Connell go Maigh Eo i 1927 go dtí gur toghadh Michael D. Higgins sa mbliain 1981. Ó bunaíodh an INTO i mBaile Átha Cliath in 1868 bhí teannas idir an eagraíocht sin agus an cliarlathas Caitliceach. Ní hé amháin sin ach ón mbliain 1899 go dtí 1904 bhí cosc curtha ag Ard-Deoise Thuama agus ag Ard-Deoise Ard Mhacha ar aon mhúinteoir a bheith ina bhall den INTO agus chaithfeadh gach múinteoir a d'fhostófaí sa dá dheoise sin an forógra seo a leanas a shíniú:

I hereby declare I am not a member of the National Teachers' Organisation and I furthermore undertake not to become a member of the aforesaid association, as at present constituted, without first tendering my resignation.[31]

Tá an méid seo le rá ag an Ollamh Séamas Ó Buachalla, ina leabhar *Education Policy in the Twentieth Century:*

The third constraining faction inhibiting educational reform in the twenties, derives from the close symbiotic relationship between the government party and the Roman Catholic Church. The personal political alignments of many of the clergy would have automatically attracted them to the conservatism of Cosgrave rather than the republicanism of de Valera or the feared radicalism of the Labour Party. Mr Cosgrave in power was in a position to give effect to his own set of political beliefs on church-state relations. . . . He had also proposed that a guarantee be given to the Pope that 'the Dáil will not make laws contrary to the teachings of the Church.[32]

Ní le fanacht in Árainn a chuaigh Pádraig Ó hEithir go Cill Rónáin i 1926. Deir Breandán in *Over the Bar:*

He went to Inis Mór because he wished to master the Irish language, which was expiring rapidly in his own part of Clare, and because it was a convenient spot from which to keep an eye on the Bishop's health and the schools that became vacant in his diocese . . . Many years later, when we were both cycling to Limerick to a match, I remember standing inside the door of Ennis Cathedral at Mass, listening to Bishop Fogarty reading the gospel and the announcements in a strong, piercing voice and without benefit of amplification. When he eventually decided to join the Fenians in Heaven, Bishop Fogarty was nearly a hundred and I was older than my father had been when he arrived in Inis Mór.[33]

Phós Pádraig Ó hEithir agus Delia Ní Fhlatharta i Séipéal Naomh Seosamh i nGaillimh faoi Cháisc 1929 agus rugadh a gcéad pháiste, Breandán, sa gcathair chéanna sin in Eanáir na bliana 1930.

Nótaí

1 *An Aran Reader*, 3

2 *Over the Bar*, 15

3 *Shame the Devil*, 17

4 *Stones of Aran: Pilgrimage* agus *Stones of Aran: Labyrinth*

5 *The Islands of Aran*, Petrie.

6 Tim Robinson: *Stones of Aran: Labyrinth*, 383-384; Lilliput/Wolfhound

7 Antoine Powell: *Oileáin Árann*, 69: Wolfhound.

8 *An Aran Reader*, 3

9 Tim Robinson: *Stones of Aran: Pilgrimage*, 95

10 *Willie the Plain Pint agus an Pápa*: 68-69

11 *Over the Bar*: 15

12 *Stones Of Aran: Labyrinth*, 178

13 *Stones Of Aran: Labyrinth*, 45

14 *Willie the Plain Pint agus an Pápa*, 69

15 *Education Policy in Twentieth Century Ireland* , 19

16 *Willie the Plain Pint agus an Pápa*: 70

17 *Willie the Plain Pint agus an Pápa*

18 *Cliffmen of the West*: 275

19 Léacht nár foilsíodh.

20 *Shame the Devil*, 23

21 *Shame the Devil*: 20-21

22 *Willie the Plain Pint agus an Pápa*, 71-72

23 *Shame the Devil*, 83

24 *Willie the Plain Pint agus an Pápa*, 72

25 *Shame the Devil*

26 *Willie the Plain Pint agus an Pápa*: 72

27 Sharon Gmelch: *Irish Life and Traditions*: 134; 1986

28 *An Aran Reader*, 1

29 *Over the Bar*, 14

30 Sharon Gmelch: *Irish Life and Traditions*: 132;

31 *Irish Independent*: 24 Aibreán, 1899

32 *Education Policy in the Twentieth Century*, 61

33 *Over the Bar*: 14-15

2. Óige Bhreandáin

B'álainn an áit é le fás suas ann, ar maos
sa stair agus sa seanchas. Bhí muide in ann
naoimh áitiúil a chuntas mar a bheadh pobail
ba lú sibhialtacht ag cuntas craobhacha peile.[1]

I dTeach Banaltrais Seamount i mBóthar na Trá, Gaillimh, nach bhfuil
ann níos mó, a rugadh Breandán Ó hEithir ar an 18ú lá de mhí Eanáir
1930. Drochaimsir gheimhridh a bhí ann agus shocraigh Delia Uí Eithir
Breandán a thabhairt ar an oidhre mic mar shúil is go dtabharfadh an
naomh áirithe sin, a bhfuil cáil na mairnéalachta air, slán abhaile go
hÁrainn iad, rud a thug. Is turas é a dhéanfadh Breandán go mion minic
i gcaitheamh na dtrí scór bliain a bhí geallta ag Dia dó, agus ní shílim
gur fhág aon duine eile, roimhe ná ina dhiaidh, cuntas chomh cumasach
againn ar an turas farraige sin idir Gaillimh agus Árainn.

Le linn na seachtaine a chaith Delia i Seamount is minic a
tarraingíodh anuas ainm a dearthár, Liam Ó Flatharta, a raibh an leabhar
ba dheireanaí óna láimh, *The House of Gold,* á léamh go hamplach ar
fud na Gaillimhe ag an am. Bhí údar maith leis sin. Faoi na
McDonaghs, an teach gnó ba mhó i nGaillimh ag an am, agus faoi lucht
gaimbín na Gaillimhe go ginearálta, atá scéal *The House of Gold*. Bhí
sciob sceab ar an leabhar i gCill Rónáin freisin mar b'as Árainn máthair
'Réamonn Mór' sa scéal. Mionsamhail a bhí i stair na clainne seo den
chaoi a raibh cuid áirithe de phobal na tuaithe ar fud na hÉireann ag an
am ag cnuasach airgid agus ag teacht i dtír ar an gcuid eile díobh féin.
Mar ealaíontóir agus mar shóisialach bhí an ghráin ag Liam Ó Flatharta
ar na máistrí nua seo ar fud na tíre, ar thug Seán O'Faoláin *'urbanized
peasants'* orthu, agus a bhí anois ag tógáil áit na dtiarnaí talún. Scríobh
Patrick F. Sheeran fúthu, ina leabhar *The Novels of Liam O'Flaherty:*

> It seemed to O'Flaherty that the peasantry had merely exchanged one set
> of masters for another. The new men were more insidious because less
> obviously hostile to the people's aspiration. One knew them, on Aran, by

their mode of dress, half peasant homespuns, half city jackets and hard
hats. They spoke condescendingly among themselves in bad English of the
'natives' but traded with them in Irish.[2]

Bhí na daoine seo tugtha faoi deara in Árainn ag John Millington
Synge nuair a scríobh sé chuig Stephen MacKenna:

> There are sides of all that western life, the groggy-patriot-publican-general-
> shop-man who is married to the priest's half-sister and is second cousin
> once removed of the dispensary doctor, that are horrible and awful.[3]

Bhí Delia agus Pádraig Ó hEithir agus a n-oidhre mic, Breandán, beag
beann ar an lucht gaimbín seo; bhí dhá thuarastal múinteora ag teacht
isteach sa *residence* i gCill Rónáin chucu, rud a d'fhág go rabhadar go
maith as. Scríobh Breandán i 1986:

> Judged by the standards of the times, in any part of Ireland, our family
> circumstances could only be described as comfortable; by island standards, we
> were well off with two state salaries to sustain us. Times were not good
> anywhere in the mid-thirties and while I have no memories of real poverty
> around us, I have vivid memories of real deprivation. Small wonder then that
> the introduction of the dole (unemployment assistance) was hailed in places
> like Aran as a definite social revolution. It certainly helped to turn the
> Congested Districts (and all the Gaeltacht areas) into Fianna Fáil strongholds.[4]

Ach bhí aicme eile ar an oileán nach raibh Delia agus Pádraig Ó
hEithir beag beann orthu agus b'in iad na sagairt. Ba bheag é a líon seo
ar an oileán – beirt de ghnáth, sagart paróiste agus séiplíneach – ach ba
mhór é a gcumhacht, go háirithe sa déileáil a bhí acu le múinteoirí
scoile. Ó tháinig a chéad úrscéal, *Thy Neighbour's Wife*, ó láimh Liam
Uí Fhlatharta i 1923 d'fhulaing a dheirfiúr Delia an t-uafás ó shagairt.
Níor chabhair ar bith ach oiread gur i bhFianna Fáil a bhí a fear céile,
Pádraig Ó hEithir. Mar bharr air seo go léir d'éalaigh Liam Ó Flatharta
le bean phósta, bean chéile Edmund Curtis, Ollamh le Stair i gColáiste
na Tríonóide. Théadh na sagairt as a gcranna cumhachta nuair a

d'fheicidís Liam ag teacht ar saoire go hÁrainn agus gan é ar a gcumas é a choinneáil as. Ní hé amháin nach labhraídís leis ach ní labhraíodh a chol ceathar féin leis – an tAthair Mícheál Ó Flatharta, a bhain cáil mhór amach mar mhúinteoir Gaeilge i gColáiste Chnoc an tSamhraidh i Sligeach. Cheap na sagairt dá n-éireodh leo Delia a dhíbirt as Árainn go stopfadh Liam Ó Flatharta ag teacht ar saoire ann. Níor mhaolaigh ar an bhfeachtas seo fiú amháin nuair a bhí sí pósta agus clann uirthi.

Ba í Delia an duine ba ghaire do Liam den chlann ar fad. Bhí sí an-cheanúil air agus an-mhaith dó. Ba í a tháinig i gcabhair air arís agus arís eile nuair a bhí easpa airgid nó easpa ar bith eile air. Scríobh sé ar an gcóip dá leabhar *Thy Neighbour's Wife* a bhronn sé uirthi: '*To Delia. When I was hungry you fed me; when I was naked you clothed me; you saved me from utter extinction.*' Nuair a tháinig *I Went to Russia* le Liam Ó Flatharta amach i 1931 thug Pádraig Ó Conceanainn, mac deirfíre le Delia, síos tigh Ned Bán (*St. Ronan's* i gCill Rónáin, muintir a leasmháthar) an leabhar, áit a mbíodh roinnt mhaith daoine as tír mór ar lóistín. Chuaigh an leabhar ó láimh go láimh agus ó dhuine go duine go dtí go bhfuair lánúin ón taobh amuigh a bhí ina gcónaí i gCill Rónáin agus a bhí naimhdiúil le muintir Eithir greim uirthi. Bhreacadar seo síos abairtí agus sleachta áirithe as an leabhar agus thugadar don Athair Mártan Ó Domhnaill iad. Fágfaidh mé an scéal ag Pádraig Ó hEithir, athair Bhreandáin:

Bhí Delia ar a bealach síos chuig an scoil lá nuair a tháinig sé an tAthair Mártan Ó Domhnaill roimpi leis an liosta abairtí. 'Is this the kind of stuff *you* are reading?' ar seisean go máistriúil. Ní raibh scáth ná eagla ar Delia roimhe: 'Obviously *you* must have read it or you wouldn't have all these!' ar sise ar ais leis. Dúirt seisean nár léigh sé féin iad ach go raibh a fhios aige daoine a léigh iad. Dúirt sise go raibh a fhios aicise cé hiad féin, freisin. Tharraing focal focal eile. Thug sí chuile ainm air – *hypocrite* agus ainmneacha eile. Bhí sí tar éis gach cúnamh a thabhairt dó nuair a bhí sé ag scríobh 'Oileáin Árann' roinnt bhlianta roimhe sin. Níor labhair sé léi ina dhiaidh sin. Dhiúltaigh sé labhairt liomsa ach an oiread.

Bhí mórán chuile shagart acu gránna. Ba é an tAthair Ó Cillín ba mheasa. Bhí Fr Egan ansin roimh an Athair Ó Cillín. Tháinig misinéir ón taobh amuigh isteach go hÁrainn le linn do Fr Egan a bheith ann agus labhair sé den altóir faoi Liam Ó Flatharta agus faoina mhuintir. Fr Gorey a bhí air. Tháinig sé chuig an scoil chugamsa maidin mhoch amháin. D'fhiafraigh sé díom an raibh Bríd (Delia) istigh. Dúirt mise leis nach raibh – go raibh sé luath fós – agus gur isteach an doras eile a thiocfadh sí. Bhí mise ag ceartú cóipleabhar. Chuaigh sé isteach sa seomra eile agus nuair a tháinig Delia isteach dúirt an misinéir léi, 'Tá achainí agam ort ón sagart paróiste.' 'Cén achainí?' a dúirt Delia. 'Ba mhaith leis an sagart paróiste go bhfágfá Árainn. Gheobhaidh sé scoil Ghaeilge duit i nGaillimh.' Bhí Scoil Fhursa á tógáil i nGaillimh ag an am. 'Gheobhaidh siad scoil do d'fhear céile i nGaillimh freisin. Cuireann sé as don sagart paróiste do dheartháir Liam a fheiceáil ag teacht isteach ar an oileán. Tá freagra díreach ag teastáil uaidh!' 'Tabharfaidh mise freagra díreach dó!' a dúirt Delia. 'Níl mise ag fágáil an oileáin. Tá mise ag fanacht anseo. Is as seo mise agus níl mé ag dul á fhágáil. Fágfaidh seisean an áit seo ach ní fhágfaidh mise é. Abair é sin leis! Is eisean an chuach sa nead anseo. Ní ag teacht chugamsa atá Liam ach ag breathnú ar a athair. Is anseo a rugadh agus a tógadh mise. Níl mise ag corraí as seo. Abair é sin leis.' D'imigh an misinéir leis ansin. Níor dhúirt sé tada liomsa faoin scéal.

Is é an tAthair Ó Cillín a tháinig i ndiaidh Fr Egan agus is amhlaidh a ghéaraigh seisean ar an bhfeachtas in aghaidh Mhuintir Uí Eithir. Cé go mbíodh leabhair Liam Uí Fhlatharta coinnithe faoi ghlas i gcúl an tí ag Delia Uí Eithir, deir Breandán linn go bhfuair an sagart paróiste amach céard a bhí iontu mar sin féin.

My mother kept her brother's books locked in a press for safe keeping but one resourceful maid found the key and read some of them. She came to the conclusion that all she had heard about them was indeed true and hared off to confession. Part of her penance was to seek out and destroy this cache of filth. Luckily, the girl had a problem when it came to destroying her employer's property and my mother found her at the range, book in hand, still struggling with one part of her conscience. On another occasion the parish priest turned up at the school, took my mother's two classes away to the sacristy and got them to 'confess' that my mother had boasted about her brother's writings. Two little girls refused to obey, even when slapped, and that particular plot failed. Eventually, she was prevailed upon to let the matter go to a higher authority, which it did.[5]

Bhí séiplíneach tuisceanach, Fr Heany, in Árainn ag an am agus nuair a chuala sé a raibh ar siúl mhol sé do Delia agus do Phádraig scríobh chuig Ard-Easpag Thuama, an Dr Breathnach, agus an scéal ar fad a insint dó. Dúirt an Séiplíneach go seasfadh sé féin leo. Scríobh siad an litir agus chuaigh Pádraig Ó hEithir go pálás an Easpaig i dTuaim léi. Bhí an Dr Breathnach imithe go Baile Átha Cliath an lá sin ach mhínigh Pádraig a ghnó do rúnaí an Easpaig agus d'fhág sé an litir aige. D'fhreagair an tArd-Easpag an litir gan aon mhoill. Dúirt sé go raibh aiféala air go raibh sé as baile an lá a raibh Pádraig i dTuaim agus go ndéileáilfeadh sé leis an scéal láithreach. Le scéal fada a dhéanamh gearr chuir an Dr Breathnach fios go Tuaim ar an Athair Ó Cillín agus, i bhfocail Phádraig Uí Eithir, 'bhí sé ina fheairín beag ag teacht abhaile.' Go gairid ina dhiaidh sin, a dúirt a hiníon Máirín liom, casadh Delia Hehir agus an tAthair Ó Cillín ar a chéile ar an mbóthar.

Chuaigh sé ar a dhá ghlúin ar an mbóthar, thuas ag carcair Ghanly, ag iarraidh pardúin uirthi. Dúirt sise: 'éirigh as sin a sheafóid!' Lá eile roimhe sin, le linn dó a bheith ag dul thairsti ar an mbóthar choisric sí í féin agus dúirt sí, 'Dia idir sinn agus an anachain!' Déarfadh mo mháthair a rogha rud. Sheasfadh sí le duine go dtitfeadh sí. Níor dhúirt sé focal riamh ina dhiaidh sin léi. Bhí sé lách liomsa ach bhí sé uafásach crua ar mo mháthair mar gheall ar scríbhneoireacht Liam. Théadh sí chuig an Aifreann chuile lá agus deireadh sí 'Níl aon sagart ag dul ag teacht idir mise agus Dia.' Tháinig an tAthair Varley i ndiaidh an Athar Ó Cillín. Bhí Fr Varley go dona freisin. Ansin tháinig sagart álainn, Fr McNamara, duine uasal, a bhí lách le m'athair. Bhí an drochshaol leis na sagairt thart nuair a bhí mise ag fás suas, ach amháin Fr Varley agus a chuid polaitíochta. Bhí sé ag iarraidh m'athair a bhriseadh as a bheith ina 'returning officer' agus scríobh sé chuig fear i nGaillimh ag iarraidh é a bhriseadh. Bhí mise líonraithe roimh shagairt go dtí gur casadh sagairt oird orm. Bhí saol crua ag mo thuismitheoirí mar gheall ar shagairt.

Ba mhaith an scéal do Delia Uí Eithir go raibh sí in ann cur ar a son féin. Bean chumasach a bhí inti, de réir gach tuairisce, agus bean a roinnfeadh a raibh aici le duine ar bith a raibh aon anó air, ach bean a bhí máistriúil agus borb freisin nuair ba ghá. Bhí sé de cháil ar chlann Mhaidhc Mhicil Phádraig ar fad gur sheas siad ar son an chirt, gan scáth ná faitíos, agus má bhíodar mórtasach as sin níor thógtha orthu é. Bean an-éirimiúil a bhí i Delia a raibh oideachas tríú leibhéal uirthi agus a raibh léitheoireacht fhairsing déanta aici. Deir Mairéad Ní Eithir, an duine is óige den cheathrar clainne:

Ba Ganly mo mháthair le breathnú uirthi. Bhí éadan Ganly ann – éadan leathan agus súile álainn gorm, ar nós Mháirín, mo dheirfiúr. Bhí mo mháthair a cúig nó a sé de bhlianta níos sine ná m'athair; bhí sí 46 nuair a rugadh mise. Bhí an *nervous energy* céanna aici a bhí ag Breandán. A mhalairt ar fad a bhí fíor faoi athair Bhreandáin; bheadh seisean ag léamh an pháipéir agus ag míogarnach chodlata agus bheadh sise ag athrú an tí agus ag cuimhneamh ar an staighre a chasadh timpeall! Bhí sí lán le fuinneamh – amuigh ag obair sa ngarraí lena cuid bláthanna. Thugadh sí síos an gramafón agus chasadh sí ceol do na gasúir. Cheannaíodh sí rudaí nach bhfeicidís go minic – coconuts agus torthaí – agus bheadh cóisirí beaga againn sa scoil. Chuile bhliain léadh sí leabhar i mBéarla agus leabhar i nGaeilge do na gasúir nach mbíodh aon leabhar sa mbaile acu. Cuimhním gur léigh sí *The Wind in the Willows* nuair a bhí mise sa tríú nó sa gceathrú rang agus bhíodh muid ag plé na gcarachtar ansin agus ag glacadh páirt *Ratty* agus *Frog* agus mar sin de. Chasadh muid ceol agus bhíodh *accordion* againn agus bhíodh Breandán ag casadh an *accordion*. Phioc sé suas é. Bhí mileoidean i gcónaí sa teach. Bhínnse in ann é a chasadh, agus Enda. Chas muid ar fad an bosca an chaoi ar chas daoine sa mbaile é. Thug mise mo mhileoidean féin do Dharach Lally, mac Pheige agus Mhick Lally. Ceann eile a bhí ag Breandán a raibh sraith dhúbailte air. Bhí mo mhama in ann máirseáil a chasadh ar an seanmhileoidean leis na *stoppers*. Bhí dhá shraith ar an *accordion*.

Ní bean í Delia a mheascadh leis an bpobal mórán agus dúirt Breandán fúithi in *An Nollaig Thiar*:

. . . bhí an-ómós aici don phríobháid agus ba é a bhí aici in aghaidh cuartaíocht i dtithe i ndáiríre, ceapaim anois, ná gur ghráin léi féin dul isteach i dteach strainséara ar bith: go fiú nuair a bhíodh gnó speisialta aici iontu, ar thórramh nó eile.[6]

Ní go rómhinic atá a mháthair luaite ag Breandán ina chuid scríbhneoireachta agus deir cairde a óige liom gur annamh a labhraíodh sé leo fúithi, cé go labhraíodh sé faoina athair go minic. Dúirt sé le roinnt dá chairde nár tharraing sé lena mháthair ar chor ar bith. Ceapaim go raibh sí chomh práinneach sin as Breandán is gur choisc sí air meascadh le gasúir na háite i mblianta tosaigh a shaoil. Airím freisin go bhfaca sí a deartháir Liam ann, agus gur thábhachtaí léi cosaint a thabhairt dá céadmhac ná saoirse na hóige agus cead a chinn a thabhairt dó. Ar ndóigh, níor chabhraigh feachtas binbeach na cléire. Tá focal Bhreandáin féin againn air, in aiste a scríobh sé ceithre bliana roimh a bhás, ina dtugann sé spléachadh beag gairid dúinn ar an bhFlathartach mná seo, de shliocht agus de chosúlacht Ganly, a gcaithfeadh tionchar an-mhór a bheith aici ar a shaol:

. . . the campaign against my uncle Liam (in the person of my mother) grew in intensity. The central figure was beyond the parish priest's range but my mother was a fixed target . . .

Through all these years the thing that made the greatest impression on me was my mother's deep and sometimes oppressive relationship with the Almighty. Even now I find it difficult to comprehend how she could divorce Him so completely from the activities of some of His servants on earth. All through her struggles with local and visiting clergy she remained a regular daily communicant. When someone said to her that she must find it difficult to confess to a man who was doing his best to deprive her of a job in her native place, she shrugged it off in her usual laconic manner: 'No tramp from the County Mayo has the power to shake the grip I have got on the hand of God.' In those days we were plagued by a succession of parish priests from that county.[7]

Scríobh Liam Ó Flatharta in *Shame the Devil* faoina dheirfiúr Delia, tráth a ndeachaigh sé abhaile go hÁrainn sna tríochaidí agus ar airigh sé go raibh faitíos ar na daoine roimhe:

> Even my sister had the same fear in her eyes, but she was too near my blood to show it; and I, even though I felt that fear, was too exalted to be affected by it on the surface. Yet I was glad when we got to the hotel and were alone. And then we walked west to see my father. It was an afternoon in March and Spring was already in the air. The earth was turning green. It imparted its fever to me. And yet I could not enjoy this fever because of my sister who gave it a different meaning. To her it was a manifestation of God's bounty, showing His love for men, softening their hearts and making them repent of their sins, in order to win a place in Paradise, where they could sing of beauty for all eternity. But I wanted to sing then, at them: 'Come, brothers and sisters, listen to the call of Spring and make merry while the blood is still warm in your veins. Soon the day will come when your blood will cease to flow and worms shall devour your flesh, which can now feel the delights of tender passion.[8]

Bhí Breandán lán den spleodar céanna agus den mheanmna chéanna sin agus lán de cheiliúradh na beatha nuair a d'éirigh sé aníos. Sheachain sé cúrsaí eaglasta cuid mhaith ina ghnáthshaol, agus sheachain sé cuid mhaith freisin iad ina chuid iriseoireachta agus scríbhneoireachta. Ach nuair a bhí sé ag déanamh an chláir *My Own Place* do RTÉ in Árainn i 1975 dúirt sé an méid seo:

> Bhí comharthaí sóirt an chreidimh an-tréan le linn m'óige. Freastalaí Aifrinn thar a bheith díograiseach a bhí ionam. Bhí draíocht sna deasghnátha agus scáfaireacht freisin agus thug sé údarás duit ar dhaoine fásta. Nuair a bhuail tú an clog shiúileadar nó sheasadar agus thosaíodar ag guí. Ach ansin chonaic mé taobh eile den eagraíocht shaolta nár thaitin ar chor ar bith liom. Chonaic mé éagóir á déanamh ar mo mhuintir in ainm rud éigin ar a dtugtar leas na coitiantachta. Bhuel, chuaigh mise mo bhealach féin. D'fhág sé seo a rian orm sa méid is nach bhfuil aon mhuinín agam in eagraíochtaí móra a labhrann go neamhphearsanta faoi leas an

phobail. Fanaim glan orthu agus ní le náire agus ní le gaisce a deirim an méid sin. Ach ní hé sin le rá nár thug mé liom i mo chnámha agus i mo chuid fola an tsaoithiúlacht go léir as ar fáisceadh mé.[9]

Chaill Delia Uí Eithir páiste, agus bhí ceithre bliana idir Breandán agus an chéad duine eile clainne, Máirín. D'fhág sin nach raibh ann ach é féin ar feadh na gceithre bliana sin sula ndeachaigh sé ar scoil. Ó tharla an bheirt thuismitheoirí a bheith ag obair, bhíodh cailín aimsire sa teach i gcónaí agus, i bhfocla an athar: 'Bhí muid ag iarraidh an dá theanga a bheith aige; bhí muid ag iarraidh Gaeilge a bheith aige; na cailíní a bhí sa teach bhíodar ina gcainteoirí maithe Gaeilge.'

I dTeach Banaltrais Seamount i nGaillimh a rugadh chuile dhuine den chlann agus nuair a tugadh Máirín abhaile ar an mbád as Gaillimh thosaigh Breandán ag caoineadh; bhí sé ag súil le páiste a bheadh i bhfad níos mó agus a bheadh in ann imirt leis! Ní bheadh sé féin ag fáil a leath oiread peataireachta feasta, mar a dúirt sé in *An Nollaig Thiar.*

> Aird dá laghad ní raibh ag m'aintín ná ag mo chol ceathracha orm. Bhíodar go léir cruinnithe timpeall na feithide seo a bhí ag scréachaíl sa gcliabhán. . . . Is furasta dom a thuiscint anois gur mise an peata, go rabhas chomh millte agus a bhí aon leanbh aonair de m'aois. Níor thuigeas san am go raibh mo shaol curtha as a riocht ag an éinín cantalach seo a bhí tagtha isteach i mo nead agus a d'éiligh aird de shíor. Fiú nuair a bhí sí ina codladh bhítí ag ordú dom fanacht socair agus gan a bheith ag déanamh gleo ar fhaitíos go ndúiseoinn í.[10]

Bhí léamh agus scríobh ag Breandán i bhfad sula ndeachaigh sé chuig an scoil ar chor ar bith, agus is líne as *Scéala Éireann* an chéad rud ba chuimhneach lena mháthair é a chloisteáil á léamh os ard: '*The Pope is ill.*' Míníonn sé féin in *Over the Bar.*

> Being a very committed member of Fianna Fáil, my father had the *Irish Press* on order in Powell's of Kilronan and I had all day to pore over the accumulated copies. The *Irish Independent*, the paper that 'had called for the blood of James Connolly' a mere twenty years previously, never crossed

our threshold, except when a page came wrapped around a loaf of bread. Irish was the language of the house but as English was the dominant language in Kilronan, at that time, and as I spent part of every Summer in Clare with my grandmother, I cannot remember a time when I did not read and speak both languages.[11]

Béarla is mó a labhraítí i gCill Rónáin i dtús na dtríochaidí, ní hionann is anois, agus Béarla is mó a labhraíodh na páistí le chéile i gclós na scoile. Béarla an chéad teanga a labhraíodh le Breandán sa mbaile, ní hionann is an triúr eile den chlann a tháinig ina dhiaidh – Máirín, Éanna agus Mairéad. Comhartha ar an gcion a bhí ag Breandán féin ar an nGaeilge gurbh fhearr leis a cheapadh i gcónaí gurbh í ba thúisce a labhair sé:

> My father, as well as being a member of the Fianna Fáil party since its inception, was also a convinced supporter of the Irish revival. The language had just ebbed from his native townland in Clare, as it was later to ebb from the rest of the county, but he worked hard to master Aran Irish. I cannot remember which language I first spoke (presumably it was Irish for I was looked after by a succession of maids) but I cannot remember a time when I couldn't understand and speak English. I suspect that my mother, who was sceptical of all causes once they seemed too popular, was partly responsible for this situation.[12]

Chabhraigh Scéim an Dá Phunt, a tháinig amach i 1934, leis an nGaeilge a neartú i gCill Rónáin, cé gur tharraing an scéim chéanna tuilleadh aighnis le sagart paróiste na linne. Dhiúltaigh Pádraig Ó hEithir a ainm a chur leis an bhfoirm oifigiúil a dúirt gurbh í an Ghaeilge a labhraíodh sa mbaile i dtithe éagsúla i gCill Rónáin murarbh amhlaidh a bhí. Scríobh Breandán:

> At this point the Catholic Church, in the person of the parish priest, took a hand in the affair. A man with an almost pathological horror of the Irish language, he seemed to take pleasure in forcing English on the most monolingual of his flock. He was also directly opposed to my father's brand of politics and as school manager he had more than a little control over his activities . . . When my father refused to sign forms for a number

Breandán i Raidió na Gaeltachta i 1973.

Daideo Ghort na gCapall, Maidhc
Mhicil Phádraig Ó Flatharta.

Daideo Cho. an Chláir,
Mícheál Ó hEithir (ar dheis).

Mamó Cho. an Chláir, Cáit (Ní Mhurchaidh).

Gaolta agus cairde Cho. an Chláir

Ó chlé: Michael Murrihy (col ceathar le athair Bhreandáin), Kitty Hehir (aint le Breandán), Batt Mulvihill, Tom Lynch, Dan Looney (ar an gcapall), Michael Hehir agus Tomás Hehir (uncailí le Breandán).

Delia Ní Fhlatharta, sular phós sí.

**Delia Ní Fhlatharta, sular phós sí,
agus Máirín Concannon (Fleming).**

Pádraig Ó hEithir i 1922.

Delia Ní Fhlatharta, Príomhoide Scoil na gCailíní, Cill Rónáin, 1922.

An sean*residence* i gCill Rónáin anois.

An teach nua a tógadh i 1940.

Breandán i ngabháil a mháthar, agus Máirín agus Eithne Fleming.

Breandán, agus Máirín
i ngabháil a hathar.

Breandán agus Máirín.

Breandán agus Máirín,
lena máthair.

Breandán ar an gclaí.

Breandán lena chol ceathar Alice agus a Aint Annie.

Breandán agus Aint Annie.

Máirín agus Breandán lena n-athair. Breandán i nGort na gCapall.

Breandán lena athair, ag dul go Gaillimh ar an *Dún Aengus*.

Breandán, lá a chéad
Chomaoineach, agus Máirín.

Lá chéad Chomaoineach Mháirín.

Lá chéad Chomaoineach Éanna.

Breandán, an friothálaí Aifrinn.

Le Mamó Cho. an Chláir in Árainn;
Breandán taobh thiar.

Breandán, an peileadóir.

Máirín, Éanna, Mairéad agus Breandán ag Tobar an Cheathrar Álainn.

Breandán agus cara i Sráid Uí Chonaill le linn na chéad bhliana i gColáiste Éinde, a bhí ar deoraíocht i nDroim Conrach le linn an Dara Cogadh Mór.

Breandán sa mbaile ar saoire in Árainn.

An ceathrar sa mbaile ar saoire in Árainn, Breandán, Máirín, Éanna agus Mairéad.

An ceathrar lena nUncail Liam.

Coláiste Éinde, Gaillimh, 1945

Chun tosaigh: Séamus Mac Uaitéir, Aindreas Ó Gallchobhair, Máirtín Mac Stiofáin, Máirtín Mac Domhnaill, Séamus Mac Ciarnáin, Seosamh Mac Suibhne, Seán Mac Briartaigh, Pádraig Ó Conghaile.

An dara líne: Déaglán Ó Braonáin, Seán Mac an tSaoir, Tomás Ó Fiacháin, Feardorcha Mac a' Bháird, Cionnaith Mac Suibhne, Seán Ó Géidí, Micheál Ó Beirn, Pádraig de Barra, Pádraig Ó Gallchobhair, Eoghan Ó Cadhain.

An tríú líne: Liam de Búrca, Pádraig Ó Séaghdha, Fíonán de Búrca, **Breandán Ó hEithir**, Peadar Ó Luain, Seán Mac Fhloinn, Séamus Ó Domhnaill, Éamonn Mac Giolla Chomhghaill, Seán Mac Íomhair, Seán P. Ó Gallchobhair.

Ar gcúl: Cóilín Bairéad, Liam Mac Donnchadha, Seán Ó Cnáimhsí, Antaine Ó Beirn, Tomás Ó Máille, Seán Creamer, Diarmuid Ó Súilleabháin, Proinsias Ó Domhnaill, Uinsean Mac Oireachtaigh, Pádraig Ó Fallamhain, Séamus Ó Gallchobhair, Pádraig Ó hÉineacháin, Éanna Mac Cuinneagáin, Micheál Mac Mathghamhna, Colm Ó Ceallaigh.

(Le caoinchead ó Sheán Mac Íomhair)

of families, the parish priest took their part and I got my first glimpse of collision between Church and State in de Valera's Ireland.[13]

An bhliain sular rugadh Breandán, 1929, tháinig an aintín ab ansa leis, Annie, an bhean a ndearna an tAthair Ó Fearachair iarracht í a aistriú go hInis Oírr, abhaile as Meiriceá go Gort na gCapall le aire a thabhairt dá hathair, Maidhc Mhicil Phádraig. Go dtí seo, is i dteach na muintire i nGort na gCapall a bhí cónaí ar an deirfiúr ab óige den chlann, Agnes agus ar a fear, Thomas Fleming. Nuair a bhásaigh Agnes go hóg agus nuair a d'fhág sí beirt chailíní beaga ina diaidh, Máirín agus Eithne Fleming nach raibh ach trí bliana agus dhá bhliain ag an am, d'aistrigh Thomas Fleming agus an bheirt chailíní beaga síos go teach a mháthar. B'as Árainn a mháthair agus bhí siopa aici i bhFearann an Choirce agus í go maith as. Bhí sean-Mhaidhc fágtha leis féin i nGort na gCapall agus sin é an uair ar tháinig Annie agus a hiníon, Alice, abhaile le aire a thabhairt dó. Ansin nuair a cailleadh Maidhc ghlac Annie leis gur aici féin a bheadh an teach ach dúirt Thomas Fleming go mba leis féin an áit. Chuaigh Annie chun dlí leis ach caitheadh í sa gcúirt. Dhíol Thomas Fleming teach Ghort na gCapall le fear de Chlann Mhic Dhonncha agus sin é an deireadh a bhí le naoi nglúin Flathartach sa teach sin.

Ní raibh Alice, iníon Aint Annie, ach cúig bliana go leith faoin am ar tháinig sí abhaile as Meiriceá agus gan focal Gaeilge aici. Ní mórán le trí mhí a bhí caite aici i Scoil Fhearann an Choirce, seanscoil *Skerrett,* nuair a bhí Gaeilge mhaith foghlamtha aici: 'Tá meas agamsa ar an nGaeilge', a deir Alice, 'cheannaigh mé go daor í!' Bhí ocht mbliana ag Alice ar Bhreandán agus tá 'cuimhne an tseanpháiste' aici, mar a deir sí féin, ar na chéad bhlianta sin in Árainn. Is díol spéise é an scéilín atá aici faoin gcaoi a raibh an traidisiún fós ann i measc cuid de na seanmhná fabhar a dhéanamh leis an mac seachas an iníon:

Thagadh Máire Choilm isteach; 'Sín a'm an páiste' a deireadh Máire, agus bhí mug tae sínte ag m'aint Delia chuici. 'Chuile shórt don mhac agus ná tabhair tada don iníon!', a deireadh sí, ag coinneáil spúnóg tae leis an bpáiste, is gan é ach trí seachtaine nó mí d'aois. Is minic a deirinn féin agus na col ceathracha eile le Breandán ina dhiaidh sin gurb é 'tae Mháire Choilm a rinne fear díot!'

Is cuimhneach le Alice na blianta sin i dtús na dtríochaidí i nGort na gCapall nuair a thagadh Delia agus Pádraig Ó hEithir, agus Breandán óg in éineacht leo, anoir as Cill Rónáin ar cuairt. Bhí pónaí agus trap tugtha isteach as Contae an Chláir ag Pádraig agus thiomáinidís siar na ceithre mhíle gach Domhnach ag breathnú ar Dheaideo, Maidhc Mhicil Phádraig:

> Nuair a bhí Breandán ina ghasúirín bheag Béarla is mó a bhí aige. Béarla a labhraíodh siad uilig leis. Bhí ceithre bliana aige ar Mháirín. Ní raibh sé ina pheata ach bhí aird chuile dhuine air. Théadh sé siar go Gort na gCapall ag tóraíocht Dheaideo agus ní raibh a fhios ag Deaideo, Maidhc, cé bhí ann, mar bhí *Alzheimer's* air. Bhí an-chion ag Breandán ar Dheaideo agus bhí an-chion aige ar mo mháthair, Annie. Bhí mo mháthair ag déanamh peata ceart de. Ocht mbliana is ochtó a bhí Deaideo nuair a cailleadh é.

Fuair máthair Alice, Aint Annie, bás i 1940 agus gan í ach leathchéad. Tá trácht ag Breandán uirthi in *Over the Bar*:

> My favourite aunt, Annie, was also stricken by a fatal illness. She had worked in a a variety of interesting jobs in the United States and like her brother, Tom O'Flaherty, had been involved in the struggles of organised labour there . . .[14]

Bhíodh an-spórt ag Alice Powell agus ag col ceathracha eile Bhreandáin ag spraoi leis an mbuachaill beag sa *residence* i gCill Rónáin sna tríochaidí:

> Nuair a thosaigh Breandán ag láidriú suas bhíodh mé féin agus mo dhá chol ceathar, na Flemings, ag dul soir chuig an teach chuile Shathairn beo chuige. Á, muise, an fear bocht, cheannaigh sé an aimsir uainne! Bhíodh muid ag déanamh tithe beaga, 'púiríní', amuigh ag an mbinn agus chaithfeadh sé chuile ní beo a dhéanamh a déarfadh muide. Bhí ocht mbliana agamsa ar Bhreandán. Tá a fhios agam gur 'Peaits Rabhacs' a thugadh muid air agus 'Bid Rabhacs' a bhíodh ar Mháirín Fleming, col ceathar a bhí beagán níos sine ná mise. Bhíodh ainmneacha orainn ar fad.
> Chuile Dhomhnach beo théadh sé siar go Gort na gCapall. Bhí mada mór againne ansin agus théadh an bheirt againn ag marcaíocht ar an mada,

Breandán chun tosaigh agus mise ar cúlóig air. Muise, is minic a bhíodh muid ag caint air nuair a thagadh sé abhaile . . . Bhí gasúir eile, clann Dan Pheaits, thiar; ba col ceathar Dan Pheaits le Liam Ó Flatharta agus tógadh Dan agus Liam in éindí. Tá mé ag ceapadh nach raibh na haithreacha mór le chéile ar chor ar bith ach níorbh fhéidir an bheirt, Dan agus Liam, a choinneáil óna chéile. Bhí clann ag Dan ag fás suas an t-am céanna le Breandán. Bhí sé theach déag i nGort na gCapall an t-am sin agus bhí gasúir i chuile theach. Thaitníodh leis na daoine Breandán a fheiceáil ag teacht ansin. Bhíodh sé chomh gléasta, chomh deas; cloiginnín bán air. Bhí seanfhear ar an mbaile, Antainín Stony, agus deireadh sé 'Well, a Bhreindic.' 'Cén fáth go dtugann sé Breindic ormsa?' a deireadh Breandán. Bhí aird chuile dhuine ar Bhreandán.

Tá cuimhne mhaith ag an gcol ceathar eile le Breandán atá luaite ansin, Máirín (Fleming) Uí Chonceanainn, atá ina cónaí in Eoghanacht in Árainn, ar na laethanta úd i dtús na dtríochaidí. Is maith is cuimhneach léi gur minic a shiúil sí na trí mhíle soir as Fearann an Choirce go dtí an *residence* i gCill Rónáin in éineacht lena deirfiúr, Eithne, nach maireann, agus lena col ceathar, Alice Powell, 'ag tabhairt aire' don bhuachaill beag nua a bhí faighte ag a nAint Delia. Nuair a d'fhoghlaim sí le himeacht ar rothar is cuimhneach le Máirín na rothaí ag dul síos sna sclaigeanna a bhí déanta sa mbóthar ag rothaí na gcarranna capaill, i bhfad sular cuireadh tarra ar bhóithre an oileáin:

Bhíodh muid thoir ann, ag tabhairt aire dhó, mar dhea! – leithscéal ar bith le dhul soir. Bhí Breandán in ann léamh sula ndeachaigh sé ar scoil. Ansin thug a athair go Baile Átha Cliath é agus é an-óg, chuig cluiche peile i bPáirc an Chrócaigh. An chéad uair ar thug sé suas é dúirt Breandán nuair a tháinig sé den traein 'So this is Dublin!'

Thiar i dteach na muintire i nGort na gCapall a d'fhanadh Liam nuair a thagadh sé abhaile agus is cuimhneach le Alice í féin agus Breandán a bheith ag breathnú air ag scríobh go tréan ansin nuair a bhí Breandán an-óg:

Bhínnse ag léamh na leathanach de réir mar a bhíodh seisean á scríobh. Bhí seanchlóscríobhán aige. Bhí Deaideo caillte an uair seo. Chonaic Breandán ag scríobh é. Thugadh Liam leathchoróin dúinn le glanadh amach as a bhealach agus théadh muid síos chuig an siopa. Tháinig Tom O'Flaherty as Meiriceá i 1932. Bhíodh Tom síos chuig an bhFlathartach, Robert Flaherty, go minic ach níl a fhios agam ar thaithnigh an Flathartach le Liam.

'An Flathartach' a thugtaí in Árainn ar Robert Flaherty a bhí ag déanamh an scannáin *Man of Aran* ansin i dtús na dtríochaidí. Thugadh Pádraig Ó hEithir an buachaillín óg siar go Cill Mhuirbhigh sa *trap* ag breathnú ar an scannánaíocht agus cé nach raibh sé ach trí bliana deir Pádraig go mbíodh sé ag tabhairt rudaí faoi deara. Bhí suim ar leith ag Breandán i scannáin i gcaitheamh a shaoil ar fad ina dhiaidh sin, ní hé amháin mar chaitheamh aimsire ach ó thaobh ealaíne agus scripte go háirithe. Chosain *Man of Aran* tuairim £300,000 (suim an-mhór i 1932-33) ach taobh istigh de shé mhí bhí os cionn £50,000 tugtha isteach aige. Go dtí an lá atá inniu ann tá lucht déanta scannán ar fud an domhain ag déanamh staidéir air. Bhí na hainmneacha Árannacha Tiger King, Maggie Dirrane agus Micilín Dillane i bpáipéir nuachta ar fud an domhain ag an am agus tá cuimhne ag roinnt mhaith léitheoirí ar an agallamh cáiliúil teilifíse a rinne Breandán le Tiger King i 1975 tar éis dó a bheith gan tásc ná tuairisc le fada roimhe sin i Londain Shasana. D'fhág Tiger King, nó Cóilín an Ghabha mar a thugtaí air sular rinneadh *Man of Aran*, a oileán dúchais i 1934 agus cé is moite de chuairt ghearr ar Nua Eabhrac nuair a taispeánadh an scannán den chéad uair, is i Sasana a bhí an dá scór bliain sin caite aige, gan filleadh abhaile oiread is aon uair amháin. Dúirt sé le Breandán nuair a casadh air é san Irish Centre i gCamden Town i 1974 gur chuimhneach leis é a fheiceáil agus Breandán ina ghasúr i 1934 sa *residence* i gCill Rónáin an oíche sular fhág sé slán go brách le hÁrainn.

Is cuimhneach le daoine a bhí i Scoil Chill Rónáin in éineacht le Breandán é a bheith níos dea-ghléasta ná an gnáthpháiste. Mheascadh sé leis na buachaillí eile mar sin féin agus bhí sé an-lách agus an-mhúinte mar bhuachaill scoile de réir gach tuairisce. Ní raibh sé fiáin ach bhí féith an ghrinn ann. An difríocht is mó a bhí idir é féin agus formhór na ngasúr eile ar an oileán, go dtugtaí Breandán ar laethanta saoire amach ar tír mór, rud nach ndéantaí leis an gcuid eile acu. Bhí gasúir eile an oileáin i bhfad ní ba shine sula bhfaca siad Gaillimh ach bhí oícheanta caite in óstán i nGaillimh ag Breandán ó bhí sé a trí nó a ceathair de bhlianta. Bhí cailín aimsire sa teach freisin acu agus ba rud mór cailín aimsire a bheith i dteach an t-am sin. Bhí leabhair ag an gclann ó bhí siad an-óg, rud nach raibh ag aon chlann eile ar an oileán ag an am.

Thugadh a athair agus a mháthair Breandán go Gaillimh leo ó aois an-óg. Dhéanaidís a gcuid siopadóireachta Nollag i dtrí shiopa sa gcathair: 'Muintir Mhac Conmara i gcomhair bia, Tigh Alexander Moon i gcomhair éadaí agus Tigh Mhuintir Uí Eidhin do chrua-earraí.'15 Nuair a chaithidís oíche i nGaillimh d'fhanaidís i Mahon's Hotel i Sráid Forster, atá leagtha le fada agus a bhíodh suite san áit a bhfuil Kiltartan House anois, trasna an bhóthair ó theach tábhairne *Rabbitte's* agus ón *bPúcán*, teach tábhairne Nóra Ghriallais agus Chólman Mac Donncha. Thit Breandán i ngrá go hóg le Gaillimh agus níor scar a chroí leis an gcathair ársa sin, *Cathair na dTreabh*, go lá a bháis:

Ó chlár loinge a leag mé súil ar Chathair na Gaillimhe. Ní raibh mé ach ceithre bliana d'aois, mé teannta go faiteach idir m'athair agus mo mháthair ag dearcadh ar na mílte solas ag glinniúint sa gclapsholas – A Thiarna nárbh álainn! Ba í Gaillimh príomhchathair an domhain ag an am sin, agus go ceann i bhfad ina dhiaidh. Ba i nGaillimh a bhí suíomh na n-eachtraí ab iontaí a d'aithristí cois tine in Árainn; Cóil Chite agus a chomrádaí ag cur catha ar mhuintir an Chaisleán Gearr le bataí droighin ar an bhFaiche Mhór (Eyre Square); Complacht súgach Árainneach ag máirseáil tríd an gCladach ag fógairt a ngáir chatha, 'cnúdán bruite ar dhá chnúdán fhuara'; Máirtín Mór Ó Cualáin ag caitheamh an oird in aghaidh na hIorrua ar dhuganna na Gaillimhe – agus na céadta eile. Ní fearacht a lán de dhraíocht na hóige nach bhfanann ach a chuimhne, níl oíche dá seolaim isteach thar Theach Solais Oileán na gCaorach nach bhfilleann an draíocht úd athuair. Ní hí Gaillimh ár bpríomhchathair ó chuaigh muid thar Uarán (Órán Mór) soir – ach is í í is ansa linn fós.16

Nuair a thagadh an sorcas go Gaillimh is sa bpáirc mhór a bhí le taobh Mahon's Hotel a hardaítí an t-ollphobal agus a chuirtí draíocht ar pháistí de chuile aois. 'Páirc an Aonaigh' a thugtaí ar an bpáirc seo mar gur inti isteach a thugtaí na beithígh a cheannaítí ar an aonach ar an bhFaiche Mhór – 'Aonach na Faiche' i bhfilíocht Mháirtín Uí Dhireáin – lena gcur i vaigíní traenach ag an stáisiún a bhí díreach ar a cúl. Is anseo i Mahon's Hotel, agus i bPáirc an Aonaigh lena thaobh, a fuair Breandán amach den chéad uair go labhraítí Gaeilge ar Achréidh na Gaillimhe. Go gairid roimh a bhás dúirt sé in agallamh teilifíse le Seán Ó Tuairisg ar RTÉ:

> Thart ar an teach ósta sin agus sa bpáirc seo a chuala mé Gaeilge oirthear na Gaillimhe, Gaeilge Bhaile an Chláir, Gaeilge Anach Cuain, den chéad uair á labhairt; muintir na háite thoir ag caint le muintir Chonamara agus Árann. Sráid an-spéisiúil a bhí sa tsráid seo, Sráid Forster, a bhí an uair sin ar imeall chathair na Gaillimhe, d'fhéadfá a rá. Bhí dhá institiúid ann a bhí an-suimiúil. An Magdalen Home – níor thuig mé agus mé beag cén fáth go raibh an oiread sin cailíní óga gaibhnithe istigh ann. Ní mhínítí rudaí mar sin do dhaoine óga an uair sin – gur cailíní iad seo a raibh páistí acu agus gan iad pósta agus gurb in é an píonós a cuireadh orthu; iad a ghlasáil san áit sin[17]

James Mahon a bhí ar an bhfear a mba leis Mahon's Hotel, agus leis an gcáil a bhí ar Liam Ó Flatharta agus ar a chuid leabhar ag an am níl baol ar bith nach raibh a fhios aige go maith go mba deirfiúr leis an scríbhneoir cáiliúil sin í máthair Bhreandáin. Bíodh a fhios nó ná bíodh, bhí sé an-chineálta leis an mbuachaillín beag as Árainn, agus chúitigh Breandán an comhar leis in *Over the Bar*:

> James Mahon was an Irish speaker, a Republican and a GAA man and he spoiled me in little ways that endeared him to me forever. On Saturdays, he allowed me to sit on a high stool in the public bar and talk to the tall men who wore long báinín jackets and black hats and spoke a type of Irish that was strange to my ears, being neither Aran nor Connemara. They were the second or third-last generation of native speakers from Tawin, Maree, Oranmore and Carnmore and among a lot of other things, I learned that what I called 'iománaíocht' they called 'báire' – as Raftery did and as the Connollys of Castlegar still do. They talked a lot about 'báire.'[18]

Sula dté muid ar ais go hÁrainn, tá scéilín beag in *Over the Bar* ag Breandán faoi eachtra a tharla taobh amuigh den óstán seo oíche Dhomhnaigh amháin, a thugann léargas beag dúinn ar an spéis ar leith a bhí aige i gcaitheamh a shaoil ar fad i gcásanna cúirte neamhghnácha a mbíodh tuairiscí fúthu i bpáipéir áitiúla na hÉireann:

Once we arrived in Galway on the Dún Aengus late on a Sunday night and I rose bright and early to watch James Mahon prepare the bar for business and smell the strange smells of the city. With the child's unerring instinct for the forbidden mysteries of the adult world, I realised that something strange was happening in the street and dodging past his restraining hand I ran out to see something being washed off the pavement and groups of people whispering about what had happened earlier that morning.

I was quickly whisked inside again and sent to breakfast, but I had heard enough to know that a man had been fatally injured by a blow of a hurley, after what was supposed to have been a victory celebration. The event had little to do with hurling but later, when I heard that the guilty party was a half twin and married and that his unmarried half twin had returned from England to swop places with his brother and serve the sentence for manslaughter, my interest in this new area of the Hidden Ireland was really awakened. That the story was probably made up after the event, was imperfectly heard and inaccurately retailed by some islander returned from the May Fair in Galway, mattered not at all. A child's imaginagion should never be constrained by too many facts but allowed to find its own boundaries.[19]

Is í a dheirfiúr, Máirín, is mó a bhfuil cuimhne aici ar Bhreandán ag an tráth seo dá shaol agus is cuimhneach léi go mbíodh sé go síoraí ag léamh agus ag cur na leabhar a bhí sa teach in ord agus in eagar:

Dhéanfadh sé leabharlannaí maith dá bhféadfadh sé an saol sin a sheasamh! Bhí cófra leabhar againne dúinn féin agus bhí cófra leabhar ag m'athair agus ag mo mháthair agus glas air. Bhí leabhair m'uncail i gcúl an tí in áit éigin i bhfolach ar dhaoine. Rinne Breandán liosta de na leabhair a bhí againn. Chuir sé in ord aibítre iad. Chuir sé an liosta ar an doras agus chuile uair a

thógfá amach leabhar chuirfeá marc ar an liosta. É seo agus é ina ghasúr óg
sa mbaile. Níl a fhios agam an raibh leabharlann feicthe riamh aige.
Bhí sé iontach ag cuimhneamh ar rudaí le spraoi a dhéanamh. Rinne muid
ceilp bliain amháin. Bhailigh muid feamainn agus scar muid í. Ansin
d'éirigh muid ag a seacht a chlog ar maidin – eisean a ghlaoigh orainn
– mise agus Breandán agus Enda. Rinne muid tornóg agus dhóigh muid í
agus dhíol muid an cheilp le m'athair le cur ar an ngarraí, ar an oiread seo
an punt; mheáigh muid í! Bliain eile ansin rinne sé fíon le airní. Bhain
muid na hairní. Thug muid isteach iad agus nuair a bhí m'athair agus mo
mháthair amuigh – bhíodh tine againn sa seomra suí – thug sé sáspan
isteach as an gcistin i ngan fhios agus bhruith sé iad. Bhí siad lán le
deatach! D'ól muid an fíon dearg seo, lán le blas deataí. Bhí sé thar cionn
ar an gcaoi sin, ag smaoineamh ar rudaí le déanamh. Amanna eile ansin,
nuair a bhí sé ag dul chuig an scoil náisiúnta, bhínnse ag iarraidh air a dhul
ag spraoi ach bhíodh sé i gcónaí ag léamh.

Scríobh Breandán in *Combar* i 1956, le linn dó a bheith ag trácht ar
Chlub Leabhar na Sóisear:

> Níor léigh mé aon leabhar Gaeilge (taobh amuigh de leabhair scoile) go
> rabhas ar meánscoil. Ní hamhlaidh nár fritheadh leabhair dom ag baile
> – go deimhin chonaic mé cuid acu sa teach le gairid agus iad fós gan léamh.
> Ryder, Haggard, Kingsley, Marryat, Kickham, Swift – b'in iad na húdair a
> choinnigh ábhar léitheoireachta liomsa ó thosaigh mé ag léamh go rabhas
> suas le ceithre bliana déag.

Scríobh sé in *An Nollaig Thiar* (1989), an bhliain sular bhásaigh sé,
go dtugadh a chol ceathar leabhair Ghaeilge abhaile go hÁrainn chuige
as an bpríomhchathair chuile Nollaig. B'in é Pádraig Ó Conceanainn
nó, mar a thugadh máthair Bhreandáin air, 'Pádraig Beag':

> Ba é seo an t-ainm ceana a bhí aici ar mo chol ceathar, Pádraig Ó
> Conceanainn, mac lena deirfiúr Julia, a bhí ina mhúinteoir bunscoile i mBaile
> Átha Cliath. Ba chuid dár Nollaig Pádraig agus bhí cion ar leith ag mo
> mháthair air mar gur cailleadh a mháthair agus é ina leanbh. Bhí cion againne

air freisin mar thugadh sé leabhair chugainn mar bhronntanais i gcónaí. Ní raibh de locht agam ar na leabhair seo, de réir mar a chuaigh mé in aois, ach gur i nGaeilge a bhídís go léir agus ba leamh liom go leor acu le hais na leabhar Béarla a d'iarr mé i gcónaí ar mo thuismitheoirí do mo lá breithe.[20]

Ó aois an-óg chuir Breandán suim mhór i dtuairiscí nuachtán ar dhúnmharuithe cáiliúla na tíre seo agus deir a athair liom go raibh leabhar faoi dhúnmharuithe sa teach sa mbaile acu nuair a bhí Breandán ag éirí aníos. Mí roimh a bhás, go deimhin, rinne Breandán agallamh fíuiblucá le Mícheál Ó Sé ar Raidió na Gaeltachta faoi roinnt de na dúnmharuithe seo agus bhí leabhar a scríobh fúthu.

Tar éis na scoile tráthnóna ba mhinic Breandán ina measc siúd a bhíodh bailithe timpeall ar Ned Bhríd Ní Dhiolláin a bhí ina chónaí in íochtar bhaile Chill Rónáin. Bhíodh Ned ag déanamh cleas agus ag imirt cluichí leo agus ina measc bhí 'Ag Tabhairt an Éireannaigh Slán.' Foireann báid nach raibh aon fheoil fágtha acu a bhí i gceist sa gcluiche seo agus chaití duine den fhoireann a mharú agus a ithe. Bhíodh clocha beaga lena ndéantaí an comhaireamh leagtha ar an mbóthar agus nuair a thiteadh uimhir 7 ar dhuine mharaítí an duine sin. Is é an cleas a bhí ann 'an tÉireannach a thabhairt slán.' Ar an mbóthar ar aghaidh Tigh Joe Wattie, ceann de thithe tábhairne Chill Rónáin, a bhíodh an cluiche seo ar siúl agus bhíodh idir óg agus aosta páirteach ann. Is minic a bhíodh ar bhean an tí teacht amach agus deireadh a chur leis an ngleo agus leis an sárú. Bhíodh faisean eile ag Ned Bhríd Ní Dhiolláin a mbaineadh Breandán an-spraoi as, ag fiafraí de na gasúir scoile cén Ghaeilge cheart a bhí ar a leithéid seo nó ar a leithéid siúd d'fhocal Béarla. Is cuimhneach le hathair Bhreandáin an focal *gangway* a bheith faoi chaibidil tráthnóna amháin agus nuair a mhol duine éigin *bealach na slua* a thabhairt air dúirt Ned gur focal as *dictionary* a bhí ansin!

Fear mór raidió a bhí in athair Bhreandáin, Pádraig Ó hEithir agus mar a deir an seanfhocal Conallach 'An rud a chí leanbh is é a ní leanbh.' Éisteoir mór raidió a bhí i mBreandán i gcaitheamh a shaoil ar fad:

Radio broadcasting was very much in its infancy then. Sets were few and far between and expensive to run, needing high tension (dry) batteries and

low tension (wet) batteries which had to be sent to Galway for charging.
In summer we got the daily papers regularly twice a week. In winter, when
the Dún Aengus sailed 'weather and other circumstances permitting' (as the
sailing card had it) we were often cut off for a week or more and the papers
arrived in bundles.[21]

Fear mór nuachtán agus fear cuartaíochta agus seanchais a bhí in athair
Bhreandáin freisin agus is uaidh a fuair Breandán a dhúil i léamh nuachtán
ag aois an-óg. Chreid a mháthair nach raibh sna nuachtáin chéanna ach
cur amú ama agus bealach éalaithe ó obair. De bharr nach raibh aon
talamh acu b'éigean dóibh bainne a fháil i dtithe éagsúla, de réir mar a
bhíodh bainne fairsing acu. Tithe móra seanchais a bhí i gcuid de na tithe
seo agus b'iontu a fuair Breandán agus a athair go leor dá gcuid eolais ar
stair agus ar phearsana tábhachtacha an oileáin san am a caitheadh.

Théidís ag cuartaíocht tigh Mháirtín an tSaighdiúra (Ó Dónaill) in
Eochaill, a raibh a athair in Arm Mheiriceá agus théadh Breandán ag
athrú beithíoch ar na creaga in éineacht le leithéidí Joe Mhicil Teaime Ó
Direáin as Eochaill, a chaith blianta i Meiriceá é féin. Is ó Joe a chuala
sé faoin gcaitheamh aimsire a bhíodh ag muintir Árann agus ag muintir
Chonamara i mBoston tar éis an Aifrinn gach Domhnach – dhá
fhoireann acu ag caitheamh cloch le chéile ar phíosa fairsing talún.
Nuair a thuirsídís den obair sin théadh an dá fhoireann isteach i
dtábhairne go n-ólaidís deoch. Caitheamh aimsire é an caitheamh cloch
a bhíodh acu go léir nuair a bhíodar ina ngasúir scoile i gConamara agus
in Árainn. Chuireadh sé an baile i gcuimhne dóibh.

Ní raibh Cumann Lúthchleas Gael tagtha go hÁrainn fós nuair a bhí
Breandán ina ghasúr, ach bhí a gcluichí féin acu in Árainn agus neart
acu. Bhí *bál ard* acu a bhí cosúil le *rounders*, bhí cineál iománaíochta
acu a dtugaidís *camóga* air agus bhí an cluiche *cead* acu a bhí cosúil le
hiománaíocht freisin ach gur píosa de mhaide a bhíodh in áit liathróide.
Tá cur síos ag Breandán ar na cluichí seo in *Over the Bar*, gan trácht ar
chineálacha eile caitheamh aimsire ar nós *coraíocht*, caitheamh *cloch
neart*, cuardach neadracha éan, dreapadh síos ailltreacha ag bailiú
uibheacha éan mara, agus ábhaillí na hóige ar nós fuadach pocaidí le
linn shéasúr na ngabhar.

Tá sé ráite ag Breandán go raibh an ghráin aige féin riamh ar gharraíodóireacht de chineál ar bith, ach tá scéal ag a chol ceathar, Alice Powell, a thabharfadh le fios go ndeachaigh an obair sin i bhfeidhm ar a chuid samhlaíochta nuair a bhí sé an-óg. Bhí Breandán lá ag breathnú amach an fhuinneog ar dhuine de na comharsana ag leagan bearna i mballa garraí beag a bhí le taobh an *residence*, le hualach feamainne a chur ar an ngarraí le capall agus cléibh. Fuair Breandán a spáidín féin agus thosaigh sé ag baint an phlástair de bhalla na cistine. Nuair a tháinig a mháthair air agus nuair a d'fhiafraigh sí de céard a bhí sé a dhéanamh dúirt sé, '*I am knocking a gap to put in a* 'malach' (ualach) *of weed.*'

Ní mórán buachaill beag dá aois i gcathair Bhaile Átha Cliath féin, ní hé amháin in Árainn, a thugtaí chuig cluiche ceannais na hÉireann i bPáirc an Chrócaigh ag an am ach bhí Breandán ansin agus gan é ach naoi mbliana. Níorbh aon strainséir i Sráid na Cathrach é ach oiread mar, ó bhí sé trí bliana d'aois nó mar sin, chaitheadh sé cúpla seachtain gach samhradh i dteach a sheanathar agus a sheanmháthar i gCnoc an Albanaigh nó Mount Scott, cúpla míle amach as Sráid na Cathrach. Nuair a neartaigh sé bhíodh sé ag sábháil an fhéir agus ag dul ar an bportach in éineacht lena uncail Tomás. Dúirt athair Bhreandáin liom:

Théadh sé amach go Contae an Chláir ar feadh coicíse b'fhéidir chuile shamhradh, ag sábháil fhéir agus suas ag iarraidh an pháipéir go Miltown. Bhíodh na seanlads ag iarraidh a bheith ag caint leis ó tharla go raibh Gaeilge aige. Bhíodh Batt Mulvihill, fear nach raibh aon Bhéarla ag a athair, agus a d'fhoghlaim le Gaeilge a léamh é féin i ranganna Chonradh na Gaeilge, ag caint leis go minic. Agus blianta ina dhiaidh sin nuair a thosaigh Breandán ag obair san *Irish Press* bhíodh Batt ag léamh an cholúin 'Tús a' Phota' sa *Sunday Press* chuile Dhomhnach. Bhíodh an-ionadh ar na seanlads Gaeilge a chloisteáil ag buachaill chomh hóg leis. Bhí Mamó agus Deaideo ann ag an am agus bhí m'athair, Mick Hehir, in ann Gaeilge a labhairt leis. Bhí Gaeilge ag mo mháthair freisin ach Béarla a labhraíodh sí féin agus m'athair le chéile. D'fhógraíodh seanlads aníos ón mbóthar ar m'athair: 'Cén bhail athá ort, Mick?' agus d'fhreagraíodh seisean iad: 'Tá mé maith gan bhaol.' Is de réir chanúint na Mumhan a deiridís an focal 'ann' freisin, cosúil le 'abhann'. Bhíodh Deaideo an-cheanúil ar Bhreandán agus

nuair a bhíodh Breandán ag dul ar ais go hÁrainn bhíodh Deaideo ag
caoineadh agus deireadh sé 'ní fheicfidh mé an páiste sin arís.'

Is ag 'Uncail Tomás', mar a thugadh Breandán air, a d'fhan teach agus
feirm na muintire i Mount Scott nuair a fuair Mamó agus Deaideo Chontae
an Chláir bás. Bhí Tomás agus Breandán an-cheanúil ar a chéile:

> Brendan was only two and a half when he came here first. Enda seldom
> came because Enda didn't fancy English. Brendan was able to speak English
> and Irish. He was a very quiet little boy. He saved hay, made up hay, drew
> hay with a horse and cob – forking and making winds of hay. He would
> go to the bog and drink tea out of the black tin can. He was strong. He
> knew everything of course. I didn't know too much Irish and he used to be
> laughing at me with the Irish. He was very clever. He used to stay a few
> months. Máirín came here too. At harvest time she used to be off with the
> boys. The mother was never here. The mother was a fine looking woman.
> Brendan was not as regular when he went to secondary school.

Cé gur thaitin Contae an Chláir thar cionn le Breandán bhíodh fonn
air, mar sin féin, filleadh abhaile chuig an *residence* i gCill Rónáin ag
deireadh an tsamhraidh. Tá cur síos aige in *Over the Bar* ar an lá ar
thosaigh an Dara Cogadh Domhanda i 1939:

> The All-Ireland hurling final of that year between Kilkenny and Cork will
> always be remembered as the 'thunder and lightning' final. The stormy
> elements were a fitting backdrop to that morning's declaration of war. We
> were moving into a new house and my Aunt Annie was looking after the
> younger children. It was doubly difficult to follow the game, for as well as
> the bangs and crashes from the radio that punctuated Michael O' Hehir's
> commentary the kitchen was full of women on their way home from Mass,
> who had come for confirmation of the news of war.[22]

Cé gurbh é an cogadh céanna is mó a bhí ar bhéal na ndaoine faoi
seo, ba é an teach nua a bhí beagnach tógtha dóibh míle siar an bóthar
as Cill Rónáin, is mó a bhí ar intinn Bhreandáin. Cosúil leis na tithe

cónaithe eile do mhúinteoirí a bhí isteach leis na scoileanna ar fud na tíre ba le hEaspag na Deoise an teach a raibh siad ina gcónaí ann, agus bhíodh an mháthair ag caint go minic ar theach dá gcuid féin a thógáil agus a bheith neamhspleách. Fritheadh suíomh míle siar an bóthar, ar chreagán garbh idir Mainistir agus Eochaill agus tógadh an teach nua de réir a chéile.

Sula ndeachaigh Breandán ar ais ar scoil an fómhar dár gcionn thug sé a dhara cuairt ar Bhaile Átha Cliath agus ar Pháirc an Chrócaigh:

In the Autumn of 1940 life was still reasonably normal. My father took me to Dublin for a long weekend and I saw my first All-Ireland hurling final. While shopping in Elvery's he was offered two Cusack Stand tickets for the match between Limerick and Kilkenny . . . I was clearly aware that I was in the presence of the greatest hurlers of all time. I was by now reading the sports pages almost as eagerly as I read the murder trials.[23]

Bhí sé i bhfad níos ceanúla ar an gcineál seo léitheoireachta anois ná a bhí sé ar a chuid leabhar scoile. Is cuimhneach lena chol ceathar, Alice Powell, na blianta sin go maith:

Cailleadh mo mháthair – 'Aint Annie' mar a thugadh Breandán uirthi – in Eanáir na bliana 1940. Chuaigh mé soir in éineacht leo ansin. Bhíodar sa *residence* ar dtús agus ansin thógadar teach nua. Bhí Breandán deich mbliana an lá ar cuireadh mo mháthair – an lá céanna. Bhíodh sé ag friotháil an Aifrinn ansin agus bhíodh an paidrín deireanach tráthnóna sa gCarghas, oícheanta dorcha, agus théinn soir faoina choinne lena thabhairt abhaile ón séipéal. Tá an bealach dorcha agus ní raibh mórán tithe ann an t-am sin. Bhí muid an-ghar dá chéile agus dá gcuirtí aon mhúisiam sa teach air d'inseodh sé dhomsa é.

Ba í Nollaig na bliana 1940 an ceann deireanach a chaitheadar i gCill Rónáin. Bhí beirt eile i dteannta Mháirín agus Bhreandáin faoin am seo: Éanna, a rugadh dhá bhliain i ndiaidh Mháirín agus Mairéad, a rugadh díreach roimh an Nollaig dhá bhliain ina dhiaidh arís.

D'athraíodar isteach sa teach nua in Eochaill, agus tá an sean-*residence*

ina sheasamh go huaigneach ó shin ar thaobh na láimhe clé den bhóthar
ar do bhealach siar as Cill Rónáin.

Bhí na blianta ag sleamhnú thart agus bhí scrúduithe ag teannadh le
Breandán chun áit a bhaint amach i meánscoil éigin ar tír mór:

> Sa mbliain 1943 réitigh m'athair scata againn faoi chomhair scúdú na Cásca,
> a bhíodh ar siúl in ionaid éagsúla ar fud na tíre an tráth sin bliana. An té
> a dhéanfadh go maith bheadh áit le fáil aige nó aici i gceann de na Coláistí
> Ullmhúcháin, a bhíodh ag réiteach scoláirí do na Coláistí Oiliúna
> múinteoireachta san am. Ina cheann sin bhí scoláireachtaí chuig gnáth-
> mheánscoileanna le fáil de bharr an scrúdaithe freisin.
>
> Chomh fada le mo chuimhne d'oibríomar réasúnta crua agus thugamar
> aghaidh ar Ghaillimh agus ar an ionad scrúdaithe go misniúil. Ach nuair a
> tháinig na torthaí thosaigh mise go háirithe ag fáil tuisceana nua ar an saol.
> Ní hamháin gur theip mé san ábhar ina rabhas lag – uimhríocht – ach theip
> mé sa nGaeilge agus sa triail lámhscríbhneoireachta freisin. Ní raibh de
> leithscéal bacach agam ach go mb'fhéidir go raibh baint éigin ag an dá rud
> úd lena chéile agus nach raibh ar chumas an scrúdaitheora mo chuid
> scríbhneoireachta a léamh.[24]

Ní raibh aon leigheas air ach níos mó oibre a dhéanamh agus bhí a
shliocht air an fómhar dár gcionn.

> Chuas síos chuig teach an phoist leis na litreacha a fháil lá agus bhí an litir
> oifigiúil ina measc. Níor lig an faitíos dom í a oscailt ach lasc mé siar
> abhaile agus shín chuig m'athair í. D'aithin mé ar a aghaidh láithreach go
> raibh liom agus bhí an ceart agam. Bhí an scrúdú agus áit i gColáiste Éinde
> i nGaillimh faighte agam. Chuaigh mé go Contae an Chláir ar saoire chuig
> mo sheanmháthair agus an-fháilte agam romham féin.
>
> Ach chuir an cogadh cor sa scéal seo freisin. Bhí ospidéal míleata ag
> teastáil ó Cheannasaíocht an Iarthair agus bhí seilbh glactha acu ar Choláiste
> Éinde. Tháinig litir a thug le fios gur i gColáiste Oiliúna Naomh Pádraig i
> nDroim Conrach a bheimis ach go mbeadh moill ar thús an téarma. Bhí
> mo chás pacáilte agam ó thús Mheán Fómhair ach scéal ná duan níor
> tháinig go deireadh na míosa. Bhí mise faoin am sin chomh giongach le
> mionnán gabhair le tnúthán cur chun bóthair.

Gan choinne ar bith, tháinig m'athair aníos faoi dheifir ón scoil lá ar a rothar agus d'fhógair orm a bheith ag baint as. Tháinig sreangscéal ag ordú dom dul go Baile Átha Cliath láithreach agus bhí na Brianaigh, a thugadh móin isteach go hÁrainn as Cé an tSrutháin, ag réiteach chun imeachta gan mhoill. Ar éigean a bhí deis agam slán a fhágáil ag daoine agus mar sin ab fhearr é. Sa Sruthán a d'fhanamar an oíche sin agus fuaireamar an bus go Gaillimh agus ceann eile go Baile Átha Cliath, áit a shroicheamar tráthnóna.[25]

Níl sé luaite in aon áit ag Breandán go bhfuair sé an ceathrú háit in Éirinn i scrúdú na gColáistí Ullmhúcháin an bhliain sin.

Nótaí

1 'My Own Place' RTÉ

2 *The Novels of Liam O'Flaherty:* Sheehan 41

3 Synge, Collected Prose: 283

4 Sharon Gmelch: *Irish Life and Traditions*: 1986: 138

5 Sharon Gmelch: *Irish Life and Traditions*, 135

6 *An Nollaig Thiar:* 53-54

7 Sharon Gmelch: *Irish Life and Traditions;* 135

8 *Shame the Devil:* 60

9 'My Own Place': RTÉ 1.10.75

10 *An Nollaig Thiar:* 23

11 *Over the Bar:* 17

12 *Irish Life and Traditions*: 134

13 *Irish Life and Traditions:* 134

14 *Over the Bar:* 25-26

15 *My Own Place*: RTÉ 1.10.1975

16 *An Chaint sa tSráidbhaile:* 121

17 *Cúrsaí* – RTÉ: 1990

18 *Over the Bar:* 19

19 *Over the Bar:* 19-20

20 *An Nollaig Thiar:* 39-40

21 *Over the Bar:* 9

22 *Over the Bar:* 23-24

23 *Over the Bar:* 28

24 *An Nollaig Thiar:* 91-92

25 *An Nollaig Thiar*

3. An Mheánscoil

Ó bhí mé ceithre bliana déag d'aois ba le tír mór mé trí ráithe na bliana ar a laghad.   I gcathracha agus i mbailte móra a chaith mé formhór mo shaoil[1]

Tá cur síos breá ag Breandán in *Over the Bar* ar an turas go Baile Átha Cliath agus ar an gcéad bhliain ar meánscoil ansin ach tosóidh mise anseo le cuntas a scríobh sé don iris *Coláiste Éinde 1928 – 1970* a foilsíodh go speisialta i 1978 le linn don choláiste a bheith ag ceiliúradh leathchéad bliain:

> Na Brianaigh as an Sruthán (gar don Cheathrú Rua) a thug mé féin agus m'athair ar an gcéad chuid den turas go Droim Conrach i mbád seoil agus ba fhliuch an turas é freisin maidir le báisteach anuas agus farraige cháite aníos. Chaitheamar an oíche Tí Neachtain sa Sruthán agus ar aghaidh ar an mbus ar maidin; go Gaillimh ar dtús agus ansin go Baile Átha Cliath, áit nár bhaineamar amach go raibh sé dubh dorcha.[2]

> . . . we got the bus to Galway and another bus to Dublin which seemed to call at every town in the Midlands before dropping us on the quays in the afternoon. Classes were still in progress and an tAthair Pádraig Ó Laoi, who showed me my cubicle in the huge dormitory, told me to report at bedtime.[3]

Buachaill óg as an dara bliain darbh ainm Déaglán Ó Braonáin, a bhí ag bualadh peile ar an bpáirc agus a bhí ar dhuine de dhlúthchairde Bhreandáin an chuid eile dá shaol, an chéad duine a casadh orthu i nDroim Conrach an chéad lá úd.   Seo é an Déaglán Ó Braonáin a bhí ina Rúnaí ar An Roinn Oideachais ó 1984 go dtí 1989 agus ina bhall den Chúirt Oibreachais ó 1989 go ndeachaigh sé amach ar pinsean i 1994. Thug Déaglán chuig an Uachtarán, an tAthair Ó hEidhin, iad agus thug seisean chuig an Athair Pádraig Ó Laoi iad.   B'as Contae an Chláir an tAthair Pádraig Ó Laoi agus ní raibh sé féin ach díreach tar éis tosú ag múineadh ar fhoireann an Choláiste an fómhar céanna sin. Fuair an Canónach Pádraig Ó Laoi bás i nGaillimh i 1999 ach tamall sular bhásaigh sé labhair sé go ceanúil ar an gcéad chastáil úd le Breandán i bhfómhar na bliana 1944:

> Is cuimhin liom gur tháinig an t-athair in éineacht leis agus gur bhuail mé leis an mbeirt acu. Nuair a bhí a mhála leagtha ar an leaba sa suanlios ag Breandán is cuimhin liom iontas a bheith ar an athair gur sa gcillín céanna a bhí sé féin na blianta fada roimhe sin . . .

Ba é an chéad uair ag Pádraig Ó hEithir ar ais sa gcoláiste é ó chríochnaigh sé a chuid oiliúna ansin i 1922 agus tháinig scéalta agus eachtraí na mblianta sin ar ais ina chuimhne. Bhí cuid acu cloiste ag Breandán cheana ach ba rud eile ar fad é a bheith i do sheasamh ar an bhfód ar tharla cuid acu. Thaispeáin Pádraig Ó hEithir do Bhreandán an balla ard géar atá timpeall Choláiste Phádraig ar Bhóthar Dhroim Conrach, an áit a ndeachaigh Dan Breen agus é gonta go dona, de sheanléim thairis agus é ag éaló ó Arm na Breataine oíche fhómhair i 1920 le linn do Phádraig a bheith ina mhac léinn ansin. Thaispeáin sé do Bhreandán an teach a dtugtar *Fernside* air, leathchéad slat ó thuaidh den Choláiste ar Bhóthar Dhroim Conrach, ina raibh lóistín na hoíche faighte ag Dan Breen agus ag Seán Treacy ón Ollamh John Carolan as Sligeach a bhí ag múineadh i gColáiste Phádraig ag an am; bhris an 'Cairo Gang', mar a thugtaí orthu, isteach ina mullach, ach ar bhealach míorúilteach éigin thug an bheirt ógfhear na cosa leo. D'éalaigh Dan Breen agus é gonta, trasna fhaiche Choláiste Phádraig agus trasna Abha na Tolcha, go bhfuair sé tearmann san aon teach sábháilte amháin a bhí ar bhruach thall na habhann. Léigh Breandán faoin eachtra ina dhiaidh sin sa dá leabhar *My Fight For Irish Freedom* le Dan Breen agus *Seán Treacy and the Third Tipperary Brigade IRA* le Desmond Ryan.

Thaitin scéalta crógachta agus laochais go mór le Breandán, bídís ar pháirc an chatha nó ar pháirc na himeartha, agus is léir óna chuid iriseoireachta agus craoltóireachta, agus go háirithe óna leabhar *The Begrudger's Guide to Irish Politics*, gur thug sé suntas ar leith do chréachta an Chogadh Chathartha agus don chaoi ar chabhraigh cluichí

Chumann Lúthchleas Gael leis na créachta sin a chneasú. Bhí neart fáthanna eile aige le Cumann Lúthchleas Gael agus an stair a cheangal le chéile; tá tagairt aige féin in *Over the Bar* d'eachtra eile ó na laethanta luatha sin i nua-stair na tíre, a tharla ar an 21ú Samhain 1920, an Domhnach ar mharaigh na Dúchrónaigh Mick Hogan, an peileadóir as Tiobraid Árann a bhfuil Ardán Uí Ógáin ainmnithe ina dhiaidh:

At this stage of my development I associated the GAA almost completely with history. This was because my father had been in Croke Park on Bloody Sunday. He was a student in St. Patrick's Training College, in Drumcondra, and had gone with some fellow-students to see the football match between Dublin and Tipperary. His description of the panic when the shooting started, the stampede that flattened a galvanised fence, leaving him with a scar on his kneecap, was permanently locked in my memory by his fleeting image of a hawker whose basket of fruit was knocked over in the rush, down on her knees among the fleeing feet, trying to gather what she could and shrieking 'Jasus, me fine oranges!'[4]

Ceileann acmhainn grinn Bhreandáin a chuid dáiríreachta go minic, ach thuig sé cumas na haoire agus cumas an amhráin. Sa mbailéad 'The Gentle Black and Tan' atá le fáil i dtús *The Begrudger's Guide* tá an eachtra sin thuas buanaithe aige sa véarsa:

Croke Park on Bloody Sunday
Was our hero's greatest test.
The spectators on the terraces
Nigh impossible to miss.
With salt tears his eyes were blinded
And down his cheeks they ran,
So he only shot Mick Hogan
The gentle Black and Tan.

D'éirigh go breá le Breandán ar an meánscoil ón tús agus ní raibh cumha ná uaigneas air mar a bheadh ar bhuachaill eile. Bhí cleachtadh níos fearr aige ar bheith imithe ón mbaile ná mar a bhí ag mórán dá chomhscoláirí. Bhí an tAthair Ó Laoi ag coinneáil súil charad ar a chomh-Chláiríneach, mar is mar sin a bhreathnaigh sé ar Bhreandán, ó tharla gurbh as Contae an Chláir Pádraig Ó hEithir. Ní hé amháin go raibh sé an-sásta le Breandán, d'fhéadfá a rá ón gcur síos a thug sé dom air go raibh sé bródúil as:

> Bhí Breandán an-chliste! Bhí luí níos mó aige leis an mBéarla ná leis an nGaeilge agus bhí sé i bhfad níos fearr ag aistí Béarla ná ag aistí Gaeilge. Bhí togha na Gaeilge freisin aige, le scríobh agus le labhairt. Togha scoláire a bhí ann agus bhí an caighdeán an-ard i gColáiste Éinde ag an am. Bhí traidisiún maith staidéir sa gcoláiste i gcónaí. Thugadh an tOllamh Mac Dhubháin altanna beaga le scríobh dóibh faoi ábhair éagsúla agus bhíodh iontas air i gcónaí faoin méid eolais a bhíodh ag Breandán.

Deir Breandán faoin Athair Ó Laoi in *Over the Bar*:

> An tAthair Ó Laoi, now a Canon and Parish Priest of Ennistymon, who has since written an interesting book, *Nora Barnacle*, and *The Annals of the GAA in Galway*, did a lot to broaden our vision. Although his temper was quick he always laced discipline with good humour and his cultivation of freedom of expression was appreciated by most of us, even at that time.[5]

Bhí gach canúint Ghaeilge sa tír, beagnach, á labhairt i gColáiste Éinde an uair úd agus bhí an oiread deacrachta ag buachaillí na Gaeltachta dul i gcleachtadh orthu is a bhí ag gach buachaill eile, mar is léir ón scéilín seo a leanas ó Bhreandán as an aiste in iris cheiliúrtha an Choláiste:

> Chuaigh m'athair ar ais abhaile agus shocraigh mise síos sa gColáiste ach taobh istigh de chúpla lá d'íoc mé as an bhfliuchán agus an síorthaisteal i mbusanna plúchta. Dhúisigh mé agus an focal féin ní thiocfadh aníos as mo scornach. Dhá chillín síos uaim, sa suanlios mór millteach ina raibh na sóisir go léir, bhí fear eile ar an leaba gan éirí. Ba é seo Seán (Dubh) Ó Gallchóir as Gaoth Dobhair a bhí in aon bhliain liom féin. Ní raibh mairg na ngrást ar Sheán. Is amhlaidh a bhí sé dá chaitheamh féin in aghaidh na rialacha féachaint cé chomh solúbtha agus a bhí siad agus cá raibh na poill iontu.

Tar éis an Aifrinn tháinig Bean a' Tí chugainn agus dúirt mise léi, go cársánach, go raibh slaghdán orm; rud a bhí soiléir go leor chomh luath agus a d'oscail mé mo bhéal. 'Fan sa leaba agus tóg salann,' a dúirt sí agus bhog ar aghaidh chuig Seán Ó Gallchóir a d'fhógair uirthi amach as a phluais phlaincéadach go raibh 'sceadamán nimhneach agus déideadh' air. Níorbh iontaí le Bean a' Tí an blogam Conallach seo ná liom féin. Rinne sí a dícheall ach ar mhí-ámharaí an tsaoil ní raibh aon Bhéarla ag Seán ar a thinneas! Níor chreid sí mise nuair a dúirt mé nár thuig mise ach oiread é. Nár chainteoir dúchais mé? Tháinig sé aníos i mo scórnach a rá gur theip mé Gaeilge sa scrúdú iontrála an bhliain roimhe sin ach d'fhág mé an scéal mar oin, bhí mise freisin ag foghlaim.[6]

In *Over the Bar* deir sé:

During my four years in Coláiste Éinde all the living dialects of Irish, with the exception of the Déise, were spoken there. There were also students from the non-Gaeltacht areas of Donegal, Mayo and Galway as well as boys from Cavan, Leitrim, Monaghan, Louth, Meath, Westmeath, Clare and Tipperary. Linguistically it was like a vat into which almost all the dialects and regional accents were poured and out of which something close to a standard speech, based on the living language, emerged; complete with the school argot which perplexed our parents as well as the teams that played against us, even when they were from schools where subjects were taught through Irish. Only in the First Irish-speaking battalion, when it was in its heyday in Renmore, have I heard of this kind of development.

Because we were being prepared for a specific purpose the curriculum differed from that of the other secondary schools – as did the school's status, for we were administered directly by the Department of Education. Modern languages were not taught, but we learned Latin as well as Irish, English, History, Geography, Physics, Mathematics and Christian Doctrine. Music and Drawing were also compulsory as was Woodwork, up to Intermediate Certificate, and we had elocution classes in our final year.

Considering that all this was packed into four years and that failure in either one of the certificate examinations meant the end of this particular academic road, it is hardly surprising that the emphasis was on studying

and passing the examinations and that everything else, including sport, was
of secondary importance.[7]

Ní raibh i rang Bhreandáin ach ocht nduine dhéag. Níor tháinig aon
rang isteach go Coláiste Éinde an bhliain dár gcionn, 1945, agus d'fhág
sin go raibh sé níos éasca ag daoine aithne mhaith a chur ar a chéile:

> My class of eighteen was composed of ten from Donegal (backboned by
> five lively spirits from Gaoth Dobhair), four from Mayo, three from Galway,
> and Seán Mac Íomhair kept a lone flag flying for Dundalk. We seemed to
> get on very well together from the beginning . . .[8]

I ndeisceart Bhaile Átha Cliath a chuir Seán Mac Íomhair faoi i 1964
agus chuaigh sé amach ar pinsean i 1995, tar éis dó a bheith ina
Leasphríomhoide ar an gColáiste Sinsearach sa Naigín, gar do Dhún
Laoghaire. Nuair a d'fhiafraigh mé de cén chéad chuimhne a bhí aige
ar Bhreandán ní raibh braiteoireacht dá laghad ag baint lena fhreagra:

> Tá sé sin an-soiléir. Bhí Coláiste Éinde aistrithe go Coláiste Phádraig i
> mBaile Átha Cliath na blianta sin. Bhíodh muid ag siúl timpeall na páirce
> agus an mhaidin Domhnaigh seo bhí mé le Breandán den chéad uair. Agus
> chuir sé an cheist chéanna orm a chuir tusa orm ar ball – 'cárb as tú?' 'As
> Contae Lú' arsa mise. *'The wee county!'* arsa Breandán. Agus dúirt mise,
> *'wee but good!'* Ní raibh mórán Gaeilge agam an t-am sin. Ach bhí sé sin
> an-spéisiúil mar bhí spéis ag Breandán, fiú amháin an t-am sin, i rudaí
> áitiúla. Agus nuair a dúirt mise 'wee but good!' d'aithin sé an gean áitiúil,
> rud a thuig sé féin go maith. Ní bheadh mórán measa aige ormsa dá
> mbeinn ag déanamh leithscéil faoin áit arbh as mé. Sin é an chéad uair ar
> casadh orm é agus bhíomar seacht mbliana le chéile ina dhiaidh sin, ceithre
> bliana i gColáiste Éinde agus trí bliana in aon lóistín i nGaillimh le linn
> dúinn a bheith ar an ollscoil ansin.

Bhí Aindreas Ó Gallchóir ar dhuine den chúigear 'lively spirits' úd as
Gaoth Dobhair ar thagair Breandán dóibh, agus nascadh caradas idir é
féin agus Breandán an chéad bhliain úd i nDroim Conrach. Go deimhin

bhíodar ina gcomrádaithe agus ina gcomhghleacaithe oibre in RTÉ blianta ina dhiaidh sin arís:

Bhí Breandán sa chéad cheathrar nó cúigear sa rang i gcónaí. Bhí cuimhne dhiabhalta aige agus bhí sé an-chliste. Bhí bua mhór amháin aige nach raibh ag an chuid eile againn – bhí sé dátheangach ón tús; tógadh leis an dá theanga é. Dar ndóigh, bhí scil iontach teanga aige, sa dá theanga. Is dóigh liom go raibh sé ar an gcainteoir ba chruthaithí dá raibh aithne agamsa riamh air, i mBéarla nó i nGaeilge. Bhí sé ina scéalaí an-mhaith, fiú amháin ag an aois sin. Bhí an scil nádúrtha aige. Dúirt Graham Greene ina aiste *The Lost Childhood* go mbíonn pearsantacht an duine múnlaithe go hiomlán faoi aois a ceathair déag nó mar sin agus go bhfuil na cáilíochtaí sin a dhéanann suas pearsantacht an duine le feiceáil thart ar an aois sin. Ba ábhar mór cainte é an t-oileán; bhí an oiread eolais agamsa ar Árainn de bharr na mblianta sin is a bhí agam ar mo bhaile féin! Bhí Breandán i bhfad chun tosaigh ar an chuid eile againn ó thaobh forbartha de. Nuair a bhí muide cúig bliana déag bhí Breandán ocht mbliana déag. Bhí sé isteach agus amach go Gaillimh ó bhí sé an-óg. Bhí Baile Átha Cliath agus Páirc an Chrócaigh feicthe aige nuair nach raibh an Clochán Liath feicthe ag cuid eile againn. Bhí eolas ar Joyce aige agus ar scéalta Uí Fhlatharta agus bhí a fhios aige cérbh é Flann O'Brien agus Myles. Bhí geograf an eolais aige, rud nach raibh ag an chuid eile againn ag an am. Bhíodh diabhlaíocht ann freisin ach d'fhaigheadh sé ar shiúl leis i gcónaí. Bhí sé ciallmhar go leor ó thaobh staidéir de. Ní thabharfá faoi deara go raibh sé á dhéanamh ach bhí sé á dhéanamh. Fuair sé scoláireacht ollscoile, agus ní fhéadfá scoláireacht ollscoile a fháil in am ar bith, anois ná an uair sin, gan an obair a dhéanamh. Thaitin Coláiste Éinde go hiontach leis; thaitin an áit linn ar fad. Ach bhí an-mheas ar Bhreandán, an dtuigeann tú, ag scoláirí agus ag múinteoirí.

Cé gur sa dara bliain a bhí Déaglán Ó Braonáin bhí sé níos óige ná formhór a ranga féin agus ba mhó a chaidreamh leis an rang a raibh Breandán agus Aindreas ann. D'éirigh sé féin agus Breandán an-chairdiúil le chéile:

Ní cuimhin liom cén chaoi ar thosaigh an cairdeas go díreach ach is cuimhin liom a fháil amach go raibh go leor léite ag Breandán ag an am sin féin. Múinteoirí scoile a bhí ina athair agus ina mháthair agus múinteoir scoile a bhí i m'athair féin. Bhí leabhair sa mbaile ag an mbeirt againn. Ach bhí Breandán go mór chun cinn ar an gcuid eile againn. Ba duine é ar féachadh suas chuige ón tús. Cé go raibh sé rannpháirteach ina rang, mar sin féin sheas sé amach uathu. B'fhacthas domsa go raibh chuile shórt á thabhairt faoi deara aige. I nGaillimh níos deireanaí is cuimhin liom an carr mór seo ag teacht isteach go Coláiste Éinde agus Breandán ag siúl síos agus suas in éineacht leis an bhfear seo. Ansin fuair muid amach gurbh é a uncail, an scríbhneoir cáiliúil Liam Ó Flatharta, a bhí ann. Bhí an-bhua teangacha ag Breandán agus thug Aodh Mac Dhubháin, duine de na múinteoirí, an-suntas ar fad dó. Labhraíodh sé faoi sa rang s'againne, fiú amháin.

Bhí Peadar Ó Luain nó Peadar Lamb, as an gCeathrú Rua i gConamara, fear a bhí ina aisteoir in Amharclann na Mainistreach ina dhiaidh sin, sa rang céanna le Breandán freisin agus is cuimhneach le Peadar an rang ar fad a bheith an-tógtha le mac deirfíre leis an scríbhneoir cáiliúil Liam Ó Flatharta a bheith in aon rang leo. Seans go rabhadar tógtha le Peadar féin, mac leis an ealaíontóir cáiliúil Charles Lamb, a bheith san aon rang leo freisin. B'fhéidir gur mar gheall ar an rang a bheith beag é, ach d'fhan formhór an ranga sin an-mhór le chéile an chuid eile dá saol; go deimhin tá Peadar Lamb agus Seán Mac Íomhair ina gcomharsana béal dorais ag a chéile i nDún Laoghaire.

In alt a scríobh Aodh Mac Dhubháin in iris cheiliúrtha leathchéad bliain Choláiste Éinde i 1978 chaith sé súil siar ar na ranganna go léir a chuaigh trína lámha i gcaitheamh na mblianta a chaith sé ag múineadh ansin agus scríobh sé:

Ní maith liom ainmneacha a lua ach caithfidh mé an chraobh a thabhairt don scata a bhí in aon rang le chéile 1944-1948; is buan mo chuimhne ar na buachaillí a bhí sa rang sin. Orthu sin bhí Breandán Ó hEithir, Aindreas Ó Gallchobhair, Peadar Ó Luain, Cionnaith Mac Suibhne, Seán P. Mac Fhloinn, Mícheál Mac Mathúna, Seán Mac Íomhair, Tomás Ó Fiacháin – cén chabhair dul i bhfad scéil, bheadh an liosta ró-fhada. Sháraigh an rang seo aon rang a bhí agam thoir ná thiar; b'aoibhinn bheith ag obair leo agus bheith ina gcomhluadar. Bhíodar thar a bheith meabhrach, éirimiúil, fearúil agus macánta; tá mé buíoch agus mórálach go raibh baint éigin agam le iad a sheoladh amach ar an teiscinn mhór.[9]

Bhí triúr ar leith ar fhoireann teagaisc an Choláiste a raibh tionchar anmhór acu ar Bhreandán agus ba iad sin An tAthair Pádraig Ó Laoi atá luaite cheana, an tOllamh Aodh Mac Dhubháin agus an tOllamh Mícheál Mac Gamhna; tá an triúr sin luaite go mion minic ag Breandán in *Over the Bar.*

Two of our lay teachers devoted a lot of their spare time to developing our talents in other directions. Aodh Mac Dhubháin, or Hudie as he was known to his students, taught us Irish, History and Geography and all sorts of general knowledge besides. As well as being a good teacher he was held in great affection by his pupils and when I began to travel around the country, and met past pupils of our school from previous years, I found that the first question they asked was invariably 'How is Hudie?' He was an actor and a translator of plays in Taibhdhearc na Gaillimhe and as if this was not enough, he also produced at least one play a year with the third or fourth year class in Coláiste Éinde.

Mícheál Mac Gamhna, unlike Hudie who was a native speaker from Trá Bháin in Connemara, was a Wicklowman and one of the first students to have come through the Preparatory system. He taught us English, Music, Drawing and Woodwork, gave tuition on the violin and piano and delighted in training choirs for competitions. He had a gift for composing and translating popular songs and for telling the tallest of stories with great conviction. During my last year he also helped us to organise a céilí band. These two and an tAthair Pádraig Ó Laoi helped to fill the gap in our information created by the absence of newspapers.[10]

Ligtí na buachaillí amach as an staidéar uair sa tseachtain ag éisteacht le dráma i nGaeilge a bhíodh ar Raidió Éireann. Go deimhin, ghnóthaigh Breandán cúig scillinge de dhuais ar léirmheas a rinne sé ar cheann de na drámaí seo agus, níos tábhachtaí fós, léadh amach a ainm ar an raidió! Ligtí amach as an staidéar freisin iad ag éisteacht le troideanna

tábhachtacha a bhíodh ag Máirtín Thornton as An Spidéal, duine de na
dornálaithe ba cháiliúla dá raibh sa tír, agus ceadaíodh dóibh éisteacht
freisin le cúpla craoladh faoi shláinteachas a rinne an Dr Nollaig de Brún,
a chuir de stró air féin Gaeilge a fhoghlaim nuair a rinneadh Aire Sláinte
de sa gcéad Chomhrialtas. D'fhág na rudaí seo go léir a rian ar intinn
Bhreandáin agus choinnigh sé cuimhne orthu. Bhí aon laige amháin ann,
a dúirt Seán Mac Íomhair: ní raibh suim ar bith aige in obair láimhe:

> Is minic a dúirt sé liom nach raibh aon spéis aige i dtithe, i ngarraíodóireacht,
> i bhfeirmeoireacht ná in aon rud a bhain le obair láimhe. Bhí an-spéis
> agamsa in adhmadóireacht agus sin difríocht mhór a bhí idir an bheirt againn.
> Bhí spéis ag Breandán i ndaoine agus i leabhair agus i rudaí cruthaitheacha.

Ní hé amháin gur thaitin Coláiste Éinde go hiontach le Breandán, idir
chomhscoláirí agus fhoireann teagaisc, ach thuig sé, ag féachaint siar ar
na blianta sin níos deireanaí, cé chomh ciallmhar, praiticiúil is a bhí
córas na gColáistí Ullmhúcháin:

> Now that the Preparatory Colleges are a thing of the past, I should explain
> that the system was established as a means of recruiting students who
> would be fluent in Irish before they entered the Training Colleges. Entrance
> was by nationwide public examination, held at Easter, and half the places
> were reserved for successful candidates from the Gaeltacht.
> There were two colleges for boys: Coláiste Íosagáin, Baile Mhúirne agus
> Coláiste Éinde in Salthill. There were four colleges for girls: Coláiste Íde in
> Corca Dhuibhne; Coláiste Mhuire, Tuar Mhic Éada; Coláiste Bhríde, Fál
> Carrach and Coláiste Móibhí in Shanganagh Castle, near Bray, which
> catered for Protestant girls. All the colleges were residential, the Inter and
> Leaving Certificate courses were completed in four years and successful
> students were assured of places in the Training Colleges.[11]

Bhí aon bhuntáiste mór amháin ag gabháil leis an Dara Cogadh Mór,
chomh fada is a bhain le Breandán, – gur i bpríomhchathair na tíre a
chaith sé a chéad bhliain meánscolaíochta dá bharr. Is iomaí tagairt atá
aige d'imeachtaí na bliana sin in *Over the Bar.*

That first year in Dublin flew past at great speed . . . On Sundays we were marched off to Croke Park if there was any match of interest being played; all matches were of interest to us, of course. But when there were no matches we were taken to other places of interest in the city, to the cinema occasionally, to Oireachtas na Gaeilge and to an art exhibition . . .

. . . When the Railway Cup semi-final between Leinster and Ulster was played in Croke Park, in February 1945, the Donegal boys, who formed the biggest ethnic group in Coláiste Éinde, had their great moment. Hudie Beag Gallagher from Bun Beag, one of the great corner forwards of his day and the best the county has produced, was lining out for Ulster. At night in the dormitory tales were told of his exploits: the Gaoth Dobhair contingent having particularly graphic accounts of battles against Dungloe played in far-off Letterkenny. The eyes of Coláiste Éinde were on Hudie Beag.

Nor did the man from Bun Beag disappoint us. He scored a great goal in the first game, that ended in a draw. The dormitory that night was like a roosting-place of a thousand starlings.[12]

San aiste úd in iris cheiliúrtha leathchéad bliain an Choláiste i 1978, scríobh sé:

Tharla go leor rudaí i rith na bliana úd a chaitheamar ar aíocht i gColáiste Phádraig agus is iontas liom anois an lear rudaí a fhanann neadaithe go daingean i mo chuimhne. Leathanach tosaigh an *Evening Herald* ar a raibh scéala báis Hitler agus Eva Braun; éadan Choláiste na Tríonóide dhá lá tar éis do scoláirí áirithe bratach na hÉireann a dhó ar an díon agus bratach na Breataine a chrochadh ina ionad; Pól Ó Dubhláin (ó Choláiste Éinde) ag buachan an 100 agus 220 slat i gCraobh Choláiste Laighean agus an fear a choisteáil a' rá, nuair a fiafraíodh de cén cineál institiúid aduain as a dtáinig an lasair thintrí seo, 'They must have re-opened Pearse's old school'; Liam Mac Donncha as an gCeathrú Rua ag imirt folach bhíog le Ollie Freeney i gcluiche in aghaidh Scoil Uí Chonaill, ag leagan mo lámh den chéad uair i mo shaol ar shneachta sa tseanchearnóg i gColáiste Phádraig . . .

Ach nuair atá deireadh ráite is é an rud is gléiní a fhanann i mo chuimhne ná an chaint úd a rinne Seán Ó Gallchóir mar thuig mé nach raibh mo chuid caraíochta leis an teanga Ghaeilge ach ina tús: go gcaithfinn

mórchuid staidéir a dhéanamh sara mbeinn in ann comhrá a dhéanamh le
baill eile an ranga ina rabhas. D'éirigh liom, míle buíochas le Dia, agus leo
siúd go léir nach raibh an Ghaeilge ó dhúchas acu ar chor ar bith. Chomh
fada agus a bhaineann liomsa ba é seo príomhbhua agus príomhshuáilce
Choláiste Éinde. B'aon mhuintir amháin sinn go léir dá fhágáil. Sílim gur
muintearas é a mhaireann go láidir fós. Níor leag mé féin súil ar Sheán Ó
Gallchóir ón mbliain 1947 ach tig liom é a fheiceáil agus é a chloisteáil go
soiléir an nóiméad seo.[13]

B'eachtra ann féin an turas abhaile go hÁrainn trí huaire sa mbliain
agus an turas ar ais go tír mór arís chun na meánscoile. Bhíodh ar
Bhreandán oíche a chaitheamh in óstán i nGaillimh agus éirí san
anmhaidin le breith ar an sean-Dún Aengus. B'oideachas ann féin é sin
agus taithí saoil nach raibh ag a chomhscoláirí.

Mar oileánach, bhí luí ar leith aige le duganna na Gaillimhe ó leag sé
cois go hóg orthu. Rinne sé cur síos ar a chuimhne orthu do Sheán Ó
Tuairisg in agallamh teilifíse go gairid roimh a bhás i 1990, agus an
bheirt acu ag siúl thart ar na duganna:

> Ba í an fharraige, mar a déarfá, an bóthar seo againne go dtí 'An
> Ghealchathair'; bhí bóthar Chois Fharraige ag muintir Chonamara. Ba ag an
> duga a thosaigh do thuras isteach go Gaillimh. Is ann a chríochnaigh an
> turas as Árainn agus is é mo ghéarchuimhne a bheith ar an sean-Dún
> Aengus ag teacht anuas an cuan agus ag teacht in amharc na Gaillimhe.
> D'fheicfeá soilse na Gaillimhe agus bhí draíocht ag baint leis sin nuair a bhí
> tú ag dul isteach Bóthar na Trá. Agus ansin nuair a tháinig tú isteach sa
> duga, an rud a théadh i gcion ormsa ná an boladh a gheobhfá.
> . . . Ach bhí píosa talún istigh idir an dá dhuga agus nuair a bhí mise i mo
> ghasúr bhí seanfhear ina chónaí soir an bóthar anseo in aice le Loch a' tSáile
> agus bhí dhá ghabhar aige agus bhíodh an dá ghabhar ar féarach ar an
> gcarnán mór créafóige seo – ballasta a caitheadh amach as báid agus a
> raibh féar ag fás air. Agus thagadh sé dá mbleán chuile mhaidin agus ba
> radharc speisialta thart ar an áit seo é, i gcruthúnas duit cé chomh socair a
> bhí an saol an tráth sin ar na duganna.[14]

An chéad samhradh sa mbaile ón meánscoil d'fhoghlaim Breandán leis an mbosca ceoil a chasadh. Bhí bosca sa teach i gcónaí agus d'fhoghlaim an chlann ar fad, ar a seal, lena sheinm. Bhí ceol ag a máthair agus sheinneadh sí féin an bosca ó am go ham. Bhí col ceathar Bhreandáin, Alice Powell, a bhí imithe as an teach agus pósta faoi seo, in ann an bosca a sheinm go maith agus is uaithi a d'fhoghlaim Breandán a chéad chúpla port.

Nuair a d'fhill Coláiste Éinde ar Bhóthar na Trá i bhfómhar na bliana 1945 bhí leath an choláiste fós ina Ospidéal Airm, rud nár thaitin ar chor ar bith le hUachtarán an Choláiste, An tArd-Deochain Donncha Ó hEidhin, fear a bhfuil cuí síos an-ghreannmhar agus an-chruinn ag Breandán air in *Over the Bar*. Bhí an ghráin ag an Uachtarán ar na saighdiúirí mar nach raibh siad ag tabhairt aire cheart don fhoirgneamh, dar leis, agus bhí cosc iomlán ar na buachaillí labhairt le saighdiúir. Fágfaidh mé an scéal ag Breandán féin mar, cé gur i nGaeilge a tharla an comhrá idir é féin agus an tUachtarán, éiríonn leis breith go huile agus go hiomlán ar shaintréithe coirp agus aigne an tsagairt:

One night, shortly after the beginning of first term, I was summoned from the temporary study hall to the President's office. I was almost sure I had done nothing wrong, and had therefore nothing to fear, but with Dr Ó hEidhin you were never completely sure. He invented thought police years before the idea entered George Orwell's mind and took the precaution of limiting membership to himself.

He was sitting behind his desk and he stared at me for a while as if he had forgotten why he had summoned me from my proper place in the study hall. He was a small, bald-headed man with white skin and very dark facial hair which gave his jaws a bluish tinge towards evening. His eyebrows were black and very pronounced and when he was out of sorts he looked like a dyspeptic owl who had lost more than a few days' sleep.

'You have a relative,' he said at last, taking off his glasses and rubbing his eyes with the back of his hand. 'A relative,' he repeated, just as I was preparing myself for news of a death in the family, 'who does not understand the rules of this college.'

This was nothing as simple and straightforward as a death: this conundrum

clearly meant trouble. He leant forward and began to swing his glasses in
front of me as if trying to mesmerise me. 'This man . . . this person . . .
this relative . . . came in here tonight and walked along the corridor . . .
smelling . . . smelling . . . smelling of drink, boy, and asking to see you.
Do you understand?'
He lay back in the chair, replaced his glasses and delivered the punch line:
'This person . . . who says he is a relative of yours . . . came from over
there. He is a . . . soldier!'[15]

Tá scéilín eile faoin sagart céanna in *Over the Bar* a léiríonn
dáiríreacht an Dr Uí Eidhin agus acmhainn grinn Bhreandáin:

Sometimes he was unintentionally hilarious. Once he gave a lecture on the
subject of a polish tin, the lid of which had blocked a toilet. He wondered
aloud and at length on the reasons which could provoke such a senseless
act in an institution so well stocked with all necessary toilet requisites. As
various Rabelaisian conjectures were going through most minds in the
audience, the hall was soon simmering with suppressed snorts of laughter
for which no real outlet could be found. A burst of ribald laughter would
see our few little privileges – like going to the barber's without having a
hair inspection – vanish in a blast of humourless anger.[16]

Ceann de na hócáidí móra a tharla in Árainn i rith na mblianta sin,
gur tháinig Éamon de Valera go Cill Rónáin. Bhí athair Bhreandáin
an-láidir i bhFianna Fáil agus d'iarr sé ar Bhreandán an dileagra fáilte a
léamh, rud a dhiúltaigh Breandán a dhéanamh:

Is dóigh, mar gheall ar go raibh m'athair chomh láidir sin (i bhFianna Fáil)
go dtéann tú, ag aois áirithe, malairt treo. Is cuimhneach liom eachtra
amháin agus tá mé ag ceapadh gurb é an t-aon uair amháin é nach raibh
mé féin agus m'athair ag caint le chéile ar feadh píosa . . . Nuair a tháinig
Dev go hÁrainn, sílim i 1946, agus bhí dileagra fáilte le léamh ar Chéibh
Chill Rónáin agus dúirt m'athair liomsa: 'An léifidh tú an dileagra fáilte?'
agus dúirt mise: 'Ní léifidh mé a leithéid de rud.' Agus dúirt sé, 'Cén sórt
seafóide í sin atá ort?' agus dúirt mise: 'Chuir sé sin mo chol ceathar, Éamon

Laverty as Tír Eoghain, i bpríosún nó i gcampa géibhinn.' Dúirt m'athair, 'Ní bhaineann sé sin duit', agus tharraing focal focal eile. Ach ar chuma ar bith ní raibh mé sásta agus is í mo dheirfiúr Máirín a léigh an dileagra fáilte. Is fearr dom a bheith fírinneach faoin sceál agus a rá go raibh mo chroí briste ina dhiaidh sin, mar tháinig aonad scannánaíochta as Hollywood ar an gcéibh agus bhí Máirín seo againne le feiceáil ar Pat O'Brien's Ireland ina dhiaidh sin agus í ag léamh an dileagra fáilte agus mise thuas ar an gcarcair ag caint leis an dochtúir.[17]

Cé go raibh Breandán an-tógtha leis an bpeil i gcaitheamh na mblianta seo i nGaillimh, rinne sé roinnt mhaith léitheoireachta freisin:

When I went home that summer, after the Intermediate Certificate examination, I called in to Dr O'Brien to borrow books and we talked of school. I told him that I was about to take up football seriously as we would be trying to pick a senior team out of less than thirty boys, next term, and a junior team out of much less, combined with whatever talent came in with the first years. Handball was the doctor's favourite game and I was later to find it the most satisfying game of all, but for the moment my enthusiasm was for football.

Although we were small in numbers the school ended the football season in a blaze of glory when two of our players, Diarmuid Ó Súilleabháin from Kerry and Proinsias Ó Dónaill from Donegal, were chosen on a Connacht Colleges team in the company of stars like Seán Purcell, Jack Mangan, Frank Stockwell, Peter Solan, Mick Flanagan and many others.[18]

Ba é an Leas-Uachtarán, an tAthair Pádraig Ó Laoi, a bhíodh i mbun cluichí agus lúthchleasa, chomh maith le bheith ag múineadh Laidine agus Teagasc Creidimh. Ba chuimhneach leis go mbíodh Breandán sásta tabhairt faoi chuile chluiche agus faoi chuile shórt lúthchleas:

Ní raibh Breandán ina ghaiscíoch mór ag aon chluiche ach thug sé faoi gach rud agus bhí gnáthchaighdeán imeartha aige. Tháinig muid ar ais go Gaillimh i 1945 pé scéal é agus shocraíomar síos agus is cuimhneach liom cluiche peile idir Coláiste Sheosaimh ('The Bish') agus muid féin.

Bleitheach mór d'fhear darbh ainm Murphy – buachaill deas a bhí ann – sé bliana déag nó mar sin, a bhí ag marcáil Bhreandáin, agus feicim an bheirt acu fós thíos sa gcúinne; bhí Breandán ina lánchúl ar dheis agus mé féin a bhí i mo mholtóir. Chuadar i ngleic le chéile agus bhíodar ar an talamh agus iad ag iarraidh suncanna a thabhairt dá chéile. Chuir mé an bheirt acu den pháirc agus d'fhág mé ansin iad ar feadh ceathrú uaire agus lig mé ar ais arís ansin iad. Ach gach uair ó shin a bhuailim le Murphy meabhraíonn sé dom gur chuir mé den pháirc é!

Mar leathchúl láir is mó a d'imríodh Seán Mac Íomhair agus tá cuimhne mhaith aige ar Bhreandán ag imirt sa líne chúil:

Bhí sé go maith ag imirt peile. Is cuimhneach liom gur mar lánchúl ar dheis a d'imríodh sé. Bhí sé an-deacair againne foireann a chur le chéile. Bhí an-chic aige ar an liathróid den talamh. Ní imreoir iontach a bhí ann ach choinnigh sé a áit ar an bhfoireann agus bhí an-spéis go deo aige sa gcluiche.

Shocraigh an tAthair Ó Laoi foireann iománaíochta a thosú sa gColáiste agus cheannaigh sé cúpla dosaen camán. Bhí cuimhne mhaith aige ar an gcéad tráthnóna ar roinn sé na camáin. Bhí Breandán ina measc siúd a chaith 'trí nó ceithre thráthnóna ag baint scrathacha thíos ar an bpáirc; bhí an-suim go deo aige san iománaíocht agus chruthaigh sé go maith aici.'

An tAthair Ó Laoi ordered a batch of hurleys and never before, or since, have I seen such a splintering of timbers as took place on the evening of their arrival on our pitch. It was quite terrifying while it lasted and amazing that all who took part lived to tell the tale . . .
Personally, the attempt to promote hurling in Coláiste Éinde cultivated an interest that increased with the passage of time and gave me a practical insight which could never have been gained from the sidelines.[19]

Bhí Breandán, ag an am seo, é féin agus a athair, tar éis dul ar dhá rothar as Gaillimh go Biorra le breathnú ar iománaithe na Gaillimhe ag imirt Chill Chainnigh i gcluiche leathcheannais na hÉireann ar an Domhnach deireanach de mhí Iúil 1945. Buaileadh Gaillimh le pointe amháin agus is ar an mbealach abhaile go trom tuirseach ar na rothair an oíche sin a chuala Breandán den chéad uair faoin 'mallacht' a bhí ar fhoireann iománaíochta na Gaillimhe:

> For it was during this painful journey that I first heard of the curse that hung over the Galway hurling team, like that black cloud that appears over Clonmel every market day since the day Father Sheehy was hanged.
> The curse, which must have been finally lifted on the first Sunday in September, 1980 – leaving all the real problems of the Galway senior hurling team intact – was attributed to a priest who was annoyed by some mon he heard creeping out of his church before Mass had ended. Seeing that they were members of the county hurling team, rushing to a match, he is said to have cursed the county team. For me, this was nothing unusual. I had heard people, and even houses, cursed most elaborately from the altar during clerical campaigns against the making and the sale of poitín.[20]

Chuaigh Breandán agus a athair ar an dá rothar go Biorra arís an bhliain dár gcionn, go bhfaca siad iománaithe Chorcaí ag tabhairt griosála do Ghaillimh i gcluiche leathcheannais na bliana sin. Thug a athair timpeall na páirce é go dtí an áit a raibh an bosca craolacháin, le go bhfeicfidís Mícheál Ó hEithir, arbh é Rí an Domhnaigh ar fud Éireann é lena linn. Agus chuadar go Biorra ar an dá rothar arís i 1947 nuair a bhuail Cill Chainnigh Gaillimh arís, le haon phointe amháin a scóráil siad in am breise; ní raibh deireadh cloiste faoin mallacht fós! Chuadar go Páirc an Chrócaigh i gcomhair an chluiche ceannais an bhliain chéanna sin ach is ar an traein a chuadar an uair seo, agus tá cur síos breá in *Over the Bar* ag Breandán ar cheann de na cluichí iománaíochta is fearr dá bhfaca sé riamh, idir Cill Chainnigh agus Corcaigh. Bhí Christy Ring agus Jack Lynch ag imirt do Chorcaigh an lá sin – beirt a mbeadh go leor le rá agus le scríobh aige fúthu lá níos faide anonn. Bhí deartháir Bhreandáin, Éanna, a bhí seacht mbliana níos óige ná é agus a fuair bás go hóg leis an ngalar céanna a mharaigh Breandán, i bPáirc an Chrócaigh leo an lá sin freisin. Bhí sé féin agus Breandán an-cheanúil ar a chéile agus ghoill bás Éanna go huafásach ar Bhreandán, mar a fheicfear ar ball.

Shroich Breandán agus Coláiste Éinde a mbuaicphointe peile i 1947
nuair a shroicheadar an cluiche ceannais i sraith shóisir Choláistí
Chonnacht. In aghaidh Choláiste Iarlaithe, Tuaim a bhíodar agus sa
Sportsground i nGaillimh a bhí an cluiche. Cluiche maith a bhí ann
agus bhuaigh Coláiste Iarlaithe mar a ceapadh a dhéanfaidís. Ach bhí
cluiche eile le bheith ar an bpáirc chéanna díreach ina dhiaidh sin a
mbeadh tionchar níos buaine aige ar aigne agus ar scríbhneoireacht
Bhreandáin:

> I remember St Jarlath's as a well-trained and sporting team but as soon as
> the cup was presented I turned my mind to the match that was to follow,
> the West Board hurling final between Castlegar and Liam Mellows. As we
> returned to the dressing rooms, inside the Sportsground gate, the teams
> were going out on the field and the crowd that had watched our exertions
> in polite silence were beginning to buzz. Mellows and Cashel were always
> good value in those years.
>
> I threw on my clothes and rushed out to see my first Galway senior hurling
> club game. As I turned the corner I met the teams coming back. Some
> players were spattered with blood, some were being restrained from further
> violence and everyone was in a state of high excitement. It seems that
> when the referee threw in the ball it was belted out over the sideline and
> the sixteen players in the centre of the field set about belting one another
> for reasons that remain obscure to this day. The referee ended the match
> that never really started.
>
> This strange event made a much greater impression on me than the match
> I had played in and this may be the best comment on my own particular
> relationship with the GAA. However, many years later, it provided the germ
> of an idea out of which grew the novel *Lig Sinn i gCathú* (Lead us into
> Temptation).[21]

Is é an Canónach Pádraig Ó Laoi a chomhairligh domsa dul ag ransú i
ndialanna Choláiste Éinde mar gurbh é Breandán a choinníodh cuntas ar
na cluichí peile idir-choláistí sna chéad bhlianta úd ar ais i nGaillimh. Cé
go bhfuil an cur síos lom go leor is fiú iad a chur ar fáil anseo, sílim, le go
bhféadfaí a leagan intinne agus a leagan cainte agus scríbhneoireachta a

lorg ina measc. Is iad na chéad phíosaí scríbhneoireachta óna láimh atá
againn iad agus tabharfaidh an léitheoir cúramach ainm Bhreandáin féin
faoi deara ar fhoirne na bliana 1946 agus 1947:

1945

D'fhill muid ar an gColáiste i mí Mheán Fómhair agus ar chúrsaí peile ba
luaithe a bhí aird againn. Bhí an-mhuinín againn as an bhfoireann sinsir,
go háirithe tar éis chomh maith is a chruthaíodar an bhliain roimhe sin i
mBaile Átha Cliath. Níor tháinig aon rang nua isteach i mbliana, agus mar
sin níl ach ceathracha hocht ar fad sa gcoláiste anois. In aghaidh Scoil na
mBráthar i dTuaim a bhíomar sa gcéad bhabhta. Bhí chuile shúil againn go
mbeadh an lá leo ach ní hamhlaidh a bhí. Seo í an fhoireann a bhí ag
cosaint cliú an Choláiste: Séamus Ó Gallchóir, Tomás Ó Máille, Proinsias Ó
Domhnaill, Antóin Ó Beirn, Liam Mac Donnchadha, Diarmaid Ó
Súilleabháin, Pádraig Ó Séaghdha, Pádraig Ó Fallamhain, Finín de Búrca,
Éanna Mac Cuinneagáin, Uinsinn Mac Oireachtaigh, Eoin Ó Cadhain,
Déaglán Ó Braonáin, Seán Cremer, Mártan Mac Dómhnaill. Caithfear a chur
san áireamh gur cuireadh iachall ar sheisear an Ardteist a dhéanamh
anuraidh, bliain tar éis na Meánteiste agus bhánaigh sé sin na sinsir. Bhí
Diarmaid Ó Súilleabháin agus Proinsias Mór Ó Domhnaill ar fhoireann
Chonnachta sa bpeil agus ghnóthaigh siad craobh na hÉireann. Bhí Eoin
Ó Cadhain agus Pádraig Ó Fallamhain ar fhoireann Chonnachta san
iománaíocht.

1946

Ba é imeacht ár gcomharsanaí, na saighdiúirí, agus teacht na malrach, Rang
A, na rudaí ba thúisce a thugamar faoi deara tar éis dúinn filleadh ar an
gColáiste i mí Mheán Fómhair 1946. Deichniúr ar fad a bhí i rang na
hArdteiste. Rinne Coláiste Mhuire scrios ceart orainn sa gcéad bhabhta den
pheil sinsearach. Ba í seo an fhoireann a bhí ag seasamh an fhóid dúinn:
Seán Mac Íomhair, Colm Ó Ceallaigh, Pádraig Ó Séaghdha, Cionnaith Mac
Suibhne, Pádraig Ó Gallchóir, Mártan Mac Domhnaill, Cóilín Bairéad, Seán
Mac an tSaoir, Mícheál Mac Mathghamhna, Déaglán Ó Braonáin, Seán Mac
Fhloinn, Seosamh Mac Suibhne, Seán Ó Gallchóir, Peadar Ó Luain, Séamus
Mac Uaitéir, Séamus Mac Ciarnáin agus Breandán Ó hEithir.

Tar éis a bheith ag cur síos ar bhualadh agus ar threascairt i gcúrsaí peile le tamall is deas an rud a bheith in ann cur síos ar bhua. 3-8: 1-2 a bhuail muid Coláiste Mhuire sa gcomórtas sóisir; go gairid ina dhiaidh sin bhuail muid Coláiste Sheosaimh agus bhíomar sa gCraobhchluiche in éadan na bhfathach, Coláiste Iarfhlaithe. Ba í seo an fhoireann: Domhnall Ó Cuinneagáin, Breandán Ó hEithir, Pádraig Ó Gallchóir, Cionnaith Mac Suibhne, Peadar Ó Luain, Mártan Mac Domhnaill, Tomás Ó Fiacháin, Seán Mac Fhloinn, Mícheál Mac Mathghamhna, Aubrey de Bhere, Seán Ó Gallchóir, Seosamh Mac Suibhne, Máirtín Mac Stiofáin, Seán Mac Íomhair, Tomás Ó Durcáin. Coláiste Iarfhlaithe 1-5, Coláiste Éinde 1-2.

Cé gur buaileadh sinn agus go ndeireann lucht páipéar nach bhfuil aon chiall peile againn thug muid lán a gcraicinn do mhuintir Thuama. Ní rabhamar baileach sách láidir ná sách garbh dóibh ach le cúnamh Dé ní bheidh sin le rá an chéad uair eile, agus b'fhéidir go mbeadh 'Lá eile ag an bPaorach.'

Fuair Mártan Mac Domhnaill áit ar fhoireann Chonnachta.

1947

. . . ar an 19 Deireadh Fómhair chuaigh an fhoireann sinsir go Ros Comáin. Lá breá a bhí ann – pas beag fuar b'fhéidir, agus siorradh beag gaoithe ann. Bhí an scór cothram ag leath ama agus go luath sa dara leath fuair Coláiste Éinde dhá chúilín ach tháinig Ros Comáin agus fuair siadsan dhá chúilín. Bhí an dá fhoireann meá ar mheá ar feadh i bhfad ach d'éirigh le Ros Comáin cúpla cúilín eile a fháil gan freagra ó Choláiste Éinde. An fhoireann: Mícheál Ó Floinn, Breandán Ó hEithir, Pádraig Ó Gallchóir, Cionnaith Mac Suibhne, Peadar Ó Luain, Seán Mac Íomhair, Feardorcha Mac an Bháird, Mícheál Mac Mathghamhna, Seán Mac Fhloinn, Seosamh Mac Suibhne, Seán Ó Gallchóir, Mártan Mac Domhnaill, Liam Mac Siúrtáin, Colm Ó Catháin, Máirtín Mac Stiofáin. Rinne an fhoireann sóisir slad ar Na Bráithre, Tuaim, ach bhuaigh Coláiste Mhuire orainn sa bpuiteach i gColáiste Mhuire. Sa darna leath bhí an imirt an-dian agus caithfear a rá anseo nach le haon spiorad Gaelach a d'imir Coláiste Mhuire ach le láimh láidir agus le garbhadas. Goilleann easpa líon buachaillí agus an óige go mór orainn anseo ach b'fhéidir amach anseo go bhfeabhsódh sin. An fhoireann: Domhnall Ó Cuinneagáin, Liam Mac Closcaidh, Cionnaith Mac

Suibhne, Mícheál Mac Garaidh, Tomás Ó Fiacháin, Aubrey de Bhere, Liam Ó Mainnín, Mícheál Ó Floinn, Seán Mac Fhloinn, Pádraig Mac Suibhne, Liam Mac Siúrtáin, Tomás Ó Durcáin, Seosamh Mac Cába, Colm Ó Catháin, Seán Mac Giobúin. D'éirigh le Mártan Mac Domhnaill agus le Seán Mac Fhloinn áit an duine a fháil ar fhoireann Chonnachta.

Bhí an-chaint sa gColáiste faoin gcluiche a d'imir Seán Puirséil i gcluiche ceannais Chorn Uí Ógáin do Choláiste Iarfhlaithe.

B'in é an cluiche peile deireanach a d'imir Breandán agus tá cur síos barrúil aige ar an gcluiche céanna in *Over the Bar.*

> . . . it reminds me of the last game of football I ever played. It was in the first round of the Connacht Colleges senior championship against Roscommon CBS, in St Coman's Park, Roscommon. I was still in my uneasy mood, unfit and mentally unprepared and the longer the game lasted the longer and wider the park became. We were beaten and I had the stuffing knocked out of me by a malevolent corner forward who seemed to have at least twenty elbows, all mounted with cogs. At one point I tried to cripple him against the goalpost but missed, knocked over an umpire and got a few belts from some senior students of the school who were obviously too hairy for even this competition but were trying, with some success, to intimidate the goalkeeper.
>
> After the match we were in Greally's Hotel, waiting for our meal, when the door of the dining room opened and the red-haired captain of the Roscommon team stuck in his head and uttered the unforgettable words 'Sorry, lads! No hard feelings!' and vanished before anyone could find something to bounce off his skull. But I had no hard feelings really. It was the end of something and we had lost but already something else far more important was filling my thoughts daily.[22]

Tamall roimhe sin tháinig Liam Ó Flatharta, abhaile as Meiriceá agus thug sé cuairt gan choinne ar Bhreandán i gColáiste Éinde – é féin agus a iníon Peigín agus beirt bhan eile. Ag cleachtadh peile ar an bpáirc imeartha a bhí Breandán nuair a chuala sé glór 'Uncail Liam', mar a thugadh sé air, ar a chúl ag fiafraí: 'An tú atá ann?' Ba rud sách annamh triúr ban a fheiceáil istigh i gColáiste Éinde ag an am sin ach ba rud ní b'annaimhe fós é Liam Ó Flatharta a fheiceáil in institiúid ar bith a bhí faoi cheannas na sagart. Mar a dúirt an Canónach Pádraig Ó Laoi liom:

> B'ionann agus peaca Liam Ó Flatharta a fheiceáil istigh sa gColáiste! Nuair a tháinig Breandán isteach i dtosach bhí na múinteoirí ar fad ag rá go raibh sé gaolta le Liam Ó Flatharta agus, dá bhrí sin, go gcaithfeadh sé a bheith aisteach! Bhí an tuairim sin againn! Ach is cuimhneach liom Liam a fheiceáil istigh ar cuairt ag Breandán an lá sin agus níl a fhios agam cén fáth nach ndeachaigh mé suas chuige, ach ní dheachaigh. Bleitheach mór d'fhear a bhí ann, an-chosúil le Mick Mackey.

Deir Breandán faoin bhFlathartach ag an am sin:

> His involvement in the campaign for Irish neutrality, as well as the fact that he could not leave America for the duration of the war, seemed to have affected his attitude to Ireland. He began to write in Irish again, for the first time in twenty years. To find me in a school where nothing else was spoken seemed a good omen.[23]

Ainneoin gur thaitin Coláiste Éinde leo go léir níor thúisce ar ais iad tar éis an tsamhraidh i 1947 ná bhíodar ag tnúth le bheith réidh leis an áit ar fad an Meitheamh dár gcionn. Ní raibh fágtha ach an bhliain dheireanach seo le roinnt bheag eile de rialacha an Choláiste a thástáil. Tháinig Breandán lá ar rópa a bhíodh in úsáid ag an Arm nuair a bhíodar ansin agus thug sé leis chun a chillín sa suanlios é; nár dheas an rud bualadh amach faoin gcathair oíche éigin in áit a bheith ag dul a chodladh ag a deich a chlog!:

> Three of us made the first trip; tying the rope to the radiator under a window, shinning down and making a dash over the golf links wall, out on to the Rahoon Road and into Galway by side roads. An accomplice drew up the rope and replaced it in the hiding place. We had arranged dummy bodies in our beds and the others, who had designs on the rope themselves, promised to be orderly and not to attract attention while we were away.

We headed for an hotel on Eyre Square, where a lad who had once worked in Coláiste Éinde was employed as a night porter. He put us in a small room near the kitchen and gave us bottles of stout and a plate of cold meat and bread. Some hours later we walked back to the college in great good humour, getting in through a ground floor window which we had unlatched during the day.[24]

Níor rud nua ar bith ag Breandán rialacha a bhriseadh, de réir cosúlachta. Dúirt Aindreas Ó Gallchóir, in agallamh ar RTÉ tar éis bhás Bhreandáin:

Is dóigh liom gur bhris sé gach riail ab fhiú a bhriseadh, is é sin má bhí sí suimiúil. Ní hé gur bligeard ná aon rud mar sin a bhí ann, ach ba bhreá leis rialacha a bhriseadh. Agus, ar bhealach éigin, cheap lucht stiúrtha an Choláiste gur naomh a bhí ann, mar bhí an cháilíocht seo aige i gcaitheamh a shaoil agus is cáilíocht an-tábhachtach í, cé gur minic nach dtuigeann daoine é; luann Raymond Chandler é i gcás F. Scott Fitzgerald nuair a deir sé, 'He had that indefinable and rarest quality in literature, a much debased term – charm.'

Tuigeann duine ar bith a bhí ar meánscoil chónaitheach an rabhartha rómánsaíochta a thosaíonn ag borradh i gcroíthe óga nuair nach mbíonn idir an géibheann a bhfuil siad ann agus saoirse an tsaoil mhóir taobh amuigh ach cúpla mí staidéir agus an Ard-Teistiméireacht. Is treise dúchas ná oiliúint, agus ba dheacair dul a chodladh ag a deich a chlog san oíche nuair nach raibh damhsaí ach díreach ag tosú i hallaí mealltacha Bhóthar na Trá:

After two or three of these midnight flits a spirit of recklessness entered into us and the Donegal boys decided to go out to a dance. They were great ones for dancing and when they were not replaying football matches, they talked sentimentally about dances and the girls who were at the moment tossing and turning in their beds in the Ursuline Convent in Sligo, in Coláiste Bhríde and in other centres of deprivation, until we were all in the condition for which the priest at the school retreat recommended a towel soaked in cold water and a decade of the rosary.

The group dressed up in their Sunday best and went to a dance in the Hangar Ballroom in Salthill. We were in a small dormitory and had anyone come in during their absence, the low level of breathing would have given the game away. As it was, one of them turned on his ankle on the way home and had to be carried back through the fields by the others. The following day the senior prefect took me for a walk around the playing field and talked about the rope and the growth of recklessness. He was discreet and sensible and later took the rope and abandoned it where nobody was likely to find it. After that we all settled down to face the Leaving Certificate.[25]

Chaith Peadar Lamb an bhliain dheireanach sin ina shuí díreach taobh thiar de Bhreandán sa seomra ranga agus tá cuimhne mhaith aige ar dhá thréith ar leith a bhain leis: a chumas áibhéile ag insint scéil agus a chumas aistí breátha a scríobh, idir Ghaeilge agus Bhéarla:

Chuirtí a chuid aistí timpeall an tseomra staidéir san oíche, bhíodar chomh maith sin.   Creidim féin gur scríobh sé píosaí níos fearr an bhliain dheireanach sin ná cuid de na píosaí leis a foilsíodh blianta ina dhiaidh sin agus a scríobhadh faoi dheifir, b'fhéidir.

Ba cheann d'ócáidí móra na bliana i gColáiste Éinde Feis Cheoil an Iarthair mar go scaoiltí amach, gan aon cheist, aon duine a chuir isteach ar chomórtas ag an bhFeis. Ag an bhFeis seo i 1947 a casadh Proinsias Mac Aonghusa agus Breandán ar a chéile den chéad uair. Chaith an bheirt acu seacht mbliana déag ag obair le chéile ar an gclár teilifíse *Féach* ina dhiaidh sin. An bhliain ar éirigh Breandán as RTÉ, 1983, thug sé na seanlaethanta sin chun cuimhne i nGaillimh le linn dó leabhar le Proinsias Mac Aonghusa *Gaillimh agus Aistí Eile* a sheoladh ansin. Bhí an tOllamh Tomás de Bhaldraithe tar éis Breandán a chur i láthair, le greann, mar 'Árannach a tháinig go hÉirinn':

'Árannach a tháinig go hÉirinn,' a dúirt sé! Ba mhaith liom tosú le scéal nuachta, is é sin le rá nach as Ros Muc do Phroinsias Mac Aonghusa agus nach as Árainn domsa! Rugadh mise agus Proinsias Mac Aonghusa sa teach céanna – ní ag an tráth céanna – anseo i gcathair na Gaillimhe, in áit ar a dtugtaí Seamount Nursing Home. Teach, faraor, nach féidir plaic a chur air – nó b'fhéidir gur maith an scéal é – fiú amháin dá mbeadh fonn ar dhuine eicínt 'Scread Mhaidne ar an mbeirt acu!' a scríobh air, mar nach ann a thuilleadh do Seamount Nursing Home. Mar sin, más ionann an áit ar as thú agus an áit ar rugadh thú, is Gaillmhigh an bheirt againne! Tá a oiread sin blianta caite agamsa agus ag Proinsias ag obair le chéile nach maith liom breathnú siar ar an gcéad uair riamh ar leag mé súil air. Ach ba í an bhliain í sular fhág mise an mheánscoil i gColáiste Éinde i nGaillimh agus bhí Proinsias ar meánscoil i gColáiste Iognáid. Scaoiltí amach muid chuig Feis Cheoil an Iarthair, agus dé bhrí go scaoiltí, ba ghnách le daoine nach raibh féith de chineál ar bith iontu cur isteach ar chomórtaisí liteartha agus ar chomórtaisí ealaíne agus ar chomórtaisí de chuile chineál i dtreo is go bhféadfaidís a bheith in ann breathnú ar na cailíní as an gClochar Doiminiceánach ag rince sa Taibhdhearc. Ach ligeadh amach muid chuig Coirm Cheoil lucht buaite duaiseanna. Is cuimhneach liom go maith fear óg an-chaite, an-chaol ar fad, teacht ar an stáitse agus dúirt sé dán a bhuaigh duais dó. Agus thug mé suntas dá ainm mar bhí aithne agam ar a athair, Criostóir Mac Aonghusa, a casadh orm Tigh Lamb ar an gCeathrú Rua an bhliain roimhe sin le linn dom a bheith thiar ann. An bhliain dár gcionn bhí mise ar an Ollscoil agus casadh an fear céanna orm féin agus ar dhaoine eile, agus chuaigh muid ar fhód faoi leith, agus deir Proinsias gurb in é an chéad uair riamh ar ól sé deoch mheisciúil, sa Hotel Enda i Sráid Doiminic.

Bhíodh scéilín ag Breandán faoi Fheis Cheoil an Iarthair agus faoi bhuachaill beag faiteach a shiúil amach ar an stáitse – ní hé Proinsias Mac Aonghusa a bhí ann – agus a dúirt: 'Mise Éire!' Ní raibh as a bhéal ach an dá fhocal sin nuair a d'fhreagair rógaire éigin ag deireadh an halla: 'Conas tá tú?!'

Is díol suntais é go raibh am aige litir a scríobh chuig an iris mhíosúil Ghaeilge *Ar Aghaidh* cúpla mí roimh scrúdú na hArd-Teistiméireachta faoi ábhar nach raibh ar an gcúrsa, fiú amháin. 'Buachaill Imeartha Iarthar Domhain' is teideal don litir a bhí in eagrán an Aibreáin 1948 den iris agus ó tharla gurb é seo, chomh fada agus is eol dom, an chéad phíosa scríbhneoireachta riamh ó pheann Bhreandáin Uí Eithir a foilsíodh, tá mé ag tabhairt na litreach ina hiomláine anseo, gan aon athrú a dhéanamh ar an litriú ná ar thada eile. Níl aon seoladh leis an litir agus níl de shíniú léi ach na ceannlitreacha 'B. Ó E.' ach níl amhras ar bith orm nach é Breandán a scríobh í:[26]

Go gairid roimh na Nollag bhíos ag léigheamh tríd 'An nGaoth Aniar' le Tomás Ó Máille agus tháinig mé ar scéal 'an bhuachalla imeartha' nó 'an _playboy_' ann. Chuir mé spéis faoi leith sa scéal i ngeall ar an mbaint a bhí ag an 'mbuachaill' le mo cheantar dúchais féin. Ach thug mé suntas go háirithe don abairt seo: 'Níl agamsa ach cuid den scéal agus measaim an té a gheobhadh go hiomlán é go bhfaigheadh sé ábhar leabhair nó finscéil as gach gábh dá ndeachaigh an buachaill tríd ó tháinig sé ar an saol i ndáiríre.'

Chuir an abairt sin ag smaoineamh mé agus ba é toradh mo chuid smaointe go ndearna mé taighdiú ar scéal an bhuachalla i rith mo shaoire. D'éirigh liom cupla pointe a nochtú nach bhfuil i scéal an Mháilligh. Ag go bhfuil formhór an scéil le fáil sa 'nGaoth Aniar' ní gádh dhomsa a chur anseo ach an méid de nach bhfuil le fáil ann.

Sa gcéad áit deirtear liom gur mharbhuigh an fear a athair i ndáiríre, cé nár chreid formhór na ndaoine sin ag an am – muintir Árann atá i gceist agam. De réir mar atá sé ag an Máilleach cailleadh an t-athair go luath i ndiaidh an bhuille d'fháil. Níl aon chruthú cinnte ar cheachtar den dá thuairim, go bhfios domsa.

Maidir leis an mbealach ar éirigh leis na póilíní a chur dá gcois in Inis Meáin tá insint eile agamsa air. Deirtear sa 'nGaoth Aniar' gur amhlaidh a shiúil sé tharstu sa doras agus gur cheapadarsan go mba é fear a' tí an coirpeach. Seo mar a chuala mise an scéal: Rug na póilíní ar an 'mbuachaill' agus é ina chodladh. Tugadh aniar sa gcistineach é agus bhí sé á ghléasadh féin ag an tine. Díreach agus é ar tí a bhróga a cheangal thug sé fogha faoi na póilíní, chaith de na bróga agus bhain as, costarnocht, fríd chreagacha Inis Meáin. Bhí fhios ag na póilíní go mba 'cuartú táilliúra i mbruth fá thír' a bheith ar thóir an choirpigh i measc na n-aragaint agus na scailp ansiúd agus d'fhill siad ar Chill Rónáin.

Tráthnóna an lae sin (de réir mo scéil) cuireadh an buachaill ar bord húicéara a bhí ag dul go Fenit i gCiarraí le lasta fataí. Bhí droch-bhail ar chosa an duine bhoicht de thairbhe an reatha a rinne sé ó na póilíní. Bhí duine de fhoireann an bháid, ar a dtugtaí 'Learachaí', agus ghlac sé truagh mhór don 'bhuachaill.' Deirtear gur nigh sé créachta an tóraí agus gur phioc sé na deilgní as a bhonnacha.

Ach ní dheachaigh imtheacht an bhuachalla i nganfhios ar phóilíní Áranna. Tharla go raibh Máilleach áirithe as Cill Éinne ag teacht isteach sa sunda lena bhád iascaigh nuair a bhí an fear óg dá chur ar bord an húicéara. Ní túisce a bhí téad i dtír aige ná rinne sé caol díreach ar an mbeairic gur chuir iomlán an scéil os comhair na bpóilíní. Ag nach raibh aon ghuthán ann, ámh, b'éigean an scéal a chur go Ciarraí ar shlite níos moille, rud a shábháil an 'buachaill imeartha' ón gcroich.

Idir an dá linn bhí Learachaí tar éis malairt éadaigh a dhéanamh leis an 'mbuachaill' agus iad ag druidim le Fenit. Nuair a bhain siad amach caladh níor rinneadh aon iontas den 'bhuachaill' ag dul i dtír ag go raibh sé gléasta i gculaith an oileáin. D'fhan Learachaí thíos sa mbád ag piocadh na bhfataí, áit nach dtabharfaí aon tsonntas dá chulaith strainséartha. In imeacht lae nó dhó tháinig na póilíní ag cuartú an dúnmharaitheora ach ní raibh sé le fáil. Ar fhaitchíos go dtiocfadh na póilíní ar thóir an fhir eile lig Learachaí do na póilíní é féin a thabhairt leo go Gaillimh, áit ar cruthuigheadh go luath nárbh eisean an té a bhí ag teastáil. Níor chuala muintir an oileáin níos mó i dtaobh an 'bhuachalla' go dtí go ndearna J. M. Synge aithbheochaint air.

Níl an chuid deiridh seo den scéal ag Tomás Ó Máille ina leabhar agus ceapaim go mba cheart é a chur gos ard sul má bhíonn cuimhne an bhuachalla imthighthe as ceann na ndaoine. Maidir le dráma Synge níl agam le rádh ina thaobh ach dhá rud. Léirigh sé dhá rud – an bhréag agus an fhírinne. Bréagnuigheadh an bhréag go láidir agus ag go raibh an fhírinne searbh bréagnuigheadh cuid de sin chomh maith. Ach ós rud é gur ar an mbunscéal agus nach ar an dráma a tharraing mé mo scéal ní rachaidh mé níos fuide leis an argóint sin. B. Ó E.[27]

San agallamh teilifíse a rinne Breandán le Seán Ó Tuairisg go gairid sular bhásaigh sé labhair sé faoin tráth seo dá shaol agus faoin gcinneadh a rinne sé, an bhliain dheireanach sin i gColáiste Éinde, an mhúinteoireacht a sheachaint:

B'éigean dom cinneadh a dhéanamh – an chéad chinneadh mór a rinne mé i mo shaol – nuair a bhí mé seacht mbliana déag, an bhliain roimh an Ardteist. Bhí m'intinn déanta suas agam nár theastaigh uaim a bheith i mo mhúinteoir bunscoile. Ba mhúinteoirí bunscoile m'athair agus mo mháthair agus bhí beagán cleachtaidh agam ar bheith ag tógáil ranganna sa scoil nuair a bhídís tinn. Bhí a fhios agam pé luí a bhí agam le rud ar bith eile nach raibh aon luí agam le múinteoireacht. Shocraigh mé go bhfaighinn scoláireacht ollscoile dá bhféadfainn é agus d'oibrigh mé an-chrua den chéad uair i mo shaol agus fuair mé é – rogha de dhá scoláireacht.

Bhí an iomarca feicthe ag Breandán den chaoi ar chaith sagairt mháistriúla lena thuismitheoirí féin in Árainn agus bhí an iomarca léite aige i leabhair Liam Uí Fhlatharta faoi leithéidí Fr Moclair in *Skerrett* agus Fr O'Reilly in *Thy Neighbour's Wife* le go mbeadh fonn ar bith air cead a thabhairt do shagart ar bith dul ag gabháil mháistreachta air. Thar aon rud eile, níor ghéill Breandán a shaoirse d'aon duine ná d'aon eagraíocht riamh. Sílim freisin gur theastaigh óna mháthair go rachadh sé ar an ollscoil agus go ndreapfadh sé céim bheag eile suas dréimire sóisialta na linne. D'oibrigh sé go crua i gcaitheamh an dara agus an tríú téarma agus bhí sé sásta go leor leis féin nuair a chríochnaigh scrúdú Ard-Teistiméireachta na bliana 1948.

Bhí air fanacht go Lúnasa sula bhfuair sé an dea-scéala go raibh scoláireacht ollscoile arbh fhiú £150 sa mbliain í buaite aige chuig Coláiste na hOllscoile, Gaillimh:

Later, it could be truly said of my achievement that, like the man who was a great minor, nothing in my academic life became me like my Leaving Cert.[28]

Nótaí

1 *My Own Place*: RTÉ 1975

2 *Coláiste Éinde 1928-1978*, 99

3 *Over the Bar*: 39

4 *Over the Bar*. 20

5 *Over the Bar*. 85

6 *Coláiste Éinde 1928-1978*: 100

7 *Over the Bar*. 40-41

8 *Over the Bar*. 42

9 *Coláiste Éinde: 1928-1978*, 52

10 *Over the Bar*. 83

11 *Over the Bar*: 36-37

12 *Over the Bar*. 42-48

13 *Coláiste Éinde: 1928-1978*

14 *Cúrsaí* – RTÉ 1990

15 *Over the Bar*. 63-64

16 *Over the Bar*. 65

17 RTÉ: 17.7.1980

18 *Over the Bar*. 68

19 *Over the Bar*. 75-76

20 *Over the Bar*. 76-77

21 *Over the Bar*. 86

22 *Over the Bar*. 89

23 *Over the Bar*. 81

24 *Over the Bar*. 87

25 *Over the Bar*. 87-88

26 Tá mé buíoch de Sheosamh Ó Cuaig as ucht mé a chur ar an eolas faoin litir agus cóip di a chur chugam

27 *Ar Aghaidh*: Aibreán 1948

28 *Over the Bar*. 96

4. An Ollscoil

An greim is mó atá ag cathair na Gaillimhe ormsa, ar mo shamhlaíocht agus ar mo chuimhne, gur ann a d'fhás mé suas i m'fhear.[1]

Hatter's Castle a thugtaí ar an teach lóistín a raibh Breandán ag fanacht ann i bhfómhar na bliana 1948 nuair a thosaigh sé ar a chúrsa ollscoile. Ón úrscéal cáiliúil *Hatter's Castle*, an chéad leabhar leis an scríbhneoir Albanach A.J. Cronin a foilsíodh i 1931, a fuair an teach an leasainm, tar éis scannán den úrscéal a bheith ar taispeáint i nGaillimh sna ceathrachadaí. Distillery House a bhí ar an teach agus bhí sé suite thíos ar bhruach na Coiribe le taobh na hollscoile, go dtí gur leagadh go talamh é sna hochtóidí nuair a bhí áitreabh an Choláiste á leathnú. Ina measc siúd a bhí in aon lóistín le Breandán ansin bhí Seán Mac Íomhair a bhí in aon rang leis i gColáiste Éinde; Jim O'Halloran as Luimneach a casadh air trí thimpiste faoin áirse sa gcoláiste (seo é an Séamus Ó hAllmhuráin ar thiomnaigh Breandán a chéad úrscéal *Lig Sinn i gCathú* dó); mac léinn innealtóireachta as Inis i gContae an Chláir a raibh Emmet O'Donoghue air; mac léinn leighis a raibh Patrick Molloy air; Patrick O'Reilly de bhunadh Éireannach as áit éigin i Sasana agus a raibh scoláireacht ón RAF aige; agus Noel Carbury as Longfort a bhí ag déanamh an Ard-Teastais in Oideachas. Bhog seanchara Bhreandáin i gColáiste Éinde, Declan Brennan, agus roinnt mac léinn eile, isteach go Hatter's Castle níos deireanaí. Is í iníon an tí, Gertie O'Halloran, a bhíodh ag freastal ar an scata mór mac léinn seo.

Cúrsa BA a roghnaigh Breandán agus cúrsa B.Sc. a rinne a chara, Jim O'Halloran. Cé gur chríochnaigh chaon duine acu an cúrsa shocraigh an bheirt acu, nuair a tháinig an t-am, gan scrúdú na céime a dhéanamh. I dtionscal na hola san Afraic a chuaigh Jim O'Halloran ag obair agus rinne sé go han-mhaith dó féin. I Meiriceá atá cónaí air le blianta fada anois agus tá teach saoire aige in iarthar na hÉireann. Leathchéad bliain ina dhiaidh sin nuair a smaoinigh sé siar ar na chéad laethanta siúd i

 nGaillimh is í an tsaoirse gan teorainn a cheadaigh muintir an tí lóistín
do scata mac léinn ollscoile is mó a tháinig chun cuimhne:

> It was a very free house. You would get away with murder there. Whether
> it was that the people of the house (they were O'Hallorans too, by the way)
> were in awe of students or didn't care, I do not know. We had this huge
> big sittingroom between us and we would all sit around the fire, talking,
> six or seven of us, getting to know one another. Breandán was in the
> bedroom with myself and Noel Carbury; Mc Keever was next door and
> Declan was down the hallway.

Creidtear go forleathan gur le hól agus le pléaráca a chaith Breandán Ó
hEithir blianta na hOllscoile i nGaillimh ach deir an dream a raibh aithne
acu air ag an am go bhfuil roinnt mhaith áibhéile ansin. Tá baint mhór ag
ficsean a chéad úrscéil *Lig Sinn i gCathú*, atá bunaithe ar na blianta sin i
nGaillimh, leis an tuairim seo a bhuanú, mar gur cheap go leor daoine gur
úrscéal beathaisnéisiúil go huile agus go hiomlán a bhí ann.

Cé nár foilsíodh *Lig Sinn i gCathú* go dtí 1976, ní fearr rud a
dhéanfainn ag an staid seo de scéal an údair ná dhá shliocht ghearra a
thabhairt as an leabhar, a thugann atmaisféar na Gaillimhe an uair sin
agus sa lá atá inniu ann. Is é 'Baile an Chaisil' Gaillimh:

> Bhí na sráideanna cúnga seanaimseartha a bhí i lár Bhaile an Chaisil ag dul
> timpeall i gciorcail mhírialta ar nós snaidhm na bpéist, rud a chuireadh
> mearbhall ar chuairteoirí a mheas go minic gur gaibhnithe i gcineál éigin
> cathair ghríobháin mheánaoiseach a bhí siad nuair a chinneadh orthu pointe
> ar bith a aimsiú ach an pointe a bhí fágtha acu beagán ama roimhe sin.[2]

> Thagadh athrú suntasach ar Bhaile an Chaisil chuile Shatham. Ghlacadh
> pobal na tíre ar gach taobh de sheilbh ar na sráideanna agus ar na siopaí. B'iad
> a líonadh an chearnóg bheag os comhair na hArdeaglaise, ag díol fataí,
> glasraí, uibheacha agus éanlaith clóis le muintir an bhaile. Ina dteannta
> bhíodh na mangairí fáin a mbíodh a ngréithe agus stáin leagtha amach go
> lonrach ar na cosáin. Áit thorannach, bhríomhar a bhíodh ann; daoine ag
> brú a mbealaigh trí bhuilceanna daoine, ag margántaíocht agus ag sáraíocht

leis an lucht díolta, ag cású airde na bpraghasanna agus dobhogthacht na mangairí lena chéile. Ba é an margadh ba thúisce a thosaíodh agus is uaidh seo a scaipeadh an ragús díol agus ceannach ar fud an bhaile mhóir ar fad.[3]

In agallamh teilifíse a rinne Breandán le Seán Ó Tuairisg i 1990 dúirt sé:

Fuair mé rogha de dhá scoláireacht agus thóg mé an ceann ba mhó; bhí £150 sa mbliain ann. Anois, tá tábhacht leis seo mar ba é mo chuspóir bunmhúinteoireacht a sheachaint. Chuaigh mé isteach in Ollscoil na Gaillimhe agus gan tuairim dá laghad agam céard a theastaigh uaim a dhéanamh. An t-aon rud amháin a d'fhéadfainnse a dhéanamh, a raibh aon luí agam leis, ná céim i nDámh na nDán. Rinne mé Béarla, Gaeilge, Stair agus Fealsúnacht agus níor chríochnaigh mé mo chéim riamh mar ní raibh aon chuspóir agam ach a bheith ann.[4]

Tá sé tugtha le tuiscint ag Breandán ina leabhar beatháisnéisiúil *Over the Bar* agus in áiteanna eile gurb é saol na cathrach a tháinig idir é féin agus an chéim ollscoile nár bhain sé amach:

At an early stage in my career the university began to lose to the town and by the time I reached the end of my three idyllic years the university could not even remain in contention.[5]

But having come to university merely to avoid having to go elsewhere, I did not arrive with any great expectations. Nevertheless, it came as something of a shock to find the English course so dull and the History lectures so tedious, for the quality of teaching in Coláiste Éinde had prepared me for something more exciting.[6]

Cheapfadh duine uaidh sin nár ghoill sé mórán ar Bhreandán nár éirigh leis an chéim a bhaint amach, ach is é fírinne an scéil gur ghoill sé go mór air. Deir a dheirfiúracha Máirín agus Mairéad liom gur ghoill sé go huafásach air ag an am agus gur chuir sé roinnt mhaith blianta amú ina dhiaidh sin ag smaoineamh ar dhul ar ais agus an chéim a chríochnú. Sin iad na blianta ar thosaigh sé ag ól go trom.

Ar an gclár teilifíse úd i 1990 dúirt Breandán faoin Ollscoil sna blianta sin:

Slua an-bheag a bhí ann ag an am, timpeall 700 i gcomparáid le 5000 anois agus 'réchúiseach' an focal a rithfeadh leat nuair a chuimhneofá ar an saol san am. Bhí ollamh amháin anseo le mo linn mar shampla agus ba ghnách leis, nuair a d'éiríodh sé leisciúil, scríobh ar an gclár dubh: 'beidh slaghdán orm amárach agus go ceann cúpla lá,' agus ní hiontas ar bith gur thóg cuid de na mic léinn a shampla. Bhí aithne agam féin go pearsanta ar fhear amháin ar thóg sé ceithre bliana déag air cáiliú ina dhochtúir [7]

Chomh fada agus is cuimhneach le Jim O'Halloran d'fhreastail Breandán go rialta ar na léachtaí an chéad bhliain. D'fhreastail siad go léir go rialta ar na léachtaí; théidís ar ais chuig an lóistín i gcomhair an dinnéir i lár an lae, ar ais chuig an ollscoil arís ansin, agus ar ais chuig an lóistín i gcomhair an tae tráthnóna. Ach de réir a chéile thosaigh Breandán ag tuirsiú de na léachtaí, na léachtaí Béarla go háirithe. In aiste faoi Ghaillimh dar teideal 'Cathair na dTreabh' a scríobh sé in *Comhar* i 1956 ní dhearna sé iarracht ar bith an fhearg agus an bhinb a cheilt:

Mar iarscoláire agus mar bhuan-fhochéimí níor chomaoin dom gan trácht ar Choláiste Ollscoile na Gaillimhe mar a ndáiltear ardoideachas ar aos léinn an iarthair agus ar lucht buaite scoláireachtaí na Roinne Oideachais. . . . Ina leabhar *Irish Journey* lochtaigh Seán Ó Faoláin ollúna na Gaillimhe agus dúirt go gcaithfidh sé gur thugadar móid nuair a ceapadh iad nach gcuirfeadh siad isteach choíche ar shuaimhneas intinne daoine trí leabhar nó tráchtas a fhoilsiú. Ní hiad ollúna na Gaillimhe amháin a d'fhéadfaí a lochtú ar an gcuntar seo ach ollúna na tíre i gcoitinne. Don chuid is mó acu is sprioc ann féin é an léann. Thairis sin féin dá mbeadh a gcuid leabhar agus tráchtas chomh tur, stálaithe, súchaite lena gcuid léachtaí ba bheag ar fad an t-éileamh a bheadh orthu. [8]

The English course was heavily ballasted with Old English and the novel seemed to end with Thomas Hardy, which even in the early fifties was somewhat high cut. Once, in an unthinking moment and before I learned to keep my own thoughts on certain subjects to myself, I mentioned a story by

Ernest Hemingway, whom I had just discovered, and it was pointed out to me
that if I wanted journalism I had a wide choice of newspapers in Holland's
Newsagent's every morning. The story was 'Fifty Grand' and I have always
regarded it as the the finest short story – bar none – with a sports theme.[9]

Is fiú a lua sa gcomhthéacs seo gurb é Breandán féin b'fhéidir is
túisce a thug áit lárnach do chúrsaí spóirt – an cluiche iománaíochta i
Lig Sinn i gCathú – i nuascríbhneoireacht na Gaeilge. Is fiú a lua freisin
go raibh aithne phearsanta ag Liam Ó Flatharta ar Hemingway, rud a
spreag Breandán lena léamh an chéad lá riamh. Tá scéal ag Declan
Brennan faoi lá a ndeachaigh Breandán isteach chuig léacht an Ollaimh
le Béarla tar éis dó bheith tamall fada as láthair. Bhí os cionn céad
duine sa rang agus thóg sé deich nóiméad nó mar sin ar an Ollamh an
rolla tinrimh a ghlaoch. Nuair a tháinig sé chuig ainm Bhreandáin agus
nuair a d'fhreagair Breandán 'anseo' bhreathnaigh an tOllamh ar an rang
agus dúirt: '*Oh! I see Mr Ó hEithir has graced us with his presence today!
I suppose we might call this the Resurrection, Mr Ó hEithir!*' D'fhreagair
Breandán: '*I would prefer, Professor, that you would regard it in the
nature of a Visitation!*'

Rinne Breandán beagán aisteoireachta sa Taibhdhearc le linn dó a
bheith ar an ollscoil, mar is cuimhneach le Pádraig Ó Siochrú a bhí ina
oifigeach airm sa gCéad Chath ar an Rinn Mhór i nGaillimh ag an am:

Chuireas-sa aithne ar Bhreandán trínár gcara mór, Aodh Mac Dhubháin, a
raibh baint mhór aige leis an Taibhdhearc. Bhíos-sa sa Taibhdhearc ó 1947
go dtí 1950. Na blianta sin bhíomar sáite sa Taibhdhearc. Dheineamar 'San
Siobhán' agus drámaí eile. Dhein Hughie (Aodh Mac Dhubháin) aistriú ar *The
King of Friday's Men – Fir Rí na hAoine* – agus is dóigh liom gur sa dráma sin
a bhí páirt bheag ag Breandán agus ní raibh sé an-chinnte de féin sa pháirt.
Anois, tá rud suimiúil faoi Bhreandán: bhí an-suim aige sa Taibhdhearc ach ní
raibh aon fhonn air a bheith sna drámaí mar gur thuig sé nach aisteoir a bhí
ann, cé gur theastaigh uaidh a bheith luaite leis an áit mar gheall ar Hughie
(Aodh Mac Dhubháin). Ach tá a fhios agat an mhacántacht sin a bhí ag baint
le Breandán faoi rudaí nach raibh sé go maith acu. Agus fiú amháin na rudaí
a raibh sé go hiontach acu, níor mhaígh sé astu.

Tá tagairt ag Breandán féin dá chumas aisteoireachta, sa gcur síos atá aige in *Over the Bar* ar an agallamh a rinne sé i mBaile Átha Cliath ina dhiaidh sin, nuair a chuir sé isteach ar a chéad phost le Comhdháil Náisiúnta na Gaeilge:

During my very short career as an amateur actor in Taibhdhearc na Gaillimhe, no less a person than Ria Mooney told me that I was the most wooden person she ever attempted to direct on a stage. Had she been present in that room she would have had reason to revise that opinion and admit that my best performances were given under pressure in real life.[10]

Rinne Breandán go leor léitheoireachta agus ní hé amháin sin, a deir Séan Mac Íomhair, ach ba bhreá leis litríocht a phlé:

An-scoláire a bhí ann ar bhealach. Rinne sé go leor staidéir é féin mar bhí spéis aige sa léitheoireacht. Is cuimhneach liom go raibh mé féin agus é féin ag déanamh Béarla an chéad bhliain agus lá amháin dúirt Breandán: 'Ní ghabhfaidh muid isteach san áit sin inniu – gabhfaidh muid suas abhaile.' Chuaigh muid suas abhaile go dtí an seomra mór i Hatter's Castle, shuigh muid síos ag an mbord, thóg muid amach *Chaucer* agus rinne muid an-lá oibre, i bhfad níos mó oibre ná a rinne aon duine eile an lá sin. Chuaigh muid amach ag siúl ansin.

Bhí bliain caite san ollscoil ag Declan Brennan faoin am seo ach go mbíodh sé isteach go Coláiste Éinde go minic ar cuairt chuig a sheanchairde agus ag cleachtadh peile. In 'An Stad' ar Bhóthar an Athar Uí Ghríofa a bhí seisean ar lóistín. Bhí grúpa díobh oíche sa Hotel Enda i Sráid Doiminic, áit a mbíodh deoch le fáil deireanach, agus bhíodar ag ceiliúradh lá breithe Bhreandáin a bhí naoi mbliana déag an lá sin, an 18ú lá d'Eanáir 1949. Is cuimhneach le Declan go rabhadar ag plé cúrsaí iascaireachta agus an nós amaideach a bhí ann an t-iasc ar fad a chuireadh iascairí Árann i dtír i nGaillimh a chur ar thraein go Baile Átha Cliath le díol, agus an méid de nach ndíoltaí i mBaile Átha Cliath a thabhairt ar ais arís le díol i nGaillimh. Bhí braon maith ólta acu agus socraíodh go bhfanfadh Breandán i lóistín Declan an oíche sin, i leaba scoláire éigin a bhí as baile.

Ach nuair a shroicheadar 'An Stad' fuaireadar beirt fheilméaraí, a bhí i nGaillimh ar aonach, ina gcodladh sa leaba rompu. Dhúisíodar agus cheistíodar an bheirt, rinneadar amach nach raibh aon chead acu a bheith ansin agus chaitheadar amach as an leaba iad. Nuair a chuala bean an tí an clampar d'éirigh sí anuas agus thug sí bóthar do Declan agus dá chomrádaithe; sin é an chaoi ar aistríodar faoi choim na hoíche isteach go Hatter's Castle, teach a raibh fáilte roimh chuile dhuine ann.

Cé go raibh aithne mhaith ag Declan ar Bhreandán i gColáiste Éinde, ba rud eile ar fad é a fheiceáil i gcomhluadar nua na hollscoile:

> Sheas sé amach ón gcuid eile, ar bhealach éigin. Bhí go leor cairde agamsa ón mbliain roimhe sin agus bhídís uilig ag fiafraí díom cén sórt duine a bhí ann. Chuireadar suim ann mar bhí sé difriúil agus choinnigh sé chuige féin cuid mhaith. Nílim ag rá go ndearna sé é seo in aon turas, ach tharlódh gur á ullmhú féin don chuid eile dá shaol a bhí sé.

Thug Jim O'Halloran faoi deara go luath freisin go raibh a intinn féin ag Breandán:

> From the beginning he was his own man, which is rare at the age of eighteen. He had an independence about him that no other student three years in advance of him had. He knew who he was. He always wore a beret, navy-blue or black, pulled down over his ear. Hair was always cut then. We all wore polo neck ganseys. Breandán wore one also. I remember that he gave me a present of a white one.

Dá mhéad mac léinn dá raibh i Hatter's Castle bhí áit fós ann do strainséirí ar bith a tháinig go Gaillimh, mar is cuimhneach le Jim O'Halloran:

> There was huge cellar space and there was still room in the house for Jimmy O'Dea's chorus line. This must have been in 1949, around Easter time. Jimmy O'Dea brought his travelling show to Galway and all the chorus girls came into our house. It was great! It was marvellous! The first time we had seen women undressed! There were six chorus girls and two

men – not living together. There were no women students sharing with men; at that time it did not happen.

Duine de na cailíní siúd, cailín deas ciúin, fritheadh a corp taobh amuigh de theach i Sráid Hume i mBaile Átha Cliath i dtús na gcaogaidí agus ciontaíodh Nurse Cadden ina dúnmharú le linn ginmhillte. Ní haon ionadh gur chuir Breandán an oiread sin suime i gcás cúirte Nurse Cadden, cé gur chuir sé suim i ngach cás cúirte a bhain le marú nó le dúnmharú.

Ach cuimhní suairce atá ag Declan Brennan ar Distillery House, an t-ainm is fearr leis-sean a thabhairt ar an teach mór úd cois abhann nach bhfuil ann níos mó:

> Bhí saoirse iomlán againn ann. Thar an mballa chuig na léachtaí nó timpeall an bóthar. Bhí suíomh álainn ag an teach, díreach ar bhruach na habhann agus bád ó Chlub na mBád sa Choláiste ceangailte thíos faoin teach i gcaitheamh na bliana go léir beagnach, cé go raibh sé sin in aghaidh rialacha an Choláiste. Is cuimhneach liom go ndeachaigh scata againn suas an abhainn Oíche Fhéile Pádraig amháin agus gur thug muid feircín pórtair suas linn. Bhí slua mór againn ann. Bhí i bhfad an iomarca sa mbád. D'ól muid an pórtar ar cheann de na hoileáin bheaga agus bhí cuid againn ar meisce ag teacht anuas. Tá fhios agam go raibh Breandán agus Jim O'Halloran sa mbád agus go raibh Pat O'Sullivan ansin freisin. . . . An raibh aon bhean in ár measc?! Bhí sé sách deacair bean a fháil ar an talamh tirm, ní áirím bean a ghabhfadh suas an abhainn ag ól in éineacht leat i ndorchadas na hoíche! Eachtra mheisciúil a bhí inti seo. Is cuimhneach liom an bád ag scríobadh ar na clocha san abhainn agus Pat O'Sullivan bocht agus a chroí ina bhéal ar fhaitíos go mbáfaí muid ar fad. Nuair a shroich muid an teach is í Gertie, iníon an tí, an t-aon duine a casadh orainn.

Jim O'Halloran is minicí a théadh suas an Choirib in éineacht le Breandán:

> We spent a lot of time up the river. He didn't swim. He was a real Aranman. He had the whole fisherman philosophy that it was better to drown quickly than to drown slowly. But we did go up the river in the

evening and we would take some beer or a bottle with us sometimes. This
was before Breandán started doing a big line. He spent more time with us
and he drank more with us at that time.

Bhí Máirín, deirfiúr Bhreandáin sa gcéad bhliain i gClocharscoil na
nDoiminiceach ar an mBóthar Ard, le linn do Bhreandán a bheith sa gcéad
bhliain ar an ollscoil agus théadh sé isteach ar cuairt chuici go minic.
D'éirigh sé an-mhór le cailín de na scoláirí lae ón séú bliain agus
chaitheadar go leor ama le chéile le linn di a bheith ag staidéar don
Ard-Teistiméireacht agus ag déanamh cúrsa ollscoile í féin ina dhiaidh sin.
Théadh cailíní na Chlocharscoile amach chuig dráma sa Taibhdhearc ó am
go chéile agus is cuimhneach le Máirín bualadh le Breandán ansin oíche:

> Chuir an oiread sin de na cailíní súil air. Bhíodar uilig ag rith anall agus ag
> caint liomsa, agus níor thuig mise ag an am nach liomsa a bhí siad ag iarraidh
> a bheith ag caint ar chor ar bith ach le Breandán! Ach tháinig an cailín áirithe
> seo chugam tamall ina dhiaidh sin, agus gan mórán aithne ar bith agamsa
> uirthi mar gur scoláire lae a bhí inti: 'I had this lovely letter from Breandán!' a
> dúirt sí. 'He wants to be a writer but your family won't let him!' Sin é an
> chéad uair ar chuala mise faoi seo. Ach thuig mé do mo mháthair. Is é an
> chaoi a raibh mo mháthair ag cuimhneamh ar a dearthair féin a bhí ag iarraidh
> a bheith ag déanamh a shlí bheatha as scríbhneoireacht agus gan é in ann a
> dhóthain airgid a shaothrú.

Sin í an oíche sa Taibhdhearc a bhfaca Máirín lorg óil ar Bhreandán
den chéad uair agus is mar gheall ar an ól céanna, de réir gach tuarisce,
a bhris an bhean óg suas an caidreamh eatarthu cúpla bliain ina dhiaidh
sin. Ghoill sé go mór ar Mháirín ag an am freisin, dá óige dá raibh sí,
go raibh Breandán ag ól:

> Bhí an-fhaitíos orainne roimh an ól. Bhí an-fhaitíos ar mo mháthair roimh
> an ól mar gheall ar a cuid deartháireacha, agus bhíodh a hathair féin,
> Maidhc Mhicil Phádraig ag ól go trom go dtí gur éirigh sé as uilig. Agus
> bhíodh Breandán ag dul síos ag ól leis na lads ón mbaile ar na báid. Bhí
> Breandán ag iarraidh a bheith ina scríbhneoir agus déarfainn go raibh sé á

thraenáil féin i gcónaí agus ag cuimhneamh ar m'uncail Liam. Níor mhaith
le m'athair é sin a chloisteáil mar níor thaitin Liam leis. Ach ní raibh
Breandán cosúil lena athair ná lena mháthair. Bhí sé ag dul le muintir
Fhlatharta agus bhí sé ag dul le m'uncail Liam agus bhí sé á bhunú féin air
ar bhealach. Nuair a deirinnse le m'athair, 'Tá Breandán cosúil le Uncail
Liam,' deireadh m'athair, 'Ceapann sé go bhfuil!' Bhí an-chion ag m'athair
ar m'uncail Tom. Cineál naoimh a bhí ann, a deir m'athair, cé gur alcólach
a bhí ann. Fuair sé bás in aois a 45. Bhí fadhb uafásach óil aige.

D'imigh Breandán as Hatter's Castle tar éis na Cásca agus chaith sé
an tríú téarma i dteach aíochta *Lisieux* i mBóthar na Trá. Seans gur
cheap a mhuintir gur mó an seans staidéir a bheadh aige dá mbeadh sé
dealaithe óna sheanchompánaigh, agus d'fheil sé dó féin freisin a bheith
níos gaire dá chomrádaí ban ar an mBóthar Ard agus dá chomrádaithe
fear i gColáiste Éinde, áit a dtéadh sé ar cuairt go rialta freisin. Níor
chaith sé i *Lisieux* ach aon téarma amháin gur fhill sé arís ar a
sheanchairde cois Coiribe. Bhí stór nua scéalta agus eachtraí aige dóibh
agus ní raibh aon fhear ab fhearr le craiceann a chur ar scéal, an uair
sin féin fiú amháin, ná Breandán.

Ag deireadh na chéad bhliana ní raibh sé ag dul chuig na léachtaí
Loighice agus chuala an Proinsiasach a bhí ina Ollamh le Fealsúnacht, an
Dr Feidhlim Ó Briain, go raibh sé ar intinn aige gan bacadh leis an scrúdú.
Chuir sé teachtaireacht chuige le bráthair óg Proinsiasach, an Bráthair
Tarpey a bhí in aon rang leis, ag iarraidh air an scrúdú a dhéanamh. Bhí
an Bráthair Tarpey seo ar fhoireann iománaíochta Mionúir Thiobraid
Árann a bhuaigh craobh na hÉireann an bhliain roimhe sin agus bhí sé
féin agus Breandán an-mhór le chéile. Is eol dúinn go ndearna Breandán
na scrúduithe mar tá breith a bhéil féin againn air:

I scraped through first year with the two honours necessary to hold my
scholarship. Irish I abandoned out of sheer boredom, coupled with horror
at the prospect of having to study Old Irish. So I stayed with English and
History, taking Philosophy as a third subject, partly out of interest in the
discipline and partly out of curiosity to examine Professor Feidhlim Ó Briain
at close quarters. I had begun to read *The Irish Times* and Professor Ó

Briain was stuck into Dr Sheehy Skeffington and others in a long disputation
on the Liberal Ethic and later on the Dr Noel Browne affair.[11]

Tá cuimhne ag Seán Mac Íomhair ar rud spéisiúil a tharla timpeall an
ama sin. Bhí comórtas scríbhneoirechta Gaeilge agus comórtas
scríbhneoireachta Béarla ann do lucht na chéad bhliana agus bhí an dá
chomórtas ar siúl an lá céanna ag an am céanna. Bhí £15 nó mar sin
mar dhuais ann, airgead mór ag an am, agus chuir go leor mac léinn
isteach orthu. Chuir Breandán isteach ar an gcomórtas Béarla agus, i
bhfocail Sheáin:

Dá mba ar an gcomórtas Gaeilge a chuirfeadh sé isteach ghnóthódh sé é!
Tá a fhios agam é sin mar is mise a ghnóthaigh an duais Ghaeilge! Ní raibh
na gunnaí móra ann! Is é Ivor Kenny a bhuaigh an duais Bhéarla.

Ba é Peter Michael Kelehan's, trasna ó gheata an ospidéil, an teach
ósta ba ghaire do Hatter's Castle agus is ann is minicí a théidís ag ól
cúpla deoch, ach bhídís go minic i Hotel Enda i Sráid Doiminic freisin,
a deir Jim O'Halloran:

Hotel Enda was a great after-hours place and the woman of the house, I
remember, was very attractive. We would all go down there – Breandán,
McKeever, Brennan and myself – drinking in the bar during licensing hours
but after hours we would all go into a windowless room. If the Guards
raided the place you would be rushed upstairs and put into a bed! The
excitement kept you going!

Ag na Hegartys a bhí an Hotel Enda ag an am agus nuair a chuaigh
mé chun cainte le mac leo, Joe Hegarty, atá i gceannas an Choláiste
Lónadóireachta i Sráid Chathail Brugha i mBaile Átha Cliath le linn don
leabhar seo a bheith á scríobh, dúirt sé liom nach é amháin go gcuirtí
custaiméirí suas an staighre agus isteach sna leapacha, ach go gcuirtí
dhá phéire bróg, bróga mná agus bróga fir, taobh amuigh de gach
seomra, leis na Gardaí a chur ó dhoras.

Chuir Breandán cairde leis as Árainn, ar nós Chóilí Hernon agus

Thomáis agus Reddy Joyce, in aithne dá chomrádaithe tíre agus ba
mhinic é féin thart ar na duganna, ag caint le daoine ón mbaile agus ag
ól corrphionta leo. Thart ar an am seo a fuair sé an cóta dufail bánbhuí,
arbh é a chomhartha sóirt é ag siúl sráideanna cathrach agus
príomhchathrach go ceann blianta fada; is ina dhiaidh sin a tháinig an
caipín speiceach dúghorm. Is cosúil gur mhaith le Breandán a thabhairt
le fios amanta gur iascaire a bhí ann. Bhí sé i Hotel Enda oíche amháin
agus péire buataisí ceathrún air mar a bhíodh ar iascairí Árann, agus
nuair a d'fhógair fear an tí 'Guards!' bhí an-spórt acu ag rith suas an
staighre agus isteach i gceann de na leapacha.

Chaith Breandán cúpla lá i Luimneach lena chara Jim O'Halloran an
samhradh sin agus thug Jim cuairt ar Bhreandán in Árainn. Bhí neacht
leis an Dr Ó Briain, a bhí ina dhochtúir in Árainn agus ina thabhairneoir
i gCill Rónáin, sa mbaile as Meiriceá an samhradh céanna sin agus
chuaigh sí féin agus Breandán amach le chéile cúpla uair. Seo é an Dr
Jim O'Brien a bhfuil cur síos ag Breandán air in *Over the Bar* agus a thug
Moby Dick agus go leor leabhar eile ar iasacht dó nuair a bhí sé ag fás
aníos i gCill Rónáin.

Is ón Dr Ó Briain a chuala a uncail Liam Ó Flatharta na scéalta ar
bhunaigh sé 'The Oar', 'The Strange Disease', 'Blood Lust' agus 'The
Mountain Tavern' orthu. Ba chol ceathar le máthair an dochtúra é Máirtín
Mór McDonagh i nGaillimh agus b'ar an Dr Ó Briain a bhunaigh Liam na
'dochtúirí' atá aige sa dá úrscéal *The House of Gold* agus *Skerrett,* rud nár
thaitin go rómhaith leis an Dr Ó Briain. Deir Breandán in *Over the Bar.*

> He never mentioned *The House of Gold* to Liam, partly because it was based
> on his cousins, the Mc Donaghs of Galway. But he did tell me that he once
> brought up the matter of Dr Melia in *Skerrett* and that Liam's reply was 'Jesus,
> Jim, didn't I pack you off to the States with a fine young woman!'[12]

Bhíodh scéalta spéisiúla ag Breandán faoin dochtúir céanna, faoina
theach tábhairne nár bhain aon duais ar ghlaineacht riamh agus faoina
sheomra cógas nach samhlófá an focal *clinic* leis. Ach is faoin
mbailiúchán spéisiúil leabhar a bhí aige is mó a bhí cáil ar an Dr Ó Briain.
Bhíodh scéal ag Breandán freisin faoin am ar ordaigh an misinéir mór clog

an tséipéil a bhualadh 'ar son na bpeacach nach raibh ag freastal ar an misean' in Árainn. Triúr acu a bhí ar an oileán agus bhí an Dochtúir Ó Briain ar dhuine acu. Buaileadh an clog an chéad oíche agus buaileadh arís an dara hoíche é, agus an tríú hoíche ghéill an dochtúir. Bhí Breandán ag friotháil ar an altóir ag an am agus gan é ach deich mbiana d'aois:

> I can still see him walking slowly down the back road to the church, wearing the good suit which he only wore when on a rare holiday on the mainland. It saddened me for he did not really want to go and this proved that he was not really independent at all, despite his wealth.[13]

Ba mhór ag Breandán a neamhspleáchas, an uair sin agus i gcónaí, agus cé gur ghlac sé le sagairt, le heaspaig, le mná rialta agus le bráithre mar a fuair sé iad, d'fhan sé i bhfad amach, i gcaitheamh a shaoil ar fad, ó aon duine díobh a bheadh ag iarraidh a bheith ag gabháil mháistreachta air. Sin é an réasún, dar liom, thar aon réasún eile dá bhfuil tugtha aige féin, gur sheachain sé dul chuig an gColáiste Oiliúna le bheith ina bhunmhúinteoir.

Is é Breandán a shocraigh lóistín i nGaillimh dó féin agus dá chomrádaithe an dara bliain freisin, faoi mar a rinne sé an chéad bhliain. Tigh an Gharda Tomás Seoighe as Inis Oírr a bhí pósta i Seantalamh a fuair ceathrar acu lóistín – Breandán agus Jim O'Halloran in aon leaba amháin agus Seán Mac Íomhair agus Patrick O'Reilly i leaba eile. Gaeilge ar fad a bhíodh ag Breandán le fear an tí agus Gaeilge is mó a labhraíodh sé le Jim O'Halloran agus le Seán Mac Íomhair freisin, cé nach mbíodh a fhios acu go minic cé acu teanga a bhíodar a labhairt. I Sasana a tógadh O'Reilly agus bhí dhá bhliain caite aige san RAF, rud a d'fhág scoláireacht ollscoile aige agus neart scéalta cogaidh. Nós an-choitianta a bhí ann i dtithe lóistín na linne sin go mbeadh cairde ag roinnt leapa. Is cuimhneach le Jim O'Halloran fós an bia breá a fuair siad sa teach seo agus is cuimhneach leis go raibh muintir an tí an-cheanúil ar Bhreandán: '*Garda Tomás Joyce was a big raw friendly man and his wife was very quiet and an excellent cook.*' Tá Tomás Joyce marbh le os cionn dhá scór bliain ach faoin am a bhfuil an cúntas seo á scríobh tá a bhean, May Forde as Mainistir na Féile ó dhúchas, i dtogha na sláinte agus cuimhne mhaith aici ar na lóistéirí a bhí ag fanacht aici leathchéad bliain ó shin. Sa Daingean a casadh Tomás Joyce uirthi, áit a raibh sise ag obair in Oifig an Phoist agus eisean ina Gharda óg. Ba léir ó bheith ag caint léi go raibh sí an-cheanúil ar Bhreandán:

He was a grand person, Breandán. There was a fellow from Limerick with him; Jim O'Halloran was his name. Jim and Breandán became great friends. There were others but I cannot think of their names now. I never saw the sign of drink on Breandán Ó hEithir. Never. But of course I used to be in bed when they came home! It seems he didn't do any study. Wasn't it a pity! Breandán was so clever. He has books written now and I am told that they are very good. Breandán was a really grand person.

D'éiríodh Breandán trodach ar a chuid óil anois agus arís. Bhí an ceathrar acu ag teacht abhaile ón teach ósta oíche amháin agus bhí fear a bhí ina chónaí cúpla doras uathu, a bhí ina bhainisteoir ar phictiúrlann an Savoy, ag dul isteach ina theach féin. Pé ar bith céard a bhí tarlaithe idir Breandán agus é féin roimhe sin, d'ionsaigh Breandán é. Chuaigh an chuid eile eatarthu agus tháinig an Garda Tomás Joyce amach le síocháin a dhéanamh. Ach, cé go raibh fearg ar Bhreandán agus fonn troda air, síleann Seán Mac Íomhair gurbh fhéidir nach raibh ann ach 'coinnigh mé, a mháthair, nó buailfidh mé é!' McMahon a bhí ar an bhfear agus nuair a dhún an Savoy blianta ina dhiaidh sin chuaigh sé féin agus a chlann go Meiriceá.

Bhí Declan Brennan ar lóistín i dteach nach raibh i bhfad ó tigh Thomáis Joyce, i Seantalamh freisin, agus Polannach darbh ainm Wiezek Tempowski, a bhí tosaithe ar chúrsa leighis san ollscoil, in aon lóistín leis. D'éirigh an Polannach seo agus Breandán an-chairdiúil le chéile agus choinníodar suas an caidreamh an chuid eile dá saol. Mac le Ollamh Ollscoile as Warsaw é Tempowski; throid sé in arm rúnda na Polainne le linn an Dara Cogadh Domhanda agus chaith sé blianta deireanacha an chogaidh i gCampa Auschwitz agus i gcampaí géibhinn eile. D'ainmnigh sé aon fhear déag dá mhuintir dom a bhí ina thimpeall i Warsaw ag tús an chogaidh agus nach raibh beo díobh ag deireadh an chogaidh ach Wiezek féin agus fear eile. Chuaigh an fear sin go

Moscow, áit a bhfuil sé ina ollamh le leigheas anois agus tháinig Wiezeck, ar chonair aistreánach, go Gaillimh:

I came to Galway in 1949. I got my matriculation in 1947 and I worked on the railways and elsewhere. There was a little mafia of us, ex-concentration camp prisoners. I wrote to Monsignor Pádraig de Brún who was president of UCG and got admission by return of post. That was October 1949. The first one I met was Declan Brennan. We stayed in the same digs, and through Declan I met Breandán. I did not meet Breandán till after Christmas 1949 or the beginning of 1950. We were having a drink in the Enda Hotel in Dominick Street. We used to have a quiet drink there on Saturday nights and we met Breandán and Jim O'Halloran, and John McKeever.

Cháiligh 38 Polannach ina ndochtúirí i nGaillimh idir 1947 agus 1958, agus chuir Wiezek Tempowski in iúl dom go mórtasach gur ollúna le leigheas ceathrar díobh sin anois, gur dochtúirí comhairleacha nó *'consultants'* an chuid eile go léir beagnach, é féin san áireamh, agus go ndeachaigh ceathrar díobh le gnáthdhochtúireacht.

Chuaigh scéalta cogaidh an fhir óig seo, nach raibh ach cúpla bliain níos sine ná é féin, agus a chur síos ar uafás na gcampaí géibhinn, i bhfeidhm go mór ar Bhreandán, agus sílim gur ag an am seo a thosaigh sé ag cur suime in oirthear na hEorpa.

Nuair a labhair mé le Wiezek le linn dom a bheith ag cur an chuntais seo le chéile tháinig tocht ina ghlór nuair a d'fhiafraigh mé de faoi Auschwitz: *'The overriding impression I have of that place is the stink of burning bodies,'* agus tháinig tocht air freisin nuair a labhair sé faoin gcairdeas a nascadh agus a buanaíodh idir é féin agus Breandán Ó hEithir agus a chairde in Ollscoil na Gaillimhe i dtús na gcaogaidí:

In my life friends were more important than family. I left my home and family when I was fifteen and for the rest of my life I survived because of my friends. I survived in Auschwitz and in the other places because of people who were absolutely nice to me and helped me and because of one fellow who saved my life and who was not even in the same concentration camp. To me friends were more important than family. To me Breandán,

Declan, Jim O'Halloran and John McKeever were my family substitutes, my friends.

Tar éis an chogaidh, sular tháinig sé go Gaillimh, d'fhreastail Wiezek ar Scoil Ghraiméir Pholannach in Albain, ag ullmhú don scrúdú Máithreánach agus rinne sé scrúdú i dhá ábhar déag. Fuair sé pas i ndeich n-ábhar agus teip sa dá ábhar eile. Cheap sé gur bharrúil an rud é go bhfaigheadh Caitliceach Polannach mar é féin, a bhí tar éis teacht tríd an dara cogadh domhanda, teip sa dá ábhar ar cheart dó eolas maith a bheith aige orthu – reiligiún agus stair:

I went to the Jesuit priest, who was trained in Ireland by the way, and asked him why he had failed me. And do you know why? Because his first question was 'What is a Rosary?' And I said to him 'A string of beads!'

Ba léir ón gcomhrá le Wiezek go raibh sé an-cheanúil ar Bhreandán agus gur chuir a bhás as go mór dó. Bhí a chroí briste, a deir sé, ag breathnú ar Phádraig Ó hEithir, athair Bhreandáin, lá na sochraide, go háirithe nuair a smaoinigh sé ar an ócáid dheireanach roimhe sin ar casadh Pádraig Ó hEithir air i gCill Rónáin i dtús na gcaogaidí:

I got involved with the wife of one of the Polish students in Galway and as it was difficult to carry on our relationship under the eyes of 'By The Grace of God – Michael of Galway' we had to go to the Aran Islands. Breandán provided the outlet – McDonagh's Hotel in Kilronan. That is how I met his father and, he being the headmaster in Kilronan, it was a very awkward situation, where his son had brought a Polish student and his adulterous relationship to Kilronan. And the Parish Priest did not approve of it and I will never forget it. The other person I met in Kilronan then was the famous Dr O'Brien. I was only a pre-medical student and Dr O'Brien regarded me as a professor of medicine! I remember him pouring me a bottle of stout into a glass that had three quarters of an inch of dust in it.

Chaith Seán Mac Íomhair agus Declan Brennan deireadh seachtaine fada i gCill Rónáin ar ócáid éigin eile, ar cuireadh ó Bhreandán.

D'fhanadar san óstán i gCill Rónáin agus thug Breandán timpeall an oileáin iad agus thaispeáin sé chuile áit dóibh. Fuair siad cuireadh chun béile le tuismitheoirí Bhreandáin agus is cuimhneach le Seán go raibh an t-athair agus an mháthair an-chineálta leo, go raibh an teach an-chompordach agus go raibh go leor leabhar sa teach. Bhí Jim O'Halloran ag béile sa teach ar ócáid eile:

> Breandán seldom talked about his mother. I met her in Aran. I went along for a meal there once. She was a lovely woman but very quiet, very gentle but strong. Breandán's strength came from the mother. Pádraig Ó hEithir, the father, was a quiet, gentle person. The mother had great strength. She had a striking face, an O'Flaherty face.

Níor chuimhneach le Wiezek Tempowski go n-ólaidís go trom na blianta úd i nGaillimh ach b'fhéidir go raibh iompar níos mó ar ól aigesean ná mar a bhí ag an dream a bhí trí bliana ní b'óige ná é. Ó tharla go raibh an dá theach lóistín gar go maith dá chéile i Seantalamh, théidís go léir amach i dteannta a chéile, go háirithe ag an deireadh seachtaine. Hotel Enda agus an Atlanta Hotel i Sráid Doiminic, agus Tigh Khelly ar na duganna na háiteanna is mó a fhanann i gcuimhne Wiezek ó na laethanta sin i dtús na gcaogaidí:

> When you had a hard night on Saturday, then on Sunday morning when you woke up and wanted to have a cure we went to Mrs Kelly on the Docks. But at twelve o'clock Mrs Kelly would throw you out because it was time for the last Mass in the Pro-Cathedral. At five to twelve she would throw everyone out but at ten past twelve you could come back in. She had done her duty!

Chuir Wiezek aithne mhaith ar Bhreandán i gcaitheamh na mblianta sin i nGaillimh agus ina dhiaidh sin i mBaile Átha Cliath agus i Sasana:

> Essentially he was a very withdrawn and private person. You know when we would have a drink and we would get to the friendly stage when we expressed our personal feelings and pour our hearts out; at that stage Breandán would pretend to fall asleep but I knew he wasn't asleep because

next day he would refer to what we were talking about! So he listened to all your drunken outpourings to put it into his computer for his book or whatever. But he did not want to get involved personally, which is fair enough.

D'airigh Wiezek, mar eachtrannach, nár ghlac Breandán leis an Stát Éireannach agus nár ghlac sé le cúrsaí na tíre mar a bhí siad; cheap sé go mb'fhéidir go raibh tionchar ag a uncail, Liam Ó Flatharta, ar an dearcadh seo. Níor chuir Breandán Wiezek in aithne dá uncail Liam riamh, dúirt sé, fiú nuair a bhí Wiezek i mBaile Átha Cliath cúpla bliain ina dhiaidh sin. Le linn na mblanta siúd i nGaillimh, an mbíodh Breandán ag ól go trom?

It was something that was very difficult to tell. It was very difficult to gauge how drunk Breandán really was – how much of it was genuine and how much of it was assumed in order to gather experience. Breandán was essentially a writer and I am sure that he decided in the early stage of his life that he was going to be a writer. And of course a writer never finds anything in thin air; he has got to rely on experience. When you look at Breandán's literary output you will see that he is a very good story-teller. And where does he get his stories from? From the pubs, from hurling matches, from football matches, from his fellow human beings. And, of course, to put it crudely, when he got his subjects into a stage where they could provide him with a story they had to be drunk. And he himself had to be sufficiently sober to remember!

Nuair a d'fhiafraigh mé de faoin 'líne láidir' a bhí Breandán a dhéanamh i rith an ama seo, dúirt sé:

I know nothing about that. It was a revelation to me to hear that Beandán was doing a line. As far as his sex life was concerned Breandán was a closed book. It was something that he would never talk about to his friends. That is one aspect of his life I know nothing about. When you wrote to me and said that you would like to meet me and talk about Breandán's wild life in Galway I was surprised. There was no wild life! We just had some drinks on Saturday nights. We had that circle of friends and to me it was extremely beneficial. And of course I learned about Ireland and Irish literature. It was through that circle that I learned of Joyce and O'Connor and the other writers and to me it was an enlightening experience. But no wild life!' . . . Breandán would never open his mind to you. He would only go so far as to say – about religion, for example – 'níl a fhios agam; that is what some people think,' but he would not go further.

Nuair a d'fhiafraigh mé de Jim O'Halloran faoi 'shaol fiáin' na Gaillimhe is é an freagra a thug seisean orm:

Everybody was doing his utmost to be bad but everybody was failing! Every time you went to church they talked of 'occasions of sin' but there were no occasions of sin! We scouted Galway from top to bottom looking for occasions of sin and very rarely did we find one. And the rare one that came our way never came where you expected to find it! We would go to dances, hoping, and Breandán didn't dance! Drinking was the only occasion of sin freely available to students at the time.

Rud neamhghnách a bhí ann do fhear óg dá aois agus dá fhiosracht agus do fhear a bhí ceanúil ar mhná, nach dtéadh sé chuig na gnáthdhamhsaí, ach tá a fhocal féin againn air in *Over the Bar.*

I never attended a dance, preferring to go to the halls where céilithe were held which were wilder and much more interesting and not frequented by many students.[14]

Théadh sé, ó am go chéile, chuig an 'Astaire', halla a bhí suite gar do lár na cathrach. Labhair sé le Seán Ó Tuairisg faoi ar an gclár *Cúrsaí* ar RTÉ i 1990:

Bhíodh caitheamh aimsire cineál aduain a bhíodh á fhógairt don halla seo, atá imithe as an saol anois – ba é sin an *Monster Céilí and Old Time.* Ní raibh de dhifríocht idir é agus an *Céilí and Old Time*, chomh fada is d'fhéadfainnse a shamhlú, ach b'fhéidir corrachrann a tharlaíodh anois agus

arís in áiteacha éagsúla sa halla; agus b'fhéidir an rud is gaire don
'Mhonster' is cuimhneach liomsa ná fear áirithe a bhaineadh de a bhróg
chomh luath is a chloiseadh sé gleáradh ar bith agus isteach ina lár leis ag
cliobadh daoine, is cuma an raibh aithne aige orthu nó nach raibh. Agus
is dóigh gurbh in é a chaitheamh aimsire siúd seachas a bheith ag damhsa
Céilí nó Old Time Waltz![15]

Bhí Breandán éirithe as peil agus iománaíocht ar fad ó d'fhág sé
Coláiste Éinde ach bhí Seán Mac Íomhair agus Declan Brennan, a bhí
an-mhaith ag peil Ghaelach, tar éis iompú ar an rugbaí. Dónall Ó
Súilleabháin, mac léinn leighis a bhí bliain chun cinn ar Declan san
ollscoil, a mheall an bheirt pheileadóirí Gaelach isteach ar fhoireann
rugbaí an Choláiste. Thosaigh Breandán ag dul chuig na cluichí rugbaí,
ag breathnú ar a chomrádaithe ag imirt. Is ag an am sin a thosaigh sé
ag breathnú go géarchúiseach ar an gcluiche 'gallda' seo a raibh
Cumann Lúthchleas Gael chomh binbeach ina aghaidh, agus ag
breathnú dáiríre ar an tionchar a bhí ag an gcosc a bhí curtha ag an
gcumann sin ar an sacar agus ar an rugbaí – an 'Ban' mar a thugtaí air:

The GAA Ban did not affect me directly, as I was now a mere spectator and
could view as I pleased, but it did affect some of my friends. My classmate,
Seán McKeever, took up rugby in UCG and finding it more to his taste than
gaelic football he decided to concentrate all his energies on it. Declan
Brennan, who won an All-Ireland junior title with Meath and also played
with them in the senior final against Cavan in 1952, decided to try his luck
with gaelic and rugby. His luck lasted through his studies in Galway but
in 1953 he was reported for playing rugby with Drogheda Town, where he
was then teaching, and suspended for six months. However, to ensure that
his prospects as a county player were truly blighted he was not reinstated
for two years. Of all my friends, he was, and still remains, the most
involved and dedicated member of the GAA.[16]

Thug an rugbaí léargas do Bhreandán ar réimse eile fós de shaol na
Gaillimhe: seisiúin dheireanacha óil agus amhránaíochta faoi cheannas
'Baldy Griffin' i dtábhairne 'Widow Cullinane's' agus carachtair ar nós

'Hopper Mangan' mar ab fhearr aithne an uair sin ar an Dr Michael Mangan as Tuaim, a bhí ina chaptaen ar fhoireann rugbaí an Choláiste ag an am. Chuaigh Breandán ag breathnú ar chuile chluiche faiche dá raibh á imirt i nGaillimh ag an am: cruicéad ar fhaiche an *Old Grammar School*, hacaí na mban a bhí '*entertaining and pleasantly titillating, as well as being more graceful than what little camogie I had seen*'[17] agus sacar i bpáirc Thír Oileáin. Níor thaitin sacar riamh leis, ainneoin a raibh de mhuintir Thír Chonaill in aon rang leis i gColáiste Éinde agus an traidisiún láidir sacair a bhí ina measc siúd. Leis an iománaíocht agus leis an bpeil Ghaelach is mó a bhí luí aige:

> Gaelic football and hurling were very strong in UCG during that period. The hurling team had the services of Joe Salmon and Miko McInerney, who captained the county team during his student years. The footballers had Billy Kenny, Peter Solan and Mick O'Malley of Mayo, Christy Garvey of Roscommon (who must hold some sort of record for Sigerson Cup appearances) and Seán Purcell, after he qualified as a national teacher.[18]

Tá sé ráite ag Breandán i gcúpla áit go raibh sé ina bhall de choiste Chumann Éigse agus Seanchais an Choláiste ar feadh tamaill ach gur éirigh sé as nuair a diúltaíodh cead dóibh Máirtín Ó Cadhain a thabhairt isteach mar chainteoir le linn Sheachtain na Gaeilge. Tá cuntas aige féin ar an scéal sa léacht dar teideal *Thar Ghealchathair Soir* a thug sé ag Scoil Gheimhridh Mherriman i 1971 agus a d'fhoilsigh Cumann Merriman i 1973:

> Bhí mé in Ollscoil na Gaillimhe nuair a foilsíodh *Cré na Cille* sa bhliain 1949. Foilsíodh sleachta san *Irish Press* agus bhí cuimse cainte á dhéanamh faoi. Níos fearr ná sin féin bhí mic léinn Ollscoile ag ceannach cóipeanna de sna siopaí leabhar, in ainneoin nach raibh sé ar aon chúrsa go ceann blianta fada ina dhiaidh sin. Dúinne, muintir na Gaeltachta, b'ionann an leabhar agus réabhlóid i scríbhneoireacht na Gaeilge. . . . Sílim gur sa bhliain 1950 a tionóladh cruinniú de choiste an Chumainn Éigse agus Seanchais in Ollscoil na Gaillimhe chun clár Sheachtain na Gaeilge a leagan amach. Mhol mé féin agus roinnt eile a bhí ar an gcoiste ag an am go dtabharfaí cuireadh do Mháirtín Ó Cadhain chun labhairt linn ar a rogha

ábhair. Níor mhór na socruithe seo uile a chur i láthair an té a bhí ceaptha ag an gColáiste chun breathnú i ndiaidh imeachtaí an Chumainn, an tOllamh Liam Ó Buachalla. An tseachtain dár gcionn tháinig scéala ar ais ón Reachtaire: ní raibh aon ghlacadh le Máirtín Ó Cadhain sa Choláiste agus ar fhaitíos go mbeadh fonn ar bith orainn an scéal a chur níos faide cuireadh in iúl dúinn freisin go raibh Uachtarán an Choláiste, an Dr Pádraig de Brún, ar an intinn chéanna díreach. Ní raibh agóidí mac léinn i gceist i nGaillimh sna blianta úd – nó b'fhéidir arís go mba é ár meatacht féin ba chiontach – ach ní raibh de thoradh ar an méid úd ach gur éirigh beirt as an gcoiste agus as an gCumann.[19]

I later found out that it was Professor Liam Ó Buachalla, still smarting from his defeat in the election for the Presidency of the Gaelic League some years previously by Seán Óg Ó Tuama (who was locked up in the internment camp in the Curragh with Máirtín Ó Cadhain and others at the time), who decided to put his foot down. For my part, I think I welcomed a fairly dramatic excuse to get off the only committee I sat on while a student.[20]

Bhí Seán Delap as Gaoth Dobhair i nGaeltacht Thír Chonaill – An Breitheamh Seán Delap ina dhiaidh sin – gníomhach sa gCumann Éigse agus Seanchais i gcaitheamh na mblianta sin agus níor chuimhneach leis aon chonspóid den sórt seo:

Bhí mise i mo Chisteoir ar an gCumann Éigse agus Seanchais i 1950-1951 agus i mo Reachtaire i 1951-1952 agus níor tharla sé i rith na mblianta sin. Agus bhí mé i mo fhochisteoir an bhliain roimhe sin, 1949-1950, agus dá mbeadh aon chonspóid ann chaithfinnse dul chuig an Uachtarán. Bhínn ag na cruinnithe uilig i 1949-1950 nuair a bhí mé sa chéad bhliain, agus chaithfinn a bheith ag na cruinnithe an dá bhliain dheireanacha. Ní fhaca mise Breandán ach ag cruinniú amháin den Chumann – léacht a thug Mícheál Mac Gabhna, a bhí i gColáiste Éinde, ar an cheol.
Is cuimhin liom ócáid amháin eile ar luadh ainm Bhreandáin. Bhí irisleabhar againn a raibh *Fír* air agus bhí an Reachtaire ina Eagarthóir air, agus an bhliain a raibh mise i mo chisteoir scríobh Breandán alt agus níor chuir an tEagarthóir, Diarmuid Ó Cearbhaill, i gcló é; ghlac sé comhairle ón Athair Eiric Mac Fhinn

agus rinneadh cinsireacht air. Is cuimhin liom é sin á lua ag cruinniú, ach an rud sin faoi Liam Ó Buachalla, níor tharla sin an dá bhliain a raibh mise ann.

Bíodh sin mar atá, tá fianaise ann gur cuireadh *veto* ar Mháirtín Ó Cadhain sa gColáiste chomh deireanach le 1955. Moladh é le labhairt ag Tionól an Chomhchaidrimh ach cuireadh ina aghaidh ag cruinniú de choiste an Chumainn Éigse agus Seanchais agus tugadh an cuireadh chun labhartha do Chriostóir Mac Aonghusa. Níorbh aon scéal rúin é go raibh coiste an Chumainn Éigse agus Seanchais faoin ordóig ag Fianna Fáil.

I 1949 a tháinig Seán Delap chuig an Ollscoil, bliain níos deireanaí ná Breandán, agus bhí sé ar lóistín i Seantalamh le Conallaigh eile a bhí beagán ní ba shine ná é. Bhí deartháir ní b'óige ná Seán Delap in aon bhliain le Seán ar an Ollscoil – Paddy Delap, a bhí ina Chomhairleoir Contae agus ina Theachta Dála le Fianna Fáil agus a bhí ina dhochtúir i nGaoth Dobhair go dtí gur bhásaigh sé i 1987. Is é Seán a chuir a dheartháir Paddy in aithne do Bhreandán agus bhíodar ina gcairde móra ina dhiaidh sin i mBaile Átha Cliath.

Scríobh fear as Gaeltacht Chonamara, a thug 'Spailpín ar an Achréidh' air féin, léirmheas fíorcháinteach ar *Cré na Cille* sa tréimhseachán míosúil *Ar Aghaidh*, agus scríobh Breandán an litir seo a leanas chuig an Eagarthóir ag easaontú go láidir leis:

Gaillimh,
22ú Aibreán, 1950.

A Fhir Eagair,

Ní mian liom cur isteach mórán ar do chuid spáis ach ba mhian liom cupla ceist a chur ar 'Spailpín ar an Achréidh' i dtaobh a 'léirmheasa' ar 'Chré na Cille' ('Ar Aghaidh' – Aibreán). Deir sé gur chuir 'Cré na Cille' fóthach air; bhuel, thig liomsa a rádh le fírinne gur chuir a 'léirmheas' an bhail chéanna ormsa. Feicim focal cáinte ag J.O.S. ina cholún in 'Inniu' (21-4-1950) ar an 'léirmheas' céanna ach ní rachainnse chomh fada leis-sean agus a rá go gcuirfeadh a leithéid isteach ar Mháirtín Ó Cadhain. Tá mé dearfa nach ngéillfeadh údar 'Chré na Cille' dá leithéid de ráiméis bíodh go gcuirtear os comhair an phobail mar 'léirmheas' é.

Sa dara halt deir sé, 'ní ligeann an t-údar air féin gurb é atá ag caint.' Cén fáth go mbeadh iachall air a leithéid sin a dhéanamh? Arís deir sé, 'is mór an éagcóir atá déanta ar fhéith na samhlaíochta aige.' Ní abrann an léirmheastóir linn cén chaoi ná cén fáth. Ní thuigimse ciall na habhairte sa gcomhthéacs ar chor ar bith.

Tá an tríú halt as dáta ar fad. Níor chuala an léirmheastóir a leithéid de chaint riamh, a deir sé. Bhuel, anois bhí mise i gConamara agus i nGaeltacht eile nach í agus chuala mé caint ní ba láidre ná an chaint sin agus níorbh ag 'roighineadóirí ceart críochnaithe ar chúla téarmaí' é ach oiread. (Ná ceapadh aoinne gur ag caitheamh ar Chonamara atá mé.)

Cén chiall atá leis na giotaí atá tugtha sa gcúigiú alt? Ar bhealach tuigim an chiall atá leis an sliocht ó lch. 187 a thabhairt – ní bhíonn mná na Gaeltachta dá gcláradh. Dar ndóigh, ní bhíonn!

'Ní ar nós 'Chré na Cille' a dhathaigh an Piarsach ná a chairde Gaeilgeoirí na Gaeltachta.' (Ar dtús – cé hiad na cairde?) Anois cé acu is fearr an t-eolas a bhí ag an bPiarsach ar mhuintir Chonamara ná atá ag an gCadhnach? Ar mhian leis an bPiarsach tada ach an mhaith a fheiceáil i muintir na Gaeltachta? Ach tá mo dhóthain ráite faoin méid sin agam. Mholfainn don léirmheastóir cóip den léacht a thug Máirtín Ó Cadhain, faoin teideal 'Cén fáth nach bhfuil litríocht na Gaeilge ag fás?' a léamh agus a dhíleá sula scríobhann sé a thuilleadh léirmheastóireachta.

B'fhacthas dom le scaitheamh go raibh 'Ar Aghaidh' ag titim go mór chun deiridh ar pháipéir eile sa nGaeilge. Níor thuig mé i gceart é sin go dtí gur léigh mé an léirmheas seo. Má's sampla é de chaighdeán liteartha an pháipéir is gairid go mbeidh 'Ar Aghaidh' freisin i gCré na Cille.

Mise, le mór-mheas,
Breandán Ó hEithir.

Ní drochtheist í an litir sin ar mhac léinn dara bliana san Ollscoil agus is cinnte nach ar an drabhlás i nGaillimh a chaith an fear óg a scríobh í a chuid ama go léir. Cé nach raibh aon aithne phearsanta fós aige ar Mháirtín Ó Cadhain bhí go leor cloiste aige faoi óna mhuintir agus bhí ceann amháin, ar a laghad, dá chuid leabhar léite aige:

I dtús an tSamhraidh, sa bhliain 1946, tháinig scéal anoir as Inis Meáin go hInis Mór, go raibh fear as an gcoitiantacht darb ainm Máirtín Ó Cadhain as ceantar an Spidéil ar saoire ansin. Chualamar go raibh seal fada caite i bpríosún aige i ngeall ar bheith san IRA agus go raibh an sagart pobail in amhras air ar an gcúis seo. Ach an rud is mó a d'fhan i mo cheann – agus rud a bhfuil cuimhne fós in Inis Meáin air – caint a chaith sé oíche tigh Shéamais Uí Fhátharta, aon ósta an oileáin. Ar a bhealach isteach dó sa dorchacht sheas an Cadhnach ar mhada, a bhí ina luí ar an gcosán. Thug an gadhar fogha faoi agus b'éigean do Mháirtín rith isteach faoi dheifir.

'Is fearr rith maith ná drochsheasamh, a Mháirtín,' arsa fear abartha éigin dá raibh istigh.

'Ní hea,' a deir Máirtín, 'ach is fearr suí ar mhuic ná seasamh ar mhada.'[21]

I samhradh na bliana 1950 chuir an Eaglais Chaitliceach Rómhánach cor beag cinniúnach i saol Bhreandáin, ar bhealach nach raibh súil ar bith aige leis. Bhí an bhliain sin gairmthe ag an bPápa ina Bliain Naofa agus bhí triall na mílte ó chuile chearn d'Éirinn agus den domhan ar chathair na Róimhe:

Early in the Summer of 1950 I was mooning about the house, complaining of boredom, when my mother suggested, out of a clear blue sky, that it might be good for me to go to Rome for a Holy Year pilgrimage. Not having much interest in pilgrimages, but being sorely tempted by the money she offered to get me to Rome and back, I decided to hit the road and see what happened.

London seemed the ideal place from which to start, and the road to London began in Galway railway station. Galway station was the busiest place in the town every afternoon during those years, as hundreds of men and women – most of them pathetically young – took the boat-train to Dún Laoghaire, Holyhead and the cities beyond. For them the journey was a necessity, but for me it was the beginning of the greatest adventure of my life, so far.[22]

Ní raibh an traein i mBaile Átha Luain go raibh Breandán i séis chomhrá le scata fear óg as Conamara a chuala sé ag labhairt Ghaeilge

sa mbeár agus a bhí ar a mbealach ar ais go Londain tar éis a gcuid
saoire. Ba é deireadh an scéil, nuair a shroicheadar stáisiún Euston, go
ndeachaigh Breandán abhaile go ceantar an *Elephant and Castle* le
muintir Chonamara chuig ceann de na tithe lóistín suaracha sin ina
gcónaíodh líon mór Éireannach i Sasana ag an am:

> Even the cold kip in wartime Dublin was a home from home in comparison
> with this airless, stinking doss-house which was run by a tiny Englishwoman
> with dyed hair and an aggressive Welshman with tattooed arms, whom I
> took to be her husband. . . . She was a war widow and he was living off
> her, a situation known in the rough jargon of the day as 'cock-lodging.'[23]

Thairg fir Chonamara obair a fháil dó ach thapaigh Breandán a dheis le
lán a shúl a bhaint as an gcathair mhór nua seo a bhí sé ag iarraidh a
fheiceáil ó léigh sé fúithi i leabhair Captain Marryat. An fhad a mhairfeadh
an t-airgead bhainfí deatach as, agus chaith sé seachtain bhreá ag fálróid
thart ar fud Londan, ag tabhairt cuairt ar cheantair cháiliúla na cathrach le
solas an lae agus ar thithe ósta agus ar hallaí damhsa na nÉireannach san
oíche. Oideachas a bhí anseo a sheasfadh dó mar iriseoir agus mar
scríbhneoir ina dhiaidh sin, agus is iomdha uair le linn dó a bheith ag obair
le RTÉ a rinne sé an turas báid agus traenach sin, go Holyhead agus go
Euston, le tuairisc raidió nó teilifíse a sholáthar faoi chosmhuintir na
hÉireann i Sasana. Ach nuair a chonaic an '*cock-lodger*' nach raibh
Breandán ag obair agus go mbíodh sé le feiceáil timpeall na 'neide'
rómhinic chaith sé amach as an lóistín é. Ar aon chuma, bhí na pócaí ag
éirí éadrom agus fuair sé roinnt jabanna beaga fánacha anseo agus ansiúd
i Londain, ceann acu ina phóirtéir oíche in óstán beag gar do Russell
Square, áit a mbíodh marcaigh rásaíochta ag fanacht, a bhíodh ag iarraidh
meáchan a chailleadh sna Folcthaí Turcacha a bhí in aice láimhe. Ní hé
amháin go raibh an t-airgead á chaitheamh ach bhí an samhradh á
chaitheamh freisin agus ní raibh Breandán ag teannadh tada ní ba ghaire
don Róimh. Chuala mé gur chaith sé cúpla lá agus oíche ar an drabhlás
lena uncail Liam i Londain ag an am ach níl Liam luaite ar chor ar bith sa
tuairisc atá in *Over the Bar*.

As far as my financial capability to get there was concerned, Rome had by
now moved east of Istanbul; after that there was the small matter of getting
home again. I had to get out of London and the only logical solution
seemed a job at sea.

I took a train to Grimsby, went to the docks and after lying ferociously about
my experience aboard steam-trawlers (which was non-existent), I signed as a
deckhand-learner with the firm of Alexander Sleight, on the North Sea trawler
Recordo, for a twelve to fourteen day trip to the Dogger Bank.[24]

Sé seachtaine nó mar sin a chaith sé ar an trálaer, ach go dtagaidís i
dtír ar feadh lae nó dhó gach dara seachtain. Deir Jim O'Halloran nuair
a tháinig Breandán ar ais go Gaillimh an fómhar sin, go mbíodh sé
an-bharrúil ag cur síos ar an deichniúr fear a bhí ar an mbád leis: nuair
a bhídís ar muir chaithidís an t-am ar fad ag caint ar mhná agus nuair a
bhídís i dtír chaithidís an t-am ar fad ag caint ar iasc!

D'éirigh le Breandán an t-airgead a bhí caite i Londain aige a chur le
chéile arís, cé gur minic a bhí caitheamh ina dhiaidh aige nach i Londain
a d'fhan sé. Ach dá dhonacht dá raibh cúrsaí ar bord an trálaeir – agus
bhí siad go dona – ba é an rud ba mheasa a ghoill ar Bhreandán ná
easpa cumas cainte na bhfear, san aon teanga amháin a bhí acu:

I had never before found myself isolated in the company of ten men whose
combined vocabulary seemed not to exceed five hundred words
– including the seven or eight obscenities which were stuck in between
every second one of them.[25]

Sular fhill sé abhaile chaith Breandán cúpla seachtain ag obair ar
fheirm in aice le Cambridge, áit ar casadh cineál eile Éireannach air
– oibrithe feirme arbh as Maigh Eo, Ros Comáin agus Gaillimh a
bhformhór, a bhí ag obair ar fheirmeacha móra taobh amuigh den
bhaile agus a thagadh le chéile ag an deireadh seachtaine sa teach
tábhairne céanna i gCambridge. Is é an t-aon locht a bhí ar an bpost
seo go raibh an t-airgead an-íseal ach bhain Breandán sásamh éigin as
an smaoineamh go mbeadh sé in ann a rá sa gcomhluadar ceart nuair
a ghabhfadh sé abhaile gur chaith sé tamall i gCambridge! Bhí Craobh

na hÉireann san iománaíocht caillte aige faoi seo agus shocraigh sé aghaidh a thabhairt ar an mbaile le Maigh Eo agus Lú a fheiceáil in aghaidh a chéile sa gcluiche ceannais peile. Ní raibh an Róimh feicthe aige ach bhí an saol fada. Mar a tharla, bhí Seán Mac Íomhair tar éis cuairt a thabhairt ar an Róimh an samhradh céanna sin agus bhí sé in ann a insint do Bhreandán gur cathair mar a tuairisc í. Bhí scéalta ó thíortha coimhthíocha ag Jim O'Halloran tar éis an tsamhraidh sin freisin mar bhí seisean tar éis cuairt a thabhairt ar aintín leis i gCopenhagen agus tar éis roinnt de léirscrios an chogaidh mhóir a fheiceáil i roinnt de chathracha móra na hEorpa.

Blianta fada ina dhiaidh sin, dála an scéal (agus murar tharla an scéal, ba é Breandán a bhí in ann é a chumadh) fuair sé amach cén droch-chríoch a bhí ar an '*gcock-lodger*' as an mBreatain Bheag. Bhí peileadóirí Mhaigh Eo tar éis Ard Mhacha a bhualadh i gcluiche leathcheannais na hÉireann an samhradh sin, le linn do Bhreandán a bheith ag iascach sa Muir Thuaidh, agus bhí buachaillí Mhaigh Eo agus a gcairde ag ceiliúradh na hócáide i seomra plódaithe sa seanlóistín i Londain agus an doras faoi ghlas. Fágfaidh mé an scéal ag Breandán féin:

The Welshman was roused from his luxurious bed by the strains of that great Western anthem 'The Boys from the County Mayo', accompanied by shouts of 'Up Mayo' and 'We never died a Winter yet' exactly as if they were on the train home from Croke Park. Failing to persuade them to open up and have manners beaten into them, the Welshman resorted to abuse and the phrase 'Filthy Irish Pigs' was heard. Anyone with even a titter of understanding would have found the deadly silence which followed that remark far more frightening than the noise. . . . there was a sudden rush of feet, the door burst open and with a soaring roar of 'Over the bar, Mayo,' the cock-lodger was hurled over the banisters and down the well of the stairs.'[26]

Is é Breandán a shocraigh an lóistín i nGaillimh an fómhar sin arís. Scríobh sé chuig an gcuid eile agus dúirt sé leo go raibh áit faighte aige dóibh trasna an bhóthair ó theach tábhairne Pheter Michael Kelehan, gar do gheata an ospidéil. Timpeall an ama seo chastaí roinnt mhaith iascairí Spáinneacha orthu i dtithe ósta ar na duganna. Cheannaigh

Breandán leabhar foghlama Spáinnise le tabhairt faoin teanga, ach chaith sé in aer é gan mórán moille.

Ní rófhada a bhíodar sa lóistín nua nuair a fuair Breandán seomra do thriúr acu sa gCastle Hotel ar thrí phunt sa tseachtain an duine; dhá phunt sa tseachtain a bhí ar an lóistín i Hatter's Castle an chéad bhliain. Áit mhór ag muintir Árann i nGaillimh a bhí sa gCastle Hotel. An bhliain chéanna ar rugadh Breandán a tógadh an Castle; Pádraig Mac Giolla Phóil as Inis Oírr a thóg an t-óstán i 1930 agus is é a bhí ann nuair a d'athraigh Breandán agus Jim O'Halloran agus Seán Mac Íomhair isteach ann i 1950. Cheannaigh Paddy Ryan as Baile Locha Riach, a raibh siopa búistéara aige i Sráid Doiminic i nGaillimh, an Castle i 1954 agus bhí sé féin agus a bhean agus a n-iníon, Cepta Ryan, i mbun na háite go dtí gur díoladh le Harry O'Connor é i lár na seachtóidí. Lig seisean ar léas é ar feadh cúpla bliain agus ansin dhíol sé an ceadúnas agus rinne sé oifigí as. Ard Rí an t-ainm atá ar an teach anois:

> Back at UCG the struggle to keep up the pretence of going to lectures became even harder. Three of us took up residence in the Castle Hotel, in Abbeygate Street, right in the centre of town and only a stone's throw from the docks. Now the distractions were nearer at hand. To get to college I passed the Four Corners, and in those days if there was an islander in town you found him by standing there for a few minutes.[27]

Siopa atá sna Four Corners anois ach teach ósta a bhí ann an uair sin. Le Pádraig Mac Giolla Phóil, fear an Chastle Hotel, an teach anois agus an uair sin. Théadh Breandán isteach cuid mhaith ann agus chastaí muintir Árann air ann. Bhí col ceathar le Breandán, Máirín Fleming agus a fear, Éamonn Ó Conceanainn as Árainn, ar Aonach na Faiche i nGaillimh lá agus bhíodar ag fanacht sa gCastle Hotel. Seo é an t-am a raibh Breandán ag fanacht sa gCastle agus bhí aithne mhaith aige féin agus ag Éamonn ar a chéile. Chuaigh Éamonn ar an aonach go moch, ag díol na mbeithíoch a bhí tugtha amach ar an 'steamer' aige ón oíche roimhe sin. Bhí Máirín sa gCastle ag fanacht leis, mar bhí sé le bheith abhaile go luath. Nuair nach raibh sé ag teacht chuaigh Máirín amach agus fuair sí é féin agus Breandán agus bean as Cill Éinne istigh 'Tigh Phóilín' mar a thugadh muintir Árann ar na Four Corners. Bhí punt bagúin a bhí ceannaithe le haghaidh an dinnéir ag bean Chill Éinne agus é thíos ar a brollach aici; bhí Breandán agus a chuid leabhar fós faoina ascaill aige agus é fós ar a bhealach chuig an Ollscoil, agus bhí Éamonn, agus na beithígh díolta ó mhaidin aige, agus gach aon racht gáirí ag an triúr acu faoi na scéalta breátha a bhí ag bean Chill Éinne. Agus, mar a dúirt Máirín: 'Bhí Breandán in ann smaoineamh ar chuile cheann de na scéalta a chuala sé ón mbean sin an lá sin agus, ar ndóigh, píosa a chur leo nuair a thogair sé é!'

Seomra mór amháin a bhí ag an triúr mac léinn ollscoile sa gCastle, seomra a haon déag ar an dara hurlár, díreach os cionn Sheomra na dTaistealaithe Tráchtála ar an gcéad urlár. Bhí saol an duine uasail acu, a deir Jim O'Halloran:

> The three of us, Ó hEithir, McKeever and myself, took one large big room in the Castle Hotel, with a fireplace, armchairs, furniture and beds. We had the free run of the restaurant and the bar and all that came along with that – our shoes were cleaned for us. There was a manageress there, Miss Murphy, a Corkwoman who ran the hotel and she was doing a very strong line with a traveller for Tullamore Dew. Bridie, the cook, was a Galway girl and a great character. There were a couple of waitresses: Nora Cuffe was one of them and Della something was the other, and the barmaid and Assistant Manageress was Adelaide Deasy who was from Cork also. They all lived in. We were given three meals a day and we had the run of the house after that. Bridie always left something for us – there was always mutton soup in the kitchen. We had the run of the bar and our cigarettes came from the bar too. When we got our scholarship we paid our bill. Miss Murphy was very good to us. Della, I remember, was a very attractive girl of eighteen or so. This set up for students was unheard of at the time. They were all in digs on Fr Griffin Road! Breandán liked that tremendously. That was very important. It appealed to him to stand out a bit.

Bhí seomra a haon déag ag breathnú amach ar an Leas-Ardeaglais. Bhí leaba shingil ag Breandán dó féin, agus Seán Mac Íomhair agus Jim O'Halloran ag roinnt leaba dhúbalta. Sórt ceannncheathrún a bhí i seomra a haon déag do go leor daoine. Bhíodh tine acu ann agus thagadh Wiezek Tempowski agus cairde eile isteach cúpla uair sa tseachtain. Bhí an bhliain sin an-spéisiúil mar chastaí go leor daoine orthu nach raibh baint ar bith acu leis an Ollscoil agus chuireadar eolas maith ar Ghaillimh le linn dóibh a bheith anseo. Bhí diabhal bocht a raibh siopa bróg aige agus a d'óladh go trom agus bhí ordú fágtha gan aon deoch a thabhairt dó sa gCastle. Is cuimhneach le Seán Mac Íomhair é a fheiceáil drochlá sneachta thíos ar a dhá ghlúin taobh amuigh de dhoras an Chastle ag impí é a ligean isteach.

Ní hiondúil le mic léinn ollscoile a bheith imníoch faoin aimsir, ach chaith an triúr seo seacht lá fhada ag faire na spéire go bhfeicfidís an raibh aon chosúlacht bháistí air. Bhí poiticéir ag cur faoi sa gCastle ag an am. Bhí neart airgid aige ach ní raibh dóthain aithne acu air le hiasacht a iarraidh air, cé go raibh airgead ag teastáil go géar uathu. Bhí seomra dá chuid féin aigesean agus bhí cóta mór breá *Crombie* ina chófra aige. Choinnigh Breandán caint leis sa seomra bia lá, an fhad is a bhí Mac Íomhair ag dul suas an staighre agus ag caitheamh an chóta *Crombie* amach an fhuinneog chuig Jim O'Halloran. Thug Breandán an cóta chuig an teach gill i Sráid na Siopaí agus bhí an-deireadh seachtaine ag an triúr. Ach chuile lá a chuaigh thart as sin gur rug an bhó, bhí siad á mbeophianadh ar fhaitíos go dtosódh sé ag báisteach agus go n-aireodh mo dhuine uaidh a chóta. Ach sheas an triomach agus an Satharn dár gcionn tháinig gála den scoláireacht, thóg siad an cóta as an ngéibheann agus bhí chuile shórt ceart.

Bhíodh comhrá acu leis an bpoiticéir céanna ag am dinnéir go minic agus bhíodh scéalta spéisiúla aige faoi na custaiméirí a bhíodh isteach is amach as an siopa poiticéara aige. Bhíodh Meiriceánaigh go glórach ag iarraidh coiscíní a cheannach agus bhíodh airsean insint dóibh go raibh sé in aghaidh an dlí coiscíní a dhíol. '*You don't mean to say! . . . My God, what are we to do on this vacation? I see a great number of Franciscans around the town; are we expected to live like Franciscans?*'

Bhí stádas ar leith ag taistealaithe tráchtála in óstáin na tíre ag an am agus níorbh aon eisceacht é an Castle Hotel. Bhí a seomra suí féin acu, díreach thíos faoi sheomra a haon déag, agus ba chuimhneach le Jim O'Halloran go leor de na taistealaithe céanna:

We got to know all the commercial travellers. The *prima donnas* of the road came through. They were really the kings of Ireland. They were the only ones who had cars. Miss Murphy's boyfriend, who was the traveller for Tullamore Dew Whiskey, introduced us to *Irish Mist*; that was luxury! I don't think any three students lived as well as we lived there.

Bhí nós na léitheoireachta bunaithe go láidir i mBreandán ó bhí sé an-óg agus léitheoir an-tapa a bhí ann. Duine é a raibh fonn léitheoireachta air i rith a shaoil ar fad agus nuair a bhíodh sé in ainm is a bheith amuigh ag siúl is minic gur i leabharlann nó i siopa leabhar a bheadh sé leath an ama. Mar a dúirt a dheirfiúr, Mairéad:

Nuair a bhí sé ar an ollscoil is iad na hamanta a chaith sé sa gCastle agus Tigh Khelly na hamanta ba spéisiúla b'fhéidir, ach caithfidh sé gur chaith sé an t-uafás ama sa leabharlann ag léamh, mar rinne sé an léitheoireacht sin am éigin. Bhí an t-uafás troscáin istigh ina intinn aige. Is léir gur chaith sé go leor ama ag léamh, pé ar bith céard faoi staidéar. Aon duine a raibh stair agus Gaeilge déanta i gColáiste Éinde aige ag an am sin d'fhéadfadh sé dul isteach agus onóracha a dhéanamh sa gcéim. Ní raibh cuma ná caoi ar chúrsaí ollscoile an t-am sin ná aon bhláthú ar intinn éinne.

Níl aon chuimhne agamsa ar Bhreandán ach ina dhuine fásta. Cuimhním go raibh mé san ospidéal i nGaillimh ag fáil mo chuid céislíní amach nuair a bhí sé san ollscoil ansin agus gur tháinig sé isteach ar cuairt chugam. Cuimhním, nuair a chuaigh mé síos ag déanamh na scoláireachta go Gaillimh, go raibh sé i nGaillimh ag an am sin agus go raibh sé ar an mbád ag teacht abhaile linn; b'éigean dúinn dul síos ar bhád iascaigh.

Chaitheadh Breandán go leor ama i dTeach na Cúirte, mar a chaitheadh 'Sean-Phádraig' Ó Conaire blianta roimhe sin, ag éisteacht le cásanna cúirte de chuile chineál agus roinnt mhaith acu i nGaeilge:

. . . there was the Courthouse, near the Salmon Weir Bridge, a bilingual institution infinitely more entertaining than the university and one could salve an uneasy conscience by going for a browse in the County Library upstairs during a dull case. Ever more frequently I found myself strolling back to the Castle Hotel, for lunch or tea, my notebooks still under my arm, not having been near college at all.

One found out a lot about life in Galway and its hinterland in the court and, as a guard once said to me sarcastically, my long hours in the public gallery must have been a great help when the time came for me to play a more central role in the court's proceedings.[28]

Ceann d'institiúidí móra na Gaillimhe ag an am ab ea An Chéad Chath, cathlán den Arm a bhí agus atá lonnaithe ar an Rinn Mhór i nGaillimh agus ar Gaeilge ar fad a labhraíodh na saighdiúirí ann ag an am. Bhí go leor fear óg as na ceantair Ghaeltachta agus as Oileáin Árann 'sna saighdiúir' ar an Rinn Mhór ag an am, an scríbhneoir Dónall Mac Amhlaigh ina measc, agus ina léirmheas ar *Saol Saighdiúra* le Mac Amhlaigh, a foilsíodh in *Comhar* i mí Eanáir 1963, deir Breandán:

> Bhí mé féin ar an Ollscoil i nGaillimh le linn do Dhónall Mac Amhlaigh a bheith ar an Rinn Mhór. Ní nach ionadh bhí aithne mhaith agam ar chuid mhaith de na daoine a bhfuil cur síos orthu i *Saol Saighdiúra*. Bhí aithne agam ar an Mangaire úd agus is iomaí 'Grey-back' a chonaic mé á scrúdú go cúlráideach sa leithreas beag a bhí i gcúl an tsiopa. (Bhí eolas agam ar ósta eile freisin, a raibh na suíocháin sa *lounge* clúdaithe le pluideanna airm)
> Tháinig Flaherty Árann i gcabhair orm féin agus ar chuid de mo chairde oíche a raibh achrann taobh amuigh den *Commercial Ballroom*. Nuair a chastaí scoláireacht na Roinne anuas chugainn ba ar chuid de na hóstaí a luaitear sa leabhar seo a thugadh muid aghaidh – an Brooklyn, an Jersey, tí Myles Lee agus tí Delia Lydon.
> Ach oiread le Dónall Mac Amhlaigh ba bheag baint a bhí agam féin ná ag mo chairde le 'saol oifigiúil na Gaeilge' i nGaillimh. Ní nuaíocht ar bith i nGaillimh daoine a chloisteáil ag Gaeilgeoireacht i dtithe ósta, i dtithe bia nó i hallaí rince – nó níorbh ea an uair úd go háirithe. Ina dhiaidh sin níor éirigh le Gaeilgeoirí na Gaillimhe dul i gcion ar shaol an bhaile, rud a fhágann go bhfuil Gaillimh fós ar an mbaile mór is Gaelaí agus is Gallda sa tír. Argóint ar son eagraíochta? B'fhéidir é.
> Ach cén eagraíocht Ghaeilge de chuid na linne, ná ó shin, a mbeadh glacadh ag 'Núibín' Mac Amhlaigh, an Capall, Flaherty Árann, criú an

'Pathway' agus an 'Colombia', an Mangaire, agam féin agus ag mo chompánaigh léi?

D'fháiltigh screamhóg amháin de shaol na Gaillimhe romhainn uilig agus an té atá dall air gheobhadh sé compás agus cairt sa leabhar seo. Ach ná bíodh sé díomách den Saighdiúir Singil Mac Amhlaigh, más ar theiscinn Bhéarla a thugann a chúrsa é. Ní hé an Chéad Chath amháin atá ar an uisce bruite. Tá togha leabhair scríofa ag Dónall Mac Amhlaigh. Dar liom féin gur fearr é ná *Dialann Deoraí* ach thiocfadh gur claonta pearsanta is ciontaí leis an mbreithiúnas sin. Tá go leor den earra ar a dtugtaí 'Gaeilge an Chéad Chath' sa leabhar, ar ndóigh, agus chuir mé an-spéis ann mar bhí 'lingo' den sórt céanna á chleachtadh i gColáiste Éinde le mo linn féin. Abraíodh lucht caighdeáin a rogha rud, bhí 'lingo' seo Choláiste Éinde agus na Rinne Móire beo agus é níos gaire do dhúchas agus do dhul na Gaeilge ná lán mála de 'théarmaí' nár theagmhaigh riamh le rud is beo ná intinn lucht a gceaptha.[29]

Tá saighdiúirí na Rinne Móire luaite ag Breandán freisin ina aiste ar Ghaillimh dar teideal 'Cathair na dTreabh', a foilsíodh in *Comhar* in Aibreán 1956:

Is cuid shainiúil de shaol na Gaillimhe a gcloistear de Ghaeilge á labhairt ar a sráideanna agus ina tithe óil. An té a shiúlfadh sráideanna na Gaillimhe oíche ar bith sa tseachtain chloisfeadh sé allúntas Gaeilge: ó chorrmhúinteoir; ó chorr-ollamh ollscoile; ó chorr-Árainneach nioctha suas leis na Ceithre Coirnéil; ó scoláirí Choláiste Éinde ag sodar ar ais ón mbearbóir; ó chorrshaighdiúir ag fógairt 'Seans ar bith ort?' ar ghearrchaile aitheantais . . .[30]

Tharraingíodh an 'seans ar bith ort?' céanna trioblóid anois agus arís agus is minic gur i dTeach na Cúirte a chríochnaíodh an scéal. Bhí go leor scéalta den sórt seo ag Breandán, ar nós an tsaighdiúra shingil a scar a chóta mór Airm ar an talamh oíche nuair a tháinig fonn suirí air féin agus ar an mbean a bhí in éineacht leis. Leagadh suas an bhean bhocht agus thug sí an saighdiúir singil chun na cúirte. Ach ba mhó an imní a bhí éide an Airm a dhéanamh don bhreitheamh ná an bhean a bhí ag iompar clainne. Cheap sé gurbh uafásach an rud é go mbainfí úsáid chomh heasurramch as 'cóta an Phiarsaigh' mar a thug sé air. Ní raibh a fhios ag an saighdiúir cérbh é an Piarsach a raibh sé ag caint faoi agus cheap sé go rabhthas ag cur gadaíochta ina leith féin chomh maith le chuile shórt eile. Dúirt sé leis an mbreitheamh: 'Ní hé cóta an Phiarsaigh é, a dhuine uasail, ach mo chóta féin!' Bhain sé sin gáire amach, ach níor thada é gur dhúirt an saighdiúir céanna go maolchluasach: 'Is é an chaoi ar sciorr sé isteach i ngan fhios dom, a dhuine uasail.'

Pléadh an cás sin agus cásanna i bhfad níos aistí ná é i dTeach na Cúirte i nGaillimh. Pléadh cásanna náireacha ann, nach samhlófá aon ghreann leo, ar nós an chinn eile seo atá luaite in *Over the Bar:*

> A minor, giving evidence in a similar case, was adamant that the action took place for the first time between ten and half past ten at night. Counsel for the defence was suspicious of this degree of accuracy until he was demolished by the simplicity of her reply: 'I am absolutely sure, because the news in Irish was on the radio.' Small wonder that in any contest between a lecture on Anglo-Saxon verbs and the Courthouse there could only be one winner.[31]

Le linn don triúr mac léinn a bheith ag cur fúthu sa gCastle thosaíodar ar an scéim léitheoireachta a dtugaidís 'Leabhar sa tSeachtain' uirthi. Bhí Declan Brennan agus Wiezek Tempowski, a bhí fós ina gcónaí i Seantalamh, páirteach sa scéim freisin agus is é an socrú a bhí ann go léifeadh gach duine díobh leabhar amháin sa tseachtain agus go gcuirfí thart na leabhair ó dhuine go duine. Dúirt Tempowski go raibh siad lándáiríre faoin scéal:

> Galway in these days was regarded as the University of the back of beyond. There was UCD, Trinity and UCC, so Galway had to prove itself. The Galway students had to prove that they had not only brawn but brains as well, and I think that is how the whole idea started.

San aiste úd 'Cathair na dTreabh' a foilsíodh in *Combar* in Eanáir 1956 nocht Breandán a thuairim faoin ábhar céanna seo:

Tá tuairim ag a lán daoine gur i gcathracha de shamhail Átha Cliath amháin, a ba cheart ollscoileanna a shuíomh; gur mór an cheataí ar mhac léinn trí nó ceathair de bhlianta a chaitheamh i mbaile iargúlta de shamhail na Gaillimhe. Gan amhras tá buntáistí ag cathair mhór i gcúrsaí cultúrtha. Inti a bhíonn na leabharlanna, na dánlanna, na hamharclanna, gan trácht ar óstaí lucht intleachta. Is fíor go bhfuil na deiseanna seo uilig ar fáil i mBaile Átha Cliath, a bheagán nó a mhórán. Is fíor go bhfuilid go mór ar iarraidh i nGaillimh. Mar sin féin ní thiocfainn leis an tuairim. Tá sé ráite nach bhfuil sé i ndán do dhuine aithne a chur ach ar bhaile amháin lena bheo. Níor dhonaide oideachas dhuine aithne a chur ar Ghaillimh agus a muintir.[32]

Is cosúil gurb é Breandán a smaoinigh ar an 'Leabhar sa tSeachtain' cé nach ndeir sé féin, sa tagairt atá aige in *Over the Bar*, cé a smaoinigh air:

Someone in our group discovered that one of the biggest bookshops in London sent books out on approbation and we agreed that the matter called for exploitation. We organised two or three accommodation addresses and some false names and the books began to flow. When the firm wrote, demanding the books or their value, the letters were returned marked 'Gone to USA' or 'Not known at this address.'[33]

As siopa leabhar Foyle's i Londain a thagadh na leabhair, chomh fada agus is cuimhneach le Seán Mac Íomhair, agus bhíodh ainmneacha a bhí cosúil lena gcuid ainmneacha féin ar na beartáin leabhar a thagadh tríd an bpost:

Bhí Jim O'Halloran go han-mhaith ag Maths. Ba é an duine ab fhearr ag Maths é dár casadh ormsa riamh. D'fhaigheadh sé roinnt mhaith leabhar as Foyle's i Londain agus thagadh na leabhair sin sa bpost go dtí an Castle. Ach thug mise faoi deara go mbíodh ainm aisteach mar 'Séamus Mac Íomhair' nó 'Séamus Mac Lomhair' nó ainm éigin mar sin ar an mbeartán agus deireadh O'Halloran: 'Tabhair domsa é sin.' Bhí na leabhair ag teacht in ainm daoine eile agus nuair a chuir mise ceist air faoi íoc as na leabhair dúirt Séamus, 'Ná déan dearmad a Sheáin gurb é an siopa sin an siopa leabhar is mó sa domhan agus gur acmhainn dóibh cabhair bheag a thabhairt do mo chuid oideachais-se!'

Is tríd na leabharliostaí seo as Londain a tháinig Breandán den chéad uair ar *The Good Soldier Svejk*, a mbíodh an oiread sin trácht aige uirthi, cé go raibh air fanacht tamall eile sula n-éireodh leis í a léamh:

> During this short, but rewarding, foray into the world of commerce and importation, the list from one of our addresses included *The Good Soldier Svejk* (which I had recently heard about) and *The Encyclopaedia of Sex* (which was the price demanded by our accommodation address). When the parcel arrived my book was missing and an enclosed note informed me that it was banned by the Censorship Board. I was as angry as if I had intended to pay for it, but my anger disappeared when I saw that the sex book had in fact come through. It was a very plain-looking book, was written by a gentleman called Anthony Havill, B.A. and must have been mistaken by the customs men as a work of some academic merit. It circulated widely in the Shantalla area of the town until a landlady who, unlike the other readers, had the means of putting its theories to the test, placed it under her pillow for keeps.[34]

Ach ní leabhair ghnéis agus mhatamaitice amháin a léadh an bhliain sin, a deir Jim O'Halloran:

> I learned more that year than ever before. We did great reading. I remember reading Edward Garnett's translations of the Russian writers, Tolstoy, Dostoyevsky and the rest.

Is é Liam Ó Flatharta a cheannaigh iad seo do Bhreandán le linn dó bheith ag críochnú a úrscéil *Insurrection* i nGaillimh. Chaith sé trí mhí as a chéile ansin agus é ag cur faoi sa nGreat Southern Hotel. Dúirt Breandán in *Over the Bar*.

> We had some good days and even better nights during his three month stay in Galway, but whatever romantic illusions I may have had about a writer's life were soon demolished by the sight of Liam after an unsuccessful day at the typewriter in the solitude of a hotel-room.
>
> We talked of life in the university and we both agreed that as far as

lecturing was concerned I would be better off listening to Dr O'Brien discussing Melville, Lawrence or the Dublin of *Ulysses*. However, this was an opportunity to read widely and well and being an early bird himself, he advised me to spend as much of the early part of the day as possible in the library. To prime my pump, as it were, he took me to Kenny's Bookshop and bought me a dozen of the Everyman Library translations of the great Russian writers.

When he was in one of his optimistic moods, Liam would convince me that his friend Monsignor Pádraig de Brún would set all UCG's problems and shortcomings to right as soon as he settled into the presidency. Later it occurred to me that Liam saw more of Pádraig de Brún during his three months in Galway than my contemporaries did in the course of three years. He was always remote from the student body and we felt that he was never completely at ease in his position.[35]

Théadh Breandán ar cuairt chuig Uncail Liam sa Great Southern Hotel gach oíche Luain de ghnáth agus d'ólaidís deoch le chéile nó d'ithidís béile. Fuair Jim O'Halloran cuireadh cúpla babhta freisin agus chuir sé aithne réasúnta maith ar Liam. Ní fhéadfá a bheith cinnte cén giúmar a bheadh ar an bhFlathartach agus amanta bhíodh braon maith ólta aige, a deir Jim:

He was in the Great Southern and by the time you got there he could be drunk. He would keep the date, but there were times when he would make you wish you didn't. He never talked about his work. He would talk about Hemingway and Joyce. He knew them both and he knew Hemingway fairly well. I remember him saying the last time he had seen Hemingway about six months before that, that they were chatting and that Hemingway said 'We have both written ourselves out, Liam!' and Liam took great pleasure in the fact that he himself was writing another book – this is going to show him! It was from the Castle Hotel that Breandán used to visit Liam and that must have been our third year in Galway. Liam was very entertaining when he was in good mood, but he never talked about his work, unfortunately!

Aon uair amháin a casadh Liam Ó Flatharta ar Sheán Mac Íomhair, ag deireadh an dara bliain san ollscoil. Ba ghnách le Lúthchleasa Choláistí Chonnacht a bheith i nGaillimh ach an bhliain áirithe sin bhíodar i mBéal Átha na Sluaighe. Dúirt Breandán 'gabhfaidh muid go Béal Átha na Sluaighe – beidh Hudie (Aodh Mac Dhubháin) ann.' Bhíodh Hudie i bhfeighil na fuaime. Chuadar ar an traein go Béal Átha na Sluaighe agus cé bheadh ar an traein ach Liam Ó Flatharta agus é ar a bhealach go Baile Átha Cliath. Bhí Liam ina shuí leis féin agus Seán Mac Íomhair agus Breandán ina suí os a chomhair amach agus bhí an-phíosa cainte acu agus ardghiúmar ar an bhFlathartach. Stop an traein i mBaile Átha an Rí agus bhí Liam ag breathnú amach an fhuinneog ar na daoine a bhí ar an ardán. Bhí fear mór ramhar ann a raibh cuma an rachmais air. Bhreathnaigh Liam air agus bhreathnaigh sé ar Bhreandán agus dúirt sé aon fhocal amháin – *Puice*. Ní raibh an focal cloiste cheana ag Seán agus ní dhéanfadh sé dearmad go deo air. Chuaigh Ó Flatharta ar aghaidh go Baile Átha Cliath agus tháinig Breandán agus Mac Íomhair ar ais go Gaillimh in éineacht lena seanchara, Hudie.

Thug Breandán bosca ceoil ar ais as Árainn leis, an bhliain a raibh siad sa gCastle agus thug sé suas an baile mór leis é lá agus Seán in éineacht leis:

> Bosca beag a bhí aige. Lá breá gréine. Agus ar an bpríomhshráid ansin os comhair Moon's, an áit is mó a raibh daoine, dúirt sé liomsa: 'Seas isteach ansin!' agus thóg sé amach an bosca ceoil agus thosaigh sé á sheinm agus mise ag bailiú airgid. Bhí caipín 'tam' aige. Thug sé domsa an caipín agus dúirt sé, 'Beir air sin!' Agus tharla sé díreach mar sin. Ní raibh aon phleanáil i gceist. Níor mhair sé sin ach tuairim is deich nóiméad. Ní cuimhin liom an bhfuair muid aon airgead ach ní fhéadfainn é a dhiúltú. B'fhéidir gur timpeall an ama é a cuireadh an cóta sa siopa gill.

Bliain mhór a bhí sa mbliain 1951 d'fhoireann iománaíochta na Gaillimhe agus ní dheachaigh mórán den spleodar ná den cheiliúradh amú ar Bhreandán:

Winning the National League Hurling final in 1951, at home against Wexford and away against New York, seemed like another step towards the All-Ireland. I travelled to Dublin full of foreboding and returned elated and full of CIE stout to the gills. In victory, all the long bicycle rides to one defeat after another began to seem like part of the necessary preparation for success. To those accustomed to many defeats, victory is particularly satisfying.

After the team returned from America, Miko McInerney was very generous with the presents homesick and sentimental Galwegians had pressed on the Galway players with instructions to drink their health in the Old Malt House, Larry Hynes', McNamara's or whatever their own favourite pub happened to be.[56]

Tá cuimhne mhaith ag Miko McInerney ar na blianta úd a raibh sé féin agus Breandán ag an Ollscoil i nGaillimh, cé nach san Ollscoil féin is minicí a chastaí ar a chéile iad:

Bhíodh airgead ag Breandán i gcónaí beagnach, agus an uair annamh nach mbíodh, is cuimhin liom é ag dul síos chuig óstán an Great Southern agus ag fáil airgid óna uncail, Liam Ó Flatharta. B'iontach an comhluadar i dteach an óil é. Bhí aon rud amháin faoi Bhreandán a fhanann i m'aigne – bhí a intinn féin aige agus sheas sé leis an rud a cheap sé, ba chuma cé nach dtaitneodh sin leis. Bhí an-mheas agam air faoi sin. D'éiríodh roinnt de na hargóintí teasaí uaireanta. Is cuimhneach liom a bheith ina chomhluadar sa gCastle Hotel tráthnóna amháin agus bhí muid gann in airgead. Bhí a fhios agamsa go raibh litir sa teach lóistín dom a raibh airgead inti – bhí mé ag fanacht tigh Mhatt Hackett ag an am, fear mór iománaíochta – agus rith mé abhaile leis an airgead a fháil. Ar mo bhealach ar ais, gar don Chastle, casadh Breandán orm agus bhí a bhaithis gearrtha. Bhí sé tar éis a bheith ag troid le duine den dream a bhí ar na báid. Ní fhaca mise céard a tharla ach bhí a bhaithis gearrtha. Déarfaidh mé an méid seo: ón aithne a bhí agamsa air an t-am sin bhí Breandán in ann cur ar a shon féin. Ar aon chuma chuaigh muid suas tigh Stephen Carty i Sráid Doiminic agus bhris mé pé airgead a bhí sa litir. Bhí náire ar Bhreandán faoin ngearradh ar a bhaithis agus bhí sé ag cuartú caipín de chineál éigin lena chlúdach. An rud is mó a bhí ag goilliúint air go bhfeicfeadh a athair é; bhí a athair ag teacht ar cuairt chuige an lá dár gcionn agus bhí sé ag iarraidh smaoineamh ar leithscéal éigin agus ar bhealach éigin le scéala a chur chuige gan teacht.

Bhí an-suim ag Breandán san iománaíocht agus ba mhaith uaidh cluiche a léamh. Bhíodh foireann na Gaillimhe i mBaile Átha Cliath faoi dhó sa mbliain na blianta sin i dtús na gcaogaidí. D'fhanadh muid i mBarry's Hotel i gcónaí agus thagadh Breandán ar cuairt chugainn go rialta – bhí sé tosaithe ag obair i mBaile Átha Cliath faoin am seo.

D'imigh an téarma deiridh ar cosa in airde agus ansin gan choinne bhí na scrúduithe sa mullach orthu. Ina léacht, *Thar Ghealchathair Soir*, deir Breandán:

Nuair a tháinig lá an scrúdaithe deiridh ní raibh an obair déanta agus leisce bheith damnaithe le pas, nó níos measa ná sin teip, thug mé féin agus comrádaí liom cúl ar halla an scrúdaithe agus aghaidh ar an saol. Ag soláthar ola i bhfásach na hAfraice Thuaidh a chuaigh seisean; chuaigh mise ag díol leabhar do Chomhdháil Náisiúnta na Gaeilge . . . [37]

Jim O'Halloran an comrádaí atá i gceist aige agus shocraigh seisean gan dul isteach i halla an scrúdaithe ar chor ar bith. Ach chuaigh Breandán isteach chuig an scrúdú Béarla, d'fhéach sé ar an bpáipéar scrúdaithe agus shiúil sé amach arís. Casadh ar an Athair Pádraig Ó Laoi sa gcathair é go gairid ina dhiaidh sin:

Bhí mé ar mo rothar, i lár an lae, ag dul thar Dhroichead Uí Bhriain, nuair a chonaic mé Breandán agus stop mé agus dúirt mé: 'Cén chaoi a bhfuil tú?' Agus bhí an páipéar scrúdaithe ina ghlaic aige agus dúirt sé, 'Breathnaigh air sin! Tá mé tar éis siúl amach ón scrúdú.' Ní raibh sé sásta leis an gcineál ceisteanna a bhí ar an bpáipéar agus bhris sé leis an gColáiste. Ní raibh sé trína chéile, rud a chuir iontas orm. Bhí sé ar a shuaimhneas, cheap mé. Agus níor thug mise sólás ar bith dó. Ní fhaca mé ansin arís é go dtí gur thosaigh sé ag dul thart ag díol leabhar.

Nuair a d'fhiafraigh mé de Jim O'Halloran, beagnach leathchéad bliain ina dhiaidh sin, cén fáth, dar leis, nach ndearna Breandán an scrúdú, dúirt sé:

> It was either he didn't like not getting as good or a better degree as somebody else, but also it was another way of standing out, of being different. And it was in keeping with Breandán: 'I am not going to conform!' There was as much of that in it as there was of the pass degree versus an honours degree. It was another blow against the establishment. I'll do it my way! There was much more of that in Breandán than there was in me.

Rinne Seán Mac Íomhair agus Declan Brennan a gcuid scrúduithe féin agus d'éirigh thar barr leis an mbeirt acu. Shocraigh Seán fanacht ar an Ollscoil bliain eile agus an tArd-Teastas in Oideachas a bhaint amach agus is cuimhneach leis bualadh le Breandán an lá ar chríochnaigh sé a chuid scrúduithe:

> Nuair a bhí mise ag teacht amach ón scrúdú deireanach bhí Breandán ag fanacht taobh amuigh agus shiúlamar amach le chéile. D'fhiafraigh sé díom cén chaoi ar éirigh liom agus mar sin de. Nuair a d'fhiafraigh mise, 'Céard fút féin, a Bhreandáin?' dúirt sé, 'Á, ná bac liomsa! Féadfaidh mé a rá mura bhfuair mé céim gur casadh na scoláirí orm ar an mbealach amach!'

Chuaigh chuile dhuine a bhealach féin tar éis na scrúduithe. Rinne Breandán agus Jim O'Halloran socrú bualadh le chéile i nGaillimh i mí Iúil. Ansin chuaigh Jim abhaile go Luimneach agus Breandán go hÁrainn:

> . . . considerations of vanity also prompt me to tip-toe through the period after I shied away from my final examinations, forfeited my scholarship and my temporary independence, and returned to Aran to spend my first winter there since I was fourteen – and my last.[38]

Bhuail an bheirt le chéile sa gCastle Hotel i mí Iúil mar a bhí socraithe. Rinneadar go leor siúil agus go leor cainte. Dúirt Jim go raibh sé féin ag dul go Sasana. Dúirt Breandán go rachadh seisean go Sasana

freisin ach ansin d'athraigh sé a intinn. Bhuaileadar le chéile arís i mBaile
Átha Cliath i ndeireadh mhí Lúnasa agus d'fhanadar i nGroome's Hotel.
Shocraigh Jim go raibh sé féin ag dul go Sasana cinnte:

> I was going to England anyway and the arrangement was that I would go
> first and that he would join me. I went off at the end of 1951 and he used
> to write to me very often. It became apparent to me that Breandán and
> Ireland were almost inseparable. I was able to move out of Ireland but he
> would be a fish out of water. The *draíocht* of life was in Ireland for him
> and I don't think, at that age, he would have survived out of Ireland.
> Ireland was that important to Breandán.

In Árainn a chaith Breandán an fómhar agus an geimhreadh sin, ag
smaoineamh ar na scannáin agus ar na cluichí breátha a bhí sé a
chailleadh i nGaillimh, agus ar na cairde a bhí déanta sa gcathair sin
aige le trí bliana, mar a shamhlaigh sé iad níos deireanaí:

> . . . ag máinneáil go neamhdheifreach i mbun a ngnó, ag spaisteoireacht
> cois na nduganna tráthnóna ag mairgneach ar na laethe a bhí; ag sleamhnú
> trí thaobhdhoirse óstaí tar éis uaireanta; ag rince le ceol Des Fretwell nó an
> *Aughrim Slopes* Céilí Band; ag iniúchadh na mban óg ar an prom maidin
> Domhnaigh agus á bhfáisceadh faoi chrainn Rockbarton le contráth na
> hoíche; thuas sa bhfaiche Spóirt ag fógairt '*Away Rovers – feet-feet-feet*' nó
> '*on the ball Cashel*', '*every man a man*' de réir a rogha; ag bodhradh *Blessed
> Martin* i Séipéal an Chladaigh; ag cur síos ar an 'Déantús Mór' atá ar thob
> a theacht chun an bhaile . . .[39]

Bhí Seán Mac Íomhair ar ais i nGaillimh arís an fómhar sin leis an
Ard-Teastas in Oideachas a dhéanamh agus é ar lóistín in aice le Seapoint
i mBóthar na Trá. Tar éis na Nollag d'athraigh sé isteach ar ais sa gCastle
Hotel agus chaith sé féin agus cara leis an dara téarma i seomra a haon
déag sa gCastle. Thagadh Breandán, nuair a bhíodh sé i nGaillimh, ar
cuairt chuige ansin – 'cuairt an lao ar an athbhuaile' go cinnte! Tar éis na
Cásca 1952 d'athraigh Seán ar ais chuig 'athbhuaile' eile dá gcuid, Hatter's
Castle, an chéad lóistín a rabhadar ann, agus casadh Breandán air i

nGaillimh tráthnóna amháin. Bhí airgead acu beirt agus chaitheadar an oíche ag ól i dteach ósta éigin. Bhíodar ag siúl abhaile, suas an casán in aice na hOllscoile go Hatter's Castle, ag a cúig a chlog ar maidin agus an-ghiúmar orthu. Chuadar isteach sa tseanáit agus níodar iad féin agus nuair a bhíodar glanta suas, amach leo faoi aer úr na maidine arís. Bhíodar ar tí slán a fhágáil ag a chéile nuair a dúirt Breandán: 'Gabhfaidh muid in áit éigin!' Ag a sé a chlog ar maidin. 'Agus cá ngabhfaidh muid?' a dúirt Mac Íomhair. 'Níl a fhios agam' a dúirt Breandán agus thosaigh sé ag siúl. Shiúladar trasna na Faiche Móire, soir go Móinín na gCiseach agus sheasadar ag an gcrosbhóthar ansin. Ní raibh aon trácht ar an mbóthar ag an am sin de mhaidin ach tar éis tamaill tháinig leoraí timpeall an chúinne. Sheas Breandán amach agus stop sé an leoraí. Leoraí le McDonagh's a bhí ann agus d'fhiafraigh sé den tiománaí cá raibh sé ag dul. 'Tá mé ag dul go Castlecomer ag iarraidh guail' a dúirt sé, 'cá bhfuil sibhse ag dul?' 'Tá muide ag dul go Castlecomer freisin', a deir Breandán agus shuíodar isteach, Mac Íomhair sa suíochán agus Breandán ina shuí ar an inneall sa lár. D'aithin Breandán an tiománaí láithreach mar bhíodh sé ag imirt ar fhoireann iománaíochta na Gaillimhe ag an am, agus bhí an-chomhrá faoi chúrsaí iománaíochta agus cúrsaí go leor eile as sin go Caisleán an Chomair. D'fhágadar slán ag fear an leoraí agus rinneadar a mbealach ar an ordóig go Baile Átha Cliath. Chuir Mac Íomhair glaoch ar chailín Gearmánach a raibh aithne aige uirthi i mBaile Átha Cliath agus fuair sé féin agus Breandán lóistín na hoíche sa bpríomhchathair. Lá arna mhárach chuadar ar an ordóig arís agus a n-aghaidh siar abhaile agus cé a thabharfadh síob dóibh an uair seo, agus é ar a bhealach abhaile go Ros Comáin, ach Jack McQuillan, T.D., lántosach ar fhoireann peile Ros Comáin. Thug sé chomh fada leis an Muileann gCearr iad, áit ar sheas sé *Mixed Grill* dóibh i restaurant Shaw Murray's trasna ón *nGreville Arms*. Mhínigh Jack McQuillan dóibh gurbh é an bealach ba ghiorra dóibh a n-aghaidh a thabhairt ar Áth Luain ach go raibh sé féin ag dul ar aghaidh go dtí An Caisleán Riabhach agus go raibh fáilte rompu teacht leis chomh fada sin, dá dtogróidís é. Ní raibh deifir ar bith ar Bhreandán ach bhí imní bheag ag teacht ar Sheán mar bhí scrúdú béil don Ard-Teastas aige an mhaidin dár gcionn. Mar sin féin chuadar go dtí an Caisleán Riabhach agus tar éis dóibh slán a fhágáil ag Jack McQuillan shiúladar amach bóthar na Gaillimhe agus shuíodar síos i leataobh an bhóthair. Fágfaidh mé an chuid eile den scéal ag Mac Íomhair féin:

> Tuairim a ceathair nó a cúig a chlog sa tráthnóna a bhí ann agus ní raibh mórán tráchta ar an mbóthar. An chéad rud eile tháinig gluaisteán beag timpeall an choirnéil – Austin beag – agus stop sé. Níor chuireamar amach lámh ná tada. An bhean a bhí ag tiomáint an chairr, Mary O'Flanagan, bean an-deas de mhuintir Fhlanagáin a bhí inti, bean a bhí beagán níos sine ná muide agus a raibh scoil phríobháideach ag a muintir ar an gCaisleán Riabhach. Bhí sí ag déanamh an H.Dip. san Ollscoil liomsa agus thug sí díreach go Gaillimh muid. Bhí scrúdú béil aicise an mhaidin dár gcionn freisin. Ar aon chuma, fuair mé féin an chéad áit sa scrúdú sin mar casadh an oiread daoine orm an dá lá sin nach raibh sna scrúdaitheoirí – an tAthair Eiric Mac Fhinn agus scrúdaitheoir seachtrach – ach beirt eile le comhrá a dhéanamh leo! Thaitin an turas sin go mór le Breandán mar casadh go leor daoine spéisiúla air.

Níorbh in é an t-aon turas a rinne an bheirt le chéile. Chuadar go Baile Átha Cliath ar an ordóig lá eile agus nuair nach raibh aon phingin fanta acu ar an mbealach abhaile b'éigean dóibh oíche ar bheagán compoird a chaitheamh i vaigín traenach i mBéal Átha na Sluaighe. Ach chuaigh saol na beirte acu ar ráillí difriúla go gairid ina dhiaidh sin; chuaigh Seán Mac Íomhair ag múineadh in Áth Luain agus fuair Breandán post mar dhíoltóir leabhar le Comhdháil Náisiúnta na Gaeilge:

> In the summer of 1952 the national newspapers closed because of a strike that lasted long enough to cause this addict to have withdrawal symptoms. My father went to Galway one weekend and was instructed to bring home every paper and periodical in sight, which he did. Included in the bundle was *Inniu,* which was not read in Aran, and being really in a bad way I even scrutinised the advertisements. One of these sent a shock to the roots of my hair.
>
> Here it was: this was the way out of my predicament. It did smack a bit of the Furry Glen Publishing Company, but it did seem to possess cultural and mechanical – not to mention financial – advantages unknown to the poor pedlars of my youth.[40]

Chuir sé isteach ar an bpost agus fuair sé glaoch go Baile Átha Cliath chuig agallamh:

> After much re-writing, my first serious creative composition was dispatched and my spirits rose, for the first time in a year, when I was called for an interview. Patrick Kavanagh, in one of his essays, describes how the trainer of his local team in Monaghan would not let the players touch a ball for a week before the county final, as he wanted them to be 'ball hungry.' So 'job hungry' was I that year that I took off for Dublin almost a full week before the interview.[41]

Nótaí

1 RTÉ 1990

2 *Lig Sinn i gCathú:* 25

3 *Lig Sinn i gCathú:* 101

4 *Cúrsaí* – RTÉ 1990

5 *Over the Bar:* 96

6 *Over the Bar:* 97-98

7 *Cúrsaí* – RTÉ: 1990

8 *An Chaint sa tSráidbhaile:* 125-126

9 *Over the Bar:* 97-98

10 *Over the Bar:* 129

11 *Over the Bar:* 97

12 *Over the Bar:* 60

13 *Over the Bar:* 61

14 *Over the Bar:* 99

15 *Cúrsaí* – RTÉ: 1990

16 *Over the Bar:* 109

17 *Over the Bar:* 101

18 *Over the Bar:* 109

19 *Thar Ghealchathair Soir:* 3-4

20 *Over the Bar:* 100

21 *Thar Ghealchathair Soir:* 3

22 *Over the Bar:* 112

23 *Over the Bar:* 113

24 *Over the Bar:* 115-116

25 *Over the Bar:* 116

26 *Over the Bar:* 114-115

27 *Over the Bar:* 119

28 *Over the Bar:* 119

29 *An Chaint sa tSráidbhaile:* 145

30 *An Chaint sa tSráidbhaile:* 125

31 *Over the Bar:* 120

32 *An Chaint sa tSráidbhaile:* 126

33 *Over the Bar:* 108

34 *Over the Bar:* 108-109

35 *Over the Bar:* 98-99

36 *Over the Bar:* 125

37 *Thar Ghealchathair Soir:* 4

38 *Over the Bar:* 125

39 *An Chaint sa tSráidbhaile:* 126

40 *Over the Bar:* 126

41 *Over the Bar:* 127

5. Comhdháil Náisiúnta na Gaeilge

Murach timpiste ghlan ní móide go mbeinnse ag dul do chúrsaí na Gaeilge ar chor ar bith.[1]

Dá mbeifeá ag iarraidh sampla de chumas samhlaíochta, cruthaitheachta agus áibhéile Bhreandáin mar scríbhneoir ní fearr rud a dhéanfá ná súil a chaitheamh ar na cuntais éagsúla, i nGaeilge agus i mBéarla, a scríobh sé ar an agallamh a rinne sé dá chéad jab i gComhdháil Náisiúnta na Gaeilge:

> An organisation called Comhdháil Náisiúnta na Gaeilge, about which I knew very little except that Earnán de Blaghd was its President, was looking for a travelling book-salesman and organiser who would travel the country and display its wares, as well as promoting the language in a variety of unspecified ways. Salary seemed more than adequate to my needs and subsistence and travel allowance would be paid, as well as commission on sales . . .
> I stayed with Liam (Ó Flatharta), who had now settled in a flat near Baggot St. Bridge and was putting the finishing touches to his collection of short stories, *Dúil*. He was possessed by a new enthusiasm and I happened to fit perfectly into it. Giving me what I later classified as his 'Head Centre look' he told me he had been busily engaged in collecting information on the executive of Comhdháil Náisiúnta na Gaeilge, who would be interviewing me and that great cunning and resourcefulness was called for if I was to get this most desireable job.[2]

Ba ar an lá a raibh mé ag dul os comhair an bhord agallaimh a casadh Máirtín Ó Cadhain orm den chéad uair, i dteach bia Mills i Rae Mhuirfean. Bhí mé faoi chúram m'uncail Liam Ó Flatharta agus ba ghnách leis féin agus leis an gCadhnach castáil ar a chéile sa teach bia seo réasúnta rialta. Mé féin agus mo chúrsaí a bhí faoi chaibidil an lá seo; go speisialta cé na ceisteanna gabhlánacha a bheadh le caitheamh chugam. Bhí ceist an óil go hard ar an liosta de bhrí gur aontaíodar beirt go raibh Earnán de Blaghd, a bhí ina Uachtarán ar an gComhdháil san am, chomh mór i gcoinne an óil agus a bhí an tAthair Maitiú ach é a bheith seacht n-uaire níos coilgní. Ba é Máirtín a smaoinigh ar réiteach na faidhbe. In ionad glanbhréag, nach gcreidfí ar aon nós, a insint ba é a bhí le rá agamsa go mba bhéas liom cúpla gloine fíona a chaitheamh le linn béile, nuair a bhínn in acmhainn agus nuair a d'fheil sin don ócáid. Dúirt sé go gcuirfeadh seo cuma na sibhialtachta orm . . .[3]

I was dispatched to the interview on a Friday night, programmed and prettied up in some of Liam's best clothes. Now I was on my own and Liam relieved his nervousness by going on a blinder with Seán O'Sullivan, the painter, and getting barred (as I later heard) from an astonishing number of pubs between Dawson Street and Grafton Street.

I was the last one called for interview and to my complete amazement it progressed roughly but uncannily along the lines of my rehearsals. Earnán de Blaghd, whom I recognised from press photographs, asked the difficult questions . . .

The lifebelt was thrown by a handsome man with gentle eyes and a musical voice, who turned the questioning towards contemporary writing in Irish and I could feel the mood of the board changing in my favour and my own confidence strengthened accordingly. This was my first meeting with Seán Ó hÉigeartaigh, an exceptional man of many parts for whose company I was later to work and whose early death affected me as would a brother's.[4]

Bhí a cheist féin ag chuile fhear agus mise á gcur díom chomh maith agus a bhí mé in ann. Ach bhí fear amháin nár labhair ar feadh an achair. Shuigh sé gan smid ag stánadh ar mo imleacán. Níor thaitnigh liom. Nuair a bhí na ceisteanna uilig spíonta agus mé ar thob éirí dhírigh sé chugam agus scaoil fúm.

'An ólann tú?'

'Gabhaim pardún agat?'

'Ól, an dtuigeann tú. Beidh tú ag tiomáint, an dtuigeann tú.'

'Ó. Sea! Bhuel d'ólfainn fíon le béile' (A mhaide mullaigh fan thuas!)

'Maith go leor.'

Lá arna mhárach fuair mé scéala go raibh an post faighte agam.[5]

Sampla maith iad na sleachta sin den chaoi a raibh sé in ann ráiteas beag simplí mar 'D'ólfainn fíon le béile' a ghléasadh suas ina scéal mór. Cé go ndearna sé áibhéil de shíor sheachain sé i gcónaí na bunfhíricí a chur as a riocht. Ba mhór an chabhair dó sa gcás áirithe seo carachtair mar Liam Ó Flatharta agus Máirtín Ó Cadhain a bheith aige le cur i ngleic le ceannairí Ghluaiseacht Oifigiúil na Gaeilge a raibh amhras aige fúthu ón tús.

Is é Séamus Ó Cathasaigh, a bhí ar Bhord Chomhdháil Náisiúnta na Gaeilge agus ina Bhainisteoir ar an nuachtán seachtainiúil *Inniu* ag an am, an t-aon duine dá raibh ar an mbord agallaimh an lá sin atá beo le linn don chuntas seo a bheith á scríobh. Is fiú deis a thabhairt dósan a thuairisc féin a thabhairt ar agallamh an lae úd i bhfómhar na bliana 1952:

> Tá an t-agallamh céanna saghas cáiliúil sa mhéid gur scríobh Breandán an oiread sin faoi, rud a chuir iontas orm. Chonaic mé cur síos ag Breandán air i dtrí áit ar a laghad. Thug sé le tuiscint gur chuir sé dallamullóg ar an mBord, ach ní raibh sé sin i gceist ar chor ar bith. Chun an t-atmaisféar a thuiscint, bhí an t-agallamh éadrom, cairdiúil, agus nuair a tháinig Breandán i láthair ní raibh aon cheist faoi ach go bhfaigheadh sé an post. Sheas sé amach, ó thaobh teacht i láthair, ó thaobh líofachta agus gach rud mar sin. Fear óg, dathúil agus é ar a shuaimhneas. Ba chara mór liomsa col ceathar Bhreandáin, Pádraig Ó Conceanainn. Fear uasal! D'inis sé dom faoi Bhreandán; gur fear óg cliste a bhí ann ach go raibh sé beagán aerach. Níor iarr sé fabhar ná tada mar sin ach mhínigh sé an cúlra.
>
> Cúigear againn a bhí ar an mbord agallaimh, chomh fada agus is cuimhin liom: Uachtarán na Comhdhála, Earnán de Blaghd; An Stiúrthóir, Brian Mac Cafaid; An Rúnaí, Donncha Ó Laoire; Seán Ó hÉigeartaigh ó Sháirséal agus Dill agus mé féin. Agus ansin an chuid ba ghreannmhaire de, nuair a d'fhiafraigh Brian Mac Cafaid 'An ólann tú, a Bhreandáin?' agus dúirt Breandán 'Braon fíona le béile.' Thuig gach duine! Pointe éadrom a bhí ann agus níor chuir sé dallamullóg ar éinne. Ach bhí an post aige ó shiúil sé isteach. Bhí an tráthnóna ar fad caite againn ag cur agallaimh ar dhaoine.

Seaicéad a thug Liam Ó Flatharta ar iasacht dó a bhí ar Bhreandán ag an agallamh agus is cosúil gurb é a bhí fós air nuair a tháinig sé abhaile an oíche dár gcionn agus braon maith ar bord aige. D'ionsaigh Liam é faoin seaicéad agus ní dhearna Breandán ach é a bhaint de, é a chaitheamh chuige agus dul a chodladh. Nuair a d'éirigh sé an mhaidin dár gcionn bhí an seaicéad greamaithe de dhoras an tseomra le daigéar. Ní hé amháin go raibh Liam teasaí ach bhí sé drámatúil freisin. Deir Mairéad Ní Eithir, deirfiúr Bhreandáin, a bhfuil cónaí uirthi san árasán céanna sin anois:

> Tharlaíodh corraighneas eatarthu. Bhí Breandán ina chónaí le Liam san árasán seo ar feadh tamaill nuair a tháinig sé go Baile Átha Cliath ar dtús. Bhíodh sé féin agus Liam an-mhór le chéile amanna agus an chéad rud eile bhídís ag troid. Théidís amach ag ól agus bhíodh an-spraoi acu, ach ansin ní bhíodh Liam ag iarraidh aon duine thart air agus bhíodh sé ag iarraidh a bheith leis féin. Rinne Breandán ciotaíl éigin air, ar aon chuma, agus nuair a tháinig sé abhaile an oíche seo bhí nóta fágtha, sáite le scian sa doras, ag rá leis a chuid stuif a bhailiú leis agus imeacht. Chaithfeadh sé a bheith drámatúil! Bhí an bheirt acu i bhfad róchosúil le chéile, agus ar aon chuma tá an áit seo i bhfad róbheag do bheirt fhear a bheith ina gcónaí ann.

In uimhir 29 Sráid Uí Chonaill Íochtair a bhí Oifig Chomhdháil Náisiúnta na Gaeilge ag an am agus is ann a bhí Oifig an nuachtáin *Inniu* go ceann blianta fada ina dhiaidh sin:

> Comhdháil Náisiúnta na Gaeilge was founded at the prompting of Éamon de Valera, in the mid-forties, to co-ordinate the work of the various Irish Language organisations . . .
>
> Since coming into power in 1932 de Valera had enjoyed a fairly cosy relationship with the Gaelic League, which was the only language organisation in existence and carried a fair amount of clout. During the war new organisations were founded by young people who were tired of listening to the patriarchs of the Gaelic League telling them that they had de Valera by the ear and that all would be well if the young people had patience. Some of these new organisations founded newspapers and periodicals of their own, held street meetings, threatened to get involved in politics and social issues, and attacked the Gaelic League for behaving like a branch of Fianna Fáil.

De Valera was unhappy with this breach of the rules of the game and it is
said that one of his advisers on language affairs, An Seabhac, recommended
that a co-ordination body be set up, given an annual grant and, with the
help of God, be controlled by the right people who would contain the more
revolutionary elements in the fullness of time . . .
Comhdháil Náisiúnta na Gaeilge was launched at a meeting in the Mansion
House at which the Catholic Archbishop of Dublin, John Charles McQuaid,
said that the Irish Language was the shrine that contained our religion.
How this curious sentiment was received by the many non-Catholics
present has not been recorded.[6]

Trí phríomheagraíocht a bhí i gComhdháil Náisiúnta na Gaeilge nuair
a bunaíodh í i 1943: Conradh na Gaeilge, an Comhchaidreamh agus
Glúin na Bua. Bunaíodh an Comhchaidreamh (comheagras Chumann
Gaelach na nOllscoileanna) i 1935 faoi stiúir Mháirtín Uí Fhlathartaigh,
a bhí ina Rúnaí ag an Uachtarán de Valera ina dhiaidh sin. Is as an
gComhchaidreamh a d'fhás an iris mhíosúil *Comhar* i 1942 faoi
cheannródaíocht Sheáin Uí Éigeartaigh agus Gael Linn i 1953 faoi
cheannródaíocht Dhónaill Uí Mhóráin. Tháinig Glúin na Bua ar an
bhfód i 1942 nuair a bhris grúpa beag amach ó Chonradh na Gaeilge
agus bhunaíodar an nuachtán seachtainiúil *Inniu* faoi eagarthóireacht
Chiaráin Uí Nualláin, deartháir le Myles na gCopaleen. Bhí Séamus Ó
Cathasaigh ansin ón tús agus bhí sé ann nuair a cuireadh deireadh
tobann leis an nuachtán i 1984. Thug sé suas post maith státseirbhíse
sa Roinn Dlí agus Cirt le bheith ina Bhainisteoir ar *Inniu*:

Chuaigh mise ag obair i mo bhainisteoir lánaimseartha ar *Inniu* i 1952, an
bhliain chéanna ar thosaigh Breandán leis an gComhdháil agus bhí mé
ansin go dtí gur cuireadh chun báis muid i 1984. Íocadh tuarastal bliana
linn agus ligeadh chun siúil muid gan oiread is pingin phinsin agus muid
tar éis breis is tríocha bliain a chaitheamh ansin. Ceathrar againn a bhí i
gceist: Seosamh Mac Domhnaill, Tarlach Ó hUid, Máire Uí Nualláin agus mé
féin. Paddy O'Toole a bhí ina Aire Gaeltachta; chaill sé féin a shuíochán
ina dhiaidh sin agus theip air dul sa Seanad; bhí an-áthas orainn faoi sin.
. . . Ar aon nós, sin é an chéad uair ar leag mé súil ar Bhreandán Ó hEithir.

Agus, ar ndóigh, d'éirigh muid an-chairdiúil le chéile ina dhiaidh sin. Bhí an-teagmháil agam leis ina dhiaidh sin. Bhí mé ar Bhord na Comhdhála agus bhí teagmháil agam leis ar an gcaoi sin, agus ón uair a thosaigh sé ag scríobh go rialta do *Inniu* bhínn ag plé leis. Scríobh sé an-chuid; bhí colún rialta aige in *Inniu* ar feadh tamaillín, agus bhíodh sé isteach agus amach san oifig chuile lá.

Is é Conradh na Gaeilge a bhí i gceannas na Comhdhála i gcaitheamh na gcéad trí bliana ach i 1946 chuaigh an Comhchaidreamh agus Glúin na Bua i gcomhar le chéile, d'athraíodhar bunreacht na Comhdhála agus bhí deireadh feasta le forlámhas an Chonartha ar an gComhdháil. Ar ndóigh, bhí a leagan ealaíonta féin ag Breandán ar an scéal:

One of those coups, much beloved of Irish revolutionaries who confuse them with positive action, replaced the committee of Good Gaelic Leaguers. A consortium of organisations opposed to the Gaelic League, with Earnán de Blaghd as an agreed President, took over *an Chomhdháil.* The deposed ones went away in a huff and decided that their objectives were best achieved in isolation. This is roughly where I came in.[7]

Bhí aithne mhaith ag an bpobal ar Earnán de Blaghd (1889-1975); ba é an tAire Airgeadais ó Chumann na nGaedheal é (Fine Gael ina dhiaidh sin) a bhain scilling de phinsean na seandaoine i gceann dá chuid cáinaisnéisí. Ach bhí aithne mhaith freisin air mar Aire a rinne obair mhór, ag cur polasaithe fiúntacha Gaeilge i bhfeidhm ó bunaíodh Saorstát Éireann i 1922 go ndeachaigh Fianna Fáil i gcumhacht i 1932. Is dó a thugtar an chreidiúint faoi bhunú an Ghúim (Rannóg Foilseacháin Gaeilge na Roinne Oideachais), faoi bhunú Choláiste Mhuire (Meánscoil Lán-Ghaeilge ar Chearnóg Pharnell i mBaile Átha Cliath) agus faoi bhunú na gColáistí Ullmhúcháin, a raibh Breandán tar éis ceithre bliana sona sásta a chaitheamh i gceann acu – Coláiste Éinde i nGaillimh.

Mac feilméara a bhí in Earnán de Blaghd, as ceantar Lios na gCearbhach i gContae Aontroma, a raibh an-tionchar aige ar shaol na tíre seo ar feadh breis agus leathchéad bliain. Bhí sé orthu siúd a tháinig le chéile in uimhir 86 Faiche Stiofáin ag tús an chéid ag éileamh go mbeadh

an Ghaeilge riachtanach i scrúdú máithreánach Ollscoil na hÉireann, agus
chuaigh sé go Gaeltacht Chiarraí i 1913 le snas a chur ar a chuid Gaeilge
féin agus le go bhfeicfeadh sé cé chomh láidir is a bhí an teanga sa
nGaeltacht ag an am. Toghadh ina theachta parlaiminte do Mhuineachán
Thuaidh é in olltoghchán na bliana 1918 agus bhí sé ina Stiúrthóir Trádála
agus Tráchtála sa gCéad agus sa Dara Dáil. Thabharfadh litir uaidh, dar
teideal 'Which is greater, the Gaelic League or the Irish Language?' a bhí
i gcló in *An Claidheamh Solais* ar an 28ú Márta 1914, tuairim faoin
dearcadh a bhí aige ar Chonradh na Gaeilge nuair a toghadh ina
uachtarán ar Chomhdháil Náisiúnta na Gaeilge é i 1947.[8]

Bhí níos mó ar eolas ag Breandán Ó hEithir faoi na heagraíochtaí
Gaeilge agus faoi na páirtithe polaitíochta nuair a tháinig sé go Baile
Átha Cliath in aois a dhá bhliain is fiche ná mar a bhí ag mórán eile dá
aois in aon áit sa tír, ach bhí nós mealltach scríbhneoireachta aige a thug
le tuiscint go minic nach raibh tada ar eolas aige:

> My total ignorance of Irish language organisations and politics was regarded
> as extraordinary by some and as a definite mark in my favour by others.
> Nobody came to the simple but correct conclusion that I needed a bloody
> job and did not care very much what it entailed.[9]

Ba é Donncha Ó Laoire, iar-bhunmhúinteoir as Inse Geimhleach i
gContae Chorcaí, a bhí ina Rúnaí ar Chomhdháil Náisiúnta na Gaeilge.
Ba é croí agus anam na Comhdhála é go bhfuair sé bás tobann i 1965
agus gan é ach trí bliana is caoga. Chomh maith le bheith ina Rúnaí ar
an gComhdháil féin, bhí sé ina Rúnaí freisin ar an gClub Leabhar a
bunaíodh i 1948. Ba é Seán Ó hÉigeartaigh, a bhí tar éis a chomhlacht
foilsitheoireachta nua *Sáirséal agus Dill* a bhunú níos túisce an bhliain
chéanna sin, a chuir an scéim nua faoin gClub Leabhar faoi bhráid na
Comhdhála. Bhí an Chomhdháil féin tar éis Timire Leabhar, Seán Mac
Giollagáin, a cheapadh agus veain, nó 'eadarcharr' mar a thugaidís
uirthi, a chur ar an mbóthar, le taispeántais leabhar agus tréimhseachán
Gaeilge a chur ar fáil ar fud na tíre. Tháinig Tomás Mac Gabhann i
gcomharbacht ar Mhac Giollagáin i 1951 agus d'éirigh chomh maith sin
le Tomás go raibh gá leis an dara timire a cheapadh i 1952. Ba chuid

thábhachtach d'obair na dTimirí léitheoirí agus baill nua a earcú don Chlub Leabhar ar fud na tíre agus misneach a thabhairt do scríbhneoirí nua dul i mbun pinn. Deir an Tuarascáil a chuir Bord Oifigeach na Comhdhála chuig Coiste Riaracháin na Comhdhála don tréimhse 29 Meán Fómhair go Samhain 1952:

Ceapadh an dara timire leabhar: Ar an 3 Deireadh Fómhair chuir an Bord agallamh ar na hiarrthóirí ab oiriúnaí, dar leo, don phost mar Thimire Leabhar. Roimhe sin bhíodar tar éis scrúdú a dhéanamh ar na hiarratais scríofa ar fad. Mar thoradh ar an agallamh tairgeadh an post do Bhreandán Ó hEithir, fear óg ó Árainn a bhfuil céim aige ó Ollscoil na Gaillimhe. Ghlac sé leis an bpost agus tháinig sé ar fhoireann na Comhdhála ar an 15 Deireadh Fómhair. Beidh sé ar a thriail sa phost go ceann leathbhliana ón dáta sin. Ó tháinig sé ar an bhfoireann tá sé ag obair in éineacht le Tomás Mac Gabhann, i dTiobraid Árann, i gCill Chainnigh agus i gCorcaigh faoi láthair. Tá an dara eadarcharr ceannaithe ag an mBord freisin, ceann de dhéantús Volkswagen.

As Baile na Lorgan i gContae Mhuineacháin Tomás Mac Gabhann agus tá sé ráite ag Breandán faoi in *Over the Bar*:

I doubt very much if I would have lasted a week in the job had I not been given into the care of the man who had already spent a year doing the work and with whom I was eventually going to share the island of Ireland for the purpose of selling and promoting Irish books. This was going to happen when my new Volkswagen van was fitted with shelves and suitably inscribed, so as to render me as conspicuous on the roads as an advance agent for a circus.[10]

Tá cuimhne mhaith ag Tomás ar an gcéad lá in Oifig na Comhdhála ar cuireadh Breandán in aithne dó:

Bhí sé beagán neirbhíseach agus ba léir go raibh póit air ón oíche roimhe sin. Dúirt sé amach díreach liom go raibh sé ag ól an oíche roimhe sin le roinnt cairde leis. Dúirt mise 'Tá áit anseo a dtéann lucht Raidió Éireann isteach ann – Madigan's.' Agus láithreach bonn dúirt sé, 'Beann Mhadagáin

– nach mbíonn sé sin ag scríobh in *Inniu*?' Bhíodh Earnán de Blaghd ag scríobh faoin ainm cleite 'Beann Mhadagáin' in *Inniu* – sin sliabh atá os cionn Bhéal Feirste, Ben Madigan, an áit ar ghlac na hÉireannaigh Aontaithe an mhóid i 1798.

Gníomh cinniúnach a bhí i mbunú an Chlub Leabhar i 1948 agus bliain thábhachtach a bhí inti d'fhoilsitheoireacht agus do scríbhneoireacht na Gaeilge. Bhí Glúin na Bua tar éis gnó clódóireachta *The Mayo News* a cheannach an fómhar roimhe sin chun tabhairt faoi fhoilsiú leabhar Gaeilge, chomh maith lena nuachtán seachtainiúil *Inniu* a chlóbhualadh ann. Is i 1948 freisin a thosaigh Conradh na Gaeilge ag foilsiú *Feasta*, an iris mhíosúil a thóg áit *An Glór*. Triúr a bhí ar Bhord Stiúrtha an Chlub Leabhar – An tOllamh Liam Ó Briain ó Ollscoil na Gaillimhe mar chathaoirleach, agus Niall Ó Dónaill agus Liam Ó Réagáin a raibh cónaí orthu i mBaile Átha Cliath. Cuireadh mar chúram orthu leabhair a roghnú agus gnó an Chlub Leabhar go ginearálta a riaradh le cabhair ó Chomhairle trí dhuine dhéag (An tAth. F. Ó Briain OFM, Seán Busteed, Máirtín Ó Cadhain, Myles na gCopaleen, Peadar Ó Domhnaill, P.S. Ó hÉigeartaigh, Liam Gógan, Mícheál Mac Liammóir, Séamas Ó Néill, Donn Piatt, An Seabhac, Tórna, agus Sinéad Bean de Valera). Le linn an Oireachtais i bhfómhar na bliana 1948, sa seomra cruinn i dTeach an Ard-Mhéara i mBaile Átha Cliath, a chuir an tAire Oideachais, An Ginearál Risteárd Ó Maolchatha, tús oifigiúil leis an gClub Leabhar. Chuir Siopa Uí Chléirigh ceann d'fhuinneoga móra an tsiopa ar Shráid Uí Chonaill i mBaile Átha Cliath ar fáil ar feadh seachtaine le haghaidh bolscaireachta don Chlub; thug na tréimhseacháin Ghaeilge agus na gnáthnuachtáin Bhéarla poiblíocht dó agus thug Raidió Éireann am craolta do Sheán Ó hÉigeartaigh agus d'Earnán de Blaghd le labhairt leis an bpobal faoin gClub.[11]

Tréimhse an-rathúil a bhí sna blianta thart ar thús na gcaogaidí i gComhdháil Náisiúnta na Gaeilge. Deir Proinsias Mac an Bheatha, ina leabhar *I dTreo na Gréine*[12] gur bhain Gluaiseacht na Gaeilge buaic amach i dtús na gcaogaidí nár shroich sí roimhe sin ná ó shin.[13] D'fhoilsigh Sáirséal agus Dill *Cré na Cille* Mháirtín Uí Chadhain i 1949 agus *Eireaball Spideoige* Sheáin Uí Ríordáin i 1952. Bhí an Club Leabhar tar éis a sprioc, 2,000 comhalta, a bhaint amach agus dul thairis go dtí 2,600 comhalta i 1955. I 1953 bhí fógra ag an gClub Leabhar i dTuarascáil Bhliantúil na Comhdhála a thug le fios gur:

Bunaíodh é i 1948; Luach £16,000 de leabhair tugtha do chomhaltaí ó shin; 23 teidil éagsúla sna leabhair sin; Leabhair roghnaithe ó na scríbhneoirí seo: Máire, M. Ó Cadhain, S. Mac Giollarnáth, T. Bairéad, T. Ó hUid, An tAth. Ó Duibhir, S. Ó Tuama, L. Ó Broin, N. Ó Domhnaill, M. Mac Liammóir, S. Ó Ríordáin, D. Ó Céileachair, L. Ó Flatharta, S. Ó Lúing agus Pr. Ó Conluain. Gnó déanta le na foilsitheoirí seo: An Gúm, Comhartha na dTrí gCoinneal, Brún agus Nualláin, Foilseacháin Náisiúnta Teo.

Chuir Tomás Mac Gabhann tús i 1952 le Ciorcail Léitheoirí do chomhaltaí an Chlub Leabhar i ndeich n-ionad ar fud na tíre. An bhliain chéanna sin bhunaigh an Rialtas, ar iarratas ón gComhdháil, Bord na Leabhar Gaeilge, a chuirfeadh airgead ar fáil do chomhlachtaí foilsitheoireachta le leabhair Ghaeilge a fhoilsiú. I mí na Samhna 1952, go gairid tar éis do Bhreandán tosú ag obair ansin, d'eagraigh an Chomhdháil taispeántas Leabhar Gaeilge san Irish Club i Londain agus thug daoine mar Shiobhán Nic Chionnaith, Roibeárd Ó Faracháin agus Seán Ó hÉigeartaigh léachtaí ann ar ghnéithe de litríocht na Gaeilge. An bhliain chéanna sin cuireadh tús le scéim chun scríbhneoirí Gaeilge a íoc le tréimhse a chaitheamh sa nGaeltacht; chuaigh Seán Ó Ríordáin agus Criostóir Ó Floinn go Dún Chaoin, Cathal Ó Sándair go Conamara agus Seosamh Ó Duibhginn (Eagarthóir *Feasta* ag an am), Risteárd de Paor agus Breandán Ó Beacháin go hOileáin Árann. De bharr Scéim Bhord na Leabhar Gaeilge agus éileamh níos mó ná riamh a bheith ar leabhair an Chlub Leabhar tháinig méadú ar an méid leabhar a d'fhoilsigh Sáirséal agus Dill agus Foilseacháin Náisiúnta Teoranta (FNT). Ní hé amháin sin ach bunaíodh ceithre chomhlacht nua foilsitheoireachta sna caogaidí – Cló Morainn, An Clóchomhar, Cló Uí Mheára agus FÁS (Foilseacháin Ábhair Spioradálta). Cheadaigh Taoiseach na linne, Éamonn de Valera, breis airgid don Chomhdháil leis an nuachtán *Inniu* a mhéadú go sé leathanach agus chuir an Chomhdháil ina luí ar an Roinn Oideachais a chomhairliú do scoileanna na tíre an cló rómhánach a úsáid feasta:

Is í an Chomhdháil go ginearálta, agus an Rúnaí Donncha Ó Laoire go speisialta, is mó a d'oibrigh i dtús na gcaogaidí leis an gCló Rómhánach agus an Litriú Caighdeánach a chur chun cinn in iriseoireacht na Gaeilge agus i scríbhneoireacht na Gaeilge go ginearálta. Is i dtús na gcaogaidí freisin a mhol Uachtarán na Comhdhála, Earnán de Blaghd, do Choiste na Comhdhála a iarraidh ar Raidió Éireann canúint chaighdeánach a chur i bhfeidhm ar chláir Ghaeilge, go háirithe ar chláir nuachta. Is é an freagra a thug Stiúrthóir Raidió Éireann ag an am, Maurice Gorham, sa litir a chuir sé ar ais chuig Rúnaí na Comhdhála: 'Dá dtarlaíodh go ndéanfaí canúint chaighdeánach a thionscnamh agus go nglacfadh idir ghnáthphobal agus aos léinn léi, ansin dob áthas linn i Radio Éireann an chanúint sin a léiriú agus a úsáid agus cabhrú lena leathnú.'[14]

Bhí Comhdháil Náisiúnta na Gaeilge an uair sin, mar atá sí inniu, ag brath cuid mhór ar pholaitíocht agus ar pholaiteoirí na linne agus ní bheidís in ann an fhorbairt sin ar fad a dhéanamh gan airgead breise. Ba mhór an t-ábhar misnigh dóibh mar sin, nuair a cuireadh Rialtas Fhianna Fáil ar ais le móramh i 1951, gur thoiligh an tAire Oideachais nua, Seán Moylan, deontas na Comhdhála a ardú ó £6,000 go £8,950, lena chur ar a gcumas, i measc rudaí eile, an dara Timire Leabhar a cheapadh. Bhí meanmna ard sa gComhdháil i 1952. Ní fhéadfadh Breandán teacht isteach ag am níos fearr agus ní fhéadfadh sé treoraí níos fearr ná níos cuideachtúla ná Tomás Mac Gabhann a fháil dó féin ar bhóithre na hÉireann.

Bhíodh a choinsias ag cur as do Thomás amanna mar gurbh fhacthas dó go raibh sé féin agus lucht na Comhdhála ag coinneáil Bhreandáin ón obair ab ansa leis a dhéanamh – dul ag scríobh i mBéarla. Creideann Tomás anois agus an uair sin go ndéanfadh Breandán scríbhneoir Béarla den scoth dá dtabharfadh sé faoi in am. Ar an taobh eile den scéal, chonaic Tomás go raibh an jab a bhí ag Breandán leis an gComhdháil feiliúnach go maith dó freisin, go háirithe ó tharla gur ag plé le scríobh agus le litríocht na Gaeilge a bhí sé seachas le haon ghné eile den teanga, agus ó tharla go raibh sé lonnaithe i mBaile Átha Cliath, san áit a raibh rudaí ag tarlú. Tá Tomás cinnte gur le scríbhneoireacht an Bhéarla a bhí faoi Bhreandán dul ag an tráth seo, ach gur athraigh sé a intinn de réir a chéile:

Creidim é sin. Tá mé cinnte de sin! Ní raibh aon dóchas aige as lucht na Gaeilge ar dtús, go háirithe na chéad chúpla mí, ach de réir mar a bhí muid ag dul ar aghaidh bhí níos mó dóchais ag teacht chuige. Bhí scríbhinní lucht na Gaeilge léite aige, an chuid acu ab fhiú a léamh: Sean-Phádraig Ó Conaire, Clann Mhic Grianna . . . Deireadh sé liomsa na chéad seachtainí sin: 'Céard a tharla do Phádraig Ó Conaire? Fuair sé bás leis an ocras! Céard a tharla do Sheosamh Mac Grianna? Tá sé istigh i dTeach na nGealt. Céard a chuir isteach ansin é? Ocras!' Agus ní raibh aon fhreagra agamsa air sin, ach a rá leis go raibh daoine ciallmhara ag plé le foilsitheoireacht na Gaeilge anois, daoine cosúil le Seán Ó hÉigeartaigh nó le Proinsias Mac an Bheatha. Dhí an-tionchar ag Seán Ó hÉigeartaigh ar Bhreandán agus an-mheas ag Breandán air. Bhí cineál eagla ar Bhreandán roimh Mhac an Bheatha cé go raibh an-mheas aige air mar scríbhneoir. Ach ansin, sna laethanta deireanacha, d'ionsaigh sé lucht na Comhdhála: 'That arthritic group in 29 Lower O'Connell Street!', agus dúirt sé faoi Ghlúin na Bua: 'Bhí cruinniú ag Glúin na Bua an tseachtain seo caite i mbosca teileafóin i Sráid Uí Chonaill!'

B'iontach an comhluadar é Tomás Mac Gabhann agus bhí Breandán an-cheanúil air agus an-bhuíoch de i gcaitheamh a shaoil ar fad. Deir sé in *Over the Bar.*

> He cheered me greatly by telling me that I seemed to possess the degree of lunacy necessary for survival in the strange world of which I was now to become a part. With considerable help from him I was to survive for almost two years before I exceeded the limit and was forced to go on the run.[15]

D'iarradh an Chomhdháil ar Bhreandán nó ar Thomás, gan aon choinne go minic, lámh chúnta a thabhairt d'eagraíocht éigin eile, agus ní thaitníodh sé sin ar chor ar bith leo:

> Most of my time was spent displaying my mobile selection of Irish books in schools, and sometimes in shops which we rented for short periods in certain towns, promoting the various papers and periodicals and an Club Leabhar (The Irish Book Club) and making myself available to any organisation or event for which my services were requested from an Chomhdháil.[16]

Tá an mhíshástacht seo, agus ainm na beirte acu léi, curtha i scríbhinn acu sa Tuarascáil Bhliantúil 1952-53, agus is fiú súil a chaitheamh ar na smaointe agus ar na moltaí a bhí acu:

Is le na scoileanna is mó atáimid ag plé fós, agus cé go n-éiríonn linn go maith iontu, níl ar ár gcumas go fóill aon phlean leathan a cheapadh trína bhféadfaimis ár dteagmhála le daltaí na scoileanna a choinneáil ina saol iarscoile. Tuigimid go bhfuil sé rí-dheacair d'fhormhór na n-aosánach seo, idir bhuachaillí is chailíní, cloí leis an nGaeilge a d'fhoghlamaíodar ar scoil an fhaid atá saol na tíre seo fé mar atá sé. Tuigimid freisin go bhféadfadh éinne acu a dhéanann nós den léitheoireacht ní hamháin a gcuid eolais ar an nGaeilge a choinneáil, ach go bhféadfaidís cur leis an eolas sin. Sin é an tábhacht mhór a chímidne inár gcuid oibre mar thimirí foilseachán: ní hé ár gcéad ghnó é Éireannaigh a chur ag léamh ar son na léitheoireachta, dá mhéad é ár spéis phearsanta inti, ach is é ár ngnó é iad a chur ag léamh ar son na Gaeilge . . .

Bhí an Club Leabhar bunaithe le ceithre bliana faoi seo agus ba chuid d'obair Bhreandáin agus Thomáis baill nua – múinteoirí nó duine ar bith a raibh Gaeilge aige – a thabhairt isteach sa gClub agus táillí ballraíochta a bhailiú uathu. Bhí go leor de na scoileanna ag lorg cóipeanna de leabhair bhleachtaireachta 'Réics Carló' le cur sna leabharlanna. Clúdach bog a bhí orthu seo ach chuir Tomás Mac Gabhann clúdach crua ar roinnt acu in FNT (Foilseacháin Náisiúnta Teoranta) i gCathair na Mart. Is timpeall an ama sin a thosaigh an smaoineamh ag fás ina n-aigne gur cheart Club Leabhar ar leith do dhaoine óga a bhunú agus is ag an tráth sin a bhunaigh Tomás agus Breandán Club Leabhar na Sóisear. Ba é an Club Leabhar a chuir Annraoi Ó Liatháin ag scríobh i dtosach, agus daoine mar Éamonn Ó Faoláin a bhí ag obair i Rannóg an Aistriúcháin sa Dáil agus a scríobh roinnt scéalta 'buachaillí bó.' Ach ba é Cathal Ó Sándair an príomhscríbhneoir do dhaoine óga a bhí ann ag an am. Bhí Ó Sándair ag scríobh leabhar nua 'Réics Carló' in aghaidh na míosa. Ceann de na rudaí a thug dóchas do Mháirtín Ó Cadhain, deirtear, nuair a tháinig sé amach as an bpríosún, a chloisteáil go mbíodh buachaillí óga sna meánscoileanna ag léamh na leabhar seo faoi na deascanna i ngan fhios do na múinteoirí. Is ceart a lua gurb í an bhliain a ndeachaigh Breandán isteach sa gComhdháil, 1952, an bhliain chéanna ar thit Máirtín Ó Cadhain amach leis an gComhdháil. Tá sé i dTuarascáil Bhliantúil na bliana 1952-'53:

> Ó bhí an cruinniú cinnbhliana deireanach ag an gComhdháil d'éirigh Máirtín Ó Cadhain as an mBuanbhallraíocht.
> B'ábhar dóláis don gCoiste go bhfuair Mícheál Ó Colgáin agus Seán Mac Giobúin bás. Ceapadh in áit an triúir sin: an Dr Labhrás Ó Nualláin, Máire Mhac an tSaoi, agus an tAth. Colmán Ó hUallacháin, O.F.M.

In agallamh raidió le Breandán ar RTÉ i 1980 d'fhiafraigh Proinsias Mac Aonghusa de an raibh éileamh nó fáil ag an bpobal ar leabhair Ghaeilge ag an am, taobh amuigh de na scoileanna:

> Ní raibh! Ní raibh leabhair Ghaeilge le feiceáil sna siopaí, taobh amuigh de shiopa a bhí ag Máire Ní Raghallaigh i Sráid na Driseoige (Sráid Dorset) i mBaile Átha Cliath. B'in é an t-aon siopa leabhar Gaeilge a bhí sa tír. Bhí an fhadhb an-simplí. Ba é An Gúm an príomhfhoilsitheoir. Bhí na céadta leabhar ag an nGúm ach ní thabharfaidís na leabhair amach ar an gcóras 'sale or return' – is é sin go nglacfaí ar ais leis na leabhair nár díoladh agus go bhfaighfeá tríocha trí agus aon tríú faoin gcéad lacáiste. Ní raibh aon bhealach go nglacfadh An Gúm leis sin, agus sin é an fáth gurbh éigean mo leithéidse agus daoine eile – Tomás Mac Gabhann agus Seán Mac Giollagáin – a chur amach leis na leabhair a thabhairt do na siopaí. Agus bhí sé an-deacair a áiteamh ar na siopaí glacadh leis na leabhair. 'Ní cheannóidh aon duine iad!' a deiridís linn. Agus níor ceannaíodh . . . go dtí gur tháinig na foilsitheoirí nua, go háirithe Sáirséal agus Dill, ag cur leabhar a raibh cuma nua-aimseartha orthu agus a bhí nua-aimseartha, ar fáil, agus ag déileáil leis na siopaí ar bhonn gnó, agus freisin ag féachaint chuige go mbíodh léirmheasanna ar na leabhair sna nuachtáin agus sna tréimhseacháin. Má théann tú isteach in aon siopa maith leabhar anois tá roinnt leabhar Gaeilge ar chuma ar bith le feiceáil.[17]

Chuireadh Bord Oifigeach na Comhdhála tuairisc, gach ráithe is cosúil, chuig Coiste na Comhdhála faoi ghnéithe éagsúla d'obair na Comhdhála, na Timirí Leabhar san áireamh. Dea-thuairisc a tugadh ar obair Bhreandáin agus Thomáis:

Tuarascáil don Choiste ón Bhord Oifigeach don tréimhse ó 27 Márta 1953 go dtí 14 Bealtaine, 1953. Obair na dTimirí Leabhar: Bhí an bheirt thimirí leabhar i láthair ag an chruinniú speisialta den Bhord ag deireadh mhí na Márta. Tá an Bord sásta go bhfuil siad araon ag obair go dúthrachtach agus go bhfuil léargas soiléir acu ar na cuspóirí atá le baint amach acu. Chomhairligh siad don Bhord gur fearr go luífidís isteach ar bhunú nós na léitheoireachta i gceantair ar leith ná go leanfaidís ag tabhairt tacaíochta do mhéadú na ndíolachán i mbailte móra éagsúla.

. . . Tá sé socair ag an mBord freisin go n-oibreoidh gach éinne den bheirt thimirí ar a chonlán féin de ghnáth as seo amach. Go dtí seo bhí an bheirt acu ag obair i gcomhluadar a chéile le haon eadarcharr amháin. Tá an sean-eadarcharr athchóirithe anois agus beidh an dá cheann in úsáid acu de ghnáth.

Roinneadh an tír ar an mbeirt acu ansin. Fágadh an leath thuaidh, Leath Chuinn, ag Tomás agus an leath theas, Leath Mhogha, ag Breandán agus bhuailidís le chéile i mBaile Átha Cliath go minic ag na deirí seachtaine. Scríobh Breandán in *Combar* blianta fada ina dhiaidh sin:

Deirtear go gcuimhníonn daoine go deo ar uimhir an chéad ghluaisteáin a bhí acu, ar uimhir an chéad tí, agus an ball díreach inar bhlaiseadar úll na haithne den chéad uair. ZO 57543 an uimhir a bhí ar an gcéad charr (ar le Comhdháil Náisiúnta na Gaeilge é dáiríre) a thiomáin mé; ní cuimhin liom uimhir an chéad árasáin (ach gur in íochtar Bhóthar na hArdpháirce a bhí sé); agus ós rud é go mba pheaca marfach an rud eile, san am úd go háirithe, is fearr é a choinneáil faoi rún fós féin, go háirithe ó bhailigh an bhean léi go Meiriceá gur phós go sona go gairid tar éis an bhirt a scanraigh an t-anam asainn beirt ar feadh míosa thar a bheith fada . . .[18]

Bhí Mairéad Ní Eithir, an deirfiúr is óige le Breandán, tosaithe ar an meánscoil i Scoil Chaitríona i Sráid Eccles i mBaile Átha Cliath ó fhómhar na bliana 1952. Théadh Breandán ar cuairt chuici ó am go chéile agus thugadh sé amach an baile mór í ach is minic a gheall Breandán freisin agus nár tháinig sé:

Bhí an tréith sin ag baint leis; ní thagadh sé chuile uair a ngealladh sé. Ach cuimhním go maith ar na hamanna a dtagadh sé. Tá a fhios agat féin an phearsantacht a bhí ag Breandán; mura dtiocfadh sé ach lá amháin sa mbliain ba é sin an lá! Agus anoin, dá mboinn deireanach ag teacht isteach as an gcathair, labhraíodh sé leis na mná rialta agus bhídís ina ribín réidh aige.

Théadh Mairéad in éineacht le Breandán ar cuairt chuig Uncail Liam ina árasán i bPlás Wilton agus réitíodh Liam stéig mhairteola don triúr acu nó thugadh sé amach chuig béile iad. Théadh sí le Breandán agus le Liam go Páirc an Chrócaigh anois agus arís ar an Domhnach agus thagadh Breandán agus Liam isteach ar cuairt chuici i Scoil Chaitríona ó am go chéile. Tháinig an tríú duine den chlann, Éanna Ó hEithir, go Baile Átha Cliath i 1953. Rinne sé an Ardteistiméireacht i gColáiste Éinde i nGaillimh an samhradh sin agus tháinig sé go Coláiste Phádraig i nDroim Conrach sa bhfómhar, ag traenáil le bheith ina mhúinteoir. Bhuaileadh sé féin agus Breandán le chéile i lár na cathrach ó am go chéile agus théidís ar cuairt chuig Mairéad i Sráid Eccles. Tháinig Diarmuid Ó Muirithe as Coláiste Íosagáin, Baile Bhuirne, ceann eile de na Coláistí Ullmhúcháin, go Coláiste Phádraig i nDroim Conrach i 1953 freisin agus d'éirigh sé féin agus Éanna an-chairdiúil le chéile. Is trí Éanna a chuir Diarmuid aithne ar Bhreandán i dtosach. Bhí Diarmuid ag obair le Breandán in RTÉ níos deireanaí.

Formhór mór an ama is imithe ar fud na tíre sa veain mhór nua a bhíodh Breandán, agus a leathbhádóir, Tomás Mac Gabhann, imithe sa treo eile sa tseanveain. Tá go leor scéalta ag Tomás Mac Gabhann faoin dá veain chéanna:

'Bhí an tseanveain, 'an chailleach' mar a thugainn uirthi, agamsa agus bhí 'an bhean óg' nó 'an ghirseach' ag Breandán!

Tá scéilín greannmhar agam faoin veain chéanna – 'an ghirseach', veain

Bhreandáin. Phós mise i 1953 agus bhí Breandán ar mo bhainis. Bhíodh
sé thuas againn i mBaile na Lorgan go minic roimhe sin. Ach bhí sé thuas
an oíche sular phós mé agus bhí muid amuigh i dteach mo mhná, Treasa,
i nDubhthamhlachta (Doohamlet), leath bealaigh idir Béal Átha Beithe agus
Baile na Lorgan. Chónaigh siadsan tuairim is leathmhíle síos ón
bpríomhbhóthar. Ach bhíomar ann go dtí an trí ar maidin agus bhí an veain
ag Breandán agus bhí carr eile ann ag mo dheartháir féin, sílim. Ag teacht
amach ar an bpríomhbhóthar, in aghaidh an aird, d'imigh veain Bhreandáin
as peitril. Bhí uncail le Treasa ann, Jim, a raibh drochamharc aige agus
spéaclaí móra tiubha air agus bhí sé ag ól agus ag comhrá faoi Árainn le
Breandán i rith na hoíche. Le scéal fada a dhéanamh gearr chaithfí peitril
a shúrac amach as an gcarr le cur sa veain, ach chaithfí an veain a bhrú
amach ar an mbóthar mór ar dtús le go mbeadh sí ar an leibhéal. Ordaíodh
chuile dhuine amach ag brú agus d'fhógair Breandán 'Push!' Bhéic Jim ar
Bhreandán ó chúl an veain: 'Which way will we push? – by Blaney or by
Ballybay? Dúirt Breandán nach raibh a fhios aige féin sa diabhal cá raibh
sé agus is beag nár thiteadar uilig mín marbh ar a mbóthar ag gáirí! Bhí
mise ag pósadh an mhaidin sin agus b'éigean dom dul ag súrac peitril as
carr ag a leathuair tar éis a trí ar maidin. Agus an t-am sin b'éigean do
dhuine a bheith ina throscadh lá a phósta!
Ach thagair Breandán don eachtra sin blianta fada ina dhiaidh sin san *Irish
Times.* Bhí sé ag cur síos ar rud éigin nach raibh Garret Fitzgerald in ann
a intinn a dhéanamh suas faoi agus dúirt Breandán go raibh sé cosúil leis
an bhfear i Muineachán an oíche fadó nach raibh a fhios aige 'whether to
push by Blaney or by Ballybay!'

D'fhoilsigh Sáirséal agus Dill bailiúchán gearrscéalta Gaeilge Liam Uí
Fhlatharta *Dúil* i 1953 agus thug an Chomhdháil Breandán ar iasacht do
Sháirséal agus Dill leis an leabhar a scaipeadh. Deir Tuarascáil Bhord
Oifigeach na Comhdhála don tréimhse ó 22 Bealtaine go dtí 23 Iúil 1953:

> Tá céadleabhar na bliana, *Dúil* le Liam Ó Flatharta, dá scaipeadh ar na
> comhaltaí faoi láthair. Beidh *Cois Caoláire* le Máirtín Ó Cadhain dá
> scaipeadh an tseachtain deireanach de Lúnasa, *Scéal na Scannán* le
> Proinsias Ó Conluain i mí Mheán Fómhair agus *Art Ó Gríofa* le Seán Ó

Lúing i mí na Samhna. . . . Rinne Breandán Ó hEithir, Timire Leabhar, obair don Chlub i gCo. na Gaillimhe agus d'éirigh go han-mhaith leis freisin. Tá an timireacht phearsanta seo an-éifeachtach agus iarrtar arís ar Choisteoirí roinnt di a dhéanamh i measc Gaeilgeoirí a bhfuil aithne acu orthu ina gceantair féin . . .

Obair na dTimirí Leabhar: Bhí Tomás Mac Gabhann ar saoire i rith mhí an Mheithimh. An mhí sin a rinne Breandán Ó hEithir an timireacht i gCo. na Gaillimhe. I láthair na huaire agus ó thús na míosa seo tá an bheirt acu ag freastal ar na Coláistí Gaeilge – Tomás Mac Gabhann ar choláistí an tuaiscirt agus Breandán Ó hEithir ar choláistí an deiscirt. Tá an dá eadarcharr ar an mbóthar acu anois . . .

Molann an Bord don choiste Breandán Ó hEithir a bhuanú ina phost. Tá sé anois ar an bhfoireann le naoi mí.

In alt dar teideal 'An Gaeilgeoir in Uimhir 9' a scríobh Breandán in *Combar* roinnt blianta ina dhiaidh sin chaith sé súil shearbhasach siar ar mhangaireacht leabhar Gaeilge in Éirinn:

Bhí glactha liom in ord na ridirí bóthair. Bóithre na hÉireann ag síneadh amach romham. Óstaí na hÉireann oscailte romham. Ainnireacha na hÉireann ag sméideadh orm. Agus, ar ndóigh, bhí!

Mar níorbh aon ghnáth-thaistealaí mise agus ba ghairid gur cuireadh sin ar mo shúile. Chuala mé caint den tsórt seo.

'And call Caltex in No. 8 and Mixed Confections in No. 10 at half-eight – and the Ireeshian in No. 9 at quarter-to.' Ní artola ná sólaistí a bhí le reic agamsa ach cultúr Gaelach. Samhlaigh duit féin an cás ina rabhas.

Níor mhó iontas an tslua a chonaic Lazarus ag éirí as an tuama ná iontas na dtaistealaithe tráchta nuair a tháinig mo veain faoina lasta cultúir os comhair óstáin i ndeireadh lae. Ainm na fundúireachta a sheol mé greanta i litreacha órbhuí ar na cliatháin agus ar an soc – sa gcló Rómhánach. Chomh brandáilte stampáilte le litir as Meiriceá.

Ar ndóigh, níor ghlacadar liom. Ba mé *'that fellow who is living on the language'* nó níos minicí *'that character in the peculiar van.'* Ní raibh *'line'* agam ná ní raibh *'firm'* agam nó má bhí ba ródheacair a mhíniú. B'fhusa go mór a rá go raibh mé fostaithe ag eagraíocht leathspioradálta agus go

mba é mo ghnó an tír a ghríosadh trí scríbhinní áirithe sa teanga náisiúnta
a scaipeadh i ngach ceard. Bhí gráinne den fhírinne sa méid sin uilig ach
ba bheag a bhrí. Nuair a shuíodh mé ag bord na dtaistealaithe neartaíodh
ar an gcaint. Chuirtí *'lines'*, *'firms'*, agus *'customers'* thar a chéile agus trína
chéile go haclaí. Mise ina measc ag stánadh romham ag fanacht leis an
gceist a thiocfadh gan teip. 'And what line ar you in . . .?' Ansin tar éis
freagra briotach – *Oh! I see'* agus d'fhágtaí ansin mé go dtí go sleamhnóinn
amach go leithscéalach faoi dheireadh mar bheadh ball d'Fhinnéithe
Jehovah ag fágáil cruinniú den Léigiún Mhuire.

Is iomdha taobh den nádúr daonna a nochtadh dom le linn na mblianta a
chaith mé ar na bóithre. Minic go leor ba léir dom pátrún aisteach á
fhíochán ó chaint an dreama a mbíodh orm a bheith ag plé leo. Mar
shampla de sin tugaim – 'An Gaeilgeoir Aitheanta'.

I dteach aíochta ar bith, i mbaile beag ar bith in Éirinn tharlódh a leithéid seo:
   'I see you signed your name in Irish in the book.'
   'Yes.'
   'Oh! you must be the fellow with the van-load of Irish books.'
   'Yes.'
   'I suppose you can speak Irish away to beat the band?'
   'Yes'!
   'Oh, isn't it well for you! I suppose you know P——S—— down town?'
   'No.'
   'Oh, he is a great Ireeshian. He'd love to be talking to you.'

Téann tú ar thóir an 'Ghaeilgeora Aitheanta', castar ort é agus tugann tú fios
do ghnó dó. Ansin – an cheist. 'Cén chaoi a bhfuil cúrsaí anseo?' agus an
freagra, 'An baile seo an ea – seo é an baile is gallda in Éirinn.'
Tá a fhios ag mo chroí gur chreid mé an chéad fhear a dúirt na focail úd
thuas liom. Chreid mé é agus chuaigh sé tríom – éinín aonraic Gaelach ag
píobaireacht i bhforaois mhór ghallda. Bhí fonn orm é a fhuadach i mo
veain Ghaelach go baile éigin ina mbeadh na Gaeil níos líonmhaire . . .'[19]

Deir Breandán san alt céanna sin in *Combar* gur minic i rith na
mblianta sin a smaoinigh sé ar threoirleabhar pearsanta a fhoilsiú:

Leabhar ina mbeadh cur síos ar na hóstáin i ngach contae in Éirinn ar cheart do thaistealaí cur faoi iontu dá dtarlaíodh sa gcomharsanacht é. A leithéid seo: *Óstán na Bacaí, Bun Gabhla:*

Togha tí chun ragairne ach moltar duit gan aon bhia a chaitheamh ann. Ní dhúnann an beár go dtí an trí nó an ceathair ar maidin ach is féidir deoch a fháil ina dhiaidh sin ach breabanna beaga a thabhairt do Shean-Tom. Seachain seomra a 15. Tá dreancaidí agus feithidí díobhálacha eile sa tocht ó chodail tincéara ann trí thimpiste tá bliain nó dhó ó shin agus tá mé cinnte nár ceannaíodh tocht nua ó shin.

Nó a leithéid seo:

Radharc an Phortaigh, Baile Cam:

Ar chraiceann do chluaise ná fan san áit seo. Má tharlaíonn trí mhíthapa ar bith go gcaithfidh tú cur fút ann ná habair leo tú a dhúiseacht ag a hocht mar go bhfuil coinne tábhachtach agat ar a naoi. Má abraíonn, ní ghlaofar ort go dtí deich nóiméad don naoi sa gcaoi go mbeidh bricfeasta de bhuntáiste acu ort i dteannta do chúig déag agus réal. Tá cailín rua ar chúl chuntar an óil agus is contúirt phoiblí í.

Ach an oiread lena lán leabhar eile dá shórt atá ag eascar in intinn údair, ní fhoilseofar mo leabharsa go deo. B'fhéidir gur mar sin is fearr é mar dá mbeadh a leithéid léite agam nuair a thosaigh mé ag taisteal is cinnte go mbainfeadh sé go mór óna lán dá bhfaca mé. Ní raibh mé chomh dúlaí sa gcompord an uair úd agus atá anois. Ba mhinic a thug mé aghaidh ar phrochlais chailimhineogach de rogha ar óstán cáilithe a raibh beannacht Boird agus Fógraí Fáilte leis.

Ní mhaireann don aeraíl ach oiread leis an óige. Dá bhfillfinn ar na bóithre anois ní bheadh do mo bhuaireamh tar éis obair an lae ach mo chompord. Mo leaba ghléigeal, mo bhuidéilín teolaí, mo shú oráiste, mo dheochín chúlráideach – chaothúil – spallaíocht thomhaiste le hainnir ar an liosta a chnuasaíonn gach taistealaí, pósta nó scaoilte, má fhanann sé i bhfad ar na bóithre. Ag dul in aois, i mbaois agus i raimhre . . .

Ba mise '*The Ireeshian in No. 9*' an uair úd agus rinneadh smionagar de m'ainm ar mhíle bealach éagsúil de bharr é a bheith scríofa i nGaeilge. Nuair a théim síos faoin tír anois, is mise Mr O' Hehir, the Gentleman in No. 9.[20]

D'fhág Breandán a chuid béaloidis féin ina dhiaidh ar bhóithre na hÉireann. Théadh sé ar bhabhtaí fiáine óil agus bhíodh sé ag tiomáint agus é go mór ar meisce. Bhí Úna Ní Fhaoláin (Bean Phádraig Uí Shiochrú ina dhiaidh sin) ag obair sa gComhdháil ag an am agus bhíodh an oiread sin imní uirthi faoi thiomáint Bhreandáin gur thug sí taise nó *relic* de Naomh Treasa Lisieux dó le cur sa veain. Ní hé amháin gur ghlac sé uaithi é, rud a chuir iontas uirthi, ach ní foláir nó d'oibrigh sé! Chuaigh Breandán go Gaillimh lá le last leabhar do shiopa Uí Chionnaith. Cúpla lá ina dhiaidh sin tharla gur chuir Tomás Mac Gabhann glaoch as Ros Comáin ar oifig na Comhdhála i mBaile Átha Cliath. D'fhiafraigh Rúnaí na Comhdhála, Donncha Ó Laoire, de cá raibh Breandán, mar nár facthas aon amharc air féin ná ar na leabhair tigh Uí Chionnaith. Ghlaoigh Tomás ar an gCastle Hotel i nGaillimh agus dúradh leis go raibh Breandán ansin ceart go leor. An raibh sé ag ól? Bhí. Bhí sé ag ól ansin le dhá lá. Cá raibh sé anois? Bhí sé ar an leaba. Thiomáin Tomás go Gaillimh. Chonaic sé an veain i gcúlsráid gar don óstán agus chuaigh sé isteach. Bhí aithne aige ar an gcailín san óstán agus dúirt sí leis go raibh Breandán agus cara leis as Tír Chonaill ina gcodladh in uimhir 5. Séamus Breslin, fear óg as Ard an Rátha a bhí cairdiúil le Breandán san Ollscoil, a bhí tar éis castáil leis cúpla oíche roimhe sin.

Chuaigh Tomás suas chuig uimhir 5 agus d'oscail sé an doras. Bhuail púir fuisce idir an dá pholláire é. Chuaigh sé anonn chuig an leaba agus ní raibh le feiceáil den bheirt faoin éadach ach mullach a gcinn. '*Are ye alive, are ye?*' a dúirt Tomás. 'Fág an áit!' an Ghaeilge is múinte a chuirfeá ar an bhfreagra a fuair sé as an leaba. Bhí bailiúchán spéisiúil buidéal fuisce, idir bheag, mheánach agus mhór, scaipthe ar fud an tseomra. Chuaigh sé síos chuig an mbeár agus thug sé aníos leigheas chucu. 'Cén t-am é?' A cúig a chlog. 'Ar maidin nó tráthnóna?' Tráthnóna. 'Cén lá é?' D'inis Tomás dóibh. D'éirigh siad go maolchluasach, bhearr siad agus chuaigh siad síos an staighre in éineacht le Tomás:

> Tháinig siad anuas in éineacht liom agus chuaigh muid isteach sa gcuid den bheár a mbíodh an tine ann. Chuir Miss Devane tine mhór mhillteach síos, adhmad agus gual. Ba ghearr gur tháinig Wiezek Tempowski isteach agus cúpla duine eile de lucht na hOllscoile a bhí sa gcomhluadar an oíche

roimhe sin. Bhí ciorcal mór againn timpeall na tine, agus timpeall a deich a chlog nó mar sin cé a chuirfeadh a chloigeann isteach ach Uinseann Mac Thómais, athair Uinsinn agus Mhícheál Holmes. Bhí scéala curtha agamsa chuig Oifig na Comhdhála go raibh Breandán ar an leaba tinn. Bhí Uinseann ag obair sa gComhdháil ag an am ach bhí sé tagtha anuas don Spidéal, an áit arbh as a bhean. Is cosúil gur chuir Donncha glaoch air, ag iarraidh air cuairt a thabhairt ar Bhreandán agus a fháil amach cén chaoi a raibh sé. 'Cén chaoi a bhfuil tú, a Bhreandáin? a dúirt Uinseann. 'Tá tú in am le haghaidh na sochraide!' a dúirt mise leis, 'agus seo é an twin-brother!' ag síneadh mo mhéire chuig fear Ard an Rátha. Bhain sé sin gáire amach ach ní raibh a fhios ag Breandán céard ba cheart dó a rá le Uinseann. 'Tá mé ceart go leor anois,' a dúirt sé; 'drochbhabhta fliú a bhuail mé agus tháinig sé an-tobann.' Níor fhan Uinseann i bhfad; fuair Kenny's a gcuid leabhar lá arna mhárach agus chuaigh Breandán ar ais ar an mbóthar.

I 1951 a tháinig Séamus Breslin go Coláiste na hOllscoile Gaillimh, ag déanamh innealtóireachta. Sam Breslin a thugtaí air, mar bhí nós ann ag an am 'Sam' (Samson, an fear láidir) a thabhairt ar fhear óg ar bith a bhí mór dá aois agus a bhí lúfar, láidir, mar a bhí Séamus Breslin. Peileadóir contae a bhí ann agus cé go raibh sé cúpla bliain ní b'óige ná Breandán d'éirigh an bheirt an-chairdiúil le chéile agus bhídís ag ól in éindí tigh Delia Lydon agus i dtithe ósta eile ar na duganna i gcomhluadar na ndeartháireacha Tomás agus Reddy Joyce as Árainn. Tá deartháir le Séamus, Tom Breslin, ina innealtóir le Comhairle Contae Fhine Gall i mBaile Átha Cliath faoin am a bhfuil an cuntas seo á scríobh, tar éis dó blianta a chaitheamh in Assam na hIndia ag obair le Burmah Oil. Tháinig Tom chuig an Ollscoil i nGaillimh i 1952 agus chuir seisean freisin aithne mhaith ar Ó hEithir nuair a thugadh Breandán cuairt ar Ghaillimh lena veain leabhar. Cé nár chríochnaigh Séamus Breslin, cara Bhreandáin, a chúrsa ollscoile rinne sé go han-mhaith dó féin i Sasana ag obair le comhlacht inncaltóircachta Gleeson's, dream a raibh siopa éadaigh acu i nGaillimh. Chuaigh sé go Meiriceá sna seachtóidí, áit a ndearna sé go maith dó féin freisin. Níor phós sé riamh agus fuair sé bás ansin i 1983 agus gan é ach leathchéad bliain d'aois. Ach oiread le Breandán, mhair sé an fhad is a bhí sé beo.

Tearmann aigne agus coirp a bhí i gcathair na Gaillimhe do
Bhreandán go ceann blianta fada ina dhiaidh sin agus níor airigh sé
chomh mór ar a sháimhín só in aon áit i nGaillimh is a d'airigh sé sa
gCastle Hotel. Ní hin le rá nár tharraing sé a dhóthain trioblóide air féin
i nGaillimh go minic, go háirithe lena chuid tiomána agus leis an nGarda
Síochána. A sheanchara, Wiezek Tempowski, a d'inis an scéal seo dom:

Breandán never had any *serious* accident but he apparently had collected
so many traffic offences that at the next one he would have lost his licence.
And his licence was his job. That is where I came in. It must have been
1953 or early 1954 as I was still in UCG. It was a stupid situation because
Breandán did not endear himself to the Garda Síochána. His favourite song
when he was drinking was:

  'Shite on the Garda Sicíní, Shite on the Garda Sicíní,
  They may think they are right, but they are a bit of a shite,
  Shite on the Garda Sicíní!

Whenever he came to Galway he stayed in the Castle Hotel. He picked me
up in my digs in Fr Griffin Road one night and some time later we were
driving towards the Castle Hotel. But we were driving in some circuitous
way and how in the hell we were driving through Newcastle Road I do not
know. With Breandán you never knew how drunk he was. When he
picked me up in Fr Griffin Road he looked perfectly sober to me. He drove
on and then suddenly he struck a car and there was no logical reason why
he did it. He drove on and then we arrived at the Castle Hotel. Breandán
started talking about all these traffic offences so I said to him: 'Give me your
keys and don't drive any further.' And then I did a stupid thing. Of course
I was also drunk. I decided to drive the van home to Fr Griffin Road. I
thought if I left it outside the Castle Hotel he might drive it again. And then
the bloody van broke down. And when the van broke down two guards
came along and said 'Are you in trouble?' And I said, 'It appears I am
because I cannot drive it!' And they started walking around the van and
picking out bits of glass and they said to me: 'Were you involved in an
accident?' And I said: 'Not that I know of.' So they helped me to push the
van to Fr Griffin Road. And on the van was written 'Comhdháil Náisiúnta
na Gaeilge'. Anyhow, Garda Joyce, with whom Breandán used to stay, was

the go-between. I took the responsibility for the accident but Garda Joyce told me that Superintendent McManus knew that Breandán was driving. If the man whose car was struck was compensated the Super would be willing to drop the major charge and bring a minor charge.

Bhí an chéim ollscoile nach raibh faighte aige fós ag cur as do Bhreandán agus is léir ón sliocht seo a leanas as tuarascáil na Comhdhála go raibh sé ag smaoineamh go láidir ar thabhairt faoin scrúdú i bhfómhar na bliana 1954:

> Tuarascáil ón mBord Oifigeach don Choiste don tréimhse 19 Márta 1954 go dtí 7 Bealtaine 1954: Tá saoire ráithe (dhá mhí gan tuarastal agus mí amháin de ghnáthshaoire) ceadaithe ag an mBord do Bhreandán Ó hEithir, Timire, chun deis a thabhairt dó ullmhú do scrúdú ollscoile a bheidh le seasamh aige sa bhfómhar. Tosóidh an tsaoire i lár an Mheithimh.

Ach d'athraigh Breandán a intinn, mar i dtuarascáil Bhord Oifigeach na Comhdhála don tréimhse 30 Iúil go dtí 16 Meán Fómhair 1954, tá an méid seo:

> De bharr cúiseanna pearsanta ní raibh ar chumas Bhreandáin Uí Eithir an cúrsa ollscoile a chríochnú faoi mar a bhí i gceist nuair a ghlac sé saoire speisialta ráithe ó 16 Meitheamh. Tharla cabhair a bheith de dhíth go géar ar Sháirséal agus Dill Teo. chun cur amach na dtéacsanna meánscoile a bhrostú, agus shocraigh an Bord Ó hEithir a thabhairt ar iasacht don chomhlacht ar feadh dhá mhí ó 17 Lúnasa.

Chaith Breandán tréimhse níos buaine le Muintir Uí Éigeartaigh níos deireanaí.

Tháinig eagraíocht nua, Gael Linn, ar an bhfód i nGluaiseacht na Gaeilge i 1953, a thabharfadh deis do Bhreandán níos mó eolais a chur ar Chumann Lúthchleas Gael agus a thabharfadh inspioráid dó níos deireanaí don chomhlacht *Gaelghlacadóirí Teoranta* ina dhara úrscéal, *Sionnach Ar Mo Dhuán*. Is iad an Comhchaidreamh a bhunaigh Gael Linn le hairgead a bhailiú ón bpobal chun a thaispeáint don Rialtas céard d'fhéadfaí a dhéanamh don Ghaeilge agus don Ghaeltacht ach airgead a bheith ar fáil chuige.[21] Cuireadh tús le linnte peile, bunaithe ar Chumann Lúthchleas Gael, le scilling sa tseachtain a bhailiú ón bpobal. Ceapadh bailitheoirí ar fud na tíre leis an airgead a bhailiú agus a sheoladh isteach chuig príomhoifig Ghael Linn i mBaile Átha Cliath. Cuireadh tús le Clár Ghael Linn (faoi choimirce) ar Raidió Éireann, a thug poiblíocht don eagraíocht nua agus a chuir amhráin Ghaeilge agus ceol Gaelach i láthair an phobail. Is cuid den stair anois an cheannródaíocht a rinne Gael Linn lena gcuid gearrscannán *Amharc Éireann* a bhíodh ar taispeáint i bpictiúrlanna na tíre ó 1958 go dtí 1963, gur chuir teacht na teilifíse deireadh leo. Bhí baint mhór, mar a fheicfeas muid ar ball, ag Breandán Ó hEithir le nuachtscannáin Ghael Linn, agus ina dhiaidh sin leis an tseirbhís náisiúnta teilifíse a chuir deireadh leis na nuachtscannáin chéanna.

Ba é Dónall Ó Móráin bunaitheoir agus céadstiúrthóir Ghael Linn. Bhí sé ina Rúnaí ar an gcomhlacht foilsitheoireachta Fleet Printing i Sráid Eccles agus ina Eagarthóir ar roinnt de na hirisí trádála a d'fhoilsídís. Bhí clólann mhór ag Fleet agus is inti a chlóbhuailtí *Comhar* agus ábhar clóbhuailte Ghael Linn ar fad. Ní dheachaigh Ó Móráin ag obair go lánaimseartha i nGael Linn go dtí tús na seascaidí.

Ba é Riobard Mac Góráin Bainisteoir lánaimseartha Ghael Linn ón gcéad lá ar bunaíodh an eagraíocht i mBealtaine na bliana 1953. Beirt a bhí ar an bhfoireann lánaimseartha: é féin agus Clár Ní Dhuigneáin as Conamara, a bhí pósta ina dhiaidh sin le Séamus Mac Crosáin. Seomra beag amháin a bhí acu an t-am sin in uachtar uimhir 38 Sráid an Fheistigh. D'fhostaíodar Pádraig Ó Baoill as Rinn na Feirste ina dhiaidh sin, fear a chuaigh le scríbhneoireacht é féin, mar aon le beirt thimirí eile i mBaile Átha Cliath agus timirí ar fud na tíre freisin. Ba ghearr go raibh an oifig róbheag dóibh agus bhogadar go dtí 44 Sráid Chill Dara, cúpla doras suas ó Power's Hotel, óstán a bhí mar lárionad comhluadair acu tar éis tamaill, a deir Riobard Mac Góráin:

Bhíodh Breandán isteach is amach as Sráid an Fheistigh anois agus arís ag an tús ach is minicí a bhíodh sé isteach is amach againn nuair a d'aistríomar go 44 Sráid Chill Dara. Bhíodh sé go minic in Power's Hotel in aice láimhe. Bhíodh muintir Ghael Linn ar fad isteach is amach ann agus go leor eile de lucht na Gaeilge – Máirtín Ó Cadhain, Aindreas Ó Gallchóir agus daoine mar sin. Bhíodh go leor Teachtaí Dála isteach is amach ann freisin. Ach bhíodh Breandán isteach go minic ann.

Thíos i Luimneach a bhí Breandán nuair a chuala sé go mbeadh páirt ghníomhach aige féin san eagraíocht nua seo, Gael Linn:

I was sitting in the bar of the Imperial Hotel in Limerick, having a drink with Joe Keohane, when I was told that the secretary of an Chomhdháil, Donncha Ó Laoire, wanted to talk to me on the telephone.

Donncha sounded very excited by the news he had for me. A football pool called Gael Linn had just been established, and it was going to be run on gaelic games with the aim of raising money to promote Irish in various ways. I was being seconded to Gael Linn for a period, to distribute books to promoters who would collect the shilling a week entry fee, and was to return to Dublin immediately to be briefed by Dónall Ó Móráin, whose idea Gael Linn was, and who was anxious to get as many promoters as possible. I had only a little contact with Dónall Ó Móráin at that point but the last part of the message seemed to be in character.[22]

Go hiarthar Luimnigh agus tuaisceart Chiarraí a threoraigh Dónall Ó Móráin Breandán, ag déanamh stocaireachta agus ag dáileadh cártaí do Ghael Linn. Má bhí an Castle Hotel ina thearmann i nGaillimh aige bhí an Imperial Hotel ina thearmann aige i Luimneach. Ba le Mrs Sadlier an t-óstán seo agus bhí a hiníon, Peggy, pósta le Joe Keohane, Oifigeach Airm agus peileadóir cáiliúil a bhíodh lonnaithe i mBeairic na Rinne Móire i nGaillimh roimhe seo ach a bhí anois i Luimneach. D'insítí scéal faoi Joe Keohane, nuair a bhíodh sé ag cur agallaimh ar ábhar oifigigh, go bhfiafraíodh sé le greann: '*Who is the best footballer in Ireland and why am I?*' Bhí Gaeilge ag Joe Keohane agus chaith sé féin roinnt blianta ag obair do Ghael Linn.

Is san Imperial Hotel i Luimneach a bhuail Breandán le go leor de sheanimreoirí peile agus iománaíochta an réigiúin sin – leithéidí Dinny Lanigan a bhuaigh Craobh na hÉireann le Luimneach i 1918 agus i 1921 agus a mhúscail suim Bhreandáin ar dtús i Mícheál Cíosóg, fear a raibh a ainm ligthe i ndearmad ar fad beagnach ag an am seo. Is san Imperial i Luimneach a casadh imreoirí cáiliúla ar nós Jim Langton, Mick Mackey, Paddy Grace, Jimmy O'Connell agus go leor eile air agus is uathu a fuair sé go leor dá chuid eolais agus dá chuid seanchais faoi Chumann Lúthchleas Gael. Is san Imperial freisin a chonacthas ag teacht isteach é oíche amháin agus dhá shúil dhubha air. Rud ba mheasa ná sin fós, iarthimire leabhar ón gComhdháil a chonaic é – Seán Mac Giollagáin, a bhí ag díol leabhar don Chomhlacht Oideachais faoin am seo. Ní mórán aithne a bhí ag Seán Mac Giollagáin ar Bhreandán ach is cuimhneach leis gur 'fear óg teasaí, mífhoighneach' a bhí ann.

Thug Breandán faoin obair nua do Ghael Linn, cé gur léir go raibh beagán aimhris air fúithi:

> As I was doing my best to place as many books as I could, and get as many shillings as possible rattling off to Dublin, I did not have the time to seek reasons for my instinctive feeling that all was not really well between Gael Linn and the GAA. As well as feeling Brian Mac Cafaid's breath on the back of my neck I now felt Dónall Ó Móráin's gimlet eyes boring a hole through it. However, all you need in such a situation is to meet one person who likes to be in a position to tell you something that you do not know: particularly if it is something that is bound to upset you. Before my term of secondment was over I met such a man.
>
> He informed me that Croke Park, which in those days really meant Paddy O'Keefe, the General Secretary of the GAA, was not all that happy about Gael Linn. Croke Park had heard that this pool was actually going to be run on soccer until second, and wiser, thoughts prevailed. Having spent some weeks in Kerry I replied innocently that I found all that very strange for did not the world and his wife know that Paddy O'Keefe's side-kick, Seán Ó Síocháin, was one of the trustees of Gael Linn. The man said that indeed it was the case but that it was another day's work. Many dedicated Gaels, he said, wondered how the GAA was going to benefit by all this.'[23]

Cé go raibh Stiúrthóir Ghael Linn, Dónall Ó Móráin, ar Bhord na Comhdhála le linn do Bhreandán a bheith ag obair ansin ní mórán aithne a chuir sé féin agus Breandán ar a chéile, deir sé:

Ní raibh mórán de phlé pearsanta agam leis, ach aon phlé a bhí agam leis bhí sé cairdiúil. Ní dóigh liom go raibh aon naimhdeas eadrainn seachas an sórt caitheamh anuas a dhéanfadh aon duine criticiúil – agus duine criticiúil ab ea Breandán – agus bhí mise a bheag nó a mhór sa saol poiblí agus dá réir sin oscailte le haghaidh aon chriticiúlachta a thiocfadh chun cinn. Maidir leis an obair a bhí roimh Bhreandán bhí sé ag plé le pobal an-teoranta. Bhí air dul isteach i mbaile agus a fháil amach cérbh é an príomhoide agus cén sórt dearcadh a bhí aige i leith na Gaeilge agus cén sórt sagart paróiste a bhí san áit. Rudaí uafásach pearsanta iad seo nach bhfaigheann tú amach mura bhfuil tú sásta ól san áit cheart, agus níorbh aon leanbh é Breandán sna cúrsaí seo. Bhí sé in ann bóthar a dhéanamh isteach agus amach go dtí na háiteanna cearta, traidisiúnta, fírinneacha. B'in ceann de na cáilíochtaí móra a bhí aige.

Ansin, go tobann, i 1954, d'fhág Breandán agus Gluaiseacht Oifigiúil na Gaeilge slán ag a chéile i bhfad níos túisce ná mar a bhí súil ag aon duine leis. Tá sé curtha go gonta aige féin in *Over the Bar.*

> My own parting with an Chomhdháil was preceded by a kind of death-wish which took the form of outrageous and reckless behaviour and which would have terminated my employment much earlier had not Tomás Mac Gabhann, in particular, and good friends and some very considerate members of the Gárda Síochána in Galway not come to my assistance in various hours of need. . . . My final brush with the law took place near Dublin and before the law could lay its hands on me I fled across country and lay low for a few days, feeling instinctively that an Chomhdháil would smooth things over, if that were possible, to keep its good name out of the papers – even if that meant applying a poultice of green medication to the injured party's bruised dignity.[24]

Cheapfadh duine ón méid sin gurb í coir a chrochta a bhí déanta ag Breandán. Níor tharla i ndáiríre ach eachtra a bhí neamhurchóideach go leor i saol na linne. Níor gortaíodh aon duine agus níor dearnadh mórán damáiste, ach bhí ól i gceist agus níorbh é an chéad uair é. Oíche Luan Cincíse a bhí ann, nó an mhaidin dár gcionn le bheith cruinn. Bhí Breandán agus roinnt dá chairde ag teacht ar ais chun na cathrach i veain na Comhdhála ó rince i Sceirí i dtuaisceart Chontae Bhaile Átha Cliath. Breandán a bhí ag tiomáint agus ní ag rince a bhí Breandán go dtí an t-am sin de mhaidin. Bhí a sheanchara, Declan Brennan, a bhí ag obair sa státseirbhís i mBaile Átha Cliath ag an am, orthu siúd a bhí sa veain in éineacht leis:

Luan Cincíse 1954 a bhí ann agus bhí ceathrar againn ag ól sa *Lincoln Inn* san iarnóin, mé féin, Breandán, Paddy Delap nach maireann – mac léinn leighis as Gaoth Dobhair a raibh aithne againn air i nGaillimh – agus Tony Morrison, sílim, mac léinn leighis eile a bhí in éineacht leis. Bhí Máirtín Ó Cadhain ann freisin, is cuimhin liom, agus d'fhiafraigh sé de Bhreandán fúmsa: 'Cén sórt duine é seo?' 'Státseirbhíseach é,' a dúirt Breandán. 'Caithfidh sé go bhfuil éirim eicínt ann mar sin!' a dúirt Ó Cadhain, go searbhasach. Bhí Seán Ó Súilleabháin, an péintéir portráidí, i gcomhluadar Uí Chadhain – fear lách. Nuair a chríochnaigh muid sa *Lincoln Inn* thosaigh an ceathrar againne ag smaoineamh cá mbeadh deoch le fáil deireanach agus dúirt mise go mbeadh deoch le fáil amuigh i Sceirí tar éis an mheán oíche. Isteach leis an gceathrar againn i veain Bhreandáin agus amach linn go Sceirí. Rinne mise roinnt damhsa agus casadh daoine aitheantais orm. Chuaigh Breandán ag ól. Níl a fhios agam céard a rinne Delap; chuaigh sé ag ól freisin, déarfainn. Bhí muid ag fágáil na háite thart ar cheathrú tar éis a dó ar maidin agus bhí fear a raibh gluaisrothar aige ag iarraidh eolas an bhealaigh ar ais go Baile Átha Cliath. Dúirt muide leis muid a leanacht – go raibh muid féin ag dul go Baile Átha Cliath. Bhí muid ag teacht trí Lusca nó An Ros nó áit éigin ansin nuair a thosaigh an argóint, ar cheart iompú ar dheis nó ar chlé. Argóint í a d'fhéadfadh tarlú inniu féin agus gan braon ar bith ólta. Ar aon chuma, shocraigh Breandán cúlú agus breathnú ar an gcomhartha bóthair arís. Ach is cosúil go raibh mo dhuine ar an ngluaisrothar taobh thiar dínn agus gur bhuail muid é. Réadóir nó *pioneer* a bhí ann, agus thosaigh sé ag bagairt dlí agus ag rá go raibh an rothar briste agus go raibh sé féin gortaithe agus go raibh sé ag dul chuig na Gardaí agus céard nach ndéanfadh sé! Chuaigh Delap amach agus is cuimhin liom é ag rá 'There's nothing wrong with that bike that a few kicks won't put right.' Agus thug sé cúpla cic don ghluaisrothar agus thosaigh sé. Níor mhiste liom féin cúpla cic a thabhairt don ghluaisrothaí, mar bhí siad tuillte go maith aige! D'imigh seisean ar an ngluaisrothar agus lean muide sa vean é ach d'imigh muide as peitreal ar thaobh An Rois de Chrosaire an Bhlácaigh (Blake's Cross) sílim, agus b'éigean dúinn an oíche a chaitheamh inár gcodladh sa vcain.

Dhúisigh duine éigin ag a seacht ar maidin, fritheadh canna peitril agus críochnaíodh an turas abhaile. Chuaigh Declan ag obair agus thart ar a leathuair tar éis a deich ghlaoigh Gardaí Fhionnbhrú air, ag fiafraí de an raibh sé cairdiúil le Breandán Ó hEithir. Dúirt sé go raibh. D'fhiafraigh siad de an raibh siad i dtimpiste bóthair go moch an mhaidin sin. Dúirt Declan nach bhféadfá timpiste a thabhairt air. Bhí a fhios ag na Gardaí gurbh í veain Bhreandáin a bhí i gceist mar bhí fear an ghluaisrothair tar éis 'Comhdháil Náisiúnta na Gaeilge' a bhreacadh síos ón veain. Bhí na Gardaí tar éis dul isteach chuig an gComhdháil agus bhí lucht na Comhdhála tar éis ainm Declan a thabhairt dóibh, mar dhuine a mbeadh eolas éigin aige faoin eachtra. Dúirt na Gardaí go raibh fear an ghluaisrothair ag iarraidh cúitimh agus gurbh fhearr socrú leis, agus d'íoc Declan pé ar bith cé mhéad a bhí i gceist – seacht bpunt deich scillinge nó mar sin.

An Paddy Delap a bhí sa veain le Breandán an oíche siúd, bhí sé ag críochnú a chuid traenála mar dhochtúir in ospidéal Shráid Holles i mBaile Átha Cliath ag an am agus nuair a tháinig Breandán ar ais go Baile Átha Cliath le aghaidh a thabhairt ar Choiste na Comhdhála is ·é Paddy a thug lóistín dó ar feadh seachtaine ina sheomra san ospidéal. Fuair sé bás i 1987 agus gan é ach ocht mbliana is caoga, agus maraíodh fear a iníne, Fintan Ryan, i dtimpiste gluaisteáin i dtuaisceart Chontae Átha Cliath laethanta beaga ina dhiaidh sin, gar go maith don áit ar bhain an míthapa do Bhreandán i 1954. Go gairid tar éis bhás Phaddy fuair a dhearthair, Seán Delap a bhí ina bhreitheamh ina dhiaidh sin, an litir chlóscríofa seo ó Bhreandán:

54 Bóthar Tí Naithí,
Dún Droma 14.

A Sheáin, a chara,

Ní raibh aon mhaith liom riamh i mbun an chineál seo scríbhneoireachta agus
tuigim cén fáth gur éasca le daoine í a sheachaint. I Londain a léigh mé faoi
bhás Phaddy agur fuair mé iomlán an scéil nuair a shroich mé baile. Bhí an
scéal sách dona gan an mí-ádh eile a lean é ach is minic leis na rudaí seo a
theacht i mullach a chéile agus níl de leigheas orthu ach an aimsir. Ní mór
dom a rá, mar sin féin, go ngoilleann bás mo dhearthára féin fós orm, níos mó
ná tubaist ar bith eile a tharla. Ní móide gur mórán de shólás duit é ach tuigim
duit agus níl sa litir seo ach iarracht fhánach an méid sin a rá leat.
Mairfidh Paddy i mo chuimhne féin mar fhear aerach. Bhí sé in éindí liom
an oíche ar scar mé féin agus mo chéad phost lena chéile agus ina dhiaidh
sin thug sé dídean seachtaine dom ina sheomra i Holles Street. Nach
aisteach gurb iad na rudaí sin a fhanann chomh gléineach sa gcuimhne
nuair atá fhios agat nach gcasfar cara arís ort. Ach cá bhfios nach bhfuil
síbín i bpoll éigin sa saol eile ag Peter Michael Kelehan ina mbeidh deis
againn ar fhág muid gan rá ar an saol seo a chríochnú.
Is rídhona liom do bhris agus brón na muintire go léir, agus maith dom an
iarracht lag seo ar é a chur in iúl duit.

Beannacht,
Breandán Ó hEithir. (Sínithe lena láimh 'Breandán')

Ó tharla go raibh na Gardaí ag fiosrú an scéil b'éigean do Dhonncha
Ó Laoire Bord na Comhdhála a chur ar an eolas agus tugadh Breandán
os comhair cruinnithe. Mar a dúirt Séamus Ó Cathasaigh a bhí i láthair
ag an gcruinniú sin i 1954:

Bhíomar ar fad an-cheanúil ar Bhreandán ach nuair a chuala an Blaghdach
an scéal dúirt sé 'caithfidh an fear sin imeacht!' Bhíodh Breandán ag ól go
trom ag an am agus bhí sé fiáin. Ba thragóid é ag an am sin, ach shocraigh
sé síos ina dhiaidh sin. Ach ní fhéadfaí gan é a bhriseadh. An Blaghdach
a dúirt leis é. Bhí an Blaghdach crua, ach fear maith a bhí ann.

Nuair a d'fhág Breandán an cruinniú boird an lá sin deir Séamus Ó Cathasaigh gur lean Seán Ó hÉigeartaigh síos an staighre é agus gur thairg sé post dó lom láithreach mar Eagarthóir i Sáirséal agus Dill. Bhí sé ráite ag an gComhdháil le Muintir Uí Éigeartaigh go mbeadh Breandán gan phost agus shocraigh Bríghid agus Seán é a fhostú mar Eagarthóir. Ní thosódh sé ar an bpost nua go dtí tar éis an tsamhraidh, agus shílfeá ón méid atá ráite aige féin in *Over the Bar* nach raibh aon chinnteacht fós ann go raibh an post ann dó:

> Like my leaving of UCG, it was only when the job was gone and I was again back in Inis Mór with one arm as long as the other, as they say, that the serious side of the situation began to dawn on me . . .
>
> For good or ill, my next job, after an uneasy few months in Aran, led directly to my present way of life. Seán Ó hÉigeartaigh it was who rescued me and appointed me editor of his publishing company, Sáirséal agus Dill, although his financial resources were stretched to the limit at the time. It was more than a job for after a short time I felt like one of the family. His influence and that of his wife Bríghid helped to exorcise most of the malign spirits that possessed me far too frequently at the time.'[25]

Tá cúpla tagairt déanta cheana anseo do Sheán Sáirséal Ó hÉigeartaigh agus dá bhean Bríghid, beirt a raibh tionchar an-mhór acu ar Bhreandán agus ar shaol na Gaeilge lena linn. Ceannródaithe a bhí iontu i bhfoilsitheoireacht na Gaeilge agus murach iad is cinnte nach mbeadh an oiread sin i gcló anois de shaothar Mháirtín Uí Chadhain agus Sheáin Uí Ríordáin, gan trácht ar shaothar Bhreandáin féin. Tá cur síos breá ar Sheán Ó hÉigeartaigh agus ar a athair agus ar a mháthair in *Beathaisnéis a Cúig* ag Diarmuid Breathnach agus Máire Ní Mhurchú. Ba é Seán an t-aon mhac agus an chéad duine clainne a bhí ag P.S. Ó hÉigeartaigh as Corcaigh, cara mór le Mícheál Ó Coileáin; is uaidh a thóg Mícheál Ó Coileáin móid Bhráithreachas na Poblachta i Londain le linn don bheirt acu a bheith ag obair le hOifig an Phoist ansin. Ba é P.S. Ó hÉigeartaigh an chéad Rúnaí sa Roinn Poist agus Teileagraf nuair a bunaíodh an stát. Wilhelmina (Mina) Smyth a bhí ar mháthair Sheáin, iníon le ministéir Preispitéireach as ceantar Chúil Raithin i gContae

Dhoire. D'fhoghlaim sí féin agus P.S. (Pádraig Sáirséal) Gaeilge i ranganna Phádraic Uí Chonaire i Londain. Thugadh sise Liaimín Nic Ghabhann uirthi féin agus Liaimín Uí Éigeartaigh nuair a phós sí, agus thógadar a gclann le Gaeilge agus le Béarla. Bhí deirfiúr níos sine ag Liaimín a d'fhoghlaim Gaeilge freisin agus a raibh Éilís Dill Nic Ghabhann uirthi. *Dill* a thugadh a cairde mar ainm baistí uirthi, agus nuair a d'fhág sí £300 ina huacht ag Seán Ó hÉigeartaigh, tráth a raibh seisean ar tí comhlacht foilsitheoireachta Gaeilge a bhunú, shocraigh sé ainm Dill a bhuanú in ainm an chomhlachta *Sáirséal agus Dill*.

I Welshpool, Montgomeryshire, áit a raibh P.S. Ó hÉigeartaigh ina Mháistir Poist, a rugadh Seán i 1917. Réabhlóidí a bhí i P.S. ina óige agus thréig sé an Eaglais Chaitliceach mar gheall ar ionsaithe na n-easpag ar an bpoblachtánachas. Nuair a d'fhill an teaghlach ar Éirinn fuair Seán bunoideachas i Scoil Bhríde, scoil lán-Ghaeilge i mBaile Átha Cliath, sular cuireadh go Coláiste Naomh Aindriú é, áit a raibh Seán an Chóta Caomhánach ina mhúinteoir Gaeilge aige. Chuaigh sé as sin go Coláiste na Tríonóide, áit a bhfuair sé céimeanna BA agus B.Sc. le céadonóracha. Is ansin a casadh a bhean, Bríghid Ní Mhaoileoin, air. Fuair Seán Ó hÉigeartaigh bás i 1967.

Iníon í Bríghid Bean Uí Éigeartaigh le Séamus Ó Maoileoin, meánmhúinteoir agus údar dhá leabhar, *Gaeilge Gan Dua* agus *B'fhiú An Braon Fola*, leabhar ina bhfuil cur síos ar na blianta a raibh sé ar a theitheadh le linn Chogadh na gCarad. Bríghid a bhí ar a máthair freisin, Bríghid Bhreathnach, de shliocht na mBreathnach a bhfuil teach tábhairne agus siopa acu i Ros Muc le cúpla glúin. Hubert Breathnach a bhí ar a hathair siúd agus díbríodh as Ros Muc é de bharr aighnis le sagart. Bhris sagart nua a tháinig go Ros Muc Hubert as a phost mar mhúinteoir scoile, faoi gur sheas Hubert leis an seansagart a raibh an tEaspag tar éis an ruaig a chur air as an bparóiste. Ach thug an tEaspag céanna scoil do Hubert i gCill Fhinín in aice le Creachmhaoil in oirthear na Gaillimhe agus bhí a bhean chéile ag múineadh ansin in éineacht leis níos deireanaí. I gCill Fhinín, an áit a bhfuil Raftaraí an file curtha, a tógadh Brighid Bhreathnach, máthair Bhríghid Ní Mhaoileoin, agus ba chol ceathar í le Madhcó Pheatsa Breathnach a bhfuil a mhac, Criostóir i mbun an tábhairne *Tigh Mhadhcó* i Ros Muc le linn don chuntas seo a bheith á scríobh.

Chuaigh Séamus Ó Maoileoin, athair Bhríghid, in éineacht le sagart Poblachtach as oirthear na Gaillimhe a raibh Fr Fahy air, ar cuairt chuig George Gilmore in ospidéal i mBaile Átha Cliath, agus sa leaba taobh le Gilmore bhí Arnold Marsh a bhí ina Ard-Mháistir ar Scoil Bhaile Nua (Newtown School) i bPort Láirge. Bhí múinteoir maith Gaeilge ag teastáil sa scoil sin agus tugadh an post do Shéamus Ó Maoileoin ar choinníoll go gcuirfeadh sé a sheisear clainne féin chun na scoile, scoil Phrotastúnach. Sin é an chaoi ar tharla sé gur chuig Newtown School, agus chuig Bishop Fahy School – scoil Phrotastúnach eile atá nasctha le Newtown School anois – a chuaigh clann Uí Mhaoileoin ar fad, agus is ann a chuir Seán Ó hÉigeartaigh agus a bhean, Bríghid, a mbeirt chlainne féin, Cian agus Aoileann, nuair a tháinig an t-am.

Nuair a bhí Bríghid ag cur isteach ar scoláireacht, rud a fuair sí, i nDáimh na hEolaíochta i gColáiste na Tríonóide, socraíodh pulcadh nó 'grind' a fháil di ar feadh seachtaine roimh an scrúdú. Fear óg a bhí ag déanamh eolaíochta é féin an teagascóir a fritheadh di, fear darbh ainm Seán Ó hÉigeartaigh. D'éiríodar cairdiúil agus mór le chéile agus nuair a bhíodar críochnaithe lena gcuid staidéir phósadar.

Bhí Breandán agus Muintir Uí Éigeartaigh an-cheanúil ar a chéile agus cé go raibh a fhios aige féin agus acusan nárbh í an eagarthóireacht an cheird ab fheiliúnaí dó chaith sé dhá bhliain thaitneamhacha thairbheacha le Sáirséal agus Dill. Dúirt sé féin in *Over the Bar*:

Truth to tell I was not a very good editor and I was an even worse proof-reader. Only when we published a series of text-books in Irish for secondary schools did my past experience on the road benefit Sáirséal agus Dill and I got a lot of orders.[26]

Dúirt Bríghid Bean Uí Éigeartaigh faoi Bhreandán:

Bhí an-chion againn ar Bhreandán agus níor oscail sé a bhéal riamh fúinn ach le muid a mholadh, go ceann i bhfad ina dhiaidh sin. Bhí na páistí óg ag an am. Thug sé Cian go hÁrainn ar feadh seachtaine agus bhí an-chion aige ar Aoileann. Dá mba eagarthóireacht i mBéarla a bheadh i gceist d'fheilfeadh Breandán go hiontach dúinn mar bheadh sé in ann na leabhair a phiocadh amach. Ach an sórt duine a bhí ag scríobh leabhar Gaeilge – an duine a raibh Gaeilge aige – ní raibh aon tuiscint aige ar ghnáthlitríocht, agus ní raibh Breandán in ann teacht anuas go dtína leibhéal siúd in aon chor. Bhí sé go hiontach ag plé le Máirtín Ó Cadhain nó le Seán Ó Ríordáin ach ní raibh sé in ann cabhrú le daoine nach raibh in ann a leabhar féin a scríobh. Deireadh sé, 'Níl ansin ach truflais – caith amach é!' Bhí sé in ann leabhair iontacha a phiocadh amach, ach ní hé sin a theastaigh uainne – d'fhéadfadh aon duine é sin a dhéanamh. Is éard a theastaigh uainne leabhar iontach a dhéanamh de thruflais éigin a thiocfadh isteach chugainn, agus b'in an rud nach raibh Breandán in ann a dhéanamh. Má bhí leabhar go dona bhí leabhar go dona agus b'in sin, dar leis. Ní raibh aon mhaith leis mar eagarthóir, le profaí a léamh ná le Gaeilge a cheartú.

Léigh sé go leor. Thug sé an-chuid le léamh domsa – The Ascot set – Lady Ascot agus The Great Gatsby. Agus bhí siad sin go léir mar chaighdeán aige. Thugadh sé an-chuid de litríocht an Bhéarla domsa le léamh. Sin é an locht atá ar scríbhneoirí eile – níor léadar tada ach a leabhar féin. D'fhéadfadh Breandán a leabhar féin a scríobh, a bheadh fíormhaith. Ní dóigh liom go ndearna sé an méid a bhí sé in ann a dhéanamh, mar gheall ar Ó Flatharta agus ar Ó Cadhain go háirithe. Tionchar diúltach a bhí ag Ó Cadhain agus ag Ó Flatharta ar Bhreandán. Cheap sé nach bhféadfadh sé a gcaighdeán siúd a bhaint amach agus stop sé sin é.

Dúirt Bríghid Bean Uí Éigeartaigh ar Raidió na Gaeltachta nuair a bhásaigh Breandán:

Tá Breandán agus Máirtín Ó Cadhain agus Seán Ó hÉigeartaigh fite fuaite i mo chuid cuimhní. Is dócha go bhféadfá a rá go raibh smacht níos fearr ag Breandán Ó hEithir ar an nGaeilge ná mar a bhí ag aon duine eile ach ag Máirtín Ó Cadhain. Tá an bheirt acu ceangailte i mo cheann mar dhaoine a bhí in ann aon rud a theastaigh uathu a chur in iúl go héasca. Bhí Breandán níos soiléire ná Máirtín. Scríbhneoir deacair, cheapainn féin i gcónaí, a bhí i Máirtín ach chuir Breandán an t-éisteoir nó an léitheoir nó an duine a bhí ag caint leis ar a shuaimhneas. Sin é an sórt duine a bhí ann, duine an-gheanúil, an-chairdiúil, an-dílis. Ach tá sé ceangailte le Máirtín Ó Cadhain i mo chuimhne mar gheall ar an dlúthbhaint a bhí ag an mbeirt acu le Sáirséal agus Dill sna chéad bhlianta sin. Ceapaim nár lig Breandán leis an bhféith chruthaitheach a bhí ann mar go raibh faitíos air nach sroichfeadh sé an caighdeán a bhí leagtha síos ag Máirtín Ó Cadhain agus ag Liam Ó Flatharta, agus ba mhór an trua é sin.

In agallamh le Proinsias Mac Aonghusa ar RTÉ i 1980, agus é ag cur síos ar an dá bhliain a chaith sé ag obair do mhuintir Uí Éigeartaigh i Sáirséal agus Dill, dúirt Breandán:

> Ba gheall le duine den chlann mise tar éis a bheith ag obair ann ar feadh scaithimh agus d'fhan sé mar sin ó shin freisin. . . . B'fhacthas dom féin go bhfuair intleacht Ghluaiseacht na Gaeilge bás nuair a cailleadh eisean. Ní hé amháin a chuid oibre i Sáirséal agus Dill – mairfidh sé sin go deo – ach bhí sé chomh gníomhach ar bhealaí eile. Fear a bhí ann a raibh ómós ag chuile dhuine dó, bhí sé chomh díreach agus chomh cneasta sin. San am céanna bhí sé thar a bheith crua agus d'fhéadfadh sé a bheith ceanndána go leor faoina chuid tuairimí féin. Ar bhealach éigin nuair a d'imigh sé b'fhacthas domsa ar aon nós gur imigh an stiúir a bhí faoin ngluaiseacht cuid mhór.
>
> Ar ndóigh, is ceart a rá freisin – an Chomhdháil a bhí ann an uair sin, agus is ceart a cheart a thabhairt don Bhlaghdach, is cuma cén troid a bheadh againn – b'iontach an eagraíocht í an Chomhdháil an t-am sin. Bhí tábhacht leis an gComhdháil – Bord na Leabhar Gaeilge, an Club Leabhar, na rudaí sin ar fad. Is mór an trua gur imigh an Chomhdháil ar an uisce bruite mar a d'imigh.'[27]

Ar a rothar a théadh Seán Ó hÉigeartaigh isteach agus amach chuig a chuid oibre sa státseirbhís agus bhíodh carr mhuintir Uí Éigeartaigh, an t-aon charr a bhí acu, imithe ag Breandán, ag tabhairt cuairteanna ar mheánscoileanna agus ar chlocharscoileanna ar fud na tíre. Thaitin an dá bhliain sin go hiontach leis agus b'iontach an difríocht a bhí idir 'eadarcharr' na Comhdhála agus Humber Super Snipe Mhuintir Uí Éigeartaigh. Dúirt Bríghid liom:

> Ba bhreá le Breandán an Super Snipe a thabhairt leis agus é ag dul go dtí Clochar. Bhí bean éigin a stop ar an mbóthar é lá, agus nuair a labhair sé Gaeilge léi dúirt sí, 'Ó a dhiabhail, cheap mé gur boc mór éigin a bhí ann

sa gcarr mór seo.' Chuir sé an carr céanna den bhóthar agus nuair a thug
Seán isteach é le ceisteanna a chur air – ceisteanna a chuirfeadh lucht an
árachais air nó ceisteanna a chuirfeadh na Gardaí air – chuir sé sin
an-fhearg ar Bhreandán!

Bhí cuimhne ag Wiezek Tempowski ar charr mhuintir Uí Éigeartaigh
freisin mar is é Breandán a thiomáin chuig an séipéal é an lá ar phós
sé, i Séipéal Ghlas Tuathaill i nDún Laoghaire ar an dara lá de
Mheitheamh 1956:

> We got married in 1956 and Breandán provided our get away car, which
> incidentally belonged to Seán Ó hÉigeartaigh – a lovely Humber Super Snipe.

Is é Declan Brennan, duine eile de na seanchairde as Gaillimh, a
sheas le Wiezek Tempowski:

> Mise a sheas leis agus is liomsa a d'fhan sé an oíche roimhe sin, i Sráid an
> Mhóta. Webb atá ar a bhean. Bainis an-ardnósach a bhí inti, i dteach na
> Webbs in Uimhir a 6 Bóthar Arkendale i nGleann na gCaorach. Dochtúir ise
> freisin. Bhí go leor boic mhóra agus lucht dlí ar an mbainis agus fíon ar fad
> a bhí ann. Ní raibh braon crua ar bith ann ach bhí buidéal fuisce curtha i
> bhfolach ag an triúr againne amuigh sa ngairdín, agus théinn féin agus
> Wiezek agus Ó hEithir amach ó am go chéile le gailleog a bhaint as.

Le linn do Declan Brennan bheith san árasán i Sráid an Mhóta
buaileadh an doras oíche amháin agus nuair a d'oscail sé é d'fhiafraigh
an fear ag an doras de an raibh aithne aige ar Bhreandán Ó hEithir.
Dúirt Declan gur chara leis é. 'Tá sé thíos sa Lincoln Inn anois,' a dúirt
an fear, 'agus theastódh cara uaidh.' Chuaigh Declan síos láithreach:

> Bhí Breandán ansin agus é go mór ar meisce. Bhí sé ag béiceach agus ag
> uallfairt agus ag argóint le scata mac léinn as Coláiste na Tríonóide, agus
> ag insint dóibh cé chomh haineolach is a bhíodar. Bhí a léine bainte de
> aige agus cuma throdach air. Cheap mé go mbeadh deacracht agam é a
> mhealladh liom amach as an áit ach tháinig sé liom mar a thiocfadh uainín.

Thug mé abhaile é. Bhí rud éigin ag cur as dó. Caithfidh go raibh sé an-trína chéile mar, de ghnáth, bhíodh sé an-spleodrach i dteach an óil. Ach ní nochtfadh Breandán a chroí duit. Bhí a fhios agam gach uile rud faoi mhuintir Wiezek ach níor inis Breandán tada riamh dom faoina mhuintir féin ach amháin faoina bheirt uncailí.

Faoin am seo d'airigh Breandán go raibh sé ag éirí tuirseach de bhóithre na hÉireann, nó mar a deir sé in *Over the Bar:*

> . . . the road had decided to reject me. In my rush to get to Longford from Carrick-on-Shannon, before the schools broke for lunch, I went over a wall near Rooskey and wrote off Seán's beautiful Humber Super Snipe. That was my last journey as a salesman.
>
> I had seen enough of the country to be going on with and little by little the appeal of Dublin grew stronger. It was Seán who suggested that journalism and broadcasting might prove more congenial to my taste and talents than anything I had tried my hand at so far.
>
> To encourage me, he proposed that I take over from him the short talks in Irish which then preceded the rugby internationals on Radio Éireann. He was very interested in rugby and was chosen to give these preliminary talks when Radio Éireann decided to introduce some Irish into their coverage of sports other than gaelic football and hurling. Niall Tóibín and Mícheál Ó Reachtara handled soccer and racing. This was something I enjoyed very much and, later, when television came, I spent some years commenting on games during the international season.[28]

Bhí a fhios ag Muintir Uí Éigeartaigh go maith gur sa scríbhneoireacht féin a bhí suim ag Breandán agus bhaineadar geallúint de nuair a bhí sé ag imeacht uathu i 1956 leabhar a scríobh dóibh. Ní bhfuair siad an leabhar, *Lig Sinn i gCathú*, go ceann fiche bliain ina dhiaidh sin. Dúirt Breandán in agallamh teilifíse sa tsraith *Agallamh an tSathairn* a rinne sé liomsa ar RTÉ i 1980:

> Nuair a tháinig mé i mo Eagarthóir ag Sáirséal agus Dill bhíodh seisean (Seán Ó hÉigeartaigh) i gcónaí ag tuineadh liom. Cheap sé nach

ndéanfainn Eagarthóir maith leabhar go deo mar go mb'fhearr liom féin a bheith ag scríobh ná a bheith ag obair ar scríbhinní daoine eile. Dúirt sé é sin go minic liom agus ba é a chomhairligh dom dul le hiriseoireacht, agus ba é a thug litreacha ardmholtacha dom nuair a chuaigh mé ag obair le *Scéala Éireann (Irish Press)* ina dhiaidh sin.

Nótaí

1 *Thar Ghealchathair Soir.* 4

2 *Over the Bar.* 126-127

3 *Thar Ghealchathair Soir:* 4,

4 *Over the Bar.* 128-129

5 *An Chaint sa tSráidbhaile:* 135

6 *Over the Bar.*132

7 *Over the Bar:* 135

8 Feic *Beathaisnéis a Cúig,* 40-44, le Diarmuid Breathnach agus Máire Ní Mhurchú

9 *Over the Bar:* 135

10 *Over the Bar.* 135-6

11 *Stair Chombhdháil Náisiúnta na Gaeilge* le Mairéad Ní Chinnéide; gan foilsiú

12 Foilseacháin Náisiúnta Teoranta

13 *I dTreo na Gréine:* 40

14 *Inniu* 7.11.1958

15 *Over the Bar:* 136

16 *Over the Bar: 144-5*

17 RTÉ: 1980

18 *An Chaint sa tSráidbhaile:* 104

19 *Combar:* Iúil 1957; *An Chaint sa tSráidbhaile,* 135-137

20 *An Chaint sa tSráidbhaile:* 134-135

21 *Stair Chombhdháil Náisiúnta na Gaeilge* le Mairéad Ní Chinnéide, gan foilsiú

22 *Over the Bar:* 147

23 *Over the Bar:* 152

24 *Over the Bar:* 156

25 *Over the Bar:* 156-157

26 *Over the Bar:* 160

27 RTÉ: 17.7.1980

28 *Over the Bar:* 160-161

6. An Grá agus an Pósadh

Níl aon leigheas ar an ngrá ach pósadh.

– Seanfhocal

I samhradh na bliana 1955, le linn do Bhreandán a bheith sa mbaile in Árainn, casadh bean air a chuir cor cinniúnach ina shaol. Ag casadh an bhosca ceoil i dteach ósta i gCill Mhuirbhigh a bhí sé oíche nuair a chonaic sé ag teacht isteach í. Bhí sí feicthe in Árainn go minic roimhe sin aige agus bhí a fhios aige gur duine de na Mulcahys as Sligeach í a thagadh go hÁrainn go rialta. Thugadh roinnt de mhuintir Árann 'Miss Mulcahy' fós uirthi mar a thugaidís uirthi sular phós sí, ach bhí seisear clainne anois aici agus Maeve Ryan an t-ainm pósta a bhí uirthi. Maraíodh a fear céile, Billy Ryan a bhí ina phíolóta san Aer-Chór, nuair a thit a eitleán i sléibhte Chill Mhantáin i 1951 agus bhí sí ina baintreach le ceithre bliana. Tar éis am dúnta an oíche áirithe seo bhí sí féin agus bean óg ó Chríocha Lochlann ag siúl abhaile ón ósta nuair a tháinig Breandán suas leo ar a rothar. Tháinig sé anuas den rothar, thosaigh sé ag caint leo agus shiúil sé abhaile in éineacht leo. Bhí a fhios ag Maeve gurbh é mac an mhúinteora as Cill Rónáin é ach ní raibh aithne ar bith aici air thairis sin. Nuair a tháinig siad chuig an teach lóistín a raibh sí ag fanacht ann dheifrigh sí isteach le seans a thabhairt do Bhreandán agus don bhean óg, mar a shíl sí. Ach fuair sí amach cúpla mí ina dhiaidh sin i mBaile Átha Cliath gur inti féin a bhí suim ag Breandán.

Sna Sceirí i dtuaisceart Bhaile Átha Cliath a bhíodh cónaí ar na Ryans, ach nuair a maraíodh a fear i 1951 cheannaigh Maeve teach mór, uimhir 1 Bóthar Ailesbury i nDroichead na Dothra, le cabhair óna hathair, D.A. Mulcahy, a bhí ina Phríomh-Oifigeach Feidhmiúcháin leis an gCoiste Gairmoideachais i Sligeach. Chónaigh sí féin agus a clann in íochtar an tí mhóir, lig sí an chuid eile den teach ina árasáin agus fuair sí féin post mar mhúinteoir tís, ag múineadh ranganna oíche i gCeardscoil Dhroichead na Dothra. Tar éis a ranga, oíche amháin, bhí cuireadh chun cóisire aici in aice láimhe agus cé a chasfaí uirthi ar a bealach isteach chuig an gcóisir ach Breandán. Bhí iontas orthu a chéile a fheiceáil arís agus, le scéal fada a dhéanamh gearr, d'fhág Breandán sa mbaile ón gcóisir í agus d'éiríodar an-mhór le chéile.

Bean bhreá a bhí i Maeve Ryan, í i ndeireadh na dtríochaidí, i mbláth a saoil agus i mbarr a maitheasa. Thabharfá suntas di i gcomhluadar ar bith, lena hiompar, lena spleodar agus lena teacht i láthair. In ainncoin gur fágadh ina baintreach go hóg í agus go raibh clann óg aici, níor chaill sí a misneach ná a meanmna. Comhráití mór a bhí inti ar an iliomad ábhar agus bhí sí chomh haerach le mionnán; ní haon ionadh gur thit Breandán i ngrá léi.

Bhí aithne mhór ar a muintir sise i Sligeach – D A (Denis Andrew) Mulcahy, múinteoir adhmadóireachta as Cromadh i gContae Luimnigh agus May Murray, múinteoir tís as Baile Átha Cliath, a phós le linn don bheirt acu a bheith ag múineadh i gContae Laoise. Chuadar go Sligeach, áit ar éirigh leis-sean a bheith ina CEO, agus áit ar bhunaigh sise Feis Shligigh. Ainmníodh dhá chorn i ndiaidh na beirte acu – an May Murray Cup agus an D.A. Mulcahy Cup. Bhí cáil an phoblachtánachais ar an mbeirt acu agus bhíodh triall daoine mar Yeats, Maud Gonne agus An Chuntaois Markievicz ar a dteach cónaithe, 'Oakfield' i Sligeach, áit ar thógadar ceathrar iníonacha i dtimpeallacht a bhí an-liobrálach i saol cúng na linne sin.

Cuireadh an ceathrar iníonacha chuig Clochar na nUrsalach i Sligeach agus cuireadh le hoideachas tríú leibhéal ina dhiaidh sin iad. Cé nach raibh aon Ghaeilge ag na tuismitheoirí bhíodar báúil leis an teanga agus chuireadar na cailíní go Conamara nó go hÁrainn chuile shamhradh. Chuaigh an iníon is sine, Budge (Elizabeth) go hOllscoil na Gaillimhe agus bhí sí ag obair sa Roinn Airgeadais i mBaile Átha Cliath go dtí gur phós sí Helmut Clissman i 1938, agus é in a mhac léinn i gColáiste na Tríonóide. Bhí seisean báúil le gluaiseacht na Poblachta freisin agus cairdiúil le Moss Twomey, Peadar O'Donnell, Seán McBride, George Gilmore agus Frank Ryan; fuair sé bás i 1997.

Chaith an dara hiníon, Máire, seal ag múineadh sa nGairmscoil in Árainn; bhí sí i Sligeach ina dhiaidh sin agus tháinig sí go Baile Átha Cliath i dtús na seascaidí, áit a mbíodh sí go minic i measc craoltóirí as Raidió Éireann agus i gcomhluadar a buancharad, Doiminic Ó Ríordáin. Máire Noone an t-ainm pósta a bhí uirthi ach níor mhair an pósadh i

bhfad. Bhíodh paiste dubh ar leathshúil léi mar gur chaill sí an tsúil i
dtimpiste nuair a bhí sí ina cailín beag. Fuair Máire bás i 1988.

Ba í Maeve an tríú hiníon. Agus an ceathrú hiníon, Déirdre, chuaigh
sí chun na Fraince i 1938 agus phós sí Franz von Hildebrand as Munich
sa nGearmáin. Rugadh iníon dóibh i bPáras, sularbh éigean dóibh
teitheadh ó réimeas Hitler, go Meiriceá Thuaidh ar dtús agus as sin go
Meiriceá Theas. Catherine von Hildebrand ainm na hiníne sin agus
beidh baint mhór aici le scéal Bhreandáin níos deireanaí.

Chaith Breandán agus Maeve Ryan beagnach dhá bhliain le chéile.
Cé go raibh geallúint phósta idir é féin agus triúr ban eile roimhe seo
bhí chuile chosúlacht pósta ar an scéal an uair seo. Chuala mé ráite go
minic é freisin gur thit Breandán i ngrá le seisear clainne Mhaeve, agus
tá a fhios agam go raibh siadsan an-cheanúil ar Bhreandán. Bhí aithne
agamsa orthu i Scoil Lorcáin, bunscoil lán-Ghaeilge ar an gCarraig
Dhubh i ndeisceart Bhaile Átha Cliath, áit a raibh mé ag múineadh ag
an am. Clann an-ghrámhar a bhí iontu agus dúirt Maeve féin liom: '*One
of the links between us was that he really loved my children. Till the day
he died he loved my children.*'

Cosúil le páistí Scoil Lorcáin ar fad bhí Gaeilge mhaith ag clann
Mhaeve. Maidin amháin, le linn shaoire an tsamhraidh, tháinig Déirdre,
a bhí seacht mbliana ag an am, abhaile ó Shéipéal Mhuirfean agus í go
mór trína chéile tar éis dul chuig faoistin. Nuair a thosaigh sí ag
déanamh a faoistine i nGaeilge leis an sagart paróiste stop sé í agus dúirt
sé léi go gcaithfeadh sí Béarla a labhairt. Nuair a dúirt an cailín beag
gur i nGaeilge a bhí sé foghlamtha aici d'fhiafraigh sé di cá raibh sí ar
scoil agus dúirt sí go raibh sí i Scoil Lorcáin. D'fhiafraigh sé di cá raibh
sí ina cónaí agus cérbh é a hathair agus dúirt an cailín beag go raibh a
hathair marbh. D'fhiafraigh sé di cén t-ainm a bhí ar a máthair agus
dúirt sí gur Mrs Ryan, Maeve Ryan, a bhí uirthi. Dúirt sé '*If you are
coming to confession here you must do it in English. Tell your mother
that she should send you to a different school.*' Arsa Maeve:

And Breandán was there when she came in and he put his arms around her
and was so kind to her. And he went to the telephone and rang up
Whitefriar Street and asked for a priest there who could speak Irish. And

he got a taxi and brought her in and saw to it that she could make her confession in Irish. There was tremendous kindness in him, you see. He was very fond of my children and was very involved with them.

Bhí Maeve féin ceanúil ar an nGaeilge agus cé nach raibh sí in ann í a labhairt go líofa bhí sí in ann í a léamh agus a thuiscint. D'imríodh a fear céile rugbaí agus bhí aithne aici ar go leor de lucht an rugbaí ar an gcaoi sin. Bhí Breandán faoin am seo ag leanacht na gcluichí go rialta é féin agus ag tabhairt achoimre i nGaeilge orthu ar Raidió Éireann.

Is cuimhneach le Maeve an spraoi a bhíodh acu ag léamh *Cré na Cille*, í féin agus Breandán:

We would bring down *Cré na Cille* and we would spend evening after evening for ages reading *Cré na Cille* because Breandán read it so that I could understand it. If there was any word I didn't know he would explain. Nobody understood Máirtín Ó Cadhain's Irish like Breandán. I didn't finish work until ten o'clock and we would sit down and we would read *Cré na Cille*; it was like reading the Bible, perhaps, in a Protestant house! It was so deeply satisfying to both of us. He was a great Hemingway fan too. He was mad about Hemingway. He played the melodeon the first time I saw him in Aran and I remember we put a few bob together and bought a melodeon. Whatever happened to the melodeon! We never put barricades on one another. There was a room there for him and he had the key.

Théadh Maeve go minic chuig an Theatre Club i Sráid Ghairdnéir Íochtair agus bhí aithne aici ar go leor de lucht na hamharclainne, daoine a bhíodh ag obair deireanach cosúil léi féin. Chuir sí Breandán agus roinnt dá chairde – Aindreas Ó Gallchóir ina measc – in aithne don dream seo, agus bhíodh go leor de lucht na nuachtán ansin freisin, Ben Kiely, cara mór le Maeve, ina measc, agus Kathleen Cunningham as Contae Thír Eoghain freisin. Bhí Aindreas ag dul amach le Kathleen Cunningham ar feadh tamaill le linn do Bhreandán a bheith in éineacht le Maeve, agus bhí carr ag Kathleen Cunningham leis an gceathrar acu a thabhairt ina rogha áit.

Bhí Maeve ag rá liom, tar éis diabhlaíochta éigin a tharla sa gclub oíche, gur ghlaoigh bainisteoir an chlub uirthi, ag rá léi nach bhféadfadh sí dul isteach ansin arís dá mbeadh roinnt de na cairde sin léi. Smaoinigh Breandán ar an mallacht ba mheasa dá bhféadfadh sé a chur ar an bhfear a ghlaoigh: 'Nár thé léine do bháis thar d'imleacán!' – díreach amach as *Cré na Cille*. Mhúin sé an mhallacht do Mhaeve le rá leis an mbainisteoir ar an bhfón, rud a rinne. Mar a tharla sé, dhún an Theatre Club go gairid ina dhiaidh sin agus dúirt siad ar fad gur oibrigh an mhallacht! Tá sí de ghlanmheabhair ag Maeve ó shin!

Bhí aithne mhaith ar Mhaeve i nGroome's Hotel ach deir sí nach dtagadh Breandán go Groome's leo – '*Breandán was not a Groome's person.*' Ach théadh sé chuig an Arts Club léi agus chuir sí in aithne do mhórán daoine ansin é:

> I brought Breandán into a wonderworld and he always knew it. In a way he learned love, not just only sharing. He did not have love. Breandán was a sharer. He shared everything in life. But till the day he died he would not wear a bow tie and dinner jacket! Breandán would not do it!

Scaip an scéal ar fud Bhaile Átha Cliath i 1956 go raibh Breandán Ó hEithir ag dul ag pósadh Mhaeve Ryan, baintreach a raibh seisear clainne uirthi. Chuala Liam Ó Flatharta an scéal agus chuir sé scéala siar go hÁrainn chuig a dheirfiúr, Delia, máthair Bhreandáin, ag iarraidh uirthi rud éigin a dhéanamh le nach rachadh an scéal níos faide. Tháinig an scéal ar ais chuig Maeve agus bhí 'an chloch sa mhuinchille' aici do Liam Ó Flatharta. Fuair sí a cuid féin ar ais air go gairid ina dhiaidh sin. Théadh Maeve agus a cara, Kathleen Cunningham, chuig na Rásaí Capall ar an gCurrach corr-Shatharn; bhí deartháireacha ag Kathleen Cunningham a thugadh pas isteach saor in aisce dóibh. Casadh Michael Noyek orthu, an dlíodóir Giúdach a chosain Ernie O'Malley agus fear a bhí an-chineálta le Maeve nuair a maraíodh Billy Ryan. D'iarr Noyek isteach i gcomhair seaimpéin iad tar éis an rása agus bhí beirt fhear eile sa gcomhluadar, Liam Ó Flatharta ar dhuine acu. D'aithin Maeve an Flathartach láithreach ach lig sí uirthi féin nár aithin, le teann bearráin air. An fear eile a bhí in éineacht leis, Patrick Kirwan, bhí sé ag scríobh scripteanna scannán i gcomhair Ardmore Studios ag an am agus bhí sé ag fanacht i gceann de na hárasáin i dteach Mhaeve ar Bhóthar Ailesbury. Ní raibh aithne shúl fiú amháin ag Maeve air agus rinne siad uilig gáire nuair ab éigean Kirwan a chur in aithne dá *landlady*. Ní raibh a fhios ag Ó Flatharta gurbh í Maeve an bhaintreach a bhí mór le Breandán. Nuair a dúirt Michael Noyek, 'You know Liam O'Flaherty?' dúirt Maeve 'What is the name again? Oh! I think I've heard of you!' nó freagra giorraisc éigin mar sin, ar bhain sí an-sásamh as. Ach ba é deireadh an scéil gur éirigh sí féin agus an Flathartach cairdiúil go maith le chéile agus go dtéadh Ó Flatharta, Patrick Kirwan agus í féin ag ithe béile le chéile go minic i mbialann cháiliúil *Jammet* go ceann blianta fada ina dhiaidh sin.

Chuir Breandán scéala chuig a dhlúthchairde go raibh sé ag dul ag pósadh. I Londain Shasana a bhí a sheanchara, Jim O'Halloran, ag an am:

> I got a letter from him to say that he was going to get married to this woman, and then as an aside 'she is a widow with six children.' Jesus Christ! I thought he had taken leave of his senses. I sent him five pounds to come to England immediately and get away from her. 'Come over and talk about it' I said to him. Of course he told Maeve, and he did not give me back my five pounds either! And then I was finally enticed across to meet this woman. That is how I first met Maeve and we have been great pals ever since.

Bhuaileadh Declan Brennan le Breandán i rith an ama seo agus thugadh sé aire do chlann Mhaeve ó am go chéile nuair a bhíodh Breandán agus í féin imithe amach ag ól, ach níor phléigh sé an scéal le Breandán riamh: 'Níl a fhios agam aon duine a mbeadh sé de mhisneach aige labhairt le Breandán faoi rud pearsanta mar sin.'

I gCathair na Mart a bhí Tomás Mac Gabhann ag obair nuair a fuair sé litir ó Bhreandán, ag rá gur theastaigh uaidh labhairt leis an chéad uair eile a mbeadh sé i mBaile Átha Cliath. Seachtain nó coicís ina dhiaidh sin bhí Tomás sa bpríomhchathair ag bualadh le stiúrthóirí *Inniu* agus rinne sé coinne bualadh le Breandán sa Wicklow Hotel:

> Chuaigh muid síos chuig na *jacks* agus dúirt sé 'Tá mé ag dul ag pósadh.' 'Chuala mé an scéal sin cheana,' a dúirt mise. 'Ach tá sé fíor,' a dúirt Breandán. 'Cé hí féin?' a deirimse. 'Baintreach a bhfuil seisear páistí aici,'

a dúirt sé. 'A going concern!' a deirimse go magúil, '*business* atá ceannaithe
agat!' Bhíodh an-chraic mar sin eadrainn. 'Ba mhaith liom go mbuailfeá
léi,' a dúirt Breandán, agus é an-dáiríre. 'Caithfidh mé *vetting* a dhéanamh
uirthi mar sin,' a deirimse. Ní raibh ólta againn ach deoch amháin nuair a
tháinig sí isteach agus d'ól muid deoch eile agus d'ith muid béile agus
b'iontach an chraic í Maeve. Bhí sí óg. Bhí sí dathúil. Nuair a d'imigh sí
bhí Breandán ag dul ar ais chuig an *Irish Press* agus bhí mise ag bualadh
bóthair siar go Cathair na Mart. 'Céard a cheapann tú?' a dúirt sé. 'Níor
mhiste liom féin,' arsa mise, 'tuigim do ghnó anois, ceart go leor!' Bhí mise
ag gáirí ach bhí Breandán an-dáiríre. Ní raibh aon mhagadh i gceist. Bhí
sé ag dul ag pósadh. Bhí! Sin sular tháinig mise ar ais go buan as Cathair
na Mart i 1957. Bhí Breandán ag obair san *Irish Press* ag an am.

Níl aon tagairt déanta ag Breandán do na cúrsaí seo, ná do mhórán
eile dá shaol pearsanta, in *Over the Bar,* cé go bhfuil cur síos maith
déanta aige ar chúrsaí *Scéala Éireann* (an *Irish Press* nach maireann) a
mbeidh mé ag trácht orthu ar ball:

> After a period as a freelance jack-of-all-trades around the town, I was
> eventually appointed Irish Editor of Irish Press Newspapers and was to
> begin my duties in the first week of January 1957. It was a pleasure to go
> home for Christmas bearing good news and able to give a definite answer
> to those who asked me if I was leaving at any particular time. My father,
> who greatly approved of this departure, was as happy as I was myself but
> my mother was not terribly impressed.[1]

Má bhí an t-athair sásta leis an bpost nua a bhí faighte ag a mhac, ní
róshásta a bhí sé féin ná an mháthair nuair a chuala siad go raibh
Breandán ag dul ag pósadh baintrí a bhí trí bliana déag níos sine ná é.
Nuair a mheabhraigh Breandán dá athair i litir gur phós sé féin bean a
bhí blianta níos sine ná é mheabhraigh an t-athair dósan i litir eile nach
raibh an bhean a phós sé pósta cheana agus nach raibh seisear clainne
uirthi. Ba scéal mór é ag an am i mBaile Átha Cliath agus in Árainn, go
háirithe anois ó bhí Breandán tosaithe ar a cholún rialta 'Tús a' Phota'
sa *Sunday Press* agus aithne dá réir sin air.

Ní fear mór sagart a bhí i mBreandán riamh ach mhair an seanchairdeas i gcónaí leis an Athair Pádraig Ó Laoi i nGaillimh. Bhuail sé isteach chuig an Athair Ó Laoi i gColáiste Éinde oíche amháin timpeall an ama seo:

Bhí braon ólta aige ach ní mórán é. D'inis sé dom go raibh sé ag dul ag pósadh. Baintreach a raibh seisear clainne aici. 'Ní theastaíonn uait ach dul isteach sa leaba léi,' a dúirt mé leis. 'Ach tuigeann sí mé,' a dúirt sé. 'Ní thuigeann tusa thú féin,' a dúirt mise leis. Nuair a bhí sé ag fágáil slán agam chuaigh mé ar mo ghlúine ag iarraidh air gan í a phósadh. D'imigh sé leis. Shuigh mé síos láithreach agus scríobh mé litir fhada chuige ag míniú dó cén fáth nár cheart dó í a phósadh. Cúpla mí ina dhiaidh sin fuair mé glaoch teileafóin ag iarraidh orm bualadh leis sa Skeffington Hotel. Bhí bean in éineacht leis. Chuaigh mise síos ann agus mé ag súil le bualadh leis an mbaintreach, ach is cailín óg, Catherine, a bhí ina chomhluadar. Bhí comhrá agus deoch againn sa Skeff. agus bhí sé an-sásta leis féin, cosúil leis an gcat a bheadh tar éis luchóg a mharú!

I Márta na bliana 1957 tháinig Catherine von Hildebrand, iníon deirfíre le Maeve Ryan, go Baile Átha Cliath as Meiriceá Theas chun cúpla bliain a chaitheamh lena haintín eile, Budge Clissman, a raibh cónaí uirthi ar Bhóthar Mhuirfean in aice le Droichead na Dothra, agus chun cúrsa ollscoile a dhéanamh. Seacht mbliana déag go leith a bhí Catherine, an iníon úd a rugadh i bPáras i 1939 do Dhéirdre Mulcahy as Sligeach agus do Franz von Hildebrand as an nGearmáin. Nuair a fuair seanathair Chatherine, athair Franz von Hildebrand, bás i Nua-Eabhrac i 1977, bhí an cuntas seo a leanas faoi i gceann de nuachtáin Mheiriceá:

Dietrich von Hildebrand Dead; Author, Philosopher Was 87
Dietrich von Hildebrand, professor-emeritus of Philosophy at Fordham University and author of many books on religion and philosophy, died at his home last week in New Rochelle. He was 87 years old.
Born in Florence, Italy in 1889, the son of sculptor Adolf von Hildebrand, he became a convert to Catholicism at age 26. His book 'Transformation in Christ' won the Catholic Book Award in 1949. His most successful book,

which treated the question of purity and the nature of consecrated virginity, was translated into all major European languages, appearing in English as 'In Defence of Purity'.

Von Hildebrand began his philosophical career studying under Edmund Husserl, Max Scheler and Adolf Reinach in Germany. The phenomenological movement started by these men eventually divided into factions. What came to be known as 'Munich Phenomenology' centred around von Hildebrand and his disciples, some 30 of whom are now professors of philosophy, many of them in the United States.

Von Hildebrand was professor of Philosophy at the Universtity of Munich when Hitler came to power in 1933. Instead of being silent over Nazism, or even extolling it – as some very famous professors proceeded to do – he went at once to Austria where he edited a journal trying to alert the world to the evils of Nazism. When Austria itself fell, he escaped to France, pursued by the Gestapo. And from France he just managed to escape to America, with the help of Jacques Maritain.

In 1967 he interrupted a long line of philosophical books and wrote 'Trojan Horse in the City of God', analyzing what he considered to be the chief errors and erroneous trends in certain Church circles following Vatican Council II. This was followed by two other books exploring the question still further. For several years he contributed almost a weekly column in 'The Wanderer' dealing with aspects of the Catholic crisis.

He was a friend of many notable figures, including the conductor Wilhelm Furtwaengler and Pope Pius XII whom he came to know very well when the latter was Nuncio in Munich.

In 1968 von Hildebrand began his Roman Forum lecture series, mostly at Fordham University. Failing health caused him to curtail his speaking but not his writing during the last two years of his life.

He is survived by a son, Franz, and by his wife, Alice von Hildebrand, who is Professor at Hunter College in New York.'

Ar eitleán a tháinig Catherine as Bogotá go Nua-Eabhrac i Márta 1957, áit ar chaith sí deich lá lena seanathair Dietrich von Hildebrand a bhfuil trácht air thuas, agus lena chéad bhean Margheretta; ba í Alice an dara bean. D'fhág Catherine Nua-Eabhrac ar ghaltán Gréagach ar an dara lá fichead de Mhárta agus shroich sí Cóbh Chorcaí seachtain ina dhiaidh sin. Ina haonar a thaistil sí. Tar éis lóistín na hoíche a fháil di féin i gCóbh rinne sí a bealach go Corcaigh an mhaidin dár gcionn agus fuair sí an traein go Baile Átha Cliath:

I got to Dublin, Kingsbridge, Heuston Station now, on the 30th of March. I met Budge and Uncle Helmut. It was all rather awkward. They knew I was seventeen and a half but they didn't expect a young *woman* to get off the train. I was wearing stockings and high heels and make-up and a suit and a hat. To me, I was perfectly normally dressed but they didn't know what to make of this. In 1957 in Ireland a seventeen year old girl was a schoolgirl. Dieter Clissman, my cousin, was three months older than me and he was still in school. I went to Budge's and on the first of April she decided to have a little party to introduce me to the family. I don't know which of us was more bewildered, Budge or myself, as to what role either of us was playing.

Bhailigh gaolta agus cairde isteach chuig an gcóisir, ina measc Maeve Ryan agus Breandán. Bhí cloiste ag Catherine sular fhág sí an baile go raibh Maeve geallta le fear óg a raibh Breandán Ó hEithir air agus bhí sé ráite léi faire amach dó agus scéala a thabhairt dóibh faoi. Is cuimhneach léi go raibh braon maith ólta ag Breandán ach níor rith sé léi ar chor ar bith, a dúirt sí, go raibh Breandán i bhfad ní b'óige ná Maeve. Bhí sé i gceist go ndéanfadh Catherine an Scrúdú Máithreánach i mí an Mheithimh agus fritheadh teagascóir di. Bhí sí ag cur eolais ar Bhaile Átha Cliath agus ar Éireannaigh de réir a chéile ach ba é an deacracht ba mhó a bhí aici gur breathnaíodh uirthi mar chailín scoile nuair a bhreathnaigh sí féin uirthi féin mar bhean óg. Tar éis an tsaoil bhí dhá bhliain caite aici ag obair mar threoraí, mar bhean teanga agus mar aisteoir teilifíse le linn di a bheith fós ar mheánscoil i mBogotá. Bhí Maeve go maith di, á tabhairt chuig drámaí agus chuig cóisirí. Thagadh Breandán thart ó am go chéile, bhailíodh sé gach a bhféadfadh sé de na col ceatharacha agus thugadh sé leis chuig cluiche peile nó iomána iad:

Then he turned up on the first of June. I was in bed, as it was a Saturday morning and there were no classes. The housekeeper came upstairs and said

Mr Ó hEithir was downstairs to see me. I got up and got dressed and I said to myself 'What have I done wrong now?' Because very often when I had done the wrong thing Breandán was the one who was sent to scold me and explain things. He invited me out for coffee. I asked 'Where is Maeve?' and he said she was in bed. He said he wanted to go into Bewley's for coffee, so I went into Bewley's with him on the bus from Merrion Road. We had coffee, and getting on to midday he asked me if I had ever been to Howth. I said I didn't know where Howth was. So he said he would show me Howth and that we would have lunch. I rang Budge to say that I would not be home for lunch and that Breandán was going to buy me lunch. Budge didn't sound all that happy and I thought she was being a bit silly. So we went out to Howth and we sat on the Hill of Howth and we looked out over the bay. And he asked me would I marry him. And I said 'yes.'

Nuair a d'inis Breandán do Mhaeve é cúig lá ina dhiaidh sin, thit an t-aer ar an talamh. Ghlaoigh Maeve ar Bhudge agus stop na gaolta ar fad, idir óg agus aosta, ag caint le Catherine. B'éigean do Chatherine scríobh go Páras ag iarraidh a teastais breithe agus scríobh go Bogotá ag iarraidh litreacha saoirse pósta. Nuair a fuair an sagart paróiste i mBogotá an t-iarratas ar litreacha saoirse pósta, labhair sé láithreach le tuismitheoirí Chatherine. Bhagair a hathair go séanfadh sé ar fad í mura n-éireodh sí as an tseafóid seo, ach ní ghéillfeadh Catherine. Bhí deacracht ansin ann a chur ina luí ar an sagart paróiste i nDomhnach Broc iad a phósadh gan cead a tuismitheoirí.

Chuir Breandán glaoch ar a sheanchara, Tomás Mac Gabhann, a bhí ar ais i mBaile Átha Cliath as Cathair na Mart, agus rinne sé coinne bualadh leis i mbialann Clery's an tráthnóna sin. Nuair a chuaigh Tomás isteach bhí an bhean óg seo in éineacht le Breandán agus cuireadh Catherine agus Tomás in aithne dá chéile. Cúpla mí roimhe sin a cuireadh in aithne do Mhaeve Ryan é sa Wicklow Hotel. D'inis Breandán do Thomás go raibh sé féin agus Catherine ag dul ag pósadh, agus nuair a fuair Tomás seans fiafraí de céard a tharla don bhean eile, dúirt Breandán gurbh fhearr an scéal sin a fhágáil marbh. Óladh deoch ar an ócáid sa Silver Swan agus chuaigh Breandán isteach ag obair san *Irish Press* in aice láimhe.

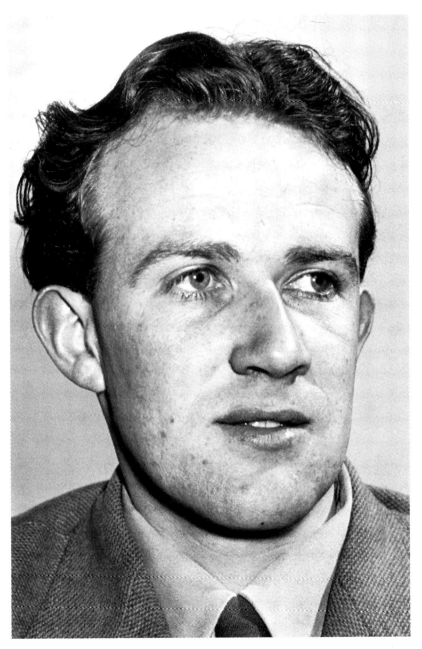

Breandán ina fhear óg.

Rang Bhreandáin i gColáiste Éinde, 1948

Chun tosaigh: Seán P. Ó Gallchobhair, Aindreas Ó Gallchobhair, Seosamh Mac Suibhne, Seán Mac Fhloinn, Seán Mac Íomhair, Peadar Ó Luain, Pádraig Ó Conghaile.

Ar gcúl: Pádraig Ó Gallchobhair, Cionnaith Mac Suibhne, Mícheál Mac Mathghamhna, Éamonn Mac Giolla Chomhghaill, Liam de Búrca, Máirtín Mac Stiofáin, Feardorcha Mac a' Bháird, Mártan Mac Domhnaill, Breandán Ó hEithir. (Le caoinchead ó Aindreas Ó Gallchóir)

Ar Fhoireann Peile Choláiste Éinde i 1947

Chun tosaigh: Máirtín Mac Stiofáin, Domhnall Ó Cuinneagáin, Seosamh Mac Suibhne, Máirtín Mac Domhnaill (Captaen), Seán P. Ó Gallchobhair, Tomás Ó Fiacháin, Peadar Ó Luain.

Ar gcúl: Déaglán Ó Braonáin, Cionnaith Mac Suibhne, Seán Mac Íomhair, Micheál Mac Mathghamhna, **Breandán Ó hEithir**, Colm Ó Catháin, Seán Mac Fhloinn, Breandán Mac Giolla Mhuire, Pádraig Ó Gallchobhair, Feardorcha Mac a' Bháird, Aubrey de Vere, Tomás Ó Durcáin.

(Le caoinchead ó Sheán Mac Íomhair)

Tomás Mac Gabhann agus Breandán, leis 'an tseanveain'
agus 'an veain óg'.

Breandán agus 'an veain óg'.

Breandán agus a dheartháir, Éanna.

Bainis Bhreandáin agus Chatherine, 16ú Lúnasa 1957, thíos staighre sa Monument Café, Sráid Ghrafton

Ar gcúl: Éanna Ó hEithir, Breandán agus Catherine, Máirín Ní Eithir agus (ina shuí) Pádraig Ó hEithir.

Ina suí ag an mbord, ó chlé: Seán Ó Murchú, Éamonn Ó Tuathaill, Riobard Mac Góráin Aindreas Ó Gallchóir, Mairéad Ní Eithir, Tomás Mac Gabhann agus Treasa Mhic Gabhann.

Breandán agus Catherine, 1958.

Ar Bhainis Dhéagláin Uí Bhraonáin, san Grand Hotel, Mullach Íde, Co. Bhaile Átha Cliath, ar an 14ú Iúil 1958
Ó chlé: Seán Mac Íomhair, Déaglán Ó Braonáin, Wiezek Tempowski agus Breandán Ó hEithir. Ba é Breandán a sheas le Declan.

Catherine agus Breandán, lena gcéadmhac, Ruairí.

Breandán agus a mhac, Ruairí, in Árainn.

Breandán agus Louis Marcus, in Árainn.

Breandán i Freiburg-im-Breisgau i 1963.

I Staufen na hIar-Ghearmáine i 1964, lena chomhscoláirí.

Catherine agus Rónán

Rónán, Máirín agus Aindriú (pictiúr scoile)

Ruairí, an mac is sine.

Máirín, an dara duine.

Brian, an tríú duine, a rugadh sa nGearmáin.

Aindriú, an ceathrú duine clainne.

Ba faoiseamh mór do mhuintir Bhreandáin in Árainn, agus don sagart paróiste, an tAthair Varley, a chloisteáil go raibh Breandán ag dul ag pósadh Chatherine, agus nuair a dúirt athair Bhreandáin leis nach raibh an bhean nua seo ach ocht mbliana déag dúirt an sagart paróiste 'Is cuma cén aois í. Tá sí sách sean!' Chuir sé litir i nGaeilge chuig sagart paróiste Dhomhnach Broc, ag rá go raibh cead pósta ag Breandán, ach dúirt fear Dhomhnach Broc le Breandán '*I don't read Irish.*' Chuir Breandán ina luí air glacadh leis an litir Ghaeilge mar gur fear uafásach cantalach a bhí i sagart Árann agus nach gcloisfeadh sé a dheireadh go deo dá n-éileodh sé litir Bhéarla. '*Is he one of these people?*' a dúirt Sagart Dhomhnach Broc agus ghlac sé leis an litir Ghaeilge. D'fhiafraigh sé de Bhreandán cén tslí bheatha a bhí aige agus nuair a dúirt Breandán gur iriseoir a bhí ann, dúirt an sagart, '*It is a poor way of making a living.*' Chuala mé leaganacha éagsúla den fhreagra a thug Breandán air, ach is é an ceann is fearr a thaitníonn liom: '*We can't all be parish priests!*'

Tháinig Tomás Mac Gabhann ar ais as Muineachán tráthnóna amháin agus bhí cúpla scéala fágtha dó sa teach ósta a thaithíodh sé, glaoch go práinneach ar 'your friend in the *Irish Press*'. Chuir Tomás glaoch ar *Scéala Éireann* agus dúradh leis 'Breandán *has gone on holidays today.*' Ní raibh a fhios ag Tomás céard a bhí ag tarlú. D'éirigh leis teacht ar Bhreandán an oíche sin agus dúirt Breandán leis go raibh sé ag dul ag pósadh dhá lá ina dhiaidh sin agus go raibh an t-uafás rudaí le socrú aige. Bhí carr ag Tomás agus thóg sé an lá arna mhárach saor. Tháinig deartháir Bhreandáin, Éanna, a bhí le seasamh le Breandán, aniar ar an traein as Gaillimh agus b'éigean é a bhailiú ón stáisiún. Tháinig deirfiúr Bhreandáin, Máirín, ar thraein eile agus b'éigean ise a bhailiú. B'éigean dóibh dul amach an taobh ó thuaidh den chathair ag iarraidh teacht ar chol ceathar le Breandán, lena iarraidh chuig an mbainis, ach bhí sé imithe ar saoire. Tomás a bhí ag déanamh na tiomána go léir agus tá cuimhne mhaith aige ar an lá agus údar aige:

Bhí muid ag dul síos Sráid Ghrafton, thart ar an dó a chlog san iarnóin, nuair a dúirt Breandán: 'Tá rud amháin le déanamh agam agus tá mé focain scanraithe roimhe; caithfidh mé dul chuig faoistin.' 'Tá tú san áit cheart anois,' arsa mise agus chuaigh muid isteach go Sráid Chlarendon. Isteach agus amach. Bhí an-ghiúmar go deo ar Bhreandán ina dhiaidh sin. Níorbh é an duine céanna ar chor ar bith é. Shiúil muid trasna na sráide agus síos go Sráid Nassau ag iarraidh rud éigin agus cé chasfaí ansin orainn ach Éamonn Ó Tuathail as Árainn. Thug Breandán cuireadh chun na bainise dó an mhaidin dár gcionn ach ní chreidfeadh Éamonn ar dtús é go dtí gur mhínigh mise dó go raibh sé ag pósadh Chatherine.

Casadh Riobard Mac Góráin orthu, a bhí ina eagarthóir ar *Comhar* ag an am, agus fuair sé cuireadh chuig an mbainis. Ba é Riobard a d'iarr ar Bhreandán dul ag scríobh 'An Chaint sa tSráidbhaile' in *Comhar*. I gcolún na míosa roimhe sin, Iúil 1957, bhí an píosa seo a leanas ag Breandán faoi chuairt a thug sé go gairid roimhe sin ar Bhinn Éadair. Tá an píosa atá idir lúibíní aige spéisiúil:

Fuaireas marcaíocht ó chara go mullach Bhinn Éadair agus chaith mé lá pléisiúrtha ann – sínte sa bhfraoch os cionn na farraige ag meabhrú iontaisí an nádúir. (Nach mór a bhaineann sé dhuit! Má bhí féin an gceapann tú go n-inseoinn duitse é?)[2]

Casadh a sheanchomrádaí meánscoile, Aindreas Ó Gallchóir, agus a chomhlóistéir, Seán Ó Murchú as Raidió Éireann, orthu ag amanna éagsúla i rith an lae agus fuair siadsan freisin cuireadh chuig an bpósadh an mhaidin dár gcionn. Casadh Éamon Kelly, 'An Seanchaí', orthu agus nuair a dúirt Breandán leis go raibh sé ag pósadh an lá dár gcionn rinne sé gáire agus níor thug sé aird ar bith air. Is tráthnóna lá arna mhárach, nuair a chonaic sé Seán Ó Murchú ag teacht isteach go Raidió Éireann agus gan cos faoi, agus nuair a dúirt sé go raibh sé ar bhainis Bhreandáin Uí Eithir, a thuig Éamon go raibh Breandán dáiríre.

Chuaigh Breandán agus Tomás chuig an Monument Cafe i Sráid Ghrafton, áit a raibh aithne mhaith ar an mbeirt acu, agus socraíodh go mbeadh bricfeasta an phósta thíos staighre ansin. Bhíodh tarraingt go leor de lucht na Gaeilge ar an Monument Cafe agus ó d'aistrigh Gael Linn isteach ina gceannáras nua trasna an bhóthair ag barr Shráid Ghrafton bhíodh dhá bhord sa Monument nach labhraítí tada ach Gaeilge acu.

Thart ar am dúnta siopaí smaoinigh Breandán nach raibh aon cháca
pósta faighte. Ar ais leo chuig an Monument agus dúirt Kathleen, bean
ghnaíúil a bhí san oifig ansin, go mbreathnódh sise i ndiaidh an cháca.
Nuair a chuaigh Breandán ag déanamh na socruithe deireanacha leis an
sagart paróiste i nDomhnach Broc fuair sé amach, tar éis a chuid
trioblóide go léir, go raibh sé tar éis dearmad a dhéanamh i Sráid
Chlarendon ar an gcárta faoistine lena chruthú go raibh sé ag faoistin.
Ní raibh aon leigheas air ach dul ar ais isteach arís an athuair agus an
nihil obstat deireanach seo a fháil.

Dé hAoine, an séú lá déag de Lúnasa 1957, ag a naoi a chlog ar
maidin, pósadh Breandán Ó hEithir agus Catherine von Hildebrand i
Séipéal Dhomhnach Broc. Is í deirfiúr Bhreandáin, Máirín Ní Eithir, a
sheas le Catherine agus is é a dheartháir, Éanna, a sheas le Breandán.
An tráthnóna roimhe sin a fuair athair Bhreandáin scéala faoin mbainis
le linn dó a bheith ag múineadh ar chúrsa Gaeilge i gCarraig an
Chabhaltaigh i gContae an Chláir. Tháinig sé go Baile Átha Cliath ar a
ghluaisrothar agus bhí sé i nDomhnach Broc in am don phósadh. Bhí
Mairéad Ní Eithir, an duine is óige den chlann ann; bhí an
Ardteistiméireacht díreach déanta aici agus í ag fanacht le dul chuig an
ollscoil agus ní mórán suime a chuir sí i mbainis Bhreandáin. Bhí
muintir Uí Eithir ar fad ann ach an mháthair agus ní raibh duine ar bith
de mhuintir Chatherine ann.

Seisear de chairde Bhreandáin a bhí ar an mbainis: Tomás Mac
Gabhann agus a bhean Treasa, Aindreas Ó Gallchóir, Riobard Mac
Góráin, Éamonn Ó Tuathail agus Seán Ó Murchú. Ní raibh aon chead
ag Caitlicigh feoil a ithe ar an Aoine an t-am sin agus bradán a bhí le
bricfeasta an phósta. Breandán a d'íoc an bille, agus cúig phunt a d'iarr
an sagart air as iad a phósadh. Fuair Breandán a chuid airgid saoire dhá
lá roimhe sin ó *Scéala Éireann* agus is cuimhneach le Catherine gur £50
a bhí fágtha aici féin an lá ar phós sí. Bhí árasán faighte ag Breandán
dóibh in uimhir 20 Bóthar na hArdpháirce i Ráth Garbh; bhí sé roimhe
sin in árasán le Seán Ó Murchú trasna ón Kilronan Guesthouse ar
Bhóthar Adelaide. Tar éis an bhricfeasta bhí an comhluadar róbheag le
go ndéanfadh sé lá mór óil agus scaip an chuideachta luath go maith sa
lá.

Chuaigh Breandán agus Catherine ar eitleán go Londain ar mhí na meala agus chaitheadar deich lá nó mar sin in óstán an Strand Palace. Níl cuimhne rómhaith ag Catherine air mar chaith sí an chuid ba mhó den am ar an leaba le fliú. Níor thuig sí focal de Bhéarla Londan ach bhí bialann mhaith i Notting Hill a dtéidís ann:

I was confused – what the hell had I got myself into? – and I felt that Breandán was more confused than I was. I felt sorry for Breandán often during the first years of our marriage. In Breandán's case life was going along fine when suddenly he woke up one morning and discovered he was married and it took him a long time to get over the shock. I married him knowing we'd have six or seven years of fighting – and we did – till we wore the corners off each other. To me it accounted for his drinking. He drank very heavily during the first years of marriage. He was terrified. He did not know what he got himself into. It happened overnight in spite of the fact that it had been his idea from the start. He drank very heavily when we were in Highfield Road. He would disappear – and then he would arrive home from parties scratched and bruised, not from fighting but from climbing over walls. He would wander off to find himself in somebody's garden and then would try to climb over the wall. He lost scarves and gloves and would have no recollection of where he had been. It happened often enough to scare me. He calmed down once Ruairí was born.

Nótaí

1   *Over the Bar:* 163-4

2   *An Chaint sa tSráidbhaile:* 30

7. Comhar

Caithfidh an scríbhneoir Gaeilge a bheith buartha faoi Ghluaiseacht na Gaeilge. Má theipeann ar Ghluaiseacht na Gaeilge tá sé chomh maith aige iompú ar an mBéarla mar mheán scríbhneoireachta, sin nó dul le táilliúireacht, le múinteoireacht, nó (fearacht cuid mhaith) le fimínteacht.[1]

Bhí Riobard Mac Góráin ina Eagarthóir ar iris mhíosúil an Chomhchaidrimh *Comhar* ón mbliain 1952. Bhíodh clár Gaeilge aige ar Raidió Éireann ag an am, 'Cuairt na Cathrach', bunaithe ar cholún a bhíodh aige roimhe sin in *Comhar* agus chastaí col ceathar le Breandán air, Pádraig Ó Conceanainn as Árainn, a bhíodh ag obair go páirtaimseartha ar an Nuacht Ghaeilge i Raidió Éireann. Is trí Phádraig a chuir sé aithne ar Bhreandán. Choinnigh Riobard suas eagarthóireacht *Comhar* nuair a ceapadh ina Bhainisteoir lánaimseartha ar Ghael Linn é i 1953, rud a d'fhág ualach mór oibre air. Labhair sé le Breandán, ag féachaint an scríobhfadh sé píosa don iris ach níor léir dó go raibh fonn chomh mór sin ar Bhreandán ar dtús:

> Nuair a d'iarrainn air píosa a scríobh deireadh sé go scríobhfadh sé rud éigin uair éigin. Níos déanaí, thuigeas go raibh fonn air a bheith ina scríbhneoir, cosúil lena uncail, ach ní raibh sé ag dul timpeall ag déanamh gaisce gur nia le Liam Ó Flatharta a bhí ann. Ní raibh aon rud poimpéiseach mar sin ag baint leis. A mhalairt ar fad go deimhin; bhí sé cineál seachantach agus cúthail faoi, cé gur tuigeadh dom níos deireanaí nach raibh aon dabht ann ach go raibh sé ina aigne i gcónaí a bheith ina scríbhneoir. Ach chuaigh sé dian go leor orm é a chur ag scríobh do *Comhar* ar dtús.

'An Chaint sa tSráidbhaile' an teideal a bhí ar cholún a bhíodh ag an am sin in *Comhar* ag an bhfile, Val Iremonger, a bhí ag obair leis an Roinn Gnóthaí Eachtracha ach b'éigean dósan éirí as nuair a cuireadh thar lear mar Ambasadóir é. Nuair a thóg Breandán a áit d'úsáid sé an

t-ainm cleite *Conchubhar* ach choinnigh sé an seanteideal a bhí ag
Iremonger ar an gcolún. Rinne Iremonger clamhsán faoi seo ach fágadh
an teideal gan athrú. Thagair Breandán féin don scéal seo i gcolún dar
teideal 'Idir Dhá Chathair' in *Combar* an bhliain sular cailleadh é:

An Comhchaidreamh an eagraíocht náisiúnta a bhí ina máistreás ormsa le
linn dom a bheith i m'eagarthóir ar an iris seo mé féin. Ach níorbh é seo
tús galair seo na colúnóireachta. Thosaigh sin tamall sular éirigh Val
Iremonger as a bheith ag scríobh colúin san iris seo. 'An Chaint sa
tSráidbhaile' a thugadh sé air agus 'An Strainséir' an t-ainm pinn a bhí ag
an bhfile. Tar éis domsa dul ina áit, faoin ainm cleite thuasluaite, fuaireas
litir fheargach ón Iremongerach (a bhí ina Ambasadóir san Ind san am) ag
ithe agus ag gearradh orm faoina cholún a fhuadach agus ag ordú dom an
teideal d'athrú. Chuireas an t-iarratas seo i gcead an eagarthóra, Breandán
Ó hEithir, agus d'ordaigh seisean dom leanacht orm agus caighdeán an Ré
Iremongerach d'ardú, má bhí sin ar mo chumas. Tar éis tamaill bhí a fhios
ag an gcuid is mó de chait an bhaile cérbh é *Conchubhar* . . .[2]

Is in uimhir 44 Sráid Chill Dara a bhí oifig Ghael Linn agus *Combar*
nuair a thosaigh Breandán ag scríobh don iris ach d'aistrigh Gael Linn
chuig oifigí nua ag barr Shráid Ghrafton i 1958. Deir Breandán faoin
tseanoifig i Sráid Chill Dara:

Níl de chuimhne agam ar an áit anois ach an oifig thosaigh mar a mbíodh
Proinsias Mac Aonghusa, Breandán Mac Lua agus Tom Gardiner ina suí ag
tógáil isteach leabhair Ghael Linn. Tá seo aisteach mar go bhfuil cuimhne
mhaith agam ar a bheith ag ól deireanach san oíche in Power's Hotel béal
dorais.[3]

Ón gcéad cholún in Eanáir 1956 ba léir go raibh rud le rá ag Ó hEithir
agus go raibh an misneach agus an neamhspleáchas ann é a rá amach,
gan fuacht ná faitíos:

Dá mhéad cainte a dhéantar faoi fhás (agus forbairt!) litríocht na Gaeilge is
mó m'amhras gur bolgáin uisce cuid mhór di. Is fada an bóthar atá le siúl

sula ndeimhneofar gur i nGaeilge a scríobhfar litríocht na tíre seo. Is í an fhírinne shearbh gur i mBéarla a scríobhfas duine ar bith sa tír seo a cheapas go bhfuil earra fónta le reic aige. Ní cúiseanna airgid amháin is ciontach leis seo. Tá ceist pobail ann agus ceist léirmheastóireachta . . .[4]

Tagairt atá ansin, sílim, don léirmheastóireacht ghéar a rinneadh ar *Dúil*, an t-aon leabhar Gaeilge a scríobh Liam Ó Flatharta, agus a thug air an t-úrscéal Gaeilge a bhí tosaithe aige a chur i leataobh go deo. Theagmhódh an léirmheastóireacht ghéar chéanna le Breandán freisin nuair a thiocfadh a dhara úrscéal *Sionnach Ar Mo Dhuán* amach i 1988.

Bhí stíl scéaltach ag Breandán ón tús agus ba dheacair gan suntas a thabhairt freisin don Ghaeilge ghonta, nádúrtha a scríobh sé, mar a bheadh sé ag comhrá leat ón leathanach. Tráth ar scríobh sé a chéad alt in *Comhar* i 1956 bhí an eagraíocht 'Muintir na Gaeltachta' ar tí an nuachtán nua Gaeilge *Amárach* a thabhairt amach:

Níl aon amhras nach bhfuil géarghá le páipéar don Ghaeltacht mura ndéanfadh sé ach imeachtaí na gcúirteanna a chur ar fáil sa teanga inar tharla siad. Tharla dom féin a bheith os comhair cúirte i nGaillimh tá scaitheamh ó shin i ngeall ar thimpiste bóthair. I nGaeilge a glaodh an cás, léigh Garda mo ráiteas i nGaeilge, thug mise fianaise i nGaeilge agus cheistigh ceannfort na nGardaí i nGaeilge mé. Ba i nGaeilge a chosain mo dhlíodóir mé agus i nGaeilge a thug an giúistís breith. (Dúirt sé, dála an scéil, go mba fear cóir ionraic mé.) Ar an Aoine dár gcionn bhí colún den pháipéar áitiúil fúm féin ach thabharfá an leabhar nár labhradh ach Béarla sa gcúirt. M'ainm féin bhí sé aistrithe – bí ag caint ar Ghaeilge éigeantach.[5]

Bhí Eoghan Ó hAnluain, ó Roinn na Nua-Ghaeilge i gColáiste na hOllscoile Baile Átha Cliath, ina mhac léinn céadbhliana ansin i 1956 nuair a tháinig Breandán isteach mar Chathaoirleach ar dhíospóireacht a bhí ag an gCumann Gaelach. Thugtaí aoi-chathaoirligh isteach ar na díospóireachtaí a bhíodh ag an gCumann Gaelach uair sa tseachtain agus is ar an gcaoi sin a chuir Eoghan eolas ar chuid mhaith de na daoine a bhíodh ag plé leis an nGaeilge ag an am: Tomás Ó Muircheartaigh, Máirtín Ó Direáin, Bríghid Bean Uí Éigeartaigh agus

Breandán féin. Bhí Eoghan cúthail ag an am agus theip ar a mhisneach. 'Coinnigh ort,' a dúirt Breandán, 'Ní lú tábhacht do chuid ráiméise ná a bhfuil cloiste agam go dtí seo!' Chuala Eoghan seanrá ó Bhreandán an oíche sin a d'fhan ina chuimhne riamh ó shin: 'Bíonn grásta san áit a mbíonn náire', agus ba mhinic an deilín sin agus deilíní cile a raibh a chuid féin déanta aige díobh, ag Breandán ina chuid cainte agus ina chuid scríbhneoireachta. Chuaigh sé i bhfeidhm go mór ar Eoghan:

Is cuimhin liom beocht ar leith a bheith ag baint le Ó hEithir. Bhraitheas aeraíl ar leith ag baint leis mar dhuine, ón gcéad lá. Ní raibh aon aithne agam air ag an am ach go raibh a fhios agam gur duine é a bhíodh ag scríobh. B'in é an chéad uair ar casadh orm é. Chloisinn é ina dhiaidh sin ar chláracha raidió agus léinn é ar an *Sunday Press*. Agus chuir mé aithne air de réir mar a bhí mé ag cur eolais ar an gComhchaidreamh agus ag plé le *Comhar* go speisialta.

Le linn do Bhreandán a bheith ina Eagarthóir ar *Comhar* ó 1960 go dtí 1963 ba é Eoghan an ball de Chumann Gaelach na hOllscoile a bhí ar choiste na hirise agus is le linn an ama sin a thug sé a chéad chuairt ar oifig *Comhar*. Bhí Breandán ag leagan amach eagráin den iris agus thaispeáin sé do Eoghan cén obair a bhí i gceist le fógraí a chur isteach agus mar sin de, obair a raibh roinnt cleachtaidh ag Eoghan uirthi cheana féin mar go mbíodh sé ag déanamh roinnt oibre le FÁS (Foilseachán Ábhair Spioradálta). Bheadh Eoghan é féin ina Eagarthóir ar *Comhar* níos deireanaí agus thitfeadh sé ar a chrann altanna a mhealladh as Breandán le haghaidh gach eagráin:

Bhraitheas taitneamh agus tarraingt ar leith ag baint le bheith ag cur rud mar seo le chéile in aghaidh na míosa. Thuig mé go mba duine é Ó hEithir a bhí ag plé lena leithéid agus, taobh amuigh de *Chombar* féin, gur ag plé le páipéir agus le raidió a bhíodh sé. Is cuimhneach liom go raibh sé tarraingteach a bheith ag plé leis agus ag éisteacht leis agus ag caint faoi chúrsaí iriseoireachta agus páipéar agus mar sin de. Spreag sé mo spéis i gComhar mar, cé go raibh sé ar intinn agam dul le múinteoireacht, rud a rinne mé, ba thaitneamhach an rud é a bheith ag plé go hamaitéireach le hiriseoireacht ach fios a bheith agam go raibh fear gairmiúil dá leithéid ann a thuig spriocdhátaí agus mar sin de. Ach scéal eile ar fad é Breandán agus spriocdhátaí, mar a fuair mé amach!

Nuair a d'athraigh Gael Linn go barr Shráid Ghrafton i 1958 fuaireadar oifigí breise os cionn siopa poiticéara Browne ar Fhaiche Stiofáin agus tugadh seomra mór tosaigh agus seomra beag cúil don Chomhchaidreamh agus do *Comhar* ansin. Sa seomra mór tosaigh a thionóltaí cruinnithe an Chomhchaidrimh agus choiste eagarthóireachta *Comhar* agus bhí amharc breá as amach ar an bhFaiche. Bhí an seomra cúil an-úsáideach ag Breandán nuair a bhí sé ina Eagarthóir mar bhealach éalaithe ó dhaoine a thagadh isteach gan choinne sa seomra mór, mar thug doras eile síos nó suas an staighre é:

> Nuair a chuimhním ar an staighre sin tagann cailín dathúil rua os mo chomhair. Ba í seo Hazel Mullen a d'oibrigh i siopa Browne agus ar a mbíodh cluiche mac léinn as Coláiste na Máinlia cruinnithe, gach tráthnóna tar éis oibre. Duine díobh, Indiach ón Afraic Theas darb ainm Mohangi, a thacht le taghd éada í agus a ghearr a corp ina phíosaí, le súil go bhféadfadh sé an marú a cheilt. D'admhaigh sé an gníomh agus chuir a thriail alltacht ar an bpobal. Fritheadh ciontach i ndúnorgain é agus tar éis dó tréimhse a chur isteach i Móinseó, scaoileadh abhaile é agus tá sé pósta san Afraic Theas.
> Ar feadh i bhfad ina dhiaidh sin bhí an saol crua ar mhic léinn dhubha agus dhonna na cathrach. Dá bhfeicfí i gcomhluadar cailín geal duine acu ba ghnách go scairteadh buachaill báire amháin ar a laghad 'Hi! Watch yer head, Miss!'[6]

I bhfómhar na bliana 1957 a casadh Breandán ormsa i gceart den chéad uair. Bhí mé tosaithe ag múineadh an bhliain sin i Scoil Lorcáin ar an gCarraig Dhubh i ndeisceart Bhaile Átha Cliath, agus tháinig sé amach chuig an scoil chugainn, ag cur agallaimh ar na daltaí dá chlár raidió *Ar Fud na Tíre*. Bhí mé tar éis a cholún 'Tús a' Phota' sa *Sunday Press* a léamh tamall gearr roimhe sin agus d'éirigh mo chroí nuair a chonaic mé ainm mo scoile féin luaite ann. Thaitin an colún ar fad liom agus an fear a scríobh é. Thug sé an-mhisneach dom, mar mhúinteoir óg i scoil lán-Ghaeilge, go raibh duine éigin sna meáin chumarsáide a thuig an tábhacht a bhí lenár gcuid oibre:

Tá múineadh na Gaeilge agus múineadh trí Ghaeilge go mór i mbéal an phobail faoi láthair de bharr na cainte a rinne an Dr Ó Dochartaigh faoi dhá-theangachas tá trí seachtaine ó shin ann. Ní dóigh go raibh na ceisteanna seo chomh mór i mbéal an phobail ó chuir an tAthair Ó Cuív a ráig féin de ag Comhdháil na Meánmhúinteoirí cúpla bliain ó shin. Ós duine de na 'pseudo-bilinguals' mé féin chuir mé spéis ina chuid cainte. Tá caint mhór ar Ghaeilge éigeantach, agus ar Bhéarla éigeantach do mhuintir na Gaeltachta a dhéanann imirce. Déantar dearmad go minic go bhfuil Béarla chomh héigeantach céanna don chuid sin de mhuintir na Gaeltachta a thógann postanna in Éirinn. Ní argóint de chineál ar bith é sin, ar ndóigh, ach ní miste é a choinneáil i gcuimhne.

Ní miste a choinneáil i gcuimhne chomh maith go mbítear ag súil le dea-Bhéarla ón dream atá i gceist agam. Is beag an chabhair a rá nach í do 'theanga mháthardha' í – nach bhfuil ionat ach 'pseudo-bilingual.' Tá daoine in ann bonn a dhéanamh i Sasana le beagán Béarla – cén chaoi a n-éireodh leo i mBaile Átha Cliath? Ceisteanna iad seo nach miste a chur cé nach mbeadh duine ag súil le freagra ó na heolaithe léannta.

Cé mhéad meánscoil i mBaile Átha Cliath a ndéantar iomlán an teagaisc trí Ghaeilge iontu? Trí scoil, péire do bhuachaillí agus ceann do chailíní. Ní hé sin amháin ach caithfidh tú dul chomh fada ó thuaidh le Dún Dealgan, chomh fada siar leis an Muileann gCearr agus chomh fada ó dheas le Port Láirge sula dtiocfaidh tú ar a leithéidí eile! Aisteach go leor is féidir a chruthú ó thorthaí scrúduithe go n-éiríonn le daltaí sna trí scoileanna a luaigh mé caighdeán an-ard ar fad a bhaint amach.

An teist é seo? Ní bheadh a fhios agat – cheapfá gurb ea, ar ndóigh, ach gan bheith san ard-léann ceart ní fhéadfá labhairt ex cathedra. Ní hé amháin gur múineadh gach ábhar trí Ghaeilge sa meánscoil ar a rabhas féin ach níor labhraíodh ach Gaeilge ó oíche go maidin. Le linn dom a bheith ann fuair daltaí an chéad áit in Éirinn sna scrúduithe Teistiméireachta sna hábhair seo: Stair, Tíreolaíocht, Eolaíocht agus Béarla. Dar mo choinsias go raibh sé de dhánaíocht ag fear amháin an chéad áit i nGaeilge a fháil ach, ar ndóigh, ní chruthaíonn an méid sin tada.

Níl ach trí mheánscoil sa gcathair mhór seo ag teagasc gach ábhar trí Ghaeilge. Céard faoi na bunscoileanna, mar sin? Níl sé i bhfad ó bhunaigh tuismitheoirí sa gcathair Scoil Lorcáin le bunoideachas trí Ghaeilge a sholáthar dá gclann. Tá a leithéid eile dá bheartú i gceantar eile sa gcathair. Cén fáth a mb'éigean dóibh é a dhéanamh? Cén fáth nach bhfógraítear na scéalta seo? Cé'n fáth go gceapann an gnáthphobal go bhfuil Gaeilge á sacadh i bpíobán chuile pháiste i chuile scoil?[7]

Labhair Breandán amach go láidir in *Comhar* in aghaidh dhúnadh na gColáistí Ullmhúcháin i dtús na seascaidí. Meánscoileanna lán-Ghaeilge a bhí iontu seo a chuir Rialtas Shaorstát Éireann, faoi cheannas Liam T. Mhic Coscair, ar bun sna fichidí le hábhar bunmhúinteoirí a mbeadh an Ghaeilge ar a dtoil acu a chur ar fáil do na Coláistí Oiliúna (Coláistí Oideachais an lae inniu). Earnán de Blaghd a bhí ina Aire Airgeadais ag an am agus Seán Marcus Ó Súilleabháin a bhí ina Aire Oideachais. Ar 'Ordú Aire' a bunaíodh iad, ó tharla nach raibh aon fhreasúra sa Dáil ag an am. D'fhág sin go raibh Rialtas Fhianna Fáil in ann deireadh a chur leo ar 'Ordú Aire' eile i 1960, rud a d'fhág nach raibh aon díospóireacht Dála faoin scéal. Seán Lemass a bhí ina Thaoiseach, an Dr Pádraig Ó hIrghile ina Aire Oideachais agus Gearóid Mac Pharthaláin ina Aire Gaeltachta nuair a socraíodh deireadh a chur leis na Coláistí Ullmhúcháin i 1960, agus na foirgnimh – maoin an phobail – a thabhairt ar 'ardaigh orm' do na sagairt, bráithre agus mná rialta a bhí ina mbun. Bhí an-mheas go deo ag Breandán ar Choláiste Éinde agus ar na Coláistí Ullmhúcháin go ginearálta agus chonaic sé an toradh a bheadh ar a ndúnadh:

Ní bheidh de thoradh air, as a dheireadh, ach bunmhúinteoirí gan Ghaeilge a bheith ag teagasc ó cheann ceann na tíre. Bíodh bás na gcoláistí seo, a tógadh agus a cothaíodh le hairgead poiblí, ar cheann na Roinne Éadóchais, ar cheann an INTO agus ar cheann Ghluaiseacht na Gaeilge . . . Cuirim an milleán ar 'Cheannairí' Ghluaiseacht na Gaeilge atá chomh gafa sin le caighdeán, le pop-cheol, le fochoistí, le meamraim agus cothú uisce-faoi-thalamh in aghaidh a chéile nach léir dóibh faoi seo an ubh thar an nglogar.[8]

Mar a luaigh Breandán roimhe seo bhí tionchar mór, ag an am, ag an léacht a thug an Dr Feichín Ó Dochartaigh ón gColáiste Ollscoile Baile Átha Cliath i 1958, ag caitheamh anuas ar mhúineadh na Gaeilge sna scoileanna. Bhí sagart eile a raibh lámh aige san obair freisin – John Macnamara, a bhí ar fhoireann teagaisc Choláiste Phádraig, Droim Conrach, agus a bhí i mbun taighde, ag iarraidh a chruthú gur bac ar dhul chun cinn páistí scoile é go múinfí iad i dteanga nárbh í a dteanga teaghlaigh í. Nuair a foilsíodh toradh na taighde seo – *Bilingualism and Primary Education* – i 1966, bhí drochthionchar aige ar mhúineadh na Gaeilge sna bunscoileanna.

Ní miste súil bheag a chaitheamh siar ar an tréimhse seo i ndeireadh na gcaogaidí agus i dtús na seascaidí, le go dtuigfí an fáth a raibh lagmhisneach ag teacht ar Bhreandán agus ar go leor daoine nach é, faoina raibh i ndán don Ghaeilge. Féachtar anois ar an tréimhse 1958-1963 mar chineál deireadh ré i ngluaiseacht na hathbheochana. Tháinig Fianna Fáil ar ais i gcumhacht le móramh mór i 1957. Tháinig Seán Lemass i gcomharbacht ar de Valera i 1959 agus thosaigh an eacnamaíocht ag téarnamh agus an Ghaeilge ag dul ar gcúl. Tháinig an teilifís i 1961 agus ní bhfuair cainteoirí Gaeilge na tíre ach cuid Pháidín den mheacan. Bhí ceannaire Fhine Gael, James Dillon, go síoraí ag ceistiú riachtanas na Gaeilge don tsainiúlacht Éireannach agus ag bagairt deireadh a chur le Gaeilge 'éigeantach' i scrúduithe na Meánteistiméireachta agus na hArdteistiméireachta, rud a rinne Comhrialtas Fhine Gael/Lucht Oibre i 1973, le linn do Liam Mac Coscair a bheith ina Thaoiseach agus do Risteárd de Búrca a bheith ina Aire Oideachais. Is ceart a lua freisin nach ndearna Fianna Fáil tada faoin scéal nuair a tháinig siad ar ais i gcumhacht, in ainneoin a raibh de chaint acu ag an am.

Tharraing alt cáiliúil Mháirtín Uí Chadhain, *Do na Fíréin*, a d'fhoilsigh Breandán in eagrán Mhárta na bliana 1962, gan aon ainm leis agus gan lánchead choiste eagarthóireachta *Combar*, caint agus conspóid ag an am agus b'éigean do Bhreandán éirí as an eagarthóireacht dá bharr:

Nuair a tháinig *Combar* amach chuas ar mo theitheadh ar feadh cúpla lá. Dóibh siúd nár thuig a leath, is fearr dom a mhíniú gur ionsaí leanúnach ar mórán gach pearsa phoiblí agus institiúid mheasúil sa tír a bhí ann. Fuair

lucht na Gaeilge griosáil ar leith, go háirithe Dónall Ó Móráin, Riobard Mac
Góráin agus gach duine eile a bhí go hard i nGael Linn. Cé go raibh ionsaí
nimhe go leor ann ar Sheán Mac Réamoinn caithfidh mé a rá gur chosain sé
mo cheart féin an t-alt a fhoilsiú. Ní gach duine a bhí chomh tuisceanach.
Ag an gcéad chruinniú den choiste eagarthóireachta, tar éis a fhoilsithe,
fuaireas an cartadh a bhí tuillte agam. Ba chuma liom ag an bpointe sin
mar bhí an t-alt foilsithe agus an t-eagrán ina raibh sé (Márta 1962) ag
imeacht as na siopaí ar luas lasrach. An duine ba choilgní ar fad ná
scríbhneoir cantalach nach raibh luaite san alt ar chor ar bith agus ar ghoill
an easpa aitheantais go mór air.[9]

Cuireadh faoi deara do Bhreandán leithscéal ón gComhchaidreamh a
ghabháil leo siúd a maslaíodh agus é a chur i gcló sa gcéad eagrán eile.
D'áitigh sé ar Mháirtín Ó Cadhain rud éigin eile a chur ar fáil dó le go
bhféadfaí ainm Uí Chadhain a chur ar chlúdach na hirise. D'aistrigh an
Cadhnach *Bás nó Beatha* le Saunders Lewis na Breataine Bige agus leag
Caoimhín Ó Marcaigh amach clúdach a raibh ainm Uí Chadhain clóite
tuairim is deich n-uaire air. Ach chuaigh Breandán níos faide leis an
scéal agus chuir sé aguisín dá chuid féin i gcló faoi bhun an leithscéil
oifigiúil, rud a chuir níos mó feirge fós ar an gcoiste eagarthóireachta.
Ba é an deireadh a bhí ar an scéal gur éirigh Breandán as an
eagarthóireacht ach gur choinnigh sé air ag scríobh a cholúin 'An Chaint
sa tSráidbhaile'.

Sa mbliain 1963 chuaigh Breandán agus Catherine agus a mbeirt
chlainne, Ruairí agus Máirín, chun na hIar-Ghearmáine agus chaitheadar
bliain go leith ann. In eagrán an Mheithimh de *Comhar* d'fhág
Breandán slán ag a chuid léitheoirí, in alt dar teideal '*Il Canto del Cigno*
– Slán leis an tSráidbhaile':

> Breandán Ó hEithir a bhí i mbun an cholúin seo le ocht mbliana anuas
> faoin ainm cleite 'Conchubhar'. Níl sé chomh dall is nach eol dó gur beag
> an scáth sa tír seo ainm cleite. Tá sé ag fágáil na tíre le seal a chaitheamh
> ag taisteal agus ag obair ar an Mór-Roinn agus i Meiriceá. Chuir sé isteach
> léachtanna don B.A. in Ollscoil na Gaillimhe i bhfad ó shin agus deir sé go
> bhfuil sé in am aige an chéim a bhaint amach anois. Tá súil againn tuairiscí

a fhoilsiú uaidh le linn dó a bheith thar lear. An dá earra is mó a aireoidh sé uaidh ar a imirce shealadach – Pórtar agus Páirc an Chrócaigh . . .[10]

Nuair a d'fhill sé go hÉirinn i ndeireadh na bliana 1964 tairgeadh eagarthóireacht *Combar* arís dó agus ghlac sé léi go fonnmhar. Tháinig sé abhaile i mí na Samhna 1964 agus bhí 'An Chaint sa tSráidbhaile' ar ais in *Combar* mhí na Nollag agus é ag trácht, i measc rudaí eile, ar an bPáipéar Bán um Athbheochan na Gaeilge a bhí á réiteach ag an Rialtas ag an am:

Chinn orm a fháil amach cé mhéad duine atá ag scríobh an Pháipéir Bháin nó an á scríobh, á chlóscríobh, á steinsileáil nó á phriontáil in Ogham atá sé. Dúirt an Taoiseach go mbeadh sé ar fáil roimh dheireadh na bliana ach deir éanacha beaga, a bhíonn ag ceol ar ghéaga loma Fhaiche Stiabhna, nach mbeidh. Deirtear liom gur cuireadh cearcláin amach chuig na comhlachtaí ar a dtugtar de ghnáth 'semi-state', ag iarraidh moltaí faoi mhodhanna ina bhféadfaí breis Gaeilge a úsáid in obair na gcomhlachtaí.

. . . Más linn fanacht sa rás ar chor ar bith is mór é m'fhaitíos go gcaithfimid olc, fearg agus deargchuthach a chur ar a lán daoine as seo go ceann bliana.[11]

Go gairid tar éis na Nollag 1965 d'éirigh le Máirtín Ó Cadhain, ar bhealach mírialta éigin, cóip de Pháipéar Bán an Rialtais a fháil sular foilsíodh é. Chuir sé fios ar Bhreandán le cúnamh a thabhairt dó an Rialtas a náiriú faoina laghad substainte, dar leis, a bhí sa bPáipéar Bán céanna agus rinneadh taifeadadh de na 'moltaí' agus seinneadh ag cruinniú i mBéal Feirste an oíche chéanna sin iad. Tá cur síos ag Breandán ar an scéal ina léacht *Thar Ghealchathair Soir:*

D'oscail Máirtín an doras. 'Seo é báire na fola,' adeir sé, 'níor theastaigh uaim labhairt ar an bhfón. Tá pléascán anseo agam.' Bhí gan amhras. An rud ba mheasa faoin scéal nach raibh ach píosa de lá aige le dul i mbun staidéir air . . . Nuair a bhí an bia pioctha as an bhfaocha, agus creid mise ann is mó go mór an bheatha atá sa bhfaocha . . . thosaigh an scríobh . . . Scríobhamar an scéal . . Rinne an *Irish Times* príomhscéal an lae de Dé Máirt. An tráthnóna céanna bhí póstaeraí amuigh ar fud na tíre ag an *Evening Press* . . . 'Who Spilt the beans?' . . . agus maidin lá arna mhárach

bhí sé ina scéal fós sna páipéir go léir. Bhí an sú bainte go maith as nuair
a tháinig an foilsiú oifigiúil faoi dheireadh na seachtaine agus b'éigean don
Rialtas an feachtas poiblíochta a bhí beartaithe acu d'fhonn an doiciméad a
'dhíol' leis an bpobal a chur ar ceal . . . Agus go dtí an lá atá inniu ann níl
tuairim agam cé as a dtáinig an chóip úd den Pháipéar Bán. Ní hé amháin
go raibh Máirtín cúramach i dtaobh a fhoinsí eolais a chosaint ach thuig sé
freisin nach bhfuil cosaint is fearr ar cheistiú ná díth fírinneach eolais.[12]

Fiafraíodh sa Dáil cé sceith An Páipéar Bán agus thosaigh an Brainse
Speisialta ag ceistiú an Chadhnaigh faoi, ach is é an píosa grinn a
scríobh Breandán in *Combar* faoin teideal 'The Páipéar Bán Rides Again
– Script le haghaidh Tragóid Teilifíse' is mó a tharraing caint agus gáirí:

V.O. Have you tried 'Spreag', the amazing new language restorer? It passes
exams, promotes Civil Servants, beats-while-it-cleans-while-it-sweeps!
Available at all Lemass and Ryan Branches.

(COMMERCIAL BREAK)

Giant 'Super-Spreag' for young Clongownians. 'Spreag' gets those tricky
'R's and 'T's straight in a jiffy. Goes in cleanly. Sets you up for that jinking
run through the jolly old Leaving Cert.

Tackle hard with 'Super-Spreag'.

(COMMERCIAL BREAK)

'Harmonic-Spreag' for expectant mothers. Yes, it is here.

You too can have a healthy Irish-speaking baby at no extra cost.

Buy your tin today at McEntee's,[13] the Poetic Chemists.

(BLANK SCREEN)

V.O: 'An Páipear Bán', *The White Paper is now being remaindered at a
penny a copy by Combdháil Náisiúnta na Gaeilge. Special soft-cornered
editions available for schools and colleges at 2/6 a stone, dead-weight.* 'Seilf
de leabhair Ghaeilge i ngach teach, teach beag agus i dteachín an asail: Go
maire ár nGaeilge slán.'

(FADE-OUT: COMMERCIAL BREAK)

V.O: *For hi-fi quality buy Ó Cadhain's tape recorders. All details in strict
secrecy from Seosamh Ó Duibhginn, 'Between Ourselves', Burgh Quay,
Dublin 1.*

V.O: *Would you like to hear Kittykins purring through the medium?*
Hmmm? Pop around to Charles's Pet Shop and buy the economy-size tin of
'Kitty-Spreag'.

Bolscairín: An nooked as Erse.

Léitheoir: Beidh sé fliuch, fuar, polltach. Beidh roisteachachachaí gaoithe
móire, flichshneachta, sioc talún agus gaoth éadrom aniar aneas ag maolú
tráthnóna agus ag leathadh trasna na tíre le titim na hoíche. Ní bheidh aon
triomach ann.

Tuarisfaideanonn: stoirmeacha toirní i bhformhór na tíre amáireach.
Tréimhsí gealáin i Hawaii agus i dtuaisceart na Maláise. Í mhaith agaíl

Bollscairín: *And the time now – twelve forty-nine. Gee ghuí anois go gee
amárack!*

D'éirigh greann Bhreandáin níos fíochmhaire san eagrán céanna sin
de *Combar* nuair a scríobh sé alt speisialta, faoina ainm féin, ag ionsaí
na moltaí faoi chúrsaí foilsitheoireachta a bhí sa bPáipéar Bán:

Tá athbheochan le déanamh ar an nGúm . . . Tá teangeolaí le cnuasach
d'abairtí bunúsacha i nGaeilge a chur ar fáil, a chuirfidh ar chumas daoine
comhrá simplí a dhéanamh agus tá cnuasach gairid d'amhráin na ndaoine
le foilsiú, 'lena gcanadh ag cruinnithe, cluichí, etc.' Ní miste ar chor ar bith
an leabhar abairtí agus an leabhar amhrán a fhágáil ag an nGúm seo nuair
a bheas instealladh faireoga moncaí tugtha dó 'ag an Aire cuí.' Smaoinigh
meandar ar an gcineál 'comic' a chuirfeadh an Gúm amach; bheadh faitíos
orm go mbeadh an cineál grinn atá sa bPáipéar Bán, mar shampla, beagán
rómhacábrach do dhéagóir ar bith.[14]

Ní hé chuile dhuine i saol na Gaeilge ag an am a d'aontaigh le
sceitheadh an Pháipéir Bháin ná leis an drochphoiblíocht a thug Ó
Cadhain agus Ó hEithir dó. Fear é Risteárd Ó Glaisne, scríbhneoir,
craoltóir agus múinteoir, a raibh agus a bhfuil meas an domhain aige ar
Bhreandán Ó hEithir agus ar Mháirtín Ó Cadhain, ach a cheapann gur
dochar a rinne an rud a rinneadar:

Aon seans a bhí ann go gcuirfí an chuid ab fhearr den Pháipéar Bán i
bhfeidhm, dar liomsa gur chuir Máirtín agus Breandán deireadh leis.
Theastaigh ó Mháirtín iriseoir agus craoltóir den scoth a bheith aige, mar
bhí aigne chomh cruinn ag Máirtín is go ndéanfadh sé Dia den scoth mura
mbeadh Dia sna Flaithis thuas!

D'fhéadfá a rá nár casadh riamh ort fathach ba mhó ná Máirtín Ó Cadhain.
Bhí sé beagnach uile-eolach, murach na hang-ups! Ach theastaigh ó
Mháirtín, ar a lán cúiseanna ná raibh le moladh dar liomsa, buille a
bhualadh ar pholaiteoirí agus ar dhaoine áirithe a bhain le cúis na Gaeilge.
Bhí gné den rud céanna i mBreandán. Ba mhaith le Breandán an bonn a
bhaint de dhaoine agus de pholasaithe móra rialtais, agus mar sin déarfainn
go raibh Breandán chomh sásta céanna is a bhí Máirtín cor coise a thabhairt
do na daoine seo. Creidim gur bhaineadar an misneach den
chorrpholaiteoir a bhí dáiríre. Agus muintir an Choimisiúin Um
Athbheochan na Gaeilge, a raibh blianta fada, fuara caite acu ag plé leis an
rud, táim an-chinnte go ndearna siad a ndícheall. Bhí daoine áirithe ar an
gCoimisiún sin agus fathaigh ab ea iad in aon sochaí. Cuireadh a gcuid
oibre ó chion in aon oíche amháin agus cuireadh cor ina saol chomh fada
is a bhain le haon mhaith a dhéanamh chun an Ghaeilge a athbheochaint.
Ghlac Breandán le teoiric Mháirtín go raibh an Ghaeilge i mbéal an bháis.
Ní raibh puinn iontaoibh ag Breandán, déarfainn, as aon dream ná as aon
duine, fiú amháin é féin. Ba dhuine an-umhal é ar go leor bealaí, má
thuigeas i gceart é, agus thuig sé a laigí féin níos fearr ná mar a thuig éinne
eile iad dar liom. Bheadh sé sásta le cuid de na laigí; cuid eile nach
mbeadh sé sásta leo agus d'fhág sin umhlaíocht ann. Sa chás áirithe seo
níor léir dó go raibh aon dochar á dhéanamh aige; a mhalairt, b'fhéidir!

Ach déarfainn gur aontaigh go leor de phobal na Gaeilge, pobal na
Gaeltachta go mór mhór, le Ó Cadhain agus le Ó hEithir go raibh sé thar
am an Rialtas a náiriú faoina bpolasaí 'mair a chapaill agus gheobhaidh
tú féar' i leith na Gaeilge agus i leith na Gaeltachta, nó mar a chuir
Breandán féin é 'mair a chapaill agus gheobhaidh tú fair play.' Bhí i
bhfad an iomarca ama, blianta fada as a chéile, caite le coimisiúin agus
le cruinnithe agus gan gníomh ar bith á dhéanamh. Ba léir freisin go
raibh ceannairí oifigiúla ghluaiseacht na Gaeilge i bhfad rócheangailte

le Fianna Fáil agus le Rialtas na linne. Bhí daoine ag cailleadh a gcuid foighne le polaiteoirí a bhí in ainm is a bheith 'ar son na cúise' ach a chaith a saol, i bhfocla Bhreandáin féin, 'ag bunú coistí agus fochoistí mar a chacfadh asal iad.'

Tar éis Pháipéar Bán na bliana 1965 bunaíodh 'Comhairle na Gaeilge' i 1968 le comhairle a chur ar an Rialtas faoi chur chun cinn na teanga. Ina dhiaidh sin arís bunaíodh 'Coiste Comhairleach na Gaeilge a hAon', 'Coiste Comhairleach na Gaeilge a Dó', agus 'An Coiste Um Thaighde ar Dhearcadh an Phobail i dTaobh na Gaeilge' i 1970. Is ar mholadh Chomhairle na Gaeilge a bunaíodh Bord na Gaeilge, *ad hoc* ar dtús i 1975 agus go statúideach i 1978, agus a bunaíodh Údarás na Gaeltachta i 1979.

Bhí Breandán Ó Buachalla, a bhí ina léachtóir óg sa gColáiste Ollscoile, Baile Átha Cliath ag an am, ar dhuine de na 'daoine nua' a ceapadh ar Chomhairle na Gaeilge i 1968, tráth a rabhthas ag fáil réidh le roinnt de na seanfhondúirí. Ba léir gur socraíodh nua-aoiseachas a thabhairt isteach i nGluaiseacht na Gaeilge nuair a ceapadh Noel Ó Maolchatha ó Institiúid Bainistíochta Éireann (IMI) ina Chathaoirleach ar an gComhairle agus nuair a ceapadh an fear fógraíochta Brian Murphy, an fear ceoil Seán Ó Riada, an cartúnaí Flann Ó Riain, an t-ard-státseirbhíseach Ken Whittaker, Rúnaí na Roinne Airgeadais Cathal Ó Muirí, in éineacht le daoine a bhí seanbhunaithe i saol na Gaeilge: Dónall Ó Móráin, Seán Ó Tuama, An Coirnéal Eoghan Ó Néill agus an Teachta Dála le Fianna Fáil, Ruairí Brugha. Cé go raibh roinnt daoine den scoth ar an gComhairle ní shíleann Breandán Ó Buachalla gur éirigh leo mórán a chur i gcrích. Chuireadar blianta amú, dar leis, ar an seanphlé: moltaí, fochoistí, seimineáir agus mar sin de, agus i lár na hoibre sin go léir dúnadh Scoil Dhún Chaoin gan fiú amháin dul i gcomhairle le Comhairle na Gaeilge. Cé le haghaidh a raibh an Chomhairle ann? Facthas dó gur dearnadh ceap magaidh den Chomhairle nuair a bhí an Roinn Oideachais in ann bunscoil bheag i bpobal beag sa nGaeltacht ba láidre i gCúige Mumhan a dhúnadh, gan oiread is ceist a chur ar an mbuíon daoine a bhí roghnaithe go speisialta le comhairle a chur ar an Stát faoi na cúrsaí céanna sin:

D'ardaíos an scéal le Comhairle na Gaeilge. Thugas seans dóibh, agus is é an freagra a fuaireas ná féadfaí plé le mionrud mar sin nuair a bhí pleananna móra cuimsitheacha ar siúl ag an gComhairle! Tuigeadh dom gurbh é an rud ba chiallmhaire agus ab onóraí dom féin ná éirí as. Tuigeadh dom go raibh mugadh magadh á dhéanamh den scéal ar fad agus go bhféadfaimísne dul ar aghaidh cúig bliana eile ag pleanáil agus idir an dá linn go bhféadfadh scoileanna Gaeltachta eile a bheith á ndúnadh.

Ach níl aon cheist ná go raibh tuairimí maithe ag Noel Ó Maolchatha; is é sin go bhféadfaí cur chun cinn na Gaeilge a cheangal le pleanáil agus gur cheart bunús taighde a bheith faoi éinní a dhéanfaí. Bhí pleanáil ar siúl sa státseirbhís ag an am – pleanáil fhadtéarmach. Cuireadh an Institiúid Teangeolaíochta ar bun, mar shampla, mar chuid den taighde sin, cé go raibh raic uafásach faoin institiúid chéanna leis an Roinn Oideachais ag an am. Is cinnte go raibh an tuairimíocht nua seo ag Noel Ó Maolchatha. Agus is é oighear agus íoróin an scéil, ag féachaint siar na blianta fada ina dhiaidh sin, go bhfuil an tuiscint sin imithe ar fad anois; go bhfuil scéal na Gaeilge anois, ag an leibhéal oifigiúil, níos measa as ná mar a bhí ag an am sin. Níor cuireadh an phleanáil i bhfeidhm. Na tuairimí breátha soifisticiúla a bhí ann – agus bhíodar go maith, nílimse ag caitheamh anuas orthu – is ceart an cheist a chur anois: cá bhfuilid?

Is é an rud a bhí i gceist go gcuirfí bord stáit ar bun a bheadh lán chomh héifeachtach, lán chomh fuinniúil, lán chomh cianradharcach le Bord Fáilte nó Aer Rianta nó aon bhord mar sin. Sin é a bhí i gceist agus ní mór an cheist a chur: cad a tharla? Is é an moladh bunúsach a tháinig ó Chomhairle na Gaeilge go mbunófaí dhá bhord – Bord na Gaeilge agus Bord na Gaeltachta; as sin a tháinig Údarás na Gaeltachta. Ach theastaigh uainne go ndéanfaí deimhin de go mbeadh smacht ar chúrsaí oideachais ar cheann de na cumhachtaí a bheadh ag an mBord Gaeltachta. Agus bhí sé sin sa mholadh: pé údarás a chuirfí ar bun chun déileáil leis an Ghaeltacht, go mbeadh sé ar cheann de chúraimí an Bhoird sin cúrsaí oideachais a riaradh. Gan amhras níor chuir an Roinn Oideachais é sin i bhfeidhm riamh. Ceapaimse dá gcuirfí é sin i bhfeidhm ag an am go bhféadfadh sé an-leas ar fad a dhéanamh don Ghaeilge sa Ghaeltacht.

D'éirigh Breandán Ó Buachalla as Comhairle na Gaeilge agus as an gCoiste Um Thaighde ar Dhearcadh an Phobail i dtaobh na Gaeilge i nDeireadh Fómhair 1970. D'éirigh Flann Ó Riain agus Maolsheachlainn Ó Caollaí as Comhairle na Gaeilge timpeall an ama chéanna, mar agóid faoi dhúnadh Scoil Dhún Chaoin freisin. Bhí Ó Caollaí ina Uachtarán ar Chonradh na Gaeilge ag an am, rud a thug deis d'fho-eagarthóir nuachtáin áirithe an ceannteideal gáifeach seo a fhoilsiú: 'Language Head Leaves Body'! D'éirigh an tAthair Colmán Ó hUallacháin as Comhairle na Gaeilge i Meitheamh 1971, nuair a briseadh as a phost é mar Stiúrthóir ar Institiúid Teangeolaíochta Éireann. Blianta corraitheacha a bhí iontu i saol na Gaeilge agus bhí Breandán Ó hEithir ag coinneáil súil ghéar an iriseora agus an scríbhneora ar a raibh ag tarlú don teanga ba mheán scríbhneoireachta dó.

Breis agus cúig bliana a thóg sé ar an gCoiste Um Thaighde ar Dhearcadh an Phobail a gcuid taighde a dhéanamh agus a dtuarascáil a chur ar fáil. Is é Seoirse Ó Colla, Aire Airgeadais agus Gaeltachta i Rialtas Fhianna Fáil a thionscain an tuarascáil i Meán Fómhair na bliana 1970 agus is é Tomás Ó Dónaill ó Fhine Gael, Aire Gaeltachta i gComhrialtas Fhine Gael agus Pháirtí An Lucht Oibre (1973-1977) a chuir os comhair an phobail í in Eanáir na bliana 1976. Tá lorg láimhe agus intinne Dhónal Foley ar an Eagarfhocal dar teideal 'The Language' a bhí san *Irish Times* ar an 7ú Eanáir, 1976:

The report does not tell us a great deal that is unknown. Its real value is to give statistical authority to some of the realities of the Irish Language. It reports that the language is badly taught; that teachers talk and teach it badly; that compulsory Irish is not popular; but that, all the same, most people see Irish as a very important part of our identity. Only a minority, it seems, feel that Irish should be revived as a common means of communication but the majority believe that Irish should be taught in the schools. There is a clear advocacy for more Government support for teaching of Irish.

Clearly, however, most of the people questioned believed that the cultural environment of Ireland needed the Irish Language as an essential element of it . . .

The Irish Language sadly is reported to be on the wane in the Gaeltacht, and Government Departments and County Councils have been of no help in this regard, working as they do in English. The report therefore is in favour of a Gaeltacht Authority with wide powers . . .

There is no subject which has been surrounded by so much cant and humbug as the Irish language revival. It has been left to the dedicated few to use it constantly. The Government, while spending much time and money on the revival movement, has never shown a practical approach. It is true that throughout the country a great many people can speak the language, albeit haltingly, but they have been afraid to use it in the market-place or in the pub. It is here that a language survives, and not in the schoolroom.[15]

Tháinig Caoimhín Ó Marcaigh i gcomharbacht ar Bhreandán mar Eagarthóir ar *Comhar* agus Eoghan Ó hAnluain a chúnamh dó. Bhí an bheirt acu ina gcomh-Eagarthóirí ar feadh tamaill agus nuair a d'éirigh Caoimhín as ceapadh Eoghan ina Eagarthóir ar feadh trí bliana ag deireadh na seascaidí. Bhí an saol i bhfad ní ba réchúisí an uair sin agus ba mhinic eagrán na Bealtaine ag teacht amach i lár mhí an Mheithimh. Chomh dóichí lena mhalairt ba é an fáth a bhíodh leis sin, go mbídís ag fanacht le halt Bhreandáin. 'Ba é an lá a dtiocfadh script "An Chaint sa tSráidbhaile" isteach ó Bhreandán a chinntigh dáta foilsithe *Comhar*,' a deir Eoghan, 'mar ba leamh liom an iris a thabhairt amach á huireasa.' Mar chruthúnas air seo, scríobh Breandán féin ina cholún tar éis olltoghchán na bliana 1969:

Chuir an líon vótaí a fuair Peadar Mac an Iomaire iontas ar a lán, go háirithe ar chuid de *hardheelers* Fhianna Fáil i gConamara. Ligeadh síos in áiteacha é ach níorbh iontas sin. Féadfaidh Gluaiseacht Chearta Sibhialta na Gaeltachta a bheith bródúil as a bhfeachtas. Níl Rúnaithe Parlaiminte ceaptha le linn dó seo a bheith á scríobh. Tá a fhios agaibh anois cé tá ciontach as an iris a choinneáil siar arís an mhí seo.

Ach bhí an buntáiste ag baint leis an mbeagán moille gur tháinig 'An Chaint' te bruite ó Bhreandán, rud nach dtarlaíonn go minic in iris mhíosúil. Chomh luath is a d'fhoilsítí *Comhar* théadh Eoghan thart leis chuig na tithe ósta lár cathrach a thaithíodh lucht na Gaeilge. Tigh Uí

Néill i Rae Mhuirfean is mó a bhíodh díol air agus is í an chéad cheist a chuirtí air: 'An bhfuil "An Chaint" ann?' nó 'Céard tá le rá ag Conchubhar an mhí seo?' B'fhiú fanacht le píosa Bhreandáin i gcónaí.

Ba mhinic le Breandán féin a bheith Tigh Uí Néill i rith na mblianta sin. Smaoiním ar oíche amháin a raibh an bheirt againn linn féin ag an gcúntar sa gcúinne. Bhí seanfhear beag ag ól ina aonar trasna uainn agus nuair a bhí an áit ar tí dúnadh tháinig sé anall chugainn. Thosaigh sé ag rá: *'It's lovely to listen to you all night speaking Irish. My grandmother was a fluent Irish . . .'* nuair a stop Breandán go tobann é le 'Focal', rud a rinne an fear bocht mar a bhuailfí ar an gcluais é. Baineadh geit chomh mór asamsa, sílim, is a baineadh as an seanfhear bocht, agus nuair a chonaic Breandán an t-iontas a bhí orm faoin rud a rinne sé dúirt sé, 'Níl aon bhealach eile le déileáil leis na hamadáin seo a bhodhródh thú, dá dtabharfá an seans dóibh, faoin ngrá atá acu don Ghaeilge nuair a bhíos a mbolg lán le pórtar.' Fuair mé amach le himeacht ama go raibh cuid mhaith den cheart aige, cé nach raibh sé de mhisneach riamh agam deireadh chomh tobann sin a chur le comhrá gan iarraidh.

Ba dheacair comhluadar ní b'fhearr ná Breandán a fháil i dteach an ósta ach mar sin féin ní raibh sé éasca aithne mhaith a chur air. Ar chúl na scéalta spéisiúla, greannmhara, iomadúla a raibh sé lán leo, agus nach raibh a shárú ann á n-inseacht, ba dhuine an-phríobháideach é Breandán Ó hEithir. Bhuaileadh Eoghan Ó hAnluain leis timpeall na cathrach agus i gCaifé Roberts i Sráid Ghrafton ó am go chéile. Thaifead siad *Buntús Cainte* le chéile do Ghael Linn i lár na seascaidí, agus bhíodar ina gcónaí gar go maith dá chéile i gceantar Dhún Droma i ndeisceart na cathrach. Mar sin féin níor éirigh le hEoghan riamh aithne mhaith phearsanta a chur ar Bhreandán:

Le fírinne, bhí tréithe doscaí ann. A ampla saoil, a dhíocas chun na beatha, nár lig do mo leithéidse drannadh leis ach go fíorannamh. Ba dheacair a bheith suas ná anuas leis. Ceird chúlráideach an mhúinteora a chleachtas-sa, agus deargamaitéireachas mo chuid eagarthóireachta ar Chomhar, níor lig siad dom a bheith páirteach an oiread is ba mhian liom in imeachtaí spéisiúla a shaoil.

Ach le linn dom a bheith i mo Eagarthóir ar *Comhar* thug 'An Chaint sa tSráidbhaile' ligean dom ar thaithí saoil an iriseora déanta. Thug Breandán amach ar aghaidh an tsaoil muid, ar dheisiúr na gréine ina chuid súgartha agus ina chuid spallaíochta leis an teanga, nó ar thuaithiúr fírinne shearbh an tsaoil sa tír seo, tír a raibh a chroí íogair istigh inti.

Bhí tréith amháin i ndearcadh Bhreandáin ar an saol ar thug Eoghan suntas ar leith di:

Bhraitheas-sa easnamh spioradáltachta de shórt ar bith air agus ní ag caint ar chúrsaí reiligiúin atá mé, ná níl aon bhaint aige seo le cleachtadh creidimh. Ba dhuine é, déarfainn, a sheachain ar a dhícheall na ceisteanna móra, nó a thug aghaidh orthu i bhfad roimhe sin agus a tháinig ar a réiteach féin. Bhraithinn mífhoighne air chomh luath agus a thiocfadh rud ar bith i gceist faoi spioradáltacht – an taobh eile nó an toise eile sin den duine. Sheachnódh sé an scéal le geáitse neafaiseach nó nathán éigin spadhrúil áiféiseach nó gáirsiúil féin. Bhogadh sé an scéal chun cinn go giorraisc, lena acmhainn oilte grinn go minic, chuig rud eile ar fad, nó ar shlí a mhaolódh ródháiríreacht an chúrsa. Bhraitheas-sa easpa cúraim nó amhras domhain air faoi rudaí mar sin, faoin ródháiríreacht. Is éard is mó a bhíodh ar aire Uí Eithir ná an chéad scéal eile, an chéad toghchán eile, an chéad chluiche peile nó iománaíochta eile, an chéad scannal eile. B'in é an áit a raibh an saol, dar leis. An t-iriseoir déanta. Ní miste liom a rá anseo freisin gur bhraitheas cuid de na tréithe céanna in Dónal Foley an *Irish Times*, an t-aon iriseoir eile ar chuir mé aithne de shórt ar bith pearsanta air sna blianta sin. Ach chomh fada agus a bhain leis an tuiscint go m'fhéidir go raibh saol eile ann seachas a raibh ar siúl láithreach bonn, bhraitheas an easpa, an duibheagán. Bhí an dá léamh agam air, mar a dúirt mé. Is é sin gur thug sé aghaidh uair éigin ar an gceist seo agus gur chreid sé nach raibh rud ar bith ann ach a raibh ag tarlú anois díreach, nó ar uaire, nár bhain buntábhacht le rud ar bith, chomh fada agus a bhain leis an tír seo ar aon chuma, ach leis an nGaeilge agus leis an iománaíocht. Sin, nó go raibh scanradh thar an ngnáth air roimh an mbás agus nár mhian leis cúram ar bith a dhéanamh de. Bímid ar fad siléigeach, mífhreagrach, ach bhraitheas ar shlí áirithe, taobh amuigh dá chuid oibre, go raibh Breandán mar sin ar shlí faoi leith – go mba róchuma leis faoi go leor rudaí agus nach raibh sé faoi shrian ar aon bhealach ag gnáthchúramaí an tsaoil. B'fhéidir gur bhraith sé nach bhfoghlaimeodh sé an saol dá mbeadh sé 'freagrach', nó dá mba ghá dó aon róchúram a dhéanamh den chuibheas nó den mheasarthacht. Ba dheacair é seo a thomhas nó a léiriú ach gur rud é a nocht ina iompar agus ina chuntanós, cuntanós a bhí an-taitneamhach, an-tarraingteach i gcónaí ach gur bhraitheas an dúfhocal seachantach ar chúl an aoibhgháire chluanaigh sin aige, sa chaoi nár léir dom i gcónaí nach ag déanamh ábhachta díom a bhíodh sé agus é ag imeacht uaim.

Is fíor go raibh fonn fíochmhar chun na beatha ar Bhreandán agus é go síoraí sa tóir ar an tsaolíse agus ar an taitní saoil. Dúirt daoine liom a raibh aithne acu ar Liam Ó Flatharta go raibh go leor den neamhspleáchas agus den fhiántas agus den dúshlán céanna i mBreandán is a bhí ina uncail, a scríobh ina dhírbheathaisnéis *Shame the Devil*:

> In the course of my thirty seven years I had made rather an astonishing journey from the naked rocks of the Aran Islands . . . to a position of some note in the literary world. I had visited, in one capacity or another, a large portion of the earth's surface. . . . I had married and reproduced my kind. Without ever having been rich, I had tasted all the most rich of the earth's fruits. I had loved where I willed, in the body and in the spirit. I had felt exalted in the bed of a Circassian beauty and among the Norwegian snows, when the icicles were melting from the branches of the sunlit pines. I had no chains that the world could see, but roamed the continents at will.[16]

Le linn d'Eoghan Ó hAnluain a bheith ina Eagarthóir ar *Combar* rinne sé coinne bualadh le Breandán i gCorcaigh ag deireadh mhí na Samhna, 1968. Bhí Breandán ag obair le *Féach* i gCorcaigh ag an am agus bhí coinne, nó súil le coinne, ag Eoghan le Seán Ó Ríordáin:

> Bhí dhá chuspóir agam: dánta áirithe – 'Toil', 'Oíche Ghealaí' agus 'Tionlacan na nÓinseach' – a thuigeas a bheith scríofa ag an Ríordánach ó chomhfhreagras a bhí agam leis, a mhealladh uaidh le haghaidh *Combar* na Nollag, agus ina theannta sin a chur ina luí air a bheith páirteach i gcéad Scoil Gheimhridh Mherriman a bhí le tionól in Aonach Urmhumhan i mí Eanáir dár gcionn.

Thuig Eoghan go raibh ardmheas ag Ó Ríordáin ar shaothar Uí Eithir agus go mba mhór an cúnamh dó comhluadar Uí Eithir nuair a bheadh sé ag plé leis an Ríordánach. Ba ea freisin. Fuair sé na dánta agus leathgheallúint ón Ríordánach go dtiocfadh sé ar an Aonach. Bhí rud eile ar a aire ag Eoghan freisin. Bhí léirmheas éachtach scríofa ag Máirtín Ó Cadhain ar eagrán Chumann Merriman de Chúirt an Mheán Oíche le haghaidh *Combar* na Nollag agus ní raibh ag teastáil ansin ach 'An Chaint sa tSráidbhaile' ó Bhreandán le barr maise a chur ar an eagrán áirithe sin.

Bhuail Eoghan le Breandán arís níos deireanaí an tráthnóna céanna sin i gCorcaigh nuair a bhí a chuid oibre féin déanta ag Breandán agus cé chasfaí orthu ach An Captaen Seán Feehan. Bhí Feehan i mbun Mercier Press i gCorcaigh, a d'fhoilsigh *Willie the Plain Pint agus an Pápa*, bailiúchán d'altanna Bhreandáin, blianta ina dhiaidh sin. Thug Feehan Eoghan agus Breandán amach chuig an gCounty Club ar an Meall Theas chuig dinnéar agus chaith sé féin agus Breandán formhór an ama ag caint faoi *Scéala Éireann:*

> Chuaigh an triúr againn abhaile tigh Feehan ansin, áit a rabhamar ag comhrá le bean chéile Feehan a bhí ag fáil bháis leis an ailse ag an am agus ar scríobh Feehan leabhar fúithi ina dhiaidh sin. Is é an rud is mó a fhanann i mo chuimhne a fhuarchúisí is a labhair Breandán agus Feehan faoi bhreoiteacht na mná agus í sa láthair. D'airigh mé go raibh dearcadh na beirte acu ar an saol chomh crua le cloch. Chuaigh mé féin agus Breandán ar ais chuig Óstán an Metropole níos deireanaí an oíche sin agus bhíomar ag ól agus ag comhrá ansin go maidin. Arís, bhraitheas an tréith a luaigh mé cheana le Breandán – mífhreagracht, cruas agus fuaire de shórt éigin.

Ach fanann acmhainn grinn Bhreandáin i gcuimhne Eoghain freisin, go háirithe eachtra bheag a tharla ceann de na blianta a mbídís i gcomhluadar a chéile ag Scoil Gheimhridh Mherriman ar An Aonach i gContae Thiobraid Árann:

> Sna blianta sin, ag ceann de scoileanna Mherriman, bhí seomra agam i bpáirt le Breandán san óstán ar an Aonach. Ag tarraingt ar a sé a chlog ar maidin thugas-sa m'aghaidh ar an leaba, póit orm, agus bhaineas an seomra

amach. Bhí Breandán ina shrannadh codlata. Chuas, ar ndóigh, isteach sa
seomra folctha agus d'fhanas ann tamall. Nuair a tháinig mé amach bhain
mé díom agus chuaigh mé go dtí an leaba agus nuair a bhíos do mo
shíneadh féin ar an leaba baineadh geit asam, mar, sínte taobh liom sa
leaba, bhí dealbh mór millteach den chroí rónaofa agus a bhrollach foscailte
is a cheann leis scaoilte, agus in áit an chroí bhí nóta mar seo: 'A Eoghain,
a chara, d'fhulaing mise freisin.' Agus leis sin, chuala mé an sciotaraíl gháirí
ón leaba eile agus súil Bhreandáin ag gliúcaíocht amach orm; d'iompaigh
sé a dhroim agus chuaigh sé a chodladh.

Is in eagrán na Nollag úd de *Combhar* a raibh Eoghan ag stócáil ina
chomhair i gCorcaigh i 1968, a bhí an t-alt ag Breandán faoin oíche ar
dúnadh Tigh Uí Néill ar Rae Mhuirfean, agus an fotheideal aige leis
– 'An Oíche ar Cheannaigh Leo na Deochanna':

B'iontach mar a d'athraigh na custaiméirí sna cúig bliana déag a chaith mise
ag tarraingt ann. I ngeall ar chara liom atá sa Roinn Airgeadais a thosaigh mé
ag dul ann. Bhíodh bailiúchán diabhalta scoláirí agus scríbhneoirí bailithe sa
gcúinne ar dheis. B'ann a leag mé súil den chéad uair ar Dháithí Ó hUaithne,
Tomás de Bhaldraithe, Máire Mhac an tSaoi, Tommy Woods agus daoine eile
nach iad. Bhíodh Liam Ó Flatharta ag tarraingt ann san am sin freisin . . .
Bhíodh sé lán le Gaeilgeoirí, go háirithe i ndeireadh na seachtaine.
Thagadh go leor leor de mhuintir na Gaeltachta isteach ann le blianta beaga
anuas. Ansin bhíodh cuid mhór d'fhoireann Raidió Teilifís Éireann ann, ar
Ghaeilgeoirí a bhformhór freisin. Agus níor cheart dearmad a dhéanamh
de na Sóisialaigh agus na Poblachtánaigh a chruinníodh ann san oíche Dé
Sathairn . . .
Ó thaobh na Gaeilge de ba é an tábhacht ba mhó a bhí le Tigh Néill gur
cruthúnas a bhí ann go mba rud beo an Ghaeilge i mBaile Átha Cliath.
Chuireadh sé iontas ar chuid mhór d'aos óg na Gaeltachta oiread daoine de
chineálacha éagsúla a chloisteáil ag labhairt Gaeilge i gceartlár Bhaile Átha
Cliath. Rud é nach gcloisidís – mar a dúirt go leor acu – in óstáin na
Gaillimhe, mura mbeidís féin á labhairt. Ba mhór an misniú dóibh é . . .[17]

Is cóir dom a lua anseo go bhfuil cur síos breá eile ar chustaiméirí na linne Tigh Uí Néill ag comhghleacaí Bhreandáin, Proinsias Mac Aonghusa, sa leabhar *Cuimhní Cairde* a chnuasaigh sé féin agus Tomás de Bhaldraithe faoi Dháithí Ó hUaithne nuair a bhásaigh sé. 'Gáire Mór na Féasóige' is teideal d'aiste Phroinsiais, ag tagairt do gháire mór Dháithí a bhíodh le cloisteáil ar fud an tí ósta go léir.

Cé go raibh an t-uafás altanna agus scripteanna scríofa ag Breandán faoin am seo ní raibh rud ar bith foilsithe i bhfoirm leabhair ná paimfléid aige. D'iarr Eoghan air léacht a thabhairt faoi Mháirtín Ó Cadhain ag Scoil Gheimhridh Mherriman 1971, rud a rinne sé.

Thairg Eoghan agus Cumann Mherriman an léacht a fhoilsiú, rud a rinneadar i 1973. Bhí an gad scaoilte anois agus creidim gurb in é an uair a thug sé faoi *Lig Sinn i gCathú* i ndáiríre. Nuair a tháinig an leabhar ar an saol trí bliana ina dhiaidh sin rinne Breandán coinne bualadh le hEoghan Tigh Phaddy McCormack i nDún Laoghaire, áit a raibh sé féin agus a sheanchara, Aindreas Ó Gallchóir, ag baisteadh na céadghine. Bhronn sé cóip den leabhar ar Eoghan agus scríobh sé taobh istigh:

> A Eoghain, ná buail ró-chrua é; bíonn fear meánaosta gan aon chuibheas i bhfianaise an chéad linbh. Le mórmheas, Breandán.

Nuair a foilsíodh cnuasach aistí *An Comhchaidreamh: Crann a Chraobhaigh* i 1985, ag comóradh leathchéad bliain a bheith slánaithe ag an eagraíocht sin, scríobh Breandán aiste dar teideal *Seal i m'Eagarthóir* ina dtugann sé chun cuimhne roinnt de tharlúintí spéisiúla na linne, ina measc cás Phaul Singer agus Shanahan's Stamps. I gClólann Fleet i bPlás Eccles i mBaile Átha Cliath a chlóbhuailtí *Combar*, agus is ann a tháinig Breandán agus Paul Singer salach ar a chéile:

> B'ann a chlóbhuailtí sraith irisí tráchtála, bileoga agus ábhar eile do Ghael-Linn agus catalógaí stampaí an Dochtúra Paul Singer. B'uafásach an collach muice é Singer agus ó bhí clú an mhilliúnaí air san am bhí an chlólann ar a chomhairle féin aige. Ní mise amháin a ghuigh bás obann faoi pheannaid dó. Ansin, d'aon iarraidh amháin, thit an tóin as gnó na stampaí – Shanahan's, i nDún Laoghaire – agus gabhadh agus cúisíodh Singer agus na Shanahans

bhochta. Caitheadh iadsan ach thug an crochadóir na cosa leis. Saoradh é agus bhailigh sé as an tír. Ní raibh de shásamh pearsanta agam féin ach an eire fiacha a d'fhág sé ina dhiaidh sa Fleet. Bhí Dia de chineál éigin ann, tar éis an tsaoil.[18]

Chuir Caoilfhionn Nic Pháidín eagar ar an gcuid is fearr d'altanna Bhreandáin in *Combar* agus d'fhoilsigh sí iad faoin teideal 'An Chaint sa tSráidbhaile' i 1991, bliain tar éis do Bhreandán bás a fháil. Má tá beagán de 'chaonach na doiléire' ar roinnt díobh, is scáthán fós féin iad ar chaol polaitíochta agus sóisialta na tíre sa dara leath den fhichiú haois. Is sampla maith iad freisin de shaibhreas smaointeoireachta, cainte agus scríbhneoireachta Uí Eithir. Mhúnlaigh sé stíl chomhráiteach liteartha, bunaithe ar ghnáthchaint na ndaoine, agus b'fhiú an leabhar seo a bheith ina ábhar léitheoireachta ar gach cúrsa iriseoireachta Gaeilge sa tír. Tá an greann – greann dubh go minic – ina orlaí tríd, mar is léir ó na sleachta fánacha seo a leanas:

An Gael

Bíonn an Gael gan aon fhocal den teanga is ansa lena chroí. Bíonn sé meánaosta de ghnáth ach casadh Gaeil orm a bhí faoi bhun na ndeich mbliana fichead. Creideann sé i nDia, i bPáirtí (éigin) Polaitíochta, i gcumhacht saolta na hEaglaise agus thar aon ní eile i gCumann Lúthchleas Gael. Creideann sé freisin gur ag an bPáirtí (áirithe) Polaitíochta agus, ar ndóigh, ag an gCumann Lúthchleas Gael atá an plean a shábhálfas an Ghaeilge – le cúnamh na hEaglaise agus an Chonartha. Bíonn an Gael lom dáiríre de shíor agus i gcónaí; mar sin ná ceap gur féidir fiodmhagadh a dhéanamh faoi, fiú ar a chuid óil. Chonaic mé drochbhuillí dá mbualadh ar ócáidí den tsórt sin.[19]

Scoláirí na Gaeilge

Tabhair a dhóthain den ardléann don Ghaeilgeoir agus ní Gaeilgeoir a thuilleadh é ach SCOLÁIRE. Agus, a chairde mo chléibh, is iontach na héanacha iad na scoláirí nuair a bhaineann siad amach beanna arda an léinn mhóir. Tugann siad gráin don uile fhocal den teanga Ghaeilge ach na focla a bhfuil seacht sreama na seanaoise orthu. Níl canúint is fearr leo ná an chanúint atá marbh le céad bliain . . .

Gluaiseacht na Gaeilge

Níl aon 'aontú' i nGluaiseacht na Gaeilge. Réiteofar ceist na gcanúintí, déanfar dearmad ar fhíoch Chogadh na mBráthar, imeoidh na Blueshirts as cuimhne na ndaoine, imeoidh an teorainn, ach fad is atá dhá scór cainteoir Gaeilge sa tír beidh na heagraíochtaí agat. Beidh siad uilig ag déanamh ar an gcuspóir chéanna ó na cearda céanna. Beidh siad uilig in éad lena chéile, ag líochán a chéile, ag tabhairt uisce chuig muileann a chéile, ag tochras ar cheirtlíní a chéile . . . Cérbh é príomh 'bhuck-cat' na Gaeilge deich mbliana ó shin? Cé mhéad 'buck-cat' a bhí againn ó shin?[20]

Pobal Gaeilge Bhaile Átha Cliath

Is minic tugtha faoi deara agam go maireann go leor de lucht na Gaeilge, go speisialta i mBleá Cliath, i sliogán mór mínádúrtha Gaeilge. Is éasca leo a cheapadh gur miontsamhail de Éire Ghaelach an réimse cúng ina ngluaiseann siad. Daoine saonta, ionraice, bogintinneacha iad seo de ghnáth. Tá siad le cur síos leis an dream a chuaigh go mullach sléibhe san Iodáil anuraidh mar go raibh deireadh an domhain tagtha![21]

Cathal Ó hEochaidh

('An Cliamhain Ionmhain' nó 'Beautiful Charlie') Níl aon bhaint ag Charlie le litríocht, cé dá ndéanfaí Aire Cultúir de gur dóigh go bhfaigheadh muid amach gur bhuaigh sé Duais Nobel nó gur léiríodh drámaí leis san Abbey. (Dá ndéanfaí Aire Spóirt de an bhfaigheadh muid amach gurb eisean agus nárbh é 'Jock' a bhíodh ag imirt do Bhleá Cliath?) Ach ní ar a chuid capall, a chuid cearc ná ar a chuid gadhar is mian liom cur síos anois ach ar an rud ar a dtugtar a 'Image'. . .[22]

Comhaltas Ceoltóirí Éireann

Tuilleadh glugair ag Comhaltas Ceoltóirí Éireann. Ní raibh sé indéanta beirt fhidléirí a chur ag scríobhadh ag crosbhóthar faoi choimirce an Chomhaltais, gan cath cléireach a thabhairt i láthair chun beagán gaotaireachta a dhéanamh i dtaobh 'an oidhreacht náisiúnta agus an Chríostaíocht.[23]

John Healy ('Backbencher' san Irish Times)

Chonaic mé Seán an Chúilbhinse ina sheasamh taobh amuigh de theach bia áirithe agus é ag brúchtaíl na ngásanna a chruinníonn i mbéal an chléibh tar éis béile séasúrach agus na fíonta a ghabhann leo. De bhrí gur tuairisceoir neamhspleách é ní raibh lena chois ach Aire amháin.[24]

Comóradh Éirí Amach na Cásca 1966
Chuaigh an rud uilig i gcion ar an aos óg go speisialta, ar bhealach a chuir iontas ar dhaoine. Cruthú cinnte é seo nach múintear stair na hÉireann ar chor ar bith sa gcuid is mó de scoileanna na tíre. Ina cheann sin (agus de thimpiste b'fhéidir) léiríodh go han-soiléir cé na gaid atá fós gan scaoileadh; go bhfuil fadhb na teorann chomh fada ó réiteach is a bhí riamh, go bhfuil teipthe ar an stát seo an Ghaeilge a chaomhnú, ní áirím í a athbheochan, gurb é polasaí oifigiúil an Rialtais seo agus gach uile pháirtí polaitíochta sa tír Séamus Ó Conghaile agus a theagasc a fhágáil sa Limbo sin a chuirtear in áirithe dá leithéid.[25]

Seán Ó Loingsigh, Taoiseach
Tá Taoiseach nua againn. An chéad Taoiseach i stair na tíre seo nár theastaigh an post uaidh. (Sos gairid chun seans a thabhairt daoibh racht gáire a chur díbh.) Tá sé de bhua ag Jack gur féidir le cairde agus le naimhde an bhrí a shásaíonn iad féin a bhaint as a chuid cainte, dála Sibéal na Gréige fadó. An oíche a raibh sé ag caint le David Thornley ar an teilifís ba bheag nach ndeachaigh sé de rúide trína bhundún féin agus ar ais, le linn dó bheith ag caint ar an nGaeilge. Agus i rith an ama bhí na súile lácha, ionraice ag stánadh ar nós lampa an Chroí Naofa i dteachín ceann tuí sa Mhumhain. Seo é, a dhaoine geanúla, an Corcaíoch Glic to end all Corcaíochaí Glice.[26]

Plean Bhord na Gaeilge
In aghaidh mo réasúin agus le corp mí-ionraicis pheacaigh mé in aghaidh na mícharthanachta nuair a chuir mé fáilte theoranta roimh an bplean seo san *Irish Times* . . . Nuair a fhéachaim ar an bplean anois titeann mo phutóga síos chomh fada agus atá ann agus déantar luaidhe leáite díobh.[27]

Blianta spleodracha a bhí sna blianta siúd i dtús na seascaidí. Ní hé amháin go raibh Breandán ina Eagarthóir ar *Combar* ach bhí sé freisin ina Eagarthóir Gaeilge ar *Scéala Éireann*, ina chraoltóir i Raidió Éireann agus i mbun scannánaíochta do Ghael Linn, gan ach roinnt dá raibh ar siúl aige a lua. Bhíodh Gaeilge le cloisteáil go minic ar an stráice sin de Fhaiche Stiofáin a bhí ag síneadh ó Oifig Ghael Linn ag barr Shráid Ghrafton suas go dtí Halla an Damer gar do choirnéal Shráid Fhearchair. Bhí tarraingt mhór daoine ar oifig Ghael Linn; ar Oifig an Chomhchaidrimh agus *Combar* a bhí lonnaithe os cionn siopa poiticéara Browne; ar Stiúideo Pheter Hunt a bhí cúpla doras suas as sin arís; agus ar na drámaí Gaeilge a bhíodh Gael Linn a reachtáil i Halla an Damer. Is i Stiúideo Pheter Hunt a thosaigh Breandán ag foghlaim a cheirde mar scríbhneoir scripte agus mar thráchtaire scannán. Bhí nuachtscannán seachtainiúil sna pictiúrlanna ag Gael Linn ag an am agus tháinig Louis Marcus aníos as Corcaigh agus chuaigh sé i mbun scannánaíochta go lánaimseartha dóibh. Is mar sin a casadh Breandán agus Louis ar a chéile agus rinneadar obair mhór i dteannta a chéile ina dhiaidh sin.

Nótaí

[1] *Combar,* Deireadh Fómhair 1960

[2] *Combar,* Eanáir 1989

[3] *An Combchaidreamh: Crann u Chraobhaigh:* 49

[4] *An Chaint sa tSráidbhaile:* 25-26

[5] *An Chaint sa tSráidbhaile:* 26

[6] *An Combchaidreamh: Crann a Chraobhaigh:* 49

[7] *Sunday Press,* Meán Fómhair 23, 1957

[8] *Combar,* Bealtaine 1963

[9] *An Combchaidreamh: Crann a Chraobhaigh:* 52

[10] *Combar,* Meitheamh 1963

[11] *Combar:* Nollaig 1964

[12] *Thar Ghealchathair Soir:* 10-12

[13] Seán McEntee, athair an fhile Máire Mhac an tSaoi, a bhí ina Aire Sláinte i Rialtas Fhianna Fáil ag an am.

[14] *Combar,* Feabhra 1965

[15] *The Irish Times:* 7 Eanáir 1976

[16] *Shame the Devil:* 9-10

[17] *An Chaint sa tSráidbhaile:* 97-99

[18] *An Combchaidreamh: Crann a Chraobhaigh:* 48-9

[19] *Combar,* Iúil 1957

[20] *Combar,* Aibreán 1960

[21] *Combar,* Meitheamh 1962

[22] *Combar,* Eanáir 1965

[23] *Combar,* Lúnasa 1965

[24] *Combar,* Feabhra 1966

[25] *Combar,* Bealtaine 1966

[26] *Combar,* Nollaig 1966

[27] *Combar,* Meitheamh 1983

8. Scannánaíocht

Colm Ó Laoghaire and Jim Mulkerns schooled me in this work, and I was taken many steps further during a long working relationship with Louis Marcus.[1]

'Amharc Éireann' a thugtaí ar na nuachtscannáin ghearra, trí nóiméad ar fhad, a thosaigh Gael Linn a thaispeáint i bpictiúrlanna na tíre i 1956. Is é Mícheál Ó Gríofa as an gCeathrú Rua i gConamara, a bhí ag múineadh scoile i mBaile Átha Cliath ag an am, a scríobhadh na scripteanna an chéad chúpla bliain agus deir Riobard Mac Góráin Ghael Linn go raibh sé thar barr ag an obair sin. Pádraig Ó Raghallaigh as Raidió Éireann, fear a raibh glór ar leith aige, a léadh an tráchtaireacht. Nuair a d'éirigh Ó Gríofa as i 1958 is é Breandán Ó hEithir a thóg a áit ag scríobh scripteanna, agus nuair nach mbíodh Pádraig Ó Raghallaigh ar fáil is é Breandán a léadh an tráchtaireacht freisin. Dhá scannán in aghaidh na míosa a bhíodh ann i dtosach agus, tar éis tamaill, scannán in aghaidh na seachtaine. Idir an 19ú Meitheamh 1959 agus an 26ú Iúil 1964 taispeánadh 269 nuachtscannán seachtainiúil. Bhí Comhlacht Ranks tar éis éirí as a gcuid nuachtscannán féin i bpictiúrlanna na Breataine mar gheall ar iad a bheith as dáta ag an teilifís ansin. Bhí daoine éirithe chomh cleachtach sin ar nuacht na teilifíse sa mBreatain go raibh nuacht na pictiúrlainne as dáta faoi cheann cúpla lá. Tharlódh an rud céanna in Éirinn freisin nuair a thiocfadh ár gcóras teilifíse féin i dtús na seascaidí. Ach ar feadh na gcúig bliana sin idir 1959 agus 1964 bhí anghlacadh le 'Amharc Éireann, arna léiriú ag Gael Linn' i bpictiúrlanna na tíre seo. Colm Ó Laoghaire a léirigh iad agus Jim Mulkerns agus Vincent Corcoran a rinne an scannánaíocht agus an ghrianghrafadóireacht. Mhínigh Riobard Mac Góráin an obair dom:

> Colm Ó Laoghaire a bhí ina stiúrthóir ar na nuachtscannáin. Thosaíodh an tseachtain nuachta ar an Luan agus bhíodh orainn an scannánaíocht a bheith críochnaithe againn faoin gCéadaoin. Bhíodh orainn an

eagarthóireacht a dhéanamh ar na píosaí éagsúla scannáin agus an guthú agus an fhuaim a chur leo i Stiúideo Pheter Hunt san oíche Dé Céadaoin. Agus an chéad rud ar maidin Déardaoin bhí an nuachtscannán le seoladh go Sasana ar eitleán, mar bhí orainn ár gcuid obair shaotharlainne a dhéanamh i Saotharlanna Ranks lasmuigh de Londain. Ansin chaitheadh an scannán a bheith ar ais arís an mhaidin dár gcionn le bheith sna pictiúrlanna in Éirinn ar an Aoine. Déanadh é seo gach seachtain den bhliain ar feadh cúig bliana nó mar sin, agus as breis agus 250 nuachtscannán ní raibh siad déanach riamh ach aon uair amháin nuair nárbh fhéidir le heitleán tuirlingt i mBaile Átha Cliath de bharr ceo. Idir trí agus ceithre nóiméad a bhí i ngach nuachtscannán. Seoda a bhí in go leor de na scripteanna a scríobh Breandán.

Is é Riobard Mac Góráin a d'iarr ar Bhreandán tabhairt faoin obair seo, mar a d'iarr sé roimhe sin air 'An Chaint sa tSráidbhaile' a scríobh in *Comhar* agus mar a d'iarrfadh sé ina dhiaidh sin air a bheith ina chomhairleoir agus ina scriptscríbhneoir ag Louis Marcus. Ó Choláiste na hOllscoile Corcaigh, áit a raibh sé gníomhach sa gComhchaidreamh agus ar Choiste *Comhar*, a tháinig Riobard go Baile Átha Cliath i dtús na gcaogaidí. Cé go raibh cónaí ar a mhuintir i gCorcaigh faoi seo bhí roinnt de bhlianta a óige caite i mBaile Átha Cliath roimhe sin aige le linn dá athair a bheith ina Oifigeach Ceannais i gCeannasaíocht an Oirthir den Arm. B'as ceantar Bhaile na hInse i gContae an Dúin an t-athair; cuireadh go Gaeltacht Thír Chonaill ina óige é ag foghlaim Gaeilge agus bhí sé gníomhach i gConradh na Gaeilge i mBéal Feirste ar feadh roinnt blianta. Go Gaeltacht Thír Chonaill a cuireadh Riobard freisin nuair a tháinig an t-am agus comhluadar tuaisceartach ar fad is cuimhin leis a bheith isteach agus amach as an teach acu le linn a óige i mBaile Átha Cliath. B'as Lann Abhaigh i gContae Aontroma a mháthair agus cé nach raibh mórán Gaeilge aici bhí sí ceanúil ar an teanga. Le múinteoireacht a chuaigh Riobard ar feadh cúpla bliain tar éis dó críochnú san Ollscoil, cé gur san iriseoireacht a bhí a chroí i ndáiríre, rud a tharraing isteach go páirtaimseartha i Raidió Éireann é agus in Eagarthóireacht *Comhar* ón mbliain 1952. Nuair a bunaíodh Gael Linn i 1953 ceapadh ina Bhainisteoir ar an eagraíocht sin é agus tá mórán gnéithe de chultúr na tíre a bhfuil a mharc fágtha aige orthu ó shin – an scannánaíocht Ghaeilge ina measc. Cé nach dlúthchairde a bhí iontu, tharraing Riobard agus Breandán go maith le chéile i gcónaí agus níor thóg sé i bhfad ar Bhreandán a cheird a fhoghlaim:

> This skill of fitting words to pictures, and of using words to add a dimension to visual images, has as much to do with mechanics as linguistics. For me it is one of the pleasures of writing, but I notice that all the best practical manuals on the subject are produced in the United States where writing is regarded as much a craft as a product of divine, or malign, inspiration.[2]

Thug Riobard Mac Góráin scannánaí óg, Louis Marcus, aníos as Corcaigh i ngeimhreadh na bliana 1958 le bheith ina chúntóir ag George Morrison ar *Mise Éire* agus *Saoirse?* Thug Riobard aníos arís é i dtús na bliana 1960 leis an réamhscannán a dhéanamh do dháiliúchán *Mise Éire* sna pictiúrlanna. Taispeánadh *Mise Éire* den chéad uair ag Féile Scannán Chorcaí i 1959 agus tháinig *Saoirse?* amach i 1960. An bhliain chéanna sin chuaigh Louis Marcus i mbun scannánaíochta i gceart nuair a thug Gael Linn coimisiún dó le dhá scannán a dhéanamh ar an bpeil agus ar an iománaíocht. *Peil* agus *Christy Ring* na teidil a tugadh ar na scannáin seo agus rinne comhlacht tobac Players-Wills urraíocht orthu, rud a raibh glacadh leis ag an am. Mar scannáin teagaisc 16 milliméadar do na clubanna a bhí sé i gceist iad a dhéanamh i dtosach ach cheap Louis go raibh an oiread sin suime ag an bpobal sna cluichí Gaelacha gur cheart iad a dhéanamh ar 35 milliméadar do na pictiúrlanna, rud a rinne sé. Ní raibh an tseirbhís teilifíse tagtha fós agus d'éirigh go hiontach leis an dá scannán i bpictiúrlanna ar fud na tíre.

Sa mbungaló ar Bhóthar Chín Mhuí Thiar a bhí Breandán agus Catherine ina gcónaí nuair a thosaigh Breandán ag obair ar an scannán *Peil* in éineacht le Louis:

> Is cuimhneach liom go ndeachaigh mé isteach ansin chucu go Kimmage Road West agus bhí sé féin agus Catherine an-fhlaithiúil ar fad liom. Is minic a thug siad cuireadh suas chun an tí dom chun lóin ar an Domhnach agus thosaigh mé féin agus Breandán ag dul go Páirc an Chrócaigh minic go leor. Agus, ar ndóigh, théimis chuig na cluichí ceannais cuid mhaith.

Bhí a fhios agam faoin am sin gurbh eolaí ar na cluichí é Breandán agus d'fhiafraigh mé de Riobard Mac Góráin an bhféadfainn é a bheith ina chomhairleoir agam. Ní hé amháin gur scríobh sé an tráchtaireacht nuair a bhí na scannáin á gcríochnú ach bhí sé ag cabhrú liom an t-am ar fad agus phioc mé suas an-chuid den atmaisféar agus den eolas agus den chineál ruda a chuaigh isteach sa leabhar *Over the Bar* níos deireanaí.

Bhí sé i gceist ar dtús go mbunófaí *Peil* ar fhoireann Chiarraí le linn na seachtaine traenála foirne nó '*collective training*' a bhí acu i gCill Airne roimh chluiche ceannais na hÉireann 1960, agus ansin go mbeadh an cluiche ceannais idir Ciarraí agus An Dún ina sméar mhullaigh ar an scannán. Taispeánadh bua stairiúil an Dúin ar Chiarraí sa scannán ceart go leor ach, de bharr aighnis idir Bord Contae Chiarraí, an traenálaí (an Dr Éamon O'Sullivan) agus na himreoirí, theip orthu an mhír theagascúil a dhéanamh i gCill Airne. Socraíodh ansin an mhír theagascúil a dhéanamh faoi sheachtar peileadóirí ó chontaetha éagsúla: Seán O'Neill agus Leo Murphy ón Dún, Kevin Heffernan ó Bhaile Átha Cliath, Kevin Behan ó Chontae Lú, Greg Hughes ó Uíbh Fhailí, agus an bheirt a raibh suim ar leith ag Breandán iontu, 'terrible twins' na Gaillimhe, Seán Purcell agus Frank Stockwell. Bhí cara le Breandán, a bhí ina mhac léinn i gColáiste na hOllscoile Baile Átha Cliath ag an am, Breandán Ó Ruairc as Ciarraí, páirteach sa scannán freisin; tá sé le feiceáil ar ruathar aonair agus Seán O'Neill ag blocáil na peile air. Ar na peileadóirí eile a bhí páirteach bhí Liam Henphy a bhí ina chúl báire ag Ard Mhacha, Matt McHugh a bhí ina chúl báire ag Contae an Chabháin agus Mick O'Brien a d'imir i lár páirce do Chorcaigh. Maidineacha Sathairn a bhídís i bPáirc an Chrócaigh agus, mar íocaíocht, d'fhaighidís béile mór in óstán an Anchor ar Chearnóg Pharnell.

Thóg an scannánaíocht i bPáirc an Chrócaigh roinnt laethanta agus is cuimhneach le Seán Purcell go raibh Leo Murphy as Co. an Dúin ansin an lá a raibh sé féin agus Frank Stockwell ann agus gurb é Liam Henphy as Ard Mhacha a bhí ina chúl báire. B'in é an chéad uair ag Seán Purcell bualadh le Breandán agus le Louis Marcus agus thug Purcell suntas don bhealach breá a bhí ag an mbeirt acu le déileáil le daoine. Bhí Purcell éirithe as peil le tamall ag an am agus é tite chun boilg beagán, a dúirt

sé, agus b'éigean dó an bolg a tharraingt isteach nuair a bhí an ceamara
air. Ach rinneadh dearmad ar an mbolg nuair a bhí an scannánaíocht
thart agus d'ól sé féin agus Breandán cúpla deoch le chéile an tráthnóna
sin. Bhí an bheirt acu an-tógtha leis an stíl álainn a bhí ag Frank
Stockwell agus an chaoi a bpreabadh an liathróid an airde chéanna
díreach dá bhróg i gcónaí nuair a bhíodh sé ar ruathar aonair. Bhí
iontas ar dhaoine ag an am nach raibh Mick O'Connell, an peileadóir lár
páirce ab fhearr sa tír ag an am agus an t-imreoir ba sciliúla agus ba
ghrástúla dár rug ar liathróid san aer riamh, páirteach sa scannán. Tá
an míniú tugtha ag Breandán in *Over the Bar:*

> Short of promising to tow Croke Park south and moor it at Portmagee,
> every possible inducement was offered to persuade him to appear. It was
> the film's loss at the time and the long-term loss to an understanding of his
> great talents does not need to be emphasised. But all that took place
> during his shy islander period which later changed as he entered public life
> with some success.[3]

Nuair a bhí Louis ag cur an scannáin *Peil* le chéile theastaigh uaidh, mar
a theastaíonn i gcónaí, nach mbeadh an script ag tabhairt an eolais
chéanna a bhí le feiceáil ag an lucht féachana ar an scáileán. Ba leor nod
don eolach, mar nuair a d'oscail an scannán le sluaite ag bailiú isteach go
Páirc an Chrócaigh is í an chéad abairt a bhí ag Breandán ina script:
'Déanadh obair inné, agus déanfar beagán amárach, ach inniu . . .' Bhí
Louis an-sásta go deo le scripteanna agus le tráchtaireachtaí Bhreandáin:

> Cé go raibh sé in ann, mar is eol duit, Gaeilge an-saibhir a scríobh ina
> cholún agus in a chuid úrscéalta, rinne sé iarracht í a choinneáil chomh
> simplí agus ab fhéidir leis sna tráchtaireachtaí, toisc go raibh go leor daoine
> ag an am sin sna luath-sheascaidí, a thuig Gaeilge cé nach mbeidís in ann
> í a labhairt go maith.

Tar éis do *Pheil* teacht amach bhí comóradh mór ag foireann peile
Réalta Thuama i dTuaim agus fuair Louis agus Breandán cuireadh chun
na hócáide leis an scannán a thaispeáint ann. D'athraigh Seán Purcell

agus a bhean amach as a dteach féin agus thugadar do na haíonna speisialta agus dá gcuid ban é agus fuaireadar a mbricfeasta tigh Stockwell; sin cineáltas nach ndearna Breandán ná Louis dearmad air dóibh. I halla damhsa *Las Vegas* i dTuaim, atá ina gharáiste anois, a bhí an ceiliúradh agus an scannán, agus bhí dóthain imní ar Louis Marcus nach n-oibreodh rudaí:

Chrochadar braillín anuas ón mbalcóin agus ní raibh na soilse múchta i gceart ná tada. Bhí an-díomá ormsa agus gach éinne ina seasamh ag féachaint ar an rud seo, Ach tar éis cúpla nóiméad bhí píosa sa scannán inar thug Seán Purcell léargas ar conas saorchic 14 slat a thógáil. Bhí sé ag tosú ag rith chuig an liathróid nuair a d'fhógair fear a bhí in aice liomsa, in ard a chinn is a ghutha, 'Over the bar, Seáneen!' Chorraigh sé seo a raibh sa halla agus thuigeas láithreach go raibh suim an-mhór ar fad ag na daoine seo sa scannán a bhí déanta againn. Bhí mé á insint seo do Bhreandán nuair a bhí an scannán thart agus sílim gurb in é a chuir ina cheann *Over the Bar* a thabhairt ar a leabhar féin níos deireanaí.

Dúirt Seán Purcell liom go bhfuil an fear a lig an bhéic 'Over the bar Seáneen' – fear mór dá lucht leanúna féin ag an am – ar shlí na fírinne ó shin freisin ach go bhfuil cuimhne fós i dTuaim air, faoin ainm ceana a bhíodh ag chuile dhuine air, 'Was I?' Reilly.

Bhí Louis Marcus ag obair as oifig Ghael Linn ag barr Shráid Ghrafton agus bhí Tomás Mac Gabhann ag obair os cionn siopa poiticéara Browne ar Fhaiche Stiofáin, áit a mbíodh Breandán ag teacht agus ag imeacht as oifig *Combar.* Béarla ar fad a labhraíodh Louis agus Breandán ar dtús ach rinne Louis suas a intinn Gaeilge a fhoghlaim le nach mbeadh ar Ghaeilgeoirí líofa mar Bhreandán, Riobard Mac Góráin, Aindreas Ó Gallchóir, Tomás Mac Gabhann, Seán Mac Réamoinn agus a leithéidí eile iompú ar an mBéarla chuile uair dá dtagadh sé féin i láthair:

Thóg sé cúpla bliain orm agus ní raibh sé éasca. Ní dhearna mé cúrsa ná tada ach bhínn ag léamh colúin Bhreandáin agus ag éisteacht le Breandán agus le Tomás Mac Gabhann ag labhairt Ghaeilge le chéile. Théadh an triúr againn isteach go Roberts faoi dhó gach lá. Ansin, san oíche, bhuaileadh muid le chéile in go leor áiteanna: Tigh Uí Néill i Rae Mhuirfean, Neary's i Sráid Chatham, Mc Daid's i Harry Street agus i Sinnott's agus i Rice's i South King Street. Agus sa Silver Swan, ar ndóigh, teach ósta an *Irish Press*, bhíodh scata Gaeilgeoirí ansin go minic. Bhí laethanta ann agus, seachas an táille a íoc ar an mbus ar mo bhealach isteach chun na cathrach, níor labhair mé Béarla ar bith i rith an lae ná i rith na hoíche. Bhí sórt Gaeltacht sa gcathair. Agus ansin dá rachfá trasna an droichid, bhí Raidió Éireann fós i Sráid Anraí agus bheadh Gaeilge le cloisteáil i Gerry Dwyer's nó i Madigan's. Bhí an-saol sóisialta ann!

Faoin am a raibh siad ag déanamh an scannáin *Christy Ring* bhí Louis ina chathair dhúchais i gCorcaigh agus bhí Christy Ring gar go maith dá fhód dúchais féin – ar pháirc imeartha Choláiste na hOllscoile Corcaigh ar an Muir Díog (Mardyke), áit ar ndearnadh an scannánaíocht. Bhí Breandán an-tógtha le Ring agus ardmheas aige air mar iománaí, ach ceapann Louis go raibh scáth beag air roimhe nuair a tháinig an t-am le hagallamh a chur air i gcomhair na tráchtaireachta:

Bhí sé an-neirbhíseach ar fad, ní hé amháin faoi bheith ag bualadh le 'Dia' na hiománaíochta ach freisin, sílim, faoin raic uafásach a tharla de bharr na heachtra idir Ring agus Mickey Burke na Gaillimhe i bPáirc an Chrócaigh i 1953. Sílim go raibh imní ar Bhreandán go mbeadh Ring ina aghaidh mar gheall ar gur Ghaillmheach é.

Is é Pádraig Tyers as Sliabh gCua sna Déise, iarpheileadóir agus iariománaí contae le Port Láirge, agus iarpheileadóir contae le Corcaigh, a bhí le tráchtaireacht Bhreandáin a léamh sa scannán seo freisin, mar a rinne sé roimhe sin le *Peil*. Go deimhin, murach Pádraig Tyers agus an aithne a bhí aige ar Ring ní bheadh Christy sásta an scannán a dhéanamh ar chor ar bith. Dúirt Tyers liom nach mar gheall ar gur Ghaillmheach é Breandán a bhí amhras ar Ring faoi ach mar gheall ar gurbh Árannach é agus go mb'fhéidir nár thuig sé iománaíocht. Níor mhair an t-amhras sin i bhfad. Deir Breandán in *Over the Bar*:

When I was introduced to him by Louis Marcus and Pádraig Tyers when the time had come to write the commentary for the instructional section of the film, I was as nervous as I was when making my first broadcast. He came to the point quickly; how was the job going to be done? I told him that he would have to explain all his actions in the various sequences, emphasise what was important at each stage, and that I would find the exact words to convey this to the audience.[4]

Bhí Pádraig Tyers i gceannas ar Oifig Ghael Linn i Sráid an Chapaill Bhuí i gCorcaigh ag an am agus is ansin a cuireadh Breandán agus Christy in aithne dá chéile. Choinnigh Louis súil ghéar ar an mbeirt acu agus bhí Christy an-chúthail ar dtús freisin. Nuair a bhí an ceathrar acu ag fágáil na hoifige níos moille, ar a mbealach suas ag ithe béile san Oyster Tavern, d'fhág Louis agus Pádraig an bheirt eile le chéile:

Shiúlamar amach as an oifig agus dúirt Pádraig Tyers liomsa siúl in aice leis féin i dtreo is go bhféadfadh Ringey aithne a chur ar Bhreandán. Tar éis cúpla slat chualamar an bheirt acu ag caint faoin iománíocht agus ba léir go raibh ag éirí go hiontach leo. Agus an oíche sin, tar éis cúpla uair an chloig a chaitheamh ag caint le Christy, bhí Breandán ag caitheamh na hoíche liomsa. Bhí mo thuismitheoirí fós i gCorcaigh ag an am agus bhí mé féin agus Breandán sa seomra céanna. Agus, is cuimhin liom, nuair a mhúch mé an solas, gur dhúirt Breandán: 'Jasus, I'll play a blinder for Galway tonight!'

Nuair a scríobh Val Dorgan an leabhar *Christy Ring*[5] thug sé an chreidiúint a bhí tuillte aige do scannán Louis Marcus agus don pháirt a bhí ag Pádraig Tyers sa scannán sin, cé nár luaigh sé Breandán ar chor ar bith:

The Gael Linn film *Christy Ring* previewed in the old Savoy cinema in Cork, and now into its third or fourth copy, is the only real record of the Cork hurler. Marcus depended for actuality on black and white stock of All-Ireland finals from the National Film Institute. Most of this was shot by one camera so that often the best scores were lost when film was being changed. The most valuable part of the production is the instructional section, which is probably the only credible record of Ring's teaching. During those two years when the film was being made its instigator, Paddy Tyers, was in a unique position. Tyers, a Waterford man, was on the Cork senior football team from 1953 to '56 when he won a national league medal. But he also won senior hurling and football medals in the Fitzgibbon and Sigerson Cups with UCC, where he is now director of oral Irish.[6]

Tá cuntas níos iomláine ar dhéanamh an scannáin tugtha ag Breandán in *Over the Bar* agus tá míniú níos iomláine tugtha freisin aige ar an aighneas idir Gael Linn agus Cumann Lúthchleas Gael, arbh éigean do Louis Marcus agus do Riobard Mac Góráin dul go hArd Mhacha ag caint le hUachtarán an Chumainn, Alf Ó Muirí ('fear iontach ar fad' a dúirt Louis), sularbh fhéidir teacht ar réiteach. Bhí Pádraig Ó Caoimh, Ard-Rúnaí Chumann Lúthchleas Gael, ar bhord an Mater Hospital ag an am agus is ar chluichí sacair na Ríochta Aontaithe a bhí na Mater Hospital Pools bunaithe. Ach cuireadh brú ar Ghael Linn a linnte féin a bhunú ar chluichí Chumann Lúthchleas Gael agus tugadh le fios dóibh freisin cé a bhí i gceannas na gcluichí sin! Fágfaidh mé ag Breandán an scéal a mhíniú:

My own role as commentary writer enabled me to watch, from my sideline seat, all the old tensions between Gael Linn agus the top brass of the GAA emerge again from the shadows . . . Seán Ó Síocháin, who was Paddy O'Keefe's assistant at the time, was the Gael Linn trustee with responsibility for handling the GAA. And of course there was the inevitable personalities clash between Paddy O'Keefe and Dónall Ó Móráin. Even when the films were eventually made, Seán Ó Síocháin was forced to resign as a trustee of Gael Linn and a most exalted GAA personage was unable to continue as a trustee of Mater Hospital pools, which was run on cross-channel soccer, when it became clear that he would get a belt of the Ban in the ribs from Gael Linn if he did.[7]

Mar is iondúil i gcásanna mar seo, ní raibh an scéal gan greann. Nuair a bhíodh Breandán agus Louis Marcus agus Tomás Mac Gabhann ag ól cupán tae nó caife i gCaifé Roberts ar Shráid Ghrafton bhídís ag caint faoin aighneas seo idir Gael Linn agus Cumann Lúthchleas Gael. Deir Louis Marcus gur thosaigh an t-aighneas faoi nár iarr Gael Linn cead oifigiúil ar Chumann Lúthchleas Gael an scannán a dhéanamh mar gur cheapadar go bhféadfadh Seán Ó Síocháin é sin a réiteach. Ceapann Louis freisin go mb'fhéidir go raibh an dá eagraíocht ag ceartas le chéile faoin traidisiún náisiúnta. Ach bhíodh colún do pháistí in *Scéala Éireann* ag an am faoin ainm cleite 'Captain Mac'. Liam Ó Cearra a bhí ar an bhfear a bhí i mbun an cholúin ag an am áirithe seo agus tá cur síos beag ag Breandán air in alt a scríobh sé in *Scéala Éireann* blianta fada ina dhiaidh sin nuair a bhí an páipéar leathchéad bliain d'aois i 1981. Garúlacht i measc iriseoirí atá faoi chaibidil aige:

Scéal amháin faoin ngarúlacht agus baineann sé le Liam Ó Cearra. Fear ann féin ab ea an Captain Mac deiridh a bhí ag *Scéala Éireann* a chónaigh i dteachín taobh ó dheas de Bhré agus a thug a shaothar isteach chuig a rúnaí uair sa tseachtain. Bhí mise freagrach as an bpíosa seachtainiúil Gaeilge a cheartú.

Bhí sé tráth ina shagart agus scaoileadh óna mhóid é ach d'fhág sin marc air. Mar chosaint air féin agus ní le crostacht ó bhroinn, a ba ghnách leis búir a ligean ar dhaoine agus níor chreid sé go raibh cúis ar bith trí fhocal a úsáid má rinne ceann a chúis. Níor scanraigh sé ach iad siúd nár chuir aithne air ach b'in rud nárbh fhurasta.

Buaileadh tinn de shiota é agus cuireadh in ospidéal é. Ní raibh a fhios ag na dochtúirí an fada gearr a bheadh a théarnamh. Chruinnigh a rúnaí, Máirín Ní Shé, a chairde agus socraíodh gan faic a rá leis an mbainistíocht ar chor ar bith ach go scríobhfadh meitheal a shaothar go dtí go mbeadh sé ina shláinte. Rinneadh sin ar feadh deich seachtainí agus ní mheasaim go raibh a fhios ag an mbainistíocht riamh go raibh sé as láthair.

B'iad na daoine a d'eagraigh an feachtas seo: Liam Robinson (nach raibh i *Scéala Éireann* san am ar chor ar bith), Mark King agus Brian O'Neill. Scríobh mise sraithscéal Gaeilge faoi fhoireann loinge foghlaithe mara a bhí ag troid eatarthu féin. Cuimhním air mar gur mé féin agus Louis Marcus a chuireadh trí chéile roimh ré é agus de bhrí go raibh na heachtraí bunaithe ar chlampar a bhí ar siúl i measc caomhnóirí Ghael Linn.

Níl a fhios agam céard a cheap na léitheoirí óga den Chaptaen Ó Móráin agus dá mháta, Bob (Riobard Mac Góráin), agus na pearsain eile, ach nuair a d'fhill Liam Ó Cearra ba é an chéad mhaith a rinne sé 'cacamas' a thabhairt air . . .[8]

Is cuimhneach le Louis Marcus go raibh carachtar amháin sa dráma aige – duine de na foghlaithe mara – a raibh 'Popshúil Ó Síocháin' air. Ar aon chuma, réitíodh an t-aighneas agus tháinig an scannán *Christy Ring* amach i 1963, an bhliain chéanna a ndeachaigh Breandán chun na hIar-Ghearmáine, áit a raibh sé go Nollaig na bliana 1964. Le linn dó a bheith thar sáile rinne Louis *Rhapsody of a River* don Roinn Gnóthaí Eachtracha agus ceol Sheáin Uí Riada mar 'thráchtaireacht' leis. Nuair a tháinig Breandán abhaile rinne Louis agus é féin go leor scannán eile le chéile. Rinne siad scannán in aghaidh na bliana do Ghael Linn idir 1965 agus 1973 agus Breandán mar chomhairleoir agus mar scríbhneoir tráchtaireachta iontu go léir beagnach. Rinne siad *An Tine Bheo* i 1966 mar chomóradh leathchéad bliain ar Éirí Amach na Cásca. Ina dhiaidh sin rinne siad *Fleadh Cheoil*, ar éirigh go hiontach leis agus a taispeánadh go minic ó shin ar RTÉ agus ar TG4. Ag Fleá Cheoil an Chláir i gCill Rois a rinneadh an scannán seo le linn dheireadh seachtaine na Cincíse 1966 agus tháinig an scannán amach i 1967. Bhí áthas ar Bhreandán a bheith ar ais ar fhód dúchais a athar in iarthar an Chláir agus deis a bheith aige bualadh lena sheanchairde nach bhfaca sé le tamall. Bhí Louis thar a bheith sásta le hatmaisféar an cheantair agus leis an gcomhoibriú a fuair siad ó mhuintir na háite:

D'úsáid muid trí aonad ceamara agus thaifead muid na radharcanna inmheánacha i mbaile eile ar fad, i gCoillte taobh amuigh de Shráid na Cathrach. Tá teach ósta ansin a bhí dúnta ag an am, an Leon Bar, a hainmníodh as bád Francach a longbhriseadh ansin. Bhí siad sásta an áit a oscailt i gcomhair na hócáide agus tugadh na ceoltóirí amach as Cill Rois le haghaidh na scannánaíochta. Tháinig scata de mhuintir na háite ann chomh maith agus bhíodar ar fheabhas ar fad ag comhoibriú linn.

Capallology an chéad scannán eile a rinneadar le chéile agus tháinig sé sin amach i 1968. Ag Seó an Earraigh san RDS i mBaile Átha Cliath agus ag Aonach na gCapall i mBéal Átha na Sluaighe a rinneadh cuid den scannánaíocht agus is é Niall Tóibín a léigh an tráchtaireacht. Bhí Louis an-tógtha leis an gcomhoibriú iontach a bhí idir Breandán agus Niall:

Bhí mé féin agus Breandán an-chairdiuil le Niall agus bhíodh oícheanta iontacha againn le chéile sna pubanna. Bhíomar eolach ar an scil iontach atá ag Niall chun aithris a dhéanamh ar dhaoine. D'fhág Breandán sosanna sa tráchtaireacht chun go bhféadfadh Niall féachaint ar an scáileán agus na guthanna a thabhairt amach. I gcásanna áirithe d'úsáid sé guthanna daoine a raibh aithne againn uilig orthu. Rinne sé an-jab!

Pobal an chéad scannán eile a rinne siad agus tháinig sé amach i 1969. Is éard a bhí anseo – a sé nó a seacht de ghnéithe traidisiúnta de shaol na hÉireann nach mbeadh ann i bhfad eile agus a ba cheart a chur ar buantaifead. Thug an scannán seo Louis agus Breandán go hÁrainn nuair a mhol Breandán gur cheart scannán a dhéanamh de na beithígh á dtabhairt amach sa snámh i ndiaidh na gcurachaí as Inis Meáin le cur ar bord an *Naomh Éanna*. Fuaireadar pictiúir iontacha agus lá álainn gréine le haghaidh na scannánaíochta. Ní raibh aon eitleán ag dul go hÁrainn ag an am agus isteach ar an *Naomh Éanna* a chuadar. Bhí Louis beagán tinn tar éis trí huaire an chloig ar an mbád ach ní raibh mairg ar Bhreandán. Bhí a athair agus a mháthair ar an gcéibh i gCill Rónáin rompu agus thugadar Louis suas chuig an teach, cé gur i dteach lóistín Conneely's i gCill Rónáin a d'fhan sé. D'fhan Breandán ina theach féin lena thuismitheoirí mar a dhéanadh sé i gcónaí. Bhí an mháthair an-chiúin, a deir Louis; seo é an t-am a raibh sí ag cailleadh na cuimhne agus is go gairid ina dhiaidh sin a d'aistrigh an bheirt thuismitheoirí go Baile Átha Cliath agus a chuaigh sise isteach in ospidéal.

Tháinig *Dubliners Sean agus Nua* amach i 1970 agus *Mótar Mo Chroí* i 1971. Iarracht a bhí i *Mótar Mo Chroí* aithris a dhéanamh ar *Capallology* ach gur ar lucht na ngluaisteán nó na mótar, seachas ar lucht na gcapall, a bheadh an ceamara dírithe an uair seo ach níor éirigh chomh maith leis is a d'éirigh le *Capallology*. Is éard a bhí in *Dubliners Sean agus Nua*

scannán a rinne comparáid idir seanghrianghraif Lawrence agus Baile
Átha Cliath na linne sin. Dúirt Louis Marcus:

> Scríobh Breandán script an-mhaith ar fad dó sin. Bhí dhá ghuth sa
> scannán: guth amháin i nGaeilge ag Chris Curran, ag rá 'Nach iontach na
> hathruithe atá tagtha ar an gcathair seo!' agus ansin guth eile i mBéarla ag
> Tom Studley ó Raidió Éireann, sean-Bhleá Cliathach ag caitheamh i ndiaidh
> na seanlaethanta. Dúirt duine éigin liom 'You could hear his false teeth
> clicking!' Ní raibh aon fhiacla bréige ag Tom Studley! Bhí Breandán
> páirteach liom i chuile cheann de na scannáin sin ach amháin an chéad
> cheann, *Rhapsody of a River.*
>
> Rinneamar dhá scannán ghearra bliain amháin ansin, *Poc Ar Buile* agus
> *Páistí ag Obair.* Is é Niall Tóibín a scríobh agus a labhair an tráchtaireacht
> do *Poc ar Buile.* Bhínn féin agus Niall ag imirt gailf go minic ag an am.
> Thuig sé an cluiche go maith agus bhí sé in ann magadh a dhéanamh faoi
> na galfairí sa scannán.
>
> Maidir le *Páistí ag Obair* is é Breandán a scríobh an tráchtaireacht. Faoi
> scoileanna Kindergarten a bhí sé; is múinteoir Kindergarten í mo bhean
> agus is í a thug an smaoineamh dom. Rinneamar an scannán i dhá chineál
> scoile – scoileanna meánaicmeacha Montessori agus scoileanna do pháistí
> an lucht siúil. Scríobh Breandán script an-mhaith agus bhí an fear a labhair
> an script, Annraoi Ó Liatháin, ar fheabhas ar fad. Fuair an scannán sin
> cúpla duais agus fuair sé ainmniúchán do Dhuais Academy na bliana 1973.
> Ansin chailleamar an deontas ó Roinn na Gaeltachta an bhliain sin agus ní
> dhearna mé aon obair eile do Ghael Linn ina dhiaidh sin.

Bhí Louis ag obair leis féin ina dhiaidh sin do bholscairí a bhí ag
iarraidh scannáin i mBéarla a dhéanamh, agus chuaigh sé ó neart go
neart mar scannánaí den scoth agus mar chrann taca thionscal na
scannánaíochta in Éirinn. Ach mhair an cairdeas idir é féin agus
Breandán agus bhuailidís le chéile sách rialta. I gcaitheamh na mblianta
sin go léir a rabhadar ag obair le chéile níor tháinig aon fhocal eatarthu
ach aon uair amháin i ndeireadh na bliana 1972, tráth a raibh Breandán
ag ól go trom agus é deacair brath air. Náire a bhí ar an mbeirt acu faoi
seo agus ní fhacadar a chéile ar feadh cúpla mí agus is i rith an ama sin

a fuair máthair Bhreandáin bás in Eanáir na bliana 1973, rud a ghoill go mór ar Louis. Nuair a bhuaileadar le chéile arís is amhlaidh a nascadh caradas níos buaine ná riamh eatarthu.

Sna chéad bhlianta le Louis bhíodh teannas agus coinbhleachtaí i mBreandán nach raibh oibrithe amach aige fós agus níl amhras ar bith nach raibh dea-thionchar ag pearsantacht chiúin uasal Louis Marcus air. Sna blianta deireanacha bhíodh Breandán i bhfad níos mó ar a sháimhín só. Dhéanadh an bheirt acu coinne béile a ithe le chéile sa nGoat agus shuídís ag an gcuntar ag ól, in áit a bheith ag dul ó thábhairne go tábhairne ag cuartú comhluadair ar fud na cathrach mar a dhéanaidís blianta roimhe sin. Rinne Louis agus Breandán aon scannán amháin eile le chéile nuair a fuair Louis coimisiún ó Chumann Lúthchleas Gael i 1983 leis an scannán comórtha céad bliain (1884-1984) *Sunday after Sunday* a dhéanamh. Bhí sé ina chomhairleoir ag Louis arís freisin ar an tsraith sé chlár, uair an chloig an ceann, *The Heritage of Ireland*, a scríobh agus a láithrigh Douglas Gageby agus a taispeánadh ar RTÉ i 1978. Agus bhí sé ina chomhairleoir ag Louis arís eile, in éineacht le Séamus Ó Buachalla, ar an scannán faoin bPiarsach, *Revival – Pearse's Concept of Ireland* a tháinig amach i 1980.

Bhí Breandán an-cheanúil ar scriptscríbhneoireacht agus rinne sé dianstaidéar ar an gceird. Cruthúnas air sin, b'fhéidir, gur liostáil sé a chuid scripteanna scannán sa mblúire eolais faoi féin a cuireadh i gcló in *Who is Who in the Republic of Ireland* i 1972, tráth a raibh sé 42 bliain d'aois. Níor chaill sé a acmhainn grinn ach oiread, mar is léir ó *Recreations* agus *Ambitions* thíos ag an deireadh:

Ó hEithir, Breandán: Freelance journalist, broadcaster, scriptwriter. b.Aran Islands (Inishmore) 18 January 1930. 1st child of Pádraig Ó hEithir agus Bríd (née Ní Fhlatharta). Educ. Coláiste Éinde, Galway and University College Galway. m. 1957 Catherine daughter of Franz von Hildebrand and Deirdre (née Mulcahy) of Freiburg. Children Ruaidhrí 1959, Máirín 1960, Brian 1963, Aindriú 1965, Rónán 1966.

Editor of Sáirséal agus Dill publisher 1954-6; Irish editor *Irish Press* L t d . 1956-63; editor *Comhar* monthly review 1960-3, 1965-6; reporter 'Féach' RTÉ current affairs programme 1966 – ; scriptwriter for Gael Linn newsreel and numerous films; weekly columnist for *The Irish Times* 'An Chaint sa tSráidbhaile'.   Regular member of Tuarascáil panel in *The Irish Times*. *Publications:* scriptwriter for following films: *Peil, Christy Ring, Capallology, Fleadh Cheoil* (Silver Bear award, Berlin), *Pobal, Dubliners Sean agus Nua, An Tine Bheo.*

Recreations: watching games of all kinds.   Studying human frailty at close quarters.   Keeping an eye on my contemporaries as they pass me up the ladder of life.

Ambitions: to see Galway win an All-Ireland Hurling Final.

Nótaí

1 *Over the Bar:* 183-4

2 *Over the Bar:* 183-4

3 *Over the Bar:* 186

4 *Over the Bar:* 187

5 Ward River Press, 1980

6 *Christy Ring:* Ith. 192

7 *Over the Bar:* 184-185

8 *Scéala Éireann,* 5 Meán Fómhair 1981

9. Scéala Éireann agus Raidió Éireann

There have been very few days since January 1957 when I have not written something.[1]

Ceapadh Breandán ina Eagarthóir Gaeilge ar Nuachtáin Scéala Éireann (Irish Press Newspapers) i mí Eanáir na bliana 1957. Chomh maith le heagarthóireacht a dhéanamh ar altanna agus ar aistí ó scríbhneoirí eile san *Evening Press* agus san *Irish Press* ba chuid dá chuid oibre colún rialta dá chuid féin a scríobh gach seachtain sa *Sunday Press*. 'Tús a' Phota' an teideal a bhí ar an gcolún agus is faoi bhean darbh ainm Peige Pléamonn as Cill Rónáin in Árainn a bhí an chéad alt. Bean í Peige Pléamonn a bhain slí bheatha as Acht a bhí i bhfeidhm i ndeireadh an 19ú céad, a thug cead do bhaintreach a clann a thabhairt go Meiriceá in aisce ar thicéad a d'fhaigheadh sí féin ar phraghas íseal. Sheol an bhaintreach áirithe seo clann mhór nár léi féin ar chor ar bith go Meiriceá. Tharraing Breandán chuige scéal Pheige Pléamonn arís i 1989 nuair a tháinig Aire Gnóthaí Eachtracha na linne, Brian Ó Luineacháin, abhaile as Meiriceá agus, i bhfocla Bhreandáin féin, 'é ag déanamh gaisce faoi chual mór cártaí glasa a bheith le bronnadh aige ar aos óg na tíre seo, d'fhonn iad a thiomáint níos gaiste as bealach na réabhlóide atá tuairiscthe i bhforógra na Cásca 1916.' Tharraingíodh sé staróga den chineál seo chuige go minic, ina chuid comhrá, ina chuid iriseoireachta agus ina chuid scríbhneoireachta, mar mhodh éifeachtach inste scéil.

Bhunaigh Éamon de Valera *Scéala Éireann* i 1932 nuair a chuaigh Fianna Fáil i gcumhacht den chéad uair. Má bhí an *Irish Independent* mar nuachtán neamhoifigiúil ag Cumann na nGaedheal (Fine Gael ina dhiaidh sin) ó bhunú an tSaorstáit i 1921, bhí nuachtán anois ag Fianna Fáil a chabhródh leo a n-aidhmeanna polaitiúla agus cultúrtha féin, más fíor, a bhaint amach: athaontú na tíre agus athbheochan na Gaeilge. Ní raibh amhras ar aon duine faoi dhílseacht Éamoin de Valera féin don Ghaeilge ach bhí Breandán Ó hEithir ar aon intinn leis an staraí J.J. Lee nuair a scríobh seisean faoi Dev ina leabhar *Ireland 1912-1985: Politics and Society*[2]:

> He had no more idea of how to revive the language than of how to achieve unification. In 1939 he could assert that the people were wholly behind the revival policy, and 'all that we require is a suitable scheme.' Alas 'no such scheme has come to my notice.' Nor would it. A decade later he had to tell the Dáil that 'The restoration of the language depends more upon the attitude of the people outside than on the attitude of the public representatives . . . It was not one of those things which the Government can do by a wave of the wand.'[3]

Is minic ráite agus scríofa ag Breandán é, tar éis a raibh de chaint ag Dev faoin nGaeilge, gur i mBéarla a dúirt sé aon rud tábhachtach a bhí le rá riamh aige. Ghoill sé go mór ar Bhreandán gur thug Dev cead don Ghaeilge bás a fháil lena linn féin i gContae an Chláir, an contae a thug suíochán sábháilte Dála dó i gcaitheamh a thréimhse fhada sa bpolaitíocht, agus do iníon a mhic, Síle de Valera, ina dhiaidh sin arís. Mac le Dev, an Maor Vivion de Valera, a bhí ina Ard-Stiúrthóir ar *Scéala Éireann* i 1957 nuair a ceapadh Breandán ina Eagarthóir Gaeilge. Ní mórán tagairtí atá déanta ag Breandán dó agus ní léir go raibh mórán caidrimh idir an Maor Vivion agus an fhoireann, cé go ndeir an tOllamh J.J. Lee faoi go raibh cumas maith tadhlóireachta ann:

> Vivion possessed much of that rigidity in principle and flexibility in practice that made his father so accomplished a ringmaster of the diplomatic circus. He would have made an interesting Minister for External Affairs and might have relieved Aiken to resume as Minister for Finance. Instead, he took over the *Irish Press* when Lemass returned to office in 1951, and confined himself to a backbench career in the Dáil.[4]

Seacht mbliana fichead a bhí Breandán nuair a thosaigh sé ar a cholún rialta 'Tús a' Phota' sa *Sunday Press* agus, ag breathnú siar ar cholúin na chéad bhliana sin, is díol suntais a fhorbartha is a bhí a chuid tuairimí faoin scríbhneoireacht agus faoina mheán scríbhneoireachta, agus a fheabhas is a bhí sé in ann na tuairimí sin a nochtadh. Tabharfaidh an cúpla sliocht seo a leanas blas a chuid scríbhneoireachta ag an am:

Dúirt Pádraic Ó Conaire nach raibh aon fhírinne absolóideach ná aon bhréag absolóideach i gcúrsaí litríochta go háirithe. Ní mian liom dul níos doimhne sa scéal sin inniu ach tá an méid seo le rá. Tógann sé misneach a dhul ar thóir na fírinne sa tír seo. Tógann sé a dhá oiread misnigh an fhírinne a scríobh agus a fhoilsiú. Níl éinne is fearr a thuigeann é sin ná an duine a bhíonn ag spallaíocht ar chiumhais na fírinne.[5]

Is minic ráite é nach féidir le scríbhneoir de shórt ar bith mórán a scríobh i nGaeilge gan an teanga féin a bheith mar phríomhábhar aige. Tá faitíos orm go bhfuil muid féin chomh dona le duine tar éis chomh minic agus a chuireamar romhainn an t-ábhar sin a chrosadh orainn féin, i dteannta na n-ábhar atá crosta ó phréimh. Ní deacair a theacht ar an gcúis atá leis an aicíd seo. Tá muid uilig a bhíonn ag scríobh na Gaeilge coilgneach, searbhasach agus cúng – dár míle buíochas.

Tá muid uilig ag diúl ar an gcorr-shine. Is beag ar fad ár bpobal agus tá fhios ag Dia go samhlaím féin uaireanta gur le leisce mé a mhaslú le neamhshuim a léann mo chairde an t-allúntas seo. Mar sin féin tá daoine nach dtuigeann gur gá don scríbhneoir Gaeilge a bheith go síoraí ag cur ar son na Gaeilge. Ní fuláir dó páirt a thógáil sa rud rúndiamhrach seo ar a dtugtar an Athbheochaint.

Tá sé fánach agamsa a rá go bhfuilim ag scríobh i nGaeilge mar gur fearr a thagann sí liom ná mar a thagann an Béarla; nach é mo ghnó í a choinneáil beo nó í a leathnú. Nílim neamhspleách ar mo mheán scríofa mar tá mo mheán scríofa ar an leabhar ag an bhfiach agus mura bhfuil fonn a tarrthála orm níl ann ach seafóid dom í a scríobh ná í a labhairt. Rud is tábhachtaí fós, tá ciorcal na Gaeilge an-bheag agus is ag dul i laghad a bheas sé. Tá míniú an scéil sa méid sin. Agus ná ceapadh éinne go bhfuilim ag cur ar mo shon féin. Feicim an galar ach is mór é m'fhaitíos nach bhfuil aon leigheas i ndán dó.[6]

Tá Duaiseanna Chomórtais Liteartha an Oireachtais riartha agus is furasta iad a chuntas. Níor bronnadh Duais an Chlub Leabhair (£200); Duais do dhráma trí mhír (£200); ábhar leabhar léirmheasa (£100); ábhar beathaisnéise (£100); Stair an Chonartha (£75) – nár tugadh faoi ar chor ar bith, agus duaiseanna eile nach iad.

Cá bhfuil na scríbhneoirí? Cá bhfuil an athbheochaint seo ar chuala muid an oiread sin ina taobh le blianta beaga anuas? Ní saibhreas £500 ach tá sé indéanta ag scríbhneoir an tsuim sin a shaothrú ar shaothar i nGaeilge inniu. Bhí sé ráite gur easpa airgid, easpa léitheoirí agus easpa foilsitheoirí a bhíodh ag coinneáil litríocht na Gaeilge ó fhás. Is deacair a chreidiúint gur fíor sin . . .

Agus ós ag trácht ar na cúisaí seo muid sílim go bhfuil sé in am doiroadh a chur leis an gcaint sheafóideach faoi 'gur fearr a chuireann an tÉireannach é féin i gcéill sa nGaeilge.' Ó thaobh scríbhneoireachta de cuirfidh sé é féin i gcéill sa teanga is fearr atá ar a thoil aige. Agus ós ag caint ar leabhra atá muid ba mhaith liom an cheist seo a chur: 'Cén fhad ó léigh sibh leabhar Gaeilge le spéis?[7]

Ar theacht na Nollag i gcónaí chaitheadh Breandán súil siar, idir shúgradh agus dáiríre, ar roinnt d'imeachtaí na bliana, agus d'éiríodh leis gáire a bhaint as an léitheoir nó ba dheacair gáire a bhaint as:

Tugadh breith báis ar an 'Dún Aengus' agus tá bád nua sáite le dhul ina hionad sa Márta. Tá Meiriceánach éigin ag iarraidh an seanbhád a thabhairt thar aigéan anonn. Níl fírinne ar bith sa scéal go dteastaíonn ó mhuintir Árann na trí hoileáin a thabhairt go rábach anonn go béal Chuan Nua Eabhrac an chéad uair eile a mbeidh gála gaoth anoir ann.

Bhí 'Oícheanta Seanchais' sa Halla Damer agus bhí an-cháil orthu. Ní hionann agus é siúd eile – beidh a leithéidí arís ann, ar feadh coicíse cloisim. Chuir an dream céanna ceirníní ar fáil. Fuair mé féin cuireadh uathu leagan neamh-dhíobhálach de 'Iníon Mhártan Sheáin Mhóir' a thaifeadadh ach ní cheadódh mo chonradh le MGM dom a leithéid a dhéanamh . . .[8]

Thaitin *Scéala Éireann* le Breandán ón tús:

I took to the *Irish Press* like a seagull to flying and the air of barely-controlled lunacy that existed there at the time was just what I needed, as well as the

constant discipline of the deadline that had to be met. I moved into a small
hotel near the junction of Talbot Street and Gardiner Street, a few minutes
walk from the office, and settled down to learn the trade. In time I also
branched out into a few others . . .[9]

Bhí Séamus de Faoite as Cill Airne ar an bhfoireann, gearrscéalaí agus
iriseoir spóirt a raibh cáil na tráthúlachta cainte air, ach oiread le
Breandán féin. Bhí An Maor Vivion ag siúl go mall tríd an Seomra
Nuachta oíche agus chuile dhuine ag obair agus a cheann faoi aige. Ar
imeacht amach an doras don Ard-Stiúrthóir d'ardaigh Séamus de Faoite
a cheann agus dúirt go sollúnta: 'There goes my beloved son whom I
have well placed!' Is iomdha sin duine spéisiúil a bhí ag obair i *Scéala
Éireann* ag an am, ach thar aon duine eile is é an t-iriseoir agus an
scríbhneoir Benedict Kiely as An Ómaigh i gContae Thír Eoghain, is mó
a chuaigh i bhfeidhm ar an iriseoir óg as Árainn:

Ben was Literary Editor and film critic of the paper and I was lucky enough
to share an office with him for most of my six years in the place. They
were great years too, and apart from becoming close friends it was from
him I learned most of what I know about the craft of journalism and how
to organise one's work. At a time of great purges in the paper there was a
story going the rounds that the management often wanted to get rid of us
but could never manage to find either of us at the right time.[10]

I gCill Rónáin a casadh Ben Kiely ar Bhreandán ar dtús i 1954. Bhí
Nuncio an Phápa ar cuairt ansin agus bhí Ben Kiely curtha siar ag an *Irish
Press* mar thuairisceoir. D'fhoilsigh Kiely scéal faoin ócáid sa *New Yorker*
ina dhiaidh sin faoin teideal 'God's Own Country'. Bhí aithne mhaith agus
ardmheas ag Kiely ar Liam Ó Flatharta, agus bhí sé an t-am sin tar éis alt
fada a scríobh ar a shaothar faoin teideal 'From a Storm-Swept Rock',
leagan a fuair sé ó pheann Uí Fhlatharta féin. Chonaic Ben cosúlacht
láithreach idir Breandán agus a uncail Liam:

I encountered this handsome young man. He told me who he was and I
said 'You are Liam's nephew.' And that was the introduction. There was

a distinct look, a distinct facial resemblance. You couldn't mistake it. And that was my first encounter with Breandán. Then, of course, he came up to Dublin and we worked together on the papers. We shared a room in the *Irish Press*. With Breandán and myself the friendship just deepened. We weren't wild drinkers, either of us, but we did frequent the same houses of rest, as I would call them, at the time. And we knew each other. We could tell stories forever to each other.

Bhíodh Kiely ag taisteal ar fud na hÉireann ag an am agus é ag scríobh a cholúin rialta faoin ainm cleite Patrick Lagan, agus is minic a théadh Breandán in éineacht leis nuair a bhíodh lá nó dhó saor aige. Bhí eolas maith ag Breandán ar an leath theas den tír óna chuid taistil le Comhdháil Náisiúnta na Gaeilge agus bhí sé anois ag cur eolais ar an leath thuaidh den tír i gcomhluadar reacaire agus scéalaí nach raibh a shárú le fáil. Thaitin comhluadar Bhreandáin le Kiely freisin:

He was in Omagh with me. In fact we were in the Royal Arms, my favourite old haunt. In my home town I would land in with Breandán and I would say 'Here is a dear friend of mine from the Aran Islands,' and his good manners and courtesy would influence people everywhere . . . That happened on a few occasions, when I was a newspaper man and had free transport to get around.

Go dtí lá a bháis labhraíodh Breandán go ceanúil agus go minic ar Bhen Kiely agus thagadh aoibh an gháire air nuair a bhíodh sé ag cur síos ar na laethanta agus ar na hoícheanta a chaitheadar le chéile ar bhruach theas na Life:

Ba le linn na tréimhse seo (táim féin agus Ben Kiely ag bagairt le fada leabhar dar teideal Down the Quay a scríobh, i bpáirt, i dtaobh an ama) ba lena linn a dúirt Breandán Ó Beacháin go mbíodh air clogad miotail a chur ar a cheann sula n-osclaíodh sé an *Sunday Press* mar go raibh piléir dá scaoileadh faoi as gach dara leathanach. Bhí an ceart aige i dtaobh na bpiléar. D'fhoilsigh an nuachtán cuntais iomadúla ar luíocháin Chogadh na Saoirse; go háirithe na luíocháin ina raibh an bua ag 'an taobh ceart'.[11]

Tuaisceartach eile, Jim McGuinness as Doire, a bhí ina Eagarthóir ar *Scéala Éireann* nuair a thosaigh Breandán ann, fear a bhí san IRA i Londain le linn an fheachtais buamála ansin i 1939 agus a bhí tar éis tréimhse príosúin a dhéanamh i gCampa Géibhinn an Churraigh in éineacht le Máirtín Ó Cadhain. Bhí sé ina Cheannasaí Nuachta in RTÉ níos deireannaí le linn do Bhreandán a bheith ag obair sa stáisiún. Bhí Breandán tar éis roinnt ama a chaitheamh go páirtaimseartha i *Scéala Éireann* i ndeireadh na bliana 1956, ag cabhrú leis an Eagarthóir Gaeilge a bhí ann, Seán Beaumont. Bhí an-mheas ag Seán Beaumont ar Bhreandán agus is é a mhol do Jim McGuinness é a cheapadh ina chomharba air féin. Scríobh Breandán, blianta fada ina dhiaidh sin:

> I measc na gcáilíochtaí a thuill mo cheapachán mar Eagarthóir Gaeilge ar Scéala Éireann dom bhí ceann neamhghnách amháin. Bhí meas mór ag an té a bhí ina Eagarthóir romham, Seán Beaumont, ar m'uncail, Tomás Ó Flatharta, as ucht na seirbhíse a thug Tomás don Chumannachas sular cailleadh go hóg é. D'aithin sé mise as Tomás agus ní raibh coir ar mo chumas ina dhiaidh sin . . .[12]

Is le linn do Bhreandán a bheith ina eagarthóir cúnta ag Seán Beaumont a chuir sé féin agus Seán Mac Réamoinn aithne ar a chéile i dtosach. Bhíodh colún rialta i *Scéala Éireann* ag Mac Réamoinn – 'Dála an Scéil, le Seán Shéamuis' – ón mbliain 1953 go dtí 1957:

> Jim Mc Guinnesss a d'iarr orm an colún a scríobh. Bhí Seán Beamont ina Eagarthóir Gaeilge agus bhíodh Breandán ag seasamh isteach dó. Agus sa seomra a raibh Seán Beaumont agus Breandán ann bhíodh cúpla duine eile ag obair sa seomra céanna. Bhí Ben Kiely ann agus bhí fear an-spéisiúil eile ann, Arthur Hunter, Meitidisteach as Sligeach a bhí le *Scéala Éireann* ón tús. Bhíodh Kiely ansiúd agus Beaumont anseo agus mar a bheadh 'agallamh na mbodhar' anonn is anall go meidhreach eatarthu. Bhíodh Arthur ag obair leis i gcúinne eile agus bhínnse istigh ag iarraidh mo cholún féin a scríobh. Is cuimhneach liom a bheith istigh ansin oíche agus gan ann ach Arthur Hunter agus mé féin. Bhíodh Arthur bocht ag obair ar nós an diabhail agus ansin deireadh sé: 'Seán, there are times when one is

tempted to believe that the burden is too much to bear!' Agus théimís amach ag ól sa Silver Swan. Duine álainn ab ea é agus bhí an-mheas agus an-chion ag Breandán air. Mhair an colún a bhí agamsa ceithre bliana nó mar sin. Chuaigh mise go Corcaigh ag obair le Raidió Éireann i 1957 ar feadh bliana agus ráithe. Is le Dónal Foley a thosaigh mé arís le 'Tuarascáil' san *Irish Times*, mé féin, Eibhlín Ní Bhriain agus Breandán. B'in iad na laethanta móra!

Sa léacht úd a thug Breandán do Scoil Gheimhridh Mherriman i nGaillimh i 1990, an bhliain ar cailleadh é, thug sé cúpla oscilín chun cuimhne a raibh baint acu le Seán Mac Réamoinn agus leis na laethanta úd san *Irish Press*:

Is cuimhneach liom Seán Mac Réamoinn ag teacht isteach chuig oifig an *Irish Press* chugamsa oíche tar éis dó féin agus dá bhean Pat a bheith ar saoire i gCill Mhuirbhuigh in Árainn. An chéad scéal a bhí aige ná comhrá gearr a chuala sé ar dhug na Gaillimhe sular sheol an Naomh Éanna. 'An go na hoileáin atá sí ag dul?' 'Ní hea. Tá sí ag dul go hÁrainn ar dtús.'

Agus ní hin é an t-aon scéal a bhí aige. An chéad oíche a ndeachaigh Mac Reamoinn amach ag ól ar an oileán chuaigh sé isteach i dteach ósta, é féin agus a bhean agus cuairteoir éigin eile a casadh orthu. D'ordaigh sé trí dheoch agus ina measc bhí leathghloine fuisce na hAlban. Chuir fear an tí suas a lámh agus tharraing sé anuas buidéal Paddy, agus dúirt Seán: 'Ní hea, ní hea, fuisce na hAlban a dúirt mé!' Agus dúirt an fear: 'Is é an dlí atá sa teach seo nach n-osclófar an buidéal sin go mbeidh an ceann seo folamh.'

Bhíodh Diarmuid Breathnach, Príomh-Leabharlannaí RTÉ ina dhiaidh sin agus comhúdar le Máire Ní Mhurchú ar *Beathaisnéis 1-6*, ag scríobh altanna Gaeilge go rialta don *Evening Press* agus ina dhiaidh sin do *Scéala Éireann* le linn do Bhreandán a bheith ina Eagarthóir Gaeilge. Ach bhí ainm Bhreandáin feicthe i bhfad roimhe sin aige, nuair a bhí Diarmuid ag obair leis an gComhairle Leabharlainne sa rannóg a dtugtaí 'The Central Library for Students' uirthi. Fuair siad iarratas ó Leabharlann na Gaillimhe i 1952 leabhar le P.S. O'Hegarty *A History of*

Ireland from the Union to the Treaty a chur sa bpost chuig Breandán Ó hEithir in Árainn. Ní raibh aon aithne ar Bhreandán an t-am sin, mar is ina dhiaidh sin a thosaigh sé ag obair don Chomhdháil, agus seans maith gur le haghaidh an agallaimh cháiliúil úd don phost céanna sin a theastaigh an leabhar uaidh. Bhí aithne shúl ag Diarmuid air ach níor chuir sé aithne cheart air go dtí 1957. D'íoctaí dhá phunt nó dhá ghine le Diarmuid as gach alt leis dá bhfoilsítí san *Evening Press.* Airgead mór a bhí ansin ag an am nuair a smaoiníonn tú gur thart ar chúig phunt a bhí sa bpá seachtaine. Bhí tuairim is deich gcinn d'aistí le Diarmuid curtha i gcló san *Evening Press* faoin am ar bhuail sé féin agus Breandan le chéile:

> Bhraitheas go mór faoi chomaoin ag Breandán, mar ní raibh aon aithne aige orm agus chuireadh sé na haistí seo liom i gcló. Agus ansin, oíche amháin, bhí céilí ag 'Muintir na Gaeltachta' i Halla na nInnealtóirí i Sráid Dawson agus bhí Breandán ann. Chuir mé mé féin in aithne dó agus d'fhanas cairdiúil leis ina dhiaidh sin. Cheannaíos an fáinne gealltanais a thug mé do mo bhean an bhliain áirithe sin le hairgead an *Irish Press.*
> Bhí Breandán chomh tarraingteach sin mar dhuine go gcuirfeá spéis ann láithreach. Bhí sé sin ann go nádúrtha. Ach, ina ainneoin sin, chuirfeadh sé díomá ort mar ní raibh sé in ann gnáthchúraimí sóisialta a chomhlíonadh. Tabharfaidh mé sampla duit den rud atá i gceist agam. Bhíos chomh mór sin faoi chomaoin aige gur iarras chuig mo bhainis é i 1960. Ní hé amháin nár tháinig sé ach níor dhúirt sé nach dtiocfadh sé. Agus ní raibh ach thart ar leathchéad duine ag an mbainis agus bhí áit do bheirt curtha amú! Ní raibh meas ná aird aige ar ghnáthchoinbhinsiúin, fiú nuair a bhain siad le daoine a raibh an-mheas acu air.

Rinne Diarmuid coinne am éigin eile bualadh le Breandán i mBóthar na hArdpháirce i Ráth Garbh, san árasán a bhí aige féin agus ag Catherine ansin. Chuaigh Diarmuid isteach as Bré go lár na cathrach agus as sin amach go Ráth Garbh ach ní raibh tásc ná tuairisc ar Bhreandán. Bhí sé nuaphósta ag an am agus bhí Catherine san árasán agus í tinn ar an leaba. D'fhan Diarmuid píosa fada ag fanacht leis agus ag coinneáil chainte le Catherine ach níor tháinig Breandán agus b'éigean dó dul abhaile. Ní bheadh aon mhuinín ag Diarmuid as Breandán ina dhiaidh sin chomh fada is a bhain le rudaí den sórt sin. Ach mhair an cairdeas eatarthu agus d'iarr Breandán air altanna a scríobh do *Scéala Éireann*. Ba é deireadh an scéil go mbíodh colún seachtainiúil dar teideal 'Probhadh Pinn' ag Diarmuid Breathnach i *Scéala Éireann* ó 1960 go dtí 1963, tráth ar éirigh Breandán as an eagarthóireacht agus a ndeachaidh sé chun na hIar-Ghearmáine lena bhean is lena chlann.

Bhí Pádraig Ó Gaora, comhghleacaí le Breandán in RTÉ ina dhiaidh sin freisin, ar dhuine eilo díobh sin ai iaii Breandán orthu ait rialta a scríobh dó i *Scéala Éireann*. Scríobh Pádraig an colún seachtainiúil 'An Mhuintir Seo Againne' don pháipéar ar feadh roinnt blianta i ndeireadh na gcaogaidí agus thug sé suntas ar leith do chumas eagarthóireachta Bhreandáin. Nuair a cailleadh Breandán i 1990 dúirt Pádraig ar Raidió na Gaeltachta:

> B'iontach an tEagarthóir é. Sin rud nach dtuigtear i gceart. Dá gcuirfeá an chóip a chuir tú isteach chuige agus a chuaigh amach sa bpáipéar, i gcomparáid leis an gcóip a choinnigh tú, is ansin a d'fheicfeá bua an Eagarthóra. Is mar Eagarthóir is mó a bheas cuimhne agamsa ar Bhreandán.[13]

Nuair a bhíodh ar Bhreandán an chathair a fhágáil anois agus arís ní bhíodh air ach glaoch ar Sheán Beaumont agus thagadh sé isteach ina áit. Go deimhin is ar a bhealach isteach ansin a bhí sé ar an 11ú lá de mhí na Nollag 1959, le Breandán agus Catherine a scaoileadh go hÁrainn le haghaidh na Nollag, nuair a mharaigh carr é ag cros ar leibhéal Mhuirfean gar dá theach cónaithe i ndeisceart Bhaile Átha Cliath. Ba mhór an chailliúint é agus chuaigh a dhea-shampla i bhfeidhm go mór ar Bhreandán.

Thagair mé roimhe seo don nuachtán seachtainiúil *An t-Éireannach* a bhunaigh Seán Beaumont i 1934 agus a léití in Árainn nuair a bhí Breandán ina ghasúr. I mBaile an Róba, Co. Mhaigh Eo a rugadh Seán Beaumont, áit a raibh a athair ina chuntasóir agus ina ghníomhaire talún ag Lord Mayo go dtí gur bádh i Loch Measc é ar a bhealach abhaile ó aonach nuair nach raibh Seán ach cúig bliana d'aois. Tar éis bhás an

athar thóg uncail leis a bhí ina Mhinistéir in Eaglais na hÉireann i mBaile
Átha Cliath é agus chuir sé oideachas air i Scoil Naomh Aindriú agus i
gColáiste na Tríonóide. Bhain Seán céim amach sa Léann Ceilteach i
1915 agus scoláireacht i Matamaitic i 1916, agus tar éis postanna éagsúla
múinteoireachta, cigireachta agus feidhmiúcháin, chaith sé deich
mbliana fichead ina léachtóir le Gaeilge agus le Matamaitic i gColáiste
na Tríonóide. Phós sé Máirín Nic Dhaibheach (Mac Gavock), iníon
deirfíre le Eoin Mac Néill, as Gleann Arma i gContae Aontroma agus
thógadar a dtriúr clainne, Máire, Helen agus Piaras, le Gaeilge. Clann
iad a bhfuil a marc fágtha acu féin agus ag a gclann siúd arís ar shaol
na Gaeilge, go háirithe an bheirt iníonacha – Máire Bean (Dhónaill) Uí
Mhóráin agus Helen Bean (Shéamuis) Uí Chiosáin. An bairille a mbíonn
an fíon ann fanann an braon sna cláir.[14]

Ba iad na seacht mbliana a chaith Breandán i *Scéala Éireann* na
blianta ba thábhachtaí dá shaol ar go leor bealaí, cé gur minic a chuala
mé é féin á rá gur lena linn a thosaigh an spás don Ghaeilge sa
nuachtán sin ag dul i laghad. Is ann a d'fhoghlaim sé a cheird mar
iriseoir. Bhí cónaí air i lár na cathrach gar do Raidió Éireann agus is le
linn an ama sin a thosaigh sé ar a shaol fada craoltóireachta. Cuireadh
deireadh ar fad le *Scéala Éireann* i mBealtaine na bliana 1995 ach bhí
deireadh curtha leis na haltanna rialta Gaeilge i bhfad roimhe sin. Ba é
Seán P. Ó hÉalaí as Doire an tEagarthóir Gaeilge deireanach a bhí ann
agus nuair a fuair seisean ardú céime agus a rinneadh Eagarthóir Cúnta
ar an nuachtán de i dtús na nóchaidí, shocraigh an tEagarthóir, Vincent
Jennings, gan post an Eagarthóra Gaeilge a líonadh. I gcaitheamh na
mblianta deireanacha ba é Seán Ó Mainnín, atá ag obair mar dhearthóir
le príomhnuachtán náisiúnta na Gaeilge, *Foinse*, faoin am a bhfuil an
cuntas seo á scríobh, a choinnigh súil ar an mbeagán Gaeilge a facthas
i gcló i *Scéala Éireann*. De na haltanna ar fad a ndearna Breandán
eagarthóireacht orthu lena linn féin, is iad na cinn a d'iarr sé ar Mháirtín
Ó Direáin, agus a foilsíodh sa leabhar *Feamainn Bhealtaine* ina dhiaidh
sin, is mó a raibh práinn aige astu. Dúirt sé in *Comhar*:

. . . d'iarr mé ar Mháirtín aiste in aghaidh na seachtaine a scríobh don
pháipéar ar a rogha ábhair. Idir 1940 agus 1943 scríobh sé píosa in aghaidh

na coicíse don pháipéar faoin ainm cleite 'Ruaidhrí Beag'. Faoina ainm féin a scríobh sé i ndeireadh na gcaogaidí agus choinnigh sé suas é ar feadh roinnt bhlianta go dtí gur 'tháinig triomach air' mar a dúirt sé féin. Tá a rogha féin de na haistí úd le fáil sa mbailiúchán *Feamainn Bhealtaine*. Seo é an t-aon toradh buan atá ar mo sheal sa gcathaoir áirithe úd. Táim bródúil as an mbaint a bhí agam as a bhfoilsiú, ach ní dheachaigh an ceacht amú orm ach oiread tá súil agam.[15]

Níor thóg sé i bhfad ar Bhreandán aithne a chur ar na carachtair mhóra a bhí san *Irish Press* ag an am, leithéidí Joe Sherwood as Workington i gCumbria a bhíodh ina Eagarthóir Spóirt ar an nuachtán tráth ach a bhí ag an am seo ag scríobh colúin faoi chúrsaí spóirt san *Evening Press* faoin teideal 'In The Soup'. Chuir Breandán aithne ar Phádraig Puirséal, fear a raibh ceithre úrscéal foilsithe aige agus leabhar faoi Chumann Lúthchleas Gael *The GAA in its Time*. Fear é seo a spreag Breandán le go leor léitheoireachta faoi chúrsaí spóirt a dhéanamh nuair a fuair sé amach go raibh suim ar leith aige san ábhar. Chaith Breandán go leor ama ag léamh na leathanach spóirt san *Irish Press* féin, siar go dtí an bhliain ar bunaíodh an páipéar i 1932. Chuaigh sé chuig an Leabharlann Náisiúnta le comparáid a dhéanamh idir iad féin agus leathanaigh spóirt na nuachtán eile, agus tá toradh a chuid ransaithe le fáil sna trí chaibidil dheireanacha de *Over the Bar*:

> It must have been this prolonged browse through the sports pages that aroused my interest in the peculiar style adopted by most writers when reporting and discussing gaelic games. I was always interested in sports writing, and particularly in American writing on the subject. I had read Hemingway, Damon Runyon, Ring Lardner, A.J. Liebling and others, as well as the great English writer on cricket and music, Neville Cardus. But for whatever reason I never paid any attention to either the style or the linguistic idiosyncrasies of the writers on gaelic games.[16]

Chuir sé aithne freisin ar 'Fear Ciúin', ar dhúirt sé faoi in *Over the Bar* go raibh sé chomh ciúin le '*Galway Bay in a force nine gale.*' Bhí 'Fear Ciúin' go láidir i bhfábhar an 'Ban' – an cosc a bhí ag Cumann

Lúthchleas Gael ar 'chluichí gallda' – cosc nár aontaigh Breandán ar chor ar bith leis.

Iar-Choirnéal Airm, Matt Feehan, a bhí ina Eagarthóir ar an *Sunday Press* ag an am agus nuair a thugadh aon duine a ainm sibhialach air cheartaíodh sé é agus deireadh: '*Colonel to you!*' Bhí Breandán ag dul thar a dhoras lá amháin nuair a labhair cara éigin as a ainm leis. Thapaigh Breandán a dheis agus dúirt, os ard: '*Lance-Corporal Ó hEithir to you, sir!*':

> Fear é a thug a theideal míleata leis isteach sa saol sibhialta ach oiread lena mháistir, mac de Valera. Bhí sé saor go hiomlán ó aon chineál acmhainn grinn. Chuala sé mise lá ag ordú do dhuine éigin ar an staighre taobh amuigh dá oifig, Lance-Corporal Ó hEithir a thabhairt orm feasta. Fuaireas léacht uaidh, ní mar gheall ar a bheith fonóideach ina thaobh féin agus i dtaobh úinéir an pháipéir ina theannta, ach mar gheall ar nárbh ann don teideal áirithe a luaigh mé in Arm na hÉireann . . . ach gurbh ann dó in Arm mallaithe na Breataine.[17]

Ba gheall le club do iriseoirí *Scéala Éireann* é an Silver Swan, an teach tábhairne ba ghaire dóibh ar Ché Sheoirse ar bhruach theas na Life. Le linn do Bhreandán a bheith i *Scéala Éireann* ba mhinic é féin agus Ben Kiely agus Seán Mac Réamoinn i gcomhluadar a chéile sa Swan. 'Kennedy Bros' a bhíodh ar an teach tábhairne seo sular baisteadh an 'Silver Swan' air, agus bhaist lucht *Scéala Éireann* an 'Mucky Duck' mar leasainm ansin air. Bhí seachtar ar fad de na 'Kennedy Bros' ann, de bhunadh Thiobraid Árann, agus tithe tábhairne acu ar fud na príomhchathrach. An ceann a dtugtar 'Kennedy's' air tá sé fós ann ar Ché Sheoirse ach tá an 'Silver Swan', a bhíodh ar an gcúinne díreach trasna ó Shráid na Teamhrach, dúnta ó thús na seachtóidí. Dhíol na Cinnéidigh leis na Butterlys é i 1969. Dhún siadsan an áit ar fad blianta beaga ina dhiaidh sin agus d'úsáid siad an ceadúnas leis an 'Stardust' in Ard Aidhinn a oscailt, an áit a ndearna dóiteán sléacht ar aos óg thuaisceart na príomhchathrach Oíche Fhéile Vailintín 1980. Thagair Breandán féin don tubaiste seo in alt a scríobh sé i *Scéala Éireann* i 1981, tráth a raibh an páipéar leathchéad bliain d'aois:

In ósta an Silver Swan, ósta a rinne imirce thragóideach go hArd Aidhinn ina dhiaidh sin, a ba mhó a chruinníodh lucht na Gaeilge. D'fhás cineál club ann agus b'iomaí oíche shuairc a bhí againn ann faoi bhainistíocht chineálta Sheáin Kennedy agus John Redmond. Cé go raibh an áit beag ba mhinic a mheasfá go raibh foireann iomlán an pháipéir agus stiall mhaith de phobal na Gaeltachta i mBaile Átha Cliath istigh ann . . .[18]

An John Redmond atá luaite ag Breandán ansin tá sé ar pinsean anois agus ina chónaí i Ranallach:

I remember when Breandán came to the *Irish Press*. I think it was 1957 and I had been there since 1955. He was quite young then and he used to come in with Tomás Mac Gabhann. From the very beginning he had a genuine interest in people, even the younger members of the staff. The Swan was more like a club. It was a great meeting place. I remember Breandán bringing his uncle Liam O'Flaherty in there and I remember seeing Séamus Ennis there with him on other occasions. I always looked forward to Breandán coming into the pub. He always saw the funny side of the situation. He was great company and he used to tell very funny stories. Ben Kiely and himself came in together very often. Ben was a marvellous man. He could hold court and take over the place. I always considered Breandán a very good friend.

Nuair a d'fhág Breandán Maeve Ryan agus nuair a phós sé iníon a deirfíre, Catherine von Hildebrand, chuireadar fúthu in árasán in uimhir 20 Bóthar na hArdpháirce i Ráth Garbh. Ní raibh aon fháilte roimh pháistí in árasáin in Éirinn ag an am sin, mar a fuair Catherine amach go luath ina saol pósta:

Dare you have children in a flat in Ireland! There was no contraception, but dare you have children! We had to leave our flat. We changed to 52 Eaton Square, Terenure, the lower half of the house, and that is where Ruairí was born. In due course we got notice to quit there too and after six months we took a bungalow in 161 Kimmage Road West. Máirín was born there in December 1961.

I bhfómhar na bliana 1961 tháinig Mairéad, an deirfiúr is óige ag Breandán, ag fanacht leo i Kimmage Road West agus chuir sí aithne cheart ar Bhreandán den chéad uair. Bhí sí tar éis an BA agus an tArdteastas in Oideachas a chríochnú i gColáiste na hOllscoile, Gaillimh agus tar éis post a fháil leis an Ollamh Tomás de Bhaldraithe i Roinn na Nua-Ghaeilge sa gColáiste Ollscoile, Baile Átha Cliath. Bhain a máthair geallúint di go bhfanfadh sí tigh Bhreandáin le go mbeadh Breandán in ann aire a thabhairt di. Is iomaí gáire a rinne sí féin agus Catherine faoi seo mar, i bhfocla Mhairéad féin:

> . . . chomh maith is gur duine é Breandán a bheadh ag tabhairt aire d'aon duine! Cé a bhí staidéarach? Nó cé againn a bhí in ainm is a bheith ag tabhairt aire do cén duine! Dúirt mé go gcomhlíonfainn mo gheallúint agus d'fhan mé bliain agus lá ansin. Bhí sé ag ól an t-am uilig agus rugadh Máirín bheag an bhliain sin. Níl a fhios agam cén chaoi ar sheas Catherine é.

Shocraigh Mairéad go raibh sé sách dona go raibh ar Chatherine cur suas leis, ach nach raibh sí féin ag dul ag cur suas leis, agus shocraigh sí imeacht agus árasan a fháil di féin. Nuair a dúirt Catherine le Breandán go raibh rudaí an-dona nuair nach bhféadfadh a dheirfiúr féin cur suas leis, shocraigh sé éirí as an ól. Ach, mar a dúirt Mairéad:

> Chuir sé muid uilig as ár meabhair nuair a d'éirigh sé as, mar bhí seisean istigh anois agus cá raibh chuile dhuine eile? D'fhan sé den ól roinnt seachtainí is dóigh. Is éard a bhí i mBreandán an rud ar a dtugtar 'heavy drinker.' Tá a leithéid de rud ann agus is fadhb óil nach alcólachas é. Chuir mé aithne air an bhliain sin agus bhí muid an-chairdiúil le chéile. Ach bhí mo chroí dubh le trua do Chatherine, a bhí chomh hóg liom féin – tá Catherine sé mhí níos óige ná mise. Is é an rud a bhí ann, d'fhéadfadh Catherine a bheith ag tabhairt amach faoi liomsa mar bhí a fhios aici go raibh muid an-mhór le chéile. Ach deirinnse léi 'Níl a fhios agam cén chaoi a gcuireann tú suas leis nó cén fáth nach n-imíonn tú.' Ach cá n-imeodh sí? Céard d'fhéadfadh sí a dhéanamh?

Bhí dhá bhliain caite ag Breandán i *Scéala Éireann* nuair a thosaigh Séamus Martin (*The Irish Times*) ag obair sa Rannóg Spóirt ansin, agus cé go raibh sé os cionn deich mbliana níos óige ná Breandán is cuimhin leis go raibh Breandán an-chineálta leis agus an-chabhrach i gcónaí:

Bhí mise i mo dhéagóir fós agus bhí bealach iontach ag Breandán le daoine óga. Chaitheadh sé go leor ama leis an bhfoireann spóirt agus leis an bhfoireann ghrianghrafadóireachta. Bhíodh Ben Kiely inár gcomhluadar go minic freisin níos deireanaí. Is cuimhin liom go mbíodh an ghráin ag Breandán ar dhaoine a bhíodh mór iontu féin, agus bhíodh an ghráin agam féin ar na daoine céanna. Ach, maidir le Breandán a bheith fiáin – ní raibh sé fiáin ar chor ar bith i gcomparáid le formhór a raibh ag obair i *Scéala Éireann* ag an am. Déarfainn go raibh seasca faoin gcéad den fhoireann a bhí ann le mo linnse glan as a meabhair. Is cuimhin liom fear amháin a cuireadh amach ar scéal éigin agus a chuaigh ar an ól agus nár tháinig ar ais go ceann trí seachtaine. Bhí fear eile ann a mbíodh seol crochta ar a rothar aige, mar a bheadh ar bhád, agus a bhaineadh an rothar as a chéile nuair a shroicheadh sé an obair agus a chuireadh ar ais le chéile arís é nuair a bhíodh sé in am 'seoladh' abhaile. Tháinig fear eile den fhoireann isteach lá amháin agus gránghunna aige, agus dúirt sé go neamhbhalbh leis an ngarda slándála ag an doras go raibh sé ag dul suas chun an Major Vivion de Valera a lámhach! Dála an scéil, bhí naomh de Leabharlannaí ann ag an am, Aengus Ó Dálaigh, deartháir leis an iar-Uachtarán Cearbhall Ó Dálaigh. Ní raibh Aengus in ann aon duine a eiteach faoi airgead, rud a d'fhág go raibh go leor cairde aige san *Irish Press*.

Bhí aithne mhaith ag Breandán ar Aengus Ó Dálaigh, agus ní dheachaigh sé amú air ach oiread gurbh é Cearbhall O Dálaigh a bhí ina Eagarthóir Gaeilge ar *Scéala Éireann* nuair a bhí Breandán féin ina ghasúr in Árainn. Nuair a bhí Aidan Carl Mathews ag cur cnuasach cuimhní carad ar an iar-Uachtarán Ó Dálaigh, *Immediate Man*, le chéile tar éis a bháis, scríobh Breandán i gceann de na haistí cuimhneacháin:

Mura bhfuil dul amú orm, triúr a ghníomhaigh sa bpost idir imeacht Chearbhaill Uí Dhálaigh agus mo theacht féin. Níl aon dul amú orm i dtaobh an laghdú a bhí tagtha ar mhéid an spáis a bhí faoi Ghaeilge le linn an ama chéanna. Bhí sé le cúngú tuilleadh faoi mo réimeas féin, is baolach. Ag an bpointe seo ní raibh aithne curtha agam ar Chearbhall ach bhí togha na haithne agam ar a dheartháir, Aengus, a bhí ina leabharlannaí i *Scéala Éireann* agus faoina bhfuil seanchas fairsing i measc iriseoirí na linne.[19]

Ba ghearr go raibh pobal léitheoireachta na Gaeilge ag tnúth go mór le 'Tús a' Phota' Bhreandáin sa *Sunday Press* chuile Dhomhnach agus bhí an-éileamh cheana féin, go háirithe i mBaile Átha Cliath, ar 'An Chaint sa tSráidbhaile' in *Combar*. Níor tharla mórán i ngan fhios dó i 'scraith ghlugair béadáin na cathrach' mar a thug sé féin air, agus choinnigh sé súil ghéar ar na nuachtáin agus ar na foilseacháin go léir, na nuachtáin áitiúla san áireamh. Chuir sé faobhar liteartha ar fhocail agus ar leaganacha cainte a bhí tórmach le brí agus le seirfean i gcaint nádúrtha na ndaoine, rud a d'fhág an-tóir ar a cholún Domhnaigh ar fud na Gaeltachta, go háirithe i gConamara agus in Árainn. Nuair a thogair sé daoine a ionsaí bhí an oirnéis aige chuige – focail mar 'gaotaireacht', 'sclaibéireacht', 'múisiam', 'séidtéireacht', 'crúibín cam', 'léim an dá bhruach', 'féintábhacht agus stuaic', agus ar deireadh thiar, 'go méadaí Dia a ghalra!' Tharraing sé ar na seanfhoclail go healaíonta agus níor leasc leis a chasadh beag féin a bhaint astu: 'Mair a chapaill agus gheobhair tuilleadh maide!' Chum sé leaganacha ar nós 'an lochta síoraí' (neamh), 'iriseoir láibe' agus 'seacht sreama na seanaoise'. 'Prionsa na Méaracán agus Gráinne' a thug sé ar lánúin ríoga Mhonaco, agus ba mhinic leis leaganacha nádúrtha a bhfuil an greann fite fuaite iontu a úsáid, ar nós 'chonaic sé Murchadh', 'tá sé ar a leabhar ag an bhfiach dubh', 'ó b'annamh leis an gcat srathair a bheith air' agus 'cuimil ceirín an dearmaid leis.'

Fear inste scéil, thar aon rud eile, a bhí i mBreandán. Tá an insint scéil ar cheann de na tréithe nó de na buanna a luaitear fós sa nGaeltacht le clanna áirithe seachas a chéile. Thuig Breandán, ón am ar bhordáil sé isteach i gceird na hiriseoireachta in aois a shé bliana fichead, gur ceird ar leith a bhí inti. Bhí meas aige uirthi mar cheird agus chaith sé a shaol agus a dhúthracht ar fad ag cur barr feabhais uirthi. An chomaoin is mó a chuir sé ar iriseoireacht na Gaeilge, agus ar scríbhneoireacht chruthaitheach na Gaeilge ina dhiaidh sin, gur mhúnlaigh sé stíl chomhráiteach liteartha a bhí bunaithe ar ghnáthchaint shaibhir na Gaeltachta. Chuir Seán Mac Réamoinn go deas é san *Irish Times* nuair a cailleadh Breandán:

D'éirigh leis idir scríobh agus urlabhra a thabhairt le chéile i gcaoi is go mba é an t-aon duine amháin a bhí ag nochtadh chugainn i gcónaí. Agus rud ba bhunúsaí fós féin, dá n-abróinn é, go mba é an t-aon duine amháin, an fear beomhar bríomhar céanna, an guth sainiúil so-aitheanta a bhí ag labhairt linn sa dá úrscéal, sna gearrscéalta agus san iriseoireacht.[20]

Ní raibh aon teorainn leis an méid oibre a rinne sé i gcaitheamh na mblianta sin mar bhí sé sáite i míle rud eile chomh maith lena chuid oibre i *Scéala Éireann:*

Gradually I became industrious. During my first year in the *Irish Press* I began to broadcast regularly, became involved in writing for films and edited the monthly magazine *Comhar.* Economic pressure more than any change in character was responsible for this surge of activity. It was Donncha Ó Laoire from an Chomhdháil who asked me to work with him on a weekly programme for schools, Ar Fud na Tíre. As well as learning how to interview young people, a skill that can only be acquired through practical experience, I covered gaelic games in schools and the Minor All-Irelands for the programme . . . The players I remember best, for reasons of personality as much as playing ability, are Jimmy Duggan of Galway, Des Foley of Dublin and Tom Walsh of Kilkenny, a brilliant blonde-haired hurler who later lost an eye in an unfortunate accident in an All-Ireland final.[21]

Mar is léir ó ainm an chláir 'Ar Fud na Tíre' théadh Breandán agus Donncha Ó Laoire ar fud na tíre, ina nduine is ina nduine nó i dteannta a chéile go minic, ag cur agallaimh ar scoláirí bunscoile agus meánscoile agus ag tráchtaireacht ar chluichí peile agus iománaíochta. Laoiseach Ó Deá an t-ainm cleite a thugadh Donncha Ó Laoire air féin, agus ag leathuair tar éis a cúig tráthnóna Dé Máirt a théadh an clár amach ar Raidió Éireann: 'Ar Fud na Tíre, le Laoiseach Ó Deá agus Breandán Ó hEithir.' Orthu siúd eile ar chuir Breandán agallamh raidió orthu bhí

Póilín Ní Chiaráin, a bhí ar dhuine de na cairde ab fhearr dá raibh aige
an chuid eile dá shaol, Alan Dukes iarcheannaire Fhine Gael, an t-iománaí
cáiliúil, Nicky English, Mícheál Ó hUanacháin (RTÉ) a bhí i gColáiste
Mhuire i mBaile Átha Cliath ag an am, agus Breandán Ó Ruairc a bhí ag
múineadh i Mount St. Joseph i Ros Cré go dtí bliain an 2000 agus a bhíonn
le feiceáil ar Spórtiris RTÉ/TG4 go minic ag trácht ar rásaí capall.

Bhí iníon le Donncha Ó Laoire, Déirdre Ní Laoire (Déirdre Uí
Ghrádaigh ina dhiaidh sin) ar meánscoil i Scoil Chaitríona i Sráid Eccles
i mBaile Átha Cliath in éineacht le deirfiúr Bhreandáin, Mairéad, ach go
raibh bliain nó dhó eatarthu. Bhí aithne ag Déirdre ar Bhreandán ó
bheith ag taisteal leo i gcarr a muintire agus í ina cailín beag, agus is
cuimhneach léi Breandán ag cabhrú léi an focal 'breá' a rá nuair a
bhíodh sise ag rá go raibh an lá go 'brá', rud a bhaineadh gáire amach:

> Is cuimhin liom, roinnt blianta ina dhiaidh sin, i 1958 sílim, é a bheith sa
> charr linn go Cill Airne samhradh amháin, agus muid ag taisteal chuig na
> Coláistí Samhraidh. Bhí sé ag fanacht in óstán trasna ó Oifig an Phoist i
> gCill Airne. Sin é an samhradh ar rugadh an chéad duine clainne dóibh,
> Ruairí. Smaoiním air sin mar, cé go raibh mé óg, rith sé liom gur cheart dó
> a bheith sa bhaile in éineacht lena bhean.

I bhfad sular thosaigh Breandán Ó hEithir agus Proinsias Mac
Aonghusa ag obair le chéile ar an gclár teilifíse *Féach* bhíodar ag obair
le chéile ar chlár raidió a bhí ag Proinsias ar Raidió Éireann ag an am a
raibh *Aeriris* air. Bhí stiúideonna dá gcuid féin, An Comhlacht Taifeadta
(A.C.T. Studios) i Sráid an Mhóta i mBaile Atha Cliath ag Mac Aonghusa
agus ag cara leis, An Chuntaois Patrizia Giri de Teramala. Bhíodh sé ag
cur an chláir ar fáil ón taobh amuigh agus á dhíol mar phacáiste le
Raidió Éireann. Clár leathuaire an chloig i nGaeilge a bhí ann, a
chraoltaí uair sa tseachtain ón mbliain 1959 ar feadh dhá bhliain déag
nó mar sin. Proinsias Mac Aonghusa féin a chuireadh an clár i láthair
agus tá bailiúchán de na cainteanna spéisiúla a craoladh ar an gclár
foilsithe i bhfoirm leabhair dar teideal *Aeriris*, cé nach bhfuil aon
cheann d'aistí Bhreandáin ann:

Deireadh Breandán agus daoine eile liom gurb é an bua is fearr a bhí agam go n-íocainn na daoine ar an bpointe, agus go mb'fhearr seic beag anois ná seic mór arís. Thagadh Breandán agus dhéanadh sé ceithre chlár nó mar sin as a chéile. B'fhéidir nach n-úsáidfinn go ceann míosa iad ach d'íocfainn ar an bpointe é. Sula ndeachaigh sé don Ghearmáin tháinig sé chugam agus bhí airgead uaidh agus is éard a rinne mé, feictear dom, chuir mé tuairim is cúig chaint déag le chéile uaidh. Níl mé ag caint anois ar chaighdeán, ach ní dhearna Breandán rud ar bith riamh nach raibh ar chaighdeán ard. Bhí mé in ann seic an-mhaith a thabhairt isteach ina láimh dó agus bhí mé in ann na cláracha a úsáid níos deireanaí.

Nuair a tháinig an teilifís i 1962 bhí Breandán páirteach le Proinsias arís i gclár faoi nuachtáin na tíre a chuir Mac Aonghusa ar fáil do RTÉ i bhfad sular thosaigh Frank Hall ar chlár den chineál céanna. Phiocaidís amach sleachta spéisiúla as na nuachtáin áitiúla agus thógaidís ar a seal iad a chur i láthair, Proinsias á léamh seachtain amháin agus Breandán á léamh an tseachtain dár gcionn. Mhair an clár sin tuairim is bliain sula ndeachaigh Breandán chun na Gearmáine, agus is é Liam Mac Gabhann a thóg áit Bhreandáin ann go dtí gur tháinig deireadh leis an gclár sé mhí nó bliain ina dhiaidh sin.

Tá cur síos fíorspleodrach ó lámh Bhreandáin féin ar bhunú Theilifís Éireann le fáil in aiste dar teideal 'Where The Hell Is Cashel, Darling?' in *Willie the Plain Pint agus an Pápa*. Chomh maith le léargas a thabhairt ar chumas inste scéil Bhreandáin tugann sé léargas an-chruinn ar dhéanamh cláracha teilifíse Gaeilge i gcéadlaethanta siúd na seirbhíse náisiúnta:

Le linn na bliana d'aois Ár dTiarna 1961 bhí scéalta ag imeacht ar aer na príomhchathrach i dtaobh na heagraíochta ba nuaí ar thalamh na hÉireann, Telefís Éireann, a raibh ceannáras sealadach aici i Sráid Clarendon agus pálás mór gloine á thógáil ina honóir amuigh i nDomhnach Broc. Níor thaithnigh an leanbh nua seo pioc le seanfhondúirí Raidió Éireann a bhí fós lonnaithe in Ard-Oifig an Phoist . . . De bharr nár tugadh cúram an linbh nua do na seanfhondúirí thugadar le fios nár theastaigh sé uathu ar aon nós mar gur leanbh tabhartha a bhí ann. Ba é Seán Lemass an t-athair ach bhí amhras i dtaobh na máthar. Dúradh os íseal gur striapach Gael-Mheiriceánach a bhí inti a thugadh sólás do lucht fógraíochta idirnáisiúnta. Cuireadh cúram an linbh ar Mheiriceánach darbh ainm Ed. J. Roth (Jr.) atá anois ar neamh i dteannta Sheáin Lemass agus na bhFiníní . . . agus ar Éamonn Andrews . . . Tharla go bhfuaireas féin, a bhí ag obair i nuachtán san am agus ag craoladh ó Radió Éireann, cuireadh chun script a scríobh do chlár siamsaíochta ina mbeadh ceol, caint agus amhránaíocht. Gealladh £15.00 dom as script shamplach a scríobh. Thréig mé óstaí Shráid Anraí chomh haclaí agus a dhéanfadh mac Sadlier nó Keogh agus scríobh mé an script. Níos measa fós chuaigh mé chuig an gcleachtadh. Tenor Éireannach a bhfuil a chuid cantaireachta ar uaschéim úisiúlachta a bhí sa bpríomhpháirt. Nuair a chuala mé mo chuid focal féin ag teacht as a bhéal ba bheag nár chaith mé suas. Níor chaith áfach agus nuair a chuimhnigh mé ar an gcarn airgid agus m'ainm thuas ansin ar an scáileán, nach raibh feicthe ag aon duine againn fós, chuir mé na drochsmaointe go léir as mo cheann. Foilsíodh an scéal i bpáipéar éigin agus ní raibh aon fháilte romham a thuilleadh i measc na seanfhondúirí. Labhraídís liom ceart go leor, go brónach agus go cásmhar, ar nós máthar a gheobhadh amach go raibh a maicín muirneach ag ól go trom le taistealaithe tráchtála agus a gcuid ban. Ba chuma liom mar bhíos leath bealaigh go Hollywood faoin am seo. Ansin tráthnóna amháin chaith buachaill cóip den chéad eagrán den pháipéar tráthnóna isteach doras na hoifige chugam. Bhreathnaíos air go fánach agus ansin phreab mé. Os mo chomhair i litreacha móra dubha bhí an scéala: ROTH KNOCKS ENTERTAINMENT SHOW. Is amhlaidh a chonaic an fear mór an clár samplach agus de réir an chuntais thit na luganna chomh trom, tapaidh ar na rudaí eile gur bheag nár fhág sé slán againn roimh a am . . .

Sin é an deireadh a bhí ar chéad chlár teilifíse Bhreandáin ach ní hé deireadh an scéil é ná baol air. D'fhoghlaim sé a cheacht gur sleamhain iad leacracha an tí mhóir agus chuir sé 'an leanbh nua i nDomhnach Broc' as a cheann ar fad. Ach tháinig an dara glaoch ó Thelefís Éireann:

Amach in earrach na bliana 1962 fuaireas glaoch gutháin ag iarraidh orm dul amach go Domhnach Broc chun labhairt le léiritheoir i dtaobh clár do pháistí a chur i láthair. Mhúscail mo spéis an athuair. B'fhéidir gurb é seo mo sheans agus nach go Hollywood ach chuig an BBC a bheadh mo thriall mar chineál leagan seang, iartharach d'Éamonn Andrews. Chuir cuma na háite amuigh iontas orm. Bhí puiteach i ngach áit agus b'éigean dom mo bhealach a dhéanamh isteach tríd ar shraith cláracha adhmaid. B'iontaí fós an áit istigh. Bhí na pasáistí lán de dhaoine aisteacha den dá ghnéas, na mná fáiscthe isteach go dlúth i dtreabhsair agus na fir ag scairtíl go feargach os ard a gcinn. Tar éis cuid mhór turasanna timpeall an tí d'aimsigh mé an oifig mhór ina raibh an léiritheoir ag obair. Ní raibh sé ann ach bhí scata ban ag baint ceoil as clóscríobháin agus ag labhairt ar theileafóin ar fud na haite. Durádh liom suí ríím agus fanacht leis. Thuig me gur duine é a bheadh ag súil go bhfanfá leis dá dtógfadh an feitheamh mí.

Bhí cailín dubh a bhí dochreidte caite ag obair ag deasc i m'aice. B'fhacthas dom go raibh sí cairdiúil agus freisin nach raibh aon cheo in uachtar uirthi ach geansaí tanaí a bhí ionann's péinteáilte ar a craiceann. Rinne mé meangadh gáire léi. Rinne sise meangadh liom. Ansin d'fhéach sí ar an rud a bhí á scríobh aici, chuir grainc uirthi, d'fhéach i leith orm féin agus labhair: 'Where the hell is Cashel, darling?'

Bhí áthas an domhain orm go rabhas in ann rud a dhéanamh uirthi agus d'airigh mé níos compordaí agus níos mó ar mo shuaimhneas láithreach.

'It's in Tipperary.'

Bhuail taghd an cailín. Strac an leathanach amach as an gclóscríobhán agus dúirt: 'Well shit! I thought it was in fucking Kerry!'

Mór is fiú duit, a dheirfiúirín, a dúirt mé liom féin, nár casadh i mbealach na seanfhondúirí thú le do theanga scannalach agus do gheansaí tanaí agus do chuid tíreolaíochta . . .[22]

Ní raibh aon easpa scéalta iontacha faoi Thelifís Éireann i dtús na seascaidí, go háirithe nuair a chastaí leithéidí Bhreandáin agus a chara Seán Duignan ar a chéile, fiú amháin blianta fada ina dhiaidh sin. Bhí 'Diggy' Duignan mar a thugtaí go ceanúil air, ag plé le cláracha teilifíse Gaeilge na chéad bhlianta siúd agus bhí Meiriceánach nach raibh focal Gaeilge aige i mbun léiritheoireachta. Ach oiread le Breandán, bhí Diggy in ann craiceann a chur ar scéal:

Nuair a bhí mé ag déanamh 'Club Céilí' dúirt an Poncánach lá amháin:
'You're doing wonderful, Seán! I'm very pleased with you. But there's just
one thing about your performance that I'm worried about. It's something
you keep saying and I don't like it!'
'What do you mean you don't like it? You don't understand Irish!'
'Well, I don't like it! It's repetitious and you keep on saying it!'
'What does it sound like?'
'It sounds like a sneeze, Seán, and it has got to go!'
Shiúil mé timpeall an stiúideo ag iarraidh smaoineamh ar an rud a bhí i
gceist aige agus ansin rith sé liom . .
'Would it, by any chance, be "Agus Anois"?'
'That's the Goddamn word!' a dúirt sé. 'You get rid of that! You get rid of
it, Seán!'

I 1963 bhí muintir Chatherine, na von Hildebrands, tar éis filleadh
abhaile chun na hIar-Ghearmáine as an gColóim, agus shocraigh
Breandán agus Catherine dul ar cuairt chucu agus tamall a chaitheamh
in éineacht leo. Chuaigh Catherine agus an bheirt pháistí ar aghaidh leo
féin in Aibreán 1963 agus lean Breandán anonn iad i lár an tsamhraidh:

> I went ahead with Ruairí and Máirín in April 1963. Breandán suggested we
> spend some time in Germany with my parents. I hadn't seen my brothers
> and sisters since the 7th of March 1957 when I left Bogotá. We decided to
> spend a couple of months with my parents and then go to the Balearic Isles
> or to America, just to see other places. Breandán was not a man to go on
> holidays; if you were to go somewhere you worked there. I was pregnant
> with Brian and I went on ahead in April. Breandán arrived in Feldkirch on
> the 12th of July.

Bhí oíche mhór sa Silver Swan an oíche sular imigh Breandán. Bhí
na hiriseoirí ag bronnadh rud éigin air, lena mbeannacht a chur leis thar
lear, agus shocraigh na clódóirí rud éigin a bhronnadh air, sa Silver
Swan freisin, níos luaithe sa tráthnóna. Ba rud neamhghnách é ag an
am, agus comhartha ar an meas a bhí ar Bhreandán, go mbeadh na
clódóirí ag tabhairt bronntanais do iriseoir, mar bhíodh deighilt mhór

idir an dá dhream. Ó Thomás Mac Gabhann a fuair mé an cuntas is cuimsithí ar an ócáid; bhí seisean ag obair i nGael Linn ag an am agus thosaigh an ceiliúradh luath go maith sa lá, i bhfad sula raibh súil ag aon duine leis:

Tháinig Breandán isteach chugamsa i nGael Linn agus chuaigh an bheirt againn trasna i gcomhair cupán caifé i Roberts. Agus nuair a bhí muid ag teacht ar ais trasna na sráide, thart ar a haon déag ar maidin, cé bheadh ag teacht anuas Sráid Ghrafton ach Liam Ó Flatharta. Ní raibh sé feicthe ag Breandán le tamall; ní fheicidís a chéile rómhinic ag an am. Bhí Breandán ag fágáil na tíre an lá dár gcionn agus chaithfí deoch a ól air. 'Cén áit?' a deir Breandán. Agus dúirt mise: 'Mc Daid's. Téigí síos go Mc Daid's agus beidh mé síos i bhur ndiaidh. Caithfidh mé dul ar ais chuig an oifig ar dtús.' Agus nuair a chuaigh mé síos bhí an bheirt acu ann agus thosaigh muid ag ól agus bhí Ó Flatharta ag briseadh a chroí ag gáirí agus an-ghiúmar go deo air. I nGaeilge a bhí muid ag caint, ach anois agus arís d'iompaíodh Ó Flatharta ar an mBéarla agus deireadh sé liomsa: 'And you tell me you're from Monaghan! By Jasus tá Gaeilge mhaith agat!'

Tháinig a dó a chlog agus dúirt Tomás le Breandán go gcaithfeadh sé féin dul ar ais ag obair, ach d'ordaigh Ó Flatharta: *'Nobody is going back to work now! We are going to eat!'* Agus le scéal fada a dhéanamh gearr, d'itheadar béile sa Dolphin, áit a raibh cuntas ag Ó Flatharta. Chuadar as sin go Neary's agus as sin síos chuig an Silver Swan, áit a raibh na clódóirí ag cur slán le Breandán ag a cúig, nuair a bhíodar ag athrú seal. B'éigean do Thomás dul ar ais ag obair ar feadh tamaill agus faoin am ar bhain sé an Silver Swan amach bhí an ceiliúradh ina racht seoil:

Bhí Liam ag ól gin and tonics óna haon déag a chlog ar maidin, agus faoin am ar bhain mise an Silver Swan amach thart ar leathuair tar éis a sé bhí sé fós ag ól gin and tonics agus é ag cur as i nGaeilge, i mBéarla, i bhFraincis agus i Spáinnis! Bhí Béarla an-ghalánta ag Ó Flatharta. D'athraigh a phearsantacht ar fad nuair a labhair sé Gaeilge. Chuala mé leagan aige an oíche sin nár chuala mé cheana. Bhí sé ag caint faoi Spáinnigh, agus dúirt sé 'Níl siad mar muinne (muide).' Agus dúirt sé chomh nádúrtha é! Bhí an-chosúlacht idir é féin agus Breandán. Nuair a tháinig mise isteach sa Silver Swan d'fhógair sé anall orm: 'The man from Monaghan! An fear as Muineachán! By Jasus, tá Gaeilge ag an bhfear as Muineachán!' Mhaslaigh sé duine nó dhó freisin, is cuimhneach liom. Rinne sé féin agus Breandán go leor cainte faoi dhaoine in Árainn. Bhí Liam ag briseadh a chroí ag gáirí agus ag rá 'Is iontach an lá é seo! Is iontach an oíche í seo!' Bhí an áit oscailte go dtína haon a chlog ar maidin agus daoine ag ól amuigh ar an tsráid, Gardaí chomh maith le duine. Bhí slua mór millteach ann. Ach nuair a dhún an áit bhí Breandán sínte ar an tolg, dallta ar meisce, agus a chóta thuas ar a chloigeann, ach bhí Ó Flatharta fós ag ól! Bhí a aghaidh dearg agus é fós ag ól! Bhí sé chomh láidir le capall! Bhí sé féin agus Breandán an-chosúil le chéile. Ach d'éirigh Breandán socair. Níor éirigh O'Flaherty socair.

'Bhíomar go léir ann' an teideal a thug Breandán ar alt a scríobh sé blianta fada ina dhiaidh sin nuair a bhí *Scéala Éireann* leathchéad bliain d'aois i 1981. D'ainmnigh sé na scríbhneoirí ba rialta a bhíodh ag scríobh i nGaeilge don pháipéar lena linn agus mheabhraigh sé gur sa bhfoirgneamh céanna siúd ar bhruach theas na Life a bhí Amharclann an Tivoli tráth:

> Seán Mac Réamoinn, Niall Tóibín (faoin ainm cleite Frainc Ó Sé), Diarmuid Breathnach (Príomh-Leabharlannaí RTÉ anois), Pádraic Ó Gaora, Seosamh Ó Duibhginn (a tháinig ina Eagarthóir Gaeilge i mo dhiaidh), Aindreas Ó Gallchóir, Donncha Ó Céilleachair agus Máirtín Ó Direáin is rialta a bhí ag scríobh domsa. Bhínn féin i mbun colúin seachtainiúil Scéala an Domhnaigh 'Tús a' Phota' . . .
>
> Bhí teoiric ag cuid den fhoireann an uair úd gur mhair cuid éigin de spiorad an Tivoli, an amharclann a bhí ar an láthair sular déanadh oifig nuachtáin as, ar Ché de Búrca i gcónaí. Go fiú bhí taibhse clóis againn: bean a thit den téad ard agus a maraíodh, má b'fhíor. Ní fhaca mise an taibhse riamh, cé gur mhinic san áit mé ag tráthanna aisteacha, ach chuaigh spiorad na háite i bhfeidhm orm ón gcéad oíche agus ní maoithneachas agus meánaois amháin a thugann orm féachaint siar le pléisiúr agus le gean ar na seacht mbliana a chaith mé ag obair ann.[23]

Nótaí

1 *Over the Bar:* 165; 1984

2 1989

3 *Ireland 1912-1985: Politics and Society, 333*

4 *Ireland 1912-1985: Politics and Society. 322*

5 Lúnasa 4, 1957

6 Meán Fómhair 8,1957

7 Deireadh Fómhair 6, 1957

8 Nollaig 29, 1957

9 *Over the Bar:* 165

10 *Over the Bar:* 171

11 *An Chaint sa tSráidbhaile:* 104

12 *Scéala Éireann,* 5 Meán Fómhair, 1981

13 *Raidió na Gaeltachta:* 1990

14 Feic *Beathaisnéis a hAon:* Diarmuid Breathnach agus Máire Ní Mhurchú

15 *Combar,* Bealtaine 1988

16 *Over the Bar:* 170-1

17 *An Chaint sa tSráidbhaile:* 105

18 *Scéala Éireann,* 5 Meán Fómhair 1981

19 *Immediate Man:* 47

20 *The Irish Times:* 31 Meán Fómhair 1990

21 *Over the Bar:* 182

22 *Willie the Plain Pint agus an Pápa:* 116-122

23 *Scéala Éireann,* 5 Meán Fómhair 1981

10. San Iar-Ghearmáin

Ba é seo an tráth ba mhíshocra i mo shaol. D'imigh mé as Éirinn le cantal, mar a d'imigh a liacht duine romham agus ó shin.[1]

Blianta ina dhiaidh sin, sa léacht a thug Breandán faoin gCadhnach ag Scoil Gheimhridh Mherriman i 1971, luaigh sé ábhar a mhíshocrachta, gan fiacail a chur ann:

> Bhí sé bliana caite agam ag giollaíocht colúin bheaga bhuinneacha an *Irish Press*, ag coinneáil ceirín le coinsias Gaeilge Fhianna Fáil, a raibh an dé fanta ar éigean ann sna blianta úd. Ar Mheiriceá a bhí mé ag cuimhneamh, áit a raibh post le fáil agam, más ait féin é, sa *Rocky Mountain News*. 'Any port but Portmagee,' mar a deireadh na gardaí sa depot i dtús na bhficheadaí.[2]

Choinnigh Breandán dialann ar feadh tréimhsí gairide ag amanna áirithe i rith a shaoil agus tá an cuntas seo a leanas fágtha ina dhiaidh aige faoina chuairt ar an nGearmáin, ag tosú leis an lá ar fhág sé oileán iathghlas Éireann:

> Áth Cliath 12.7.63: Rith te reatha trí shiopaí ag réiteach chun bóthair. Taxi trín Silver Swan áit a raibh Mac R.[3] ag feitheamh . . . Meitheal ag an aerfort – buartha go leor faoin deoraí – ach gan bheith leath chomh buartha leis an deoraí féin. Cén chríoch a bheas ar an eachtra seo? Cá dtiocfaidh críoch leis? Dúirt fear an Daily Mirror: 'If I had £5,000 I would get away from it all for a year.'
>
> Ar bord agus neart fuisce sna feitheacha. Cuimhne na hoíche aréir anscamallach. San aer agus slán le Éirinn – go ceann sé mhí – go ceann bliana? Ní fios. Sé do thráth a bheith buartha agus an bád faoi sheol! Tá Uncail Liam in aghaidh mé dhul go Meiriceá agus b'fhéidir gur aige atá an ceart.
>
> Páras: Chuile shórt an-daor (mo chlaonshúil ar mo chuntas bainc £700 – £800?). Ró-bheag i gcás ar bith – fonn uafásach a dhul abhaile láithreach. Imirce na díchéille má bhí a leithéid riamh ann. Na feannóga ag cruinniú

cheana ar ar fágadh – slán an tsamhail. An áit lán le Sasanaigh – an bhfuilim féin chomh feiceálach leo? Mé gan focal de aon teanga . . . San aer arís – an fuisce ag trá agus na néaróga lom – allas ar mo bhasa agus faoi bhonnachaí mo chos – eitleán ag éirí den talamh, níl a shamhail ach ag iarraidh bheith ag cac ar thriomach; faoiseamh nuair a thagann an t-éadromú obann.

Zurich: Mo chéad amharc ar an Eilbhéis. An áit chomh glan leis an gcriostal. (An chuimhne is gléine i mo cheann ná mo chosa bochta bréana. Delap[4] in ospidéal Sr. Holles: 'If they don't stick to the ceiling they are fit to be worn.') An mhisneach an-lag, an fuisce tráite go hiomlán anois. Dia dhá réiteach agus muid i bhfad ó bhaile! Ar bhus glan ó aerfort glan trí bhaile glan. Mo chéad teagmháil le Eilbhéiseach mná – níl amanna na traeneach aici. (Béarla maith: Thank God for the language of Shakespeare and Chaucer!) Mí-éifeacht, a bhuí le Dia; níl am na traenach ag an bpóirtéir ag an stáisiún. Béarla aige ach é chomh mímhúinte le muic. Mo chéad deoch beorach – é chomh bog leis an gceo. Chuile áit chomh glan leis an gcriostal – an gcacann na hEilbhéisigh seo – an scaoileann siad bramanna bréana – an bhfuil stocaí bréana ar éinne acu? Mé an-fhaiteach ach ba bhreá liom bheith ag ceann scríbe. An mhisneach an-íseal den tsaol anois. Ceannaím an 'Statesman' – píosa ag Mac Neice faoi Kennedy in Éirinn. Cacamas. Tagann traein ag 9.15 agus téim ar bord: 3 mhála agus clóscríobhán nach bhfuilim in ann a úsáid! Eachtra Ghiolla an Amaráin. Mé sa gcarráiste mícheart agus Eilbhéiseach mímhúinte eile. Mo chac ar an Eilvéis. Buidéal uisce mianraí agus mé ina chall. An traein an-ghlan den tsaol – éiríonn fear agus siúlann ceithre choiscéim le nuta de thoitín len é chur i mbosca. Suáilce náisiúnta.

Basle: Mo bhean agus Claudia (deirfiúr Chatherine) romham ar an stáisiún. Trasna na teorann chun na Gearmáine – an chéad lá istigh beagnach. An teach álainn sa dorchadas. An líon tí ina gcodladh – meall rothair sa halla. Amárach feicfidh mé an chuid eile den dream líonmhar seo lena bhfuilim greamaithe. Níl fúm cuimhneamh ar obair go ceann seachtaine – ansin tá súil againn neart a bhailiú ó theas na gréine. Na gasúir ag breathnú go breá. Catherine freisin. Uaigneas uafásach orm – nó an uaigneas dáiríre é nó faitíos roimh an saol nua nach dtuigim i gceart.

'Cuaille críon mé i gcoirnéal fáil
Cosúil le bád mé a chaill a stiúir.'
Codladh, má thagann sé.

Dé Sathairn (13.7.63): Muintir mo chéile chomh geanúil lena gcáil. Dathúil, cairdiúil – ach céard a cheapann siad den Éireannach seo? ('Editor de los *Irish Press*' lá den tsaol!) Críonnacht agus gliocas an dá arm is ceart a chaomhnú. An tír thart timpeall go hálainn ciúin. Tráthnóna tugann muid cuairt ar eaglais go hard os cionn na Réine – sruth suarach sa spota seo mar chonaic mé ar maidin áit ar rinne na Francaigh cainéal agus ghoideadar an t-uisce. *Breisach* ainm an bhaile – an eaglais go hard os cionn na habhann, céad léiriú ar scrios an chogaidh. Fuinneoga na heaglaise scriosta ach sábháileadh an obair adhmaid ar chúl na haltóra. Na néaróga fós go dona. An mhisneach an-íseal. Ní féidir liom codladh ceart.

Dé Domhnaigh (14.7.63): Aifreann canta in Eaglais Freiburg. An Munster. É go haoibhinn ar bhealach ach gan an teocht céanna sa bpobal. Gan oiread agus paidrín le feiceáil ach cá bhfios dom nach fearr a ngnás ná gnás ár dtíre. An bhean sásta go bhfuilim arís faoi chuing, Tráthnóna tugann Claudia scata againn go mullach Belchen – cnoc ar imeall na Swartzwelt. Amharc ar thrí thír as, ach an áit plódaithe le cuairteoirí. Ba bhreá liom filleadh i mo aonar. (Caint mhór ar charr a cheannacht – mo chlaonshúil ar mo chuntas bainc – dá bhféadfainn scaoileadh liom féin!) Mé ag suaimhniú beagán ar bheagán ach an codladh fós an-éadrom. Mé dá scríobh seo ar an 21.7.63. Caithfimid súil siar ar an tseachtain. Céard tá déanta nó fágtha gan déanamh. Níl aon bhuille oibre, ach ina dhiaidh sin tá dul chun cinn éigin déanta.

Dé Domhnaigh (21.7.63): Seachtain agus breis caite. Mé i bhfad níos fearr. Níos fuinniúla. An corp i gcruth níos fearr ná mar bhí le fada an lá. (Is beag nach bhfuilim scartha le coimpléasc na gcos. Coimpléasc eile i ngar a bheith siothlaithe freisin. Píosa maith den taobh seo tíre feicthe agus tús déanta ar an nGearmáinis, atá níos fusa agus níos deacra ná mar mheasas. Níl aon teanga éasca ar a foghlaim i ndáiríre.
Thugamar cuairt ar Loch Konstance ar an gCéadaoin agus chuaigh mé san

uisce den chéad uair – go muineál ar chuma ar bith. An t-uisce bog agus an radharc go hálainn ach níor thug mé faoi shnámh – faiteach faoi amadán poiblí a dhéanamh díom féin. Ar ais trín bhForaois Dhubh. An tiomáint ar na bóithre anseo marfach. Coimhlint na ngealt agus tábhacht ainmheasartha ag baint le chuile mhionbhuntáiste dá mbeireann tiománaí ar thiománaí eile. Chuile shórt faoi riail ach gan tóin ná ceann ar aon cheo ina dhiaidh sin. Is fuath liom suí i gcarr le ceachtar de na tiománaithe den scoth atá sa teach seo. Cuid de chluiche mór na beatha an tiomáint – ar nós na mac léinn a bhí liom i Lisieux (teach lóistín i mBóthar na Trá) fadó . . .

Cuairt eile ar Freiburg áit a raibh áthas an domhain orm Times Londain a fheiceáil dá dhíol. Buíoch arís de theanga Chaucer agus Shakespeare! Chuir cara éigin cóip den *Irish Press* chugam ina raibh cuntas ar chluichí an Domhnaigh. Ní raibh mé chomh buíoch riamh as ucht páipéir a fháil. Is fíor gurb iad na cluichí an t-aon ní a mhusclaíonn mo fhiosracht faoi Éirinn. An bhua ag Gaillimh, ag Áth Cliath, ag Ciarraí agus ag Tír Chonaill (mirabile dictu). Súil agam go leanfaidh mo chara dá chineáltas.

22.7.1963: Seachtain agus breis caite agam agus tús déanta ar fhoghlaim na Gearmáinise. Dhá rún daingean déanta agam: dhá uair an chloig sa ló a chaitheamh ar Ghearmáinis agus ceithre huaire sa ló ar scríbhneoireacht. Muid ag tosú inniu. Feicfidh muid cén chaoi a n-éireoidh linn as seo go ceann seachtaine. An mhisneach níos airde agus an corp i gcruth an-mhaith. Dóite ag grian agus cothaithe ag scoth na beatha. Ag piocadh pónairí i rith na maidne. An ghrian ag scalladh anuas orainn. Teas de chineál nár airigh mé go dtí sin. Dá mbeadh grian mar sin in Éirinn againn dhéanfadh muid aicsean – nó an ndéanfadh?

23.7.1963: Cuairt ar Freiburg ar maidin sa teas. Baile deas ollscoile tuaithe. Margadh poiblí timpeall na hArdeaglaise cosúil le Sráid Uí Mhórdha ach níos glaine. An Eaglais féin lán le páistí scoile as an bhFrainc ag síonaíl agus ag béicigh. An téarma ollscoile ag druidim chun críche. Times Londain arís agus ceapann fear an tsiopa gur Sasanach mé, ní nach ionadh. Cuairt ar na siopaí leabhar. Go leor leabhar Béarla – clúdaigh páipéir go speisialta – agus an-tóir ar na Meiriceánaigh. Na leabhair thar a bheith daor: 2.50 Marc ar Penguin 3/6. An-bhailiúchán leabhar sa teach seo, buíochas do bhean an tí.

24.7.1963: Thit na luganna ar na laganna inniu. Scéim oibre imithe i mullach an donais. Leisce agus cantal agus gan tada déanta i ndeireadh lae. Drochlá. Sórt slaghdán orm.

25.7.1963: An mhisneach go hard arís. Ag obair ag 9a.m. Dá bhféadfadh muid é seo a choinneáil suas bheadh muid ceart. Mé dá scríobh seo ag 10.45 a.m. ag bord faoi chrann in aice an ghairdín. Na gasúir ag beartú béile faoin aer. Siorradh beag gaoithe ann agus an ghrian níos gile ná mar bhí le cúpla lá. Beidh ina theas tar éis lóin, déarfainn. Is breá é an teas gan aon agó. Mheáigh mé mé féin aréir: 11-10. Sin os cionn deich bpunt caillte ó tháinig mé trí lá dhéag ó shin. An corp agus an intinn i dtiúin agus mé ag codladh níos fearr. Catherine i bhfoirm níos fearr freisin agus údar aici. Is deacair na mná a thomhas. Caithfidh mé mo chuid píosaí don Times a chur chun bealaigh amáireach – ansin leanfaimid den chlár ama gan teip, le cúnamh Dé. Mé chomh dona le Thomas de Quincy agus an opium! Faillí déanta sa nGearmáinis freisin ach b'fhéidir gur fearr gan a bheith ró-shantach. Feicfimid linn.

26.7.1963: Slaghdán agus aimsir cineál fuar tar éis an chéad mhúr báistí a fuaireamar ó shroich mé. Cailín beag an-aisteach anseo le cúpla lá agus tháinig a leas-athair anseo dá hiarraidh tráthnóna. Scéal an-aisteach ag baint léi freisin. Go Freiburg ar maidin gur cheannaigh brocacháin Shasana, go léifinn faoi Ward[5]. Coicíos anseo inniu.

27.7.1963: Amach go moch ar maidin in éindí le Andrés go bhfeicfinn aerfort NATO atá in aice na háite seo i mBremgarten. An lá go breá agus siorradh deas gaoithe ann. Ar dhá rothar. Rothaigh muid beirt timpeall an champa go dtí gur shroicheamar droichead beag. Thosaigh ag breathnú ar an gcampa trí ghloineacha páirce. Ba ghairid gur thosaigh an ruaille buaille. Gunnaí agus gleo agus ceistiúchán. B'éigean dúinn sinn féin a chur in aithne agus scaoileadh linn tar éis foláireamh a fháil. NATO ina dhúiseacht gan amhras! Ag obair ar feadh an tráthnóna.

29.71963: Chaith mé an lá inné ag breathnú ar chomórtas peile i Hartheim. Bhí suas le sé fhoireann sa gcomórtas ach an caighdeán íseal go maith.

Cúpla rud a bhuail mé: (1) Cén áit tuaithe in Éirinn a bhfaighfeá an oiread foirne i gceantar chomh beag? (2) Donacht na n-imreoirí. (3) Ciúnas an tslua. (4) Dáiríreacht na n-imreoirí, a n-aclaíocht, cé go mba feilméaraí a bhformhór agus (5) Pointeáilteacht an chomórtais. Bhain mé an-spraoi as an tráthnóna agus tá mé dóite dubh ag an ngrian . . . An lá inniu go breá. Ag obair ar feadh na maidne i dtogha foirm. An chéad dá alt chuig an *Irish Times.* Go Freiburg anois ag ceannach páipéir. An lá go breá agus fonn oibre orm.

Agus ansin go tobann tháinig an lá a raibh Breandán féin agus go leor daoine eile ag súil leis, ó d'fhág sé Sáirséal agus Dill fadó le leabhar dá chuid féin a scríobh:

30.7.1963: Thosaigh mé ar an úrscéal inniu i ndáiríre agus is peannaideach an rud an smaoineamh a chur ar pháipéar. Is beag an chabhair na céadta leabhar a léigh duine, ná na céadta eachtra a bhain dó agus a bhfuil sé ag iarraidh a leas féin a bhaint astu. Níl le déanamh ach suí síos agus na focla a chur ar pháipéar. Níl aon aicearra ann. Mar sin féin airím go mbeidh sé seo go maith ach é bheith snoite, snamtha ina chéile. Aimsir amháin a dhéanfaidh scéala. Ach is maith go bhfuil tús déanta i ndeireadh thiar. Is gairid go mbeidh an clóscríobhán smachtaithe ar aon nós. Níl mórán dul chun cinn déanta leis an nGearmáinis áfach. Teanga bharbartha.

D'imigh cúig lá sular scríobhadh tada eile sa dialann, agus an uair sin féin níor dúradh tada faoin úrscéal, cé gur cosúil go bhfuil Breandán sásta go maith leis féin:

Dé Luain 5.8.1963: Ag obair ar feadh an lae inné agus arís ar maidin. Socraithe isteach anseo anois agus murach na cuileoga capaill ní bheadh aon stró orm ach tá mé leath-ite ag na diabhail. Faillí déanta sa dialann ach ní mórán a tharla le roinnt laethanta. Ar an Déardaoin chuamar go dtí ceantar an fhíona agus gan amhras bhí sé go hálainn. Cnoic chruinne bholcánacha agus a n-aghaidh le grian agus na fíniúna ag aibiú . . . Dé hAoine chuaigh mé féin agus Andrés go Colmar sa bhFrainc, ar dhá rothar – an turas rothair is faide a rinne mé le blianta agus ní raibh mairg orm ina dhiaidh – rud a chruthaíonn rud éigin. Baile an-taitneamhach é Colmar agus ba mhaith liom filleadh arís. Iarsmalann an-bhreá agus an baile féin ársa agus nuaíosach ar nós na Gaillimhe. Ardteampall álainn ón 14ú céad agus obair an-ornáideach istigh ann – go speisialta an altóir agus a timpeallacht. Gearmáinis agus Fraincis bruach ar bhruach. Seo í an Alsace a tharraing an oiread sin clampair idir an Fhrainc agus an Ghearmáin – ach tá sin ar fad san aimsir chaite anois. Amharc breá ar an gcainéal nua Réin-Rhone ag Breisach agus an stáisiún ginte aibhléise. Trácht ar na bóithre go huafásach agus níl trua ná trócaire sna gluaisteánaithe. Trí seachtaine caite anseo agam agus mé in ard-fhoirm anois. Súil le seachtain mhór oibre a dhéanamh le cúnamh Dé.

Agus is é an dea-scéala sin an scéala deireanach a bhreac sé sa dialann go dtí an Márta dár gcionn, tráth ar thosaigh sé ar chúrsa Gearmáinise sa Goethe-Institut i Staufen. Bliain go leith beagnach a chaith Breandán san Iar-Ghearmáin.

Bhí socrú déanta ag Breandán leis an *Irish Times* sular fhág sé Éirinn alt seachtainiúil a scríobh dóibh. Ceapadh Dónal Foley ina Eagarthóir Nuachta ar an bpáipéar an bhliain chéanna sin ach bhí aithne ag Breandán air roimhe sin nuair a bhí Foley ag obair i Londain – le *Scéala Éireann* ar dtús agus ansin leis an *Irish Times*. Tharraing siad go maith le chéile, cé go mbíodh argóintí sách géar eatarthu ó am go chéile; clann múinteoirí scoile a bhí sa mbeirt acu agus bhíodar araon ceanúil ar an nGaeilge, ar chluichí Chumann Lúthchleas Gael agus ar phórtar. Ba chairdeas é a chuaigh chun tairbhe dóibh araon, don pháipéar agus don teanga Ghaeilge. Dúirt an fear a bhí ina Eagarthóir ar an *Irish Times* ag an am, Douglas Gageby, liom:

> Breandán was one of the bright spirits which Donal Foley, then News Editor of *The Irish Times* introduced to give a lively Irish-language injection to the paper. No table-thumping, just the language and the spirit of the language. Seán Ó Riada was another.
>
> I cannot remember if I knew him before our family started in the late fifties going to Aran. The journalistic world was small in those days in Dublin. I seem always to have been aware, certainly from the year I went into *The Irish*

Times (1959) of this sparkling, lively and Ariel-like figure in our midst. He lit up a room when he went into it. He was so often beside you when you looked up from the proofs. Breandán was around when you went to Aran. He took us on a couple of tours, on foot, when we were recent arrivals. He had a good phrase in his introduction to that splendid book *An Aran Reader*, put together by himself and Ruairí. He wrote that native writers often cast 'a gull's cold eye' on some of the antics the strangers in their midst got up to. We had the odd drink in the pub above Kilmurvey known casually as 'Seán na Cregga's'. He led us to the various obligatory monuments, but above all I remember Breandán as a lively spirit in the News Room of *The Irish Times* – or should that be sprite – and hold that in my memory.

Bhí Breandán luite isteach ar an scríbhneoireacht ar fad anois, agus é níos sásta lena 'chrannóg' nua san *Irish Times* ná mar a bhí sé leis an tseanchrannóg san *Irish Press*. Mar sin féin bhí sé ag aireachtáil go raibh na haltanna rialta ina gceangal air agus ag dul idir é agus scríbhneoireacht níos buaine, mar is léir ón alt seo a d'fhoilsigh sé in *Combar* mhí na Samhna 1963 faoin teideal 'An tIriseoir agus Díol an aon Lae':

Ó thosaigh mé ag plé leis an iriseoireacht (níl aon fhocal Gaeilge againn ar an bhfocal breá Béarla úd 'drifted', a úsáidtear coitianta sa gcomhthéacs seo) tá spéis faoi leith agam sna fadhbanna uilig a bhíonn le réiteach ag an té a bhfuil dúil aige sa scríbhneoireacht chruthaitheach ach a bhaineann slí bheatha as an iriseoireacht. Sula dtéim níos faide leis an scéal is ceart a rá gur sa bhfocal 'cruthaitheach' atá croí na difríochta idir an dá chineál le fáil. Bíonn cuid mhaith den chineál is fearr iriseoireachta i bhfad níos dea-scríofa ná go leor den saothar cruthaitheach a fhaigheann moladh ó lucht léirmheasta ar na saolta seo.

Ernest Hemingway a scríobh an méid seo a leanas ina leabhar *Death in the Afternoon*:

'I was trying to write then and I found the greatest difficulty, aside from knowing truly what you really felt, rather than what you were supposed to feel, and had been taught to feel, was to put down what really happened in action; what the actual things were which produced the emotion that you experienced. In writing for a newspaper you told what

happened, and, with one trick or another you communicated the emotion
aided by the element of timeliness which gives a certain emotion to any
account of something that has happened on that day; but the real thing,
the sequence of emotion and fact which made the emotion and which
would be as valid in a year or in ten years or, with luck and if you stated
it purely enough, always, was beyond me and I was working very hard
to try go get it.[6]

Scríbhneoir a bhí i Hemingway a raibh an-staidéar déanta ag Ó hEithir
air. Fearacht Uí Eithir féin, fear é a raibh seal fada tugtha le hiriseoireacht
aige agus a raibh an-deacracht aige tabhairt faoi obair níos buaine. Cé go
ndeachaigh Ó hEithir freisin le scríbhneoireacht chruthaitheach níor thréig
sé an iriseoireacht riamh agus is mar iriseoir den scoth a bheas cuimhne
ag go leor daoine air. Ach ní gan choinbhleacht agus ní gan sracadh idir
an dá chineál scríbhneoireachta é.

I bhfómhar na bliana 1963 thug Seán Mac Réamoinn cuairt ar
Bhreandán. Bhíodh Seán anonn agus anall chuig Comhairle na Vatacáine
sa Róimh i rith na mblianta 1962-1966 agus ar a bhealach abhaile ó cheann
de na seisiúin chaith sé deireadh seachtaine fada i bhFeldkirch:

Chuaigh mé ar eitleán ón Róimh go Basle. Chomh fada agus is cuimhin
liom bhí sé romham ag an aerfort agus chuaigh mé go Feldkirch leis. Bhí
ard-ghiúmar ar Bhreandán agus is cuimhin liom go ndeachaigh an bheirt
againn isteach go Freiburg an lá ina dhiaidh sin agus ní shásódh rud ar bith
é ach dul ag ól caifé agus cácaí! B'fhearr liomsa ceann de na tithe óil a
fheiceáil agus dúirt sé, 'nach deas an cor sa saol é go mbeinn ag brú caifé
agus cácaí ort!' Chaitheamar cuid den tráthnóna ag breathnú ar Freiburg
agus thugamar cuairt eile ar Freiburg ar an Domhnach, is cuimhin liom.
Bhíos ar Aifreann san Ardeaglais agus is cuimhin liom, tar éis an Aifrinn, a
bheith amuigh sa chearnóg – Plás na hArdeaglaise. Bhí go leor daoine
ansin agus bhí banna ceoil ann agus ispíní agus beoir le fáil ann.

Thug Breandán Seán amach ar thuras sa gcarr lá le cuid den Fhoraois
Dhubh a thaispeáint dó, ach b'éigean dóibh casadh ar ais:

Chuaigh muid suas, suas, suas an sliabh agus bhí mise i bpurgadóir mar ní raibh sé ráite roimhe sin agam le Breandán go raibh *vertigo* orm, cé nach ngoilleann eitleáin orm in aon chor. Bhí mo chroí i mo bhéal agus dúirt mé leis: 'A Bhreandáin, caithfidh tú stopadh, caithfidh tú dul ar ais.' D'athraigh sé cúrsa agus thug sé an carr timpeall. Níorbh aon phléisiúr a bheith ag dul síos le fána ach an oiread ach bhí sé níos fearr ná a bheith ag dul suas! Stadamar ag teach tábhairne ar aon chaoi, d'ólamar deoch, agus bhaineamar an baile amach slán. Ach bhraith mé go raibh Breandán an-sásta leis an saol nuair a bhí sé san Iar-Ghearmáin.

Ní raibh mise sa nGearmáin arís go deireadh na seachtóidí nó tús na n-ochtóidí nuair a bhí mé i mbun gnóthaí eachtracha do RTÉ. Bhí mé dhá bhabhta san Oir-Ghearmáin agus, dar ndóigh, bhí Breandán san Oir-Ghearmáin freisin agus phléamar cúrsaí na hOir-Ghearmáine go minic.

Rugadh Brian, an tríú duine de chlann Uí Eithir, ar an 7ú lá de Dheireadh Fómhair 1963. B'ócáid mhór í, a dúirt Catherine, mar ba é an chéad duine de shliocht von Hildebrand é a rugadh sa nGearmáin le 116 bliain:

My grandfather was born in Florence and my father was born in Vienna. My great grandfather, who had been a sculptor and architect, was the last one. The child was to be called Brian Máirtín after my brother Martin, who was in Colombia still. My brother Cesco was to be Godfather. When Breandán heard that my grandfather was called Adolf he insisted that Brian be called Brian Adolf Máirtín. He got some malicious pleasure in the ad appearing in *The Irish Times*, as it did . . .

I bhfómhar na bliana 1963 freisin thug Louis Marcus cuairt ar Bhreandán i bhFeldkirch agus chaith sé féin agus cara leis cúpla seachtain ina theannta:

Phioc Breandán suas muid i mBasle, sílim, agus ar aghaidh linn ar an Autobhan, Breandán ag tiomáint. Faoin am sin bhí sé eolach ar na cláruimhreacha agus bhí a fhios aige cárbh as na tiománaithe éagsúla, agus nuair a thagadh BMW mór ón mBaváir isteach ar an Autobhan bhreathnaíodh Breandán air agus thugadh sé ainm mór éigin air a bhaineadh gáire asainn. Bhíodar ina gcónaí i *schloss* nó i dteach an-mhór ar fad agus agus garraí agus garraíodóir ann. Bhí *corn on the cob* ag fás ann agus bhíodh sé againn go minic leis an lón. Bhí teach tábhairne sa sráidbhaile leathmhíle uainn ag Herr Müller agus shiúladh muid isteach ann gach lá agus bhíodh cúpla deoch againn ann.

Bhíomar Tigh Herr Müller oíche Shathairn amháin agus bhí sé lán suas le muintir na háite agus iad ag canadh go hard agus ag bualadh na *steins* ar an mbord. Bhí mise ag éisteacht leis seo ar feadh tamaill agus bhí siad ag canadh amhráin a bhí cosúil le amhrán máirseála. Chuir mé cogar i gcluais Bhreandáin agus dúirt mé i mBéarla: 'Cén fáth go gcaitheann siad canadh chomh hard sin?' Agus go díreach ag an bpointe sin chríochnaigh an t-amhrán agus bhí ciúnas ann, agus bhí Breandán ag freagairt mo cheiste amach os ard i mBéarla: 'Because they lost the war!' Cheap mé go marófaí mise ar aon nós toisc gur Giúdach mé!

Cúpla lá tar éis mharú an Uachtaráin Uí Chinnéide[7] chuaigh mise go hIosrael le haghaidh an gheimhridh.'

Tháinig Breandán abhaile go hÉirinn leis féin i lár mhí na Samhna 1963 agus is in Éirinn a scríobh sé an chéad cheithre alt eile don *Irish Times*, faoin teideal 'Seal i dTír', sula ndeachaigh sé ar ais go Feldkirch le bheith lena bhean is lena chlann i gcomhair na Nollag. I gceann de na haltanna sin tharraing sé anuas Tuarascáil Choimisiún na Gaeilge a bhí á hullmhú ag an Rialtas ag an am:

Creidim féin gurb í an tuarascáil seo an tuarascáil deiridh i dtaobh na Gaeilge a mbeidh aon tábhacht léi agus ba mhaith liom go bhféadfadh chuile mhac an pheata sa tír í a léamh. Beidh an chéad thuarascáil eile níos suimiúla, b'fhéidir, os rud é gur cuntas a bheas ann ar an gcaoi a bhfuair an teanga bás cé go raibh chuile dhuine sa tír ar son na hathbheochana . . .

Damnú a bheas sa tuarascáil seo, más fiú an páipéar ar a bhfuil sí scríofa í, ar chuile rialtas agus ar chuile pháirtí polaitíochta a rinne scaothaireacht sa tír ó 1922 i leith. Is measa ná glan-náimhdeas an cineál 'Mother-mo-Chroíachais' a bhí le léamh tar éis mórsclaibéireacht bhliantúil pháirtí an Rialtais, le gairid.[8]

Ar ndóigh, thug Breandán cuairt ar Ghaillimh le réamhbhlas na Nollag a fháil sa gcathair ab ansa leis agus tháinig alt maith san *Irish Times* as an gcuairt chéanna. Chaith sé cúpla lá i gCorcaigh agus thug sé cuairt ar an aerfort nua nach raibh feicthe go dtí sin aige:

> Níl aon dabht nach creidiúint do Aer Lingus agus don chathair é . . . Tá oiread sin driopáis agus forú toghcháin ar lucht Fhianna Fáil sa gcathair sin gur bhuail faitíos mé go n-iarrfaí orm féin seasamh dóibh dá gcónóinn níos faide ann.[9]

Fuair sé an bád as Baile Átha Cliath go Learpholl Shasana agus an traein as sin go Birmingham, ar cuairt chuig a sheanchara, Tempowski:

> Ag triall ar chairde atá ina gcónaí i Marston Green, baile beag ar imeall na cathrach, a bhí mé. Tá siad ina gcónaí ann le cúig bhliana agus an bheirt is sine clainne ag dul ar scoil anois. Is ag an bpointe seo ina shaol a airíonn an deoraí coimhthíos na deoraíochta. Is furasta don duine fásta a náisiúnacht agus a theanga (nó a chanúint) a chaomhnú, cuma an i New York nó ar an nGealach a lonnaíonn sé ach súnn an páiste a thimpeallacht chuige agus ní hindéanta fál cosanta a thógáil . . .[10]

Ar a bhealach ar ais chun na hIar-Ghearmáine, ar thraein agus ar bhád, thug Breandán cuairt ar Londain, gur bhain ábhar ailt eile as Coirnéal na gCainteoirí i Hyde Park tráthnóna seaca i mí na Nollag.

Níl aon chuntas againn uaidh ar an Nollaig úd i bhFeldkirch, ach gur chaith sé roinnt den fhéile ag ransú trí fhoclóirí Gearmáinise, áit ar tháinig sé ar an 'Éireannach Fiáin':

> Thug athair mo chéile, go méadaí Dia a stór, dhá fhoclóir de bhronntanas Nollag dom – Dinneen agus de Bhaldraithe na Gearmáinise. D'fhéach mé faoin bhfocal 'Irish.' Le cois an ghnáth-mhíniú stuama tá an méid seo ag na Gearmánaigh: 'He got his Irish up': 'er wurde fuchsteufelswild.' Féachaim faoin bhfocal deiridh seo agus faighim amach go gciallaíonn sé: 'Furious, infuriated, mad (wild), 'with fury' (anger)' agus diabhal locht ar an

méid sin, cé go bhfuil Éireannaigh ar m'eolas nach bhféadfainn a shamhlú sa riocht seo – mo chara Aengus Ó Dálaigh, mar shampla . . .[11]

Bhí Catherine sona i mbaclainn a muintire san Iar-Ghearmáin tar éis a bheith scartha leo le sé nó seacht de bhlianta agus bhí sí sásta go raibh Breandán ag déanamh an ruda a theastaigh uaidh a dhéanamh – scríobh:

He drove a car and used to be up at 6 a.m. to drive my younger brother and sister to school. In a house beside ours there were empty rooms and one was made into a study for Breandán. He had his first portable typewriter with him. He bashed away every morning and came down for lunch. He made notes. Breandán was always making notes.

Bhíodh sé ag cur 'Litir ón Mhór-Roinn' abhaile go rialta freisin agus a chara, Eoin Ó Súilleabháin a fuair bás go hóg, á léamh ar Raidió RTÉ, agus bhíodh alt nó aiste go rialta uaidh in *Comhar*. D'fhoilsigh *Comhar* gearrscéal leis in eagrán na Nollag 1963. 'Peaca' teideal an ghearrscéil, ina bhfuil misinéir d'Ord an tSlánaitheora ag tabhairt seanmóir speisialta le linn mhisiún na bhfear i bParóiste 'Chill Mhilcín' faoi bhean óg gan pósadh a bhí ag iompar clainne le fear óg as an oileán. D'ordaigh an misinéir don bheirt bhuachaillí óga a bhí ag friotháil fanacht sa sacraistí le linn na seanmóire, ach chuadar siar ar chúl na binne áit a raibh siad in ann caint an mhisinéara a chloisteáil. Is iomaí misinéir a bhí cloiste ag Breandán ina óige le linn na mblianta a chaith sé ag friotháil ar an altóir i gCill Rónáin agus chuirfeadh an tseanmóir seo an tseanmóir cháiliúil in *A Portrait of the Artist as a Young Man* James Joyce i gcuimhne do dhuine.

Cé gur scríobh Breandán roinnt gearrscéalta eile i nGaeilge agus i mBéarla ina dhiaidh sin níl againn i gcló uaidh ach aon ghearrscéal amháin eile, 'Amhras', a scríobh sé nuair a bhí sé cúig bliana fichead agus a foilsíodh in *Comhar* na Nollag 1956. Cur síos ealaíonta atá ann ar ghábh ar muir agus é bunaithe ar eachtra farraige atá i seanchas bádóireachta Chonamara fós: Colm Cheoinín, a fuair bás go hóg – deartháir leis na bádóirí Pat agus Seán Cheoinín – agus Johnny Báille, ag tabhairt last slata mara as Árainn go monarcha feamainne Chill Chiaráin i gConamara, nuair a thosaigh an bád ag déanamh uisce orthu, gur thugadar slán ar éigean í go Céibh Choigéil. Tá an dá ghearrscéal le fáil in *An Chaint sa tSráidbhaile.* Sílim go raibh scáth ar Bhreandán a chuid gearrscéalta a fhoilsiú mar go mbeidís á gcur i gcomparáid le gearrscéalta gleoite greanta a uncail, Liam Ó Flatharta.

Thart ar an am ar fhág Breandán Éirinn le dhul chun na hIar-Ghearmáine d'fhág a sheanchomrádaí ollscoile, Jim O'Halloran, Ceanada agus chuaigh don Libia. Bhí réabhlóid ag bagairt sa Libia agus ó tharla go raibh cáipéisí agus mapaí tábhachtacha faoi chúrsaí ola ag Jim shocraigh sé an tír a fhágáil láithreach ar fhaitíos go mbainfeadh na réabhlóidithe de iad. Chaith sé cúpla lá sa Róimh agus ansin shocraigh sé bualadh suas chuig an bhForaois Dhubh ar cuairt chuig Breandán:

I took a train to Florence, a train to Zurich and went across to Basle. I rented a car and spent a week or ten days with Breandán. He was in his element there, the happiest I had ever seen him. This was before the course in the Goethe-Institut. It was Fasching time, the mardi gras that comes to a screeching halt on Ash Wednesday morning.

He was in top form and he *was* writing. Breandán had found a family again that was not his own! There were so many von Hildebrands around him and he had everything but responsibility. That year in Germany was a very important time for Breandán. He wrote great stuff. His gift was in writing and his real gift was in journalism. He could write an entertaining article about anything, even a simple thing like the discovery of the kilometre and how fast they go behind you compared to the miles! It was his first real exposure outside of Ireland and he used it for all it was worth. It is too easy to talk yourself to pieces in Ireland instead of writing and I think he did a lot of talking when he was in RTÉ.

Thosaigh Breandán ar chúrsa Gearmáinise sa Goethe-Institut i Staufen, in aice le Feldkirch, i dtús an Mhárta, rud a spreag é le cúpla iontráil eile a bhreacadh sa 'Dialann Ghearmánach':

Staufen. Dé Luain: 2 Márta, 1964:

Tháinig mé anseo ar maidin inniu ar a naoi a chlog faoi mar a hordaíodh ach níor ghá dhom driopás a dhéanamh mar ní raibh doras an Goethe

Institut ar oscailt fiú amháin. Scata beag Arabach ina seasamh ag an doras agus beirt nó triúr eile ag siúl síos-suas ag iarraidh teanga comhthuisceana a aimsiú. Nuair a tháinig Dr Jokel agus a fhoireann bhain sé uaireanta a' chloig díobh an slua a riar. Araibis agus Béarla is mó atá le cloisteáil – gan mórán Gearmáinise ag éinne. Cailín as An Nigéir ag iarraidh a lóistín a aimsiú i dteach nua i lár plásóg mhór láibe. Mé féin lonnaithe anseo ar bhóthar Untermunstertal. Teach suaimhneach – seomra dhom féin. George, Meiriceánach as Los Angeles, an t-aon duine a bhfuil aon aithne agam air – iarsma Fasching – agus bhodhródh sé na mairbh le gleo. Chuaigh mé abhaile go Feldkirch tráthnóna agus tar éis suipéir d'fhill mé anseo le mo bhagáiste. An seomra an-chompordach uilig agus an leaba thar cionn. An codladh is sáimhe le fada.

Dé Máirt: 3ú Márta, 1964:
Bricfeasta ar maidin san Institut ar 8 a.m. (Beidh sé amhlaidh chuile mhaidin as seo amach) Tar éis an bhéile chruinnigh na múinteoirí agus cuireadh in aithne muid – mé féin ar cheann an liosta. Ansin cuireadh triail orainn. Beidh fhios againn tráthnóna cén rang ina bhfuilimid. An bia sa Lowen go dona inniu agus na Turcaigh ag clamhsán. Bhí siad thoir i Munchen ar an gcúrsa roimhe seo. Foireann mhór as Saudi Arabia anseo, Tibeiteach, Ioruach, Seapánach, Boliviach srl. Meascán iontach ciníocha. Droch-dhinnéar sa Lowen – sauce and suspicion. Ar ais abhaile áit ar casadh mo chomh-lóistéaraí orm – Andrés as Tokyo agus Mario as Firenze. Deireann an Seapánach gur Caitliceach é, rud a chuir iontas orm. Síos ag an Institiúid, áit a bhfaighim amach go bhfuilim sa dara rang – Schnell. Tús leis na ranganna amárach agus ansin a bheidh a fhios. George abhaile in éindí liom tráthnóna agus an-ghleáradh aige faoi chuile shórt agus faoi thada. P.B.Q. agus B.S. chuile re nóiméad. Suipéar, áit a bhfuilim i mo shuí in aice le Paulus ón nGréig agus síneadh á bhaint as mo chuid Gearmáinise agus a chuid-san Béarla. Cé gur ag na hArabaigh atá an móramh anseo cheapfá go bhfuil an áit lán le Meiriceánaigh. Téann a dtuin chainte i bhfad. Sa mbaile ar ais timpeall a hocht.

Dé Céadaoin: 4ú Márta:
Maidin cheomhar. I mo shuí ar a 7 agus ag iarraidh a bheith ag obair. Ceal

triollúis ag goilliúint go mór orm. Mé féin agus mo chomrádaithe ag siúl chuig an mbricfeasta – an t-Iodálach bocht fós balbh (stumn). An bricfeasta tur go maith. Meiriceánaigh (cúpla) in éindí liom. Iad go deas freisin. An chéad rang. I bhfad níos mó gramadaí ag a bhformhór ná mar atá agamsa. Ailgéireach ina shuí i mo aice. 'The life and soul of the party.' An múinteoir go maith soiléir. Mé caillte in amannaí. Canúint an Mheiriceánaigh uafásach Meiriceánach. Muid ag dul ar aghaidh go tréan – deich leathanach déanta faoi am lóin. Clamhsán cheana féin faoi bhia – an cailín Nigéireach ag clamhsán faoin mbricfeasta. Ar ais ag na ranganna ag 4.30. Go Feldkirch ag an suipéar le castáil leis na cuairteoirí. Níor shoicheadar go rabhas féin i mo leaba agus d'fhill mé ar an áit seo ar maidin.

Dé hAoine 13.3.1964
An dara seachtain caite anseo agus tríd is tríd é thar cionn ar chuile bhealach ach an obair marfach ag duine nár fhoghlaim teanga le blianta fada. An múinteoir thar a bheith go deas – as Lubeck a muintir ach iad ina gcónaí anois i mBonn. Protastúnach – rua – labhrann Béarla le canúint Shasanach agus tógann a cuid oibre an-dáiríre ar fad. Grafin atá inti ach diabhal mo chos a chuimhníonn ar a hainm ó lá go lá.
Na Meiriceánaigh an-bharrúil mar dhream agus a gcuid ban níos barrúla fós. (Mrs Ed Gibson, an mhaidin faoi dheireadh sa gcafe ag léamh litreach agus ag míniú dom faoina deartháir a bhí ag teacht chun na hEorpa: 'They have been married five years and they have got no family – just a dawg and mother'll look after that – so they are coming to Europe this year. Actually they've been trying to have a family for five years and next year they figure they'll adopt.'
Iad uilig an-spéisiúil i gcúrsaí creidimh agus i gcúrsaí bia, dí srl. Níl aon Chaitlicigh orthu ach . . .

Agus i lár abairte, mar sin, tháinig deireadh tobann leis an Dialann Ghearmánach.

Ba léir go raibh Breandán ag baint an-taitneamh as an gcaibidil nua seo ina shaol. Mar a mhínigh Catherine:

His wife and family were safely lodged in the bosom of her family. He was assured of a roof over his head and was as irresponsible as when he was a student. It was a chance he was not to have again, with a wife and two children. He was in Staufen with anonymous international students and he rapidly found soulmates and friends and, what he always loved, people from other countries. They had to speak German together and he made friends with Italians, Latin Americans, Japanese etc. He was in his seventh heaven! Staufen is the town where Goethe wrote Faust, where Faust met Marguerite. She lived in the castle which is now in ruin on the hill and there is a pub where Faust fought the devil. It is a medieval town that is preserved . . . Breandán lodged in Staufen with two others, a Japanese he called Shingo and the now famous Mario.

Is sampla maith é 'Mario agus an Sexwagen', a foilsíodh in *Comhar* agus san *Irish Times,* agus ina dhiaidh sin i *Willie the Plain Pint agus an Pápa,* den spleodar a bhain le scríbhneoireacht Bhreandáin ag an am.

Bhí Meiriceá agus an *Rocky Mountain News* caite as a cheann aige faoi seo. Chomhairligh athair a chéile dó gan bacadh le Meiriceá agus fuair sé an chomhairle chéanna ó fhear eile a raibh meas aige ar a chomhairle – Máirtín Ó Cadhain. Sa léacht 'Thar Ghealchathair Soir' scríobh Breandán:

Imithe a bheinn go cinnte, imithe le stuaic, imithe agus náire orm filleadh . . . cuimhne shinseartha na ndaoine a chuaigh go Meiriceá ach nár tháinig Meiriceá leo agus a seoladh abhaile le airgead a tógadh i hallaí damhsa South Boston . . . imithe murach tionchar agus comhairle an fhir ar a bhfuilim ag scríobh . . .

Le linn dom bheith ag cur fúm sa nGearmáin tháinig Máirtín ar cuairt chugainn as Munchen, áit a raibh sé ag dul do chúrsa teangeolaíochta . . . Ba le linn na cuairte seo sa Ghearmáin a fuair mé féin feiceáil ar phearsantacht agus ar intinn an Chadhnaigh nach bhfaighinn go deo ag baile, b'fhéidir. Ba ghnách linn roimhe sin scríobh chuig a chéile anois agus arís ach tháinig an glaoch gutháin as Munchen gan choinne. D'iarr mé air láithreach teacht anoir go dtí an Fhoraois Dhubh chomh luath agus a bheadh deireadh leis an gcúrsa . . .

Dhá lá dár gcionn fuair mé litir uaidh atá fós i mo sheilbh. Is fiú, sílim, an abairt seo a aithris: 'Dá laghad an t-achar scartha ón nGaeilge mé, nuair a chuala mé do ghuth ar an bhfón ba bheag nár bhris mo ghol orm. Tiocfaidh mé cinnte.' Ní call a rá nach raibh sé mórán le cois míosa ar an gcoigrích. Gan an grá seo don Ghaeilge – grá ab ionann agus beophianadh – níl tuiscint ar anam Mháirtín Uí Chadhain, ar an bhfórsa diamhair a thiomáin chun cinn é in ainneoin príosúin, peannaid phearsanta, easpa sláinte agus bás na gcarad.'12

Seachtain a chaith an Cadhnach i bhFeldkirch. Bhí foireann peile na Gaillimhe i gcluiche ceannais na hÉireann an bhliain chéanna sin.

Chuaigh an Cadhnach abhaile go hÉirinn agus go Páirc an Chrócaigh agus ní raibh Breandán i bhfad ina dhiaidh. Tháinig scéala as Árainn go raibh a dheartháir, Éanna, a bhí ag múineadh in Inis Oírr, ag dul ag pósadh ar an 25ú lá de Shamhain. Tháinig an chlann ar fad abhaile go hÉirinn ar an gceathrú lá de Shamhain 1964; Brian, a bhí faoina broinn ag Catherine ag dul anonn, ina baclainn ag teacht anall aici agus í ag iompar an cheathrú páiste, ar a dtabharfaí Aindriú.

Níor thóg sé i bhfad ar Bhreandán cuairt a thabhairt ar na seanchairde agus ar na seanghnáthóga ná ní dhearna sé dearmad ar an Silver Swan cois Life. Bhí a sheanchara, John Redmond, ar chúl an chuntair nuair a shiúil sé isteach:

When I asked Breandán how he enjoyed Germany, he said, 'We had a great time, John. And do you know what? The children can now curse in three different languages!'

Nótaí

1 *Thar Ghealchathair Soir:* 8

2 *Thar Ghealchathair Soir:* 8

3 Seán Mac Réamoinn

4 Paddy Delap ag caint faoi stocaí salacha

5 Scannal Christine Keeler i Sasana ag an am

6 *An Chaint sa tSráidbhaile:* 146

7 22 Samhain 1963

8 *The Irish Times:* 27 Samhain 1963

9 *The Irish Times:* 27 Samhain 1963

10 *The Irish Times:* 21 Nollag 1963

11 *The Irish Times:* 18 Eanáir 1964

12 Thar Ghealchathair Soir: 6-7

11. Féach – le hEoghan Harris

Bhí Breandán Ó hEithir ar an iriseoir ab fhearr dár chas mé leis riamh, *bar nobody*, i nGaeilge nó i mBéarla. (Eoghan Harris)

Ní raibh aon phost buan ag fanacht le Breandán nuair a tháinig sé abhaile as an Iar-Ghearmáin lena bhean agus a thriúr clainne i Samhain na bliana 1964, ach ní raibh sé gan obair. Tús na bliana 1965 thosaigh sé ar chlár raidió *Goiciosún* – 'clár nua faisnéise agus fiosrúcháin, arna chur i láthair ag Breandán Ó hEithir', mar a thug RTÉ le fios ag an am. Lean Breandán lena cholún rialta san *Irish Times* agus bhíodh trí nó ceithre cholún sa tseachtain aige sa nuachtán sin ar feadh tamaill. Chuaigh sé ar ais ina Eagarthóir ar *Combar*, d'oibrigh sé ar Dheasc na Nuachta Gaeilge in RTÉ agus ar chláracha do Theilifís Scoile, agus bhí obair scannánaíochta ag fanacht leis ag Louis Marcus. Nuair a fuair Donncha Ó Laoire bás go tobann i mBealtaine na bliana 1965 d'iarr RTÉ ar Bhreandán agus ar iníon le Donncha, Déirdre, dul i mbun an chláir raidió a bhíodh aige, *Ar Fud na Tíre*. D'athraigh siad an ceol aitheantais agus an t-ainm, agus lean siad leis an gclár mar '*Mol an Óige*, arna chur i láthair ag Breandán Ó hEithir agus ag Déirdre Ní Laoire'. Ag craoltóireacht agus ag scríobh mar shaoririseoir a shaothraigh Breandán a bheatha agus a thóg sé bean agus clann go dtí gur fostaíodh ar conradh in RTÉ é i 1968.

Chuir an chlann fúthu go sealadach i dteach beag a dtugtaí an 'Back Lodge' air, ar thailte Chlocharscoil Notre Dame i mBaile an Teampaill le taobh Dhún Droma i ndeisceart Bhaile Átha Cliath. Thógadar an teach seo ar cíos ó Dheasún Fennell a bhí tar éis tréimhse a chaitheamh i mbun iriseoireachta agus craoltóireachta sa nGearmáin é féin agus a bhí tar éis cuairt a thabhairt orthu i bhFeldkirch. B'éigean an 'Back Lodge' seo a leagan roinnt blianta ina dhiaidh sin nuair a bhí an bóthar as Dún Droma go Baile an Teampaill á leathnú, ach faoin am sin bhí muintir Uí Eithir ina gcónaí i dteach nua dá gcuid féin ar Bhóthar Tí Naithí i nDún Droma ó Shamhain 1966.

Ceann de na chéad rudaí a thug Breandán faoi deara, ar theacht abhaile ón Iar-Ghearmáin dó, an t-athrú a bhí tagtha, in achar gearr, ar na seanóstaí a thaithíodh sé bliain go leith roimhe sin. Bhí *Tolglanna* nó *Lounge Bars* á gcur isteach ag lucht na dtithe ósta mar bheadh Dia á rá leo agus ní fear *Lounge Bars* a bhí i mBreandán:

Bhuail mé isteach i *Lounge* uachtarach ósta, nach bhfuil i bhfad ó Ghallán Nelson, dhá lá tar éis dom filleadh go hÉirinn. Bhuail mé fúm ar phíosa troscáin a raibh a mhíchompord ar aon dul lena nua-aoiseacht úrghránna . . . Tháinig leaidín chugam a raibh seaicéidín geal air agus thug *Sir* orm – agus céard a bheadh agam. D'iarr mé leathphionta beorach. Dúirt mo leaidín nár cheadaithe deoch den sórt a thabhairt dom sa *Lounge* – dá rachainn síos staighre . . . chuas . . . agus amach an doras.

Bhí lá ann agus gheobhfá do rogha dí ar an lota céanna. Ní chuimhneodh aon duine ar *Sir* a thabhairt ort. Bhí an áit compordach agus níor mhiste dhuit do mheáchan a ligean ar na cathaoireacha . . .[1]

Thug bainis a dhearthár Éanna i nGaillimh ar an 25ú de Shamhain 1964 deis bhreá dó bualadh leis na gaolta agus leis na seanchairde go léir thiar. Ba é Éanna an t-aon deartháir a bhí aige agus ba é Breandán a bhí ag seasamh leis lá a phósta. Bhí Éanna seacht mbliana ní b'óige ná é agus bhí an bheirt acu an-cheanúil ar a chéile. Ag múineadh scoile in Inis Oírr a bhí Éanna ag an am sin agus bean as an oileán sin, Bríd Ní Chonghaile, a bhí sé a phósadh. Bhí aithne mhaith ag Breandán ar dheartháir léi, Joe Edward Ó Conghaile, a bhí ina Gharda i mBaile Átha Cliath agus a bhí ina thiománaí ag Airí éagsúla Rialtais. Ba mhinic a bhíodh sé féin agus Breandán ag ól le chéile Tigh Uí Néill i Rae Mhuirfean agus iad ag malartú eolais agus béadáin faoina raibh ag tarlú timpeall Dháil Éireann agus timpeall na tíre. Bhíodh neart scéalta ag Joe agus, ach oiread le Breandán féin, ba mhaith uaidh iad a inseacht. Ba chara mór é Breandán freisin le deirfiúr eile le Joe, Máire Ní Chonghaile, agus leis an bhfear atá pósta aici, Mattie Moloney as Gaillimh, fear a bhíodh isteach is amach go hÁrainn i gcaitheamh a shaoil ag obair leis an Roinn Poist agus Teileagraf. Is minic a chodail Breandán ina dteach i nGaillimh agus is iomdha scéilín geanúil agus greannmhar atá ag Máire agus ag Mattie faoi chuairteanna Bhreandáin. Is é an tAthair Tadhg Ó Móráin, sagart eile as Contae Mhaigh Eo a chaith blianta fada in Árainn, a dúirt Aifreann an phósta in Eaglais Naomh Seosamh i nGaillimh, an séipéal céanna inar pósadh athair agus máthair Éanna agus Bhreandáin i 1929. In Óstán Eglinton i mBóthar na Trá a caitheadh an bhainis, ach nuair a chríochnaigh an greann oifigiúil i mBóthar na Trá thosaigh an spraoi neamhoifigiúil sa gCastle Hotel, áit nach rabhthas ag meabhrú do dhaoine go raibh baile ag fanacht leo. Ba gheall leis na seanlaethanta agus na seanoícheanta ar ais arís ag Breandán sa gCastle é agus chaith sé an oíche ag dul thart agus hata nua Mháire, Bean Mhattie Muluney air:

Sa gCastle Hotel a chríochnaigh muid ar fad agus is cuimhneach liom go raibh go leor ólta ag Breandán mar bhí mo hatasa, hata mór gorm, ag imeacht air agus ard-ghiúmar air. B'éigean dúinne teacht abhaile cineál luath mar bhí gasúir againn ach bhí an chuid eile ann go maidin agus Breandán ina measc.

Thosaigh Breandán ag obair ar chlár nua teilifíse seachtainiúil Gaeilge darbh ainm *Féach* ar RTÉ i samhradh na bliana 1967. Léiritheoirí nach raibh focal Gaeilge ag a bhformhór a bhíodh i mbun an chláir go minic ar dtús, rud a d'fhág gan aon treoir cheart é ar feadh tamaill, agus bhíodh Seán Duignan agus Diarmuid Ó Muirithe á chur i láthair. Ach nuair a ceapadh Eoghan Harris ina léiritheoir ar *Féach* i bhfómhar na bliana 1968 agus nuair a shínigh Breandán conradh le RTÉ, mhúnlaigh an bheirt acu ina chlár bríomhar cúrsaí reatha é, a mbíodh suas le 600,000 duine ag breathnú air nuair a bhí sé ina bhuaic. Tháinig Seán Ó Mórdha ina léiritheoir ina dhiaidh sin agus chruthaigh sé a ardchaighdeán léiritheoireachta féin.

Bhailigh Harris foireann mhaith ina thimpeall agus is é féin a roghnaigh ar fad iad. Thosaigh sé le Breandán. Thugadar isteach Éamonn Ó Muirí ansin agus, ar chomhairle Bhreandáin, Proinsias Mac Aonghusa. Bhí cleachtadh ag Breandán agus ag Proinsias ar a bheith ag obair le chéile sula ndeachaigh Breandán chun na hIar-Ghearmáine agus roghnaíodh an bheirt acu mar 'Galwaymen of the Year' i 1963. Ach is iad Harris agus Ó hEithir a rinne an bhunobair ar *Féach*:

Shuigh mé féin agus Breandán síos i samhradh 1968 agus dheineamar iarracht déileáil i gceart le cláracha Gaeilge. Phléamar ceist na Gaeilge agus fealsúnacht na Gaeilge. Bhí an bheirt againn tógtha go mór le leabhar Sheán de Fréine *Saoirse gan Só*. Bhíomar ag plé staitisticí agus ag léamh daonáireamh. Dúirt Ó hEithir an uair sin go raibh an Ghaeltacht ag fáil bháis agus go raibh sí beagnach marbh. Thosaíomar le polasaí i 1968 agus is é an polasaí a bhí againn go bunúsach ná go rabhamar chun clár a chur amach a bheadh chomh maith sin go mbeadh ar Bhéarlóirí a bheith ag féachaint air – *that no educated man or woman could miss it!*

Bhí dhá bhliain caite ag Harris in RTÉ faoi seo. Ag léachtóireacht i Roinn na Staire i gColáiste na hOllscoile Corcaigh a bhí sé, in aois a dhá bhliain is fiche, nuair a fuair sé litir ó RTÉ i 1966. Corcaíoch eile, Liam Ó Murchú a bhí ina Cheannasaí Clár Gaeilge in RTÉ ag an am, a scríobh chuige ag tabhairt cuireadh dó teacht ar chúrsa léiritheoireachta sa stáisiún. Bhí Ó Murchú tar éis aiste léirmheasa a léamh in iris Choláiste na hOllscoile Corcaigh, a scríobh Harris ar leabhar Mhainchín Seoighe *Maraíodh Seán Sabhat Aréir* (1964). Poblachtach radacach a bhí in Eoghan Harris ag an am agus ba í bunargóint a aiste gur 'maraíodh Seán Sabhat nuair a díoladh amach i 1922':

> Agus léigh Liam Ó Murchú in RTÉ an aiste agus ghlaoigh sé orm agus mé díreach ag fágáil mo phoist léachtóireachta sa Choláiste chun dul ag obair sa Roinn Gnóthaí Eachtracha; bhí an Junior Ad. díreach faighte agam. Mar a tharla, nuair a bhuail mé le Breandán ina dhiaidh sin bhí an t-alt léite aige féin agus thaitin sé go mór leis . . .

Ní mórán dár foilsíodh i nGaeilge nach raibh léite ag Breandán agus níl baol ar bith nach raibh leabhar Mhainchín Seoighe léite aige mar tharraing an leabhar céanna go leor cainte nuair a rinne an Roinn Oideachais iarracht cinsireacht a chur i bhfeidhm ar na foilsitheoirí, Sáirséal agus Dill. Bhí suim ar leith ag Breandán sa scéal mar gur casadh Seán Sabhat air féin aon uair amháin, de réir an chuntais atá aige in *Over the Bar:*

Because of the circles I moved in I was constantly involved in arguments about the (GAA) Ban. One Sunday in Limerick as I left a dreadful soccer match in the Market Fields, I came face to face with Seán South who took me severely to task for not having attended instead a Manchester Martyrs Commemoration, from which he was returning. He then proceeded to attack the GAA for not doing enough for the Irish Language. On one of my last visits to the Shamrock Rovers ground, to see them play Limerick, one of the songs the Limerick supporters sang was 'Seán South of Garryowen'.[2]

Bhí athruithe móra ag teacht ar shaol agus ar phobal na hÉireann i gcaitheamh na mblianta gairide ó maraíodh Seán Sabhat agus Feargal Ó hAnnluain ar an teorainn Lá Caille 1957. Bhí an eacnamaíocht tar éis téarnamh i gcaitheamh réimeas polaitiúil Sheáin Lemass ó dheireadh na gcaogaidí; bhí saighdiúirí na hÉireann ag dul ar dualgas leis na Náisiúin Aontaithe sa gCongó i dtús na seascaidí; bhí cuairt Uachtarán Ó Cinnéide Mheiriceá tar éis ceo draíochta a chur ar fhormhór mór phobal na tíre i 1963, agus bhí an t-athrú ba mhó ar fad á dhéanamh ag an stáisiún teilifíse nua, ag craoladh Meiriceánachais agus fógraíochta seacht lá na seachtaine.

Isteach i stiúidió in RTÉ ina raibh *Insurrection* agus cláracha comórtha eile ar Éirí Amach 1916 á gcur le chéile, a cuireadh Eoghan Harris i 1966, ag foghlaim a cheirde ó Louis Lentin agus ó léiritheoirí eile na linne. Bhí lámh ag Breandán i gceann de na cláracha comórtha sin; is é a scríobh an script don chlár faoi Éamonn Ceannt, sa tsraith *On Behalf of the Provisional Government* a léirigh a sheanchara, Aindreas Ó Gallchóir agus a bhuaigh ceann de dhuaiseanna Jacobs na bliana sin.

Tháinig Eoghan Harris go mór faoi thionchar duine de na léiritheoirí, an Captaen Jack Dowling, iarbhall de Ghluaiseacht na Poblachta a chuaigh isteach in Arm na hÉireann nuair a thosaigh an dara cogadh mór i 1939 agus a bhí ar pinsean ón Arm anois agus ag obair sa tseirbhís nua chraolacháin. Bhí Dowling ar dhuine den triúr a thug dúshlán na bainistíochta in RTÉ go gairid ina dhiaidh sin, é féin, Lelia Doolan agus Bob Quinn, agus a thug suas a bpostanna lena míshástacht a chur in iúl. Mar a mhíníodar i Réamhrá a leabhair *Sit Down and Be Counted* a foilsíodh i 1969:

We have written this book as a continuation of the work we tried to do within the national television station during the past few years. We had become convinced that radio, television and the press are essentially dialogue-forms, at least as important to the health of the community as the Arts. Being daily and experimentally aware that there is a constant temptation to reduce dialogue to monologue, we have opposed the persons, institutions and modes of thought that tend to sterilise or silence the dialogue. We tried to use the station's structures to keep this dialogue developing. We failed.[3]

Cé go bhfuil ainm Bhreandáin Uí Eithir luaite ard go maith ar liosta buíochais an leabhair sin, níor thóg Breandán féin aon pháirt phoiblí sna cruinnithe agóide ná sna díospóireachtaí. Níorbh é sin an bealach a bhí leis agus níorbh é sin a ghnó, dar leis. Ag tabhairt rudaí faoi deara a bhíodh sé agus á dtuairisciú. Agus, mar thuairisceoir, ní raibh scáth ná faitíos air a thuairim a thabhairt. Ach bhí Eoghan Harris sáite go huile agus go hiomlán san agóid agus bhí sé ar dhuine díobh sin ba ghníomhaí agus ba ghlóraí de lucht na hagóide. Thaobhaigh sé le Jack Dowling agus le Lelia Doolan agus ba bheag nár chaill sé a phost dá bharr. Creideann sé anois nár theastaigh ón Ard-Stiúrthóir, Tom Hardiman, scaradh leis, mar dá n-imeodh seisean go mb'fhéidir go n-imeodh léiritheoirí óga eile cosúil le Seán Ó Mórdha agus Brian Mac Lochlainn a tháinig isteach ag an am céanna leis agus a rinne an cúrsa céanna traenála:

> Thraenáil mise le dream iontach, Seán Ó Mórdha agus Brian Mac Lochlainn. Ba Ghaeilgeoirí an triúr againn agus chreideamar sna rudaí céanna. Fear mór fealsúnachta a bhí i Jack Dowling. Bhí sé in ann rudaí a mhíniú go simplí dúinn agus fuaireamar traenáil iontach uaidh. Bhí Jack ag míniú rudaí a bhí ar siúl, ní sa Bhreatain, ach sa Fhrainc agus sa Ghearmáin. Bhíomar oscailte don Mhór-Roinn agus bhí meascán an-saibhir againn mar fhoireann léiritheoirí óga.

Maidir le Harris féin, tá an méid seo faoi in *Sit Down and Be Counted:*

Harris is a complex, subtle and even discursive character. He had made an impact on the station almost from the moment of joining it as a trainee Producer-Director in 1966, at the age of twenty-two. He had had a brilliant scholastic career and had taught history at University College Cork. His early and lasting pre-occupation was with the revitalising of the Irish spirit – at first romantically under the influence of some of Corkery's students. This gradually gave way to a reflective realism that many of his former associates found harsh and unpalatable. He had a social commitment to the underprivileged of such intensity that it often frightened his friends as much as his opponents. Any injustice seemed to trigger that 'savage indignation' of which Yeats speaks so movingly in his description of Dean Swift . . .[4]

D'fhág Lelia Doolan, Jack Dowling agus Bob Quinn an stáisiún, ach d'fhan Eoghan Harris. Ag plé le cláracha cúrsaí reatha i mBéarla a bhí sé go dtí seo agus ba é féin, Lelia Doolin agus Dick Hill a bhunaigh an clár cáiliúil cúrsaí reatha *7Days*. Tairgeadh an clár cúrsaí reatha Gaeilge *Féach* anois dó 'mar *consolation prize*,' mar a dúirt sé féin. Ghlac sé leis, agus ba ghearr go mbeadh iomaíocht ag *7Days*. Deir údair *Sit Down and Be Counted:*

Eoghan Harris, the stormy petrel of the *Work* programme, was asked to transfer to *Féach* to work with Breandán Ó hEithir. It was an understandable transfer in view of the lack of fluent Irish speakers among Producers. Committed to the idea of Irish language programming, he believed (with the concurrence of Liam Ó Murchú) that the station had done less than service to Irish language speakers.

Capable in the imaginative and forceful handling of Current Affairs programmes, Harris was naturally loath to leave the *Work* programme area, particularly in view of past pressures upon it and the likelihood of their continuing.

Work was to be replaced by a new Autumn programme: *Wednesday Special*, to which Breandán Ó hEithir had requested a transfer. Ó hEithir had been the mainstay of *Féach*. He had had many Producers. He was disgusted with the Management's attitude of indifference to it as the only really mature Irish language programme in the schedule. He and Harris discussed the situation

They decided that working together they could make *Féach* a first-class programme. Accordingly, Harris agreed to his transfer without further demur and Ó hEithir withdrew his own application.[5]

Ní raibh scáth ná faitíos ar Bhreandán a thuairim a nochtadh faoina raibh ar siúl in RTÉ, mar is léir óna cholún míosúil in *Comhar* i Meitheamh 1969:

> Níl an t-aighneas láithreach a thug ar thriúr léiritheoirí éirí as a bpostanna agus ba chúis le dhá chruinniú poiblí sa stáistiún féin, críochnaithe fós. Míshásamh is bonn leis an aighneas agus is cinnte gur shíolraigh sé go hindíreach ón gclampar i dtaobh 'Seven Days', a tharla breis is bliain ó shin. Tá míshuaimhneas sa stáisiún ó shin; míshuaimhneas i dtaobh cothramaíochta cumhachta ardoifigigh an stáisiúin, míshástacht leis an easpa teagmhála atá idir foireann chruthaitheach an stáisiúin agus an cliarlathas, amhras i dtaobh tionchar Fhianna Fáil trí phearsain údarásacha áirithe... agus thar rud ar bith eile . . . amhras i dtaobh pholasaí an stáisiúin i gcoitinne.
>
> Is léir ón ráiteas a chuir Mr Hardiman amach go dtuigeann sé go bhfuil míshuaimhneas ann (bhí a ráiteas ar phíosa béarlagair chomh tur, doléite agus a seoladh amach as aon chomhlacht stáit riamh) ach ní raibh aon mholadh le déanamh aige a d'fheabhsódh an scéal. Ní dhéanfaidh seo cúis. Níor éirigh le Mícheál Ó Gairbhe é féin a chruthú mar cheannasaí láidir clár. Measann a lán go bhfuil i bhfad an iomarca cumhachta agus tionchair ag an Dr Mac Aindriú (Cathaoirleach an Údaráis). Táthar amhrasach i dtaobh na cumhachta atá ceannasaí na nuachta agus cúrsaí reatha, Séamus Mac Aonghusa, a chruinniú chuige féin. Ní féidir 'growing pains' a thabhairt ar na rudaí seo agus é a fhágáil mar sin.[6]

Bhí Gaeilge ag Harris a d'fhoghlaim sé ar scoil agus bhí tamall caite i nGaeltacht Chorca Dhuibhne aige i bhfochair an Athar Tadhg Ó Murchú. Bhí sé an-díograiseach faoin teanga Ghaeilge agus le linn dó a bheith ar meánscoil i bPresentation Brothers' College i gCorcaigh ('scoil liobrálach sa traidisiún Sasanach' mar a deir sé féin) bhunaigh sé buíon Ghaelach den Fhórsa Cosanta Áitiúil, a dhéanadh a gcuid traenála go léir i nGaeilge. Chuaigh sé chomh fada le cead speisialta a fháil ón

Aire Cosanta, Caoimhín Ó Beoláin ag an am, a gcuid campaí a lonnú i nGaeltacht Chúil Aodha. Chuir sé aithne mhaith ar Sheán Ó Riada agus ar Sheán Ó Ríordáin agus bhí sé ina bhall de Chumann Wolfe Tone, 'an eite intleachtúil de Ghluaiseacht na Poblachta' mar a thug sé féin air. San oíche Dé Luain a bhíodh *Féach* ar an aer, rud a d'fhágadh go mbíodh ar an bhfoireann a bhíodh ar an mbóthar filleadh ar Bhaile Átha Cliath ar an Satharn, nó ar an Domhnach ar a dheireanaí, leis an scannán a phróiseáil agus eagarthóirecht a dhéanamh air le haghaidh an Luain. Nuair a bhíodh toghcháin ar siúl agus óráidíocht ar siúl taobh amuigh de na séipéil tar éis Aifrinn an Domhnaigh, ní fhillidís ar RTÉ go dtí san oíche Dé Domhnaigh agus is minic a d'fhanadar ina suí go maidin ag eagarthóireacht. Bhí an fhoireann sásta rud ar bith a dhéanamh le go mbeadh an clár go maith, agus is annamh nach mbíodh sé go maith. Bhí mise ag obair ar Dheasc na Nuachta in RTÉ ag an am agus is cuimhneach liom go mbailíodh a raibh d'iriseoirí sa Seomra Nuachta, idir iriseoirí an Bhéarla agus iriseoirí na Gaeilge, timpeall an teilifíseáin nuair a chloisidís ceol aitheantais *Féach* agus iad ag fiafraí 'cén scéal conspóideach atá ag Harris agus ag Ó hEithir an tseachtain seo?' Tá Eoghan Harris mórtasach as na blianta sin agus údar aige:

Ar feadh cúig bliana, ó Luan go Domhnach, mhair mise agus Breandán Ó hEithir i ngluaisteán. Ní raibh éinne eile riamh chomh fada sin sa ghluaisteán le Breandán. Tá saghas aithne ag Aindreas Ó Gallchóir air agus saghas aithne ag Seán Ó Mórdha air agus b'fhéidir go measann muintir na Gaeltachta go bhfuil aithne speisialta acu air. Tá agus níl. Ach tá aithne speisialta agamsa air ar bhealach eile ar fad, is é sin an rud a deireann fear i lár na hoíche agus tú ag tiomáint ar ais go Baile Átha Cliath leis agus sibh ag labhairt go hoscailte le chéile. Bhí a fhios ag Breandán go maith faoi rudaí a bhí ar siúl agamsa go príobháideach mar go bhfeiceadh sé daoine ag caint liom agus mar sin de. Bhí Breandán stuama faoi rudaí mar sin. Bhí sé chomh tostach leis an uaigh chomh fada is a bhain le rudaí tábhachtacha a bhain lena chairde. Ní raibh an dílseacht sin aige d'aon eagraíocht. Thaitin an *Irish Press* leis agus thaitin RTÉ leis ach ní raibh sé tiomnaithe do RTÉ ná don *Irish Press.* Agus sin é an t-oileánach ann. Bhí sé lasmuigh den chóras ar bhealach. Tá sé deacair é seo a mhíniú ach níor chuid de fhoireann RTÉ é. Bhí sé i gcónaí ar an imeall, ar imeall *Féach* fiú. Bhí sé ar imeall iriseoirí Bhaile Átha Cliath. Bhí an rud oileánach sin ann, an rud lasmuigh den chóras, an rud imeallach. Bhí an-mheas agam ar Ó hEithir agus rinne mé an-mhachnamh ar an méid atá mé le rá anois. Bhí Breandán Ó hEithir ar an iriseoir ab fhearr dár chas mé leis riamh, *bar nobody*, i nGaeilge nó i mBéarla. Bhí stíl phróis iontach aige. Bhí srón aige do scéal nach raibh ag éinne eile. Ba *genius* é chun scéal agus croí scéil a aimsiú. Bhí gach páipéar léite aige ar maidin. Agus measaim nach raibh sé chomh gafa le haon rud eile ina shaol is a bhí sé le *Féach* ar feadh na mblianta sin. Cé gur ól sé go trom, bhí sé ina shuí gach maidin agus bhí sé ansin gach maidin. Ar bhealach, ba chrosáid é *Féach* dó. Bhí meas aige ar *Féach* thar gach rud eile dár tharla sa saol. Agus labhair sé faoina shaol go dtí sin go mion liom. Tá an-eolas agam faoi na rudaí ina shaol. Ach ní dóigh liom go raibh sé chomh sásta le haon rud ina shaol is a bhí sé le *Féach* agus ní dóigh liom go raibh sé chomh sona le haon rud eile ina shaol ina dhiaidh sin. Ba é *Féach* an Ré Órdha dó!

Ní anuas as an spéir a thit an 'Ré Órdha' chéanna agus ní gan obair, achrann agus agóid a baineadh amach í. Blianta corraitheacha a bhí sna chéad bhlianta in RTÉ agus níorbh iad na cláracha Gaeilge an chloch ba mhó ar phaidrín lucht bainistíochta. An chéad Ard-Stiúrthóir a bhí ar an stáisiún, Edward Roth as Meiriceá, agus an chéad Cheannasaí Clár, Michael Barry ón mBBC, bhí a dtéarma oifige dhá bhliain istigh agus iad imithe arís roimh dheireadh na chéad bhliana don stáisiún ar an aer. I 1963 tháinig Éireannach, Kevin McCourt, ina Ard-Stiúrthóir agus Sualannach, Gunnar Rugheimer, ina Cheannasaí Clár. Ba í cuairt ceithre lá an Uachtaráin Uí Chinnéide i ndeireadh an Mheithimh 1963 buaicphointe sóisialta agus teilifíse na bliana sin in Éirinn agus b'iontach an dúshlán agus an taithí oibre í an ócáid do stáisiún óg teilifíse. Bhí Éamonn Andrews ina Chathaoirleach ar Údarás RTÉ ón tús go dtí gur éirigh sé as oifig in Aibreán 1966, de bharr an *'language lobby'* a bheith ag éileamh an iomarca Gaeilge! Sin é a dúirt sé féin agus chreid daoine é ag an am. Ba iad an *'language lobby'* a bhí i gceist aige, is dócha, Dónall Ó Móráin, Phyllis Bean Uí Cheallaigh agus Ruairí Brugha, triúr den cheathrar ball nua a ceapadh ar an Údarás i Meitheamh 1965. Ba iad Earnán de Blaghd agus Áine Ní Cheanainn is mó a raibh an cúram sin orthu ar an gcéad Údarás. Is cosúil gur chreid Gunnar Rugheimer freisin gurbh iad an *'language lobby'* a dhíbir Andrews mar dúirt sé in agallamh le John Horgan blianta ina dhiaidh sin:

Two of the people on the Authority, Phyllis O'Kelly and Ernest Blythe, were completely unreasonable on this issue, and there was considerable acrimony about it. I got hell from those two. They wanted to operate on the basis of a belief that everybody spoke Irish, and that the appropriate thing to do would be to sprinkle Irish throughout the programming: this was complete rubbish. Instead of this we had Buntús Cainte. After the 1964 Commission on the Restoration of the Irish Language, Éamonn thought that for the Authority to throw responsibility for Irish onto RTÉ in this way was unreasonable and unfair; this is why he resigned.[7]

Ach is é fírinne an scéil gur éirigh Éamonn Andrews as Cathaoirleacht an Údaráis nuair a chuala sé nach rabhthas lena athcheapadh nuair a bheadh deireadh lena théarma i Meitheamh 1966. Bhí an litir seo a leanas ó Dhónall Ó Móráin san *Irish Times* in Eanáir 1999:

As a member of the 'language lobby' (your heading in your issue of January 1st/2nd) which Éamonn Andrews used as an excuse to resign 'on a principle' as chairman of the RTÉ Authority in April, 1966 (having heard that he would not be reappointed, anyway, when his term of office ended in June of that year), please permit me to state the simple facts.

In June 1965, the former first lady of our land, Mrs Phyllis O'Kelly, Ruairí Brugha and myself were appointed to fill vacancies in the authority.

At that time there was virtually no Irish used on the television service and we felt it our duty to endeavour to rectify that dire situation. We immediately found that even our minimal proposals were being strongly resisted by the chairman and other members of the authority. We discovered, however, that some of them had turned against the chairman's general broadcasting policy and were open to compromise. Eventually, by a majority vote, the authority, in its generosity, decided to allow 30 minutes of programming in Irish *per week!*

By this time the chairman had confirmation that he would not be reappointed when his term of office expired in June. In anticipation of that, he resigned and – making virtue out of necessity – announced that he was doing so on 'a point of principle' regarding the use of Irish on television.

Let me add that when we proposed, in the Summer of 1965, that adequate preparation be made to broadcast major commemorative programmes about the Easter Rising in the following year, Mr Andrews strongly resisted, but the majority of the other authority members backed us on that isssue. In the event, the RTÉ programmers produced memorable material.[8]

Faoin am ar thosaigh Harris agus Ó hEithir ag obair le chéile ag iarraidh clár maith cúrsaí reatha Gaeilge a chur le chéile i 1968 ba é T.P. Hardiman a bhí ina Ard-Stiúrthóir agus Michael Garvey ina Cheannasaí Clár. Todd Andrews, athair na bpolaiteoirí David agus Niall Andrews, a ceapadh in áit Éamonn Andrews ina Chathaoirleach ar an Údarás agus cé go raibh cúrsaí níos fearr ná mar a bhí, bhí go leor míshástachta fós ann faoi easpa cláracha Gaeilge, mar is léir ón sliocht seo as caibidil i nGaeilge dar teideal 'Droch-Bholadh sa Tigh Againn' as *Sit Down and Be Counted:*

> De réir sceideal an fhómhair 1968-69 feictear go bhfuil 8.67% den am craolta faoi Ghaeilge! Chun gach tráithnín a chur san áireamh tá cláracha ar nós *Triopall Treapall* agus *Bring Down the Lamp* – cláracha ina mbeadh beagán éigin Gaeilge – san áireamh sa bhfigiúr seo. Chomh maith leis sin cuireadh san áireamh cláracha seirbhíse ar nós An Nuacht agus cláracha teagaisc ar nós *Buntús Cainte* agus *Labhair Gaeilge Linn.*
>
> Má fhágtar na cláracha seo as an áireamh faightear amach nach bhfuil ach trí chlár Gaeilge i gceist ar fad, *Féach, Amuigh Faoin Spéir* agus *Ceist Agam Ort.* Sé tá á fháil ag an 27% den phobal a thuigeann Gaeilge ná 2.6% den am craolta! Agus táid ann a déarfadh nach cóir *Ceist Agam Ort* a áireamh i measc cláracha do dhaoine fásta agus tá *Amuigh Faoin Spéir* dhátheangach.
>
> Ach ní léiríonn na figiúirí seo féin an fhírinne iomlán. Ní mór iad a chur i gcomhthéacs an bhrú tráchtála a rialaíonn déanamh cláracha teilifíse. Ar an gcéad dul síos, an Ghaeilge atá luaite againn, tá a formhór le fáil i gcláracha seirbhíse agus i gcláracha oideachais. Chomh maith leis sin, taobh amuigh den Nuacht agus *Ceist Agam Ort,* níl aon chlár Gaeilge ar an

aer tar éis 8.00pm. Is maith le lucht bainistíochta a rá, mar leithscéal dóibh
féin, gurb é is cúis leis seo ná 'the general level of understanding' ach sí an
chúis dáiríre, faoi mar a thaispeánann na rátaí fógraíochta, gur ó 8.00pm
amach a thosaíonn daoine ag breathnú dáiríre ar an teilifís. Ní díol suime
le lucht fógraíochta a chlos go bhfuil tuiscint ar Ghaeilge ag 30% den
phobal. Sé a bhfreagra, 'labhair linn nuair a shroicheann sé 50%'. Fhad is
atá siadsan i gceannas mairfidh an scéal amhlaidh. Tá léiriú ar neart lucht
fógraíochta le fáil i sceideal an fhómhair 1969-70. Tá an clár nuachta *Féach*
imithe trín bhfáinne draíochta, á chraoladh ar 8.00pm, ach níor tharla seo
gan agóid láidir ó fhoireann an chláir fré chéile.[9]

Ní raibh an stiúideo céanna ar fáil do *Féach* ó sheachtain go
seachtain, fiú amháin, agus bhí ar Harris agus ar Ó hEithir troid go crua
sular éirigh leo ionannas bunúsach le clár cúrsaí reatha i mBéarla a fháil:

Their case was powerful – any Producer would reject the notion of doing
a Current Affairs programme from a different studio each week. The simple
fact is that a set built for Studio One simply would not fit into Studio Three.
Féach would have to 'make do' with an undesirable alternative:
manipulable design 'elements.' Accordingly, Harris and Ó hEithir wrote to
Liam Ó Murchú stating that unless these matters were immediately rectified,
RTÉ would be asked to allot them to other work.[10]

Ní hé amháin go raibh ar *Féach* gach dara clár a chur ar scannán ach
fiú amháin nuair a bhíodh Stiúideo a hAon ar fáil dóibh is ar maidin
amháin a bhíodh fáil air. Nuair a theip ar gach iarracht eile ghlaoigh
Harris ar an Ard-Siúrthóir ag iarraidh agallaimh leis, ach dúirt seisean go
gcaithfeadh sé dul trí na 'gnáthchainnéil':

. . . he wrote to the Controller of Programmes and Liam Ó Murchú stating
that the facilities offered to *Féach* in his opinion did not achieve the aims
set out for Irish in the Authority's statement of January 1966. . . . Once
more he asked to be released from his production responsibilities. The
treatment of his programme was not only a sham but was known to be one.
On 15th August the Controller of Programmes wrote to him restating the

position and refusing to release him. That avenue being closed, he and Ó hEithir decided that it was now squarely in that area for which Liam Ó Murchú was responsible, namely the implementation of the Authority's policy in relation to the Irish language. Harris wrote to Ó Murchú inquiring formally whether, as Head of Irish agus Children's Programmes, he agreed with the Controller 'that the facilities offered are adequate to the major Irish programme for adults coming from your area.' In his reply Liam Ó Murchú remarked 'specifically' on *Féach*: 'I must hold that the facilities at present offered to the programme are adequate.' Then, following the Management's line, he added: 'It has worked on facilities that were no greater over the past two years and neither the Producers nor myself have expressed major dissatisfaction.'

It was thought by Harris and Ó hEithir that Dónall Ó Móráin understood the Management's predicament and that this 'understanding' had communicated itself to Liam Ó Murchú. This proved to be mistaken. Eoghan Harris's reply to Liam Ó Murchú did not put a tooth in it: 'Your acceptance of a practice in conflict with this principle (parity) makes it clear to me that your position has now changed . . . the facilities for such a programme must be assessed in relation to similar programmes in English. Any other criterion reduces our area to *béal bochtary*.' Ó hEithir also wrote, if anything in a tougher vein. It was given point by the fact that he had never before, in a distinguished broadcasting career, found it necessary to request release from his contract. He began by indicating the surest sign of programme neglect, the frequency of Producer changes. *Féach*, in under three years, had had no less than thirteen Producers! He went on to say 'go raibh sé thar am clár . . . Gaeilge a bheith ar an aer a bheadh ar aon chéim le clár Béarla.' He put a question: 'Ar caitheadh mar seo riamh le clár cúrsaí reatha Béarla do dhaoine fásta sa stáisiún seo? He had a request to make: 'Iarraim ort, dá bhrí sin, malairt oibre a chur ar fáil dom i do Rannóg.[11]

Diúltaíodh don iarratas agus nuair a d'iarr Harris agus Ó hEithir comhairle dhlíthiúil ar na ceardchumainn faoi an bhféadfaí iallach a chur ar RTÉ coinníollacha cearta oibre a chur ar fáil dóibh faoin Acht Craolacháin fuair siad amach nach bhféadfaí forálacha an Achta a chur i bhfeidhm go dlíthiúil! Luaim na deacrachtaí sin go léir le go dtuigfí an chreidiúint atá ag dul do Eoghan Harris agus do Bhreandán Ó hEithir, agus iad ag obair le chéile mar fhoireann, faoi dhúshraith a leagan síos do chláracha Gaeilge in RTÉ. Is deacair a chreidiúint, in ainneoin na ndeacrachtaí sin go léir, go raibh spiorad iontach foirne in *Féach* ón tús agus tá a bhuíochas sin freisin ag dul do Harris agus do Ó hEithir. Bhíodar spleodrach, meanmnach agus bhíodar in ann a gcuid súgartha agus a gcuid dáiríre a mheascadh go maith le chéile. Rinne Harris rud eile a dhaingnigh an chomrádaíocht i measc na foirne: chuir sé ainmneacha na foirne go léir, faoin gceannteideal 'Foireann Féach', ar an scáileán ag deireadh gach cláir. I gcaitheamh na gcúig bliana a chaith sé ina léiritheoir ar *Féach* ní mórán athrú a tháinig ar an bhfoireann sin. Ba é Colm Ó Laoghaire, ar oibrigh Breandán leis cheana ar scannáin *Amharc Éireann*, an léiritheoir cúnta a bhí ar an gclár, bhí Pat Kavanagh i mbun ceamara, Mick Murray i mbun fuaime agus Dan Donoghue i mbun eagarthóireachta scannáin. Bhí Mick Murray (Leictreoir) ag obair le *Féach* ó am go chéile i rith na mblianta tosaigh freisin.

Chaith Pat Kavanagh deich mbliana ag obair le Breandán ar *Féach* agus bhíodar ina gcairde móra an chuid eile dá saol. Is é Pat Kavanagh an fear ceamara a bhfuil a phictiúr ar chlúdach *Willie the Plain Pint agus an Pápa*, an bailiúchán altanna le Breandán a d'fhoilsigh Cló Mercier i 1977. Bhí dóthain Gaeilge ag an bhfoireann le gur Gaeilge a labhraídís le chéile nuair a bhídís i mbun scannánaíochta ach is i mBéarla a roghnaigh Pat labhairt liomsa faoi na chéad bhlianta úd le *Féach*:

Eoghan Harris insisted that the crew spoke Irish when we went out on the road. He wanted the crew to speak Irish all the time. By and large that happened and it worked very well. My Irish improved a lot. I had a working knowledge, and my definition of that was that I would always know what people were saying about me and that I could order a pint! I could follow the conversation and when we were shooting I knew what was going on and knew when it was time for a close up or a wide shot or whatever.

From the beginning Breandán was highly regarded by everybody as a professional journalist and presenter and he was always fair. You could travel Ireland with Breandán Ó hEithir or you could travel Ireland with Cathal

O'Shannon and, with either one, you were welcome anywhere. They were both thorough professionals. *Féach* was always slightly controversial. Many of the stories were of a protest nature and *Féach* nearly always knew of the protest in advance. Indeed it was said that when filming on location the *Féach* team would arrive first, then the protesters and then the Guards! Breandán was great at pieces to camera. He would have it worked out in his own mind beforehand and very long pieces were often delivered with no notes and word perfect. And maybe then Eoghan would ask Breandán to shorten the piece by ten, fifteen or twenty seconds. Breandán would think for a few seconds and say 'O.K.' and do the second take – the shortened edition. His command of the language and of the details of what he wanted to put into his piece to camera was such that he could do that. Autocue was unheard of on the road at the time.'

Fiú amháin comhghleacaí Bhreandáin ar *Féach*, Proinsias Mac Aonghusa, a tháinig isteach ar an gclár i 1969 agus a bhí thar cionn os comhair an cheamara é féin, amuigh agus istigh, thug sé suntas do Bhreandán:

Bhí Breandán i bhfad ní b'fhearr ná mise ar thuairiscí ceamara. Is é an fear tuairisce ceamara ab fhearr é dá bhfaca mise riamh. Bhí mise an-mhaith sa stiúideo. D'éirigh liomsa rudaí áirithe a dhéanamh taobh amuigh ceart go leor, ach feictear dom, ag breathnú siar, go raibh mé an-mhaith sa stiúideo ach go raibh an chraobh go hiomlán ag Breandán le tuairisc cheamara.

Clár an-tábhachtach ar fad a bhí in *Féach*. Ceann de na cláracha is tábhachtaí dá raibh ar an raidió nó ar an teilifís maidir le Gaeilge agus a bhí in ann seasamh ar a bhonnachaí féin agus a bhí chomh láidir le clár ar bith Béarla dá chineál, ar nós *7Days* nó aon chlár eile. Thug an pobal an-aird ar fad air.

Siar go Béal an Mhuirthead i gContae Mhaigh Eo a thug *Féach* a n-aghaidh i bhfómhar na bliana 1969, áit a ndearna siad clár conspóideach faoin gCanónach Kilgallon agus faoin agóid a bhí ar siúl ag pobal Gaeltachta ar an nGeata Mór ag iarraidh gur i nGaeilge a déarfaí an tAifreann ansin. Chuaigh Breandán siar roimh ré agus d'fhan sé tigh mhuintir Phóilín agus Áine Ní Chiaráin i nGaoth Sáile, rud a dhéanadh sé go minic nuair a bhíodh sé sa taobh tíre sin. Ní hé amháin go mbíodh na múrtha fáilte roimhe ach thugadh sé deis dó dul chuig teach an ósta le fear an tí agus fáil amach faoina raibh ag tarlú. Chuaigh Áine Ní Chiaráin go Béal an Mhuirthead le Breandán an lá a raibh siad ag déanamh an chláir agus tá cuimhne mhaith aici ar ar tharla. Nuair a dhiúltaigh an Canónach labhairt le *Féach* faoin Aifreann i nGaeilge leanadar leis an gceamara suas an tsráid é agus é ag iarraidh dul i bhfolach orthu ar chúl a pháipéir nuachta. Bhí Tom O'Dea i mbarr a mhaitheasa mar chritic i *Scéala Éireann* ag an am agus bhí an tuairisc seo ina cholún ar an 27ú lá de Mheán Fómhair 1969.

The new schedule officially went on the air on Sunday, but it was Monday before things began to happen. 'Féach', now powered by a team of force 8 Gaels, sent Breandán Ó hEithir galloping off into the sunset that evening, with Proinsias Mac Aonghusa riding shotgun, to investigate the fortunes of the Irish language in the badlands of far west Mayo. They turned an accusing camera on a priest who was giving trouble by refusing to have the Mass in Irish. They kept pace with him all down the street, past the saloon, past the jail, past the sheriff's office, past the fancy-house, until in the end one expected to hear 'The Streets of Loredo' faded up on the soundtrack. In the best western tradition he betrayed no emotion, but took a couple of slow, cool looks out from under the brim of his hat, as if he were thinking: 'Yup, them critters sure as hell got me covered.'[12]

Méanmhúinteoir é Ciarán Muldoon a chuir aithne ar Bhreandán ó chastáil leis i dTaibhdhearc na Gaillimhe agus ina dhiaidh sin sa gCastle Hotel. Tá Ciarán pósta le Cepta Ryan, iníon le Paddy Ryan as an gCastle Hotel:

Nuair a bhí mise ag múineadh ar an gCeathrú Rua i rinne sé clár álainn do *Féach* i ndeireadh na seascaidí faoi chailín a bhí ina cónaí ar cheann de na hoileáin agus a bhí ag teacht chuig an Scoil Chuimsitheach ar an gCeathrú Rua. An mhaidin a raibh siad ag déanamh an chláir bhí sé ag faire le scannán a dhéanamh di ag teacht trasna ón oileán sa gcurrach. Ach mar a tharla sé, bhí an oíche roimhe sin chomh garbh is nach raibh sí in ann dul isteach abhaile agus b'éigean di fanacht ar tír mór! Ach is éard a rinne sé ná agallamh a chur uirthi ar an mbus aniar as Leitir Mealláin agus í ag míniú dó cén fáth nár fhéad sí dul abhaile an oíche roimhe sin. Thaispeáin sé sin an deacracht a bhí ag baint leis an taisteal ón oileán chomh maith céanna, nó níos fearr, b'fhéidir.

Is timpeall an ama seo ar cheann de chláracha *Féach* a bhuail Breandán Ó Buachalla le Breandán Ó hEithir den chéad uair i mBaile Átha Cliath. Tháinig leabhar taighde Uí Bhuachalla faoi shaothrú na Gaeilge i mBéal Feirste (c.1760-1860) *I mBéal Feirste Cois Cuain* amach i 1968, agus leabhar eile leis, *Peadar Ó Doirnín,* i 1969. Bhí sé tar éis ceithre bliana a chaitheamh ag léachtóireacht i Roinn na Ceiltise in Ollscoil na Banríona i mBéal Feirste agus bhí sé faoin am seo ina léachtóir i Roinn Teanga agus Litríocht na Nua-Ghaeilge i gColáiste na hOllscoile, Baile Átha Cliath:

> Iarrtaí orm dul isteach chun agallamh a dhéanamh. Agus an t-am san b'ionann agallamh a dhéanamh le *Féach* agus lá a thabhairt fén dtor! Bhíodh réamhphleanáil agus iarphleanáil ann, réamhólachán agus iarólachán, ach ba laethanta áille iad agus istigh ina lár ar fad bhí Breandán Ó hEithir. Ní dóigh liom go dtuigeann daoine inniu, go mór mhór an ghlúin óg, an obair iontach a dhein *Féach* sna blianta san agus an tionchar a bhí ag *Féach* ar phobal na Gaeilge. Ní hé nach raibh cláracha Gaeilge ann roimis; bhí. Ach ar chuma éigin bhain gairmiúlacht den scoth le *Féach* ó thús go deireadh, idir léiriú, thráchtaireacht, chur i láthair, gach aon rud. Agus, mar adeirim, ba é Ó hEithir an fear ancaire agus b'iontach an fear agallaimh é. Bhíodh sé dian agus daonna san am céanna. Bhí slí ana-dheas aige – ana-éifeachtach – chun ceisteanna a chur agus feadh an ama bhí an Ghaeilge á haclú aige féin mar mheán cumarsáide beo teilifíse. Tá a fhios agam féin go raibh blianta ansan agus ná féadfainn féin ná mo chuid anso sa tigh oíche Dé Luain a chailliúint. Pé rud a bhí ar siúl agat, pé áit a rabhais, bhí ort a bheith ag baile i gcomhair *Féach!* Agus seachtain i ndiaidh seachtaine bhíodh clár den scoth acu. Chun na fírinne a rá bhí sé ar cheann de na cláracha cúrsaí reatha ab fhearr dá raibh ag RTÉ i mBéarla nó i nGaeilge.

Ba mhinic Ó Buachalla faoi agallamh ar *Féach* faoi stair Ghluaiseacht na Gaeilge agus Litríocht na Gaeilge agus chuir sé féin agus Ó hEithir aithne mhaith ar a chéile. Thaistil siad le chéile go deisceart Ard Mhacha, go hÚrchill An Chreagáin agus go hÚrchnoc Chéin Mhic Cáinte, ag déanamh cláracha faoi fhilí Oirialla, Peadar Ó Doirnín, Art Mac Cumhaidh agus Cathal Buí; d'fhoilsigh Ó Buachalla a leabhar *Cathal Buí – Amhráin* i 1975. Chonaic sé Ó hEithir, mar a chonaic sé go minic roimhe sin é, i dteach ósta an Goat agus sa Merrion Inn, ag ligean a scíthe cois an chuntair san oíche tar éis lá oibre, agus ag ligean scóid lena chuid cainte agus lena chuid scéalaíochta. Thug Ó Buachalla suntas ar leith dá bhua scéalaíochta agus freisin don chaoi nach dtagadh aon fhearg air le linn argóna nuair a bhíodh daoine eile ag éirí teasaí:

Is dóigh liom gurbh in ceann de na buanna ba mhó a bhí ag Breandán, bua scéalaíochta; go raibh ar a chumas duine a aimsiú nó carachtar a aimsiú i bhfocail. Ba chumas scríbhneoireachta é ar shlí, ach níorbh ea; ba chumas scéalaíochta agus cumas cómhrá é, is dóigh liom.

Ní dóigh liom go bhfaca riamh é ag éirí feargach. Nílim á rá ná bíodh fearg air le daoine b'fhéidir, ach ar chuma éigin bhí ar a chumas é sin go léir a ionramháil go hinmheánach. Théadh sé chun áitimh le daoine ceart go leor ach tuigeadh dom go raibh a chuid áitimh poiblí á stiúradh aige laistigh de rialacha nó laistigh de theorainneacha a bhí leagtha síos aige dó féin.

Agus, ar ndóigh, is minic go n-imíodh sé ag deireadh na hoíche agus go bhfágadh sé an comhluadar, ach bhraitheas gur gnó eile a bhí le déanamh, b'fhéidir. Ach caithfidh mé a rá gur bhaineas féin lántaitneamh agus lántairbhe as na laethanta san a mbínn ina theannta, go háirithe na deirí seachtaine a chaitheas ina theannta féin agus i dteannta fhoireann *Féach* i ndeisceart Ard Mhacha.

Chonac ag obair é agus ní cuimhin liom go mbíodh aon rud scríte aige. Is dóigh liom gur ina cheann ar fad a bhíodh an t-ullmhúchán. Ní fhaca riamh script á hullmhú aige ná script á hullmhú dó. Ní fhaca riamh é ag scríobh aon ní síos. Is sa cheann a choinníodh sé a chuid eolais agus is amach as an gceann, ach iad friseáilte beo, a thagadh na ceisteanna. Ba agallamhóir den scoth é, agus ba an-phléisiúr é a bheith ag féachaint air ag cur agallaimh ar dhuine.

Is cuimhin liom go háirithe an clár faoi Pheadar Ó Doirnín, gur phléigh sé go mion liom é roimh ré, agus bhí ana-shuim aige sa dán sin 'Úrchnoc Chéin Mhic Cáinte' agus sna fadhbanna téacsúla a bhain leis.

Cuimhneoidh roinnt léitheoirí ar an bpíosa breá scannánaíochta a rinne foireann *Féach* i gceantar Úrchnoc Chéin Mhic Cáinte, taobh ó thuaidh de Dhún Dealgan sa gclár faoi Pheadar Ó Doirnín i 1969, agus cuimhneoidh siad ar an mbean álainn, Áine O'Connor, a fuair bás go hóg i 1998, a bhí ag aisteoireacht sa scannán mar 'chiúinbhean tséimh na gcuachan bpéarlach' as dán cáiliúil Uí Dhoirnín.

Bhí an dá Bhreandán, Ó hEithir agus Ó Buachalla, agus foireann *Féach* i láthair ar ócáid eile i nDún Dealgan tamall roimhe sin, in Aibreán na bliana 1969, le linn na chéad Éigse Oirialla, nuair a thug Máirtín Ó Cadhain aghaidh a chraois ar Phádraig Ó Fachna, a bhí ina Aire Oideachais i Rialtas Fhianna Fáil ag an am. Bhí cónaí ar Ó Fachna in aice le Dún Dealgan agus is mar dhuine de mhuintir na háite, agus ní mar Aire Oideachais, a bhí sé i láthair. Bhí an sagart paróiste, a bhí ina chathaoirleach ar an gcoiste a d'eagraigh an Éigse, an tAthair Diarmuid Mac Íomhair, Daithí Ó hUaithne agus duine nó beirt eile ar an ardán ag an am. Nuair a tháinig Pádraig Ó Fachna isteach gur shuigh sé síos in íochtar an halla shiúil Máirtín Ó Cadhain go barr an halla, thóg sé an micreafón ina láimh agus thug sé chuile ainm dá ghránna, i nGaeilge agus i mBéarla, ar Ó Fachna faoin gcaoi a raibh an rialtas ag caitheamh leis an nGaeilge. Ba í an Éigse seo an ócáid ba mhó a bhí i nDún Dealgan ó bhí Ard-Fheis Chonradh na Gaeilge ansin i 1915 agus tá go leor daoine fós beo, ní áirím an chuid acu atá caillte ó shin, nár mhaith riamh don Chadhnach é faoin ócáid bhreá a mhilleadh. Buaileadh cúpla buille an oíche sin agus síneadh duine amháin ar a laghad, agus bhí an scéal ar na meáin chumarsáide go léir an lá dár gcionn. Níor éirigh liom a fháil amach riamh céard a cheap Breandán Ó hEithir d'iompar 'míréasúnach' Uí Chadhain, mar a thug go leor daoine air. Taobh amuigh ar fad den tréith nádúrtha a bhí i mBreandán sásamh a bhaint as círéib de chineál ar bith, bheadh sé freisin ar dhuine de na daoine deireanacha a gheobhadh locht ar na gníomhartha borba a roghnaigh Ó Cadhain ó am go chéile mar mhodh agóide. Cé go n-admhaíonn Breandán Ó

Buachalla, anois agus an uair sin, gur easaontaigh sé féin le modh agóide Uí Chadhain an oíche sin, agus gur phléigh sé an scéal le Máirtín ina dhiaidh sin, ní hin le rá gur laghdaigh a mheas ar an gCadhnach. Is é Ó Buachalla, le linn dó a bheith ina Ollamh le Nua-Ghaeilge i gColáiste na hOllscoile Baile Átha Cliath, a thionscain an ócáid bhliantúil 'Léacht Uí Chadhain' agus a d'iarr ar Bhreandán Ó hEithir an léacht thionscnaimh a thabhairt i 1980, tráth a raibh An Cadhnach deich mbliana marbh. Nuair a chuir Eoghan Ó hAnluain na chéad naoi gcinn de na léachtaí seo in eagar i bhfoirm leabhair i 1989,[13] bhí na sleachta seo a leanas as scríbhinní polaitiúla Uí Chadhain i measc na sleachta a roghnaigh Breandán Ó Buachalla le cur i mBrollach an leabhair:

Céard ba mhíréasúnaí ná seachtain na Cásca? Marach chomh míréasúnach is bhí cine Gael ariamh anall is fadó gur imithe as an stair a bheadh muid . . .

Tá súil agam go nglacann muid uilig leis an méid seo, nach bhfuil i ndán don Ghaeilge faoi réim Fhianna Fáil ach an bás . . .

An rud is marfaí faoin troid seo gur ag caidreamh le 'lucht na cúise', an dream is beagmhaitheasaí in Éirinn agus an chuid acu is claoine freisin, a tharraingeos sí é . . .

I mblianta tosaigh *Féach* d'fhiafraigh státseirbhíseach áirithe d'Éamonn Ó Muirí: 'They have got Mac Aonghusa to ask the nasty questions of the reticent politicians in the studio; they have got Ó hEithir to sap up the Gaeltacht, so what the fuck do *you* do?!' Bhain Éamonn féin an-sásamh as an scéilín sin nuair a bhí sé á inseacht dom go gairid sula bhfuair sé féin bás leis an ailse i 1999. Má choinnigh Ó hEithir súil uaidh siar ar an nGaeltacht choinnigh sé súil eile uaidh soir ar an Eoraip. Bhí dóthain ama caite san Iar-Ghearmáin aige le bheith fiosrach faoina raibh ag tarlú ar chúl an 'chuirtín iarainn' mar a thugtaí air. Dúisíodh a shuim i bhfad roimhe sin, sílim, leis na cómhráite a bhíodh aige leis an bPolannach, Wiezek Tempowski i nGaillimh. Bhí Breandán ag iarraidh comparáid a dhéanamh idir tír dheighilte na hÉireann agus tír dheighilte na Gearmáine. Luigh a chroí go nádúrtha leis an sóisialachas, cé go raibh sé amhrasach i gcónaí faoi idé-eolaíocht de chineál ar bith. Mar seo a chuir sé an Oir-Ghearmáin in aithne dá phobal féachana i gclár a

rinne sé do *Féach* i bhfómhar na bliana 1969, tráth a raibh Poblacht
Dhaonlathach na Gearmáine ag ceiliúradh fiche bliain ar an saol:

Poblacht Dhaonlathach na Gearmáine; stát síochánta ina bhfuil dul chun cinn
agus daonnacht – inné, inniu agus i gcónaí. Suite i gceartlár na hEorpa, tá
comharsana cairdiúla sóisialacha taobh thoir di. Taobh thiar tá an Iar-
Ghearmáin. Leis na daoine na monarchana seo. Níl pingin dá mbrabach ag
dul i bpócaí an rachmais. Na daoine a fhaigheann buntáiste an dul chun cinn.
Cruthaíonn fás na Poblachta seo cumhacht an tsóisialachais.
Thug an tSóibhéid buille an bháis don fhaisisteachas . . . Bhunaíodar an stát
ar a mbíodh Marx agus Engels ag brionglóidí . . . Faoi chóras iomlán
sóisialach tá an reabhlóid curtha i gcrích . . . Tosaíonn an réabhlóid leis an
óige . . . Gan cabhair na Sóibhéide ní fhéadfaí an réabhlóid seo a chur i
gcrích . . . Cruthúnas é seo gur féidir prionsabal an tsóisialachais a chur i
bhfeidhm i gcúrsaí talmhaíochta . . . Tá trádáil eachtrach na hOir-Ghearmáine
ag dul i bhfeabhas de shíor . . . Anseo ag Aonach Leipzig a fheiceann
cuairteoirí fíorthoradh na réabhlóide tionsclaíoch agus feiceann siad freisin go
bhfuil an Oir-Ghearmáin in ann dul san iomaíocht le tír ar bith ar domhan.
Tá cúis cheiliúrtha go fíor ag an bpobal, tar éis fiche bliain de dhul chun cinn.
Tá a thoradh sin le feiceáil ar aghaidheanna na ndaoine; tá siad áthasach agus
saor . . . Tír shaor í an Oir-Ghearmáin, tar éis fiche bliain den réabhlóid.
Náisiún a bhunaigh an sóisialachas, náisiún ina bhfuil pobal sona.[14]

D'fhéadfaí saontacht a chur i leith Bhreandáin faoin bpíosa sin thuas
agus faoi phíosaí adhmholtachta eile dá shórt a scríobh sé faoin
Oir-Ghearmáin go ceann blianta fada ina dhiaidh sin. Dánaíocht agus
misneach, seachas saontacht a bhí i gceist, sílim; dánaíocht in aghaidh
chumhacht na mórmheán cumarsáide, a bhí i seilbh lucht an rachmais
agus a bhí go síoraí ag ionsaí an Chumannachais. Is mar easaontóir a
bhí Breandán ag tuairisceoireacht, agus é ag seasamh an chirt fiú
amháin do córas rialtais nár cheadaigh easaontóirí.

Chuaigh Ó hEithir agus Harris agus criú ceamara *Féach* go Londain
faoi Nollaig na bliana 1969 le clár a dhéanamh faoi fhear óg as
Conamara a bhí ag teacht abhaile le haghaidh na Nollag. Rinne siad
scannán de ag siopadóireacht i Londain, ag fágáil an árasáin a bhí aige

thall, ag taisteal ar an traein as Euston go Holyhead, ar an mbád as sin go Dún Laoghaire, ar an traein as sin go Gaillimh, agus ansin bhí na coinnle lasta sna fuinneoga le feiceáil ón mbus ar an mbealach siar as Gaillimh go Conamara. Scéal deas Nollag. Ach is eachtra bheag a tharla sular fhág siad Londain is mó a fhanann i mbéaloideas RTÉ, agus seo mar a d'inis Éamonn Ó Muirí domsa é:

> Sular fhágadar Londain bhíodar go léir ag ithe béile i mbialann i gCamden Town agus nuair a chonaic an fear óg go raibh Breandán agus lucht *Féach* ag dul ag íoc an bhille, duirt sé le Breandán: Níl sibh ag dul ag íoc as seo an bhfuil? Bíodh ciall agaibh! An bhfuil a fhios agat céard a dhéanfas muid? Buailfidh mise thusa agus buailfidh tusa mise, leagfaidh muid an bord agus rithfidh muid!'

Is cosúil go raibh bunús leis an scéal, ceart go leor, mar thagair Breandán féin don ócáid blianta fada ina dhiaidh sin in alt san *Irish Times* dar teideal 'Go gCoinní Dia Ábhar Gáire Linn!' sa tsraith 'Ciall Cheannaithe' a bhí aige sa bpáipéar sin ó Aibreán 1977 go Meán Fómhair 1978. Ag míniú an fhocail *diversion* a bhí Breandán:

> Cleas é seo nach mór a mhíniú. I dteach bia i gCamden Town a d'fhoghlaim mé féin é ó fhear as Conamara a bhí sa gcomhluadar. Bhí an béile ite agus muid ag brath ar an mbille a fháil nuair a labhair mo dhuine liom féin. 'All right, a Bhrendan,' adeir sé, 'Tarraing thusa ormsa agus tarraingeoidh mise ar ais ort. Leagfaidh muid an bord agus away linn . . .' Bhí sé deacair go leor é a shuaimhniú agus a áiteamh air go rabhamar 'ar chostaisí' (nó an 'swindle-sheet' mar a thugadh Kruger Caomhánach air) agus fanacht aige féin. Ní hé go raibh aon locht speisialta againn ar an gcneámhaireacht ach bhí na Pakkies ar leo an áit ag sioscadh agus ag cur fhaobhair ar sceana fada i gceann an tí agus bhí cailín sa gcomhluadar nár mhúin Radio Telefís Éireann aon cheo di, ar a cúrsa traenála, faoin gcaoi le rith as teach bia Pacastánach i gCamden Town agus na húinéirí sna sála ort le sceana, ag fógairt 'Come back Irish Savage!' Nó sin é a dúirt fear an eolais linn ina dhiaidh sin, a ba ghnách leo a dhéanamh agus a rá. Ba léir go raibh aithne acu ar a chéile freisin![15]

Bíodh fear Chonamara ag diabhlaíocht nó ná bíodh, chreid lucht *Féach* go raibh sé i ndáiríre agus d'fhan an scéal i mbéaloideas RTÉ. Nuair a bhíodh foireann *Féach* ag críochnú béile ina dhiaidh sin is minic a deireadh duine acu le greann: 'Déanfaidh muid cleas Londan; buailfidh mise thusa agus buailfidh tusa mise agus rithfidh muid!'

Bhí foireann *Féach* an-dílis dá chéile agus an-cheanúil ar a chéile. Fiú amháin nuair a bhíodh achrann nó raic sa stáisiún, rud a tharlaíodh sách minic, sheasadh an fhoireann le chéile i gcónaí. Tá an scéal ann gur iarr Ceannasaí na gClár, Michael Garvey, ar Harris agus ar Ó hEithir teacht chuig an oifig chuige lá agus nuair a d'oscail sé an doras go raibh foireann *Féach* ar fad ina seasamh taobh amuigh. Bhí an-chomrádaíocht ina measc ina gcuid ama saor freisin. Nuair a phós Éamonn Ó Muirí agus Déirdre Ní Ógáin i Luimneach i 1970 is é Breandán Ó hEithir a sheas le hÉamonn, agus is iad Proinsias Mac Aonghusa agus Nuala Ní Dhomhnaill, iriseoir agus craoltóir, a léigh na léachtaí ag Aifreann an phósta. Ní miste a lua anseo freisin gur rud an-neamhghnách a bhí ann an t-am sin bean a fheiceáil ar an altóir i séipéal Caitliceach in Éirinn. Fuair Éamonn Ó Muirí bás i mí na Bealtaine 1999 agus gan é ach ceithre bliana is caoga. Ina aitheasc molta den altóir lá a shochraide thug Mick McCarthy, iar-Léiritheoir le *Féach* agus comrádaí mór le hÉamonn agus le Breandán, seanlaethanta *Féach* chun cuimhne:

I first met Éamonn twenty five years ago in an Irish language programme called *Féach*. He was the youngest of three presenters, Breandán Ó hEithir and Proinsias Mac Aonghusa being the other two. Éamonn was a neophyte, so to put it, having joined in '69, from Conradh na Gaeilge and Gael Linn before that. The collective intellectual horsepower of the three presenters made *Féach* a great and a fun place to work. It was almost an academy of politics and you learned more there in a week than you would in six in any academic establishment in this or any other town in Ireland. The presenters were a formidable line-up by any standards.

Bhí Nuala Ní Dhomhnaill tar éis teacht abhaile ón nGearmáin i 1969 agus ar tí iarchéim a dhéanamh i gColáiste na hOllscoile, Baile Átha Cliath, nuair a mhol Breandán di cur isteach ar phost mar thaighdeoir le

Féach. Fuair sí an post agus mhínigh Breandán di an chéad lá san oifig a thábhachtaí is a bhí sé na nuachtáin a léamh chuile mhaidin agus a fháil amach céard a bhí ag tarlú ar fud na tíre. Níor leor spléachadh a thabhairt ar cheann amháin de na nuachtáin; chaithfeadh sí na trí pháipéar náisiúnta a léamh go mion, nós a d'fhan léi agus a sheas di i gcaitheamh a saoil ina dhiaidh sin. Ba é *Scéala Éireann,* páipéar a bhí i mbarr a mhaitheasa ag an am agus ar cuireadh deireadh leis ar fad i 1995, an chéad nuachtán a léití in Oifig *Féach* chuile mhaidin.

Is cuimhneach le Nuala nuair a bhíodh cruinnithe foirne san oifig acu go n iarradh Eoghan Harris orthu go lch a dtuairim a thabhairt faoi pé ábhar a bhí á phlé:

> Ceann de na buanna is mó atá ag Eoghan Harris ná go gcuireann sé ag smaoineamh thú. Ní fhéadfadh aon duine suí ansin agus a bhéal a choinneáil dúnta. Agus b'iontach an rud é sin, mar bheadh sé an-éasca suí siar agus ligean do na daoine a raibh an t-eolas agus an taithí acu, ar nós Bhreandáin agus Phroinsiais, an chaint ar fad a dhéanamh.
>
> Bhí cuid againn ag plé le *Feedback*, iris a thug na hoibrithe in RTÉ amach lenár gcuid tuairimí agus ár gcuid gearán a chur os ard. Chuaigh muid isteach sa Chomhargadh i 1973 agus bhí cuid againn páirteach sa bhfeachtas a bhí ar siúl ina aghaidh i 1972. Bhí cuid mhór againn in RTÉ in aghaidh an Chomhargaidh: Leonie Kelly, John Cadden, mé féin agus go leor daoine eile, agus muid ag cur i gcoinne John Feeney a bhí ag déanamh cláracha ar son dul isteach sa Chomhargadh. Seo é an John Feeney atá ag obair sa Choimisiún sa Bhruiséil anois. Ar aon chuma, cuireadh lucht *Feedback* ar fionraí, is cuimhin liom.
>
> Nuair a bhí an chéad Chomórtas Eorófíse i mBaile Átha Cliath bhí sé ar siúl sa nGaiety agus bhí RTÉ le ceamaraí daite a fháil don ócáid. Bhí an t-uafás airgid le caitheamh air agus ní raibh dóthain staidéir déanta ar an scéal agus chuir grúpa againn picéad ar an nGaiety agus thug muid amach bileoga i dteangacha éagsúla. Bhí go leor agóidí ar siúl na blianta sin. Ach b'iontach na blianta iad. Sa Merrion Inn is mó a bhíodh muid ag ól ach bhíodh muid sa nGoat freisin.

Is í Nuala a thiomáin Eoghan agus Breandán, sa sean-Volkswagen a thug sí abhaile as an nGearmáin léi, suas chuig an gcruinniú mór faoin aer a bhí ar an gCarraig Mhór i gContae Thír Eoghain i bhfómhar na bliana 1970 nuair a ligeadh Bernadette Devlin amach as an bpríosún agus nuair a labhair Michael Farrell, Máirín de Búrca agus Bernadette féin leis an slua. Rinne *Féach* clár speisialta an bhliain roimhe sin faoin toghchán inar bhuaigh Bernadette a suíochán i bparlaimint na Breataine in Aibreán 1969. Bhí an-mheas go deo ag Breandán ar Bhernadette Devlin. Is iomdha turas eile a rinne Foireann *Féach* ó thuaidh i gcaitheamh na mblianta corraitheacha a bhí le teacht agus ba é Breandán a dhéanadh na socruithe de ghnáth, a dúirt Nuala:

> Bhí aithne ag Breandán ar chuile dhuine agus bhíodh sé in ann glaoch gutháin a dhéanamh agus duine a fháil láithreach le hagallamh a dhéanamh. Chuaigh muid ar fud na tíre go léir. Chuaigh muid go hÁrainn, is cuimhin liom. Brian Mac Lochlainn a bhí ag léiriú; caithfidh go raibh Harris tinn. Chuaigh Brian isteach ar an eitleán agus chuaigh an chuid eile againn isteach ar an mbád. Ní raibh an t-aerstráice i bhfad déanta in Árainn ag an am.

Bhí Nuala i nDoire Domhnach na Fola i mí Eanáir 1972, nuair a mharaigh Arm na Breataine ceithre dhuine dhéag. Thiomáin sí ar ais faoi dheifir le píosa a dhéanamh beo sa stiúideo ar chlár speisialta a bhí ag *Féach*. Bhí grianghraif den sléacht ag *Féach* a thóg Iodálach i nDoire an lá sin agus bhí an lucht féachana ba mhó dá raibh riamh go dtí sin ag *Féach* an oíche sin.

Ar an traein ó Chorcaigh go Baile Átha Cliath a bhí Breandán nuair a chuala sé i dtaobh an áir i nDoire. Nuair a shroich sé ceann cúrsa bhí cathair Bhaile Átha Cliath faoi bhrat sneachta agus ní raibh bus ná tacsaí in ann corraí. Bhí sé siúlta abhaile go Dún Droma aige nuair a chuala sé iomlán an scéil. Chuir RTÉ go Doire an lá dár gcionn é le tráchtaireacht raidió a dhéanamh ar shochraidí na ndaoine a maraíodh. Tá aiste ghearr aige in *Willie the Plain Pint agus an Pápa* dar teideal 'Bliain Tar Éis Domhnach Na Fola' ina gcaitheann sé a shúil siar ar an tseachtain áirithe sin i stair fhuilteach na linne:

Is deacair liom a thabhairt chun cuimhne go cruinn céard a chuaigh trí mo cheann nuair a chuala mé i nDoire go raibh Ambasáid na Breataine i mBaile Átha Cliath trí thine ach cuimhním go cruinn gur ag cuartú rud le n-ithe a bhíos ar ala na huaire. Cuimhním freisin go ndúirt gach aon duine a bhí i mo thimpeall go gcaithfeadh 'rud éigin tarlú anois.' Céadaoin a bhí ann agus bhí rudaí ag tarlú ceart go leor.

An lá dár gcionn bhíomar i mBéal Feirste, ag preas-agallamh Cearta Sibhialta, ag ar fógraíodh go mbeadh paráid mhór ar an Iúr an Domhnach dár gcionn, an 6ú Feabhra. Ní raibh duine ar bith cinnte céard a tharlódh: an dtiocfadh na mílte nó na céadta? Ar cheart do dhaoine taisteal ann nó ar cheart an pharáid a fhágáil faoin bpobal áitiúil? An gcuirfí cosc orthu nó an dtabharfaí cead siúil?

An rud is glinne a fhanann i mo chuimhne faoi pharáid an Iúir ná an deacracht a bhí againn ag cuntas an tslua. Tá gach uile dhuine ar aon intinn anois go raibh os cionn seasca míle ag máirseáil ach is deacair liom féin slua ar bith is mó ná cúig mhíle a mheas le cruinneas. Ar chuma ar bith dúirt gach uile dhuine gur bua don agóid shíochánta a bhí ann agus go gcaithfeadh 'rud éigin tarlú anois.'

Agus tharla cuid mhaith rudaí idir sin agus deireadh an Mhárta. An rud ba thábhachtaí ná turnamh Stormont. An rud is soiléire i dtaobh na heachtra sin a fhanann i mo chuimhne ná Brian Faulkner ag iarraidh a bheith ag meanga gáire le grianghrafadóirí i Londain: ar nós troisc a mbeadh duán ina gheolbhach.[16]

Nuair a thosaigh an t-imtheorannú ó thuaidh thairg Breandán dul go Béal Feirste agus chaith sé bliain go leith ann, i 1971-72, ag obair mar thuairisceoir. Dúirt sé in agallamh raidió le Pádraig Ó Méalóid an bhliain ar cailleadh é:

Is dóigh liom, le fírinne, ag breathnú siar ar chuile shórt, go mba iad sin na hocht mí dhéag ab fhearr a thaitin liom de na blianta ar fad a chaith mé ag craoladh . . . Ó thaobh tuairisceoireachta dhe tá mé bródúil as rud amháin a tharla nuair a cuireadh deireadh le Stormont le linn do Edward Heath a bheith ina Phríomhaire. Cuireadh mise agus Gerry Barry go Londain an lá a rabhthas lena fhógairt[17] agus bhí John O'Sullivan ina chomhfhreagraí ag

RTÉ i Londain ag an am. Bhí sé in aghaidh an dlí i Westminster craoladh as an áit féin agus ba é an deacracht a bhí ann – cén chaoi a bhféadfadh muid óráid Heath a chur amach ar an aer, le go bhféadfadh na painéil nuachta sa mbaile dul ag caint fúithi go sciobtha. Fuair mise cárta creidiúnais; chuaigh mé isteach agus thug mé breab do dhuine de na buachaillí beaga a bhí ag tabhairt na scripteanna síos chuig UPI agus Reuter. Léigh mise an script amach ar an teileafón agus bhí sí craolta agamsa as Londain sular thosaigh an BBC ná UPI (United Press International) á craoladh. Bhí raic mhór ann ina dhiaidh sin ach is é John O'Sullivan, buíochas le Dia, a fuair na buillí ar an gcluais agus ní mise; bhí mise imithe. Is dóigh liom gurb in é an rud is mó a bhfuil mise bródúil as; bhris mé na rialacha uilig, agus ó tharla gur i Westminster a tharla sé bhí mé níos bródúla as ná dá dtarlódh sé in áit eicínt eile.

Sa Merrion Inn a bhíodh an gabhar á róstadh tar éis chlár *Féach* gach oíche Luain, sin nó sa nGoat i mBaile na nGabhar, gar don áit a raibh Breandán ina chónaí. Bhíodh na staraithe John A. Murphy, Liam de Paor agus na polaiteoirí John M. Kelly, Roibeárd ó Maoilia, Michael D. Higgins agus Tomás Mac Giolla go minic ar an gclár na chéad bhlianta sin agus is minic a d'fheicfeá i dteach an óil níos deireanaí iad i bhfochair fhoireann *Féach*. Cáil na heite clé a bhí ar *Féach* ach mar sin féin bhí an-mheas agus an-chion ag John M. Kelly ó Fhine Gael ar Bhreandán agus ar Eoghan Harris. Ní hé amháin go dtéadh sé chuig an Merrion Inn leo ach is minic a thugadh sé ar ais chun a thí féin ar Bhóthar Ailesbury iad ina dhiaidh sin. Is minic freisin, nuair is mó a bhíodh an greann, go n-éalaíodh Breandán as an gcomhluadar go ciúin. Sin nós a bhí aige, imeacht chuig an leithreas agus gan teacht ar ais. Nós é a chuireadh as do dhaoine ar dtús ach chuaigh daoine i gcleachtadh air de réir a chéile. Fear é Breandán a choinníodh nótaí, agus creidim féin gur minic a d'fhágadh sé comhluadar le go bhféadfadh sé nóta a bhreacadh agus machnamh a dhéanamh go príobháideach ar rud éigin a dúradh nó a tháinig isteach ina cheann ar ala na huaire.

Bhí ag éirí go hiontach le *Féach* ach ní raibh Harris sásta fós. Chomh maith le stíl nua léiritheoireachta theastaigh uaidh stíl nua teanga a mhúnlú freisin agus chaith sé féin agus Breandán roinnt mhaith dua leis an ngné seo dá gcuid oibre. Admhaíonn Harris anois gur dhána an mhaise dó iarracht a dhéanamh an stíl bhreá Ghaeilge a bhí ag Breandán a athrú:

> Nuair a smaoiním air anois cuireann sé eagla orm ach nuair a bhíonn tú óg bíonn tú chomh dána sin. Fiú amháin cheistigh mé an stíl Ghaeilge a bhí ag Ó hEithir. Dúirt mé leis go gcaithfeadh muid stíl nua próis a fháil i gcomhair *teasers* agus *links*. Stíl phróis níos solúbtha a bhí uaim. Rud a bheadh beacht ach a mbeadh *alliteration* agus *assonance* ann freisin, mar fhilíocht beagnach. Agus shuigh sé síos ag an gclóscríobhán agus thuig sé cad a bhí uaim agus chum sé stíl nua próis. Agus ansin bhí Liam Budhlaeir agus daoine cosúil leat féin ar dheasc na Nuachta ag an am a raibh caighdeán daingean gramadaí agaibh agus bhí muid ag coinneáil súil air sin freisin. Ach theastaigh teanga uainn a bheadh oiriúnach don teicneolaíocht.

Le linn do Mhuiris Mac Conghail a bheith ina Eagarthóir ar an gclár cursaí reatha Béarla *7Days* d'iarr sé ar Bhreandán teacht ag obair ar an gclár leis ach dhiúltaigh Breandán *Féach* a fhágáil:

> Bhí díomá orm nár tháinig Breandán chugam go *7Days*. Tuigeadh dom, pé rud faoi ndeara an tuiscint sin, gur oiriúnaigh dó bheith ag obair gan ró-mhaoirseacht agus ná raibh i gceist aige bheith ceangailte ina intinn le heagraíocht ar bith; gur ar mhargadh na saoire ab fhearr a mhairfeadh sé. Ar aon bhealach níorbh fhear eagraíochta é agus ní raibh sé i gceist aige a mheon a bhronnadh ar dhuine ar bith. Sin léamh amháin.
>
> Léamh eile ar an scéal ná nach raibh sé i gceist aige ródhua a chaitheamh leis an gcúram agus go mb'fhacthas dó ná luífeadh róchúram air i gcás *Féach* mar gur ag taisteal agus ag caint ar fuaid na tíre a bheadh sé. Ar aon bhealach bhí a aird go pointiúil aige ar aidhm an leabhair: úrscéal nó scannán. Ba dheacair liom é a léamh sna blianta sin. Chastaí orm ó am go chéile é le Dónal Foley, i dTigh an Mhuilinn nó sa nGabhar; uaireanta eile ina dhiaidh sin i Doheny & Nesbitt nuair a bhíodh leabhar ceannaithe aige nó leabhar faighte aige ó Mheiriceá lena léirmheas.
>
> Is cuimhin liom an cumas a bhí ag Breandán teacht ar scéalta agus ar

fhoinsí scéalta. Bhíomar beirt i láthair, blianta roimhe sin ag cruinniú de chuid Chomhdháil Náisiúnta na Gaeilge in uimhir 29 Sráid Uí Chonaill Íochtair agus nuair a bhí deireadh leis an gcruinniú bhíomar inár seasamh lasmuigh agus d'inis sé dom go raibh Máire Mhac an tSaoi agus Conchúr Crús Ó Briain le pósadh i Nua Eabhrac gan mhoill agus go raibh údarás fachta acu, le cabhair an Chairdinéil Michael Browne, leis an ngnó a chur i gcrích. Nuair a luas é seo ar ball le mo mhuintir bhí sé ina raic ar feadh an lae. Ach bhí an scéala ag Breandán tamall sul má foilsíodh é.

Bhí foireann *Féach* ina seasamh ar dhuganna na Gaillimhe maidin amháin i 1970 nuair a tháinig Breandán Ó hEithir agus thaispeáin sé an *United Irishman* do Harris. 'Féach air sin,' a dúirt sé le Harris. 'Sin scéal!' Bhí Harris ina bhall de Ghluaiseacht na Poblachta sula ndeachaigh sé isteach in RTÉ agus fiú amháin tar éis dul isteach in RTÉ ní tharlaíodh mórán i nGluaiseacht na Poblachta i ngan fhios dó. Bhí sé an-chairdiúil le Séamus Ó Tuathail a bhí tar éis an scéal seo a scríobh ach ní raibh tada cloiste ag Harris faoi. Bhíodar ag féachaint ar an *United Irishman* a bhí díolta amach i nGaillimh an mhaidin sin. Bhí seamróg mhór ann agus pictiúr istigh i ngach duilleog den tseamróg de Haughey, Blaney agus Boland. 'Haughey knows!, Blaney knows!, Boland knows!' Ba é seo an réamhrá do Thriail na nArm, agus bhí an chéad leagan den scéal ag *Féach* an oíche sin. Thóg siad seans mór agus bhí raic mhór faoin gclár, ach bhí scúp acu agus chuir sé go mór le cáil *Féach* taobh istigh agus taobh amuigh den stáisiún.

Rinne Harris agus a Ó hEithir clár an-bhreá i dtaobh Éirí Amach 1916 faoi cheannas Liam Uí Mhaoilíosa in oirthear na Gaillimhe, an t-aon áit taobh amuigh de Bhaile Átha Cliath ar tharla aon éirí amach arbh fhiú trácht air. Bhí suim ar leith ag Breandán sa bhfear óg seo, Liam Mellowes, de bhunadh Chill Chainnigh agus Loch Garman, a rugadh i Lancashire Shasana agus a raibh a athair agus a sheanathair roimhe in Arm na Breataine. Ba díol suime ar leith do Bhreandán an chaoi a ndeachaigh blianta a óige le muintir a mháthar i Loch Garman i bhfeidhm ar an mbuachaill óg agus an chaoi a ndeachaigh smaointe sóisialacha Shéamuis Uí Chonghaile i bhfeidhm air nuair a tháinig sé orthu in aois a naoi mbliana déag san iris *Irish Freedom* a mbíodh

Bulmer Hobson ina eagarthóir uirthi. Dhá bhliain is fiche a bhí Ó Maoilíosa nuair a cuireadh siar go Baile Átha An Rí in oirthear na Gaillimhe é i 1914 mar oifigeach traenála ar Óglaigh an cheantair sin, agus ocht mbliana ina dhiaidh sin, le linn 'Chogadh na gCarad', bhí sé ar dhuine den cheathrar príosúnach poblachtach a chuir Rialtas Shaorstát Éireann chun báis ar an 8ú lá de Mhí na Nollag 1922, in éiric Sheán Hales a maraíodh i mBaile Átha Cliath an lá roimhe sin.

Tá dealbh de Liam Ó Maoilíosa ar an bhFaiche Mhór i gcathair na Gaillimhe agus foireann 'báire' agus banna píob ainmnithe ina dhiaidh. D'fhéadfadh baint a bheith ag na rudaí seo go léir leis an spéis ar leith a bhí ag Breandán sa bhfear agus is ceart smaoineamh freisin go raibh eachtra éalaithe Liam Uí Mhaoilíosa i 1916, i dteannta beirt oifigeach eile, Proinsias Ó hEidhin agus Ailbhe Ó Monacháin, beo ar bhéala daoine fós in iarthar an Chláir nuair a bhí Breandán Ó hEithir ina bhuachaill beag. Ba iad muintir an Chláir, ar dhá thaobh Loch Gréine, a thug lóistín agus dídean don triúr óglach i gcaitheamh na gcúig mhí fhada a chaitheadar ar a gcoinneáil ar shléibhte creagacha an Chláir, ó d'fhágadar tigh Pheadair Howley in Ard Raithin gur shroicheadar Inis. Cóiríodh Ó Maoilíosa suas mar bhean rialta agus tugadh go Corcaigh é, áit ar cuireadh ar bord loinge go Meiriceá é. Ach chuir gála gaoithe an long i dtír i Heilbhic, i nGaeltacht na Rinne i bPort Láirge, áit ar cuireadh fuireach calaidh orthu. Rinne criú na loinge rabharta mór óil agus fuair Liam Ó Maoilíosa deis Craobh na Mumhan san iománaíocht a fheiceáil i nDún Garbhán an fómhar sin sular thug a long a haghaidh ar Mheiriceá.

Ní dheachaigh sé amú ar Bhreandán ach an oiread gur i dteach na mBreathnach i gCill Fhinín, múinteoirí scoile agus seantuismitheoirí Bhríghid (Ní Mhaoileoin) Bean Uí Éigeartaigh, a bhí Mellowes agus na ceannairí eile bailithe Luan Cásca 1916, ag fanacht le scéala ó Bhaile Átha Cliath faoin Éirí Amach. Ba chainteoirí dúchais Gaeilge go leor d'Óglaigh an Achréidh a bhí bailithe i Scoil Náisiúnta Chill Fhinín an lá sin. Scríobh Breandán in alt speisialta faoi 'An Ghaeltacht Inniu' san *Irish Times* i 1975:

Sa mbliain 1966 chuir mé cuimhní cinn a raibh fanta beo acu ar Éirí Amach na Cásca ar téip. Cúpla bliain ina dhiaidh sin thug mé féin agus Eoghan

Harris duine díobh, Seán Ó Coinceanainn as Móinteach, Baile Chláir na Gaillimhe, ar ais ar an gcasán a shiúil sé i dteannta a laoich Liam Ó Maoilíosa i 1916: ó Uarán Mór go Bleá'n Rí, go Muighe Fhód agus Creig an Chláir. Tá sin ar scannán agus is geall le sochraid na Gaeilge ar an Achréidh é. Nuair a chuimhním air sin agus nuair a fheicim idir Bhéarla agus bhréag-ghalántacht ag snámh siar Bóthar Chois Fharraige, ó bhliain go bliain, is fada mé ón 'Band of Hope and Glory' mar a dúirt an Cadhnach.[18]

Ar fheiceáil an chláir seo an athuair dom i gcartlann RTÉ, ba dheacair gan suntas a thabhairt don Ghaeilge álainn, shaibhir, shoiléir a bhí ag Seán Ó Coinceanainn, agus ba dheacair gan suntas a thabhairt don obair cheamara agus don léiritheoireacht go ginearálta, cé go ndúirt Eoghan Harris liom go ndearna siad an scannánaíocht in aon lá amháin. Is ceann é, go cinnte, de na seoda scannánaíochta, léiritheoireachta agus tráchtaireachta a bhféadfaidh foireann *Féach* a bheith bródúil as.

Thug Jim Fahy, urlabhraí RTÉ san iarthar, suntas ar leith don spéis a bhí ag Breandán in oirthear na Gaillimhe, ní hé amháin ó thaobh na hiomána agus ó thaobh na bpolaiteoirí de ach ó thaobh miontarlúintí de chuile chineál. Bhí aithne ag Jim ar Bhreandán ón mbliain 1975 nuair a tháinig Jim ón *Tuam Herald* ag obair le RTÉ ina n-oifig nua i nGaillimh. Bhuaileadh Breandán isteach chuige nuair a thagadh sé anuas ag obair le *Féach*, phléidís a raibh ag tarlú agus d'ólaidís deoch Tigh Freeney. Ansin i 1984 tháinig ailse ar Jim agus bhí sé sínte ar shlat a dhroma in ospidéal Naomh Lúcás i mBaile Átha Cliath nuair a fuair sé cárta poist ó Bhreandán: '. . . is gearr go mbeidh tú amach arís, le cúnamh Dé agus má tá fonn dá laghad ort mo phus a fheiceáil ardaigh an fón agus glaoigh orm.' Ghlaoigh Jim air, tháinig Breandán isteach chuige agus ní dhéanfaidh Jim dearmad ar an gcineáltas, ar an misneach, ar an spleodar agus ar an tacaíocht a thug Breandán dó go dtí go raibh sé ar ais i mbláth na sláinte arís.

Aon uair a mbíodh Breandán ar a bhealach go Gaillimh, roimhe sin agus ina dhiaidh sin, b'annamh leis gan seasamh Tigh John Joe Broderick i gCill Rícill, baile dúchais Jim Fahy:

Ba chineál ceanncheathrún ag Breandán é pub John Joe Broderick gach uair dá dtagadh sé chun an Iarthair. Théadh sé isteach chuig John Joe agus d'fhaigheadh sé amach céard a bhí ag tarlú thart in oirthear na Gaillimhe. B'fhacthas dom go raibh grá ar leith aige don cheantar sin, rud nár thuig mé ceart riamh. Ach duine neamhghnách a bhí i mBreandán ar mhórán bealaí. Bhí suim as an gcoitiantacht aige i ndaoine – agus bhí sé báite go hiomlán ina raibh ar siúl ag daoine in iarthar na hÉireann, mar a bhí John Healy ag an am freisin agus mar a bhí Con Houlihan ar bhealach. Bhí an-ómós agamsa do Bhreandán mar go ndearna sé domhainmhachnamh ar ábhar a chuid scríbhneoireachta agus craoltóireachta. Agus is cuimhin liom go raibh ardmheas aige ar Pharnell. D'fhéach sé ar Pharnell mar laoch agus labhraíodh sé faoi chumhacht na cléire agus na gclaonpholaiteoirí a chuir le chéile chun Parnell a chur dá chois. An bhliain a bhfuair Breandán bás bhí comóradh céad bliain ar Pharnell á bheartú sna Creaga i dtuaisceart na Gaillimhe, áit ar thug Parnell a óráid dheireanach agus áit a bhfuil leacht cuimhneacháin dó le hais na hEaglaise Preispitéirí ag ceann an bhaile. Bhí Breandán an-cheanúil ar dhán W.B. Yeats 'Come Gather Round Me, Parnellites' agus bhí sleachta as de ghlanmheabhair aige:

Come gather round me, Parnellites
And praise our chosen man.
Stand upright on your legs awhile,
Stand upright while you can;
For soon we lie where he is laid
And he is underground.
Come fill up all the glasses
And pass the bottle round.
The Bishops and the Party
That tragic story made;
A husband that had sold his wife
And after that betrayed;
But stories that live longest
Are sung above the glass,
And Parnell loved his country
And Parnell loved his lass.

Agus, ós ag caint ar Pharnell é, is ón dán sin a fuair Noel O'Donoghue, nach maireann, cara mór le Breandán, teideal an leabhair a scríobh sé faoi *Réalta Thuama* agus faoin gCumann Lúthchleas Gael i nGaillimh, *Proud and Upright Men.*

Chinntigh Eoghan Harris go raibh ceamaraí *Féach* i láthair ag gach Ard-Fheis a bhí ag Sinn Féin, roimh an scoilt, le linn na scoilte agus tar éis na scoilte. Bhíodar ann nuair nach raibh ceamaraí *7Days* ná cláracha Béarla eile ann. Bhí scúpanna acu go minic agus is eol dúinn anois gur iomdha litir ghéar chrosta a sheol an tAire Dlí agus Cirt, Deasún Ó Máille, chuig an Aire Poist agus Teileagraf, Gearóid Ó Coileáin, i dtús na seachtóidí faoi na daoine a bhí an Máilleach tar éis a fheiceáil ar *Féach.* Tá cur síos ag Breandán ar ócáid amháin i 1970 tar éis na scoilte i Sinn Féin:

It was on *Féach* and the programme was a live one on the rapidly-developing Northern situation, and the effect it was likely to have on this State. We had Ruairí Ó Brádaigh of Provisional Sinn Féin, Tomás Mac Giolla of Official Sinn Féin, Professor Ruairí Ó hAnluain of UCD and Earnán de Blaghd.

Just a few hours before going on air someone in RTÉ decided that Provisional Sinn Féin were not acceptable and the programme went on without Ruairí Ó Brádaigh who mounted a protest picket outside with a group of supporters. The programme had hardly begun when Tomás Mac Giolla read a statement deploring the ban on Ó Brádaigh and announcing his own immediate departure from the programme in protest. He walked out and then there were two . . .

While this was going on Earnán sat there drumming on the table with his fingers and looking very impatient. Ruairí Ó hAnluain looked to be even more nervous than I was but we had over twenty minutes to fill and much as I felt like following Tomás Mac Giolla agus going to the Merrion Inn for a drink I had to carry on. Then Earnán opened up. This was clearly the moment he had waited for. He had the ball, the field lay wide open before him and off he went on a solo run, with hardly a prompt from me, through all his pet theories and aversions, leaving the professor and myself with very little to do.

Afterwards, in the hospitality room, the programme researcher, Póilín Ní Chiaráin, introduced Earnán to Ruairí Ó Brádaigh who had come in to make

Breandán ar _Féach_. (le caoinchead ó RTÉ)

Breandán i nGaillimh. (grianghraf le Jimmy Walshe, Gaillimh)

An chulaith bhréidín as Tigh Uí Mháille i nGaillimh. (Le caoinchead ó RTÉ)

Eoghan Harris, Léiritheoir *Féach*. (le caoinchead ó RTÉ)

Breandán agus Éamonn Ó Muirí sa stiúideo. (Le caoinchead ó RTÉ)

I stiúideo *Féach*. (Le caoinchead ó RTÉ)

Breandán i Raidió na Gaeltachta i 1973.

Breandán ar *Féach*. (Le caoinchead ó RTÉ)

Michael O'Halloran, M.P., agus Breandán i Londain.

Breandán san Irish Centre i Londain, leis an tSiúr Treasa
agus a deartháir, Colm Mac Con Iomaire.

Foireann *Féach*, ó chlé: Proinsias Mac Aonghusa, Póilín Ní Chiaráin, Carmel Duignan, Seán Ó Mórdha, Breandán Ó hEithir agus Joe Mulholland.

Foireann *Féach* ag Aonach na gCurachaí ar An Spidéal i gConamara: Seán Ó Mórdha, Breandán, Pat Kavanagh agus Mick Murray.

(Pat Langan)

Foireann *Féach* **ag ceilúradh Nollaig na bliana 1975.** *Ó chlé*: Mick Murray, Proinsias Mac Aonghusa, Doireann Ní Bhriain, Breandán Ó hEithir, Jane Robinson, Pat Kavanagh, Seán Ó Mórdha agus Joan O'Callaghan.

Foireann *Féach* agus a gcairde ag déanamh aeir. Is é Breandán fear an chaipín, chun tosaigh.

Breandán i 1980.

Breandán agus Éamonn Ó Muirí sa stiúideo.

Tar éis lóin a sheas Foireann Féach do Sheán Ó Mórdha sa sean-Unicorn ar an 25ú Meán Fómhair, 1976
Ó chlé: Aindreas Ó Gallchóir, Mick Murray, Jane Robinson, Póilín Ní Chiaráin, Proinsias Mac Aonghusa, Joan O'Callaghan, Éamonn Ó Muirí agus Breandán Ó hEithir. Ina suí: Marie Travers, Seán Ó Mórdha agus Carmel Duignan. Tá an pheil sínithe ag foireann bhuacach Bhaile Átha Cliath. (Le caoinchead ó Phroinsias Mac Aonghusa).

a phone-call. The conversation, which was in Irish, of course, went something
like this:

'Do you know Ruairí Ó Brádaigh, Earnán?'

'Ah, yes. You're the one who walked out.'

(Not at any distance would even a half-blind man confuse the rotund Ó
Brádaigh with the gaunt Mac Giolla.)

'No, I'm the one they wouldn't let in.'

'Ach, well, it's all the same really, you're all pure daft anyway.'[19]

Tháinig Póilín Ní Chiaráin, as Dubhloch, Gaoth Sáile i nGaeltacht
Mhaigh Eo ag obair mar thaighdeoir ar *Féach* nuair a d'imigh Nuala Ní
Dhomhnaill go Seomra na Nuachta. Bhí Póilín ag obair i rannóg na
gClár Gaeilge ón mbliain 1966 tar éis di céim a bhaint amach in Ollscoil
na Gaillimhe. Bhí aithne aici ar Bhreandán ó bhí sí ar meánscoil i
gColáiste Mhuire i dTuar Mhic Éadaigh i dtús na seascaidí; bhí páirt aici
i ndráma scoile a fuair an chéad áit i bhFéile Drámaíochta na Scol agus
chuir Breandán agallamh ar fhoireann an dráma i gcomhair an chláir
raidió *Ar Fud na Tíre*.

> Bhí Breandán óg an t-am sin, tús na seascaidí. Bhí sé an-dathúil agus bhí tóir
> an domhain mhóir againn ar fad air, ar ndóigh. Agus tá a fhios agat chomh
> deas is a bhí sé agus thuig sé cé chomh huafásach is a bhí an scoil agus chuile
> shórt mar sin! Agus nuair a d'fhiafraigh sé díomsa cárbh as mé agus nuair a
> d'inis mé dhó, dúirt sé go raibh aithne aige ar m'aint, Sorcha Ní Ghacháin;
> bhíodar san aon bhliain ag an ollscoil i nGaillimh. Ina dhiaidh sin ansin
> bhuaileadh muid leis ag díospóireachtaí Ghael Linn nó ag féilte drámaíochta
> eile. Agus tá a fhios agat cé chomh dílis is a bhí sé mar chara; dá mbeadh sé
> ag dul an bealach ar chor ar bith, dá mbeadh sé ag dul thar Thuar Mhic
> Éadaigh ar chor ar bith, bhuailfeadh sé isteach. Bhíodh na múrtha fáilte ag
> na mná rialta roimhe agus d'fhaigheadh sé fuisce uathu, ar ndóigh!

Le linn do Phóilín a bheith ar an Ollscoil i nGaillimh bhí fear gaoil le
Breandán, Michael Powell as Árainn, san aon bhliain léi agus ag dul
thart sa ngrúpa a mbíodh Póilín ann. Chastaí Breandán orthu sa gCastle
Hotel gach uair dá dtéadh sé go Gaillimh agus, mar a dúirt Póilín féin:

Ní chreidfeá na hoícheanta a bhíodh againn uilig sa gCastle Hotel! Ach d'éirigh muid an-mhór le chéile. Thagadh sé go Gaillimh go measartha rialta, cúpla uair gach téarma b'fhéidir. Agus choinnigh muid suas an caradas. Tá a fhios agat an spéis a bhí aige i chuile dhuine beo a casadh riamh air. Bhí aithne aige ar an uafás daoine ó mo thaobhsa tíre, daoine a bhí i gColáiste Éinde leis b'fhéidir, agus cuimhne mhaith aige orthu go léir.

Sular thosaigh Póilín ag obair le RTÉ ar chor ar bith fuair sí a céad taithí iriseoireachta ag dul thart le Breandán i 1966 le linn dó a bheith ag cur agallamh ar dhaoine i gcomhair clár cuimhneacháin 1916. Thug sí suntas do dhá rud: a mhístuama is a d'fhéadfadh sé a bheith leis an treallamh nua taifeadta a bhí aige agus a phroifisiúnta agus a chríochnúla is a bhí sé i mbun agallaimh. Bhíodh a chuid réamhullmhúcháin déanta i gcónaí aige cé nach mbíodh aon rud scríofa síos aige:

Shílfeadh duine, mar gheall ar go raibh sé aerach agus spóirtiúil, nach ndéanfadh sé aon obair, ach cuimhnigh go mbíodh Breandán ina shuí idir a sé agus a seacht gach maidin agus go mbíodh lá oibre déanta aige sula n-éiríodh an chuid eile againn. Agus b'in rud a bhain leis nuair a bhí mise ag obair leis níos deireanaí: bhíodh na páipéir léite aige agus Radio 4 agus Nuacht RTÉ agus chuile shórt cloiste aige gach maidin dá shaol. Is minic a d'fhan mise sa teach aige féin agus ag Catherine agus nuair a thiocfá anuas an staighre ag leathuair tar éis a hocht bheadh Breandán ábalta chuile rud beo a bhí tarlaithe a inseacht duit.

Bhí Breandán agus Catherine agus a gclann aistrithe isteach ina dteach nua, uimhir 54 Bóthar Tí Naithí i nDún Droma ó thús mhí na Samhna 1966 agus is iomdha duine a fuair lóistín na hoíche sa teach céanna. Bhí fáilte i gcónaí ann roimh Phóilín Ní Chiaráin agus a cairde mar ba dlúthchara leis an gclann go léir í Póilín. Chaith deirfiúr níos óige le Póilín, Áine Ní Chiaráin, sé mhí tigh Uí Eithir nuair a tháinig sí go Baile Átha Cliath i dtosach i 1969 ag obair i Roinn na Gaeltachta agus tá sí fós an-bhuíoch de Bhreandán agus de Chatherine faoina gcineáltas léi agus faoin gcúram a rinneadar di. Bhí Breandán chomh hairdeallach fúithi is dá mba í a iníon féin í agus bhíodh imní air fúithi nuair a bhíodh sí amuigh deireanach. D'fhanadh Tony Christofides, Gréagach óg a bhí ina léachtóir le Matamaitic i gColáiste na hOllscoile, Gaillimh, tigh Uí Eithir go minic freisin. Póilín a chuir in aithne dóibh é timpeall an ama arbh éigean dóibh bogadh amach faoi dheifir as an mBack Lodge mar go raibh Deasún Fennell tagtha abhaile ón nGearmáin níos túisce ná mar a bhí súil leis. Bhí Tony ag cabhrú le Breandán stuf a athrú amach as an teach an lá a raibh orthu a bheith amuigh as, agus is beag nár chuir Breandán an teach trí thine nuair a chuaigh na lasracha ó smacht le linn dó a bheith ag dó sean-nuachtán. Dá lasfaí an teach ní chreidfeadh aon duine nach in aon turas a rinne Breandán é mar ní raibh aon dea-chaidreamh idir é féin agus Deasún Fennell ag an am. Bhí Tony ag foghlaim na Gaeilge agus bhí sé ag léamh leabhar Risteáird de Paor faoi Árainn *Úll i mBarr an Ghéagáin* ag an am. Thug Breandán thart ar Árainn é agus chaith Tony oíche in éineacht le tuismitheoirí Bhreandáin. Thug Breandán go Contae an Chláir é agus chuir sé in aithne do Willie Clancy agus dá chairde eile i Sráid na Cathrach é. Thug sé chuig a chéad fhleá cheoil é, Fleadh Cheoil na hÉireann i gCluain Eois i 1968 agus chuig fleá cheoil áitiúil in Oileán Chiarraí, áit ar chuir sé in aithne do Chon Houlihan é. Agus, thar aon rud eile, tá Tony buíoch de Bhreandán faoi gur chuir sé in aithne do Mháirtín Ó Cadhain é agus faoi gur fhreastail Tony ar ranganna cáiliúla Gaeilge Uí Chadhain i gColáiste na Tríonóide. Deir Póilín Ní Chiaráin:

> Is cuimhin liom Breandán agus mise agus Tony Christofides i halla i Ráth Maoinis oíche ar tharla raic leis an gCadhnach. Is cuimhin liom mise agus Breandán a bheith ag argóint faoi ina dhiaidh sin – an raibh sé ceart a bheith ag maslú daoine agus ag scréachaíl, mar a dhéanadh Ó Cadhain? Chuaigh muid go dtí an Steak House in aice le Droichead Phortobello, is cuimhin liom, agus bhí mé féin agus Ó hEithir ag béiceach ar a chéile ar chuma ar bith. Creidim go raibh náire ar Tony agus bhí seisean ag iarraidh a bheith ciúin. Bhí Breandán ag seasamh suas don Chadhnach. D'ól muid go leor fíona agus d'ith muid stéig agus bhí muid amuigh go maidin mar ba ghnách.

Bhí a shaol féin ag Breandán ag dul ar fud na tíre i mbun a chuid oibre agus bhíodh Catherine sa mbaile ag tógáil na clainne. Cé nár ghlac Breandán aon pháirt ghníomhach i dtógáil na clainne ní fhéadfaí a rá go raibh sé ar nós cuma liom fúthu; bhí sé an-cheanúil orthu go deimhin agus an-bhródúil astu. Bhí agus tá Tony Christofides an-bhuíoch den bheirt acu faoi chomh fáiltiúil is a chaitheadar leis i gcónaí, amhail is dá mba dhuine den chlann é:

> Bhí sé iontach an léargas a thugadar domsa ar ghné de shaol na hÉireann ag an am: a shaol féin ag Breandán agus saol eile ag Catherine. Is iontach an bheirt iad gur choinnigh siad é sin ag imeacht. Bhí Breandán as baile an chuid is mó den am ach mar sin féin bhí sé ar fáil don chlann. Bhí a gciorcal féin cairde ag an mbeirt acu; mar sin féin bhí an pósadh ann agus bhíodar in ann a gclann a thógáil.

Rinne *Féach* go leor cláracha conspóideacha. Rinneadar clár tábhachtach in Áth Eascrach i mBéal Átha na Sluaighe i 1969, áit a raibh an Language Freedom Movement (LFM) ag iarraidh deireadh a chur le múineadh trí Ghaeilge sa mbunscoil ina raibh an t-amhránaí Seán 'ac Dhonncha agus a bhean Bríd (Ní Eidhin), ag múineadh. Rinne *Féach* clár cáiliúil i 1970 faoi dhúnadh Scoil Mhontpelier i Luimneach, a raibh agóid fúithi ar feadh na mblianta, agus clár cáiliúil eile i 1971 faoi dhúnadh Scoil Dhún Chaoin. D'airigh pobal féachana na Gaeilge go raibh clár maith teilifíse i nGaeilge acu uair sa tseachtain a bhí sásta a gcearta a sheasamh dóibh, go díreach mar d'airigh pobal léitheoireachta na Gaeilge go raibh iris mhaith Ghaeilge, *Comhar*, acu gach mí lena gceart a sheasamh dóibh. Mar a dúirt Breandán Ó Buachalla agus é ag trácht ar na blianta sin i ndeireadh na seascaidí agus i dtús na seachtóidí:

> Samhlaímse an dá cheann acu, *Féach* agus *Comhar*, i dteannta a chéile; an fuinneamh céanna, fuinneamh intleachtúil, fuinneamh díospóireachta, fuinneamh Gaeilge. Samhlaím go raibh cor nua i saol poiblí na Gaeilge. Dar ndóigh, bhí baint ag Breandán le *Comhar* freisin, agus bhíodh na heagarfhocail in *Comhar ad rem*; do bhaineadar leis an saol nua a bhraith daoine a bhí ag oscailt amach don Ghaeilge go luath sna seachtóidí. Ceapaim go raibh an faobhar céanna leis an dá cheann, agus ar shlí cúpla ab ea iad, *Comhar* agus *Féach*. Bhí rud eile a bhain le saol poiblí na

Gaeilge ag an am, is é sin gur léir do lucht na Gaeilge go raibh cinnireacht á cur ar fáil: Dónall Ó Móráin, Tomás O Fiaich, Colmán Ó hUal]áchráin agus daoine eile; triúr iad san a raibh a fhios acu cad a bhí uathu agus gan aon scáth orthu a raibh uathu a nochtadh go poiblí. Bhí beocht neamhghnách ag baint le saol na Gaeilge, go háirithe sa phríomhchathair. Bhí an clár den scoth seo, *Féach*, ag dul amach seachtain i ndiaidh seachtaine, clár d'ardchaighdeán gairmiúlachta. Agus bhí *Comhar*, iris den scoth, níos fearr ná irisí eile a bhí ann i mBéarla, ag teacht amach uair sa mhí agus ag cur na Gaeilge mar ábhar díospóireachta i lár an aonaigh. An tEagarthóir is mó is cuimhin liom féin ná Eoghan Ó hAnluain agus ní mór a rá gur chuir Eoghan spionnadh neamhghnách in *Comhar* sna blianta san, leis na sceitseanna, leis na heagarfhocail agus leis na haltanna litríochta.

Rinne Ó hEithir an t-uafás taistil sna blianta tosaigh sin le *Féach*. Bhí carr beag Mini aige a cheannaigh sé nuair a tháinig sé abhaile as an Iar-Ghearmáin agus, cosúil leis féin, bhí cuid mhaith den tír feicthe faoi dhó aici. Bhí na suíocháin tosaigh inti cosúil le dhá bhuicéad agus nuair a bhíodh Breandán ag tiomáint ní fheicfeá ach barr a chinn ag gobadh aníos idir a dhá ghualainn agus é an-fhada siar ón roth. Thug Diarmuid Breathnach suntas dó seo freisin:

Is é an pictiúr a fhanann i m'aigne de Bhreandán gur chuid den ghluaisteán ab ea é; go raibh sé chomh socair sin ina shuí. Bhí bealach ar leith aige; bhí cuma an-íseal air agus é ina shuí sa charr. Shílfeá go raibh sé suite i bhfad siar ón roth ar bhealach éigin, faoi mar a bheadh sé ag síorthaisteal i gKentucky nó in áit éigin mar sin agus go mba chuid den charr é, ar bhealach. Shílfeá gurbh in é an áit nádúrtha aige – an carr!

Drochthiománaí a bhí ann de réir gach tuairisce agus ba mhinic leis tiomáint agus é ar meisce, mar a rinne go leor eile nach é ag an am. D'imíodh an carr as peitreal chomh minic sin air gur éirigh le Proinsias Mac Aonghusa pictiúr a thógáil de ag cur peitril as canna sa Mini i leataobh an bhóthair lá. Chuaigh mise go Contae an Chláir sa Mini leis i Lúnasa na bliana 1967, chuig Féile an 'Darling Girl From Clare' i Sráid na Cathrach, agus as sin go Conamara an lá dár gcionn. Ní bheadh aon chall don Ghobán Saor a iarraidh ar Bhreandán an bóthar a ghiorrú, ach ina ainneoin sin b'fhada an turas go Sráid na Cathrach é i gcarr beag ar shuíocháin chrua. Bhí cleachtadh ag Breandán air agus níor léir gur chuir sé mairg ar bith air. Ní fhaca muid den 'Darling Girl From Clare' ach an taobh istigh de theach ósta na Wilsons, gaolta leis, go dtí an trí a chlog ar maidin. Ba é an chéad uair agam é a bheith ina chomhluadar ar fhód dúchais a athar i gContae an Chláir agus bhí an-ghiúmar go deo air. Bhí fear óg as an áit inár gcomhluadar i rith na hoíche a bhí díreach tar éis teacht abhaile as Meiriceá le fanacht sa mbaile, agus chaith muid an oíche ag caint faoin seansaol i gContae an Chláir agus faoin saol nua i Nua Eabhrac a raibh sé tuirsithe de. Bhí air dul ar ais go Meiriceá an lá dár gcionn le cáipéis éigin a shíniú thall agus bheadh sé ar ais i Sráid na Cathrach arís faoi cheann seachtaine.

D'fhág mé féin agus Breandán slán aige san anmhaidin agus threoraigh Breandán mé go dtí teach mór ard a bhí thuas i dtreo an tséipéil, áit a raibh lóistín na hoíche socraithe ag duine éigin dúinn. Bhí seomra an duine againn thuas i mbarr an tí agus ní cuimhneach liom tada eile go dtí gur dhúisigh Breandán ar maidin mé: 'Éirigh, a Mhac Con Iomaire,' a deir sé, 'tá muid ag dul go Conamara!' Nuair a thugadh sé mo shloinne seachas m'ainm baistí orm ba chomhartha é go raibh dea-ghiúmar agus fonn diabhlaíochta air. Bhí sé ina sheasamh ina phitseamaí i ndoras mo sheomrasa agus thug mé faoi deara go raibh a chuid stocaí air, mar bheidís fágtha air ó aréir aige. Bhí staighre an-ghéar ann a raibh *linoleum* air agus nuair a bhí sé ag dul síos chuig an seomra folctha le é féin a bhearradh baineadh dá chosa é. Chuala mise an rat-at-at ar chéimeanna géara an staighre agus shíl mé go raibh Breandán maraithe. Nuair a rith mé amach go ceann an staighre chonaic mé uaim síos é agus é fós ina shuí faoi. Tharraing sé síos an dá stoca agus bhí an craiceann sciochta dá dhá sháil. Bhí an bhataráil chéanna a fuair na sála faighte ag a leath deiridh ach d'fhág mé aige féin an ball sin dá chorp a scrudú. 'Anois a bheidh a fhios agam cé hiad mo chairde,' a dúirt Breandán, 'mar a dúirt an fear nuair a chuir an nathair nimhe gath ina pholl.' Thuig mé ansin nach raibh sé ródhona. Ghléas muid agus d'ith muid bricfeasta agus is ansin a fuair mé amach gur tigh an phíobaire cháiliúil Martin Talty agus a bhean Ciss a bhí muid. Bhí Breandán an-chairdiúil le Martin Talty agus bhí aithne aige ar Ciss ón ollscoil i nGaillimh.

Chuaigh muid go Conamara agus chaith sé oíche i dteach mo mhuintire, mar a dhéanadh sé go minic. Shílfeá gur anuas as na Flaithis a thiteadh sé chuig mo mháthair, leis an bhfáilte a bhíodh aici roimhe. D'fhan mise i gConamara go ceann coicíse le mo bhean agus mo chlann a bhí tagtha as Baile Átha Cliath sa gcarr se'againn féin; chuaigh Breandán ar ais go Baile Átha Cliath an lá dár gcionn. An fear óg a raibh muid ina chomhluadar Tigh Wilson i Sráid na Cathrach, níor thúisce ar thalamh Mheiriceá an athuair é ná maraíodh i dtimpiste bóthair é agus is i gcónra a tugadh an fear bocht abhaile le cur faoi fhód an Chláir. Bhí Breandán ar an tsochraid ach ní raibh mise; níor chuala mé an drochscéala gur bhuail mé le Breandán i mBaile Átha Cliath tar éis na laethanta saoire. Paddy Killeen a bhí ar an bhfear óg agus scanraigh a bhás anabaí an bheirt againn. Ach nuair a d'fhiafraigh mé de Bhreandán an raibh biseach ar a thóin agus ar a shála, bhí dearmad glan déanta aige ar sciorradh ina stocaí ar an staighre tigh Talty. Bhí sé chomh folláin le bradán agus chomh crua leis an iarann.

Ní bhfuair mé amach go dtí blianta fada ina dhiaidh sin gurbh é an píobaire cáiliúil Willie Clancy, cara mór le Breandán féin, a rinne an staighre géar a bhain craiceann na sál agus tiarpa na tóna de. I bhfocla Ciss Talty: *'Those stairs need to come out, but it was Willie Clancy who put them in and for that reason they won't come out.'* Is ag an bpíobaire Seán Talty, mac le Martin agus le Ciss, atá na píobaí a bhíodh ag Willie Clancy anois. Nuair a d'fhiafraigh mé de Ciss ar íoc mé féin nó Breandán lóistín na hoíche siúd i 1967 is éard a dúirt a hiníon, Bríd Talty, *'Sure there was no such thing as B & B in those years. You just stayed the night! Breandán stayed here himself often. He was like a father to us. But he was totally unattached to anybody. He craved freedom.'*

'It's the same with the musicians,' a dúirt Ciss; *'it is a type of madness; ye all have it.'*

Is cuimhneach le Ciss Talty Aonad Taistil le RTÉ a bheith ag taifeadadh taobh amuigh den doras acu lá agus í féin i dtinneas clainne thuas staighre, ag fanacht go stopfadh an ceol agus go dtabharfadh duine éigin chuig an ospidéal í. Teach mór ceoil a bhí tigh Talty agus is iomaí clár breá a thaifead Ciarán Mac Mathúna ann. D'fhanadh Ciarán agus Dolly Mc Mahon sa teach go minic agus is é Ciarán a sheas le Bríd Talty nuair a baisteadh í. Bhíodh Breandán thart go minic an uair sin freisin, a deir Ciss:

> Breandán came down regularly around Autumn time and he always called here. He was interested in Irish music and we often had a session down in Hillery's. Then when the family came along they stayed in Coakley's. I think Breandán knew Mrs Coakley in Galway. Her husband died. He was the Agricultural Advisor, Alec Coakley.
>
> At the first Willie Clancy Summer School Dolly and Ciarán and Breandán were here. We were below in Coor with them one night and they came home here and left Bríd and myself behind. That was in the Summer of 1973. There was always something on in Miltown that Breandán would be at.

Cuimhní breátha ar fad atá ag Eoghan Harris ar a chuid oibre agus ar a chuid taistil le Breandán Ó hEithir seachas aon chuimhne bhrónach amháin. Bhíodar ag déanamh cláir i Londain i bhfómhar na bliana 1971 agus bhíodar díreach críochnaithe agus ar a mbealach chuig an aerfort nuair a chualadar go raibh Seán Ó Riada ag doras an bháis sa King's Hospital ansin. Fuaireadar tacsaí chuig an ospidéal. Ní raibh sé de mhisneach ag Harris dul isteach ag breathnú air agus d'fhan sé sa tacsaí. Chuaigh Breandán isteach, cé go mbíodh sé scanraithe roimh ospidéil. Níorbh fhada gur tháinig sé amach arís agus gur shuigh isteach sa gcarr go ciúin. Níor labhair Eoghan ná é féin focal go rabhadar ag an aerfort. Fuair Seán Ó Riada bás go gairid ina dhiaidh sin, Dé Domhnaigh an 3ú lá de Dheireadh Fómhair, 1971 agus thug Breandán tuairisc ar an bhfear agus ar a shaothar ar chláracha nuachta RTÉ an oíche sin. Bhí foireann *Féach* ar shochraid Uí Riada i Reilig Ghobnatain i gCúil Aodha an Chéadaoin dár gcionn agus chuir Breandán clár álainn 'Ómós do Sheán Ó Riada' i láthair ar *Féach* an Luan ina dhiaidh sin, arna léiriú ag Eoghan Harris. Bhí ómós an domhain ag an mbeirt acu don Riadach agus ghoill a bhás antráthach go mór orthu.

Ach bhí acmhainn grinn Bhreandáin in ann iad a thabhairt slán as an duairceas. Timpeall an ama a raibh trioblóid faoin lucht siúil i Rathún i nGaillimh bhí Eoghan agus Breandán i gcomhluadar scata Gaillmheach ag cluiche iománaíochta a raibh Gaillimh ag imirt ann. Bhí na Gaillmhigh ag imirt go dona agus agus bhí gruaim ar gach grua, nuair a bhain Breandán gáire astu le: 'I think it's time to throw in a tinker!'

Nótaí

1 *An Chaint sa tSráidbhaile*: 63

2 *Over the Bar:* 139

3 *Sit Down and Be Counted*: xv

4 *Sit Down and Be Counted,* 192

5 *Sit Down and Be Counted,* 171

6 *Combar,* Meitheamh 1969: ACST: 102-3

7 *Seán Lemass: The Enigmatic Patriot*: 320

8 *The Irish Times:* Eanáir 1999

9 *Sit Down and Be Counted:* 294-5

10 *Sit Down and Be Counted:* 295

11 *Sit Down and Be Counted:* 295-296

12 *Scéala Éireann,* Meán Fómhair 27, 1969

13 *Léachtaí Uí Chadhain1980-1988:* 1

14 RTÉ. 20.10.1969

15 *The Irish Times:* 20.1.78

16 *Willie the Plain Pint agus an Pápa:* 85-86

17 25 Márta 1972

18 *The Irish Times:* 2.4.75

19 *Over the Bar,* 159-60

12. Féach - le Seán Ó Mórdha

Seoid ab ea Breandán ar bhúclaí craolta RTÉ. Ealaíontóir ab ea é agus bhí tréithe an ealaíontóra i gcónaí ag baint lena chuid scripteanna. Ba é an scriptscríbhneoir *par excellence* é. (Seán Ó Mórdha)

I 1971 a tháinig Seán Ó Mórdha ina léiritheoir ar *Féach*. Fearacht Harris roimhe, fear cathrach a bhí in Ó Mórdha; i mBaile Átha Cliath a rugadh agus a tógadh é. Baile Átha Cliathach a bhí ina athair, a chuaigh go Béal Átha an Ghaorthaidh i nGaeltacht Chorcaí ag foghlaim na Gaeilge agus a phós bean as an áit sin, Síle Ní Luasa ón gCill Mhór. Le Gaeilge a thógadar a gceathrar clainne agus Gaeilge ar fad a bhí ag Seán, an duine is sine den cheathrar, go raibh sé seacht mbliana d'aois. Chuaigh sé go Coláiste Mhuire, meánscoil lán-Ghaeilge i mBaile Átha Cliath, agus rinne sé céim sa nGaeilge agus sa Stair i gColáiste na hOllscoile, Baile Átha Cliath. Bhí sé ina thaighdeoir in RTÉ ó 1964 agus ina Léiritheoir ó 1966, ag obair le Teilifís Scoile ar dtús agus ansin le cúrsaí ealaíne. Bhuaigh an clár teilifíse a rinne sé faoin dealbhadóir Séamus Murphy, *Stone Mad*, duais don stáisiún i 1968 agus faoin am ar thosaigh sé le *Féach* i 1971 bhí sé díreach tar éis bliain a chaitheamh le Teilifís na Danmhairge. Bhí sé ina Cheannasaí Cúrsaí Reatha agus ina Eagarthóir ar *7Days* (1976-77) go dtí gur briseadh as an bpost sin é tar éis an chéad mhóraighnis faoi *7Days*, le linn réimeas Oliver Moloney mar Ard-Stiúrthóir ar RTÉ agus Chonor Cruise O'Brien mar Aire Poist agus Teileagraf. Chaith sé 'bliain phionóis', mar a dúirt sé féin, ag obair le *Landmark* agus bhí air fanacht bliain eile fós sular scaoileadh ar ais i Roinn na nGnéchlár arís é, áit ar tháinig cláracha breátha óna láimh sa dá shraith *Writer in Profile* agus *We The Irish*. Léirigh sé *The Blue Note* faoi Sheán Ó Riada i 1981, agus *Is There One Who Understands Me?* faoi Joyce i 1982. Rinne sé scannáin faoi Beckett, Wilde, Ó Ríordáin (Rí ar an Uaigneas), Ó Cadhain (There Goes Cré na Cille), agus clár faoi Phatrick Collins, péintéir. Ansin, tar éis aighnis eile sa stáisiún, thosaigh sé féin agus RTÉ ag dealú ó chéile agus sa deireadh d'fhág sé an áit ar fad i lár na n-ochtóidí agus chuaigh sé ag obair leis an mBBC. Tá cáil mhór bainte amach ag a chuid oibre ansin freisin: scannán faoi Yeats ar dtús, *Cast A Cold Eye*, agus ansin na scannáin *The Dual Tradition* faoi Thomas Kinsella; *Hidden Ground* faoi John Mc Gahern; *I, Graves* faoi Robert Graves; *Death of the Heart* faoi Elizabeth Bowen; *Charlie Brady – An American in Ireland; Parnell,* agus an tsraith is deireanaí óna láimh, *Seven Ages* faoi stair an tSaorstáit ó 1922, i gcomhar le RTÉ.

Bhí aithne mhaith ag Seán Ó Mórdha agus ag foireann *Féach* ar a chéile. Bhí sé an-chairdiúil le Breandán Ó hEithir agus an-mheas aige ar a chuid oibre. Dar le Ó Mórdha gurbh ionann *Féach* i súile an phobail ag an am agus Breandán Ó hEithir agus Proinsias Mac Aonghusa. Ach b'ionann *Féach* freisin agus léiritheoirí a bhí láidir ina n-aigne, a raibh spéis acu sa nGaeilge agus a raibh an-eolas acu ar theilifís. Ba dhuine acu sin é Seán Ó Mórdha. Má bhí diminsean polaitiúil ag baint le hobair Harris bhí diminsean liteartha agus cultúrtha ag baint le hobair Uí Mhórdha. Chuir sé roimhe gach gné den teanga Ghaeilge agus de shaol na Gaeilge a chur os comhair an phobail ar feadh na haon leathuaire an chloig amháin sa tseachtain a bhí ar fáil lena aghaidh sin. Ó thaobh cúrsaí reatha rinne sé iarracht i gcónaí scéal áitiúil a aimsiú a mbeadh diminsean náisiúnta ag baint leis. Dá mbeadh stailc in oifig phoist sa nGaeltacht agus oibrithe poist ag bagairt stailce ar fud na tíre, sin é an cineál scéil a raibh suim ar leith ag Ó Mórdha ann. Thug seisean freisin faoi deara gan mórán moille go raibh Mac Aonghusa an-mhaith sa stiúideo agus go raibh Ó hEithir an-mhaith ag déanamh tuairisce ar scannán. Is é an cineál cláir is fearr, dar leis, a rinne *Féach* lena linn – cláracha a mbíodh tuairisc ar scannán ag Breandán orthu, curtha i láthair ag Proinsias, agus agallamh géar faoin ábhar ag Proinsias sa stiúideo ag deireadh an chláir. Chuir Ó hEithir agus Mac Aonghusa Frank O'Connor agus Seán Ó Faoláin i gcuimhne d'Ó Mórdha, leis na scéalta a bhíodh acu faoina chéile. Bhí teannas áirithe agus iomaíocht áirithe idir an bheirt acu, dar leis, a d'ardaigh caighdeán oibre na beirte acu agus a chuaigh go mór chun tairbhe do *Féach*. Ach ba é bua na scriptscríbhneoirechta, dar leis, an bua ba shuntasaí a bhí ag Breandán:

Ó mo thaithí ar feadh fiche bliain nó mar sin in RTÉ, bhí beirt ar leith ann le mo linn a bhí in ann script iontach a scríobh – Breandán Ó hEithir i nGaeilge agus Patrick Gallagher i mBéarla. Ní raibh aon duine eile inchurtha leo. Bhí Breandán in ann script dhraíochtúil Ghaeilge a chur le pictiúir, ar bhealach nach raibh aon duine eile in ann a dhéanamh ach amháin Patrick Gallagher i mBéarla, a raibh stíl eile ar fad aige. Agus déarfainn dá mbeadh an dá theanga ar aon chothrom le chéile gurb é Breandán ab fhearr ar fad. Ní raibh aon duine inchurtha leis. Gan dabht cainteoir draíochtúil agus pearsa dhraíochtúil a bhí ann, ach bhí sé deacair oibriú leis ar uairibh. D'fhéadfadh sé a bheith cancarach, fuarchúiseach, ach bhí sé gairmiúil.

Bhí foireann óg, mheabhrach, mhisniúil ag obair le *Féach*. Ní raibh scáth ná eagla orthu roimh pholaiteoirí ná roimh eaglaisigh agus bhí a bhfís féin acu den tír agus iad sásta oibriú ar son na físe sin. Chreideadar go bhféadfadh an tír seo a bheith dátheangach ach cur chuige, nó ar a laghad ar bith, go bhféadfadh an Ghaeilge a bheith lárnach i pé cultúr a bheadh sa tír. Ansin bhris an Tuaisceart i 1969, chuaigh sé in olcas ar fad ó 1971 ar aghaidh agus, mar a dúirt Ó Mórdha: 'Bhíomar inár dtost blianta na fola; ní raibh aon ní le rá againn.'

Níorbh iad na blianta siúd i dtús na seachtóidí na blianta ba shona i saol pearsanta Bhreandáin ach an oiread agus bhí sé ag ól go trom. Chuir bás Mháirtín Uí Chadhain i nDeireadh Fómhair 1970 agus bás Sheáin Uí Riada an fómhar dár gcionn as go mór dó; chuir bás na beirte sin as don chuid ba mhó de phobal na Gaeilge. D'fhág siad folús mór ceannaireachta agus ceannródaíochta arbh ar Bhreandán, i ngan fhios dó féin, a thit an crann é a líonadh. Bhí máthair Bhreandáin i dteach banaltrais i mBaile Átha Cliath ón mbliain 1969 go bhfuair sí bás i 1973 agus a cuimhne agus a haithne caillte aici. Chuireadh sé as do Bhreandán dul ar cuairt chuici agus is annamh a théadh. Dúirt sé lena sheanchara, Aindreas Ó Gallchóir, nach bhféadfadh sé dul ag breathnú uirthi. Bhí an bheirt thuismitheoirí aistrithe aniar as Árainn go Baile Átha Cliath ó dheireadh na seascaidí agus teach faighte acu i mBaile an Teampaill i dteannta a mbeirt iníonacha, Máirín agus Mairéad.

I mBaile Átha Cliath a chuir Muiris Ó Rócháin aithne ar Bhreandán i ndeireadh na seascaidí agus bhuaileadh sé le Dónal Foley agus le

Breandán agus le Seán Ó Mórdha Tigh Uí Néill i Rae Mhuirfean. Chaith Muiris trí bliana ag múineadh meánscoile sa bpríomhchathair sular aistrigh sé go Sráid na Cathrach i 1970, áit ar bhunaigh sé *Scoil Samhraidh Willie Clancy* i 1973.

Nuair a cailleadh Willie Clancy i mí Eanáir 1973 rinne Breandán agus Seán Ó Mórdha clár *Féach* ar an mbaile lá na sochraide. Nuair a nocht Seán Reid an leacht ar uaigh Willie Clancy ag Scoil Shamhraidh na bliana 1974 rinne Ó hEithir agus agus Ó Mórdha clár eile faoin ócáid i gcomhair *Féach*. Blianta fada ina dhiaidh sin nuair a bhí Breandán ina chónaí i bPáras, scríobh sé chuig Muiris cúpla uair, ag insint dó faoi chláracha ceoil i bhFraincis agus i nGearmáinis a bhí sé tar éis a fheiceáil, a rinne dreamanna ón Mór-Roinn ag an Scoil Shamhraidh agus a taispeánadh ar an teilifís thall. Thug Muiris cuireadh dó an Scoil Shamhraidh a oscailt bliain éigin i ndeireadh na n-ochtóidí ach níor fhéad sé teacht. Is mór an t-ionadh, mar thabharfadh súgán sneachta go Sráid na Cathrach é.

Bhuaileadh Breandán isteach i gcónaí chuig Gerry Hillery, col ceathar leis an iar-Uachtarán Ó hIrghile, a bhfuil teach ósta aige i lár an bhaile. Nuair a d'éirigh Cearbhall Ó Dálaigh as an uachtaránacht i 1976, tar éis don Aire Cosanta, Paddy Donegan as Fine Gael, é a mhaslú go poiblí, comhaontaíodh An Dochtúir Pádraig Ó hIrghile a cheapadh ina áit. Roimh insealbhú an Uachtaráin Uí Irghile i Nollaig 1976 d'iarr Breandán ar Gerry Hillery i Sráid na Cathrach píosa beag i nGaeilge a rá faoi, os comhair an cheamara. Ní raibh mórán muiníne ag Gerry as a chuid Gaeilge agus scríobh sé amach a raibh le rá aige agus chaith sé an oíche roimh ré á chleachtadh. Ach chuir Breandán ar a sháimhín só ar fad é ar maidin lá arna mhárach nuair a bhíodar ag taifeadadh. Dúirt Breandán leis an píosa páipéir a fhágáil os a chomhair amach, ar eagla na heagla:

He told me I could give an odd squint to the piece of paper and then to look down at the ground and give a smile. 'And when *I* smile, *you* smile!' he told me. And it worked perfectly. That was the type of character he was. No matter what you were doing for him you were at ease. He was very sincere, and once a friend he was always a friend, I would say. My father had great time for him – the two of them telling yarns! He had this look in his eye when he was telling you a yarn. Anecdotes more than

yarns. He had perfect timing. Breandán was an infectious character. You
liked him instantly. And he had a lovely way of speaking Irish.

Chaitheadh Breandán an t-uafás toitíní agus thosaigh sé feachtas
pearsanta ag iarraidh éirí astu, agus ag iarraidh ar chuile dhuine eile éirí
astu freisin. Ní i ngan fhios dá chuid léitheoirí san *Irish Times* a tharla
sé ach oiread mar scríobh sé ar a laghad trí alt faoin ábhar i rith na
bliana 1973.

Is minic a dúirt a chairde leis go raibh sé ag déanamh paidir chapaill
as na toitíní céanna agus scríobh sé an píosa deireanach fúthu i Samhain
1973:

> Táthar ag iarraidh orm an tuairisc dheiridh a thabhairt ar m'fheachtas
> pearsanta in aghaidh tobac. Faoi dhó i mbliana d'fhógair mé go raibh mé
> éirithe as na toitíní mallaithe . . . Dúirt Mícheál Mac Liammóir liom le gairid
> gur gá do dhuine a bheith trom i mbun duáilce, ar nós tobac nó an t-ól, sar
> ar féidir an nós a bhriseadh glan. Tá loighic ansin ach sílim gur tábhachtaí
> arís an tuiscint ar an damáiste atá tú a dhéanamh. Ó scríobh mé an t-alt
> deiridh sin is cuid de bhráithreachas nua mé: comhchruinniú na ndaoine a
> d'éirigh as toitíní, atá ag éirí astu, atá ag smaoineamh ar éirí astu nó ar
> mhaith leo éirí astu ach a cheapann nach féidir leo é a dhéanamh.
>
> Ba mhaith liom a rá nach bhfuil toil tréan agam féin ar chor ar bith.
> Measaim dá mbainfinn aon ghal amháin as toitín an nóiméad seo go
> mbeinn ar ais orthu chomh trom is a bhíos ariamh sar a mbeadh an t-alt seo
> críochnaithe agam. Tá deireadh leis an smaoineamh amaideach gur féidir
> liom iad a chaitheamh nó iad a fhágáil i mo dhiaidh. Táim ar nós an
> alcólaigh leigheasta nach bhfuil idir é agus an t-alcólachas in athuair ach
> aon deoch amháin.[1]

Bhí an t-úrscéal a bhí geallta ag Breandán do Sháirséal agus Dill ó lár
na gcaogaidí fós gan críochnú agus, chomh fada agus ab eol do dhaoine,
b'fhéidir gan tosú, ach amháin ina intinn. Deireadh sé le foireann *Féach*
ó am go chéile go mbíodh trí chaibidil scríofa, agus ansin go mbíodh sé
chaibidil scríofa, agus ansin arís thugadh sé le tuiscint nach raibh le
déanamh ach athscríobh a dhéanamh ar an gcaibidil deireanach. Dúirt sé

le Breandán Ó Buachalla go raibh an leabhar críochnaithe aige ach gur chaill sé an script. Ní raibh tada feicthe i scríbhinn ag aon duine fós agus nuair a bheartaigh Seán Ó Mórdha an iris liteartha *Scríobh* a thabhairt amach i 1974 d'iarr sé ar Bhreandán sliocht as an úrscéal a thabhairt dó le cur i gcló ann, rud a thug. Foilsíodh dhá shliocht as *Lig Sinn i gCathú* in *Scríobh a hAon* agus is cinnte gur thug an moladh a fuair na sleachta seo ó léitheoirí na hirise misneach do Bhreandán leis an leabhar a chríochnú, rud a rinne sé an bhliain dár gcionn.

Fuair dearthháir Bhreandáin, Éanna, an t-aon dearthháir a bhí aige, bás leis an ailse ar an 9ú lá de Mhárta na bliana 1974, bliain tar éis bhás na máthar. Ní raibh sé ach seacht mbliana is tríocha agus é seacht mbliana ní b'óige ná Breandán. Bhí suas le cúig bliana déag caite ag Éanna ag múineadh in Inis Oírr, é pósta le Bríd Ní Chonghaile as an oileán sin, agus beirt iníon agus beirt mhac acu: Déirdre, Ciarán, Lorcán agus Ruth. Bhí Éanna roimhe sin ag múineadh in Inis Meáin agus sa Spidéal i gConamara. Fear an-éirimiúil agus an-chumasach a bhí ann agus bhí sé díreach tosaithe ag scríobh léirmheasanna breátha faoi Raidió na Gaeltachta san *Irish Times*. In ospidéal i mBaile Átha Cliath a fuair sé bás agus bhí tórramh trí oíche agus trí lá air idir tigh Bhreandáin agus sa teach ósta áitiúil, an Goat. Cuimhneoidh an dream a bhí ag Aifreann na sochraide go ndearna an tAthair Pádraig Standún as Contae Mhaigh Eo tagairt d'alt a bhí ag Breandán san *Irish Times* go gairid roimhe sin, dar teideal 'Bacach Eile as Contae Mhaigh Eo', alt a tharraing neart cainte agus litir dhlíodóra go gairid ina dhiaidh sin. D'oibrigh Pádraig Standún agus Éanna le chéile in Inis Oírr agus má bhí meas ag an sagart óg ar Bhreandán, rud a bhí, bhí meas níos mó fós aige ar a dhearthháir, Enda, mar a thugtaí air:

Mar nach bhfuil ionamsa, mar a déarfadh fear eile, ach 'bacach eile as Contae Mhaigh Eo', níl na focail agam le n-insint daoibh cén sórt meas a bhí agamsa ar an bhfear sin. Ach dá mbeinn in ann a thaispeáint daoibh an rud atá i mo scornach le trí lá, thuigfeadh sibh. Agus . . . sin tar éis nach raibh aithne agam air ach le tuairim's dhá bhliain . . .

Agus geallaimse ar a chorp inniu go ndéanfaidh muide atá fágtha ina dhiaidh ár ndícheall leis na rudaí inar chuir sé suim agus ar sheas sé ar a son a chur chun cinn.

Ba duine é a bhí in ann breathnú trí go leor den tseafóid agus den chur i gcéill a phasálann mar chreideamh nó mar pholaitíocht sa tír seo. Rinne sé tréaniarracht, gan mórán buíochais, muid a tharraingt isteach sa bhfichiú aois. Feicfimid arís thú nuair a bheidh fad ar an lá, fad eternity, agus beidh toradh do chuid oibre, scoile agus sóisialta, le feiceáil . . .

In aiste a scríobh Breandán faoi Árainn agus a foilsíodh i 1986 dúirt sé:

My last link with the island community died with my brother, Éanna, who taught in Inisheer and was one of the pioneers of the co-operative movement on the islands. He died young and left a wife and children to mourn him. He was also the only one of our family to make a practical commitment to the island community and for that reason he will be remembered there in a way that the rest of us will not. In my own case, although the wish was there, the attraction of the city was always too strong and the older I got the more the necessary inquisitiveness of life in a small community oppressed me and made me scuttle for the relative indifference of the city of Dublin.[2]

Cuimhneoidh an dream a bhí ar an tórramh agus ar an tsochraid ar bhua cainte, ar acmhainn grinn, ar dhaonnacht agus ar chroí mór Bhreandáin, agus ar an mbua atá fós ag Éireannaigh ceiliúradh a dhéanamh ar an mbeatha i láthair an bháis. Cuimhneoidh Catherine agus an chlann ar chineáltas comharsan agus carad, go háirithe ar chineáltas agus ar charthanas na ndeirfiúracha Póilín agus Áine Ní Chiaráin.

Ina measc siúd nár fhéad a bheith ar an tsochraid agus a scríobh chuig Breandán ag an am bhí an file Seán Ó Ríordáin:

A Bhreandáin,
Tá cathú agus dólás croí orm. Chuala an drochscéala aréir. Ba mhaith liom comhbhrón a dhéanamh leis an dteaghlach ar fad. Mura mbeadh go bhfuilim breoite le seachtain bhí scríte agam chugat fadó agus bheinn sa tsochraid inniu. Scríobhfad laistigh de sheachtain.
Beannacht Dé leis.
Beannacht,
　　　Seán Ó Ríordáin.

Níor thúisce sochraid Éanna thart ná fuair Breandán litir dhlíodóra ó Jim Maguire, Eagarthóir an *Western People* agus ball d'Údarás RTÉ, ag bagairt dlí air mura ngabhfadh sé leithscéal faoin alt a bhí aige san *Irish Times* ar an 21ú Márta 1974, ina cholún seachtainiúil 'An Chaint sa tSráidbhaile'. Is amhlaidh a d'fhoilsigh Breandán litir a sheol bean as Béal an Átha chuige faoi alt a bhí coicís roimhe sin aige, faoin teideal 'Bacach Eile as Contae Mhaigh Eo'. Thosaigh an chéad alt ó Bhreandán le sliocht as mír nuachta a bhí san *Irish Times* go gairid roimhe sin:

> Mr John Reilly, a Labour Party member of Ballina (Co. Mayo) Urban Council, suggested at a meeting of the council that itinerants should be sterilized and sent to the Aran Islands' (I.T. 5 Márta 1974)
>
> Níl sé i bhfad ó dúirt an Teachta Fintan 'Brain of Britain' Coogan i nGaillimh go mba cheart turraing leictreach a chur trí na tincéirí a shuíonn ar an bhfoscadh ar an bhFaiche Mhór mar go rabhadar ag ísliú gradam an bhaile mhóir. Chuir a chuid cainte alltacht ar dhaoine agus an tseachtain dár gcionn 'mhínigh' sé é féin. Ní raibh sé ag iarraidh na tincéirí a mharú; níor theastaigh uaidh ach drioganna a chur tríothu mar a chuirtear trí ainmhithe a bhíonn ag bradaíl. Níl fhios agam céard tá i gceist ag an Lucht Oibre a dhéanamh i dtaobh an bhall uasal seo i mBéal an Átha ach tá Fintan ina shláinte, ina Pháirtí agus beo faoi shéan i nGaillimh. (Is ceart a rá freisin go raibh scata tincéirí ina suí ar an bhfoscadh ar an bhFaiche Mhór agus mise ag fágáil na Gaillimhe ar an Luan.)
>
> Mar Árainneach tá spéis agam sa tsamhail atá aige ar Van Dieman's Land. An dearcadh céanna is atá ag eaglaisigh céimiúla, mar a mhíneoidh mé ar ball. Níl fhios agam céard a cheapann pobal an oileáin den scéal ach tá mo dhearcadh féin agamsa. B'fhada cráite sinn ag sagairt – agus go háirithe sagairt pobail – as Contae Mhaigh Eo.
>
> 'An dtáinig an sagart nua inniu, a Phatch? a deireadh daoine i nGort na gCapall le mo shean-uncail, Patch Mhicil Phádraic.
>
> 'Tháinig,' a deireadh Patch. 'Bacach eile as Contae Mhaigh Eo.'
>
> D'fhág an obair seo ar fad gur fhás mé féin suas agus an ghráin agam ar Chontae Mhaigh Eo a bheadh ag Protastúnach Albanach ar Glascow Celtic. Rinne mé mo chroí-dhícheall an tseafóid seo – agus seafóid a bhí ann gan dabht – a chur díom ach ní raibh aon mhaith ann. Coinnítí ag cur breis

fianaise ar fáil chun tacú le mo bharúil. Tharla sé go mba as Contae Mhaigh Eo na hEaspaig ba mhíréasúnaí in Éirinn. Timpist? Ba dheacair é a shamhlú. Ansin tharla eachtra Bhéal an Átha, ar a mbeidh mé ag cur síos anseo go mion go gairid. Seo é an t-am ar chuir an Ballina Catholic Parents Association fios ar na Bráithre Mairisteacha as Sligeach lena gcuid páistí a mhúineadh. Rinne Cumann na Múinteoirí an-chuimse gleo san am agus bhíothas ag caint ar stailc. Ach níor tharla tada ach géilleadh náireach. (Scrúdófar na cnámharlaigh sna cubaird sara bhfad). Scéal é a mbeadh spéis mhór ann ag pobal an Tuaiscirt mar léiriú ar chultúr Bhéal an Átha. Baile a loiceann chomh gránna agus a loic an baile seo ní hiontas ar bith go mbeadh daoine anois ann ag rá, gan frapa gan taca, gur ceart tincéirí a choilleadh agus a chur go hÁrainn. Is dóigh go bhfuil sé le tuiscint freisin go gcaithfidís Gaeilge a fhoghlaim ó na natives. 'Mayo God help us and Galway glad to get us.' Nach iontach mar atá brí nua tugtha don tsean-ráite . . .'

Níl sé luaite ag Breandán san alt sin gurbh iad Jim Maguire agus a athair a bhunaigh an Ballina Catholic Parents Association agus go raibh athair Jim Maguire ag múineadh sa scoil a raibh an t-aighneas fúithi. Agus ní faoin alt áirithe sin féin a bagraíodh an dlí ach faoi alt, coicís ina dhiaidh sin, dar teideal 'Scéal ó Bhéal an Átha' inar fhoilsigh Breandán litir a fuair sé ó bhean a bhí ina comharsa ag Jim Maguire i mBóthar na Sop ar an mbaile sin. Fuair Breandán cead ón mbean an litir a fhoilsiú agus a hainm a lua – Áine Bean Mhic Giolla Chuilinn. Is le hÁine an comhartha ceiste ag tús na litreach:

'A Chara (?),
Ná bí chomh searbhasach sin i dtaobh mhuintir Bhéal an Átha (7-3-74). Nílimid uilig ar aon intinn le Johnnie Reilly. Tá náire ar chuid againn go ligtear lena leithéid. Ach ná cuir an masla iomlán ar an Johnnie céanna. Níl ann ach 'mouthpiece' do dhaoine eile, go mba chóir dóibh a bheith níos fearr ná mar atáid. Maidir le díbirt an lucht taistil as an dúiche seo – tá cónaí ormsa anseo i gCill Mór le dhá bhliain déag anuas agus cónaí orm i mBéal an Átha lena thrí oiread sin de bhlianta. I gcónaí bhíodh campaí ag an lucht taistil ar an mbóthar seo. Bhí sár-spiorad idir iadsan agus muidne. Bhí cion

mór againn ar a chéile. Ciallaíonn 'muidne' na daoine atá ina gcónaí anseo
le roinnt mhaith blianta . . .
Roinnt míonna ó shin tháing clann nua chun cónaithe in ár measc, Jim
Maguire, Eagarthóir an Western People. Eisean is mó a rith chuig an
gComhairle ag clamhsán. Eisean ba mhinicí a chuir fios ar na Gardaí.
Eisean ba chúis le ruaigeadh na gclann seo as an áit. Eisean an 'great law-
and-order man', an 'great anti-violence man'. Ní dhearna sé agóid le
haghaidh 'serviced site'. Níor theastaigh uaidh ach go ruaigfí an 'eye-sore'
seo óna dhoras féin . . .

Níl a fhios agam cén deireadh a bhí ar an scéal ach ní shílim go
ndeachaigh sé chun cúirte. Ach is cuimhneach liom gurb é an rud is
mó a chuir fearg ar Bhreandán gur luadh i litir an dlíodóra go raibh Jim
Maguire ina bhall d'Údarás RTÉ, rud nach raibh tagairt ar bith déanta de
sna haltanna san *Irish Times*: *'The article is defamatory of our client as
an individual and in his capacity as editor of a newspaper and member
of the R.T.É. Authority.'*
Bhí údar ag Breandán a bheith goilliúnach faoin tagairt do RTÉ mar
bhí a fhios aige le tamall go raibh an bhainistíocht míshásta faoi thagairtí
cáinteacha don stáisiún a bhíodh i gcolúin 'Tuarascáil' san *Irish Times* ó
am go chéile. Ba é Dónal Foley a chuir tús leis an leathleathanach
Gaeilge 'Tuarascáil' san *Irish Times* i dtús na seachtóidí, agus ba é féin,
Breandán Ó hEithir, Seán Mac Réamoinn, Nuala Ní Dhomhnaill agus
Eibhlín Ní Bhriain as Gael Linn a bhíodh á scríobh. Thagaidís le chéile
i dteach ósta an Mill House i Stigh Lorgan i ndeisceart na cathrach uair
sa tseachtain lena chur i dtoll a chéile, agus bhí an-léamh air, mar atá fós.
I dtús na bliana 1973, nuair a bhí comhfhreagraí dátheangach ag teastáil
le cur chun na Bruiséile, chuir Ceannasaí na nGlár in RTÉ, Michael
Garvey, meamram chuig Léiritheoir *Féach*, Seán Ó Mórdha, agus cóip
den mheamram chuig Breandán, inar dúradh, i measc rudaí eile:

. . . The News Division intended sending Seán Duignan to Brussels. His
family were not enthusiastic and the Head of News looked through the
other personnel available to him and ran into the not uncommon bi-lingual
difficulty. He then approached me to enquire about Breandán Ó hEithir.

At that point in time one could undoubtedly have got involved in all the speculation and repercussion that his release from *Féach* would cause, but I suggested that Breandán be approached so that his personal view could first be obtained. As the situation devolved, Breandán was not interested and the difficulties did not arise. I would like you to know that I was fully aware of the problems that would face us if, in fact, he had wanted to avail of the opportunity to work in Brussels. However, as I grow old and weary, I become content to jump one hurdle at a time.

There are two other matters I would like to raise –

1. The suspicion that seems to permanently reside in the Programme Division with regard to our colleagues in News. It is not productive and I have sought vainly over the years to at least dilute it. The problems in the News Division seem from my distance extremely complex and unrelated to any that are prevalent in our own Division. As both sections of the house are seen by the public as the one entity, grass roots sniping can only provide us with internal corpses and further frustration.

2. The second thing I would like to raise is Breandán Ó hEithir. As you know, I share your regard for him. I am sure you are aware that he has gone to the News Division on at least one occasion before from *Féach* and I do not consider that the Head of News was improper in seeking information about his availability for an important position, in the light of his experiences with Breandán. While I am speaking of him, could I raise the matter with you of 'Tuarascáil'. I know that these articles are signed by a group of five or six people but reference is frequently made to matters touching on broadcasting and I, for one, find it very difficult to disassociate the named members of our staff from their working for us. Mr Ó hEithir's excellent Irish with its own distinctive style has animated too many paragraphs on matters of broadcasting for me to believe that he has no hand, act or part in them. You are aware of my raising this matter with your predecessor and with Proinsias Mac Aonghusa. I am sure it must be as embarrassing for you as it is for me . . .'

Michael Garvey
Controller of Programmes.

Ach gheal an spéir arís le teacht an earraigh 1975. Tar éis na Féile Bríde an bhliain sin fuair Breandán scéala go raibh an Foras Cultúir Gael-Mheiriceánach ag bronnadh duais £2,000 an duine air féin agus ar an bhfile Michael Hartnett. Bhronn an tUachtarán, Cearbhall Ó Dálaigh, na duaiseanna orthu beirt in Óstán Gresham i mBaile Átha Cliath ar an 6ú lá de mhí Feabhra agus fuair an ócáid poiblíocht mhór ar na meáin chumarsáide go léir. Tuairiscíodh i *Scéala Éireann:*

> He (Breandán Ó hEithir) has completed a novel tentatively titled *An Phoblacht Abú* (Up the Republic) which deals with life in Ireland in 1949. With this award he intends to take some time off work with RTÉ to write a second novel.'[3]

Ní móide go raibh leath an leabhair scríofa faoin am seo ach bheadh anois. D'athraigh sé a intinn faoin ainm freisin agus *Lig Sinn i gCathú* a thug sé ar an leabhar sa deireadh. Is mar seo a chuir an Dr Eoin Mac Thiarnáin, Uachtarán an IACI[4] é sa litir oifigiúil:

> The purpose of the fellowship is to provide you with creative time. Your writing to date pays tribute to your genius. It is our belief that if you were relieved of your present employment and allowed to devote your total time to writing, you would surpass yourself.
> Accordingly, we tender this fellowship to buy you the leisure to write. Go neartaí Dia do lámh!

Deirtear nach minic a thagann an sonas gan an donas a bheith ina orlaí tríd. An mhí ina dhiaidh sin bhí tórramh eile tigh Uí Eithir. Cailleadh an mac ab óige acu, Rónán, ar an 21ú lá de Mhárta 1975 agus gan é ach ocht mbliana. Ar saoire i Sráid na Cathrach i gContae an Chláir a bhíodar sé bliana roimhe sin nuair a buaileadh tinn an buachaill beag dhá bhliain go leith d'aois agus fuair an dochtúir áitiúil, an Dr Eleanor Hillery, deirfiúr leis an Dr Pádraig Ó hIrghile, amach go raibh poll ina chroí. D'fhilleadar abhaile láithreach agus dúradh leo san ospidéal i mBaile Átha Cliath nach mairfeadh sé ach trí mhí. Ach tháinig biseach air agus mhair sé go raibh sé ocht mbliana go leith beagnach. Bhí Catherine agus an chuid eile den chlann réidh le glacadh lena bhás ach baineadh an-gheit as Breandán mar chreid sé i rith an ama go mairfeadh Rónán. Fuair sé bás tráthnóna Aoine agus shocraigh Breandán nach gcuirfí go dtí an Mháirt dár gcionn é le seans a thabhairt do ghaolta agus do chairde teacht as Árainn agus as áiteacha i bhfad ó bhaile.

Bhí sé ráite ag mo bheansa, Barbara, san oíche Déardaoin, leis an triúr clainne a bhí againn féin ag an am, paidir a rá do Rónán, a bhí tar éis obráide san ospidéal. Rinne duine acu, Nuala, dearmad ar an bpaidir agus nuair a tháinig scéala báis Rónáin Dé hAoine cheap sí go raibh cuid den mhilleán uirthi féin. Tháinig mise agus Breandán isteach sa teach se'againne ar feadh tamaill san oíche Dé Sathairn le linn do Bharbara a bheith thuas staighre ag cur an triúir a chodladh. Dúirt Barbara le Nuala dul síos chuig Breandán mar bhí a fhios aici cé chomh cineálta is a bhí sé le gasúir. Nuair a d'oscail Nuala doras an tseomra a raibh muide ann is cuimhneach léi gur baineadh geit aisti nuair a chonaic sí beirt fhear fásta ag triomú a súile go maolchluasach tar éis a bheith ag caoineadh. Chuaigh sí chuig Breandán, mar a chuaigh go minic roimhe sin, agus thóg sé ar a ghlúine í. Dúirt mise léi cleas a bhí aici a dhéanamh dó lena chur ag gáirí, agus ba ghearr go raibh an triúr againn ag gáirí. Blianta fada ina dhiaidh sin, le linn do Bhreandán a bheith sa mbaile as Páras agus ar cuairt sa teach againn arís, mheabhraigh Nuala scéal na hoíche sin dó agus nascadh caradas speisialta idir an bheirt acu a bhí ann go bhfuair Breandán bás.

Ina measc siúd a tháinig aniar as Gaillimh ar an tórramh bhí Nollaig Ó Gadhra; sheas sé tigh Risteáird Uí Ghlaisne i mBaile Átha Cliath ar a bhealach tigh Uí Eithir, agus chuaigh an bheirt acu le chéile ag cású bás a mic le Catherine agus le Breandán. Chuaigh an ócáid i bhfeidhm go mór ar Risteárd:

> Go leor de na fir, ar eagla go dtiocfadh na deora leo, dhéanfaidís iarracht 'fear crua' a dhéanamh díobh féin. Níor mhar sin do Bhreandán. Chuir sé fáilte romhainn, agus in áit a bheith ar maos in aon saghas maoithneachais labhair sé go ceanúil ar fad ar an mbuachaill beag, ag cuimhneamh ar chuid de na rudaí a chuireadh ag gáirí é, agus ar chuid eile a ba bhrónaí ná sin. Ach an chaoi ar labhair sé, ní fhéadfá aon athair a shamhlú a dhéanfadh

rud ní ba ghrástúla. Bhí sé go hálainn. Ní fhéadfá gan an-mheas a bheith
agat ar an bhfear. Bhí sé ana-shoiléir go raibh ana-mhothú aige don mhac
sin agus b'aoibhinn leat a bheith i gcomhchaidreamh le duine chomh
huasal agus chomh breá. Is maith is cuimhin liom é agus ní dhéanfaidh mé
dearmad air go deo!

In áit an bhróin agus an olagóin, is amhlaidh a d'fhéach Catherine
agus Breandán le ceiliúradh a dhéanamh ar na sé bliana breise saoil a
fuair Rónán thar mar gealladh ar dtús dó. Rinneadh ól agus dúradh
amhráin agus is fíor nach mórán a bhí idir an gol agus an gáire. Bhí
Póilín Ní Chiaráin agus a deirfiúr Áine in áit na garaíochta arís nuair a
bhí gá leo, agus sheol Dolly Mc Mahon crátaí óil agus cruacha ceapairí
chun an tí as an Old Sheiling i Ráth Éanaigh. Mar a dúirt Catherine:

It was a fantastic party! It was such a comfort to us to cushion the grief
and the loss. The night after burying Rónán, Aindriú, our second youngest,
wanted to know if the party was to continue tomorrow!

Tháinig litir níos faide, agus í clóscríofa, ó Sheán Ó Ríordáin an uair seo:

> Garbhach,
> Inis Carra,
> Co. Chorcaí
> 4/3/75

A Bhreandáin,
Tá an drochscéal cloiste agam agus is oth liom agus is ró-oth liom é chlos.
Maidir leis an ngarsún beag féin, trócaire air, ní baol dó. Is ortsa agus ar
do bhean agus ar do theaghlach atáim ag cuimhneamh. Ba dhóigh le
haoinne go mba leor bás do dhearthár. Ach gheobhaidh sibh sólás anois
le teacht an tSamhraidh. Gnó diamhair is ea é a leithéid seo de litir a
scríobh. Nuair a chuala go raibh do dheartháir caillte bhíos sa chathair agus
chuas isteach in oifig an phoist agus scríobhas litir chugat le biro dearg.
Níorbh fhéidir liom í chur sa phost. Ba folamh liom na focail agus maidir
leis an mbiro ní raibh sé de réir an rud a tuigeadh dom a bheith cuí. Ná

fuaireas an litir sin 'i measc mo pháipéirí' agus mé thiar i nDún Chaoin anuiridh! Ní raibh sí chomh holc san ar fad. Bhí sé ceart agam í chur sa phost . . .

Beannacht Dé ort a Bhreandáin.

Seán Ó Ríordáin.

Scríofa i mbiro dearg ar bharr na litreach bhí: 'Abair led bhean go bhfuil brón orm thar a ceann. S.Ó.R.'

Ach de na litreacha ar fad a fuair Breandán ag cású bhás Rónáin leis is é an nóta gearr seo a fuair sé as príosún Mhoinseó, ó fhear a dtabharfaidh mé C. air, an ceann is neamhghnáthaí:

> (Ainm an phríosúnaigh)
> Remand,
> Mountjoy
> 24th March, '75.

Breandán,

How very sorry I am to hear about your son, Rónán. My deepest sympathy goes out to you both. I would like to say more but the present is not the time.

> God bless you all,
> C.

D'fhreagair Breandán an nóta láithreach, agus ba ghearr go raibh litir fhada as an bpríosún ar ais ag Breandán:

> (Ainm an phríosúnaigh)
> Remand,
> Mountjoy
> April 4, '75.

Dear Breandán,

It was a miserable day, hazy rain and cold. I had been for a little exercise, feeling grumpy, morbid and forsaken. Prison has this effect on me. As a mature, natural man that you are, you can appreciate the eternal frustrations I must endure. When one is deprived of nature then one becomes deprived of wisdom. Imagine some of your old friends, Seán Ó Murchú, Éamonn Keane, Ben Kiely, Owen O'Sullivan, Brendan Behan, if they ever lost sight of the natural elements that lie in abundance where you find the salt of the earth people, the free people who don't have hang-ups or inhibitions, none of these friends would be worth the ink I use . . . Well in a sense I am bewildered when I lose the things I love.

Then your most unexpected letter arrives and many ancient memories come flooding back, and in my anxiety to write an articulate letter I find that this diabolical emporium impedes my train of thought and all the things I want to say are confused and out of depth. Maybe if I was facing the rope I might write a stimulating letter. So many things I wish I could say, I know you can understand me. People like us need people like us. It's terrible to be around people who are transmitting unknowingly bad atmospheres. You get depressed, pains in the head and wonder why. Then you meet your loved ones and all the pains vanish.

In a peculiar way your letter had this effect on me. So for your kind thoughts, my prayers. I am here three weeks with £15,000 bail set upon me, or two £7,000. The money does not have to be lodged. I am charged with Wests Jewellers but I am innocent. Several people have tried to go bail but if you are or have been an IRA man, then it seems you have no status, although you may be a company director. . . . What then of De Valera, Seán Lemass and the multitudes of others. All these people had the same glorious stigma which did not bar any of them in public life. What I need is respectable pillars of society to go bail for me. But I am only a working class man (totally independent mind you). How can I ask the pillars of society to bail me out when they want me locked up. So you see the predicament that I find myself in.

I hope I got a smile out of you. I hope you get over your sadness. At anytime, past, present or future, I would do anything for you. I feel so sorry for your lovely wife. But I am sure by now she has evolved your deeper understanding of life and I have no doubt, in your own gentle manner, you prepared her for such a sad occasion.

This is Friday evening, and this very respite, gained by writing a type of stimulating letter to you, is a great relief from the dull monotony of the place. I am just thinking about something that often drove me insane any time I took up a paper in which you wrote a long article in Irish. This often happened in the Curragh Camp. I would be highly annoyed because I could not understand Irish. And then when *Féach* would appear on TV I would be livid. But a friend of mine who married Man Bites Dog's daughter[5] would give me a brief synopsis of what you had said. He was not very fluent himself but he was much better than I was.

I won't be able to post this letter for a while. I hope you will allow a young sensitive, active, incarcerated mind a few hours of escape. Lovelace, the cavalier poet, said stone walls nor iron bars . . . you know the rest, Breandán. I think that stupid man once worked in a prison, probably a Governor. Anyhow you can take it from me, if I had space to elaborate, that he spoke nonsense. Maybe he applied his quote to men of substance, who would in turn be educated, and therefore could use title, favour and wealth to open the doors. But you don't find men of substance in an Irish prison because they do the same thing. Most inmates in Irish prisons are here out of sheer economic necessity, and look what it costs to keep them in prison.

Incidentally Breandán I did write to you from the Curragh but I can see you never got my letters. I wrote to many people and they never had my letters either. That's the army for you, red tape. Why don't they put the harp beneath the crown and be done with it. Do you know the army are only tenants on the Curragh. The Government pay some Lord a shilling a week for all the land. But the army must also protect the sheep.

I have had bad times since we last met. My home was gone when I came out of the Curragh. My wife had four major heart attacks. She has to get valves and has a pace-maker. My children went into a home. I have not seen my children in one year on my birthday the 16th April. While I was in the Curragh they never told me about my wife nor brought me to see her. I often wonder what would have happened if she died.

Sorry to tell you all that. I just want you to know. I share with you. We cannot guage or measure each other's feelings. But as friends I think you know I felt your sorrow just as you share mine. I would most certainly love to see you, but alas not under present circumstances. But if you would allow me to invite your lovely wife and yourself out to dinner some evening I would be honoured. You know I am a simple man. But I must warn that in the event that you accept my offer that I am very flamboyant and take great pleasure in going among the aristocrats to show the futility of it all. I am sure we would enjoy food much better. I eat out of necessity only. That's why I retain my sense of taste. Those who eat for sheer pleasure lose theirs.

I must say these hours writing have helped me a great deal get my mind away from problems and I can assure you that's a relief. I should have been out by now but those who tried to go bail for me appeared before Ó hUadhaigh and he dislikes me. I once got six months for assault on him. I knocked him off his perch. I have many interesting things to show you and discuss with you and if I get bail soon please say yes to my invitation for dinner.

Honestly Breandán your letter cheered me up and I am really delighted to know you are still with me. I never bothered to write any more. I am waiting for maturity. Does it ever really come Breandán, or is it just the women who become mature.

Good luck and God bless you all. C.

P.S.

I will ask the Padre to offer Mass for Master Rónán and I will read the lesson. C.

Ó fuair siad amach i 1969 nach raibh i bhfad le maireachtáil ag Rónán, bhíodh cóisir tigh Uí Eithir gach Oíche Nollag, rud a d'fhág póit ar mhórán agus dinnéir Nollag gan críochnú i roinnt tithe an lá dár gcionn. Ní raibh seans ar bith ag an scríobhaí seo an ócáid a sheachaint mar gur mé féin agus mo bhean, Barbara, a sheas le Rónán nuair a baisteadh é. Ní dhéanfaidh mé dearmad ar an mbaisteadh céanna, mar thug an sagart i leataobh mé, d'fhiafraigh díom go feargach cén fáth nach dtaithím an tAifreann ná na sacraimintí, agus d'ordaigh isteach i mbosca na faoistine láithreach mé, rud a dhiúltaigh mé a dhéanamh. Ach bhain sé geit asam, mar shíl mé nárbh é seo an chaoi ná an áit lena phlé, go háirithe ó tharla nárbh é seo mo pharóiste. Dúirt mé é sin leis an sagart agus chonaic mé a éadan ag titim láithreach agus an fhearg ag trá as a cheannaghaidh. Is ansin a thuig mé gur shíl seisean gur le

Breandán féin a bhí sé ag caint. Bhí Breandán fanta sa mbaile, áit a mbeinnse fanta freisin dá mbeadh a fhios agam gur mar seo a chaithfí liom. De réir mar bhí aiféala ag teacht ar an sagart faoin mbotún a bhí déanta aige bhí fearg ag teacht ormsa faoi chomh máistriúil is a bhí sé liom go gairid roimhe sin. Ghabh sé a leithscéal, leis an gceart a thabhairt dó agus d'impigh sé orm gan tada a rá le Breandán, ar a bhfaca mé riamh. Is go drogallach a gheall mé dó nach ndéarfainn, agus níor chaintigh mé le Breandán riamh ar an eachtra sin; leis an fhírinne a rá bhí faitíos orm go n-ionsódh Breandán é. Sin é an t-aon rún a bhí orm a choinneáil ó Bhreandán riamh, cé nár airigh mé ródheacair é, mar go raibh a fhios agam gur fear é Breandán féin a choinnigh rúin. Go deimhin bhí an-mheas agam ar an gcumas a bhí ann rún a choinneáil, fiú amháin óna dhlúthchairde, ar a chuid óil agus ar a chuid meisce.

Bhíodh meascán mór cairde i láthair ag na cóisirí Oíche Nollag tigh Uí Eithir ach ní fear é Breandán a rinne aon iarracht mhór a chairde a chur in aithne dá chéile. Théadh sé timpeall ag caint leo ina ngrúpa is ina ngrúpa ach choinnigh sé dó féin iad ar fad ar bhealach éigin. Fiú amháin i dteach an óil, is ina nduine is ina nduine a dhéanadh sé coinne bualadh lena chairde agus is annamh ar fad a dhéanadh sé coinne bualadh le beirt nó le triúr acu le chéile, mura gcasfaí le chéile trí sheans iad. Is ag deireadh ceann de na cóisirí Oíche Nollag seo tigh Uí Eithir, nuair nach raibh fágtha ach dlúthchairde agus lucht ragairne (má bhí aon difríocht eatarthu), an t-aon uair riamh ar chuala mé Breandán ag casadh amhráin, rud a d'fhág go raibh a dhóthain go binn ólta aige. *Connla* a bhí sé a chasadh, agus d'fhág sé le críochnú ag an gcuid eile den chomhluadar é, le súil is go gcuirfí líne Raibiléiseach nua leis an 'Cé hé siúd thíos atá ag tarraingt na pluide dhíom? Mise mé féin, a deir Connla.' Is cosúil gurbh í an bhliain 1969 a bhí ann mar bhí toghchán tar éis a bheith ann faoi leasú a dhéanamh ar Bhunreacht na tíre, agus is í an líne ba mhó a bhain gáire as Breandán: 'Cé hé sin thíos atá ag leasú mo Bhunreachta? Mise mé féin, a deir Connla.' Bhí sé fós ag gáirí ag dul suas an staighre a chodladh nuair a bhí an chuid dheireanach againn ag fágáil an tí. Chuile Nollaig eile bhíodh sé éalaithe leis suas an staighre i bhfad roimhe sin, go díreach mar d'éalaíodh sé gan tada a rá as teach an ósta. Bhí cleachtadh maith ag daoine air sin faoi seo agus ní dhéantaí aon iontas de feasta. Tháinig deireadh le cóisir Oíche Nollag tigh Uí Eithir nuair a fuair Rónán bás. Bhí Máirín, Bean Chearbhaill Uí Dhálaigh ar an tsochraid i séipéal Caitliceach Dhún Droma thar ceann an Uachtaráin, agus léigh cara Bhreandáin, Louis Marcus, paidir Ghiúdach os cionn na huaighe i nGráinseach an Déin. Scríobh Breandán i 1976: 'Seo í an chéad bhliain le tamall nár thit ar mo chrann duine de mo gharghaolta a shá síos i bpoll amuigh i nGráinseach an Déin.'⁶

Ba é Eagarthóir na hirise *Scríobh*, Seán Ó Mórdha, a bhí i mbun léiritheoireachta *Féach* i gcaitheamh na mblianta corraitheacha seo i saol Bhreandáin. Ba é príomhléiritheoir an chláir é ó 1971 go dtí 1976, tráth ar ceapadh ina Cheannasaí Cúrsaí Reatha é, ach léirigh sé cláracha eile ó am go chéile ina dhiaidh sin go dtí gur fhág sé RTÉ i 1985. Thug sé faoi deara nach raibh Breandán chomh spleodrach is a bhíodh:

> Ní raibh sé ar a shocracht i gcónaí, agus nuair a bhí sé ciotarúnta bhí sé an-chiotarúnta. Ach ochtó faoin gcéad den am bhí Breandán thar barr. Agus na smaointe a bhí aige, bhíodar go hiontach. Mise a dhein cuid mhór de na scannáin leis. Bhíos i ngach aon bhall in Éirinn leis. Bhíos i Londain leis agus bhíomar thar lear cúpla uair. Ach is sna pluaiseanna Éireannacha is mó a chuireamar aithne ar a chéile. Is iad na toghcháin agus na scéalta a rinneamar in iarthar na hÉireann nó thíos i gCorca Dhuibhne is mó a fhanas i m'aigne. Ach bhí bainistíocht le déanamh agamsa mar chuid den léiritheoireacht agus bhí an ghráin aige ar bhainistíocht. B'aonad pearsanta agus poblacht neamhspleách é Breandán Ó hEithir. Thaitin sé leat nó níor thaitin sé leat ach ba chuma le Breandán. Mar a tharla sé thaitin sé go mór liomsa agus níor thiteamar amach le chéile riamh. Bhí teannas eadrainn ach ba teannas cruthaitheach é.'

Nuair a bhíodh clár an-mhaith acu, agus ba mhinic a bhíodh, ní raibh aon fhoireann eile in RTÉ a bhí in ann ceiliúradh a dhéanamh mar iad. Bhailídís leo go dtí an Merrion Inn nó go Madigan's, go Galloping Green, go dtí an Goat nó go dtí an Mill House, agus bhíodh spraoi acu. Chuirtí glaoch ar chairde – Dónall Foley, Louis Marcus, Aindreas Ó Gallchóir, agus bhaintí pléisiúr go neamhleithscéalach as ragairne mhór bhreá.

Agus i gcroílár na coirme, mar a bheadh ubh nide ann, bhíodh Ó hEithir faoi lán seoil cainte, áibhéile agus grinn. Théití ag ithe béile le chéile agus leantaí leis an ól agus leis an gceiliúradh. Mar a dúirt Ó Mórdha:

Bhíomar as ár meabhair! Ach caithfidh mé a rá gur mhúin Breandán do scata againn conas ól, conas dul ar 'tear' ar bhonn cruthaitheach. Cúpla deoch tapaidh ar dtús agus ciúiniú anuas ansin ina sheisiún. Bhíomar go léir le chéile i dteannta Bhreandáin. Dá mbeifeá ag cúléisteacht i dteach tábhairne agus Ó hEithir faoi lán seoil bhí sé dochreidthe mar *performance*. Deirtear faoi Bhrendan Behan go raibh sé mar sin agus creidim go raibh. Bhí Ó hEithir draíochtúil mar chainteoir agus mar phearsa. Déarfainn, sa ré iarchogaidh, go raibh sé ar dhuine de na pearsain ba mhó i bpobal na Gaeilge. Cainteoir dochreidte a bhí ann sa dá theanga agus bhí aithne aige ar dhaoine i ngach aon bhall den tír. Pearsa mhór ab ea é.

Bhíodh Breandán ina bhuaic ar fad nuair a d'fhógraítí olltoghchán agus nuair a thugadh sé aghaidh thar Sionainn siar le clár eile fós a dhéanamh faoi pholaitíocht na hÉireann. Is cuimhneach le Póilín Ní Chiaráin go speisialta olltoghchán na bliana 1977 nuair a shíl daoine go mbuafadh an Comhrialtas go héasca agus bhíodar ar fad mícheart:

Is dóigh liom go raibh muid ag déanamh cláir faoi Ghaillimh Thoir agus faoi Ghaillimh Thiar. Stop muid i mBéal Átha na Sluaighe agus bhí aonach ar siúl ansin, gnáthaonach. 'Gabhfaidh muid isteach anseo,' a dúirt sé. Ba mise an taighdeoir anois agus b'eisean an tuairisceoir. D'fhoghlaim mé an oiread uaidh an lá sin. Casadh seisear nó seachtar fear orainn a casadh airsean roimhe sin agus a raibh meas acu air. Thuig siad gur thuig seisean an rud a bhí ar siúl aige. Bhí cineál tuairime aige, fiú má bhí an Comhrialtas ag dul ag coinneáil chuile rud a bhí acu mar a shíl daoine ag an am, nach amhlaidh a bheadh anseo i nGaillimh Thoir, agus ba é a ghnósan é sin a fháil amach agus fuair sé amach é. Faoin am ar fhág muid na fir sin ba léir nach raibh aon fhírinne sna pobalbhreitheanna a raibh cloiste againn fúthu.

Bhí Mick McCarthy tagtha isteach ina Léiritheoir ar *Féach* faoi seo agus is é a bhí ag obair le Breandán ag an gcomhaireamh i nGaillimh tar éis an olltoghcháin áirithe sin i 1977 nuair a tháinig Seán Ó Loingsigh ar ais agus fiche suíochán le spáráil aige:

> I remember the (Outside Broadcast) van shaking with Breandán's laughter at that count in Galway in 1977. He had a great sense of humour. And yet he could be scurrilous! There was that marvellous quality there and that richness and layering of personality that you never got to the end of. He had a huge respect for everybody and you would see people talking to Breandán who wouldn't speak to anyone else. He had great respect for people who took a stand; there was this champion of the underdog in him and there was this decency. He was such a sensitive man and such a genuine fellow. And he loved heading out the RTÉ gate with his arse pocket full of money, heading west!

Is iomdha agóid a heagraíodh ag geataí RTÉ i rith na mblianta sin, ag éileamh a gcearta do phobal na Gaeilge chomh fada is a bhain le cláracha Gaeilge ar an raidió agus ar an teilifís. Bhí beirt fhear óg, Cathal Póirtéir atá anois ina léiritheoir sa stáisiún agus Ciarán Ó Feinneadha atá anois ina Chomhairleoir Cánach, páirteach i roinnt de na hagóidí sin i ndeireadh na seachtóidí agus tugadh os comhair cúirte i mBaile Átha Cliath an bheirt acu. Nuair a tháinig lá na cúirte ba mhór an tógáil croí dóibh beirt d'fhoireann *Féach* a fheiceáil i láthair mar chomhartha tacaíochta dóibh: Breandán Ó hEithir agus Proinsias Mac Aonghusa. Mol an óige agus tiocfaidh sí. Bhí Breandán go maith ag moladh na hóige.

Bhí sé lán le scéalta faoi thoghcháin, in Árainn agus i gConamara, san am a caitheadh. Bhíodh scéal aige faoi sheanbhean i gCill Rónáin a bhíodh ag ligean uirthi féin nach raibh aon Ghaeilge aici. Ba í an bhliain í ar sheas Pádraig Ó Coscardha as Carna agus Maggie Ann Ash as Gaillimh don pháirtí nuabhunaithe, Clann na Poblachta agus ba é ainm Uí Choscardha an t-aon ainm ar an liosta vótála a bhí i nGaeilge. Nuair a léadh amach do bhean Chill Rónáin é dúirt sí 'What's that in English?' 'Cosgrave,' a dúirt an t-oifigeach vótála. 'Oh, poor Mr Cosgrave,' a dúirt sí, 'I'll give him my number one!' agus is mar sin a fuair Pádraig Ó Coscardha agus Clann na Poblachta vóta amháin in Árainn in olltoghchán na bliana 1948. Breandán féin a d'inis an scéilín sin do Shéamus Breathnach atá pósta le hiníon Phádraig, Damhnait Ní Choscardha, nuair a d'iarr siad air cóip dá chéad úrscéal a shíniú dá hathair, nár fhéad a bheith i láthair é féin ag an seisiún síniúcháin Tigh Uí Chionnaith i nGaillimh i 1976. Scríobh Breandán: 'Do Phádraig Ó Coscardha, i gcuimhne an vóta amháin úd a fuair tú in Árainn in olltoghchán na bliana 1948! Breandán.' Bhí sé lán le staróga beaga den chineál sin agus ní hiad na scéilíní féin a bhí chomh greannmhar sin ach an chaoi a n-insíodh Breandán iad. B'iontach uaidh freisin leabhar a shíniú nó cárta poist a scríobh; bhí rud éigin pearsanta nó greannmhar ar bharr a phinn i gcónaí aige.

Ní ceart dearmad a dhéanamh go raibh Breandán ag scríobh go rialta i gcaitheamh an ama seo go léir. Bhíodh a cholún san *Irish Times* gach seachtain agus altanna, aistí agus léirmheasanna uaidh in *Combar*, gan trácht ar léirmheasanna agus altanna, i nGaeilge agus i mBéarla, in irisí agus i nuachtáin eile abhus agus thall. Foilsíodh a chéad úrscéal Gaeilge, a mbeidh mé ag trácht ar ball air, le linn na Féile Pádraig 1976 agus de réir a chéile bhí sé ag smaoineamh ar éirí as an gcraoltóireacht agus luí isteach leis an scríbhneoireacht ar fad. Ach lean sé féin agus Seán Ó Mórdha ar aghaidh ag cur cláracha breátha ar fáil, ar nós *There Goes Cré na Cille*, faoi Mháirtín Ó Cadhain agus *Fear Bhaile Átha Cliath* faoi shaothar Phádraig Mac Piarais. Ní dheachaigh obair chríochnúil Uí Eithir agus Uí Mhórdha amú ar léirmheastóir raidió agus teilifíse *Scéala Éireann* ag an am, Tom O'Dea. Cé go gcaitheadh O'Dea go leor ama ag cur síos ar pholaitíocht inmheánach RTÉ, rud a bhí an-spéisiúil ann féin, nuair a dhíríodh sé ar léirmheastóireacht a dhéanamh ar chlár teilifíse ní raibh a shárú le fáil. I Márta na bliana 1979 a scríobh sé an léirmheas seo:

In 'Fear Bhaile Átha Cliath' Breandán Ó hEithir examined Pearse's influence on modern Irish writing, and his chief vantage point was Pearse's Cottage in Ros Muc. Ó hEithir saw Pearse as a pioneer of modern Irish writing, who influenced – and whose influence was acknowledged by – Pádraic Ó Conaire and Máirtín Ó Cadhain. In Ros Muc he found 'Gaeilge chrua bhorb na dúthaí áille seo' – the hard, rough Irish of this beautiful locality.

Ó hEithir spoke of the decline of Irish. 'Chúlaigh sí amach cois cósta nó isteach i ngleannta aistreánacha, ar nós ainmhí allta ar thóir fóid suaimhneach báis.' (It backed out towards the coast or into unfrequented valleys, like a wild animal looking for a peaceful spot to die.)

Speaking of Pearse's dream, Ó hEithir talked of what would happen, if the dream came true, 'in Éirinn aislingeach Ghaelach thiar an Phiarsaigh' – in the visionary Gaelic western Ireland of Pearse.

The script for this film pulled together the continental influences in the writings of Ó Conaire and Ó Cadhain, and showed how these influences had been grafted on to the Galway stock. In Ó Cadhain's case, this stock was seen as 'the earthy speech of his people.'

Finally Ó hEithir recalled that Pearse recognised that Irish, to survive, would have to be able to carry the life of the town as well as the country. On the heels of this came the disturbing thought that, without industrialisation, the Gaeltacht would die, and because of it, it might also die.

The man in charge of the visual side of this programme was Seán Ó Mórdha, the producer, who took his camera around Connemara, both on land and in the air, and through the streets of Galway city. Here in the city the problem was pointed up by a series of fast cuts back and forth from Máirtín Beag Ó Gríofa step-dancing to a would-be Presley belting it out through the amplification system that made up in volume for what it lacked in clarity.

In and out through it at intervals ran the silver tones of Pádraig Ó Raghallaigh's voice-over, in that bell-clear Irish that came in from Moycullen and wiped its boots at Newcastle.

The thing that sticks fastest in my memory is the cleanness of Breandán Ó hEithir's narrative. He had 26½ commercial minutes to tell his story, minus voice-over time, music time and occasional short stretches of mute time. Into that limited time he fitted the story he wanted to tell, without ever seeming to squeeze it or clip it round the edges.

Ó hEithir and Ó Mórdha together made of it a delightfully uncompromising programme: by that I don't mean that it was a a hardline programme – far from it – but that it made no concession to messers. Its tone was neither elegiac nor plaintive; its style was realistic.

As a journalist writing Irish, Breandán Ó hEithir is not just the best in his field but, because he leaves all the others so far behind, almost the only one in his field.

He gives the language a credibility and a reality that is exactly in line with

Pearse's requirement that it be the vehicle of both town and country life. His journalism has both a hard edge and a flexibility that make of it a highly usable twentieth century tool.

In the script for 'Fear Bhaile Átha Cliath' he reached back behind journalism to 'caint chréúil a mhuintire,' as Ó Cadhain called it, and, at the same time, beyond journalism into the language of literature.

It was a very pleasant fusion that resulted. It had none of the button-holing familiarity of colloquial language and yet it avoided the remotenes of the ivory tower.

I don't doubt that this film will be remembered with respect. There are many other aspects of Pearse to be examined, and I'm sure they will be presented in other programmes in the course of the year. Ó hEithir and Ó Mórdha have set a standard for others to aim at.[7]

Níl baol ar bith nár bhain Foireann *Féach* buaicphointí arda amach. Creideann Ó Mórdha, mar sin féin, gur thosaigh *Féach* ag dul i léig de réir a chéile ó tháinig Raidió na Gaeltachta ar an aer i 1972. Bhí na daoine céanna le feiceáil ar an gclár i bhfad rómhinic agus ní raibh mórán daoine nua, ní áirím daoine óga, ag teacht ina n-áit. Bhí na láithreoirí ag éirí traochta freisin, dar leis agus bhí na léiritheoirí ag iarraidh éalú as, mar gur saghas pionóis a bhí ann sa deireadh:

> Bhí an pobal, de réir a chéile, pobal na Gaeltachta go háirithe, ag éirí tuirseach de *Féach*. Tá cláracha anois ar Theilifís na Gaeilge, dála an scéil, agus téann sé dian orm a dhéanamh amach an Béarla nó Gaeilge atá iontu. Tá na pictiúir go hiontach. Táid go léir ag déanamh a ruda féin agus táid breá sásta ag déanamh a ruda féin ach ní bhaineann sé ar chor ar bith leis an nGaeilge. Tá fuinneamh ann agus níl stad ná staonadh leis na pictiúir, ach níl aon teanga ann. Tá an teanga ar Raidió na Gaeltachta.

Is iomdha agallamh a chuir Breandán, i gcaitheamh na n-ocht mbliana déag a bhí sé le RTÉ, ar Ghearóid Ó Tuathaigh, Ollamh le Stair in Ollscoil na hÉireann, Gaillimh. Ina mhac léinn óg sa gColáiste sin a bhí Gearóid nuair a casadh Breandán ar dtús air i 1963. Bhí ócáid ag an gCumann Éigse ar an gCeathrú Rua i nGaeltacht Chonamara agus bhí

Breandán ann. I 1962 a thosaigh Gearóid i nGaillimh, an bhliain chéanna le Póilín Ní Chiaráin, Breandán Feirtéar agus Michael D. Higgins. Bhí aithne aige ar Phóilín roimhe sin ó bheith páirteach i ndíospóireachtaí Ghael Linn, mar bhíodh Póilín ina captaen ar fhoireann Choláiste Mhuire, Tuar Mhic Éadaigh. Is í Póilín a thug siar don Cheathrú Rua é agus is í a chuir in aithne do Bhreandán é. Chonaic sé láithreach an bealach breá a bhí ag Breandán le mic léinn agus an chaoi a gcruinníodh an dream óg ina thimpeall. Thagadh Breandán chuig an gColáiste ó am go chéile ina dhiaidh sin agus chuireadh sé agallamh ar Ghearóid anois agus arís faoi imeachtaí na mac léinn, ach ní mórán aithne thairis sin a chuireadar ar a chéile ag an am.

Ansin chuaigh Gearóid go Sasana i 1968 agus ón bpointe sin ar aghaidh chuir sé aithne níos fearr ar Bhreandán. Casadh ar a chéile trí thimpiste i Londain iad cúpla uair, le linn do Bhreandán agus d'Eoghan Harris a bheith ag déanamh cláracha *Féach* san Irish Centre i gCamden Town agus san Irish Club in Eaton Square i 1969 agus 1970. Bhíodh Gearóid ag faire ar *Féach* ina dhiaidh sin nuair a tháinig sé abhaile agus thosaigh sé ag cur níos mó spéise sa gcineál oibre a bhí ar siúl ag Breandán. Nuair a bhíodh Breandán ag déanamh agallaimh thuig sé céard a bhí uaidh, agus cé gur fear é nach raibh sollúnta ar bhealach ar bith b'fhacthas do Ghearóid go raibh sé an-dáiríre faoina ghairm agus faoina chuid oibre. Ní fhaca sé riamh é, nuair a bhí aon phíosa oibre le déanamh aige, nach raibh sé beagán neirbhíseach faoin ngairmiúlacht agus faoin gcur i láthair. Ní raibh sé réchúiseach faoin jab aon uair:

> D'fhéadfadh sé a bheith ag déanamh fonóide faoi theilifís mar choincheap, faoi chláracha teilifíse, faoi chomhluadar na teilifíse, faoi chultúr na teilifíse, ach má bhí dhá nóiméad le líonadh aige leatsa, má bhí rud le cur ar téip aige nó má bhí sé ag obair le fir cheamara agus criú timpeall air, ní fhaca mé riamh é nach raibh sé neirbhíseach go ndéanfaí an obair i gceart. Nuair a bhí tuairisc nó agallamh le déanamh aige, taobh amuigh nó i dteach tábhairne, bhí Breandán ar a sháimhín só ar fad. Ní bhíodh sé baileach chomh compordach istigh sa stiúideo. Ach b'fhearr leis go mór a bheith ag siúl timpeall, leis an b*polo neck* agus an *duffel coat* ná a bheith ceangailte le carabhat agus le micreafón istigh i stiúideo.

Tháinig Gearóid Ó Tuathaigh ar ais go Gaillimh i dtús na seachtóidí agus thosaigh sé féin agus Breandán ag cur aithne níos fearr ar a chéile:

Is duine é ar theastaigh uaidh a bheith leis féin go minic nuair a bhíodh sé ar a chamchuarta . . . Thagadh sé isteach sa teach againne i lár an tráthnóna amanta agus an *duffel coat* siúd air agus scéalta agus béadán aige. Agus ansin déarfadh sé 'feicfidh mé sibh i gcomhair béile níos déanaí' nó 'céard tá ar bun agaibh?' nó 'tiocfaidh mé ar ais níos déanaí', nó d'fhágadh sé doras oscailte aige féin le dhul i gcúinne éigin eile dá gcasfaí aon chomhluadar spéisiúil air.

An 'Sheriff' sna scannáin *Western* a chuir sé i gcuimhne do Ghearóid, ag smaoineamh siar ar an gcaoi a dtagadh sé isteach ar an mbaile ina aonar, roimh an gcuid eile den chriú, nuair a bhíodh clár le déanamh:

Thagadh Breandán i gcónaí leis féin agus bhíodh socrú déanta aige bualadh leis an gcuid eile den chriú – Pat Kavanagh, Mick Murray, Charlie Scott nó pé ar bith léiritheoir a bhíodh ann – in áit áirithe ag am áirithe. Thagadh sé go luath sa lá agus bhíodh a charr féin aige. Ghlaodh sé ar a chairde ansin nó ghabhfadh sé isteach tigh Freeney nó sa nGoalpost agus ghabhfadh an scéala thart go raibh Ó hEithir ar an mbaile: 'He is making a programme.' Ach ní bhíodh aon duine eile tagtha fós. Níor tháinig sé isteach leis an bhfoireann agus níor tháinig sé isteach leis an eagraíocht; tháinig sé isteach leis féin. Agus aon eolas ar leith a bhí ag teastáil ansin le go mbeadh sé os cionn a bhuille sa gclár, nó aon eolas a bhain le hábhar agus a bhí sé ag iarraidh a thabhairt suas chun dáta, bheadh sé sin déanta aige sula dtiocfadh an Léiritheoir ná an Cúntóir Léiritheoireachta ná an chuid eile den fhoireann. Ba chuid den chamchuairt an t-ullmhúchán.

Bhaineadh sé an-sásamh as a bheith ag tomhas cé d'ainmneofaí do na páirtithe éagsúla agus cérbh iad na gréasáin tionchair, pátrúnachta agus fabhair. Ní raibh a shárú sa tír nuair a tháinig sé chuig an bpolaitíocht áitiúil, in aon chuid den tír, fiú bailte fearainn i lár tíre. Agus bhí *spiteanna* áitiúla ar eolas aige – cúrsaí iománaíochta, daoine ag díol beithíoch, tithe tábhairne a chaill ceadúnas, cad a thit amach; cérbh é an Garda a tháinig déanach san oíche, cé fuair sé roimis istigh, cén fáth nár inis sé d'aon duine é – rudaí den tsaghas sin. Bhí siad ar fad ag Breandán.

Ceapadh Bob Collins ina Leas-Cheannasaí Clár Teilifíse in RTÉ i 1980. Bhí *Féach* imithe as an sceideal ar fad ar feadh roinnt blianta i ndeireadh na seachtóidí agus clár Gaeilge eile *Pobal* curtha ina áit. Bhuail Bob le Breandán, ag féachaint an mbeadh suim aige a bheith ina Eagarthóir ar *Féach* dá dtabharfaí ar ais arís é. Mhínigh Bob féin an scéal dom:

> Bhí sé i gceist againn *Féach* a thabhairt ar ais ag tús na n-ochtóidí. Bhuail mé le Breandán go foirmeálta agus d'fhiafraíos de an mbeadh sé sásta a bheith ina Eagarthóir ar an gclár agus go mbeadh post sinsearach aige ann. Dhiúltaigh sé don tairiscint agus is cuimhin liom an comhrá go cruinn. Bhíos ag iarraidh brú a chur air glacadh leis an bpost, nó ar a laghad machnamh a dhéanamh air, ach bhí sé iomlán cinnte nach raibh sé ag teastáil uaidh. Bhí faitíos air nach n-éireodh leis an gclár. Bhí faitíos air nach raibh an eagraíocht dáiríre faoi chláracha Gaeilge agus faoi *Féach* a thabhairt ar ais. Níor theastaigh uaidh go dteipfeadh ar an bhfiontar. Bheadh sé sásta a bheith ag obair ar an gclár ach níor theastaigh uaidh go mbeadh an fhreagracht air. Agus ní dóigh liom gurb í an fhreagracht amháin a bhí i gceist; b'fhéidir nár chreid sé go mbeadh na háiseanna ann, go mbeadh an fhoireann ann, ná go mbeadh tacaíocht cheart ag an gclár. Bhí drogall air agus níor ghlac sé leis an bpost. Ansin bhí comórtas ann agus ceapadh Proinsias Mac Aonghusa ina Eagarthóir ar *Féach*.

Timpeall an ama seo d'fhoilsigh Maolsheachlainn Ó Caollaí, ó Fhochoiste Mór-Mheán Cumarsáide Chonradh na Gaeilge, leabhrán faoi chúrsaí craolacháin dar teideal *Tiarnas Cultúir – Craolachán in Éirinn* agus rinne Breandán léirmheas ar an leabhrán san *Irish Broadcasting Review* i bhfómhar na bliana 1980. Bhí rudaí spéisiúla le rá ag Breandán faoi RTÉ agus an Ghaeilge ach ar dtús bhí an méid seo le rá aige faoi *Féach* féin:

> Chruthaigh *Féach* go raibh éileamh ag pobal mór ar chlár conspóideach cúrsaí reatha; an t-eolas sin de bharr suirbhéireachtaí RTÉ féin. Chaill an

clár sin a chuaillí treo le linn dom féin a bheith fós ag obair air, agus b'fhearr é a ligean chun báis anois . . .[8]

'Thuas Seal, Thíos Seal' an teideal a thug sé ar a aiste léirmheasa ar leabhrán Uí Chaollaí, inar dhúirt sé:

Thuas seal, thíos seal a bhí cláracha Gaeilge RTÉ ó thús. Mar a léiríonn an leabhrán seo, bád gan stiúir a bhí iontu formhór an ama agus tá an chúis simplí: ní raibh aon *pholasaí craolta Gaeilge* ag RTÉ ó thús ach ó am go ham chuir an eagraíocht *polasaí Gaeilge* i bhfeidhm. Ag Éigse Uladh, trí bliana ó shin, chuir mé an polasaí seo i gcomparáid le asal dodach ag dul in aghaidh aird, ag freagairt do chiceanna sa tóin ón té is fearr a bhí in ann an bhróg a oibriú air. Mhol mé freisin an rud atá á mholadh anois agam, polasaí craolta Gaeilge a cheapadh agus a chur i bhfeidhm go leanúnach. Níor déanadh aon rud den tsórt ach tugadh foláireamh domsa faoina bheith ag iarraidh méileach a mhúineadh do mo mháthair go poiblí. Ach níl sé ró-mhall fós. Tagraíonn Ó Caollaí do na Gaeilgeoirí maithe ar theip orthu leas na Gaeilge a dhéanamh in RTÉ. Dúirt duine acu, Dónall Ó Móráin, ar *Féach* le linn na ceiste seo a bheith á plé, nár mhór móramh Gaeilgeoirí a bheith ar an Údarás le go bhféadfaí polasaí ceart fad-théarmach don Ghaeilge a leagan amach. Táimid uilig in ann cloigne a chuntas agus is cosúil anois go bhfuil an móramh sin ann.

Ba mhaith le Maolsheachlainn go mbeadh gluaiseacht na Gaeilge 'ar thús cadhnaíochta sa chomhrac, faoi mar a bhí i gcomhrac an oideachais i dtús an chéid.' Tá rudaí seachas cláracha Gaeilge i gceist aige ach ós ar chláracha Gaeilge atá mo scéal anois, is go hómósach adeirim leis nach bhfuil gluaiseacht na Gaeilge in inmhe a bheith ar thús cadhnaíochta ag piocadh clocha beaga in Árainn faoi láthair. Tá páirt mhór dá mhilleán le bualadh ar Chonradh na Gaeilge féin. Dá mbeadh baslach féin den ghairmiúlacht, faoina labhraíonn Maolsheachlainn chomh míchéadfach nuair a chuireann sé síos ar chaighdeáin teillifíse, ag baint leis an gConradh ní i bhfolach ar chúl eagraíocht fidil a bheidís faoi láthair sa bhfeachtas i gcoinne RTÉ.

Ní hé go n-aontaím le feachtas ar bith atá bunaithe ar chéadchodáin ama. B'fhearr liom go mór feachtas a d'éileodh polasaí ceart craolta agus ceann rannóige, ag a mbeadh idir fhoireann agus airgead, leis an bpolasaí sin a fheidhmiú. Ba cheart freisin go n'iarrfaí deireadh a chur leis an dátheangachas baoth seo atá ag cur buile feirge ar aicme amháin agus fonn múisce ar aicme eile. Níl sásta ach an dream a cheapann go dtuigeann siad Gaeilge nuair a labhraítear trí mheán an Bhéarla leo í . . .

D'fhonn an rud atá á mholadh agam a dhéanamh, ní call córas ar bith d'athrú ach ós rud é gurb iad na léiritheoirí acastóir déanta clár an chórais beidh gá le Gaeilge éigin a bheith ag an gcuid is nuaí acu. Cheana féin tá ganntan mór léiritheoirí a bhfuil Gaeilge acu sa tseirbhís . . .

Mar bhuille scoir, is ceart a fhiafraí an cóir a bheith ag súil go rachadh údaráis RTÉ níos faide le polasaí athbheochana ná mar atá an Rialtas tofa sásta a dhul? . . . tá sé thar a bheith deacair ag eagraíocht atá chomh saolta is atá RTÉ anois, a bheith ag cothú aon chineál cultúir náisiúnta (agus is dóigh gur féidir an Ghaeilge a aicmiú amhlaidh) nuair nach léir go bhfuil polasaí ar bith chun na críche sin ag an Rialtas, seachas a bheith ag pógadh an linbh le grá don bhanaltra.[9]

I 1983 d'éirigh Breandán as RTÉ agus chuaigh sé le scríbhneoireacht go lánaimseartha. I 1985 cuireadh deireadh le *Féach* ar fad le linn don Eagarthóir a bheith ag doras an bháis san ospidéal. Buaileadh Proinsias Mac Aonghusa tinn i 1985 le linn dó a bheith ar saoire ar Oileán na Créite sa nGréig agus bhí sé in ospidéal san Aithin. Tugadh abhaile ar shínteán go hOspidéal Naomh Uinseann i mBaile Átha Cliath é agus bhí sé ag doras an bháis, cé nár thuig sé féin ag an am é:

Bhí mé san ospidéal, agus céard a rinne Muiris Mac Conghail, a bhí ina Cheannasaí Clár um an dtaca sin, ach deireadh a chur le *Féach*, mar sin! Bhí sé dochreidte! Chuaigh Breandán chuig na páipéir agus bhí neart sna páipéir faoi. Chuaigh sé chuig Conradh na Gaeilge, chuig Bord na Gaeilge agus chuig Comhdháil Náisiúnta na Gaeilge. Ba ghránna an rud é deireadh a chur le clár an-mhaith ar an gcaoi sin. Agus murach Cathal Goan teacht chun cinn roinnt bhlianta ina dhiaidh sin ní bheadh aon chuma ar chláracha Gaeilge in RTÉ.

Fágfaidh mé an focal deireanach faoi *Féach* ag Breandán féin, in agallamh a rinne sé le Seán Ó hÉalaí ar Raidió na Gaeltachta blianta ina dhiaidh sin. Bhí a intinn athraithe aige ó 1980; níorbh aon rud nua le

Breandán a intinn a athrú, cé go raibh rudaí áirithe nár athraigh sé a intinn riamh fúthu:

> Chruthaigh *Féach* dá dtabharfaí saoráidí réasúnta maith do chlár Gaeilge go mbeadh éileamh air agus dá mbeadh an clár Gaeilge sin ag plé le ceisteanna – níor ghá go mbainfidís le Gaeilge i gcónaí. . . . Is é an trua nár coinníodh le *Féach*. Ba cheart *Féach* a choinneáil ag imeacht i gcónaí, níl mé ag rá leis an bhfoireann chéanna, mar éiríonn daoine tuirseach de shíorthaisteal agus den síoraighneas.

Sula bhfága muid obair Bhreandáin do RTÉ tá sé tábhachtach tagairt a dhéanamh do script a scríobh sé agus a léigh sé féin, do chlár dar teideal *Flight from the Snipe Grass* a léirigh Peter Feeney agus a craoladh ar an 18ú Márta 1984. Scríobh sé an script seo i mBéarla le cur le scannáin bhaile de shaol na tuaithe a rinne P.J. Gilmore i gContae Mhaigh Eo i gcaitheamh na gcaogaidí, tráth a raibh daonra na tíre seo ag an bpointe ab ísle dá raibh sé riamh, tráth a raibh 40,000 duine in aghaidh na bliana ag dul ar imirce agus tráth ar dhúirt Easpag Lucey Chorcaí go raibh: '*Rural Ireland (is) stricken and dying and the will to marry and live off the land is gone.*' Tá cuntas grinn, géarchúiseach fágtha ag Breandán againn ar shaol eacnamaíochta agus sóisialta na hÉireann go ginearálta, agus iarthar na hÉireann go speisialta, sna caogaidí agus tá scannáin bhaile P.J. Gilmore ar fheabhas freisin. Tosaíonn sé le Paráid na Féile Pádraig i mBéal Átha na Muice i gContae Mhaigh Eo agus, fiú amháin gan an scannán ar chor ar bith, is fiú roinnt de script Bhreandáin a léamh:

> These formal occasions indicated who was who in order of respect. The clergy were certainly at the top of the first division. There seemed to be thousands of them, not forgetting the legions who were guarding our spiritual empire beyond the sea. It was during the fifties that the Catholic Church in Ireland tried to mould the State in its own image, socially and morally. It peppered the faithful with pastorals and lectured the politicians publicly while twisting their arms privately. When the first attempt to liberalise the Sunday drinking hours failed, the Hierarchy in 1950 drew attention to ecclesiastical law on Sunday opening and said: 'So long as this

ecclesiastical law remains it would be sinful to agitate for their opening.' In other words it would be sinful to make a case for Sunday opening. It was still the age of the *bona fide* traveller who travelled 3 miles from where he last slept and was legally entitled to drink after normal closing time. And on Sundays the *bona fide* traveller entered boldly through the front door; the knowledgeable local slipped in quietly at the back.

With the words of the pastorals ringing in their ears the youth of the countryside went away. They had been well warned against Socialism, company keeping, Sunday drinking, dancing after midnight and immodesty in dress, as well as more exotic depravities such as mixed marriages, reading filthy pagan literature – particularly by Irish authors – and what a religious pamphleteer of the day described as 'this violent spasm of pleasure', presumably outside of any kind of marriage at all. Indeed they were told they were better off staying at home than venturing out into what was a stormy ocean of vice and Communism. What they were to do at home, apart from loving Ireland, was not clear, but at least they would remain pure. Above all else, the Church demanded obedience. Everyone from the Taoiseach to the High Infant in the National School was expected to be obedient, do what they were told and ask no awkward questions. The great virtue was obedience and the great vice was impurity. It was even worse than Communism but they were not unrelated vices. Compared to what the emigrant would find in Crewe, Coventry or Cricklewood the decadence of Balla, Ballina, Ballinrobe and Bohola was only in its infancy. Our pamphleteer warned: 'Happier a thousand times is the beggar shivering in his rags at the street corner if his heart be pure, than the millionaire rolling by in his car if he be impure.

The decade gave its name to yet another campaign to free Ireland by force. There were huge funerals, denunciations by leaders of Church and State; the internment camp at the Curragh was re-opened and those with long memories seemed to recollect that the gun had been taken out of Irish politics in 1949 with the passing of the Republic of Ireland Act. . . . 'The motherland calls us and we should work for her until she is free from sea go sea': The speaker was a churchman, but he could have been a politician. The content of such speeches was not meant to be scrutinised. It would have been an act of unthinkable bad manners to ask: 'What is the motherland saying?' or 'Where is the work and we will do it?' And as for being free, that was something that had to be said, because everyone really agreed with the sentiment – even those who were not free to enjoy themselves as they wished, without a strong safety-net of constraint. The once substantial Mayo Gaeltacht, despite the philanthropy of the newly appointed Minister of the Gaeltacht – himself a Mayoman – was breaking up and melting away into little pockets. At a public meeting, a man from the Rossport Gaeltacht of North Mayo said that more than 80 men from the area had emigrated in one week and a teacher from the same place went to gaol in protest at the state of the roads.

The films of P.J. Gilmore give a unique glimpse of life in the west of Ireland in the fifties. The seeds of change must also have been there but they were not visible. It seemed that rural Ireland was doomed, that the towns would decay, that the snipe would have the land. With hindsight, we know that free second level education would come, that industry would be fostered and emigration slowed down, that television would bring sex to Ireland and that the devil would forsake the dancehall and take up residence in the corner of the living-room. With hindsight all is clear. It is chastening to remember that at the time the future did not look like that at all.

Taispeánann An tOllamh Gearóid Ó Tuathaigh *Return from the Snipe Grass* dá chuid mac léinn in Ollscoil na hÉireann, Gaillimh chuile bhliain:

Tá sé ar an gcúrsa agam gach bliain, an cúrsa a dhéanaim ar nua-stair na hÉireann, go háirithe ar ghéarchéim an stáit sna caogaidí. Dá mhéad dá dtugann tú figiúirí dóibh, dá mhéad aistí dá dtugann tú dóibh ar phlean Whitaker agus Lemass agus cad a thit amach, dá mhéad d'óráidí Dev dá dtugann tú dóibh, má thaispeánann tú *Return from the Snipe Grass* dóibh is éifeachtaí mar cheacht é ná trí nó ceithre nó cúig léacht. Mar aiste ar stair shóisialta na tíre sna caogaidí ba dheacair script Bhreandáin a shárú.

Nótaí

1 *The Irish Times:* Samhain 29, 1973

2 Sharon Gmelch: *Irish Life and Traditions,* 143;

3 *Scéala Éireann:* Feabhra 7, 1975

4 Irish American Cultural Institute

5 Johnny Morrissey, atá pósta le Deirdre Foley·

6 *Scríobh a 3:* 63

7 *Scéala Éireann:* 24 Márta 1979

8 *Irish Broadcasting Review,* Uimhir 9, Fómhar/Geimhreadh 1980

9 *Irish Broadcasting Review,* Uimhir 9, Fómhar/Geimhreadh 1980

13. Cearta Sibhialta agus Raidió na Gaeltachta

Seirbhís nua réabhlóideach a chaithfeas a bheith sa tseirbhís seo do na Gaeltachtaí uile agus don tír fré chéile . . .'

(Breandán: *The Irish Times*, 30ú Iúil 1970)

Ba mhinic Harris agus Ó hEithir i gConamara le linn do Ghluaiseacht Chearta Sibhialta na Gaeltachta a bheith gníomhach ansin idir 1969 agus 1973. Bunaíodh Gluaiseacht Chearta Sibhialta na Gaeltachta in earrach na bliana 1969. Tháinig suas le seachtó duine le chéile ag Teach Furbo Lá Fhéile Pádraig na bliana sin le hagóid a dhéanamh faoi RTÉ a bheith ag craoladh an chláir 'Quicksilver' i mBéarla as ceantar Gaeltachta. Is iad Peadar Mac an Iomaire agus Pádraig Ó Concheanainn ó Chumann Forbartha Chois Fharraige a d'eagraigh an agóid agus b'as Cois Fharraige formhór a raibh i láthair agus cúpla duine ó Chonradh na Gaeilge in éineacht leo. Chuaigh ceathrar den ghrúpa isteach agus chuireadar a mhíshástacht in iúl, ina nduine is ina nduine, do láithreoir an chláir, Bunny Carr, le linn don chlár a bheith á thaifeadadh. Ba í Lelia Doolan a bhí ag léiriú an chláir an oíche sin, bean a bhí míshásta le RTÉ í féin agus a d'éirigh as go gairid ina dhiaidh sin. As agóid na hoíche sin a bunaíodh Gluaiseacht Chearta Sibhialta na Gaeltachta ag cruinniú a tionóladh i seanscoil an Chnoic an Domhnach dár gcionn, an 25ú Márta. Bhí Uachtarán Chonradh na Gaeilge, Maolsheachlainn Ó Caollaí, i láthair ag an gcruinniú tionscnaimh sin agus ba é Peadar Mac an Iomaire a bhí ina Chathaoirleach ar an gcruinniú. Bhí gluaiseachtaí cearta sibhialta á mbunú ar fud an domhain ag an am, ó Stáit Aontaithe Mheiriceá go Tuaisceart Éireann. Mar seo a chuir an staraí, an tOllamh Gearóid Ó Tuathaigh síos orthu:

In the Gaeltacht, as elsewhere in rural Ireland, after the nadir of despair in the 1950s, the 1960s saw the first serious challenge offered to the defeatism and fatalism of a century. A group of articulate young radicals suddenly found its voice and began demanding policies to arrest the dissolution and disappearance of its own community. These Gaeltacht radicals were generally well-educated, and like similar groups in Northern Ireland, were part of the global dynamics of youth politics and civil rights movements of the late 1960s.[1]

Bhí Harris agus Ó hEithir an-bháúil le Gluaiseacht Chearta Sibhialta na Gaeltachta ón tús. Go deimhin cuireadh ina leith go minic gur córas poiblíochta don Ghluaiseacht a bhí in *Féach*. Ní haon rún é, anois ná an uair sin, gurb í polaitíocht Shinn Féin Oifigiúil a bhí ag Harris ag an am agus go raibh duine nó dhó de lucht na gCearta Sibhialta sna hOifigiúlaigh freisin. Deir Harris nach é amháin gur chuir sé comhairle ar lucht na gluaiseachta faoi mhodhanna éifeachtacha agóide ach gurb é a d'aimsigh an Gaeilgeoir óg as Corcaigh, Mícheál Ó hÉalaithe, a chuir le chéile an tarchuradóir ónar craoladh Saor-Raidió Chonamara; mac é leis an Ollamh Seosamh Ó hÉalaithe, Ollamh le Spáinnis i gColáiste na hOllscoile, Corcaigh, a raibh aithne ag Harris air agus a bhí eolach ar na cúrsaí seo é féin. Chuir an Saor-Raidió brú breise ar an Rialtas *Raidió na Gaeltachta* a bhunú, ceann de phríomhéilimh Ghluaiseacht na gCearta Sibhialta.

Cruthúnas ar an gcaoi a ndeachaigh an ghluaiseacht óg i bhfeidhm ar an bpobal is ea go bhfuair an t-iarrthóir a chuireadar chun cinn in olltoghchán na bliana 1969, Peadar Mac an Iomaire, míle sé chéad vóta. Tamall roimhe sin, nuair a thug an Taoiseach, Seán Ó Loingsigh, cuairt ar Chonamara mar chuid dá fheachtas toghchánaíochta, caitheadh tairní beaga ar an mbóthar roimhe agus polladh boinn a chairr. Timpeall an ama chéanna sin bhunaigh Deasún Fennell 'Iarchonnachta 1985', eagraíocht a raibh sé mar aidhm aici Gaeilgeoirí oilte ón taobh amuigh a mhealladh siar go Conamara, agus cé nár aistrigh siar ach a chlann féin agus cúpla duine eile bhí tionchar nach beag ag Deasún Fennell agus ag a bhean, Mary Troy, ar Ghluaiseacht Chearta Sibhialta na Gaeltachta.

Fuair na heachtraí seo go léir go leor poiblíochta sna meáin chumarsáide agus bhí *Féach* agus Breandán Ó hEithir i gceartlár na poiblíochta sin ón tús. In agallamh le Tomás Mac Con Iomaire ar Raidió na Gaeltachta fiche bliain ina dhiaidh sin, dúirt Breandán:

Bhí tionchar mór ag an nGluaiseacht ar RTÉ san am mar ba é an clár a rinneadh ar an toghchán sin i nGaillimh Thiar i 1969 an chéad chlár Gaeilge faoi pholaitíocht na hÉireann a rinneadh ar an teilifís. Agus tharla rud suimiúil. Bhí léiritheoir ag obair ag *Féach* san am ar Sasanach a bhí ann; léiritheoir an-mhaith, ach ní raibh focal Gaeilge aige agus rinneadh cinneadh anseo nach bhféadfaí foireann nach mbeadh Gaeilge acu agus nach mbeadh in ann Gaeilge a labhairt a chur siar go Conamara ag obair ar an toghchán sin, de bharr Peadar Mac an Iomaire a bheith ag seasamh do Ghluaiseacht Chearta Sibhialta na Gaeltachta. Agus cuireadh Aindreas Ó Gallchóir siar mar léiritheoir ar an gclár sin. B'in é an chéad uair, tá mé ag ceapadh, ar facthas Roibeárd Ó Maoilia agus Michael D. Higgins ag labhairt Ghaeilge ar an teilifís, agus Peadar Mac an Iomaire féin, ar ndóigh. Bhí sé an-ghreannmhar ar shlí amháin. Bhí Fine Gael i bponc i gceart mar ní raibh Gaeilge ag ceachtar den dá iarrthóir a bhí acu, Mainníneach as an gClochán ná Fintan Coogan, sin é sean-Fintan, go ndéana Dia grásta air. B'in é an chéad tionchar a bhí aige: rinneadh an clár i nGaeilge.

Tá scéilín beag suimiúil is fiú a inseacht i dtaobh an toghcháin sin. An oíche a raibh an comhaireamh ar siúl bhí mise agus Liam de Paor ar an gclár le tráchtaireacht i nGaeilge a dhéanamh agus bhí muid ag bord taobh istigh de dhoras an stiúideo nuair a tháinig an Taoiseach, Seán Ó Loingsigh, isteach. Agus tháinig sé anall chugamsa agus dúirt sé, 'An bhféadfá a fháil amach dom cé mhéad vóta a fuair Mac an Iomaire i nGaillimh Thiar?' Agus dúirt mise leis nach raibh siad tagtha isteach agus dúirt sé, 'Chomh luath is a fhaigheann tú an figiúr bheinn thar a bheith buíoch ach é a thabhairt dom.' Léiriú a bhí ansin ar an imní a bhí orthu. B'fhéidir nach raibh na vótaí a fritheadh mór, ach mar sin féin thosaigh sé rud eicínt. B'fhacthas domsa ina dhiaidh sin go raibh fonn air dul ar aghaidh le rud eicínt cosúil le forbairt Chéibh Ros an Mhíl, agus thosaigh rudaí ag tarlú. Agus tá a fhios agam ón gcaoi a raibh imní airsean an oíche sin go raibh sé go mór ar a intinn.

Toradh praiticiúil amháin a bhí ar thoradh an toghcháin sin i nGaillimh Thiar go ndearna An Taoiseach Rúnaí Parlaiminte láithreach de Johnny Geoghegan[2] agus Rúnaí Parlaiminte eile de Bhobby Molloy a bhí i bhFianna Fáil ag an am sin. San agallamh céanna siúd ar Raidió na Gaeltachta i 1989 dúirt Breandán:

Ina dhiaidh sin bhí imeachtaí Ghluaiseacht Chearta Sibhialta na Gaeltachta ina n-ábhar cláir againne go rialta. Agus uaireanta b'éigean rudaí a dhéanamh, bog te. Is cuimhneach liom ócáid amháin, tá a fhios agam go raibh Seosamh Ó Cuaig ar dhuine den bheirt a tháinig aniar nuair a rinneadh iarracht suimint a thabhairt i dtír i gCill Chiaráin. Comhlacht Keogh as Uachtar Ard a rinne iarracht suimint 'dubh', mar a déarfá, a thabhairt isteach go Cill Chiaráin agus is iad Gluaiseacht na gCearta Sibhialta a chuir bac leis sin. Bhí rudaí mar sin ag tarlú go rialta.

As Aill na Brún i gceantar Chill Chiaráin i gConamara Seosamh Ó Cuaig, duine de bhunaitheoirí Ghluaiseacht Chearta Sibhialta na Gaeltachta agus bhí sé féin sáite in agóid na suiminte. Bhí Seosamh tar éis tréimhse a chaitheamh ag obair leis an nuachtán seachtainiúil Gaeilge INNIU i mBaile Átha Cliath i 1968, agus cé go raibh sé ina chónaí i nDún Droma, gar go maith don áit a raibh Breandán ina chónaí, níor casadh ar a chéile an bheirt go dtí gur tharla an t-achrann i gCill Chiaráin le linn stailc náisiúnta na n-oibrithe suiminte:

Chuir muid suas baracáidí thíos ag an gcéibh agus bhí suas le scór leoraí tugtha as ceantar Uachtar Ard leis an tsuimint a thabhairt chun bealaigh. Cuireadh claí trasna an bhóthair agus stop muid iad. Tháinig Gardaí ann agus an Ceannfort Ó Gallchóir i gceannas orthu. B'in é an chéad tráthnóna a ndeachaigh Saor-Raidió Chonamara ar an aer. Is í Caitlín Uí Chonghaile a rinne an chéad chraoladh agus bhí an scéal sin aici ar an gcéad scéal nuachta ar Shaor-Raidió Chonamara. Ghlaoigh mise ar RTÉ agus ba é an príomhscéal ar Nuacht Béarla RTÉ an oíche sin é. 'Kate' a bhí ar an mbád. Chlúdaigh Breandán an scéal sin ar Féach. Bhí sé féin agus fear eile as Féach i dteach ósta in Uachtar Ard píosa ina dhiaidh sin agus thosaigh daoine ag spochadh astu. Is beag nach raibh troid ann. Bhíodh Breandán ag leanacht na scéalta sin uilig.

Ba é Dan Donohue, eagarthóir scannán Féach, a bhí i gcomhluadar Bhreandáin in Uachtar Ard an oíche áirithe sin. Dornálaí agus fear crua misniúil é Dan agus bhí sé ag iarraidh a chur ina luí ar Bhreandán go mbeadh sé féin in ann déileáil go héasca le lucht na trioblóide. Cé nárbh fhear é Breandán a loicfeadh go héasca é féin, bhí sé de chiall aige Dan a mhealladh leis agus bhuaileadar bóthar. Bagraíodh ar Bhreandán agus ar Phroinsias Mac Aonghusa in Uachtar Ard ar ócáid eile freisin agus ordaíodh dóibh gan an baile a thaobhú go deo arís:

Fear an-tábhachtach ó thaobh gnó ar an mbaile sin, dúirt sé 'you can walk through Ireland but you'll run through Oughterard!' mar gheall ar go raibh muid ag déanamh scéalta faoi Bhríd Fahy agus faoin gCúrsa Gailf.

Bhí aighneas faoi thalamh in Uachtar Ard, faoi ar cheart cúrsa gailf a dhéanamh de nó ar cheart é a roinnt ar fheilméaraí na háite. Is cosúil nach ar thaobh lucht an ghailf a bhí *Féach* agus diúltaíodh deoch do Phroinsias Mac Aonghusa i dteach ósta ar an mbaile leathbhliain ina dhiaidh sin. Ach cruthaíodh teannas áirithe idir *Féach* agus Gluaiseacht Chearta Sibhialta na Gaeltachta nó, ba chirte a rá, idir Breandán agus roinnt de cheannairí na Gluaiseachta. Bhí Seosamh Ó Cuaig ar dhuine díobh sin:

Ní raibh an caidreamh cairdiúil amach is amach i gcónaí, ar bhealach eicínt, ó mo thaobhsa dhe ar chuma ar bith. Bhí roinnt amhrais aige orm, déarfainn, agus b'fhéidir go raibh roinnt do agamsa airsean freisin. Ní hé go ndearna sé tada mór as bealach orainn ar bhealach amháin, ach mar chonaic muide rudaí an t-am sin bhí dream i mBaile Átha Cliath le fada an lá ag míniú céard a bhí ag tarlú thiar ag baile i gConamara. Bhí muide tosaithe ag teacht chun cinn agus bhí muid ag iarraidh a thaispeáint go n-inseodh muid féin céard a bhí ag tarlú. B'fhéidir nach ndearna muid mórán idirdhealú idir cairde agus naimhde ar bhealach amháin, ach bhí an meon seo againn: 'Ní inseoidh Breandán Ó hEithir dúinne céard tá ag tarlú, ná ní inseoidh Proinsias Mac Aonghusa dúinn é ach an oiread.' Agus tháinig roinnt teannais as sin.

Ach ní mhaireadh an teannas i bhfad. Nuair a reáchtáladh Oireachtas na nGael in ollphobal i Ros Muc i mí na Samhna 1970 bhí foireann *Féach* ar fad ansin i rith an deireadh seachtaine. Bhí Breandán agus Éamonn Ó Muirí ag ól pionta ag an gcuntar Tigh Mhadhcó Pheatsa Breathnach, an teach ósta le taobh an ollphobail, nuair a tháinig an nuacht i mBéarla ar siúl ar raidió RTÉ. Síneadh leathanach glan páipéir an duine chucu agus iarradh ortha cúpla scéal a aistriú go Gaeilge, rud a rinneadar. Tugadh na scéalta in airde an staighre ansin chuig Piaras Ó Gaora le hiad le léamh amach ar Shaor-Raidió Chonamara a bhí ag craoladh as barr an tí. Bhí an cineál sin comhthuisceana agus comhoibrithe eatarthu i gcónaí. Tá cuimhne mhaith ag Nuala Ní Dhomhnaill ar Oireachtas na nGael i Ros Muc. Ba bheag nár préachadh ann í:

Bhí sé chomh fuar! Bhí Proinsias Mac Aonghusa ina sheasamh in aice liom agus tharraing sé amach fleasc póca agus thug sé deoch dom as. D'fhéadfá a rá go raibh fáilte roimhe. Bhí muid ag déanamh agallaimh le Seosamh Ó Cuaig faoin Saor-Raidió agus faoi Ghluaiseacht na gCearta Sibhialta. Shocraigh Proinsias isteach in Óstán Charna muid agus is cuimhin liom gur ordaigh sé gliomach dúinn go léir agus níor ith mé gliomach riamh cheana. Bhí Dan Donoghue linn freisin agus Mary Lynch, rúnaí *Féach*. Bhí muid ar fad ann.

Rinne Harris scannán de Sheán Ó Riada agus Ceoltóirí Chúil Aodha ag canadh Aifreann Uí Riada san Ollphobal ar an Domhnach agus sin é an t-aon scannán de Sheán Ó Riada atá fágtha anois againn, ó scriosadh an t-ábhar eile go léir a bhí i gcartlann físe RTÉ. Bhí *Féach* ag dul amach ar an Luan agus b'éigean go leor eagarthóireachta a dhéanamh faoi dheifir. Ní mórán daoine a thug faoi deara é, ach chuala mé Breandán á rá ina dhiaidh sin gurbh é an t-aon Aifreann a craoladh riamh é a ndeachaigh an Coisreacan amach roimh an Soiscéal ann. Mar a dúirt Breandán: 'Níor ghlaoigh aon duine isteach ná níor thug aon duine faoi deara é, sin nó níl mórán tuisceana acu ar an Aifreann!'

Shocraigh Peadar Mac an Iomaire gan seasamh an athuair in olltoghchán na bliana 1973, ainneoin go raibh brú mór á chur air. Thuig roinnt mhaith de lucht na gCearta Sibhialta mura raibh Peadar ag dul chun cinn go raibh sé fánach ag iarrthóir nua. Ina ainneoin sin cuireadh Seosamh Ó Tuairisg chun cinn agus, cé gur iarrthóir den scoth a bhí ann, tháinig titim mhór ar an vóta. Dúirt Breandán san agallamh áirithe siúd le Tomás Mac Con Iomaire ar Raidió na Gaeltachta i 1989:

Is éasca a bheith críonna tar éis an bhirt, ach is dóigh liom go raibh a gcuspóirí curtha i gcrích, nó curtha i dtreo críche ag an nGluaiseacht tar éis

'69 agus '70. Cheapfainn go mb'fhéidir go mb'fhearr gan na vótaí sin a bhí in aigne an phobail a chur i mbaol. Ach mar sin féin ceapaim go raibh an ceart ag an nGluaiseacht deireadh a chur léi féin agus gan dul ar aghaidh mar pháirtí, ach mar dhream a chuir rudaí ag obair.

Ba í an mháirseáil cháiliúil ó Charna go Bearna a ba chúis leis an achrann ba mhó idir Gluaiseacht na gCearta Sibhialta agus Breandán, mar a mhínigh Seosamh Ó Cuaig:

Tharla cineál scoilte idir muid féin agus Peadar Mac an Iomaire agus shocraigh muid máirseáil as Carna go Bearna. Agus chuaigh Breandán siar agus rinne sé clár fúinn a b'fhacthas dúinne a bheith diabhaltaí naimhdeach. Thapaigh sé a dheis mar rinne muide dearmad mór straitéise. In áit dúinne a rá go raibh muid ag iarraidh dhá dhuine dhéag a bheadh sásta nó in ann siúl ó Charna go Bearna d'iarr muid amach an pobal uilig. Agus, ar ndóigh, níor tháinig an pobal uilig amach, agus ní thiocfaidh go brách, mura mbeidh cúis uafásach mór uilig ann, agus de bharr go raibh siad iarrtha amach againne agus nach raibh ach slua beag againn, thaispeáin seisean an slua beag agus chuir sé béim ar an slua beag. Bhí muid míshásta leis sin.

Bhíodh *Féach* agus Gluaiseacht Chearta Sibhialta na Gaeltachta mór le chéile seachtain amháin agus ag troid le chéile an tseachtain dár gcionn. In agallamh le Seán Ó hÉalaí ar Raidió na Gaeltachta blianta fada ina dhiaidh sin rinne Breandán cur síos ar an gconspóid áirithe siúd:

Bíonn an clár teilifíse ag teacht i dtír ar choistí áitiúla agus déanann coistí áitiúla iarracht teacht i dtír ar an gclár teilifíse, agus go minic ní bhíonn ceachtar den dá thaobh sásta. Bhí máirseáil ó Charna go Bearna anseo blianta ó shin agus cuireadh scéala chugainn, agus tháinig muid anuas. Bhí an mháirseáil an-bheag, agus ar bhealach aisteach eicínt nach dtuigim go dtí an lá atá inniu ann, cuireadh an milleán ar an gceamara. Agus bhí litreacha fíochmhara sa bpáipéar – mé féin agus Eoghan Harris agus Seosamh Ó Cuaig agus Deasún Fennell ag plé le chéile. Ach ní raibh ann sa deireadh thiar thall ach 'troid na mba maol' mar bhí muid uilig ar an gcuspóir chéanna, agus ar a laghad ar bith bhí an rud beo!

Ba é tús agus deireadh an scéil gur fheil *Féach* agus Gluaiseacht Chearta Sibhialta na Gaeltachta go maith dá chéile agus gur cruthú praiticiúil a bhí anseo ar fad ar an teoiric a chuir Lelia Doolan in iúl i dtús an leabhair *Sit Down and Be Counted*: '*that radio, television and the press are essentially dialogue-forms.*'

Chuaigh Raidió na Gaeltachta, oidhre dlisteanach Shaor-Raidió Chonamara, ar an aer Domhnach Cásca 1972. Bhí aighneas faoin stáisiún ón tús, mar is léir ó mhír nuachta a bhí san *Evening Press* ar an 25 Feabhra 1971 faoi shiompóisiam a bhí ag Craobh Shéamais Uí Chonghaile de Chonradh na Gaeilge in Óstán Power's i mBaile Átha Cliath an oíche roimhe sin:

> The people of the Gaeltacht will not accept a Gaeltacht Radio under RTÉ. This was stated last night by a spokesman for the Gaeltacht Civil Rights Movement, Mr Seán Ó Tuairisg . . . 'The Gaeltacht Civil Rights Movement would accept technical and financial help from RTÉ if that was forthcoming,' he said, 'but we will not accept a transplant from Henry Street or Donnybrook. The people of the Gaeltacht did all the work towards the establishing of a radio for the Gaeltacht, he claimed. 'We will not allow a group of professional Gaeilgeoirí to take over after doing the work . . . Don't imagine that the people of the Gaeltacht are so thick that they must be shown what they want by people from outside.' . . . Mr Eoghan Harris, RTÉ producer, who chaired the meeting, said that the way out of the dilemma about control was to forget who ran the station and concentrate on who worked in it.[3]

Bhí Breandán Ó hEithir i láthair ag an gcruinniú áirithe sin agus, cé gur labhair os cionn scór den slua mór a bhí i láthair, níor labhair Breandán. Níor ghnách leis labhairt go poiblí. I scríbhinn a chuir sé pé tuairim ba mhian leis a nochtadh agus bhí tuairimí láidre aige faoi Raidió na Gaeltachta. I bhforlíonadh faoin nGaeltacht a foilsíodh san *Irish Times* ar an 30ú Iúil 1970, thug sé féin agus Máirtín Ó Cadhain a dtuairimí faoin gcineál raidió a theastaigh uathu. Dúirt Breandán:

Seirbhís nua réabhlóideach a chaithfeas a bheith sa tseirbhís seo do na Gaeltachtaí uile agus don tír fré chéile . . . Ba mhaith liom go mbeadh an Stáisiún Raidió seo . . . ní hamháin ag caint le muintir na Gaeltachta agus muintir na Gaeltachta ag caint lena chéile, ach go mbeadh an stáisiún seo ag caint leis an tír fré chéile i dtaobh céard atá sa nGaeltacht, céard iad fadhbanna na Gaeltachta, cén tábhacht ó thaobh na tíre ar fad fré chéile atá leis an nGaeltacht agus leis an nGaeilge.

Agus dúirt Ó Cadhain:

Sea . . . nuair a fheicim na rudaí a chonaic mé le mo linn féin, nuair a fheicim, cuir i gcás, áiteacha ar chuala mé Gaeilge; Gaeilge chomh cumasach le aon Ghaeilge atá scríofa sna leabhra, agus Gaeilge arbh oidhre díreach í ar an nGaeilge a cuireadh sna leabhra móra ar nós *Leabhar na hUidhre* agus *Leabhar na Nua-Chongabhála* agus mar sin: chonaic mé na ceantair sin agus chuala mé an Ghaeilge sin, agus feicim inniu iad, cé go mb'fhéidir go bhfuil cuid acu ag fáil deich bpunt Roinn na Gaeltachta agus gan tada ar a mbéal ach Béarla briste . . .

Cailleadh Máirtín Ó Cadhain an Deireadh Fómhair dár gcionn. Cúpla mí sula bhfuair sé bás dúirt sé le Seosamh Ó Cuaig ag Scoil Mherriman i gCill Chaoi go raibh dóchas aige go raibh an Rialtas dáiríre an iarraidh seo faoin tseirbhís nua raidió a chur ar bun. Níor mhinic le Ó Cadhain a rá go raibh an Rialtas i ndáiríre faoi rud ar bith a bhain leis an nGaeilge, ach ba chosúil gurbh fhíor dó é an uair seo. Bunaíodh Raidió na Gaeltachta i 1972. Fuair roinnt de cheannairí Ghluaiseacht Chearta Sibhialta na Gaeltachta, Seán Ó Tuairisg ina measc, postanna ann; diúltaíodh post do roinnt eile acu. Deir Risteárd Ó Glaisne ina leabhar *Raidió na Gaeltachta:*

Sula raibh an stáisiún réidh le dhul ar aer ar chor ar bith bhí a chéad-aighneas tosaithe. I measc an tseachtair a ceapadh mar Chlár-Reachtairí ní raibh aon duine a raibh taithí ar bith ar an iriseoireacht aige – cé go raibh beirt ar a laghad i measc na n-iomaitheoirí a raibh a leithéid de thaithí acu; iriseoir lánaimseartha ab ea Seosamh Ó Cuaig, duine acu sin . . .[4]

Nuair a d'éirigh an chéad Cheannaire, Pádraig Ó Raghallaigh, as a phost agus gan an stáisiún mí ar an aer, d'fhógair Údarás RTÉ go raibh Aindreas Ó Gallchóir ceaptha acu ina áit agus go rachadh sé i bhfeighil a chúraim láithreach bonn. Ina measc siúd a chuir fáilte roimh an gceapachán bhí deartháir Bhreandáin, Éanna Ó hEithir, a bhí ina mhúinteoir scoile in Inis Oírr ag an am. Rinne Éanna roinnt léirmheastóireachta ar Raidió na Gaeltachta don *Irish Times* agus ba mhaith uaidh píosa a scríobh. Scríobh sé ar an 12 Bealtaine 1972:

> Tá casaoid choiteann dá déanamh faoi Raidió na Gaeltachta ar an ábhar go bhfuil an iomarca caointe air: amhráin chráite, caint chráite faoin seansaol agus caint níos cráite ná sin faoin saol atá romhainn amach. Ach cé leis a mbeadh súil againn? Nach muid údair choiteann an Bhéil Bhoicht? Ag fuarchaoineachán a chaitheann muid an saol, ag ceasacht ar Dhia is ar dhuine. Más ceart don raidió íomhá an phobail a thaispeáint dó féin, sí an éagcaoine seo is freagraí. Ach bhí faitíos orm ansin le tamall go dtiocfadh críoch leis an stáisiún i racht ghoil agus olagóin, i stoirm spriocht . . .
>
> Ach deá-scéala ó Dhia chugainn agus ní gaire cabhair Dé ná Montrose, tá fear Gaeltachta agus fear aduaidh ag glacadh ceannas ceann ar an tseirbhís raidió anois. Tá jab mór roimhe – ní istigh sa stáisiún atá i gceist agam, ach ar fud na dúthaí. Duine ar bith san iarthar a dhéanann iarracht na cailleacha caointe a chur ina dtost, tá a fhios aige chomh righin is atá na scrogaill acu . . .

Sula raibh a thréimhse trí bliana ceannaireachta críochnaithe ag Aindreas Ó Gallchóir i gCasla bhí Éanna Ó hEithir i gcré na cille, agus bliain go díreach ina dhiaidh sin cailleadh Rónán, an mac ab óige a bhí ag Breandán agus ag Catherine. Sé seachtaine tar éis bhás Rónáin iarradh ar Bhreandán dul go Casla mar Cheannaire Sealadach; gach samhradh ó ceapadh Aindreas ina Cheannaire i gCasla thógadh Breandán a áit sa Raidió ar feadh míosa nó mar sin, le seans a thabhairt d'Aindreas dul ar laethanta saoire. Bheadh a thréimhse trí bliana ceannaireachta críochnaithe ag Aindreas ar an 10ú lá de Bhealtaine 1975, tréimhse ar dhúirt Risteárd Ó Glaisne fúithi, ina leabhar *Raidió na Gaeltachta:*

Ón méid taighde atá déanta agam féin, bheinn sásta a rá gur fearr a chruthaigh Ó Gallchóir mar Cheannaire ná aon duine go dtí 1978, cibé ar bith. Breandán Ó hEithir a thug an chéad tréimhse mar Cheannaire sealadach ar Raidió na Gaeltachta an iarraidh sin. Pádraig Ó Néill, Gaeilgeoir as iarthar Chorcaí a bhí tar éis a bheith le Raidió Éireann le fada an lá, an dara tréimhse.[5]

Bhí brú mór eile ar Bhreandán ag an am seo; bhí sé ag críochnú a chéad úrscéil *Lig Sinn i gCathú* agus ag iarraidh an script a bheith istigh roimh an sprioclá do Chomórtais Liteartha an Oireachtais. Chuaigh sé siar seachtain roimh an am, chuir sé faoi in Óstán Cheathrú Rua agus thosaigh sé ag scríobh ar a dhícheall. Níor thúisce thiar é, agus gan a thréimhse ceannaireachta tosaithe fós ar chor ar bith, ná a chuaigh foireann Raidió na Gaeltachta amach ar stailc ar an 5ú lá de Bhealtaine 1975. Seo coimriú ar an gcur síos atá ag Risteárd Ó Glaisne ar údar na stailce sin:

Is amhlaidh a fógraíodh post mar Eagarthóir Clár a bheith ag imeacht i lár na bliana roimhe sin. Triúr a chuir isteach air – beirt chlár-reachtairí, Máirtín Ó Fátharta agus Tomás Ó Ceallaigh, agus teicneoir, Ted Berry, a bhíodh ag obair le Raidió Éireann sular bunaíodh Raidió na Gaeltachta. An chéad scéal eile a fuair na clár-reachtairí, gur tugadh an post do Bherry . . . Níor cuireadh aon agallamh ar an bheirt eile a chuir isteach ar an phost . . . Chuir an National Union of Journalists in éadan an cheapacháin . . .

De ghrá an réitigh d'fhéach an NUJ le teacht ar chomhshocrú a cheadódh do Bherry a phost sinsireach a choimeád ach a chinnteodh nach mbeadh sé ina údarás ar shaothar na gClár-Reachtairí . . . Trí seachtaine ina dhiaidh sin bhain fógra ón Ghallchórach siar as na clár-reachtairí: 'Tá Tadhg Ó Béarra ceapaithe mar Chúntóir don Cheannaire' ar seisean 27 Márta 1975. '. . . beidh sé mar chúntóir ag an gCeannaire i rith na seirbhíse, leagan amach sceideal craolta agus oibre . . . iad seo chomh maith le haon chúramaí eile a shocraítear idir é féin agus an Ceannaire ó am go ham.' . . . I ndeireadh mhí Aibreáin tugadh fógra don fhoireann go mbeadh Berry feasta ina léiritheoir ar chlár spóirt an Domhnaigh . . . Cuireadh in iúl don Cheannaire nach nglacfadh an fhoireann leis sin . . . Léirigh Berry an clár spóirt ar maidin Dé Domhnaigh, 4 Bealtaine agus cuireadh clár-reachtaire amháin, Máirtín Ó Fátharta, ar fionraí nuair a dhiúltaigh sé comhoibriú leis an socrú sin. An mhaidin dár gcionn chuaigh baill an NUJ ar stailc.[6]

Chríochnaigh Aindreas Ó Gallchóir a thréimhse ceannaireachta i gCasla ar an deichiú lá de Bhealtaine 1975, le linn don stailc a bheith fós ar siúl, agus ceapadh ina Cheannasaí Cúnta Clár Teilifíse in RTÉ é. Mí nó mar sin a mhair an stailc i Raidió na Gaeltachta; chuaigh na Clár-Reachtairí ar ais ag obair ar an 30ú lá de Bhealtaine agus bhí Breandán ina Cheannaire sealadach ansin go dtí lár mhí Lúnasa.

Faoin am ar fhág Breandán Casla i Lúnasa 1975 bhí sé fógartha ag RTÉ agus ag Seirbhís Eolais an Rialtais go mbeadh Muiris Mac Conghail, a bhí díreach tar éis dhá bhliain a chaitheamh ina Cheannasaí ar an tSeirbhís Eolais Rialtais chéanna, faoi Chomhrialtas Liam Mhic Coscair, le ceapadh anois ina Cheannaire ar Raidió na Gaeltachta agus ina chúntóir ag Príomh-Stiúrthóir RTÉ ó Mheán Fómhair na bliana sin. Scríobh Nollaig Ó Gadhra i *Scéala Éireann*[7] 'Cá bhfuil an tír eile ar domhan inar ceapadh ceann oifig bholscaireachta an Rialtais i gceannas ar sheirbhís raidió thar oíche, gan tréimhse idir eatarthu fiú amháin?' Dhá lá roimhe sin sa nuachtán céanna, scríobh Tom O'Dea: '*Nobody is worried because Mr Mac Conghail has been appointed head of Raidió na Gaeltachta – serves him right to be landed with that bag of weasels, is how many view it – but to be assistant to the D.G., that's another matter.*'

Duine ar bith atá ag iarraidh eolais faoi imeachtaí Raidió na Gaeltachta agus imeachtaí RTÉ i gcaitheamh na mblianta corraitheacha sin ní fearr rud a dhéanfadh sé ná leabhar Risteáird Uí Ghlaisne *Raidió na Gaeltachta* a léamh. Is spéisiúil an rud é go raibh baint dhíreach nó indíreach, go ceann blianta fada ina dhiaidh sin, ag Breandán Ó hEithir agus ag Proinsias Mac Aonghusa le Raidió na Gaeltachta. Nuair a d'fhág Muiris Mac Conghail ceannaireacht an Raidió i Meitheamh 1976 bhí Proinsias Mac Aonghusa ar dhuine de sheachtar a chuir isteach ar an bpost. Roghnaigh an bord agallaimh d'aon ghuth é, ach nuair a cuireadh a ainm faoi bhráid fochoiste de chuid Údarás RTÉ chuir Príomhstiúrthóir RTÉ, Oliver Moloney, agus Jim Maguire – ball den Údarás – ina aghaidh agus diúltaíodh dó. Fágadh an post gan líonadh ar feadh naoi mí agus is iad Breandán Feirtéar, Feardorcha Ó Colla agus Uinsin Mac Gruairc a líon an bhearna go sealadach go dtí gur ceapadh Proinsias Ó Duigneáin ó Dheasc na Nuachta Gaeilge in RTÉ ina Cheannaire in Aibreán 1977. In Aibreán na bliana 1978 bhí Proinsias Ó Duigneáin imithe arís agus post faighte aige ina Eagarthóir Oíche i *Scéala Éireann*. Bhí scéala san *Irish Independent* ar an 13 Bealtaine 1978:

> RTÉ is now finding it virtually impossible to appoint a new Head of Raidio na Gaeltachta to replace Proinsias Ó Duigneáin, who left the post last month to return to Dublin journalism.
>
> One of the front runners for the position, well-known broadcaster, author and journalist, Breandán Ó hEithir, issued a statement last night saying that he is no longer in contention.

Ar an 10ú Meitheamh 1978 bhí scéala ar an *Irish Times* agus ar *Scéala Éireann* gur diúltaíodh an post mar Cheannaire a thabhairt do Bhreandán Ó hEithir, cé go ndeir Risteárd Ó Glaisne ina leabhar nach raibh fírinne ar bith sa scéala. Bhí an scéal ag Dónal Foley, cara mór le Breandán, ina cholún 'Saturday Column' san *Irish Times:*

> The Authority has turned down another distinguished broadcaster in Breandán Ó hEithir. Ó hEithir learned this week that he was not acceptable to one member of the Authority.[8]

Bhí sé curtha níos soiléire fós ag Tom O'Dea ina cholún teilifíse i *Scéala Éireann:*

> One man who has not been earmarked for advancement is Breandán Ó hEithir. Though the vacancy in the Controllership of Raidio na Gaeltachta is a gaping hole, and though Mr Ó hEithir was vastly acceptable to the Director-General, he didn't pass muster with Jim McGuire. But that's an old story.

Is é Brian Mac Aonghusa, a bhí i gceannas riaradh na hinnealtóireachta in RTÉ ón mbliain 1974, a ceapadh ina Cheannaire an uair seo, an cúigiú Ceannaire in imeacht cúig bliana agus an tríú Ceannaire in imeacht dhá bhliain. Faoin am seo bhí Príomhstiúrthóir nua ar RTÉ, George Waters as Contae Mhaigh Eo, agus níor cheil fear Bhéal an Átha, Jim Maguire, a thacaíocht air, in Údarás RTÉ ná ina nuachtán, an *Western People.* Nuair a ceapadh an tAthair Leon Ó

Móracháin as Contae Mhaigh Eo ina Chathaoirleach ar Chomhairle Raidió na Gaeltachta i Samhain na bliana 1978 agus nuair a thacaigh Jim Maguire leis an bhfeachtas a bhí ag an Athair Leon in aghaidh an óil, bhí caint mhór ar feadh tamaill i Montrose ar 'Mhafia Mhaigh Eo'.

Chríochnaigh tréimhse cheannaireachta dhá bhliain Bhriain Mhic Aonghusa i Iúil 1980 agus socraíodh gur cheart duine d'fhoireann Raidió na Gaeltachta féin a cheapadh feasta. Is iad Mícheál Ó Sé, Breandán Feirtéar, Pól Ó Gallchóir agus Tomás Mac Con Iomaire na Ceannairí a tháinig ina dhiaidh sin. Is iomdha píosa breá craoltóireachta a rinne Breandán Ó hEithir ar Raidió na Gaeltachta i gcaitheamh na ndeich mbliana ina dhiaidh sin, go háirithe le linn tréimhse bhláfar cheannaireachta Bhreandáin Feirtéar.

Chuir an dá Bhreandán aithne ar a chéile nuair a bhí an Feirtéarach ag dul ar an Ollscoil i nGaillimh agus ag fanacht in aon lóistín le Mícheál Powell, a raibh gaol ag Breandán leis. Ina sheasamh taobh amuigh den áirse sa gColáiste a bhí Breandán Feirtéar lá agus gan pingin ina phóca:

Agus tháinig an fear seo an treo, *duffel coat* buí air, agus labhair sé i nGaolainn agus dúirt sé, 'Fág seo suas Tigh Chúc agus beidh pionta a'inn.' Agus dúrtsa leis: 'Ní raghad.' Níor aithníos é. 'Ní raghad,' adúrt leis. 'Cén fáth?' a dúirt sé. 'Níl aon airgead agam,' adúrtsa leis. Chuir sé a lámh ina phóca agus thóg sé amach rolla mór airgid agus dúirt sé, 'Tá airgead agamsa' . . . Agus gach aon tseachtain ina dhiaidh sin thagadh Breandán Ó hEithir go Gaillimh agus is é Breandán Ó hEithir a bhíodh ag íoc as gach aon scoláire a bhí sa lóistín seo agamsa, agus muid ag ól in Óstán an Chastle.

Ina dhiaidh sin chuireas aithne air nuair a bhíos ag plé le Scoil Dhún Chaoin nuair a tháinig sé chun agallamh a dhéanamh linn; ní hé amháin chun agallamh a dhéanamh linn ach chun comhairle a thabhairt dúinn mar gheall ar nach rabhamar ag láimhseáil an phreas agus ag déanamh rudaí i gceart . . .

Meabhraíonn sé sin scéal dom a chuala mé ó chara meánscoile liom, Máirtín Ó Faoláin as Ard an Rátha i gContae Dhún na nGall, fear a raibh aithne mhaith aige ar Bhreandán Ó hEithir freisin. Bhí Máirtín ina Gharda i Sráid an Stóir i mBaile Átha Cliath i 1969 nuair a shroich máirseáil Ghluaiseacht Chearta Sibhialta na Gaeltachta as Dún Chaoin an phríomhchathair agus nuair a rinneadar agóid i Sráid Uí Chonaill. Ghabh na Gardaí roinnt acu agus bhíodar an-gharbh leo. Thugadar go beairic Shráid an Stóir iad agus nuair a d'éilíodar Garda a raibh Gaeilge aige cuireadh fios ag an nGarda Máirtín Ó Faoláin:

Bhí mise ag caint leo i nGaeilge nuair cé shiúil isteach den tsráid ach Breandán Ó hEithir. 'Chonaic mé na Gardaí ag tógáil na ndaoine seo agus teastaíonn uaim go gcaithfí go maith leo,' a dúirt sé. Nuair a chonaic sé mise bhí sé sásta go raibh Garda a raibh Gaeilge aige ag déileáil leo. Chuir sé é féin in aithne mar thuairisceoir ón *Irish Times*, agus murab é gur tháinig sé isteach tá seans maith go gcoinneofaí i gcillín go maidin iad. Bhí an-mheas agamsa ar Bhreandán.

Inseoidh mé scéal eile faoi Bhreandán duit. Bhí mise i mo Gharda óg i nGaillimh i 1962, an chéad lá de Rásaí na Gaillimhe. Bhí cead ag na tithe ósta fanacht oscailte go dtína haon ar maidin ach bhí cuid acu lán fós ag a trí nó a ceathair ar maidin. Bhí an Ceannfort Pádraig Ó Gallchóir, as mo chontae féin, díreach tar éis teacht ar diúité i nGaillimh agus thug sé leis mé féin agus cúpla Garda eile an dara hoíche de na rásaí. Thart ar a ceathrú tar éis a dó ar maidin shiúil muid isteach san Old Malt. Bhí slua maith istigh agus d'aithin mé Breandán thall cois an chuntair agus é ag caint le fear an tí, Ned Walsh. Thóg muid amach na leabhair nótaí agus níor thúisce sin déanta againn ná d'éirigh Breandán agus shiúil sé anall chugainn agus dúirt sé liomsa: 'Oíche mhaith anois agat, a Gharda. Is mise Tomás Ó Domhnaill as an mBaile Láir, Doirí Beaga, Tír Chonaill. Bhí mé díreach ar tí a dhul abhaile,' agus bhuail sé bóthar. Thóg mise an t-ainm agus an seoladh agus níor dhúirt mé tada. Chuaigh an ghairm chúirte go Tír Chonaill agus seoladh ar ais go Gaillimh arís í agus 'níl aithne air anseo' scríofa uirthi. Níor dhúirt mé tada faoi sin le haon duine riamh go dtí an nóiméad seo.

Le linn d'Ó hEithir a bheith ina Cheannaire gníomhach ar Raidió na Gaeltachta timpeall na bliana 1973, agus le linn do Bhreandán Feirtéar a bheith ina Chlár-Reachtaire i gCiarraí, thug Feirtéar ceann dá chéad chuairteanna ar an stáisiún i gCasla. Bhí carr Uí Eithir briste agus í fágtha i leataobh an bhóthair ag crosbhóthar Ros an Mhíl. Bhí clár le déanamh ag Feirtéar an oíche chéanna, ach in áit é a ligean ag déanamh an chláir is amhlaidh a d'ardaigh Ó hEithir leis é ar chamchuairt Chonamara. Chuadar isteach Tigh Uí Mhóráin i gCarna agus níl teach ósta as sin aniar go dtí Tigh Chit Uí Fhlatharta i gCasla nár óladar deoch ann. Bhí Aindreas Ó Gallchóir fillte óna chuid saoire faoin am ar tháinig siad ar ais agus bhí rudaí ina gceart.

Nuair a bhí an chéad eagrán den chlár 'Beo-Iris', an chéad cheangal beo idir na stiúideonna réigiúnacha i Raidió na Gaeltachta, réidh le dhul ar an aer ar an gcúigiú lá de mhí Feabhra 1973, d'fhógair Seán Ó Loingsigh olltoghchán an tráthnóna céanna sin. Mar ba mhinic i gcás práinne mar seo, chuathas ar thóir Bhreandáin Uí Eithir. An píosa cainte a rinne sé beo ar an aer, gan aon réamhullmhúchán ná aon am chuige, b'fhéidir nach é an píosa is iontaí dá ndearna sé riamh é, ach is sampla maith é den tsiúráilteacht a bhain leis, agus den chaoi a raibh sé in ann tarraingt ar a thaithí craoltóireachta agus ar an eolas ginearálta a bhí aige ar chúrsaí toghchánaíochta.

Mar a dúirt Breandán Feirtéar faoi:

> Ní dóigh liom gur dhein sé drochphíosa craolta raidió riamh. Bhí sé in ann teacht isteach i stiúideo ar ala na huaire, ar aon ábhar, agus píosa breá a dhéanamh ar an Oir-Ghearmáin, ar Chile, ar olltoghchán, ar thoghchán na hUachtaránachta, ar aon toghchán ar aon chor.

Tháinig mé ar na nótaí seo a leanas, i bhfoirm dialainne, i bpáipéir Bhreandáin, a scríobh sé le linn na tréimhse a chaith sé i gCasla i samhradh 1975, nuair a bhí stailc ar siúl i Raidió na Gaeltachta agus nuair a bhí Breandán ag críochnú a chéad úrscéil *Lig Sinn i gCathú*. Ní miste smaoineamh gurb éard atá i *Lig Sinn i gCathú* cur síos ar imeachtaí dheireadh seachtaine na Cásca 1949 i nGaillimh ('Baile an Chaisil' sa leabhar) agus go bhfuil Breandán ag tagairt sna nótaí do eachtraí lae amháin ar leith ag an am (Déardaoin, Dé hAoine, Dé Sathairn, etc.) a bheith scríofa aige agus é réidh le dhul ar aghaidh chuig eachtraí an lae dár gcionn:

3.5.75:

Anuas as Bleá Cliath go Casla. Stop in Uarán Mór chun an Cup Final a fheiscint. Siar don Cheathrú Rua chuig Aindí?. Titeann néall dubh anuas orm nuair a fheicim Casla agus nuair a chuimhním ar an dream duairc uafásach atá ag obair ann. Deireann Aindí go bhfuil bagairt stailce ann. Tosaím ag ól arís ach ní mór é.

4.5.75:

Cuma chinnte stailce ann inniu. Téim go Leitir Mealláin áit a gcaithim an mhaidin ag éisteacht le CCOB[10] ag cur síos ar an Tuaisceart agus Rialtas Bhleá Cliath agus éadóchas ina ghlór. A chuid teoiricí ar fad ina smionagar anois ach ní admhóidh sé sin. Téim Tigh Johnnie O'Toole agus déanann cur síos ar chúrsaí na Fodhla agus an domhain. Tosaíonn an stailc neamhoifigiúil faoin gclár spóirt. Feictear dom anois go dtuigim an cineál uafáis a ghiorraigh le mo mháthair agus le mo dheartháir. Daoine ag déanamh athfháis agus ag lobhadh de réir a chéile. Galar atá ann.

5.5.75:

Tá an mhaidin go hálainn thiar ag Trá an Dóilín – ag breathnú trasna ar an Trá Bháin agus ar Leitir Móir agus an fharraige ina gloine. Níl na páipéir ar fáil agus tá picéad neamhoifigiúil ar an ngeata. Mé féin ag iarraidh an leabhar a chur i dtoll a chéile chomh maith agus is féidir. Obair mhaith tráthnóna. Tá an stailc oifigiúil. 'Murach an UJ seo bheadh an áit ceart.'

6.5.1975:

Maidin bhreá eile thiar ag an bhfarraige. Deacair socrú isteach ar an obair ach ag coinneáil leis. Níl aon bhriseadh i gcúrsaí na stailce. An obair ag dul ar aghaidh togha anois. Ráiteas fuarbhruite ó Chraobh RTÉ den NUJ faoin stailc agus gan aon chainteanna fós ann.

7.5.1975:

Lá thar cionn oibre. Go Gaillimh ar maidin agus ar ais tráthnóna luath. Tháinig an scríobh éasca ar feadh trí huaire a' chloig. Isteach Gaillimh ag béile. Abhaile 12.30.

8.5.1975:

Maidin fuar go leor. Rinneadh iarracht mharfach ar Shéamus Costello aréir. Maidin iontach oibre. An carr as alt agus ní fearr ar bith é. Beidh Déardaoin críochnaithe anocht agus cuirfimid bail ar an Aoine amáireach. Má ritheann linn mar seo beidh muid ceart. Tá 25 lá againn don sprioc. An rud is tábhachtaí sa bhfad-théarma ná nós beatha a bhriseadh agus scaradh le clis na hiriseoireachta – éascaíocht na hiriseoireachta go speisialta. Airím anois go bhfuil ag éirí liom de réir a chéile. Ní fios cén tionchar a bheas aige seo ar fad ar mo nósanna scríbhneoireachta go dtí seo. B'fhéidir go mbeadh toradh buan ar an Duais Ghael-Mheiriceánach – agus ar stailc Raidió na Gaeltachta freisin!

9.5.1975:

Níor éirigh liom an Déardaoin a chríochnú ach is gearr uaim. Tá an aimsir ag briseadh agus tá súil agam le Catherine tráthnóna. Níl aon scéal fós faoin stailc. Isteach ag Jimmy Bheartla. Castar Pete Ó Sé orm ann. Gaillimh, áit a raibh Catherine.

10.5.1975:

Suas go dtí Áth Buí chuig lón na Comhairle. (Comhairle Raidió na Gaeltachta). Cuireann Bríghid Bean Uí Éigeartaigh i mo leith go bhfuilim ar thaobh Uí Mhóráin de bhrí díreach go rabhas ag caint leis! Tar éis an lóin ar aghaidh go Baile Átha Cliath áit ar bhuail Éirinn an Eilbhéis 2 – 1. Chas le Farmer agus d'éirigh mé as an gclár faoin Munster Final. Níl aon scéal faoin stailc ach go raibh cóipeanna de chomhfhreagras an NUJ ag Bríghid Bean ag an gcruinniú.

11.5.1975:

Ag breathnú ar Foley agus Uncail Liam – eisean ina chodladh. Tugaim Dad síos Contae an Chláir. Turas thar a bheith go deas ar fad. Aníos Gaillimh.

12.5.1975:

Ar ais sa gCeathrú Rua. Picéad fós thuas ach duine de na cailíní a bhí amuigh ar ais ag obair. Cuireann an áit cineál gruaime orm ach tá an Déardaoin críochnaithe agus má éiríonn liom an Aoine a chríochnú amáireach tá mé ceart. Glaonn Kennerley orm. Tá sé ag teacht amáireach.

13.5.1975:

Maidin fhliuch. Grian bhreá níos deireannaí. Kennerley ar a bhealach anuas. Aindí ag teacht ar ais.

14.5.1975:

Go hÁrainn in éindí le Kennerley. Lá chomh breá is a chonaic mé riamh ann. Níl ach 7 ar an dole – iad ag obair ar scéimeanna éagsúla. Ach an áit ina chiomach le sreanganna agus le cuaillí ESB. Cén fáth nár cuireadh an t-iomlán faoi thalamh? Isteach is amach ar an eitleán. Radharc iontach.

Ag déanamh an scannáin *My Own Place* a bhí Breandán in Árainn in éineacht leis an léiritheoir Peter Kennerley ó RTÉ. Ní raibh focal Gaeilge ag Kennerley ach d'oibrigh sé féin agus Ó hEithir go hiontach le chéile agus rinneadar cláracha den scoth le chéile – an ceann seo in Árainn san áireamh. Bhí an ghruaim a chuir Raidió na Gaeltachta ar Bhreandán le brath ina ghlór sa scannán, nuair a craoladh é an fómhar dár gcionn. Bhí sé ag fágáil slán sa scannán, thar a cheann féin agus thar ceann a mhuintire, lena n-oileán dúchais. Taispeánadh an clár den chéad uair ar RTÉ ar an gcéad lá de Dheireadh Fómhair 1975.

Nuair a d'fhill Breandán ar Chasla lean sé leis na nótaí dialainne:

15.5.1975:

An chéad iarracht cheart an stailc a réiteach. Cruinniú san óstán ar feadh an lae. Tagann muintir Bhaile Átha Cliath anuas. Níl aon toradh ar an gcruinniú.

16.5.1975:

Ag scríobh liom. Oíche mhór i dTy ar Mor![11]

17.5.1975:

Go Baile Átha Cliath. B'éigean dom bonn nua a cheannach i gCeann Átha Gad. Téim féin agus Ruairí chuig an Damer.

18.5.1975:

Tá an Déardaoin críochnaithe agus dá chlóscríobh ag Maggie.[12] Buaileann an Mhí Baile Átha Cliath agus 40,800 duine i láthair. Níl toradh ar bith ar an réiteach. Measaim anois nach bhfuil aon fhonn socrú orthu fós agus níl mé féin ró-bhuartha – cé go bhfágfaidh stailc fhada drochbhlas ina diaidh. Buaileann smaoineamh mé.

19.5:1975:
Cuirim cáin ar an gcarr agus téim siar arís. Tá an aimsir iontach. Tá an *Aoine* beagnach críochnaithe agus tá Bobbie[13] ag dul ag clóscríobh dom.

20.5:1975:
Lá bruite eile. An Aoine le críochnú amáireach agus tosaím ar an Satharn. Nílim chun dul abhaile ar chor ar bith ag an deireadh seachtaine.

Tá bearna mhíosa fágtha sa dialann ag Breandán agus ansin an iontráil dheiridh seo:

17.6.75:
Críochnaíodh an leabhar agus tá sé istigh ar an Oireachtas. Chríochnaigh an stailc freisin agus tá mé ag obair i gCasla ó shin. Tá sé deacair tionchar na háite ort a mhíniú ach sí an ghruaim a thoradh. Ní rud é seo a tharlaíonn de thimpist. Cuid d'fheachtas leanúnach atá ann agus is furasta a fheiscint cé tá páirteach ann. Tá tacaíocht ó dhuine áirithe i mBaile Átha Cliath aige agus níl sé éasca a dhéanamh amach ar chor ar bith cén chuspóir atá leis. Smacht a fháil ar an áit? B'fhéidir. Is dóichí gurb é is cuspóir dó ná duine áirithe a bhrú ar aghaidh agus isteach i bpost an Cheannaire. Ní shílim go bhfuil seans dá laghad go dtarlóidh sin. D'fhág mé RnaG ar an 13ú Lúnasa den uair dheiridh. Ní oibreoinn sa nGaeltacht ar ór ná ar airgead. Tuilleadh faoi sin ar ball.'

Ach murar bhain muintir Chonamara mórán gáirí as Breandán an t-am sin thiar, bhain a chomh-Árannach, Máirtín Jaimsie Ó Flaithearta, gáirí as. Bhí Máirtín ag ól i gcomhluadar Bhreandáin agus Aindreas Uí Ghallchóir sa gCastle Hotel i nGaillimh an oíche áirithe seo agus bhí sé ag dul faoi agallamh i gcomhair jab i Seomra na Nuachta i Raidió na Gaeltachta an lá dár gcionn. Bhí sé an-deireanach faoin am ar fágadh an Castle agus a ndeachthas abhaile. Fuair Máirtín Jaimsie an bus go Casla lá arna mhárach agus d'ól sé cúpla muigín caifé Tigh Chit, in aice an stáisiúin, nuair ba mhó an dúil a bhí aige i rud éigin ní ba láidre. Nuair a shiúil sé isteach chuig an agallamh, cé bheadh ag an mbord roimhe ach Breandán agus Aindreas!

D'fhág Breandán na chéad cheisteanna ag Aindreas. D'fhiafraigh Aindreas de Mháirtín céard a dhéanfadh sé dá mbeadh sé ag obair ar *Na Cinnlínte ag a Sé* agus gan aon scéal nuachta a bheith tagtha isteach fós ag a cúig a chlog. Dúirt Máirtín go raibh uair an chloig fágtha fós agus go raibh sé cinnte go dtiocfadh scéal éigin isteach, as áit éigin. D'fhiafraigh Aindreas de ansin céard a dhéanfadh sé ag leathuair tar éis a cúig agus gan oiread agus aon scéal amháin nuachta tagtha isteach fós. Dúirt Máirtín go gcaithfeadh rud éigin tarlú, go gcaithfeadh duine éigin bás a fháil, go dtiocfadh scéal as áit éigin. 'Goidé a dhéanfá,' a d'fhiafraigh Aindreas, 'dá mbeadh sé cúig nóiméad chun a sé agus gan aon scéal fós agat?' Smaoinigh Máirtín ar a rá go gcumfadh sé féin scéal ach cheap sé go mbeadh sé sin contúirteach. '*By dad*!' a deir Máirtín, idir shúgradh agus dáiríre, 'ghabhfainn soir Tigh Chit!' Bhuail racht gáirí Breandán agus b'éigean dó a chloigeann a chur síos faoin mbord.

Nótaí

1   J.J. Lee: *Ireland 1945-70*: 1979: 113

2   Athair Mháire Geoghegan Quinn

3   *Evening Press*: 25 Feabhra 1971

4   *Raidió na Gaeltachta*: 90-91

5   *Raidió na Gaeltachta*: 202

6   *Raidió na Gaeltachta* :187-191

7   21 Iúil 1975

8   *The Irish Times:* 10 Meitheamh 1978

9   Aindreas Ó Gallchóir

10 Conor Cruise O'Brien

11 Bialann ar an gCéibh i mBearna

12 Mairéad Ní Chonghaile, Bean Mhíchíl Uí Chuaig

13 Bobbie Ní Cheannabháin, Bean Mhíchíl Mhic Dhonncha

14. Lig Sinn i gCathú - i nGaillimh

Bhí an ceart ag m'uncail Liam. Ar pháipéar, agus ar pháipéar amháin, a thagann scéal chun beatha.[1]

Nuair a fógraíodh Duaiseanna Liteartha an Oireachtais i bhfómhar na bliana 1975 ní hé amháin go bhfuair úrscéal Bhreandáin an phríomhdhuais ach bronnadh Gradam an Oireachtais ar an údar mar gheall ar ardchaighdeán na scríbhneoireachta. Alan Harrison agus Tomás Ó Floinn a bhí ina moltóirí ar an gcomórtas agus bhí an méid seo le rá faoin úrscéal ag Tomás Ó Floinn nuair a bhí Gradam an Oireachtais á bhronnadh:

Tá an t-úrscéal sa Ghaeilge chomh gann, annamh, le sméara dubha ar an dris i lár an gheimhridh. Ó thosaigh an tAthair Ua Laoghaire ar *Séadna* a fhoilsiú sa bhliain 1892, ba dheacair do dhuine leathdhosaen leabhar i nGaeilge a ainmniú a bhféadfaí úrscéalta, sa chiall cheart liteartha den bhfocal 'úrscéal', a thabhairt orthu. Braitheann sin mar bhreithiúnas, ar ndóigh, ar an sainmhíniú a dhéanfaí ar cad is 'úrscéal liteartha' ann. Dar le tuairim áirithe, is úrscéal scéal fada leanúnach ar bith a ríomhann imeachtaí daoine. De réir an tsainmhínithe sin, tá raidhse úrscéalta sa Ghaeilge – na scórtha, fiú na céadta, díobh. Is é atá i gceist againn anseo le húrscéal liteartha, áfach, iarracht phróis ina gcuireann an t-údar roimhe, go comhfhiosach, trí ríomh a dhéanamh ar eachtraí saoil foireann áirithe pearsan, léiriú a dhéanamh agus radharc a thabhairt ar ghnéithe áirithe den saol comhaimseartha: ar na *mores* a rialaíonn agus a stiúraíonn an saol sin, pé acu *mores* reiligiúin, móráltachta, sóisialtachta nó traidisiúin iad, agus ar cé mar a fhreagraíonn pearsain an scéil do na *mores* sin agus a n-éifeacht ar shaol agus ar dhán na bpearsan sin. Is i leith an tsainmhínithe sin a chuirim ar aghaidh mar thuairim go mba dheacair do dhuine an leathdhosaen féin de úrscéalta ceart-liteartha Gaeilge a ainmniú. Agus i leith an tsainmhínithe chéanna sin, níl aon amhras ná go bhfuil *Lig Sinn i gCathú* le Breandán Ó hEithir ar an mbeagán sin, go hard ina measc – ins an chéad áit gan amhras, dar liom.

Luaim mar shamplaí ar an saghas saothair atá i gceist agam *Cúrsaí Thomáis* le hÉamonn Mac Giolla Iasachta, *Cré na Cille* le Máirtín Ó Cadhain agus *Tonn Tuile* le Séamus Ó Néill. Agus ní mórán eile atá le cur leis an liosta sin.[2]

Tharraing an t-úrscéal seo go leor cainte nuair a d'fhoilsigh Sáirséal agus Dill é i Márta 1976 agus nuair a seoladh an leabhar go hoifigiúil in óstán an Shelbourne i mBaile Átha Cliath dhá lá roimh Lá Fhéile Pádraig. Bhí Eoghan Ó hAnluain, Léachtóir i Roinn na Nua-Ghaeilge i gColáiste na hOllscoile Baile Átha Cliath agus Eagarthóir ar an iris liteartha *Combar* 1966-1970, ar an té ba ghrinne a bhí ag coinneáil súil ar shaothar iriseoireachta Bhreandáin go dtí sin. Bhí sé freisin ar dhuine de na daoine is mó a thug misneach dó agus a bhí ag tuineadh leis an t-úrscéal a bhí ina cheann le fada a chur síos ar pháipéar. Rinne Eoghan an léirmheas seo ar an leabhar nuafhoilsithe ar Raidió Éireann i dtús an Aibreáin 1976:

Is sa scríbhneoireacht chruthaitheach is fearr agus is géire a aclaítear teanga agus is í is fearr teist ar acmhainní na teanga. Agus, ar ndóigh, tá tábhacht ar leith leis an scríbhneoireacht chruthaitheach sa Ghaeilge. Caitear saol na Gaeilge chomh mór sin san intinn gur faoiseamh agus saoirse ón ngéibhinn sin an t-athchruthú faoi stiúir na samhlaíochta a dhéantar, go háirithe san úrscéal.

Ní hiontas ar bith mar sin súil mhór a bheith ag daoine leis an leabhar seo ó Bhreandán Ó hEithir. Is é Breandán Ó hEithir an t-iriseoir Gaeilge is mó a bhfuil eolas air de bharr a shaothair i nuachtáin, ar Raidió agus ar Theilifís. Tugadh suas dó le fada go raibh cuisle na tíre seo tomhaiste go cruinn aige agus an té a léifeadh a shaothar le fiche bliain anall ar fud irisí is nuachtáin gheobhadh sé léiriú dosháraithe ar chora an tsaoil lena linn.

Tarraingím anuas an iriseoireacht de bhrí go ndéantar neamhshuim, nó gur dearnadh go dtí le gairid, de thábhacht na hiriseoireachta Gaeilge i múnlú agus in aclú na teanga. An té a chaithfidh scéal, nó tuairisc a sholáthar do eagarthóir ag sprioc-am ní hionann an cúram a dhéanann sé den teanga agus an té a bhíos ag líomhadh focal agus abairtí lena sníomh i bprós a mhairfeas le saol na bhfear – tá súil aige.

Is spéisiúil mar sin féachaint ar an gcaoi ar chuir Breandán Ó hEithir a chumas scríbhneoireachta i bhfeidhm agus é i mbun úrscéil. Láithreach bonn déarfainn gur éirigh thar cionn leis agus an cineál úrscéil a chuir sé roimhe a scríobh. Tá beocht iontach i ngach uile chur síos agus cuntas sa leabhar agus comhrá atá ar tinneall le héifeacht. Is iad an dá bhua seo a thugann an leabhar slán. Tá mionphictiúirí anseo de dhaoine agus d'áiteanna atá ar fheabhas le cruinneas: Easpag mórchúiseach tiarnúil, sáirsint gardaí réchúiseach glic, mná i gcúinní tí ósta a ligeann a racht domlais díobh go fíochmhar, agus réimsí dochuimsithe carachtar a thaithíonn sráideanna, óstáin, tithe galánta agus siopa crúibíní Bhaile an Chaisil. Tá cluas atá iontach géar anseo, dhá shúil a fhéachann gan loiceadh ar nádúr agus ar iompar daoine agus bua cumadóireachta a aimsíonn an sprioc.

Ba ghnách sa tseanscéalaíocht log, aimsir, pearsa agus fáthanna scéil a thabhairt. Is í aimsir an scéil seo Deireadh Seachtaine na Cásca 1949 nuair a fógraíodh Poblacht na hÉireann. I mBaile an Chaisil, baile Ollscoile, a ríomhtar cúrsa an scéil agus is é príomhphearsa an scéil mac léinn Ollscoile a bhfuil géarchéim sroichte aige – trí bliana curtha amú aige agus a scoláireacht bainte de . . . Is trí shúile Mháirtín Uí Mhéalóid, an mac léinn drabhlásach, a léirítear eachtraí an scéil go hiondúil ach fágtar Ó Méalóid féin, im thuairimse, gan iomlánú mar charachtar – cé go bhféadfaí a áiteamh go mba chuid de chuspóir an údair é seo de bhrí go léirítear Ó Méalóid mar dhuine atá guagach ann féin, duine a thuigeann go bhfuil praiseach á dhéanamh aige dá shaol ach ar leasc leis aghaidh a thabhairt ar a chás féin. Seo é bunmhothú an leabhair – déistin, múisiam nach dtuigeann sé go rómhaith, mífhoighne le ceangal ar bith a chuirfeadh an saol air . . . Níl aon réiteach ró-éasca ar deireadh. Ligeann an mac léinn a racht déistine agus a chriogbhuille lena dheartháir, ar sagart postúil é agus ar comhartha é chomh maith de na coinbhinsin agus na nósa bréige a bhfuil sé féin ag iarraidh éalú uathu . . .³

Ní mórán nuachtán ná iris sa tír, idir mhór agus mhion, nach raibh léirmheas nó tuairisc faoi úrscéal nua Bhreandáin. Scríobh Dáithí Ó hUaithne san *Irish Times* Lá Fhéile Pádraig, faoin teideal 'Ar an Drabhlás i mBaile an Chaisil':

Tá a fhios ag an saol Fodlach, más ionann sin agus lucht léite na Gaeilge, gur bhuaigh Breandán Ó hEithir Duais Chuimhneacháin Sheáin Uí

Éigeartaigh san Oireachtas anuraidh leis an úrscéal *Lig Sinn i gCathú* atá
foilsithe anois ag Sáirséal agus Dill (£2.50). An chuid is mó de na daoine
sin beidh an dá shliocht as an leabhar a foilsíodh ar *Scríobh 1* léite acu,
agus iad cíocrach chun a thuilleadh. Is cuimhin leo an *Galgenhumor* sa
chéad shliocht, scéal ar ainniseoir bocht a lig air gur dhein sé iarracht chun
triúr fear a shábháil ó ghluaisteán a chuaigh faoi loch sna duganna, gur
dhein na hiriseoirí laoch seachtaine dhe.

'Nádúr' an leasainm atá air, toisc go mbíonn sé i gcónaí ag déircínteacht ar
stróinséirí, ag maíomh go bhfuil an-nádúr aige lena muintir; faighimid a thuille
dá chuid eachtraí sa leabhar seo. An tarna sliocht, ba chur síos an-bheo é ar
chluiche iománaíochta nár himríodh in aon chor, toisc gurbh fhearr le foireann
an Bháin Mhóir an corn a ghoid leis an lámh láidir ná é a bhuachaint de réir
rialacha Chumann Lúthchleas Gael. Tá ócáidí eile sa leabhar atá díreach
chomh taitneamhach leis sin, go mórmhór an searmanas ar Luan Cásca, nuair
a chuireann an tOllamh le hÁrseolaíocht isteach ar an Ollamh le Gaeilge, atá
ag léamh forógra na Poblachta, toisc go bhfuil fachta amach aige go bhfuil an
líne *Siad a d'adhain an tine beo* ar an leacht cuimhneacháin, rud nach féidir
a chosaint ó thaobh na gramadaí. Ach seasann an tOllamh le Gaeilge leis an
rud a cheap sé féin – 'Beo! Beo! Beo! A leibide gan léann! A dhruncaeir!
A leadaí na luaithe! . . .' agus is é Uachtarán an Choláiste, an Monsignor de
Bláca, a réitíonn an raic le focal spraoi, á rá gur *'Siad a d'adhain an tine, a
Joe '* ba cheart a bheith ann . . . Tá bua na scríbhneoireachta *picaresque* gan
cháim ag Breandán Ó hEithir . . . seo í Gaeilge na linne seo ina
steille-bheathaidh, á láimhseáil ag scéalaí den gcéad scoth. 'Dé bheatha-sa
agus rud agat', adéarfaimid le Breandán, agus beimíd ag súil lena thuilleadh
uaidh gan mhoill.[4]

Ba léir nár bhain Máire Mhac an tSaoi an sásamh as an leabhar a
bhain Dáithí. Sa *Sunday Independent*, faoina hainm pósta, Máire Cruise
O'Brien, scríobh sí:

. . . Ó hEithir is a documentarist, obsessively concerned with all that is most
actively repellent in our existing way of life in this country – not necessarily
on a tragic or criminal scale, tho' he can work to that too – but in dreadful,
inescapable day-to-day terms.

Violence at hurling matches, bad manners, dirt in eating places and lodging houses, petty cruelty, conjugal unhappiness, hypocrisy, exploitation of poverty and innocence, utter educational deprivation – you name it, he catalogues it *and* he gets away with it, because we who write Irish are an in-group, licensed to do our own thing.

We must also, I feel, thank our stars that, while his integrity as a journalist is impeccable, the book under review is not a factual study but a work of fiction. Mauriac has his Landes, Ó Cadhain his Connemara, Breandán Ó hEithir his Baile an Chaisil, each and all identifiable and yet utterly personal to their creator. By God's mercy, none of us in a position to read of them is obliged to live in them . . .

I can recommend *Lig Sinn i gCathú* as a powerful not to say emetic remedy to readers of all ages who are prone to become dissatisfied with a humdrum standard of comfort and safety in their daily lives. . . . He has strayed from some autobiography into this city of dreadful night; the pimply, wizened, prematurely debauched *alter ego*, who shares his digs, would surely be a better guide.

To fault the novel on this purely formal ground is not, however, to be taken as detracting from its validity and power. Its black humour has been much admired: I would not find it amusing.

But salutary, yes, very![5]

'*Gallows-humour*' a thug Pearse Hutchinson ar an ngreann i leabhar Bhreandáin, ach greann é a thaitin leis. Níor chuir sé fiacail ann nuair a mhol sé an leabhar go hard na spéire ar Raidió Éireann ar an 26ú Márta:

There haven't been many first-rate novels, in either language, since the last war, but this first novel by Breandán Ó hEithir is, in my view, the finest Irish novel since Richard Power's once acclaimed but now neglected 'The Hungry Grass'. At first sight, it may seem a much more harsh book, but to me at least every line of it rings true. It covers five days in April 1949, beginning on that officially historic Thursday when the Free State was finally declared a Republic . . .

The setting is Baile an Chaisil, and early on we're told that it could never make up its mind whether it was a big country town or a medieval city. I

don't believe I'd be giving away any catastrophic secret by guessing that Baile an Chaisil is, in fact, Galway. And in the streets, low pubs, and posh hotels of this conglomeration, Máirtín's problems are, in a few Lenten and Easter days, to some degree resolved. He sheds the virginity in a barmaid's arms; meets his father's old comrade-in-arms, returned Yank Learaí de Lása, who tells him much he never knew about the conflicts between his father and his mother – for instance, over his mother disowning (for the sake of the family 'honour') Máirtín's beloved sister Máirín; and he goes on a monumental bender which ends in a row with a priest in the confessional . . .
The personal flashbacks and politico-ecclesiastical backgrounds are always illuminating, without ever impeding the central narrative. This bleak but very funny book is the beginning of a major novelist – but let me qualify a little: the bleakness is not the author's own, but that of the society he's describing – which may not have changed since those terrible medieval 'Forties' quite as much as might be thought; and the humour is frequently gallows-humour. Listen to this – about how the Bishop, to build a new Cathedral, exacted half-a-crown a week for ten years from all the long-suffering faithful:

. . . ní mórán áthais a chuir an scéala sin orthu, go háirithe ó bhíothas tar éis meall airgid a mhealladh uathu go gairid roimhe sin chun Coláiste Mhaigh Nuad a choinneáil ó thitim isteach sa gCanáil Ríoga. Ach bhí sé cinnte go mbaileofaí an t-airgead agus go dtógfaí an Ardeaglais agus go n-abródh gach uile dhuine go poiblí go mba mhór an spórt é agus go príobháideach go mba uafásach an cur amú airgid a bhí ann agus gur i stábla a rugadh Íosa Críost.[6]

Mar is gnách, chuathas ag déanamh comparáide idir an saothar nua agus saothair a raibh eolas ag na léitheoirí, nó ar a laghad ag na léirmheastóirí, cheana orthu. In aiste i *Nua-Aois*, iris an Chumainn Liteartha, An Coláiste Ollscoile Baile Átha Cliath, a scríobh Alan Harrison, comh-mholtóir Thomáis Uí Fhloinn, deir sé:

Is mar a chéile cuid mhaith an blas atá ar an scéal seo agus an blas atá ar *A Portrait of the Artist as a Young Man* le James Joyce, ach sa mhéid gur leochaillí agus gur ceartaisí Stephen ná Máirtín . . .
. . . is ceart a rá nach dóigh liom gur de thaisme a roghnaíodh deireadh

seachtaine fhorógra na Poblachta 26 contae mar réimse ama sa scéal. Faightear fo-shruth ag sní tríd an leabhar, agus d'fhéadfaí fo-shruth an phoblachtánachais a thabhairt air. Sinne a fuair ár n-oiliúint pholaitiúil sna seascaidí agus sna seachtóidí is bocht a thuigimid tábhacht na mblianta sna daicheadaí i gcruthú tuairimí agus seasaimh polaitíochta atá go fóill ar marthain a bheag nó a mhór. Faoi mar a bhraithimid taibhse Pharnell agus sprid an achrainn a bhain lena ghluaiseacht i scríbhinní Joyce, is cuid bhunaidh den scéal seo faoi fhorás phearsantacht Mháirtín an t-achrann polaitiúil a bhain le Poblacht choillte a fhógairt.[7]

Cheap Tomás Ó Floinn féin go raibh cosúlacht áirithe ann, ó thaobh ábhair de, le *Deoraidheacht* Phádraic Uí Chonaire; ó thaobh meoin de, le *The Little World of Don Camillo* (gan Don Camillo) agus ó thaobh na háibhéile agus na scigphictiúrachta de, le *An Béal Bocht* Mhyles na gCopaleen. Shíl Eoghan Ó hAnluain freisin go bhfuil 'gaol nach bhfuil rófhada amach' idir *Lig Sinn i gCathú* agus *Deoraidheacht* Uí Chonaire, *Mo Bhealach Féin* Sheosaimh Mhic Grianna agus *Fuíoll Fuine* Mháirtín Uí Chadhain. Chuir Eoin Ó Murchú i gcomparáid leis an gCadhnach freisin é, i léirmheas a bhí aige san *Irish Socialist*, nuachtán Pháirtí Cumannach na hÉireann, agus chuir Proinsias Mac Aonghusa, ina léirmheas sa *Sunday Press*, leabhar Bhreandáin i gcomparáid le *The Ginger Man* le J.P. Dunleavy. Chonaic Dáithí Ó hUaithne cosúlacht sa leabhar le *Lucky Jim* le Kingsley Amis agus le *Leaves for the Burning* le Mervyn Wall agus mheabhraigh scríbhneoireacht Uí Eithir, Mauriac, Rabelais, Bobrowski agus an drámadóir Tom McCabe as Contae Mhaigh Eo do Phearse Hutchinson. Ba dheacair gan smaoineamh ar an 'Sliocht as Blurb' a scríobh Breandán féin le greann dubh in *Combar* na Nollag 1966:

Is léir ón saothar seo ó Mhicil Mhac an Pheata go bhfuil mórscríbhneoir eile fós ar an bhfód úd atá pulctha le mórscríbhneoirí. Tá Mac an Pheata faoi anáil Proust, Genet, Brigid Brophy, Brian Trevaskis, Sartre, Father Nash, Joe Sherwood agus an Connaught Tribune. San úrscéal fíorfhada, fíorchumasach seo scuabann sé na gearbóga de ghága na beatha agus nochtann an brach bréan, mífholláin atá folaithe faoina mbun. Tá éacht déanta ag Mac an Pheata agus mura bhfuil ag Dia déanfaidh sé ceann eile.[8]

Bhí an príomhalt seo a leanas san *Irish Times* ag moladh úrscéal nua Bhreandáin an lá tar éis a fhoilsithe:

> It is a long time since such an important novel was published in Irish as *Lig Sinn i gCathú* ('Lead Us into Temptation'), Breandán Ó hEithir's first novel. It is doubly good in that it deals with urban life, and is written by a Gaeltacht man whose knowledge of spoken Irish is matched by great facility in his writing.
>
> Writing in Ireland is a lonely business in any language, but is even more so in Irish. Because Irish is not spoken naturally by a community outside the Gaeltacht, the writer misses the incentive of a living language. Our greatest Irish writer of modern times, Máirtín Ó Cadhain, referred to the difficulty of building a living literature in these circumstances in a paper several years ago, 'Páipéir Bhána, Páipéir Bhreaca'.
>
> Three of the contemporary poets in Irish are of high stature – Máire Mhac an tSaoi, Máirtín Ó Direáin and Seán Ó Ríordáin – and there are some reasonable dramatists. Although creative writing in Irish on the whole is not in a very good state, journalism in the Irish Language is growing in importance, and a most welcome development in recent years has been the growth of Irish in the provincial press. *Féach*, the RTÉ current affairs programme, is one of the station's best.
>
> The Irish adage 'beatha teanga a labhairt', which may be translated as 'a spoken language is a living language,' is certainly true, but a lively literature to accompany the spoken word is also of great importance. Breandán Ó hEithir is a journalist, and perhaps his book may spur some of his colleagues in the community of journalists around him to emulate him.[9]

Scríobh Seán Ó Ríordáin ina dhialann mí ina dhiaidh sin, ag a ceathrú chun a trí ar maidin, tar éis dó úrscéal Bhreandáin a léamh:

> Stíl shláintiúil bhlasta ag Ó hEithir. Rud ag baint léi. Braitheann tú i bhfianaise na tubaiste daonna é agus é ag iarraidh an oiread céille agus is féidir a bhaint as an mearbhall. Tá sceon air agus tá sé i ndeireadh a anama i láthair an dá rud seo – an tubaiste uilechoiteann agus an mearbhall uilechoiteann. Ní ligeann sé air ná fuilid ann ach fós coinníonn sé a ghreim

agus baineann an oiread suáilcis agus an oiread céille as an iomlán agus is féidir, dá n-ainneoin. Braithim go bhfuil an meon agus an sceon so spréite go sláintiúil ar fuaid a chuid Gaeilge.[10]

In agallamh raidió blianta ina dhiaidh sin d'fhiafraigh a chomhghleacaí, Proinsias Mac Aonghusa, de Bhreandán cén fáth, dar leis, ag féachaint siar, gur tugadh aird chomh mór sin ar *Lig Sinn i gCathú*, go háirithe nuair a smaoinítear ar a laghad suntais a thugtar d'fhormhór na leabhar Gaeilge a thagann amach. Ba é freagra Bhreandáin:

Silim gurb éard a tharla ná gur thaitin sé leis an ngnáthphobal agus gur cheannaíodar é. Sílim go bhfuil sé chomh simplí sin, dáiríre. Níor chuir sé aon iontas mór orm féin go raibh an oiread aird ag an bpobal féin air mar bhraitheas i gcónaí dá dtiocfadh leabhar éigin amach a thaitneodh leis an bpobal go gceannóidís é . . . Sílim gurb é an chéad leabhar Gaeilge é a raibh ráchairt mhór air i measc an phobail agus thug na foilsitheoirí amach leagan bog ar phraghas an-íseal go gairid tar éis don leagan crua teacht amach. Thapaíodar an margadh a bhí ann agus ceapaim gurb in é a bhí ann, dáiríre.

Nuair a d'fhiafraigh Proinsias de, idir shúgradh is dáiríre, an cuntas fírinneach atá sa leabhar ar a shaol féin i gColáiste na hOllscoile Gaillimh, agus an é féin an 'laoch' sa scéal, bhí Breandán freisin idir shúgradh is dáiríre nuair a tharraing sé *alibi* chuige:

Ní mé. Ní raibh mé fiú amháin i nGaillimh an deireadh seachtaine áirithe a dtarlaíonn na heachtraí. Is ó mo dhearbháthair, Éanna, go ndéana Dia grásta air, a bhí ag déanamh scrúdú na gColáistí Ullmhúcháin an tseachtain sin, a fuair mé go leor den seanchas faoi na rudaí a tharla i nGaillimh an deireadh seachtaine áirithe sin – forógra Phoblacht na hÉireann 1949. Mar sin féin tá go leor eile faoin gcathair ann. Sílim go bhfuil, nó deirtear liom go bhfuil, boladh na cathrach le fáil sa leabhar. Tá áthas orm faoi sin mar feictear dom gurb í Gaillimh gan aon dabht, taobh amuigh de Bhaile Átha Cliath, ar ndóigh, an chathair is suimiúla in Éirinn agus is de bharr gur cathair í agus de bharr go bhfuil Gaeltacht ina timpeall atá sí chomh suimiúil is atá sí agus chomh strainséartha is atá sí.

Creideann iníon Bhreandáin, Máirín, go bhfuil an t-úrscéal an-bheathaisnéisiúil ar fad: gur ar Bhreandán féin atá Máirtín Ó Méalóid bunaithe; gur ar a athair agus a mháthair atá an t-athair agus an mháthair sa leabhar bunaithe; gur ar an deirfiúr ar chuir a mháthair brú uirthi dul isteach i gclochar atá an deirfiúr Máirín sa leabhar bunaithe agus gur ar an mbean óg as Gaillimh a raibh sé mór léi le linn dó a bheith ar an Ollscoil atá Nuala sa scéal bunaithe.

Cé gur ceannaíodh agus gur léadh úrscéal Bhreandáin ar fud na tíre go léir is i gcathair na Gaillimhe, 'Baile an Chaisil' an leabhair féin, is mó a bhí díol ar an leabhar agus is ann freisin is mó a tharraing *Lig Sinn i gCathú* caint. Bhí an ráfla imithe amach le fada gur dírbheathaisnéis a bhí sa leabhar agus nach raibh tada athraithe ach na hainmneacha. Chothaigh sé seo fiosracht agus beagán faitís. Bhí faitíos ar leath mhuintir na Gaillimhe go mbeidís le n-aithint sa scéal agus bhí faitíos ar an leath eile nach mbeidís luaite ann. Chinntigh an *Connaught Tribune*, an *Galway Advertiser* agus na meáin chumarsáide eile go raibh a fhios ag óg agus ag aosta i gCathair na dTreabh go raibh leabhar faoina gcathair dhúchais féin i gcló agus ar díol sna siopaí leabhar. Ní móide gur taispeánadh an oiread suime in aon leabhar eile faoi Ghaillimh cheana ó foilsíodh *The House of Gold* le Liam Ó Flatharta i 1929, an bhliain sular rugadh Breandán i mBóthar na Trá. Níor léir anois gur bac mór ar bith a bhí ann gur i nGaeilge a bhí an leabhar seo scríofa. Dúirt an *Galway Advertiser* faoin leabhar:

Indeed it is reasonable to suspect that many of the characters described in it are not unlike the type of people the author came to know while attending UCG.

This is a realistic and frank book. Too realistic perhaps for those who lived in the Galway of 1949. Its great merit is its honesty and its most disturbing feature, possibly, is the thought that things have not in fact changed very much in the generation since the fictitious events took place. Ó hEithir has held up the mirror of life to all of us and to the people of Corrib-side in particular in what will probably be seen as one of the most important books to emerge in this decade. Its importance as far as writing in Irish is concerned is that Ó hEithir has demonstrated his ability to mould the old language of the Galway hinterland into the useful and flexible language which still survives, largely incognito, in the city itself . . .[11]

Scríobh Nollaig Ó Gadhra sa g*Curadh Connachtach* timpeall an ama chéanna sin:

> If I were asked to mention some of the great achievements of Ó hEithir in this novel I would say that he has captured the unique chemistry of Galway in the late 1940's in a manner which I feel has not been done heretofore. It also appears to me, as a relative newcomer to this area, that things have not changed too much in the City of the Tribes in the past generation. Galwegians will enjoy, benefit and probably get angry with this work.
>
> At another level, this novel probably marks a new departure in the struggle to develop a modern literature in Irish, not only because of the writer's unquestionable writing ability, but also because of his sensitivity in moulding the old and essentially rural language into a useful vehicle for communicating an atmosphere of the semi-urban life described in the book.
>
> . . . Those university students, those landladies, those patrons of pubs and followers of hurling . . . continue to exist in this part of the world, and the Irish language retains sufficient vitality in the area to sustain them with credibility – especially in the hands of Breandán Ó hEithir. His supreme merit is his skilful ability to say the sharpest, frankest and most realistic things with ease and sensitivity. As I said, it could only happen in Galway. Perhaps it is also true to add that it could only be captured with such masterly brilliance by Breandán Ó hEithir.[12]

Bhí an t-éileamh ar an leabhar ag méadú ó lá go lá agus dhíol Siopa Leabhar Uí Chionnaith i nGaillimh idir seacht gcéad agus ocht gcéad cóip in achar gearr. Ba ghearr go raibh *Lig Sinn i gCathú* ar an úrscéal ba mhó díol, i nGaeilge nó i mBéarla, sa tír ar fad, rud nár tharla cheana riamh le leabhar Gaeilge. 'Ó hEithir's book a best-seller' an ceannteideal a bhí ar an bpíosa seo san *Irish Times*, agus gan an leabhar mí fós ar an margadh:

> Breandán Ó hEithir's award-winning novel *Lig Sinn i gCathú* this week became the first book written in Irish to top the list of best-seller books in

the hardback fiction section. *Lig Sinn i gCathú* published by Sáirséal agus Dill, was awarded the Seán Ó hÉigeartaigh memorial prize in last year's Oireachtas, plus the Oireachtas trophy. It was also chosen as book of the year by an Club Leabhar for 1975/'76.[13]

Agus ar *Hibernia* an tseachtain chéanna:

> It is unusual to see a book written in Irish at the top of any bestseller list, but this week Breandán Ó hEithir's novel, *Lig Sinn i gCathú* (Sáirséal agus Dill), is No. 1 of the fiction in hardback section.[14]

Chuaigh Breandán siar go Gaillimh arís agus arís eile, agus an chulaith gheal bhréidín air a cheannaigh sé i siopa Uí Mháille ansin – culaith, dála an scéil, a chuir Mairéad Dunleavy ar chóir shábhála sa Músaem Náisiúnta nuair a fuair Breandán bás. Bhí pictiúr breá de Bhreandán, faoina chulaith bhán, ar chlúdach *Comhar* mhí an Aibreáin agus é ag síniú an leabhair nua i siopa cáiliúil Uí Chionnaith i nGaillimh. Scríobh Nuala O' Faoláin faoin siopa céanna san *Irish Times:*

> Kenny's of Galway is far far more than a bookshop. It is a cultural and literary powerhouse, run by an endless number of Kennys, each more talented and enthusiastic than the last. They have the best international links of any Irish bookshop, but they are also proud, local patriots. For example, all Irish booksellers mention Noel Browne's *Against The Tide* as the book that broke every single rule about the book-buyer in Ireland. But Des Kenny singles out Breandán Ó hEithir's *Lig Sinn i gCathú* as equally important in breaking the mould.[15]

Bhí scéilín ag Des Kenny faoi thráthnóna samhraidh i dtús na n-ochtóidí a raibh sé féin agus a bhean, Anne, ag teacht abhaile as Conamara agus cé d'fheicfidís ag siúl síos An Bóthar Ard ach Breandán. Stopadar an carr agus shuigh Breandán isteach. Nuair a shroicheadar Tigh Freeney, an teach ósta atá le taobh Tigh Uí Chionnaith, bhí Mrs Freeney tar éis an doras a dhúnadh agus bhí sí ag dul trasna an bhóthair, síos chuig Eaglais na bProinsiasach chuig Beannacht na Naomh-Shacraiminte. Cuireadh Anne

Kenny trasna ag caint le Mrs Freeney agus, leis an gceart a thabhairt dise, ní hé amháin gur oscail sí an áit dóibh agus gur tharraing sí an chéad dá phionta dóibh ach dúirt sí leo freastal orthu féin go dtiocfadh sí ar ais ón séipéal. Níor thúisce imithe í ná a lig Breandán a sheanscairt gháirí: 'Ní chreidim é!' a deir sé; 'nuair a smaoiním ar a liachtaí uair a hordaíodh amach as an teach seo mise agus anois tá an áit agam dom féin!' Is ansin a d'inis sé do na Kennys faoin oíche ar ordaigh Mrs Freeney amach é nuair a d'éirigh sé argóinteach ar a chuid óil, agus faoin oíche i bhfad roimhe sin arís, nuair a bhí sé ina mhac léinn i nGaillimh, ar ordaíodh amach é, agus é cinnte gur san Old Malt a bhí sé! Bhí sé ar meisce san Old Malt in aice láimhe tamall roimhe sin; chuaigh sé amach an cúldoras le 'ballasta a chur thar bord', mar a deir sé féin sa leabhar agus, i ngan fhios dó féin, is isteach cúldoras Tigh Freeney a tháinig sé. Chuimhnigh sé ansin go raibh pionta lán fágtha ar an gcuntar aige sula ndeachaigh sé amach agus, le scéal fada a dhéanamh gearr, ní hé amháin go bhfuair sé an bóthar ach ba bheag nach bhfuair sé griosáil nuair a rug sé ar phionta le sáirsint as an Rinn Mhór. Tá an eachtra sin buanaithe aige i scéal Mháirtín Uí Mhéalóid in *Lig Sinn i gCathú*. Ach d'éirigh Breandán agus Mrs Freeney an-chairdiúil le chéile ina dhiaidh sin agus is é a teach ósta a roghnaigh sé le hagallamh fada teilifíse a dhéanamh le Seán Ó Tuairisg ann go gairid roimh a bhás, tráth ar mhol sé Tigh Freeney go hard na spéire.

Bhí aithne bheag ag Tom Kenny ar Bhreandán ó lár na seascaidí. Bhíodh Tom i mórán gach uile léiriú dá mbíodh sa Taibhdhearc, Amharclann Ghaeilge na Gaillimhe, le blianta beaga roimhe sin agus ba mhinic le Breandán a bheith sa lucht féachana. Ba bhreá leis na haisteoirí é a fheiceáil i láthair, ní hé amháin mar gheall ar é a bheith cáiliúil ach freisin mar gur ghnách leis dul siar ar chúl an stáitse tar éis an dráma ag comhrá le seanchomrádaithe ar nós Dicky Byrne, Seán agus Máire Stafford agus Róisín Duignan – nó 'Diggy Beag' mar a thugadh Breandán ar Róisín mar gheall ar an aithne a bhí aige ar a dearthair 'Diggy' nó Seán Duignan. Bhí aithne le fada ag athair agus ag máthair na gKennys, Desmond agus Maureen Kenny, ar Bhreandán agus d'fheiceadh Tom féin isteach agus amach as an siopa é. Ach is le linn na seisiún síniúcháin i 1976 a chuir Tom aithne mhaith air:

Tháinig Breandán anseo Satharn amháin agus bhí sé ag síniú, agus bhí scuaine iontach mór bailithe agus bhí na sluaite sa scuaine. Bhí comhrá agus caidreamh ar siúl an t-am ar fad agus bhí sórt ciorcal mór thart timpeall air a bhí de shíor ag athrú de réir a chéile. Bhí sé ag síniú ar feadh trí huaire an chloig b'fhéidir, agus ansin chuaigh muid trasna Tigh Mhurphy, teach ósta trasna an bhóthair, mar bhí An Bhreatain Bheag ag imirt in aghaidh na hÉireann an lá sin i gcluiche rugbaí agus bhí muid ag breathnú ar an gcluiche. Ach fós bhí scuaine daoine ag teacht isteach sa siopa agus chuireadh mo mháthair chuile dhuine trasna chugainne, Tigh Mhurphy. Bhí muide ag ól piontaí agus de réir a chéile is cuimhneach liom go maith go raibh síniú Bhreandáin ag éirí cineál 'bogtha' agus ní raibh sé róshoiléir ag an deireadh! Agus is cuimhin liom gur casadh Gearóid Ó Tuathaigh orm tamall ina dhiaidh sin agus dúirt sé 'Tuigim go bhfuil sé níos deacra teacht ar chóipeanna neamhshínithe ná ar chóipeanna sínithe!' Agus bhí an ceart aige.

Thagadh Breandán go mion minic agus dhéanadh sé na síniúcháin seo. Ní hé amháin go raibh cliú agus cáil ar an leabhar ach sháraigh *Lig Sinn i gCathú* chuile leabhar a chuaigh roimhe. Ach fiú amháin sular foilsíodh an leabhar ar chor ar bith bhí an-aithne ar Bhreandán agus an-mheas ag daoine air. B'ionann a bheith ag siúl síos an tsráid le Breandán agus a bheith ag siúl síos an tsráid le Dia! Ní hé go raibh daoine ag umhlú dó ach bhí aithne aige ar an oiread sin daoine, taobh amuigh ar fad de na daoine a d'aithin é den teilifís ó bheith ar *Féach*.

Go gairid tar éis don leabhar nua teacht amach bhí Tom Kenny agus Breandán Tigh Freeney oíche amháin. Bhí siad ag ól pionta agus bhí Breandán ag inseacht do Tom faoi dhuine éigin a bheith ag cur suime i gcearta scannánaíochta *Lig Sinn i gCathú*. Bhí freastalaí óg páirtaimseartha ar chúl an chuntair a bhí ag foghlaim a cheirde mar iriseoir sa g*Curadh Connachtach* agus d'inis sé an scéal seo an mhaidin dár gcionn do John Cunningham a bhí ina thuairisceoir sinsearach sa nuachtán sin ag an am. Ghlaoigh John ar Bhreandán. 'An fíor an scéal seo?' 'Is fíor.' 'An bhfuil cead agam é a úsáid?' 'Tá.' D'imigh sin ann féin. Bhí Breandán agus Tom Kenny i dteach ósta eile, Tigh Chullinane, coicís ina dhiaidh sin. Tharraing Breandán anuas scéal an scannáin agus dúirt sé, 'Nach aisteach an rud é go raibh an scéal i chuile pháipéar sa tír beagnach, ach oiread is focal ní

Gradam An Oireachtais á bhronnadh ar Bhreandán in Óstán Burlington i mBaile Átha Cliath i 1975 mar gheall ar ardchaighdeán na scríbhneoireachta in *Lig Sinn i gCathú*.

Ó chlé: Liam Tóibín, Rúnaí Roinn na Gaeltachta; Breandán; Ríobard Mac Góráin, Cathaoirleach Oireachtas na Gaeilge, agus Áine Nic Giolla Bhríde, Uachtarán An Oireachtais, 1975.

Tar éis Gradam An Oireachais a fháil in Óstán Burlington i mBaile Átha Cliath i 1975, lena bhean Catherine agus a athair, Pádraig Ó hEithir.

Breandán ag síniú cóipeanna dá úrscéal *Lig Sinn i gCathú* **i siopa Uí Chionnaith i nGaillimh i 1975**
Ó chlé: Colm Ó Broin, Tom Kenny, Máirín Ní Dhonncha agus Máire Bean Uí Dhonncha.

Uachtarán na hÉireann, Cearbhall Ó Dálaigh; an file Michael Hartnett;
Eoin Mac Thiarnáin (I.A.C.I.) agus Breandán, nuair a bhronn an Foras
Cultúir Gael-Mheiriceánach (Irish American Cultural Institute) $5,000
an duine ar Ó hEithir agus ar Hartnett i 1975.

Ag caint faoi na seanlaethanta i *Scéala Éireann;*
an file Michael Hartnett ag éisteacht.

In Óstán Gresham i mBaile Átha Cliath i 1975, nuair a bronnadh Gradam Iriseoireachta McNamee ar Bhreandán
Ó chlé: Seán Warde (cúl báire Mhionúir Peile Mhaigh Eo); Frank Burke (iománaí na Gaillimhe) agus Jack Mahon ó Choiste Cumarsáide Chumann Lúthchleas Gael.

(Le caoinchead ó Jack Mahon)

Ag seoladh *Willie The Plain Pint agus An Pápa* i 1977, in éineacht le John B. Keane (ar seoladh a leabhar féin *Dan Pheaidí Aindí* ag an ócáid chéanna) agus Donncha Ó Gallchóir, T.D.

(Le caoinchead ón *Irish Times*)

Uachtarán Chumann Lúthchleas Gael, Con Ó Murchú, ag bronnadh ceann de ghradaim McNamee ar Bhreandán i 1978. Ar chlé tá an tAthair Séamus Gardiner.

Seanchairde: Aindreas Ó Gallchóir, Breandán agus
Wiezek Tempowski (a fuair bás i mbliain an 2000).

An tOllamh Breandán Ó Buachalla, Breandán agus an Dr T. K. Whitaker, nuair a thug Breandán Léacht Uí Chadhain (an léacht thionscnaimh) sa gColáiste Ollscoile, Baile Átha Cliath, i bhfómhar na bliana 1980.

(Le caoinchead ón Irish Times)

Pádraig Ó Snodaigh (Coiscéim), Breandán agus Edmond van Esbeck (*The Irish Times*) ag seoladh *Ciarán Fitzgerald - agus Foireann Rugbaí na hÉireann* i 1985.

(Le caoinchead ón Irish Times)

Ag seoladh *This is Ireland* Bhreandáin i 1987
Ó chlé: Breandán, Íde Ní Laoghaire (Eagarthóir le O'Brien Press),
Des Levelle (scríbhneoir) agus Michael O'Brien (Foilsitheoir).
(Le caoinchead ón Irish Times)

Breandán ag seoladh *Ireland Of The Proverb* le Bill Doyle (ar chlé) agus
Liam Mac Con Iomaire, in Óstán Buswell i mBaile Átha Cliath i 1988.

(Le caoinchead ón *Irish Times*)

Brian Fallon (*The Irish Times*), Breandán agus Caoimhín Ó Marcaigh, Foilsitheoir (Sáirséal agus Ó Marcaigh) i mí na Nollag 1988, nuair a seoladh *Sionnach ar mo Dhuán*.

(Le caoinchead ón *Irish Times*)

Breandán, in aois a 60.

Breandán ag dul isteach an cúlbhealach go dtí an Goat, an teach ósta áitiúil.

raibh sa g*Connacht Tribune* faoi!' Agus bhí seanfheairín beag ina shuí anonn uathu a bhí ag críochnú a phionta agus ag fanacht go mbeadh pionta eile líonta dó. Anall leis go dtí an áit a raibh Breandán agus Tom, agus shín sé a lámh isteach idir an bheirt acu lena phionta a fháil den chuntar. Ansin, agus meanga bheag gháire ar a bhéal, bhreathnaigh sé idir an dá shúil ar Bhreandán agus dúirt sé, '*Well, that will teach you now not to put the Editor's brother's mother-in-law into the book the way you did*! Smaoinigh Breandán ar feadh soicind agus ansin dúirt sé '*You are right, by God*!' agus rinne siad ar fad gáire faoin scéal. Ansin thosaigh comhrá mór idir Breandán agus an fear seo, beirt nach bhfaca a chéile riamh roimhe sin. Mar a dúirt Tom Kenny:

> Bhí cara nua ar an bhfód, a raibh seanchas dá chuid féin agus scéalta dá chuid féin aige, agus b'in í an ghifte a bhí ag Breandán. Bhí bua iontach mar sin aige bualadh le daoine den chéad uair i dteach an ósta agus buancharadas a nascadh leo.

D'iarr Taibhdhearc na Gaillimhe cead ar Bhreandán leagan stáitse de *Lig Sinn i gCathú* a dhéanamh agus thug Breandán an cead sin dóibh agus fáilte. Chaith Seán agus Máire Stafford an chuid ba mhó dá gcuid ama saor ag obair agus ag aisteoireacht sa Taibhdhearc, agus chaith Seán seacht mbliana fichead ina Rúnaí ar Fheis Cheoil an Iarthair. Is cuimhneach leis go leor duaiseanna a bhronnadh ar Bhreandán le linn dó a bheith i gColáiste Éinde sna ceathrachaidí agus is cuimhneach leis, blianta ina dhiaidh sin, mar d'ardaíodh meanma chuile dhuine sa Taibhdhearc aon am a dtagadh Breandán isteach ar cuairt chucu:

> Ón am a raibh sé ag dul chuig an ollscoil thagadh sé chuig an Taibhdhearc. Bhíodh sé sa lucht féachana agus thagadh sé ag caint linn, ár moladh agus ár gcáineadh. Thaitin sé linn! Bhí muid i gcónaí an-chairdiúil leis agus seisean linne. Nuair a thug sé cead dúinn leagan drámatúil a dhéanamh dá leabhar is é Dicky Byrne a chóirigh don stáitse é agus is é Dicky a léirigh freisin é. D'iarr muid air féin leagan drámatúil a dhéanamh dúinn ach 'tugaim cead daoibh féin é a dhéanamh,' a dúirt sé. Tháinig sé ag féachaint air agus dúirt sé go raibh sé sásta leis, cé gur shíl muid féin go raibh sé rófhada.

Bhí scéal nua i gcónaí ag Breandán! Seans go gcumadh sé cuid acu! Agus an rud is suntasaí faoi, d'insíodh sé scéal go réidh socair agus ní bheifeá ag súil le haon rud mór ag an deireadh, agus ansin bheadh casadh ann agus é chomh ciúin an t-am ar fad nach mbeadh aon tsúil agat leis. Bhí sé an-mhaith ag inseacht scéil. Níor athraigh sé a phearsa riamh. Fiú amháin nuair a d'éirigh sé cáiliúil – agus bhí sé cáiliúil, agus cúis leis – ba chuma leis. Chasfadh sé dhuit ar an tsráid agus ní ghabhfadh sé tharat. Bhí sé sásta labhairt le haon duine.

Rinne Mac Dara Ó Fátharta ó Amharclann na Mainistreach leagan stáitse de *Lig Sinn i gCathú* ina dhiaidh sin, agus léirigh Dónal Farmer in Amharclann na Péacóige é ag Féile Drámaíochta Bhaile Átha Cliath i ndeireadh mhí Mheán Fómhair 1980. Léirigh Seán Ó Briain leagan raidió den leabhar a rinne Breandán féin agus craoladh ar Raidió Éireann agus ar Raidió na Gaeltachta é: mar a dúirt Breandán, le greann, ar 'Agallamh an tSathairn' ar RTÉ i 1980:

> Dúirt duine de mo chlann mhac sa mbaile go raibh beagnach chuile shórt déanta leis anois ach amháin é a chur ar leac oighir agus ceol a chur leis! Tá mé ag ceapadh gur le searbhas a dúirt sé é![16]

Cé nach raibh suim dá laghad ag Breandán i rásaí capall ní chaillfeadh sé Rásaí na Gaillimhe ar ór ná ar airgead. I lár na gcaogaidí bunaíodh an Tóstal, féile nua turasóireachta le fad a chur leis an séasúr, agus mar chuid den Tóstal bhíodh Rásaí na gCurach i mBóthar na Trá. Tá cur síos ag Breandán orthu araon in alt dar teideal *Cathair na dTreabh*, a scríobh sé in *Comhar* chomh fada siar le hAibreán na bliana 1956:

> Ní thosaíonn an séasúr cuartaíochta i nGaillimh go dtí lár mhí Mheithimh agus bíonn sé ina neart le linn Sheachtain na Rásaí i ndeireadh mhí Iúil. Chuala chuile dhuine caint ar rásaí Bhaile Briota – *Mardi Gras* an Iarthair. Abairt mhór i nGaillimh *'He's on the tack for the Races.'* Cheapfadh duine uaidh seo go raibh muintir na Gaillimhe tar éis géilleadh do na ráigeanna a scaoileadh fúthu le blianta anuas, a thug le fios go n-athshaolaítí Sodom agus Gomarra cois Coiribe i ndeireadh mhí Iúil. Ní bheadh an ceart ag an

té sin mar is ag staonadh d'fhonn cúpla punt a choigilt don mhórphóit bhliantúil a bhíos fir na Gaillimhe. Is beag suim a chuirtear sna rásaí féin, cés moite don *Plate* agus don *Hurdle*, ach bíonn rí-rá i nGaillimh an tseachtain sin thar mar a bhíos ag aon ócáid eile spóirt in Éirinn, ach b'fhéidir Aonach an Phoic nó Rásaí Lios Tuathail.

Le dhá bhliain anuas tá ócáid mhór eile spóirt tagtha ar aghaidh i nGaillimh .i. Craobh Rásaí na gCurach a ritear le linn an Tóstail. Níl amhras ar bith nach í seo an mhaith is mó, fiú an t-aon mhaith a tháinig as an Tóstal. Cuma fás nó bás don Tóstal mairfidh na Rásaí Curach mar is ag méadú in aghaidh na bliana atá suim na ndaoine iontu. Anuraidh bhí suas le caoga míle duine i láthair agus féadaim a rá le fírinne nár chuala mé oiread daoine ag labhairt Ghaeilge riamh ar an láthair amháin. Ba dhona a chúitigh cuid d'óstóirí Bhóthar na Trá a gcustam le muintir na Gaeltachta an lá sin, ag díol buidéil de phórtar úr leo ar scilling an ceann.[17]

Samhradh na bliana tar éis dóibh pósadh bhí Breandán agus Catherine istigh in Árainn agus tháinig siad amach go Gaillimh le haghaidh Rásaí na Gaillimhe. Is cuimhneach le Catherine é:

It was 1958. We went out in a trawler to view the last emigrant liner to America, on anchor in Galway Bay. We met Tomás Joyce, and his wife and her sister who had just come back from the States. It was the day of the Galway Plate and it was raining heavily. We went out to Ballybrit and spent the whole day in a beer tent. Breandán won £14, a week's wages at the time, and he gave me half of it. We got a jaunting car back into Galway, with Breandán giving his benediction to the public as we passed by! When we reached the town we went into Rabbitte's Bar. There were other jaunting cars outside as well as ours and Breandán ordered Guinness for the horses!

We were at the Currach Races in Galway in 1960, Breandán and myself and Déirdre, my mother. We met Nuala O'Faoláin and Harry Pritchard Jones and the lot of us went out to Jimmy Bheartla's pub beyond Spiddal. Breandán disappeared somewhere, drinking poitín, and Harry went out to the car and fell asleep. My mother and myself had to drive back in to Galway at the end of the night.

Dúirt Nuala O'Faoláin ar RTÉ nuair a fuair Breandán bás:

I remember the first time I met him. It was at the Currach Races in Galway when I was just out of boarding school and I had never been to Galway, never seen currachs and never met him or his wife. Nobody had anywhere to sleep except in Breandán's and Catherine's bed and we all slept in that bed in the Castle Hotel. There was eleven of us in a small double bed and somebody figured out that between the eleven of us we could speak 15 languages. But that was the first time I met him and he taught me so much. He told you everything about people and places and so on. He was an absolute pleasure to be anywhere in Ireland with because he just knew everything about his own country.

Is ag Rásaí na gCurach i nGaillimh freisin a chuir Breandán aithne ar Risteárd Ó Broin, nó Dicky Byrne mar is fearr aithne air i nGaillimh, cé go raibh aithne shúl acu ar a chéile roimhe sin. Bhí Dicky Byrne ag obair mar ailtire ag Simon Kelly i lár na gcaogaidí agus bhí lámh aige i ndearadh an tséipéil nua a bhíothas a thógáil i Leitir Móir i gConamara, faoi stiúir an Athar Breathnach. In áit cáin airgid a ghearradh ar an bpobal, mar a rinne Easpag Bhaile an Chaisil i *Lig Sinn i gCathú*, bhí scéim ag an Athair Breathnach faoina dtugadh fir an pharóiste lá oibre sa tseachtain dó, ag tógáil an tséipéil. Bhíodh Seoighigh Inis Bearachain ag obair ann ag an am, agus bhí a n-ainm siúd in airde faoina gcumas iomartha curach canbháis: 'Chruthaigh siad le honóir é istigh i nGaillimh ag An Tóstal', mar a deir an t-amhrán a chum Val Ó Donnchú fúthu. Bhíodh curacha agus iomróirí cáiliúla as Maigh Eo, as Tír Chonaill, as Contae an Chláir agus as Ciarraí i mBóthar na Trá na blianta sin, gan trácht ar iomróirí cáiliúla eile as Conamara ar nós chlann Jimmy an Oileáin Mac Donnchadha agus clann Chóil Choilm Deáirbe Ó Flatharta. In agallamh a rinne a chomhchraoltóir, Pádraig Ó Méalóid, le Breandán go gairid roimh a bhás tharraing Breandán anuas Rásaí na gCurach i nGaillimh agus scéal barrúil a tharla dó féin ansin. Tá a liachtaí sin leagan den scéal seo cloiste agam, i nGaeilge agus i mBéarla, go bhfuil an-áthas orm a bheith in ann leagan Bhreandáin féin de a thabhairt. Caithfear smaoineamh, ar ndóigh, gur ar an aer a d'inis Breandán an leagan seo den scéal agus gur chuir sé sin srianta áirithe air:

An rud ba ghreannmhaire dar tharla domsa riamh, ag craoladh, cruthaíonn sé gur fíor é an ráiteas go bhfuil chuile ghunna lódáilte agus go bhfuil chuile mhicreafón beo! Bhí Rásaí Náisiúnta na gCurachaí i nGaillimh; sna caogaidí a tharla sé seo. Seán Ó Ciardhubháin a bhí ag obair le Bord Soláthair an Leictreachais i nGaillimh a smaoinigh ar iad a chur ar bun, agus chuir. Ach bhí mise thiar ann agus bhí mé ag déanamh tráchtaireachta agus cuireadh amach ar maidin mé leis na línte go Baile Átha Cliath a thástáil, in éineacht le duine de na teicneoirí, Seán Kinnane, go ndéana Dia grásta air, fear a cailleadh go han-tobann. Agus nuair a bhí mé ag fágáil an tseomra ina raibh mé i nGaillimh bhí fear a chuaigh siar in éineacht linn, nach raibh aon bhaint aige leis an raidió, Gerry O'Donnell, a bhí tar éis peata *budgie* a bhí aige a fhágáil faoi chúram cara leis, Seán Ó Murchú, fear 'Theach an Chéilí' agus bolscaire raidió a raibh an-aithne ag daoine air ag an am. Ach bhí an-mheas ag Gerry ar an *mbudgie* seo – bhí sé in ann 'Double Diamond Works Wonders' agus go leor rudaí mar sin a rá – agus d'fhág sé an t-éinín faoi chúram Sheáin. Bhí faitíos air nach smaoineodh Seán air, agus nuair a bhí mise ag fágáil an tseomra dúirt sé liom: 'Má bhíonn tú ag caint le Seán Ó Murchú abair leis gan dearmad a dhéanamh ar an *mbudgie.'* Chuaigh muid siar go Bóthar na Trá agus bhí gála ann agus drochaimsir, agus bhí na línte briste agus chuile shórt. Ach bhí bothán ansin le haghaidh na dtráchtairí. Chuaigh Seán Kinnane isteach sa mbothán agus tar éis tamaill d'oscail sé an doras agus dúirt sé liomsa: 'Tá Seán Ó Murchú faighte anseo agam ach tá an líne an-lag ar fad; caithfidh tú béic a ligean.' Bhéic mé féin: 'A Sheáin, ná déan dearmad *budgie* Gerry O'Donnell a bheathú.' Ní raibh Seán in ann mé a chloisteáil agus dúirt sé 'What?' I mBéarla a bhí an comhrá agus dúirt mé 'Ná déan dearmad an — — budgie a bheathú', agus ansin d'imigh an líne ar fad.

Bhí sé sin ceart go leor. D'fheabhsaigh an aimsir agus ritheadh na rásaí agus bhuaigh na Seoighigh an bhliain sin – an bhliain dheireanach ar rith na Seoighigh. Tháinig mise ar ais go Baile Átha Cliath am éigin Dé Domhnaigh, agus Dé Luain am éigin chuaigh mé isteach go Raidió Éireann i Sráid Anraí agus casadh Seán Ó Murchú dom. 'Ná habair tada' a dúirt sé 'ach cas timpeall agus tar amach in éineacht liomsa.' Is éard a tharla, le scéal gearr a dhéanamh de; is é an t-údar go raibh na línte briste: bhí an aimsir an-dona ceart go leor agus bhí seirbhís Phreispitéireach ag dul amach as Leifear i gContae Thír Chonaill, agus bhuail fear a bhí ag tiomáint tarracóra i gContae an Chabháin – i gCill na Leice nó in áit éigin mar sin – bhuail sé posta teileagraf agus bhris sé an líne, agus b'éigean an tseirbhís Phreispitéireach a chur trí Áth Luain. Chuaigh an dá líne ag marcaíocht ar a chéile agus chuaigh mo chuidse cainte amach ar an aer. Tháinig glaonna gutháin isteach agus is é an faitíos a bhí ar Sheán go bhfaighfí amach gur mise agus eisean a bhí ag caint ar bheatha a thabhairt don *bhudgie*. Ní raibh sé greannmhar san am ar chor ar bith mar bhí faitíos orainn go bhfaighfí amach é, ach cruthaíonn sé, nuair atá tú ag caint ar an aer go bhféadfadh rud ar bith tarlú.[18]

Ní deacair a shamhlú an t-iontas, nó an t-uafás go deimhin, a bhí ar dhaoine a bhí ag éisteacht le seirbhís eaglasta ar an raidió agus a chuala *Don't forget to feed the fuckin' budgie!* ag teacht amach ar an aer. Cé go bhfuil leaganacha i bhfad níos greannmhaire den scéal cloiste agam, seans gurb é an leagan thuas an ceann is gaire don fhírinne.

Scríbhneoir agus drámadóir é Dicky Byrne a chaith sé bliana fichead sa Taibhdhearc. Scríobh sé naoi ndráma dhéag a cuireadh ar an stáitse ansin agus is é a scríobh na geamaireachtaí go léir don Taibhdhearc ó 1964 go dtí 1977; Seán Mac Réamoinn a scríobhadh roimhe sin iad, ón am a raibh sé féin ar an Ollscoil i nGaillimh. Bhuaileadh Breandán agus Tomás Mac Gabhann le Dicky Byrne agus le Cyril Mahony ón Taibhdhearc go minic; bhíodh Cyril Mahony ag fanacht san Ivy Hotel, nach bhfuil ann a thuilleadh. Rinne Breandán agus Seán Ó Mórdha cúpla clár teilifíse leo faoin Taibhdhearc i gcomhair *Féach* agus bhíodh oícheanta móra 'drámaíochta' acu go léir sa tseanghnáthóg, an Castle Hotel. Tá cuimhne mhaith ag Dicky ar laethanta agus ar oícheanta óil agus ragairne le Breandán i nGaillimh:

Bhí muid le chéile, is cuimhin liom, an lá ar cuireadh Walter Macken i 1967. Chaith muid an lá sin ar fad le chéile. Thagadh sé go Gaillimh ag déanamh clár raidió go minic agus Pádraig Dolan ina léiritheoir aige. Ba iontach an comhluadar é féin agus Dolan agus bhíodh an-seisiúin againn sa gCastle. Níor spáráil Breandán é féin ar chor ar bith, go mór mór i ndeireadh na gcaogaidí agus i dtús na seascaidí. Bhí sé an-tinn le póit cúpla uair a raibh sé anseo. Bhí sé ag ól go trom, na súile dearg agus é ag titim as a chéile. Bhí lá iontach againn le linn Rásaí na Gaillimhe i ndeireadh na seascaidí.

Thagadh Breandán anuas anseo do RTÉ le linn na Rásaí, ag cur síos ar fhaisean agus ar bhéadán agus ar gach a raibh ag tarlú ar an mbaile. Bhí mise i mo chónaí an t-am sin i bhfoisceacht míle don ráschúrsa agus chaith muid an lá idir an beár ar an gcúrsa agus mo theachsa. I ndeireadh na dála bhí mise ag casadh ceoil agus amhrán ar bord an Naomh Éanna an tráthnóna sin; bhí sí ag tabhairt slua cuairteoirí timpeall Chuan na Gaillimhe. Bhí mé ag iarraidh ar Bhreandán teacht linn ach ní thiocfadh: 'Tá mo dhóthain feicthe agam díot ó mhaidin. Feicfidh mé amárach thú!' Ach chuaigh sé siar in éineacht liom le mé a chur ar bord an Naomh Éanna, agus nuair a chuaigh sé isteach ar an mbád ar feadh meandair le rud éigin a rá liom, nár sheol an bád agus Breandán ar bord!

Mar a tharla, shéid sé ina ghála, agus in áit a bheith ar an gcuan go dtí a haon a chlog ar maidin b'éigean dóibh ar fad dul i dtír thart ar leathuair tar éis a deich, agus bhíodar ag ól sa gCastle as sin go maidin. Ní dhearna Breandán dearmad ar an ócáid ach an oiread mar scríobh sé san *Irish Times* cúig bliana ina dhiaidh sin, in alt faoi Rásaí na Gaillimhe:

Measann cara liom nach mbíonn capaill ar bith ag Rásaí na Gaillimhe; gurb amhlaidh a samhlaítear do dhaoine go bhfuil capaill ann agus go ritear rásaí. ... Tá sé tuairim is cúig bliana ó shin anois ó chuaigh mé féin agus mo chara Risteárd Ó Broin as Gaillimh amach go Baile Bhriota. Chonaic seisean go leor ach ní fhaca mé féin ach na scáileáin teilifíse a bhí sa mbeár acu. Beidh cuimhne go ceann i bhfad agam ar an lá céanna. Ba é an leigheas ab' fhaide i mo shaol é, roimhe ná ó shin. ... Tá Rásaí na Gaillimhe suimiúil don té a dteastaíonn uaidh capaill a fheiceáil, don té nach dteastaíonn, agus go háirithe don té a dteastaíonn uaidh fir bheaga a fheiceáil ag léimneach amach as a ubh bhruite tar éis dó an claibín a bhaint di![19]

Chomh fada agus is féidir liom a dhéanamh amach, is i 1988 a thug Breandán a chuairt dheireanach ar Rásaí na Gaillimhe. Bhí sé féin agus Catherine i nGaillimh; thugadar cuairt ar chairde i gConamara, agus chaitheadar oíche le Tomás Rua Mac Con Iomaire agus lena bhean,

Mairéad ar an gCeathrú Rua. Pé ar bith cén t-am a ndeachaigh Catherine agus Mairéad a chodladh, d'fhan Breandán agus Tomás ag ól agus ag comhrá ag an mbord i gcaitheamh na hoíche agus nuair a tháinig Mairéad anuas ar maidin fuair sí an bheirt acu tite isteach ar an mbord agus iad ina gcnap codlata. Dhúisigh sí iad agus chuadar a chodladh ceart, agus nuair a d'éirigh Breandán cúpla uair an chloig ina dhiaidh sin shocraigh sé féin agus Catherine dul isteach chuig na rásaí. Thugadar an bheirt ab óige de ghasúir an tí, Síle agus Donncha, nach raibh ach naoi mbliana agus sé bliana ag an am, chuig Rásaí na Gaillimhe leo agus bhí an bheirt bheaga ina nglóire. Thug Breandán cúig phunt dóibh agus bhí neart deis a chaite ansiúd acu. Thug Catherine faoi deara gur cheannaíodar bronntanais dá dtuismitheoirí agus ba chuimhneach le Donncha, blianta fada ina dhiaidh sin, nuair a bhíodar ag dul ar ais chuig an gcarr agus an rása deiridh ar siúl gur dhúirt Breandán go gcuirfeadh an ceathrar acu geall ar an rás eatarthu féin, rud a chuir. Phiocadar capall an duine agus chuireadar 50 pingin an duine uirthi. Is í capall Bhreandáin is fearr a rinne agus is í capall Dhonncha a bhí thiar ag an deireadh ar fad. Phioc Donncha an capall sin go speisialta mar gheall ar an ainm a bhí uirthi, 'Get Smart'! Is dócha gurb iad na gasúir a fuair an t-airgead agus ní dhéanfaidh Síle ná Donncha dearmad ar Rásaí na Gaillimhe; ba é a gcéad lá ann é agus ba é a lá deireannach ag Breandán é.

Tharraing *Lig Sinn i gCathú* go leor cainte i nGaillimh faoi cá raibh 'An Pota Gliomach', teach ósta cáiliúil an scéil. Chreid go leor gurbh é Tigh Khelly ar na duganna a bhí i gceist, ósta a cheannaigh Dolores Keane blianta ina dhiaidh sin agus nach bhfuil ann anois ar chor ar bith. Chreid Dicky Byrne agus a chairde gurb é Tigh Delargy ar na duganna a bhí i gceist agus is é Dicky a mhol do mhuintir an tí sin 'The Lobster Pot' a bhaisteadh air, rud a rinneadar ar feadh tamaill go dtí gur athraíodar arís é go dtí 'Pádraig's Place' agus ina dhiaidh sin go dtí 'Pádraig's', i ndiaidh Shean-Phádraig Ó Conaire a rugadh ansin. Ba le James Delargy an teach ósta seo agus, cé nach é James Delargy Chumann Bhéaloideas Éireann atá i gceist, tá a chuid béaloidis féin fágtha ina dhiaidh ag Delargy na Gaillimhe freisin. Stíbheadóir a bhí sa Delargy seo agus bhíodh scéalta ag Breandán faoi. Bhí muintir Árann

ag tabhairt bulc beithíoch anuas as Árainn ar an Naomh Éanna le cur ar
Aonach na Faiche i nGaillimh. D'imigh na beithígh fiáin ar na duganna
agus d'imíodar sna cosa in airde siar i dtreo Tigh Delargy. Bhí Delargy
féin ina sheasamh taobh amuigh dá dhoras agus é dea-ghléasta mar ba
ghnách leis. D'fhógair na hÁrannaigh air seasamh roimh na beithígh:
'Seas rompu sin! Hey! Stop them cattle!' Sheas Delargy i leataobh agus
scaoil sé thairis iad. Nuair a d'fhiafraigh siad de cén fáth nár stop sé na
beithígh dúirt Delargy go míchéadfach leo, 'Listen, friends, I'm a
stevedore, not a fuckin' matador!'
    Ócáid mhór a bhí in Aonach na Faiche i nGaillimh faoi dhó gach
bliain agus tá sé buanaithe ag file mór Árann, Máirtín Ó Direáin, ina
dhán *Faoistiní*:

    Cáide ó bhí mé ag faoistin cheana?
    An lá ar thug mé an curach
    Ó mhac Tom Aindí?
    An lá ar thug mé an bhó
    Ar Aonach na Faiche?

    Ar an bhFaiche Mhór a bhíodh an t-aonach gach Bealtaine agus Meán
Fómhair, agus bhíodh a chroílár in aice leis an Imperial Hotel atá fós
ansin. Athraíodh Aonach na Faiche soir go Faiche an Aonaigh in aice
le stáisiún na traenach sna seascaidí agus tháinig an mharglann níos
deireanaí fós. Bhíodh siopa éadaigh, Tigh Neachtain, a raibh chuile
bhall éadaigh a bhí ag teastáil ón ngnáthdhuine le fáil ann, trasna ó
Shiopa Leabhar Uí Chionnaith ar an tSráid Ard, agus is ann a bhíodh
formhór mhuintir Árann ag tarraingt ag an am. Thosaigh Sonny Molloy
as Gaillimh a chuid printíseachta sa siopa seo i dtús na gceathrachaidí.
Phós sé iníon an tí níos deireanaí agus thugadh muintir Árann
'Neachtain Beag' air. Bhí bealach iontach ag Sonny le daoine, agus bhí
muintir Árann an-cheanúil air. Tá Sonny féin i mbláth na sláinte faoin
am a bhfuil an cuntas seo á scríobh ach tá Tigh Neachtain dúnta ó
dheireadh na nóchaidí.
    Nuair a dhíoladh na hÁrannaigh a gcuid beithíoch ar Aonach na
Faiche ghlanaidís an leabhar Tigh Neachtain agus cheannaídís a raibh

uathu le haghaidh na bliana.   Ní raibh orthu ach scríobh chuig Tigh
Neachtain agus chuirtí pé rud a bhí uathu suas go hÁrainn ar an mbád
chucu, agus ghlanaidís an leabhar arís nuair a thagaidís anuas ar Aonach
na Faiche sa bhfómhar.   Chuir Sonny Molloy aithne mhaith ar mhuintir
Árann i gcaitheamh na mblianta sin agus níor fhéad sé gan suntas a
thabhairt dá neamhspleáchas agus dá mórtas cine.   Nuair a chuir sé
aithne ar Bhreandán Ó hEithir ní raibh aon easpa ábhar cainte orthu
– Sonny ag fiafraí de Bhreandán an raibh aithne aige ar a leithéid seo
nó siúd agus Breandán ag inseacht dó:

> My first meeting with Breandán was in having a jar in Freeney's, which was
> our local at the time, and still is.   I was introduced to Breandán by my good
> friend across the road, Tom Kenny.   And the minute we were introduced I
> said 'Oh my God, that's Breandán Ó hEithir!' like that.   And he looked at
> me as if to say 'So what!' and then immediately he said, 'Sonny, I met you
> about thirty or forty years ago out in the Tourist Hotel in Salthill at two or
> three in the morning and you were standing up at the fireplace and you
> were singing a song.'   This was Breandán's forte; he could remember! The
> minute he met people he had them for life and he never forgot them.   He
> could tell the stories that went on and he could nearly tell you who you
> were related to.   Another thing about him – it didn't matter what subject
> came up, in nine cases out of ten Breandán was able to talk on the subject,
> and he never bored you.   And if at any stage he thought you didn't exactly
> know what he was talking about, or you weren't able to keep up with him,
> he understood immediately and he brought himself down to your level.
> There was charity there in that way.   Then, on the other hand, if he felt for
> a moment that you were coming the hound, he would let you know who
> was going to win on that track, because he had his own little power as well
> . . . He was a true Araner.   He would stand up and converse about Aran
> and Aran people with you all day.   Aran people are proud, and Breandán
> was proud of Aran.

Thug foilsiú *Lig Sinn i gCathú* seanchairde Bhreandáin i nGaillimh le
chéile agus rinneadh go leor cainte faoi na seanáiteanna atá luaite sa
leabhar ach atá imithe ó shin.   Caintíodh ar Tigh Delia Lydon, ceann de

na hóstaí ab ansa le Breandán, a bhí san áit a bhfuil The Quays anois, agus tráchtadh ar an 'Casbah', mar a thugtaí ar an teach crúibíní a bhíodh trasna an bhóthair uaidh. Beirt dheirfiúracha a bhí ina bhun seo, Nóra agus Dilly, agus ba é an t-aon áit i nGaillimh é, ó na tríochaidí go dtí lár na seachtóidí, a bhféadfá aon rud a fháil le n-ithe ann nuair a dhúnadh na tithe ósta. 'Nóra Crúb's' a thugtaí freisin air agus bhíodh fáilte ar leith i gcónaí acu roimh Dicky Byrne mar go raibh Nóra ar scoil lena sheanmháthair. Is í Nóra a bhí i gceannas na háite. Bhí Dilly beagán ceanúil ar an ól agus nuair a thagadh sí anall trasna an bhóthair as Tigh Delia Lydon agus dea-ghiúmar uirthi chasadh sí port ar an mileoidean agus deireadh sí an dán ab ansa léi, 'The Claddagh Boatman'. D'fhoghlaim sí é seo ag an scoil fadó agus bhí sí go maith os cionn seachtó faoi seo:

I am a Claddagh boatman
Bold and noble is my calling
Night and day around Galway Bay
My small little boat I'm trawling.

Bheadh ort bualadh ar an doras ann tar éis am dúnta tithe ósta. Bhreathnaíodh Nóra nó Dilly amach trí bhosca mór litreach a bhí ann agus d'fhiafraíodh: '*Who's out?*' Mic léinn ollscoile is mó a bhíodh ag tarraingt ann agus mura n-aithneodh sí thú déarfadh sí, '*What d'you want?*' agus thabharfadh sí dhuit amach tríd an mbosca é. Crúibíní, sceallóga agus anraith a bhí le fáil ann. Seanpháipéir nuachta a bhíodh ar na boird agus dá mbeadh meas ort ann scarfaí nuachtán an lae sin ar an mbord duit. Ach bhí siad sách ardnósach ar a mbealach beag féin mar bhíodh fáilte níos mó roimh mhic léinn Leighis acu ná mar a bhí roimh mhic léinn na nEalaíon. Dá mba 'Dochtúir' de chineál ar bith thú, bhí an-fháilte go deo romhat. D'fhág sin go raibh 'Dochtúirí' go leor ag triall ar an áit, agus d'ith 'Dr Byrne' agus 'Dr Hehir' greim ann ó am go chéile. Bhí ré theach na gcrúibíní ag teacht chun deiridh faoin am a raibh Tom Kenny ag fás ina fhear, ach is cuimhneach leis, Oíche Nollag amháin, a bheith ina sheasamh in aon scuaine le Nóra i siopa eischeadúnais Tigh Taaffe, an t-aon siopa eischeadúnais a bhí i nGaillimh ag an am. '*A bottle of Paddy, Mr Taaffe,*' a dúirt Nóra le fear *an tí, 'and would you ever take the alcohol out of it! It's a Christmas present for Dilleen, and she doesn't drink, you know!'* Mar a deireadh Breandán: 'Nár chaille muid ár n-acmhainn grinn!'

Ar ndóigh, ní hiad na tithe ósta ná an teach crúibíní amháin a bhí Dicky Byrne agus a chairde ag iarraidh a aithint in úrscéal Bhreandáin:

> D'aithin muid na daoine sa leabhar, go háirithe lucht na hollscoile, cé nach raibh siad féin róbhuíoch, sílim. Bhí an leabhar iontach greannmhar. Fuair mé cead ó Bhreandán an scéal a chóiriú don stáitse agus chuir muid ar siúl é i mí Aibreáin 1977. D'éirigh go breá leis, ach ní raibh sé iontach. Bhí sé rófhada mar bhí mé ag iarraidh a bheith ródhílis don leabhar, ach bhain muid an-spraoi as. Uair ar bith a mbíodh Breandán thart i nGaillimh thagadh sé isteach chuig na cleachtaí. Bhí mé féin ag scríobh don *Galway Advertiser* ag an am. Bhíodh alt seachtainiúil agam ann agus bhíodh Breandán ag scríobh do 'Thuarascáil' san *Irish Times* agus ag déanamh an chlár teilifíse *Féach*. Bhíodh sé i gcónaí ag iarraidh a fháil amach céard a bhí ag tarlú thart ar Ghaillimh. Níor chaill sé riamh an grá a bhí aige do Ghaillimh. Bhíodh orthu glaoch abhaile air!

Nuair a d'iarr an National Geographic Society ar Bhreandán tuairisc a scríobh dóibh ar iarthar na hÉireann i gcomhair eagrán speisialta 'Discovering Britain and Ireland' a thugadar amach i 1985, scríobh sé:

> I cannot write dispassionately about Galway. After Aran, it is my second home, and I regard it as an essential Irish experience. Its air smells of freshly baked bread, of salty sea breezes, and of Guinness. And, miraculously, it has preserved its central maze of narrow streets, many of which formed part of the old inner city.
>
> Galway's proudest boast is that it has slowed time to a virtual standstill. As they say around here, 'When God made time, He made plenty of it.' Time is there to be savoured – as much of it as possible in the pursuit of convivial company, by day and by night. You can see conversations being conducted across the narrow streets and from the pavement to the upstairs windows.
>
> Many strands of history weave together here. Galway numbers Presidents John F. Kennedy and Ronald Reagan among its Freemen. Christopher

Columbus, on a visit to the city, is said to have attended Mass at the Church of St. Nicholas, still Galway's grandest building.

Galway is the only city in Ireland where two languages, English and Irish, can be heard in the streets and where strolling musicians play in the afternoon. It all adds up to a strangely foreign but wholly Irish atmosphere, and although it seems like a place where everyone knows everyone else's business, you will find the simplest happening reported in a variety of ways.

Galway lies amid the Gaeltacht – scattered patches along the western and southern coasts where native Irish is the everyday language.[20]

Bhuaileadh Breandán go minic i nGaillimh le Mick Leonard as an gCarn Mór, a d'imríodh ar fhoireann Mionúr na Gaillimhe i dtús na gcaogaidí go dtí gur gortaíodh é, agus a bhí ag múineadh i gColáiste Éinde i nGaillimh ina dhiaidh sin. Nuair a cailleadh iar-Uachtarán an Choláiste sin, an tArd-Deochan Donncha Ó hEidhin D.D., i dtús na seachtóidí níor éirigh le Breandán a bheith ar an tsochraid, ach tamall ina dhiaidh sin thug Mick go dtí an reilig ina bhfuil sé curtha é, le taobh an tséipéil i dTír Nimhin, tuairim is dhá mhíle ó sheanmhainistir Chill Mhac Duach in aice le Gort Inse Guaire. Nuair a bhí an tAthair Ó hEidhin ina Uachtarán ar Choláiste Éinde chinntigh sé i gcónaí gur Gaeilge a labhraíodh na buachaillí an t-am ar fad, agus ní mó ná sásta a bhíodh sé dá bhfaigheadh aon bhuachaill litir a mbeadh an seoladh 'St. Enda's College, Galway' uirthi, in áit 'Coláiste Éinde, Gaillimh'. Nuair a chonaic Breandán gur i mBéarla ar fad atá an inscríbhinn ar leacht an tsagairt sa reilig ní dheachaigh íoróin an scéil amú air. Comhartha eile fós a bhí ann dó ar an gcineál measa atá ag formhór an Chliarlathais Chaitlicigh sa tír seo ar an teanga Ghaeilge.

Chuir Mick Leonard Breandán in aithne do roinnt de na cainteoirí dúchais deireanacha ar Achréidh na Gaillimhe, ina measc Mícheál Ó Síoda ar an gCarn Mór, nó Maidhc an tSíodaigh mar a thugadh na scandaoine air, scéalaí agus seanchaí a fuair bás i 1965. Chuir sé Breandán in aithne freisin do iarscoláirí le Máirtín Ó Cadhain i Scoil an Chairn Mhóir: Mícheál Ó hEidhin agus Pádraig Ó Sionnacháin, beirt chainteoirí líofa Gaeilge a bhí páirteach ina dhiaidh sin sa scannán a rinne Breandán agus Seán Ó Mórdha faoin gCadhnach, *There Goes Cré na Cille.* Thaispeáin Mick fothrach maordha Theach Mór Thigh Reoin do Bhreandán, Tyrone House, i bparóiste Bhaile an Doirín, an teach mór ina bhfuil leabhar cáiliúil Edith Somerville agus Violet Martin (Somerville and Ross) *The Big House of Inver* suite, leabhar a foilsíodh i 1925, an bhliain chéanna ar foilsíodh *The Informer* le Liam Ó Flatharta.

Scríobh Breandán síos na línte filíochta le Sir John Betjeman atá breactha ar an másailéam le hais na seanmhainistreach i reilig Dhroim An Chú, a thóg Arthur French St George dá bhean chéile, Lady Harriot St. George, a fuair bás in 1830 agus gan í ach seacht mbliana déag:

> Sheepswool, straw and droppings cover
> Graves of spinster, rake and lover
> Whose fantastic mausoleum
> Sings its own seablown Te Deum.

Línte iad as an dán 'Ireland with Emily' a scríobh Betjeman le linn a chamchuarta in Éirinn nuair a bhí sé ina Phreas-Attaché ag an Ríocht Aontaithe i mBaile Átha Cliath idir 1941 agus 1943.[21]

D'inis Mick Leonard scéal dom faoin am ar foilsíodh *Lig Sinn i gCathú.* Tá carachtar sa scéal a bhfuil an 'Cipín de Búrca' air, a bhí ar fhoireann iomána an Bháin Mhóir sa leabhar. Bhí báireoir cáiliúil den sloinne céanna sin ag imirt ar fhoireann na Gaillimhe timpeall an ama chéanna agus chuaigh an ráfla thart gurb é a bhí sa leabhar ag Breandán, cé nach raibh cosúlacht ar bith idir é féin agus an carachtar sa leabhar. Bhí Breandán ag teacht amach as teach ósta Rabbitte's ar Shráid Forster oíche agus é ag tabhairt a aghaidh siar ar an bhFaiche Mhór, nuair a chonaic an báireoir uaidh trasna na sráide é. '*What are you writing books about me for?*' a d'fhógair sé anonn ar Bhreandán. Tharla comhrá beag eatarthu agus ba ghearr gur chroith an bheirt lámh le chéile agus go ndeachadar isteach ar ais Tigh Rabbitte, áit ar óladar deoch an réitigh. Bhíodar chomh mór le chéile is a bheadh seanbhó agus coca féir nuair a bhíodar ag fágáil theach an ósta an oíche sin agus tá sé ráite gur tháinig an báireoir isteach Tigh Rabbitte le mála fataí cúpla seachtain ina dhiaidh sin agus gur dhúirt sé le lucht an tí: '*The next time that man comes to Galway, give him that bag of spuds.*'

Ach ná síltear óna bhfuil ráite i dtús an chaibidil seo gur moladh ar fad a fuair *Lig Sinn i gCathú*. 'Is ábalta mar a chruthaigh Breandán Ó hEithir litríocht leithris agus gaois na ngraifítí trí mheán glanGhaeilge . . . le carachtair Mháirtín Uí Mhéalóid agus a chomhluadair,' a scríobh Muiris Ó Droighneáin in *An tUltach* i mí an Mheithimh 1976, cé gur ar an Ollamh Dáithí Ó hUaithne is mó a chuir Muiris an milleán faoi leabhar Bhreandáin a mholadh chomh hard is a rinne sé. Ach bhris acmhainn grinn Uí Dhroighneáin, nárbh eol do mhórán a bheith aige go dtí sin, amach i ndeireadh a léirmheasa nuair a scríobh sé:

. . . Déarfaidh Breandán liom, b'fhéidir, 'a chonúis an Chaighdeáin, a Ridire Bhréagchráifigh Naomh Columbán, cén lúbaire líofa a raibh baint ag a chluasa lena mhagairlí?'. . . Scríobh leat, a Bhreandáin. Tá bua scríbhneoireachta agat nach bhfuil ag an dara Gaeilgeoir ó d'éag Máirtín Mór (Ó Cadhain), grásta ó Dhia air. Ná meas áfach, nach bhfuil de rogha agat ach a bheith garbh Gaelach nó mín marbh . . .

In eagrán mhí Iúil de *Feasta*, iris mhíosúil Chonradh na Gaeilge, 'Leabhar Éadrom' a thug Rita E. Kelly ar *Lig Sinn i gCathú* agus ní rómholtach a bhí Eoghan Ó Tuairisc san eagrán céanna, ar an sliocht as an úrscéal a léigh sé in *Flós Fómhair 1975*. Píosa gearr Uí Thuairisc ar dtús:

Scigphictiúr de chathair agus de pholaitíocht na linne seo, an-líofacht cainte ag roinnt leis, eangach chliste teicníochta, ach gan mórán croí san insint, gan paisean an fhile, gan aorchumas na Gaeilge agus an ghlan-Bhéarla. Módh docaiméadach, braithim go bhfuil féith na scéalaíochta ó cheart in easnamh ar an insint – feicim an ceamara á pheanáil ó ghné go gné de radharca atá róleathan; ní scáilítear ar an scrín seo ach típeanna agus samhailchomharthaí súchaite – ach b'fhéidir nach ceart dom an scéal go léir a mheas is gan ach an sliocht seo agam fós ar fáil.

Phléigh Rita E. Kelly an t-úrscéal ina iomláine agus phléigh sí go mion agus go géar é:

Leabhar éadrom, a dtiocfadh le duine spléachadh súl a thabhairt dó ó am
go ham mar chaitheamh aimsire, agus sa ghnáthchás ba leor sin ina thaobh.
Ach sa chás seo bronnadh céim na Litríochta ar an saothar – sular foilsíodh
é fiú – agus dá bhrí sin níl an dara rogha againn ach dianmheastóireacht a
dhéanamh air ar chaighdeán úrscéal na hEorpa.

Faoi na ceannteidil An Pholaitíocht, An Saol Sóisialta, An Creideamh,
pléann sí agus cáineann sí an chaoi ar déileáladh leo sa leabhar agus
ansin fiafraíonn sí:

Cad mar gheall ar na carachtair? Sin ceist shimplí mar níl carachtar ná lorg de
charachtar ann. Tá mám típeanna nó caracatúir ann, agus ainmneacha áiféise
den chineál *litteresque* a chleachtaíodh Walter Macken – Mungail de Róise,
Nádúr, an Púca, Sail an Mheandair, etc. Is bocht mar a thagas leis an údar an
tuin phearsanta nó sainghlór an duine a chruthú. Tá na 'hainmneacha' go léir
ina dtípeanna statacha: Bilín Ó Gráda, sútramán, gona bhall fearga ina ghlaic
aige; Bean Mhic an Adhastair, gortachán mná i bhfeighil an lóistín, grá-diaúil
mar is gnách dá sórt, agus breabhsach sa tóir ar an gcúlchaint; Nuala Ní Riain,
maide marbh den chéad scoth, cailín teanga na galántachta; An Sáirsint, píle
ina phaor mar inchollú an Dlí; An tAthair Breandán, maistín púnáilte gáifeach,
cumraíocht duine, agus drong chiomach na nÓstlanna. Dar ndóigh, i *milieu*
na Gaillimhe ní mór dúinn   staicín áiféise a aimsiú le cur in iúl chomh fial
flaithiúil is a chuirimid fáilte roimh an éan cuaiche, go háirithe má thagann sé
chugainn ó Chiarraí – agus níl Ó hEithir easnamhach san éirim sin, d'aimsigh
sé an 'Ciarraíoch Glic', Aibhistín Ó Siochrú. Sin crosghearradh de bhrúiscín
bréige an leabhair. Ach tá pointe eile i dtaobh na dtípeanna seo: tríd síos ní
fhaigheann siad deis cainte mar briseann an t-údar isteach orthu agus
scríobhann sé 'beathaisnéis stánaithe' faoi chuile dhuine beagnach. Is
rí-amscaí an mhaise dó é, mar réabann sé sraith na hinsinte (fad is atá a
leithéid ann) leis na blocanna faisnéise seo . . .

. . . leisce an údair atá sásta sciodar na treibhe a thabhairt dúinn in ainm na
litríochta agus na scéalaíochta, in ionad cuardach cruinn a dhéanamh chun
coimpléasc casta an duine a chur os ár gcomhair . . .

. . . Ag geáitseáil don tslua atá Ó hEithir. Ach an bhfuil fhios aige chomh
súchaite is atá a chuid beartaíochta? . . .

Cad a tharla nuair a bhris fágacha gobacha na gráiscínteachta ar chrioslach chuan na Gaeilge? D'imigh na lábánaigh litríochta agus na draoithe dúramánacha a bhfuil dathacha na héigse ag roinnt leo ag briseadh ladhar a dtóna i ndiaidh na galamaisíochta seo chun súnás na Gaeilge a chur i gcríoch. Ach beidh na gogaidí i gcónaí farainn.[22]

Nuair a d'fhoilsigh Alan Titley *An tÚrscéal Gaeilge* – 'staidéar cuimsitheach léirmheastúil agus tuarascálach ar réim, earnálacha agus chineál an úrscéil sa Ghaeilge' – i 1991, cheap sé go raibh Rita E. Kelly 'ciontach i leabharéigean' a dhéanamh ar úrscéal Uí Eithir agus d'easaontaigh Titley cuid mhaith freisin le léirmheastóir eile, Máirín Nic Eoin:

Luaigh Máirín Nic Eoin na comparáidí a déanadh idir *Lig Sinn i gCathú* agus scata saothar mór-le-rá sna léirmheasanna ar thagair mé dóibh: *Cré na Cille, Deoraíocht, Mo Bhealach Féin, An Béal Bocht, Buile Shuibhne, Parlaimint Chlainne Thomáis, Cúirt an Mheán Oíche, A Portrait of the Artist as a Young Man* agus úrscéalta Perez Galdos. Agus ansin an speach: 'Only one reviewer revealed it for what it was and is – a light read, nothing exceptional, but the first novel of its kind in Irish' (Nic Eoin 1987).
B'é an léirmheas a bhí i gceist ag Máirín Nic Eoin ná aiste Rita E. Kelly a foilsíodh i *Feasta* mí Iúil 1976, aiste nach bhféadfaí gan aird a thabhairt air ar an gcuma ar thug sí faoin leabhar agus faobhar ar a speal aici. Ní raibh aon ghné den úrscéal nár bhain sí na cosa de agus bhí an chuma ar an scéal go raibh sí ag baint pléisiúir as. . . . Bleaist mhisniúil í seo gan aon amhras ba bhreá le cuid againn a scríobh ar leabhar eile, bleaist a rachadh isteach in aon chnuasach de léirmheasanna Gaeilge ar a cruas, ar a faghairt, ar a sceanairt, ar na putóga liteartha a d'fhág sí ar fud an urláir. Ní fhágann sin go raibh aon phioc den cheart aici, dar liom, ach is cuid dhílis den léirmheastóireacht í an liobairt, an sciolladóireacht, an sclamhairt nuair a thagann sé ón gcroí amach.
. . . Nuair a thugann sí faoi 'iris-stíl' an údair agus faoin ngráiscínteacht 'ar son na gráiscínteachta' (R.E. Kelly 1976, 12, 11) is ag tabhairt faoi cheann de ghnéithe an leabhair a raibh na léirmheastóirí eile uile go léir nach mór ar aon intinn faoi bhí sí, agus is í gné sin feabhas agus preab na stíle nó

na teanga ann. . . . Ní raibh fadhb ar bith ach an oiread ag na léirmheastóirí maidir le téama is ábhar an scéil. Seo é an Bildungsroman *par excellence* 'about the emergence of a bewildered boy from the nets of family, church and education into a young man standing independently alone on the threshold of life' (Kennelly 1976).[23]

Chuir léirmheas Rita E. Kelly fearg ar an údar agus foilsíodh litir ghéar ó Bhreandán sa gcéad eagrán eile. Le go dtuigfí an litir go hiomlán is ceart a lua gurbh as Béal Átha na Sluaighe, baile a samhlaítear a ainm go minic leis an ospidéal meabhairghalar atá suite ann, Eoghan Ó Tuairisc agus gur as an gceantar céanna Rita E. Kelly. D'úsáideadh Eoghan Ó Tuairisc freisin an leagan Béarla dá ainm, Eugene Watters, rud a thug deis do Bhreandán *Finnegan's Wake* James Joyce a tharraingt chuige i ndeireadh na litreach:

                                   54 Bóthar Tí Naithí,
                                   Dún Droma 14,
                                   20.7.1976.

A Chara,

Tá cúpla firic ar mhaith liom iad a cheartú sa rud a scríobh Rita E. Kelly i dtaobh *Lig Sinn i gCathú* in eagrán na míosa seo caite. Ní fhéadfadh an té is daille intinn, ach eolas dá laghad a bheith aici, gaol, dáimh ná cosúlacht a fheiceáil idir an Monsignor de Bláca sa leabhar agus an Monsignor de Brún a bhí ina Uachtarán ar Choláiste na hOllscoile, Gaillimh, le linn domsa a bheith i mo mhac léinn ann. Mar a deireadh siad in Árainn, 'Thuigfí é sin go fiú i mBéal Átha na Sluaighe.'

Níl mórán céille a bheith ag tabhairt praghas an eagráin áirithe a bhí i gceist ach oiread, ós rud é go bhfuil sé ionann's ídithe anois. Beidh eagrán faoi chlúdach bog, ar níos lú ná leath an phraghas, ar fáil sna siopaí i mí Mheán Fómhair.

Feicim ar leathanach a 15 den eagrán céanna nár thaitnigh ar léigh sé den leabhar le Eoghan Ó Tuairisc ach oiread. I measc rudaí eile measann sé go bhfuil 'paisean an fhile' ar iarraidh. Tá scil aige, dar lán an leabhair, más teist ar bith an blogha de dhrochfhaisnéis aimsire i *newspeak* ar bhain

drochthimpist dó, in eagrán Iúil de *Combar*. Deirtear linn gurb é féin agus
– ach fan leis! – Rita E. Kelly a scríobh i bpáirt é. Duine ag scríobh agus
an duine eile ag séimhiú, gan dabht! Nach mór is fiú nach duine
drochintinneach mé a mheasfadh gur ag dul i mbun gnótha in ainm na mná
atá sé, dála ocastóir bancbhriste.

Ach is fearr an tionscal seo a fhágáil faoina heolaithe, na 'típeanna' a bhfuil
an paisean ag ithe na ceathrún anuas díobh . . . the multipseudonymous
watters of. the ultrauxorious watters of. hitherand thithering watters of.
here'smyheadandmyarse – is coming watters of. Shite.

Breandán Ó hEithir.

Chuir an bhinb iontas ar go leor ag an am agus tugadh chun cuimhne
píosa sách géar a scríobh Breandán féin in *Combar* i Meitheamh na bliana
1962 faoi leabhar Eoghan Uí Thuairisc, *L'Attaque*, an leabhar deireanach
ar bronnadh Gradam an Oireachtais air roimh *Lig Sinn i gCathú*. Tá
íoróin áirithe ag baint leis an locht a fuair Breandán ar an
réamhphoiblíocht agus ar an ardmholadh a fuair leabhar Uí Thuairisc, i
bhfianaise na réamhphoiblíochta agus an ardmholta a fuair a leabhar féin:

Foilsíodh léirmheas le Seán Ó hÉigeartaigh ar dhuaisleabhar Eoghain Uí
Thuairisc san iris seo an mhí seo caite. Ní raibh an leabhar léite agam nuair
a léigh mé an léirmheas ach anois go bhfuil caithfidh mé a rá gur mó a
aontaím leis an léirmheas a scríobh Aindreas Ó Gallchobhair don *Irish Press*.
Ach oiread le chuile shórt eile ar na saolta seo is deacair don scríbhneoir
éalú ó ghalar na réamhphoiblíochta. Fuair an leabhar seo moladh as
cuimse ó mholtóirí Chomórtas an Chlub Leabhar agus ón gClub Leabhar
féin. Thug Myles na gCopaleen ardmholadh dhó san *Irish Times* agus bhí
chuile léirmheas eile thar a bheith fabhrach, cés moite de cheann Uí
Ghallchobhair.

Ní mheasaim féin go bhfuil *L'Attaque* chomh maith ná chomh tábhachtach
agus a thug an réamhphoiblíocht le fios. Cuimhnigh go bhfuair an leabhar
seo Gradam an Oireachtais – rud is ionann agus a rá gurb é seo an t-úrscéal
Gaeilge is fearr ó bunaíodh an Club Leabhar. Ach an féidir é a chur i
gcomparáid le *Cré na Cille*, mar shampla? Dar liom féin nach féidir.
Ní mhilleán ar Eoghan Ó Tuairisc má fuair a chéad úrscéal moladh gan

chuibheas ó mhuintir an Chlub Leabhar ach ba cheart dóibhsean a bheith níos spárálaí lena gcuid aidiachtaí ar ócáidí den sórt seo.[24]

Níor spáráil muintir an Chlub Leabhar aidiachtaí ar *Lig Sinn i gCathú* i 1976 ach ní raibh Breandán ag clamhsán an uair seo. Agus má bhí daoine ann a cheap go bhfuair leabhar Bhreandáin 'moladh gan chuibheas' bhí go leor eile ann a bhí ag ceannach agus ag léamh an úrscéil. Tháinig leagan bog den leabhar amach sa bhfómhar 1976, rud a fuair tuilleadh poiblíochta fós. Scríobh *Pro-Quidnunc* san *Irish Times:*

> Breandán Ó hEithir renews his assault on the bookshops of Ireland this month with a paperback edition of his astonishingly successful book 'Lig Sinn i gCathú' . . . This is the first time that it has been worth the publisher's while to bring out a popular edition on the heels of a best-selling hard-back in Irish, a tribute to Ó hEithir's lively writing.[25]

Bhí Breandán sásta agus údar aige. Bhí a chéad úrscéal ina leabhar mór-ráchairte agus bhí neart eile san áit ar tháinig an leabhar sin as. Agus díreach nuair a bhí an rabharta poiblíochta a fuair *Lig Sinn i gCathú* ag trá, foilsíodh léirmheas spleodrach le James Stewart as Gaillimh, a bhásaigh go hantráthach é féin roinnt bhlianta ina dhiaidh sin, san iris *Éire-Ireland* i bhfómhar na bliana 1977, a chríochnaigh mar seo:

> *Lig Sinn i gCathú* is a *roman à clef,* of course, but the key is not essential to access. Being able to identify the originals is just an additional bonus accruing to those who had the discernment to have been born in Baile an Chaisil, or like the author, to have spent considerable time there. It is indeed a memorable portrait gallery of janitors, gardeners, journalists, hurlers ('sportsmen' is hardly the word), nuns, priests, policemen, politicians, publicans and their customers, the sinners. Like other establishment figures, the anointed of the Lord get a generally bad press; women, on the whole, a good one, except for the landlady (obviously the secular arm of the establishment's unholy inquisition), the undying widow Bean Mhic an Adhastair (Mac Halter). Memorable though the collection be, it is by no means exhaustive. While appreciating that the writer must

choose his characters according to his experience and needs, it would surely be a pity if such individuals as Seoirse Connelly, Canon Davis, Dhá Lá, Máilleogs, Shoots, Shootereens, Pullthrough, Hairy Bacon, Baldy Griffin, Rookaun, Jimmy Cranny, Jack Stewart, Lipper, Hopper, Bunker, Buncombe, Miss Weldon, Maggie Anne, Jackie Cheevers, and Sweet Sixteen were to fade by tomorrow, for the likes of them will never be again.

But for what we have, let us give thanks: a book the likes of which has not been seen in Irish before, a thoroughly enjoyable novel in thoroughly reliable Irish; a book worth learning Irish to read. *Lig Sinn i gCathú* is first of its kind, but not the last, for as the landlady would put it: there's lots more where that came from. To adapt the words of another character, the redhaired harridan: Power to you, Breandán, O nephew of the good uncle. Where would you leave it? It's not from the wind you took it.

Nótaí

1 Sliocht as dialann Bhreandáin.

2 *Combar:* Aibreán 1976: 9-10

3 Raidió Éireann: 2 Aibreán 1976

4 *The Irish Times*: 17 Márta 1976

5 *Sunday Independent:* 21 Márta 1976

6 Raidió Éireann: 26.3.1976

7 *Nua-Aois:* 1976: 69

8 *Combar:* Nollaig 1966

9 *The Irish Times:* 16 Márta 1976

10 *Dialanna Sheáin Uí Ríordáin:* 26.4.76. 2.45a.m.

11 *Galway Advertiser,* 26 Márta 1976

12 *Connacht Tribune*: 26 Márta 1976

13 *The Irish Times,* 11 Aibreán 1976

14 *Hibernia,* 9 Aibreán 1976

15 *The Irish Times Supplement,* Sept. 3, 1988

16 Agallamh teilifíse le Liam Mac Con Iomaire, RTÉ, 1980

17 *An Chaint sa tSráidbhaile:* 123-4

18 RTÉ: 1990

19 *The Irish Times:* 2 Lúnasa 1977

20 *Discovering Britain and Ireland:* National Geographic Society, 1985

21 Buíochas le Pádraig Ó Comáin faoi chuid den eolas seo

22 *Feasta,* Iúil 1976.

23 *An tÚrscéal Gaeilge,* Titley, 1991

24 *Combar:* Meitheamh 1962

25 *The Irish Times:* 10 Meán Fomhar 1976

15. Dialann, Aistriúchán, agus 'Gaeltarra Murphy'

Ar deireadh thiar caithfidh mé éirí as gach cineál oibre ach scríobh
– rud atáim in ann a dhéanamh go príobháideach liom féin i seomra.
Is mealltach an saol é saol na teilifíse . . .[1]

Tá idir shúgradh agus dáiríre Bhreandáin le fáil i gcnuasach aistí agus
altanna leis, a d'fhoilsigh Cló Mercier i 1977, faoin teideal *Willie The
Plain Pint agus an Pápa,* an teideal céanna atá ar cheann de na haistí,
ina bhfuil cur síos an-ghreannmhar a chuala Ó hEithir ó Bhreandán Ó
Beacháin ar chuairt W.T. Cosgrave ar an Vatacáin. Is sa gcnuasach seo
freisin atá an aiste bhreá 'Liam Ó Flatharta agus a Dhúchas', a bhfuil
sleachta aisti feicthe cheana féin againn, mar aon le haistí eile mar 'Tiger
King agus Man of Aran', 'An Oíche ar Cheannaigh Leo na Deochanna',
agus na trí aiste is spleodraí dár scríobh sé riamh, dar liom: 'Grásta Dé
agus an Chuileog Mhór Ghorm', 'Mario agus an Sexwagen' agus 'Where
the hell is Cashel, Darling?'

De na haltanna 'dáiríre' atá sa gcnuasach is é 'An Scríbhneoir Gaeilge
agus An Chúis', atá bunaithe ar léacht cháiliúil Mháirtín Uí Chadhain ag
Scoil Gheimhridh Chumann Mherriman i 1968, 'Páipéir Bhána agus
Páipéir Bhreaca' an ceann is fearr a léiríonn aigne Bhreandáin faoin
ngéarchéim agus faoin gcruachás ar airigh sé é féin ann le tamall mar
scríbhneoir Gaeilge.

Bhí úrscéal eile, faoi iriseoireacht agus alcólachas, a dtabharfadh sé
Drink the Maddening Wine air, ag borradh i gceann Bhreandáin le
tamall. Seo é 'an t-úrscéal Béarla' atá luaite aige i ndialann scríbhneora
a choinnigh sé le linn dó a bheith i Londain i Meán Fómhair na bliana
1977, ag déanamh cláir do *Féach* faoin Irish Centre i gCamden Town.
Scríobh sé sraith altanna san *Irish Times* a bhí bunaithe ar an dialann
seo, ach is spéisiúla go mór an dialann féin mar scáthán ar smaointe
Bhreandáin ag an am. Théadh sé chuig go leor scannán, agus is léir
nach mar chaitheamh aimsire amháin a théadh sé ag breathnú orthu ach
le súile an ealaíontóra agus an cheardaí, le go bhfoghlaimeodh sé rudaí

astu a chuirfeadh sé féin ag obair amach anseo. Is léir freisin go mbíodh
sé go mór ar a sháimhín só i Londain:

Satharn, 11 Meán Fómhair, 1977:
Táim anois i mo shuí i gcúl báid ar mo bhealach ar ais go Kew. Is breá
liom a bheith ag taisteal na habhann i Londain agus díol suntais a ghlaine
is atá an Thames, go háirithe in uachtar na cathrach os cionn Putney. Ní
thuigim cén fáth a bhfuilim chomh mór ar mo shuaimhneas inniu agus
chomh corraithe agus a bhí mé Déardaoin agus i dtús an lae inné. Sílim
gur fuíoll strus oibre agus imní faoi obair in RTÉ ba chiontaí leis. Tá
m'intinn déanta suas agam luí isteach ar an úrscéal Béarla a luaithe is a
shroichfidh mé an baile. Dá mbeadh muid in ann 3 huaire sa ló a thabhairt
dó 5 lá sa tseachtain ba cheart go mbeadh bail air faoi Cháisc. Is féidir an
t-ól a chaitheamh suas tar éis Londain ar aon chuma agus bail a chur ar an
lá oibre mar is ceart. Bhí an ceart ag Joyce – is gá gliceas na nathrach
nimhe le duine a chosaint ar an saol, agus is é an t-ól namhaid an
Éireannaigh. Aréir i Waterloo Éireannaigh ar fad a bhí caite i gcoirnéal an
drabhláis. Ar nós anamnacha i bPurgadóir, lofa gan chompord.

Dé Domhnaigh, 12 Meán Fómhair, 1977:
Táim á scríobh seo ar an traein ó Cobham go Londain ag 11.00. Maidin
álainn ghréine. Ag dul chuig an Irish Centre. . . . Bhíos i mo shuí ag obair
ar maidin agus maireann suaimhneas intinne an lae inné i gcónaí. . . . Suas
go Camden Town ag dinnéar leis an Athair Ryan. Iad ag iarraidh an áit a
leathnú agus a chuid oibre a leathnú. Iad ag plé le Páidíní den uile shórt.
An scéal soiléir go leor domsa anois.
Ar an mbealach anuas chonaic mé sampla maith den Hard Man ag teacht
aníos an staighre beo as Camden Town, tar éis an mhaidin a chaitheamh ag
ól. Maol, dúdhóite, cluasa spleabhtaithe ag míle clabhta, glanbhearrtha ag
dul chun boilg, seaicéad agus malairt treabhsair agus carbhat timpeall a
bhásta in áit beilte. É ina choilgsheasamh ag breathnú amach roimhe.

Dé Céadaoin, 15 Meán Fómhair, 1977:
Táim i mo shuí i Regent's Park trasna an bhóthair ón Zoo. Tá an mhaidin go
hálainn agus mo cheann ina ré roithleagán de bharr imeachtaí an lae inné. Is

léir go bhfuil cúrsaí in RTÉ imithe as miosúr ar fad le easpa pleanála agus gach cineál aighnis. Tá an criú ar talamh anois (12.45) agus beidh a fhios againn. Gan frapa gan taca tá m'intinn déanta suas agam anois scaradh leis an áit agus mo neamhspleáchas a bhaint amach chomh tiubh géar agus a thig liom. Tá cineál tuairim agam gur féidir liom é a dhéanamh ach luí isteach air. Ach sin scéal eile go fóill. Thug Mac Lua[2] amach ag ithe mé agus bhí sí ar oíche chomh craiceáilte agus a chaith mé le fada an lá. . . . D'fhan mé ar mo chiall agus choinnigh cuimhne chruinn ar an iomlán. . . . I lár na cainte tarraingím anuas O'Halloran[3] an M.P. nár labhair riamh sa teach. . . . Níl aon chaint ar chor ar bith aige agus féach gurb é a d'imir ar Keith Kyle leis an ainmniúchán a fháil leis an gcrúibín cam.

Is ceart dom a mhíniú anseo go raibh Breandán Mac Lua ina Eagarthóir ar an *Irish Post* i Londain ag an am, an nuachtán Éireannach a bhunaigh sé féin ansin i 1970. As Lios Dúin Bhearna i gContae an Chláir é agus bhí a athair i ngéibheann i gCampa an Churraigh le linn do Mháirtín Ó Cadhain a bheith ann sna ceathrachaidí. Bhí Breandán Mac Lua ag obair i nGael Linn ar feadh cúpla bliain sna caogaidí le linn do Bhreandán Ó hEithir a bheith ag obair le Comhdháil Náisiúnta na Gaeilge. Chuaigh Mac Lua as sin go Páirc an Chrócaigh ar feadh trí bliana nó mar sin, áit a raibh sé ina Leas-Rúnaí ag Seán Ó Síocháin, agus chuaigh sé as sin go Londain. Bhí sé ina Eagarthóir agus ina Ard-Bhainisteoir ar an *Irish Post* go dtí gur dhíol sé an nuachtán le Smurfit i ndeireadh na nóchaidí. Faoin am a bhfuil an cuntas seo á scríobh tá sé fós ina Chathaoirleach ar an *Irish Post.*

An Michael O'Halloran atá luaite ina dhialann ag Breandán ba de bhunadh Chontae an Chláir freisin é agus bhí sé ina bhrícléir ag an tógálaí Éireannach *Murphy*. D'éirigh leis suíochán a bhuachan do Pháirtí Lucht Oibre na Breataine i dtoghlach Islington North i 1969 nuair a fuair an teachta de bhunadh Éireannach a bhí ann, Brian O'Malley, bás tobann. B'ábhar iontais é go bhfuair Michael O'Halloran an t-ainmniúchán in ainneoin go raibh Keith Kyle, a bhíodh ag cur an chláir teilifíse *Panorama* i láthair ag an am, ag iarraidh go n-ainmneofaí é féin. Fear lách a bhí in O'Halloran ach ní léir go raibh cumas polaitíochta ar bith ann agus níor oscail sé a bhéal i nDáil na Breataine

riamh. Cheap go leor, Ó hEithir ina measc ar feadh tamaill, gur tubaiste
a bhí ann mar Fheisire Parlaiminte, agus d'airigh sé go raibh Mac Lua ag
iarraidh O'Halloran a chosaint air. Cé gur thuig Mac Lua go raibh
tuiscint an-mhaith ag Ó hEithir ar chúrsaí na Breataine, agus go raibh
an-suim aige i Sasana taobh amuigh ar fad de na hÉireannaigh a bhí
ann, d'airigh sé, gach uile uair dár tháinig *Féach* le clár a dhéanamh ar
na hÉireannaigh i Sasana, go ndeachaigh siad chuig na trí áit chéanna i
gcónaí: an Irish Centre i gCamden Town, an Irish Club in Eaton Square
agus an séipéal Caitliceach i gKilburn.   B'fhearr le Mac Lua go
bhfaighidís rud éigin nua. Ar ais go dtí an dialann:

Dé Céadaoin, 15 Meán Fómhair, 1977 (ar lean):
Ar aghaidh go torannach chuig an 21 Club. Tá na Smurfits ina mbaill, a
deir sé. Diúltaíonn giolla an dorais mé a ligean isteach mar gur geansaí atá
orm. Le dearg-bhearrán . . . diúltaím glan dul isteach agus téimíd go dtí an
Tara Hotel . . . sroichim baile líonraithe, ag siúl timpeall Shepherd's Bush
ar a 3 a.m. agus os cionn £100 i mo phóca. Caithfidh mé an rud ar fad a
dhíleá ar mo chaoithiúlacht. Táim anois ag dul chuig an Irish Centre.

Oíche Aoine, 17 Meán Fómhair, 1977:
Mé sa Trattoria Romana tar éis lá dian ag obair le daoine nach bhfuil acu
ach cineál ceirde. Ní thabharfá air ach drochlá.

Satharn, 18 Meán Fómhair, 1977:
Rút Ó Riada marbh. Sé bliana ó shin bhíos ar cuairt ar Sheán agus é ar leaba
a bháis in ospidéal anseo. An scéal ag dul ar aghaidh maith go leor anois
ach táim go hiomlán i bhfábhar nach mbeadh níos mó ná triúr i bhfoireann
teilifíse ar bith. B'fhéidir gur mise atá aisteach ach ní dóigh liom gur mé.
Ag obair san Irish Centre agus castar Fr Cagney orm. Deireann sé go ndúirt
duine dá choiste aréir gur clár faoi Pháidíní meisciúla a bheadh sa gclár seo
againne. Bhí a fhios agam láithreach cé a labhair agus dúirt mé amach go
raibh coimpléasc ísleachta ag (ainm an duine sin) faoin Centre agus gurb
eisean a smaoiníonn ar Pháidíní meisciúla nuair a smaoiníonn sé ar an
Centre . . .

Maidin Dhomhnaigh, 19 Meán Fómhair, 1977:
Maidin dhorcha agus brádán. Oíche dheas leis an mbeirt chailíní as Tír Chonaill. Béile Síneach. Deireadh cineál tubaisteach leis an oíche sa Centre ach beidh an scéal críochnaithe ar maidin ar aon chuma. Críochnaithe anois agus mé ar ais san 'Crown & 2 Chairmen' i Soho. Comhrá fada aisteach eile le Mac Lua agus tá seans anois go bhfaighidh sé O'Halloran dom. Ait go leor, in ainneoin a ndeirim liom féin, ní thig liom gan a bheith tógtha faoi obair, cé go bhfuil a fhios agam go maith gur cuma – ach ní cuma liomsa agus sin é an rud tábhachtach. Ar deireadh thiar caithfidh mé éirí as gach cineál oibre ach scríobh – rud atáim in ann a dhéanamh go príobháideach liom féin i seomra. Is mealltach an saol é saol na teilifíse, go háirithe i gcás go bhfuilim den chéad uair ag obair faoi thoscaí nádúrtha. Is baolach gur faoi chupóg go deo a bheas an Ghaeilge! Go fírinneach is cuma liom anois.

Tráthnóna Dé Máirt, 21 Meán Fómhair, 1977:
Tá mé i Heathrow agus in ainm is a bheith ag dul abhaile ar 4.15 p.m. ach beidh sé 6.15 is cosúil sula n-imeoidh mé, de bharr stailc na stiúrthóirí aerthráchta. Tá éirithe liom O'Halloran a fháil agus tá cúrsaí na híoslainne socraithe don Aibreán. Ach céard a chloisfinn inné ach go bhfuiltear le iarracht eile fós a dhéanamh mise a shá isteach sa gclár P.M. de mo mhíle buíochas. Nílim chun glacadh leis seo ar aon chuntar, cuma an mbagróidh siad briseadh orm. Táim bréan de Moloney, White agus an t-iomlán dearg agus nílim chun bogadh orlach ar an gceist seo. Sé donas an scéil go bhfuilid ag géilleadh don chineál brú a luaigh mé i nGaoth Dobhair sa Márta, agus iad ag iarraidh ormsa slacht a chur ar a bhfuinneog Ghaelach dóibh in athuair. Tá a gcac acu an iarraidh seo. Maidir le cúrsaí oibre: níl Anna Cooper ag ceapadh go ndéanfaidh S.Mac R.[4] an bheart agus aontaím léi. Dá n-éireodh le RTÉ mé a chur ar fionraí dhéanfainn i mí amháin é. Táim chun luí isteach ar chúrsaí anois chomh luath is a thagaim i dtír agus bíodh an diabhal ag Madigan's agus ag RTÉ. Nár bhreá an rud dá gcuirfí ar fionraí mé ar lánphá ar feadh dhá mhí.

Bhí caint ann ag an am go raibh Seán Mac Réamoinn le húrscéal Bhreandáin *Lig Sinn i gCathú* a aistriú go Béarla. Dúirt Mac Réamoinn

liom nach raibh ann ach caint mar nár iarradh go foirmeálta air féin
riamh an leabhar a aistriú.

Bhí Anna Cooper, gníomhaire scríbhneora a raibh cónaí uirthi i
Londain, fostaithe ag Breandán anois, comhartha eile fós go raibh sé
lom dáiríre faoi dhul leis an scríbhneoireacht ar fad, cé nár éirigh leis
sin a dhéanamh go ceann blianta fada ina dhiaidh sin. Níl a fhios agam
go díreach cén réiteach a rinneadh nuair a d'fhill sé ar RTÉ ach níor
cuireadh ar fionraí é agus ní dhearna sé ach aon chlár amháin le P.M.,
ar an gcéad lá de mhí na Nollag 1977, tráth ar chuir sé agallamh ar John
B. Keane agus ar scríbhneoirí eile i Lios Tuathail. Is cosúil gur fhan sé
as Madigan's, teach ósta RTÉ ag an am, mar d'éirigh leis *Lig Sinn i
gCathú* a aistriú go Béarla é féin in imeacht cúpla mí agus bhí sé ar ais
i Londain arís i mí Feabhra 1978 agus lámhscríbhinn *Lead Us Into
Temptation* aige le leagan isteach chuig Routledge & Kegan Paul, mar
aon le lámhscríbhinn eile don National Geographic Society. Chuireadh
Londain fonn scríbhneoireachta air agus arís choinnigh sé dialann
scríbhneora ar feadh seachtaine nó mar sin:

Londain, 14 Feabhra 1978:
Táim i mo shuí sa Spaghetti House, Cranbourne St., ag ithe lóin. Tá an dá
lámhscríbhinn tugtha ar lámh agam dá bhfoilsitheoirí. Cheapas go
n-aireoinn faoiseamh – agus airím ar shlí – ach is mó ná sin a airím go
gcaithfidh mé déanamh níos fearr arís as seo amach maidir le
scríbhneoireacht leanúnach agus smachtbhéas crua a chleachtadh. Ar
bhealach ait éigin airím go bhfuilim ar tí briseadh trí rud éigin; mo chuid
leisce féin chomh dóigh le rud ar bith eile. Táim suaimhneach ach fós táim
lán de neirbhís nach bhfuil ar aon slí míthaitneamhach. Chuaigh mé chuig
'First Love' níos deireanaí. Scannán Meiriceánach faoi aos ollscoile.
Suimiúil ach ní raibh sé thairis sin. An chéad uair dom an focal 'cunt' a
chloisteáil ón scáileán agus píosa aisteoireachta an-mhaith ar chúrsaí leapan
ón dá phríomh-aisteoir. Amach ag dinnéar aréir le Jim agus Gay (Jim
O'Halloran agus a bhean, ar cuairt as Meiriceá) agus an-oíche againn.
Chodail mé chomh sámh sin agus d'airíos chomh maith sin ar maidin go
gcaithfidh sé go raibh ualach bainte de m'intinn. Caithfidh mé tosú isteach
ar an gcéad leabhar eile bog te, fiú sara rachaidh mé abhaile. Táim dá

scríobh seo (15.02) ar an traein ag dul trí Camden Town go High Barnet le lss. do Geo[5] nár bailíodh inné tar éis an anró go léir. Píosa mór siúlóide i mBarnet, suas agus síos cnoic. Aisteach mar airím chomh hanamúil i Londain gan aon cheo mórán as an gcoitiantacht a bheith ar siúl agam. Níos sásta le mo chomhluadar féin ná mar a bhím i mBaile Átha Cliath. Ar ais go Notting Hill Gate chuig 'Effie Priest'. Deirtear gurb é scoth-shaothar Fassbinder é. Leanann sé an leabhar ar ar bunaíodh é go huile agus go hiomlán agus is fada go ndéanfaidh mé dearmad ar choda de ná ar an iomlán. Is beag cleas a bhain leis ach gur minic Effie le feiscint trí chuirtín nó trí fhál amhail is dá mba gaibhnithe i líon a bhí sí, rud atá. 140 nóiméad den scoth. Ag siúlóid trí Kensington Gardens agus síos leis an Serpentine. An t-aer dorcha le fuacht. Na lachain ina seasamh ar an oighear agus iad ag torann go truamhéileach. É uafásach fuar amuigh i lár na páirce seo ach mar sin féin is míorúilteach an spás é i lár cathrach agus duine ar bith a chonaic san earrach nó sa bhfómhar nó i lár an tSamhraidh é tuigfidh sé cén só a baintear as ar an oiread sin bealach. Ar ais go Cobham agus béile agus ansin a chodladh go luath agus codladh chomh sámh agus a chodail mé riamh, go maidin. Más ionann saoire agus athnuachan coirp agus intinne seo saoire go dearfa.

16 Feabhra, 1978:

Glaoch ó Anna Cooper. Táim ag bualadh le Norman Franklin, Routledge & Kegan Paul ar 11 a.m. Fear deas sibhialta gan aon chacamas. ('Hó-Hó!' scríofa ag Breandán ina dhiaidh seo, mar d'athródh sé a intinn). Fonn air an leabhar[5] a choinneáil go hEanáir. Déanaim mo dhícheall áiteamh air í a bheith amuigh do mhargadh na Nollag in Éirinn go háirithe. Anna Cooper ar aon intinn liom. Ceapann sise go bhfuil sí ar fheabhas ach níl sí léite ag Franklin go fóill. Cheapfainn go mbeadh malairt aigne air nuair a léifidh. Táim iontach sásta go bhfuil sé tharam anois agus sé an fonn is mó atá orm ná leabhar eile a thosú chomh sciptha agus is féidir.

Go dtí an House of Commons agus ar an ól le Michael O'Halloran. Tosaíonn sé le fíon bán agus ansin téann ar bheoir. Ólaim i bhfad an iomarca. Feicim Roy Mason. Fear darb ainm Wainwright ag fiafraí an Tuaiscirt. Crossbencher ón Sunday Express – stumpa mór ramhar a deireann gur as Maigh Eo dá shinsear. Fred Peart ag ól piontaí Guinness agus ag fiafraí Sheán Flanagan

agus Gerry Boland! Deireann O'Halloran, atá leath-bhogtha faoi seo, go
n-ólann Peart iomarca! Tagann Frank Cluskey isteach agus Liam Kavanagh
agus Brendan Halligan lena chois. Tagann Halligan ag caint linn agus tugann
sáiteán do O'Halloran: 'You have a very soft voice for a man who speaks so
loudly.' Níl baint ar bith ag O'Halloran le cúrsaí na hÉireann ach ar leibhéal
an Claremen's Association agus John Murphy. Mé féin ag iarraidh a fháil
amach cén seans atá ann scannán a dhéanamh faoi Murphy a bhfuil 5,000
fear ag obair aige anois. Ceapann sé go bhfuil seans ann. An dtuigeann
éinne in RTÉ cé hiad na Murphys – John agus Joe? M.P. den Lucht Oibre a
bhí ag obair dóibh mar brickie! Mé mall abhaile ach bhain mé sult as an
tráthnóna. Is léir go bhfuil O'Halloran thar a bheith sásta le tuairisc an chláir
teilifíse. Is úsáideach an fear é ar shlí. Dá mbeadh ciall ag RTÉ bheadh siad
ag obair ar na hÉireannaigh sa mBreatain cheana féin. Ní dóigh go mbeidh.
Is cuma liom, cé go bhfeilfeadh sé dom tuilleadh eolais a chur orthu.
Abhaile mall.   Mohammed Ali buailte.   Mé ag bualadh le mo elusive
pimpernel Wickman amárach sa City Golf Club (!), Bride Lane, Fleet Street.
Súil le dea-scéal!

17 Feabhra, 1978:
Maidin bhreá ach níor éirigh mé chomh moch agus a ba ghnách liom le
laethanta. An ghrian ag scalladh go rábach. Cuma iontach ar an gcathair.
An t-earrach ag teacht dáiríre. Mé ag castáil le Peter Wickman ar 3.45.
Ansin ag dul go Birmingham ar an traein. Roinnt laethanta siúil ansiúd agus
ansin abhaile ag obair. Fonn oibre dáiríre orm ach feileann scíth freisin.
Casadh Wickman orm in áit fíor-aisteach – an City Golf Club, Bride Lane, Fleet
Street. Ní nach ionadh, ní hé an rud a fuair sé a bhí uaidh ar chor ar bith ach
rud pearsanta. Sin é a mheas mé ach cé gur saothar in aisce a bhfuil déanta,
ní hea ar bhealach eile. Tá stair Árann buailte isteach i mo cheann dáiríre
anois agus an rud atá uaidh is furasta é a dhéanamh ach suí ina bhun. Táim
ar an traein go Birmingham anois ag 6.40. Feicfimid linn anois.

18 Feabhra, 1978:
W. (Wiezek Tempowski) thar barr agus na gasúir freisin cé go bhfuil na
cailíní ag fás suas i Sasana mar a d'fhás a máthair suas in Éirinn. Cineál
deighilte ón saol ina dtimpeall gan aon phréamhacha sa talamh acu ar chor

ar bith. Tá an chathair seo go huafásach ar fad agus ní cabhair ar bith an aimsir fhuar, fheanntach atá ann faoi láthair.

Isteach sa gcathair ar 4pm chun féachaint ar an NF (National Front) i mbun cruinnithe i Halla an Bhaile i Digbeth. Míle póilí, agus míle eile ar aire, ag gardáil na háite agus na sráideanna máguaird. Siopaí i lár na cathrach dúnta agus cláracha adhmaid ar na fuinneoga ar fhaitíos trioblóide. Níl focal sna páipéir náisiúnta i dtaobh an scéil cé go gcosnóidh an feachtas gardála £100,000 gan trácht ar an méid a chaillfidh lucht gnó. B'éigean an NF a smugláil isteach sa halla agus chruinnigh suas le 2000 lucht léirsithe amuigh. Gasúir dhubha an-óg go leor den lucht léirsithe. Thosaigh siad ag caitheamh cloch leis na póilíní. Seo rud a chuireann as don phobal. Ach ceist mhór anois cé mar atá na póilíní chun déileáil leis an bhfadhb seo nuair a bheas olltoghchán ann. Ceapann Wiezek go mbeidh sé ina chogadh dhearg anseo agus i gceantair eile ina bhfuil daoine dubha láidir. Ceist mhór í seo agus ceist a mbeidh tionchar mór aici ar na Gaeil anseo. Ba mhaith liom a dhul i mbun oibre air ach ceist í sin do dhaoine eile a bhfuil údarás acu. Feicfimid nuair a rachaimid abhaile.

Préachta fuar, chuamar chuig club Polainneach áit ar ólamar cuid mhór vodka Polainneach agus beoir ón tSeicslóvaic. Castar Polannach orainn, fear a bhfuil uimhir ceithre fhigiúr ó Auschwitz aige agus insíonn W. dó faoina chuairt ar an nGearmáin, agus cé mar a d'éirigh idir é agus an tiománaí tacsaí agus an sagart óg, nuair a d'iarr sé air Aifreann a rá do na mairbh. Chaill an sagart a chuid Béarla agus d'fhill a chuid Gearmáinise ar W. Ait mar a d'athraigh an scéal ansiúd le 10-15 bliain. Ba mhaith liom filleadh agus fillfidh mé freisin le cúnamh Dé. Ach thaitnigh an Polannach seo liom agus ba é deireadh an scéil gur éiríomar beirt, W. agus mé féin, thar a bheith caochta agus ní rabhamar in ann dul ar dinnéar le Tony Quinn. Chuaigh mé féin a chodladh agus níl a fhios agam fós cé bhuaigh na cluichí inniu.

19 Feabhra, 1978:

Scríobh mé an méid sin inniu agus níl a fhios agam fós céard tá ag titim amach inniu. Mar a tharla níor tharla faic. Shuigh mé ag breathnú ar an TV i rith an lae agus d'ól mé buidéal fíona le linn do W. a bheith ag caitheamh siar vodka go dtí go raibh sé caochta ar meisce agus ag síor-ghreagaireacht go raibh mé bodhar. Chuaigh mé féin agus John ag ól sna pubanna uafásacha atá san áit seo. D'inis sé dom go raibh crannchur ag an NF ar an Satharn do bhaintreacha dílseoirí a mharaigh an IRA. Tugaim faoi deara gur beag ar fad atá sna páipéir anseo i dtaobh an héileacaptair a leag an IRA in Ard Mhacha agus an t-oifigeach a maraíodh. Ag léamh cuid de pháipéir an NF. An seoladh atá acu: 91 Connaught Rd., Teddington, Middlesex. NF News 5p. Young front 3p. How to Combat Red Teachers 20p. Ceapaim fós go mbeidh trioblóid uafásach anseo le linn an olltoghcháin seo chugainn. Is dóigh gur i nDeireadh Fómhair a bheas sé. (Bhí sé ann sa mBealtaine dár gcionn).

Tháinig Breandán ar ais go Baile Átha Cliath agus bhain sé ceithre alt bhreátha don *Irish Times* i mí an Mhárta as a chuid dialann agus a chuid cuimhní ar a thréimhse i Londain. Faoin teideal 'Scathamh i Sasana' thosaigh sé an chéad alt mar seo:

Tá sé i gceist agam sna ceithre haistí seo cuntas a thabhairt ar rudaí suntasacha, sa bpolaitíocht agus sa saol sóisialta, a thugas faoi deara le linn tréimhse saoire a chaitheas i Sasana an mhí seo caite. Nuair a chuas anonn ar dtús ní raibh sé i gceist agam drannadh le polaitíocht, le polaiteoirí ná le lucht comhcheirde. Saoire a bhí uaim agus tá teoiric phearsanta agam gur i dtús na bliana is géire atá scíth iomlán agus malairt dreach tíre ag teastáil ó dhuine.

Ach nuair a shroicheas Londain, ar an 14ú Feabhra, thugas faoi deara gan mórán moille go raibh athrú suntasach tagtha ar an gcaidreamh a bhí idir an tír seo agus an Bhreatain ó bhíos sa tír cheana i mí na Samhna anuraidh. Ach oiread le dochtúir nó le sagart ní féidir le duine ar bith atá dáiríre i dtaobh na hiriseoireachta a cheird a fhágáil i leataobh mar a d'fhágfadh siopadóir nó ceantálaí nó innealltóir. Mar sin a tharla do na dea-rúin a bhí déanta faoi dhul ag póirseáil i siopaí leabhar agus a dhul ag féachaint ar scannáin ón iasacht agus gan lucht aon-cheirde ná polaiteoirí a thaobhachtáil – mar sin a tharla dóibh imeacht le sruth.[6]

Is é fírinne an scéil go raibh Breandán ag smaoineamh go láidir ar bhealach éigin a fháil le himeacht ón iriseoireacht agus ó RTÉ agus díriú go hiomlán ar an scríbhneoireacht chruthaitheach. Bhí sé ag tnúth go mór freisin, ar ndóigh, le foilsiú a aistriúcháin Bhéarla féin ar *Lig Sinn i gCathú* nuair a thiocfadh sé amach ó Routledge & Kegan Paul níos deireanaí sa mbliain. Chuaigh a bhean, Catherine, don Ghearmáin ar feadh míosa chuig gaolta agus cairde léi agus nuair a tháinig sí ar ais bhí Breandán ag caitheamh go leor ama ag an gclóscríobhán. I litir a chuir sé chuig an bhfile, Nuala Ní Dhomhnaill, sa Tuirc scríobh sé:

> . . . Ní foláir nó táimse athraithe go mór freisin mar chaitheas saol thar a bheith ciúin, dúthrachtach, neamh-mheisciúil, aontumhach, dícheallach le mí. Cuireann sé seo áthas orm . . . Maidir leis an ól, tá sé déanta amach agam gurb é an t-ól agus an leisce, a gcaithim a bheith ag síor-chur ina gcoinne, an dá ní a d'fhéadfadh mé a scrios agus ós rud é go bhfuil comhghuallaíocht nádúrtha idir an dá olc ní mór dom cúl a thabhairt ar fad don ól ach amháin le linn béilí san oíche. Ní féidir liom an dá thrá a fhreastal ach oiread a thuilleadh. Táim ag obair réasúnta dian agus chuir sé áthas orm a chlos go rabhais féin amhlaidh . . .[7]

Bhíodh sé féin agus Nuala ag scríobh go rialta chun a chéile ó scríobh Nuala chuige ar dtús i Márta 1975 ag cású bás a mhic, Rónán leis. Ag chéad Scoil Gheimhridh Mherriman ar an Aonach i gContae Thiobraid Árann i 1969 a casadh ar a chéile ar dtús iad, an chéad uair ar léigh Nuala a cuid filíochta os ard go poiblí in aois a seacht mbliana déag agus í fós ar meánscoil. B'in í an oíche ar thug Seán Ó Ríordáin faoina raibh le rá ag Máirtín Ó Cadhain faoin bhfilíocht agus ba í an oíche í ar chuir Nuala Ní Dhomhnaill tús lena saol poiblí mar fhile. Bhí cóisir i dteach a muintire ar an Aonach níos deireanaí an oíche chéanna sin agus bhí go leor de lucht na Gaeilge agus de mhuintir Mherriman i láthair, Breandán ina measc. Ar Nuala féin, a bhí tagtha in inmhe mar bhean agus mar fhile, is mó a bhí aird lucht na cóisire agus bhí neamhaird á dhéanamh dá deirfiúr óg, Neasa, nach raibh ach trí bliana déag. Chaith Breandán an chuid ba mhó den oíche ag comhrá le Neasa agus cheap Nuala gur thuisceanach agus gurbh álainn an mhaise dó é. Dhá bhliain ina dhiaidh sin, nuair a bhí Nuala ag iarraidh imeacht chun na hOllainne le Dogan Leflef, an fear a phós sí ina dhiaidh sin, chuir a tuismitheoirí agus an chléir ina haghaidh agus bhí Breandán ar dhuine den bheagán daoine a tháinig i gcabhair uirthi. Ag Scoil Mherriman eile i 1973, an lá a raibh Nuala bliain is fiche, a d'inis sí iomlán an scéil do Bhreandán agus, mar a dúirt Nuala féin:

An t-aon duine fásta a thuig an cás agus a bhí ar mo thaobhsa ná Breandán, agus sheas sé liom. Bhíos-sa i mo 'ward of court' ag an am, go dtí go rabhas bliain is fiche, mar chaithfeá a bheith bliain is fiche an uair sin; níor híslíodh an aois go dtí ocht mbliana déag go dtí 1985. Deineadh gach iarracht mé a bhriseadh ar gach bealach, go fisiciúil agus go síceolaíoch, agus an t-aon duine fásta a sheas ar mo shon agus a thug misneach agus uchtach dom ná Breandán – agus Seán Ó Ríordáin agus duine nó beirt eile.

An lá go rabhas bliain is fiche d'aois, b'in é an chéad uair go ndúras an scéal ar fad le Breandán; bhí smutaíocha dhe cloiste go dtí sin aige. Ach sin é an uair go ndúrt leis go raibh trioblóid agam le mo phas. Ní raibh éinne sásta mo phas a thabhairt dom. Bhíodh Breandán ag gabháil timpeall agus bhuaileadh sé isteach chugam minic go leor i Luimneach. Is cuimhin liom a bheith thíos i gContae an Chláir leis deireadh seachtaine agus ag gabháil timpeall go dtí rudaí.

Nuair a bhí an rud thart agus nuair a theastaigh uaim dul go dtí an Ollainn le bualadh le Dogan, m'fhear céile anois, ní fhéadfainn teacht ar mo phas agus bhí gach duine ag séanadh go raibh sé acu. Chuireas romham ansin ceann eile a fháil agus dúirt mé ar an bhfoirm iarratais nach raibh pas agam cheana. Agus fuair Breandán dom é. Bhí sé agam taobh istigh de sheachtain mar bhí aithne ag Breandán ar dhaoine. Bhí aithne ag Breandán ar gach éinne ach ní raibh éinne eile a chuirfeadh an oiread trioblóide air féin.

Ansan fuaireas jab ag déanamh clár teilifíse in RTÉ agus d'fhanas tigh Bhreandáin ar Bhóthar Taney. Sraith de chláir ceoil do dhaoine óga a bhí ann agus Colm Ó Briain ina léiritheoir. Arís, ba é Breandán ba mhó a chabhraigh liom agus a chuir comhairle mo leasa orm. Uair sa tseachtain a thagainn aníos leis an gclár a dhéanamh agus chaithinn an deireadh seachtaine sa chathair. Bhíos ag múineadh i Luimneach ag an am agus bhíos ag déanamh an Ard-Dioplóma in Oideachas i Luimneach. Mhair sé sin timpeall trí mhí.

I ndeireadh Iúil 1973 a chuas chun na hOllainne sa deireadh. Is cuimhin liom an lá ar fhágas. Bhí Breandán thíos sa Ghoat, an teach ósta áitiúil, ag a haon déag ar maidin agus bhí sé an-ólta. Is dóigh liom gurbh é sin an tréimhse is mó a raibh sé ag ól. Bhí Éanna fós beo an uair sin. Is dóigh liom gur éirigh sé as beagán tar éis bháis Éanna i 1974. Bhí Rónán a cúig nó a sé ag an am. Chuas chun na hOllainne agus as sin chun na Tuirce agus ní rabhas chun cos a chur ar fhóidín mallaithe na tíre seo go brách arís! Bhí Timuçhin agam i 1975. Bhíos istigh san ospidéal agus chuireas na cártaí beaga seo – pictiúr den leanbh agus bratach na Tuirce i lámh amháin agus bratach na hÉireann sa lámh eile – chuig Breandán agus Catherine.

Go gairid ina dhiaidh sin scríobh mo Dhaid chugam agus dúirt gur cailleadh mac Bhreandáin, Rónán. Bhraitheas uafásach. Bhíos-sa tar éis mo chéad leanbh a thabhairt ar an saol agus bhí siadsan tar éis a leanbh a chailliúint. Scríobhas litir chuige ag déanamh comhbhróin leis. Agus thosaíomar ag scríobh chun a chéile. Gheibhinn litir, leathanach clóbhuailte *foolscap* nó dhá leathanach amanta, uair sa tseachtain go ceann dhá bhliain nó mar sin, agus tuigim anois conas a dheineadh sé é nó cad ina thaobh go ndeineadh sé é. Mar deinimse é sin freisin anois. Nuair a bhíonn tú ag iarraidh scríobh agus nuair a bhíonn tú ag iarraidh tú féin a chur sa ngiúmar, deinimse anois freisin é. Scrím litreacha chuig daoine. Is slí é chun cló a chur ar do smaointe nach cló liteartha ar fad é ach atá ag cabhrú leat chun cló liteartha a chur ar pé rud a bheadh á scríobh agat – abair san *Irish Times* ag Breandán an tseachtain sin. Ag an am bhí an-iontas orm gur chuir sé an oiread dua air féin dá dhéanamh ach anois tuigim go raibh dhá rud i gceist – go raibh sé ag déanamh maitheasa domsa ach ag an am céanna go raibh sé ag déanamh maitheasa dó féin freisin. Is slí é le briseadh isteach sa phíosa scríbhneoireachta, go háirithe nuair a éiríonn tú ar maidin agus tú corrathónach agus é deacair luí isteach ar an rud. Deinimse é sin anois.

Phléidís scríbhneoireacht, iriseoireacht agus léitheoireacht, idir Ghaeilge agus Bhéarla, sna litreacha rialta chun a chéile, agus deir Nuala nach mbeadh sí féin ag scríobh ar chor bith murach Breandán. Leabhar nó iris ar bith nach raibh fáil aici orthu sa Tuirc chuir sé chuici iad. Sa litir ar thug mé sliocht aisti thuas deir Breandán:

An bhfuil teacht agat ar leabhair i mBéarla go héasca? Má tá faigh eagrán Penguin den úrscéal Meiriceánach *Kinflicks* agus mura bhfuil abair liom agus seolfad chugat é. Dar liom gur fearr de leabhar ná *Fear of Flying* é, cé go bhfuil sin freisin go maith in ainneoin na poiblíochta gan chéill a fuair sé ar na cúiseanna contráilte. Is ionann seo is a rá go mbeidh mé ag súil le litir uait go gairid. B'fhéidir gur cóir dúinn scríobh chuig a chéile tuairim uair sa mhí . . . cineál nuachtlitreacha pearsanta. Do thuairim? Pé ní a tharlaíonn coinnigh ort ag scríobh, cuma cén modh a thoghann tú . . . dialann nó eile. Tá rudaí le rá agat agus níl ort ach do mhodh féin a aimsiú len iad a rá agus ní dhéanfaidh tú sin gan síorchleachtadh. Rud a thugann chuig an iriseoireacht sinn. Táim ar mhalairt aigne ina thaobh sin ó bhís anseo agus rinne mé cuid mhaith machnaimh air. Táim féin ag éirí as an iriseoireacht de réir a chéile agus go tapaidh agus ní dóigh liom go mbeadh an cleachtadh áirithe sin tairbheach duitse ar chor ar bith. Géarghá airgid féin ní haon chúis é mar go bhfuil an toradh chomh bídeach. Seo smaoineamh . . . ná bac Tuarascáil ach scríobh leat agus cuirfidh mise an *Hibernia* nua seachtainiúil chugat mar bhronntanas Nollag, ar feadh bliana. Táim ag seoladh cóip de chugat faoi chlúdach eile le go measfá é. Tá alt i nGaeilge acu siúd agus b'fhéidir gur mhaith leat scríobh ansin. Bheadh níos mó saoirse ó bhrú nuachta agat, mar a fheicfidh tú agus íocann siad £20, cloisim, ar an alt. Tig liomsa é sin a shocrú nuair a thagann an t-am agus tú bheith i dtiúin chuige. Rud ar bith eile a bheadh agat le foilsiú anseo níl agat le déanamh ach é a sheoladh chugam agus cuirfidh mise ar aghaidh é, chuig *Comhar* go speisialta, atá thar barr arís anois faoi eagarthóireacht Phroinsias Ní Dhorchaigh. Ach coinnigh cóip de chuile rud tú féin ar fhaitíos timpiste . . .

I mBealtaine na bliana 1978 d'fhoilsigh Dónal Foley forlíonadh speisialta san *Irish Times* faoi 'An Ghaeltacht agus Cúrsaí na Gaeilge' ina raibh alt ag Breandán faoin teideal 'Trom-agus-Éadrom-speak in ionad Caint Fhódúil an Phobail'. Seo cuid dár scríobh sé:

Riamh ó chuaigh an Roinn Oideachais, faoi chinnireacht an té atá anois ina Uachtarán ar Éirinn,[8] Cumann na Múinteoirí agus Comhdháil Náisiúnta na Gaeilge i bpíobán na gColáistí Ullmhúcháin is ag titim agus ag titim go rialta atá caighdeán mhúineadh na teanga. I láthair na huaire tá sé sin lán chomh marfach do shláinte na teanga sa nGaeltacht féin agus atá sé taobh amuigh de. Féachaim ar an teilifís scaití. Thit toirtín liom le gairid nuair a d'éirigh liom Uachtarán nua Chumann na Múinteoirí a fheiceáil faoi agallamh ar An Nuacht. Labhair sí cineál *Trom-agus-Éadrom-speak* amhail is dá mbeifí ag iarraidh ar a lucht féachana a thomhas, i ndeireadh na cainte, ar mhó an líon focal Béarla ná an líon focal Gaeilge a labhair sí . . .[9]

I litir dár dáta Dé Luain 19ú Meitheamh 1978, a scríobh Breandán chuig Nuala Ní Dhomhnaill sa Tuirc, bhí an méid seo le rá aige:

Maidir le Raidió na Gaeltachta: tugadh an cheannaireacht do iarstátseirbhíseach atá anois ag obair do RTÉ. Brian Mac Aonghusa is ainm dó agus is as Monkstown i mBaile Átha Cliath dó . . . Mar sin féin caitheadh go suarach liom féin, cé nár theastaigh an post uaim ar deireadh agus go mbeinn i gcineál cruachás dá mbronnfaí orm é, agus táim dealaithe amach ar fad ó chúrsaí RTÉ agus ag scríobh liom ag baile.

. . . Níl sa gcuid seo den litir ach réamhrá don chuid a bhaineann le gnó, a scríobhfaidh mé nuair a bhaileoidh mé an t-eolas, ach ba mhaith liom a inseacht duit go raibh anál an tsuaimhnis ón scríbhneoireacht féin, sar ar léigh mé ar chor ar bith í. Ar ndóigh, an rud ba mhó a chuir áthas orm go pearsanta agus go leithleasach agus go neamhscrupallach agus b'shin go rabhais ag teacht go fíor.

Maidir leis an scéal: feicim go bhfuilir ag cur cor ann agus ní miste sin, ní hamháin ar chúiseanna 'baile', mar adeir tú, ach ar chúiseanna ealaíne freisin. Sílim go raibh an leagan a sheol tú chugam – agus tá sé sin freisin slán sábháilta – ró-lom agus ró-thuarascálach sa gcur síos. Mheas mé freisin an tús, go háirithe, a bheith beagán ró-fhoclach agus gur tharla athrú stíle sa dara leath. Mo chomhairle duit, idir seo agus an t-am a gcasfar ar a chéile sinn, ná tuilleadh oibre a dhéanamh air agus é a fhuint. Tharlódh gur chabhair an t-athrú a rinne tú ach fuaireas blas an-álainn ar an tús ó thaobh grá agus cineál maorga gnéis atá annamh i gcúrsaí mar seo. Maidir le 'mná craicinn': 'mná coiteann', b'fhéidir, ab fhearr sa gciall is go bhfuilid 'coiteann' ó thaobh dáileadh gnéis agus freisin ó thaobh aon chineál breithiúnais ina rogha de pháirtí. Tá 'bean luí' freisin ann ach tá sé le tuiscint gur le fear áirithe nó le fir áirithe a luíonn sí. 'Bean iomaí', rogha eile, bean a luíonn leis an iomad fear. B'fhéidir gur fearr duit imeacht ó théarma sa gcás seo agus nósanna gnéis na mban a mhíniú, rud éigin mar 'mná a dháileann a gcuid gan cúram' (níl sin go maith ach tuigeann tú céard tá i gceist agam). I mbeagán focal: nuair a aimseoidh tú stíl sásúil don scéal beidh leat. Tá atmaisféar iontach ann faoi mar atá sé ach coinnigh ort agus mura n-aontaíonn tú leis na pointí seo cuir V chugam, thar chaolas anoir! Táim fíor-áthasach go bhfuilir ag teacht. Táimse saor ar fad idir lár Lúnasa

agus lár MF, cés moite go gcaithfidh mé labhairt ag Cumann Merriman ar
an Leacht i gContae an Chláir ar an 27ú Lúnasa agus dá mba mhaith leat
cuairt ghairid ar an taobh sin tíre beidh fáilte romhat. Nuair a thiocfaidh tú
anuas ar thalamh na hÉireann beimid in ann na rudaí seo go léir a shocrú
agus a bheartú faoi shó . . .
Is fearr dom éirí as anois agus a dhul chuig an bpost. Ní aireoidh muid an
t-am ag dul tharainn anois go mbeidh deis cainte againn. Go méadaí Dia
chuile shórt dá fheabhas agat agus tú féin os a chionn go léir.
Do bhuanchara go héag,
Breandán.

Chuaigh Breandán go Scoil Shamhraidh Mherriman i Leacht Uí
Chonchúir a bhí ar siúl ón 25ú lá go dtí an 31ú lá de Lúnasa 1978.
'Caitheamh Aimsire in Éirinn' téama na scoile an bhliain sin agus bhí
Breandán ina chathaoirleach ar léacht a thug An Bráthair Liam Ó Caithnia
faoi 'The Vision of Michael Cusack'. Thug an Bráthair Ó Caithnia sraith
seimineár i nGaeilge ag an Scoil Shamhraidh chéanna sin, faoin teideal
'Cluichíocht na nDaoine' agus bhí an t-ábhar bunaithe, a bheag nó a mhór,
ar a leabhar cáiliúil *Scéal na hIomána* a foilsíodh go gairid ina dhiaidh sin.
An mhí dár gcionn, i Meán Fómhair 1978, bhí Breandán ar dhuine de
sheachtar scríbhneoirí a roghnaigh an Chomhairle Ealaíon le £20,000 a
roinnt eatarthu. Bhí pictiúr de Bhreandán agus pictiúr de Anthony Cronin
san *Irish Times* i dtús mhí Mheán Fómhair agus é seo:

Among the seven successful writers are two contributors to *The Irish Times*
– Anthony Cronin and Breandán Ó hEithir, who receive bursaries of £3,000
each. Both writers are presently engaged on novels. Anthony Cronin plans
a sequel to The Life of Riley and Breandán Ó hEithir is working on a new
novel in Irish. His first novel Lig Sinn i gCathú is due to appear shortly in
English translation.

Ar Londain Shasana a thug Breandán a aghaidh arís, chomh luath is
bhí trí mhíle punt na Comhairle Ealaíon leagtha isteach sa mbanc aige.
Fear é a rinne imní faoi airgead i gcaitheamh a shaoil ar fad, agus
admhaíonn sé féin é sin ina dhialann ó am go chéile. Bhí sé ag éirí
an-cheanúil ar Londain faoi seo:

Londain. 13 Meán Fómhair, 1978:

Táim anseo ón Déardaoin in 70 Bóthar Thornhill, Barnsbury Square, Londain N.1 i flat Anna Cooper atá imithe chun na hIodáile ar saoire. Faighim deacair an suaimhneas a airím anseo a mhíniú agus an só a bhainim as a bheith im aonar. Gan dabht is cabhair duais na Comhairle Ealaíon, go háirithe sa méid is go gcuireann sé imní faoi chúrsaí airgid ar ceal agus go dtugann sé deis dom díriú ar obair eile. Idir rud amháin agus rud eile ba chóir go mbeadh os cionn £4000 i dtaisce againn roimh dheireadh na bliana. Maidir leis an obair, tá fuílleach ann ach é a dhéanamh. Ar dtús tá an leabhrán do Sháirséal agus Dill a chuirfeadh go mór le seans ar phost léachtóireachta san ollscoil. Tá sé i gceist agam é sin a thosú inniu – 'An Chré Bhocht' a bheas air – agus an leagan deiridh de a thabhairt do S&D roimh dheireadh na míosa seo. Ina dhiaidh sin ní mór luí isteach ar dhá leabhar agus tosú ag tiomsú ábhair don bheathaisnéis ar Liam.[10] Táim chun castáil le Joyce agus le Peigín roimh dheireadh na seachtaine . . .

Col ceathracha le Breandán, iníonacha le Liam Ó Flatharta, iad Joyce agus Peigín, a bhfuil cónaí orthu i Londain. Tá Peigín pósta le Christy O'Sullivan as Corcaigh agus tá sí ag tarraingt ar na cúig bliana déag is trí fichid faoin am a bhfuil an cuntas seo á scríobh; tá Joyce cúpla bliain níos óige. Maidir leis an dá leabhar atá luaite ag Breandán thuas is iad *Drink the Maddening Wine*, nár críochnaíodh riamh, agus úrscéal Gaeilge nár foilsíodh, bunaithe ar RTÉ, *An Teach Gloine*, atá gceist. Is éard a bhí in *An Chré Bhocht*, cé nár éirigh liom teacht ar an dréacht a sheol sé chuig Bríghid Bean Uí Éigeartaigh, smaointe, tuairimí agus moltaí pearsanta Bhreandáin ar scríbhneoireacht agus ar fhoilsitheoireacht i nGaeilge ó thús na gcaogaidí i leith. Tá ábhar an leabhráin le fáil, a bheag nó a mhór, i gceithre alt leanúnach faoin teideal 'Scríbhneoireacht na Gaeilge' a foilsíodh san *Irish Times* an bhliain chéanna sin, 1978, mar aon le halt tionscnaimh dar teideal 'Cré Bhocht Mhaolscreamhach'.

Is cóir dom a rá anseo go raibh Breandán ag obair ar aistriú *Cré na Cille* agus go raibh trí shliocht as an leabhar aistrithe aige, mar a mhíneoidh an réamhrá seo a leanas a chuir sé leo agus ar a dtug sé:

A Taste of *Cré na Cille*

Cré na Cille, Máirtín O Cadhain's third book and first novel, was published by Sáirséal agus Dill in 1949 and was serialised over a seven-month period in the *Irish Press* that same year. Most reputable critics, at the time, agreed that it was a considerable and unusual book. Over the years, critical acclaim has increased to the point where *Cré na Cille* is regarded as the single most outstanding creative work in 20th century writing in the Irish language.

It is also a fact, however, that not everyone who is willing to accept it as a great book has actually read it through. This led one critic to remark that Ó Cadhain had suffered the worst fate that could befall a writer; that he was over-praised by people who hadn't read him. I doubt the accuracy of that assertion, despite the single-minded quest for 'mórscríbhneoir eile' – another major writer – by those who regard literature as merely another element in the sacred cause of revival.

For those who do not read Irish frequently or with ease, as well as for those who do not read it at all, *Cré na Cille*, forty years after its first explosive appearance, remains an impenetrable mystery. English translations do exist but have not been published. Indeed, as Máirtín Ó Cadhain once wryly remarked, translations from Irish to English were much more frequent during the early years of the Irish revival than they were in his own lifetime.

The purpose of those three extracts is to give the uninitiated a taste of the book: no more than that. They are not to be taken as part of 'work in progress.' Permission to publish the specially-chosen sections was obtained from the copyright holders, Sáirséal-Ó Marcaigh, to whom we are grateful.

Cré na Cille is a small graveyard in Cois Fharraige and the characters are a motley collection of locals – living and dead – who lived and died in a variety of ways. There are a couple of strays like the French pilot, whose plane was shot down off the coast. The action, all verbal, takes place towards the end of the last war and is helped along by the arrival of fresh corpses bringing fresh news – sometimes malicious and inaccurate – of the world above.

Caitríona Pháidín, a seventy-one-year-old widow, is the central character. She is a woman consumed by a deep and deadly hatred for her sister Nell. This she carries to the grave and all her thoughts and her numerous arguments with her companions are dominated by it.

In her opening words she wonders whether or not her son, Pádraic, obeyed

her last request; to be buried in one of the pound plots. When she finds
that she is buried in the fifteen shilling place she rails, not at him, but at
Nell who must have thwarted her once more. Early in the book we are told
of the root cause of the bitterness. Nell married the man with whom
Caitríona was in love and was not satisfied with a silent triumph.

The first extract sets the scene and is essentially a soliloquy by Caitríona. The
second shows how news from above comes to the grave-people, as well as
giving an example of the rough side of Caitríona's tongue. The third is chosen
as an example of the book's unique humour, the various ways in which the
characters are identifiable and the merciless nature of the personal abuse.

The latter important ingredient is a major impediment in the way of any
translator; working from a language which is particularly rich in curses,
imprecations and ribaldry to one in which references to narrow sexual
functions and perversions dominate that particular vocabulary to the point of
utter monotony. Although literalness is rightly regarded as the bane of
translation, one is sorely tempted and at times one tries to straddle the fence.
This experiment was conducted for the benefit of ordinary readers of fiction,
in the hope that they may attempt the original; which is not entirely as difficult
to read as forty years of accumulated mythology would lead one to believe.

But the world that is central to the book has all but vanished. The wake in
the corpse-house survives only in the remotest parts of Ireland. Recently, in
an English-speaking part of the west, when an old man mockingly requested
my presence at his wake, a companion interjected: 'Divil the wake then! You'll
be sent off to the funeral parlour and caulked and raddled like everyone else.'
Come to think of it, Irish English is also a rapidly-diminishing element in
everyday speech; even, one fears, among those Bandon 'Chinese' who
made such an impression on Dr Conor Cruise O'Brien during his monolithic
bog-oak period.

As in the Irish text —— indicates the beginning of speech and —— . . .
interrupted speech.

Breandán Ó hEithir

Tá na sleachta sin as *Cré na Cille* fós gan foilsiú faoin am a bhfuil an
leabhar seo ag dul i gcló.

Ar ais go Londain linn arís agus chuig dialann Bhreandáin ansin:

Londain. 13 Meán Fómhair, 1978 (ar lean.):

Rud aisteach atá tarlaithe dom i dtaobh an óil. Goilleann go fiú an cúpla pionta beorach is fánaí orm. Ní chodlaím chomh sámh ná chomh suaimhneach agus bím sceitimíneach ar dhúiseacht dom mar a bheadh sreanganna fite trí mo ghéaga. Ó thosaigh mé ag dul ar Aifreann in athuair, le dáiríreacht nár mhothaigh mé ó bhíos ar scoil, braithim neart agus cumhacht orm féin – ar mo chlaonta go háirithe – agus dúil in obair freisin. Inné ghlac mé scíth iomlán agus chuaigh suas an abhainn go Kew i mbád. Is aoibhinn liom an Thames agus lár Londain, go háirithe lá gréine mar a bhí inné ann. Ní mórán cuma atá ar a bhfaca mé de na gairdíní ach ní orthu a bhí m'aird ach oiread ach ar phrós na Gaeilge agus ar an gcaoi is fearr le mo smaointe a chur in ord agus in eagar. B'fhéidir gurb é aistriú agus foilsiú mo leabhair i nGaeilge an rud is iontaí a tharla dom go dtí seo i mo shaol. Tuigim anois go bhféadfainn mo ghnó a dhéanamh i mBéarla ar gach leibhéal agus nach áil den éigean mo luí le Gaeilge. Ach feicim bás na Gaeilge chomh soiléir sin os mo chomhair go gcuireann sé pairilís orm. An fiú leanacht ar aghaidh ar chor ar bith? Dá mhéad dá smaoiním is ea is measctha a bhíonn mo smaointe. Bhí an ceart ag m'uncail Liam. Ar pháipéar, agus ar pháipéar amháin, a thagann scéal chun beatha, agus maidir le teanga is é fírinne an scéil go bhfuil dhá theanga dá labhairt ar thalamh na hÉireann le fada anois – dá scríobh ón 18ú céad i leith. Níl gníomh is réabhlóidí ar bhealach ná cloí le Gaeilge amháin, ach an gníomh réabhlóideach é a mbeidh toradh air? Seo í m'fhadhb. An frog mór sa mbullán[11] beag a bhfuil scáth air a bheith ina mhion-fhrog sa mbullán mór, nó an bhfuil sé chomh simplí sin? Chuile lá ritheann abairtí agus nathanna agus múnlaí cainte chugam as Gaeilge agus cuimhním ar chomh bocht is a bheadh Éirinn dá n-uireasa.

Tír tháir í agus ag dul i dtáire a bheas sí. Tá sí fágtha anois gan idéal ach cumraíocht an idéil. Theastaigh ó CCOB[12] na hidéil a scriosadh go lom agus go poiblí ach thug an pobal cúl láimhe dó cé nach bhfuarthas ina ionad ach cumraíocht an idéil ar theastaigh uaidhsean a phréamh a stoitheadh. Comóradh an Phiarsaigh an chéad sorcas eile atá romhainn – Provos, Crypto Provos, Fianna Fáileacha, Fine Gaelacha, Conrathóirí.

14, 15, Meán Fómhair, 1978:

Ag dul as mo mheabhair le dhá lá. Cineál fliú is cosúil ach gur ar na coilimíní a luigh sé. Rud éigin a d'ith mé? An loscadh gréine ar an abhainn an lá faoi dheireadh, b'fhéidir? Beidh comhluadar agam amáireach agus sin feabhas an-mhór go dearfa. Tá mé suaimhnithe anois agus ag dul ar cuairt chuig Peigín agus Christy agus Joyce. Oíche mhaith codlata agus beidh mé ceart le cúnamh Dé. Tarlaíonn rud mar seo dom i gcónaí nuair a ligim scíth ach ní dochar an scíth mar sin féin.

22 Meán Fómhair 1978:

Chonaic mé dhá scannán le Bunnel i Hampstead – 'Viridiano' agus 'Nazarin'. Súil agam dhá cheann eile a fheiceáil anocht. Scríobh cuntas fírinneach ar mhothúcháin na seachtaine seo.

    – Aontíos –

D'fhoilsigh Routledge & Kegan Paul *Lead Us Into Temptation*, aistriúchán Bhreandáin féin ar *Lig Sinn i gCathú*, i bhfómhar na bliana 1978. D'éirigh go breá leis an leabhar ó thaobh díolacháin de ach bhí roinnt de shaintréithe an bhunleabhair i nGaeilge ar iarraidh – splanc agus spleodar na teanga féin ina measc. Ní thuigfeadh é seo, dar ndóigh, ach an léitheoir nó an léirmheastóir a raibh an t-úrscéal léite i nGaeilge aige agus is é John Jordan, de léirmheastóirí dátheangacha na hÉireann, is fearr a mhínigh an cás i *Scéala Éireann:*

> When Breandán Ó hEithir's *Lig Sinn i gCathú* appeared in 1976, it received mixed notices from the Gaelic press: alleged blasphemy, indecency, cynicism and other unGaelic sins were specified or hinted at. We, the unshriven unGaels, (including myself in this paper) were more inclined to be dazzled by the virtuosity of the language, and I, certainly, to be harrowed by signs of a vision both implacably moral and almost poetic in a dark Gothic mode.
>
> I cannot say that Mr Ó hEithir's own English version of the book wholly etiolates its original impact: it remains one of the most important fictions by an Irishman in the last twenty years. But in translation something has been lost, and not only the fearsome pungency of the dialogue uttered by

'Nature', 'The Tailor', the hirsute sub-human hurler, 'Kipeen Burke', and other portraits from this Aran Hogarth, but also a little of the book's pervasive moral leprousness: the great Holy Thursday-Good Friday scene in the abominable 'Lobster Pot', for instance, seems to have been, mysteriously, reduced in its ghastly stature. And, somehow, the 'education' of Martin Melody (for, in its small way, this book belongs to the 'educational' tradition of Stendhal, Flaubert and Joyce) has diminished in poignancy. In the transference from Irish to English, the metal has cooled. Perhaps it is because the geniuses of the two languages are so dissimilar, or perhaps it is that Mr Ó hEithir should have left the Englishing of his book to someone else. But it is too late now to whinge about *Lig Sinn i gCathú*. In future work Mr Ó hEithir might consider the formidable choice of re-writing in English such of his work in Irish for which he wishes a wider public. And 're-writing' in English means 're-thinking' in English. The book, by the way, is produced far less elegantly than the original from Sáirséal agus Dill, and that is not to take from the courage of the English publishers in casting an unlikely broth of a boy on the waters of Albion.[13]

Mhol léirmheastóir Éireannach eile, Brendan Kennelly, an leabhar go hard freisin san *Irish Times* cé nár thagair sé ar chor ar bith don leabhar a bheith scríofa i nGaeilge i dtosach. Roghnaigh Kennelly an cur síos atá sa scéal ar an gCipín de Búrca, mar shampla de ghreann an scéil agus de bhua na teanga:

> One of the funniest and most violent scenes in the book concerns a hurling match that never actually takes place. Ó hEithir's description of a hurler, one Kipeen Burke, is a good example of his ability to present ferocity of language, attitude and personality without falling into caricature. Some quality in the writing here, some implacable physicality, reminds me of certain passages in old Irish sagas . . .
>
> This sort of fierce detail, clinical to the point of revulsion, characterises the writing all through but Ó hEithir, especially towards the end of the book, writes also with the most convincing warmth and tenderness. Those love-scenes in which Martin Melody discovers the sane normality of his manhood are beautifully done and the novel ends with the glowing sense

of a life beginning. A promise flowers out of all the squalor and frustration. In the end, it is this humanistic warmth that is the novel's deepest impression. I found it a pleasure to read and meditate on a book that is at once so fierce and tender, so coarse and compassionate, so funny and sad. It is a fine achievement by a gifted writer.

Choinníodh Ó hEithir súil ar nuachtáin na Breataine i gcónaí ach choinnigh sé súil níos géire orthu na laethanta sin, ag fanacht lena ndéarfaidís faoina leabhar nua. Bhí *The Guardian* ar cheann de na chéad nuachtáin ansin a d'fhoilsigh léirmheas ar *Lead Us Into Temptation*. The Cool Web', teideal an dáin le Robert Graves faoi bhua teanga, an teideal a roghnaigh Robert Nye dá thuairisc ar an leabhar:

The prose of Breandán Ó hEithir's novel *Lead Us Into Temptation* has a peculiar and attractive twist to it, not entirely to be explained by the fact that this is the author's own translation of a text originally written and published in Irish. It is as if Mr Ó hEithir looks sideways at people and the language in which they swim, making his own noise in commentary from a rock a little way off. He keeps his feet dry, and his eyes. The result is a very original novel and, I think, a good one.

At first blink, it does not seem so very original but this is because it observes the unities of time and place, character and plot, for its own sly ends. The time is the weekend of Easter 1949, and the place Ireland. The official proclamation of the Republic is to be made on the Easter Monday and we follow the haphazard adventures of a university student called Martin Melody in the hours leading up to it.

Melody belongs with Stephen Dedalus and the various heroes of fiction by Flann O'Brien – that is to say, he combines in himself a strong degree of pride, fantasticality, and sheer upright bloody-mindedness. He certainly will not serve anyone else's idea of what he ought to serve, and his well-developed sense of what constitutes the comic makes him suspicious of all who would master or teach him.

Yet, during the events of the long weekend Martin Melody learns a thing or two and the reader learns along with him, right up to the moment when the official ceremony declaring the Republic topples over into squabbling farce and the newly-unveiled memorial is bombed by an IRA hard-liner who blows himself to pieces in the process. ('Poor old bastard!' said the sergeant. 'His guts and his flesh will have to be scraped off the street with spoons. Why the hell didn't he take a twelve-pound sledgehammer to it?') Mr Ó hEithir is not attempting anything as crude as satire, or if he is then he transcends that genre by the complexity of his feelings regarding his subject-matter. What lasts in the mind is not anything remarkable in the story to the characterisation but this pervasive and impressive coolness in the telling. 'There's a cool web of language winds us in,' as Graves says in one of his best poems. The cool web that is this novel does not catch any great fish, but it signifies the debut of a writer of talent.[14]

Ní raibh léirmheastóir an *New Statesman* chomh moltach sin lá arna mhárach:

Breandán Ó hEithir has a shot at some excellent targets – bishops, drunken priests, De Valera, Fianna Fáil, pious landladies, sexual repression and sentimental terrorists – and much as I wanted to fall about laughing at his comic put-downs a wry smile was as much as I could manage. As a tale of student drunkenness and hilarity in an Irish city called 'Ballycastle' (Galway more or less), *Lead Us Into Temptation* is pleasantly irreverent. And it's grand in a way that young Martin Melody should be surprised by an absence of 'contrition or shame' when the obliging chambermaid he's bedded serves him with breakfast next morning, except that there are any number of tame, conventional and stereotyped attitudes floating about in the pious remainder of the sentence – 'all he really felt was a deep affection for this neat little girl who was looking after him so well.' A very revealing, and very Irish, remark.[15]

Sa *Times* an tseachtain dár gcionn, scríobh Jeremy Lewis:

Lead Us Into Temptation – translated from the Gaelic by its author – could well be subtitled 'The Ginger Man Goes West'. The cast includes students, clerics, devout landladies ('Get up and show some respect for the Passion, the Divine Thirst and The Crucifixion') and the inevitable drunken German sailor: the action, which includes a vast amount of stout drinking and regurgitation ('discharging cargo'), takes place in Galway in the Easter of 1948 (sic). The climax of the jollities falls rather flat, but all else is boisterous, rude and agreeably entertaining.[16]

Ach ní aontódh léirmheastóir *The Tablet,* Brian Firth, leis sin, agus is é an clúdach féin an chuid is fearr den leabhar a thaitin leis:

The dust cover of *Lead Us Into Temptation* displays what one can take as either a glass of porter or a clerical collar. The emblem indicates succinctly, and with a wit that the novel's prose does not possess, what is to follow. This is the old Ireland that I have got to know so well from reading fiction – all booze, crass clericalism, sexual fustration and receding dreams of a heroic past. But mostly, in this book, it's booze. The hero, perhaps because he feels inadequate to the Stephen Dedalus role that his creator has imposed on him, totters from bar to bar to lonely bed to bar again. The Irish drunk are wearisome, and the Irish sober are oppressive: I suspect they are all made so unlovable to give some justification by contrast to the dank egoism of the hero. I have already mentioned Dedalus, and really, what with his being set against a more fleshly room-mate, his holding back from a dying patient, his pub conversation with sodden journalists, and his final departure from Ireland, I am forced as often before to conclude that if Joyce had not existed, Irish novelists would have had to invent him. Now I'm quite happy to see Ireland being knocked about by her frustrated sons; but I find the literary mirror-gazing of this kind of novel depressing; and I have to conclude that since the hero has nothing to offer except his adolescence, his rebellion amounts to little more than sulky posturing.[17]

Le linn na léirmheastóireachta sin go léir ar a chéad leabhar i mBéarla bhí Breandán ar iasacht ó RTÉ ag Bord na Gaeilge ar feadh dhá mhí, Deireadh Fómhair agus mí na Samhna 1978, le cúrsa míosa d'iriseoirí a phleanáil agus a reáchtáil ar an gCeathrú Rua i gConamara. Bhí tagairt don chúrsa seo sa tríú heagarfhocal san *Irish Times* ar an gcéad lá de Shamhain 1978:

Now that Bord na Gaeilge has at last been firmly established as a statutory body it will, no doubt, be going about the task of making Irish as popular and widely used as possible throughout the country. Similarly, the new Gaeltacht Authority, when it becomes a reality, will or should give a new sense of purpose to the Gaeltacht itself. At present a small group of six journalists are studying journalism in Irish in Connemara on a course organised by Bord na Gaeilge. The plan is that they should return to base equipped to report and write simply on news events in the Irish language . . .[18]

Bhí an scríbhneoir agus an cartagrafaí Tim Robinson agus a bhean Mairéad (M), a raibh cónaí orthu in Árainn ag an am, ar an seisear úd a d'fhreastail ar an gcúrsa iriseoireachta ar an gCeathrú Rua agus tá an cur síos seo i leabhar Robinson, *Stones of Aran: Labyrinth*:

M and I first met Breandán at a course he was running for Bord na Gaeilge in An Cheathrú Rua in autumn of 1978. The purpose of the course was to familiarize journalists with the economic life and institutions of the Gaeltachts. We could hardly claim to be journalists on the strength of the photocopied nature bulletins I occasionally produced for the Oatquarter schoolchildren, but the course sounded as if it might be an opportunity to learn something of this culture into which we had thrown ourselves arbitrarily, so we put ourselves forward, and to our surprise were accepted without question. We took the boat to Galway, hitch-hiked to An Cheathrú Rua, rented ourselves a thatched cottage, and reported to the hotel where the participants were to foregather. In the bar was a small and almost inanimate huddle of people, from which Breandán broke like a snipe on seeing us, and hurtled over to thrust an envelope into our hands – the grant cheque – as if it were of desperate urgency. It was clear why we had been so readily accredited; only four journalists had been tempted by the grant away from their metropolitan perspectives to spend a month visiting fish-processing plants and plastic-components production units in rain-sodden Connemara, and our participation made the course a little less of a numerical flop.

The month was not pleasant. M's determinedly positive attitudes alienated the world-weary, flu-prone Dubliners, who did as much of their research as they could in the numerous bars of the town. It soon transpired that none of us had enough Irish to benefit from the projected programme, and we bowed our heads to a crash-course in the twelve irregular verbs. The mock newsletter we produced for presentation to the Board was so abysmal that Breandán quashed it. Some Dublin ad-men came down to privilege us with a preview of a series af TV advertisements for Irish – 'It's part of what we are . . .' – which so incensed me I became abusive and told them that the language movement should at least be able to recognize its enemy, *i.e.* the homogenizing materialism of which TV ads were the epitome. The only good times were those spent listening to Breandán holding forth at full throttle; we could not always quite identify the topics, nevertheless, it was exciting to hear an Irish that did not stoop to its half-competent recipients. (Both then and later we sometimes wondered if his unceasing flow of witty reminiscence was a way of holding intimacy at bay.) But he was often morose and *distrait*; he had just published an English version, *Lead Us into Temptation*, of his first novel *Lig Sinn i gCathú*, and reviewers were saying that if this was a sample of the literary riches being produced in Irish, it would have been better for the good name of the language to leave it untranslated. At the end of the month we were each to write a personal response to the course. None of us managed this in Irish, but M and I put together a few thoughts in English on journalism and its own curious sort of opportunistic integrity. Finally there was a formal dinner in the hotel, at which we graduates were much outnumbered by Bord na Gaeilge executives. Breandán, slightly the better for wine, made a speech, which suddenly became emotional, and to our surprise M and I learned that we had written something that '*Chomh fíor – chomh tábhachtach – tá sé thíos i mo phóca agam ag an nóiméad seo . . .*' ('so true – so important – I have it in my pocket at this moment . . .'). But what followed was not comprehensible, and as Breandán did not produce our writing from his pocket and we have forgotten what we had written, I fear this illumination is lost to the world.

Thereafter we met Breandán only at long intervals. When The Lilliput Press launched my *Pilgrimage* in the Peacock Theatre in Dublin, he spoke magniloquently. And when the *Times Literary Supplement* sent the book to Ireland's poet laureate he forwarded it as a matter of course to Breandán, the representative of island literature. Breandán's affectionate notice is probably the only one the severe TLS has ever published in which the author of the book under review is referred to by his first name. Then in 1990, on my return to Ireland after a month abroad, I fell into conversation with a stranger on a train, who mentioned casually that she had recently attended Breandán Ó hEithir's funeral. I am lazy about friendships, and have lived to regret it.[19]

Coimriú atá ansin ag Tim Robinson ar chuntas fada fíorspéisiúil a scríobh sé faoi Bhreandán agus faoin gcúrsa ina dhialann scríbhneora ag an am agus a thoiligh sé a thaispeáint dom i gcomhair na beathaisnéise seo. Is é a chuimhne nach raibh Breandán ar a sháimhín só ar chor ar bith, agus pé ar bith scáth a bhí air roimh a chomhiriseoirí, gur mó go mór an scáth a bhí air roimh an mbeirt 'strainséirí' a tháinig amach as Árainn chuige, Mairéad agus Tim féin. Luath go maith sa gcúrsa chuaigh na Robinsons i mbun cúrsa féinteagaisc dá gcuid féin, le cabhair ó théipeanna a thug Peadar Mac an Iomaire ó Ollscoil na hÉireann, Gaillimh dóibh; in Áras Mháirtín Uí Chadhain ar an gCeathrú Rua, ar le Scoil na Gaeilge san Ollscoil sin é, a bhí an cúrsa ar siúl. Ach chonaic Tim dóthain de Bhreandán leis an gcuntas fíorghrinn seo a scríobh faoi:

It's become clear just how nervous Breandán is and how completely he covers his unease in personal confrontations by business and jokes . . . Breandán is splendid talking to a group – witty, endlessly informative, coherent . . .

The idea is that we have to go out and talk to people in the area, visit the schools, factories, comharchumainn, Raidió na Gaeltachta, etc., write and rewrite reports, practise interviewing people and before the end of the course produce a small one-off newspaper (for which he suggests the name Fás Aon Oíche, now become Uafás (nó Bás) Aon Oíche . . .

He's behaved very erratically throughout the course; I imagine he was already having nightmares about it before it started, when there were only six or so applicants and when it was clear that the *Independent* was refusing permission to a couple of people he'd relied on to come . . .

Whenever he came into the sean-Tech (Áras Mháirtín Uí Chadhain) in the morning and found just one or two of us there he would rush out again to the office on some pretext; he was always rabbitting in and out of the rooms – running away from me, say, and then suddenly bursting in again with a loud, strained boisterous 'Dia dhuit, a Thaidhg!' – then seizing my newspaper and burying himself in it, standing in front of me for ten seconds before rushing out to 'make a phone call'.

The course ended with a workshop – the Bord na Gaeilge man; Deirdre Davitt, their P.R. person; Pól Mac an Draoi, a young journalist; Proinsias Ní Dhorchaigh, editress of *Comhar*, and a teacher from the Rathmines School of Journalism; all down from Dublin for the day. The best was Proinsias Ní Dhorchaigh's demystification of Irish grammar, an electrifying performance . . .

After the long day there was a formal dinner in the Óstán . . . speeches afterwards . . . Breandán was coaxed to his feet and M and I were utterly amazed by what he said . . .

After that he became his usual witty self – putting a scarlet strip of something round his neck like the priestly vestment and going and kneeling by Proinsias saying he was hearing her confession – whispering away, looking shocked, exclaiming 'an bealach sin!' and 'cé chomh fada?', until she was purple with embarrassment.

Fuair Proinsias Ní Dhorchaigh bás leis an ailse i 1995 i mbláth a hóige agus i mbarr a maitheasa. Bhí sé den ádh orm a bheith i láthair in oifigí Bhord na Gaeilge i mBaile Átha Cliath oíche amháin a raibh sí ag taispeáint do ghrúpa múinteoirí an chaoi le Gaeilge chomhráiteach a mhúineadh do dhaoine fásta. Ní fhaca mé a sárú, roimhe ná ó shin, agus aontaím go hiomlán le Tim Robinson gur *electrifying performance* a bhí ann. Bean uasal a bhí inti sa gciall is uaisle den fhocal uasal, a raibh a hacmhainn grinn ar aon dul lena meabhair chinn agus lena croí mór. Ní áibhéil ar bith a rá go raibh muid uilig a raibh aithne againn uirthi lán le gean uirthi, agus bhí aithne ní b'fhearr ag Breandán uirthi ná mar a bhí ag mórán againn. Bhí sise ceanúil ar Bhreandán freisin. Seachtain sula bhfuair sí bás, nuair a d'inis mé di go raibh iarrtha orm a bheathaisnéis a chur le chéile, scríobh sí an cuntas seo dom, nuair is ar éigean a bhí sí in ann an peann a choinneáil ina láimh:

Níl am dá smaoiním ar Bhreandán nach dtagann meangadh beag ar mo bhéal. Bhí cion agam air nó ba gheanúil an fear é. Chaithfeá gean a thabhairt dó agus b'in a raibh ann.

Ach bhí níos mó ná geanúlacht ag baint le Breandán, grásta ó Dhia air! Ba é a bhí fíochmhar, misniúil, géar, ceisteach agus neamhurramach nuair a chonaic sé 'Gaeilgeoireacht phroifisiúnta', cur i gcéill, bladhmann nó géilliúlacht don oifigiúlacht mharfach cheartchreidmheach. Fear a bhí ann a lorg an fhírinne de shíor – ba chuma cé chomh gránna nó míthaitneamhach a dreach . . .

Ba le linn dom a bheith ag déanamh eagarthóireachta ar an iris *Comhar* a chuir mé aithne cheart air. Ar ndóigh, rinne sé féin an gnó céanna eagarthóireachta blianta roimhe sin agus ba mhinic é ag scríobh don iris. Ba é a bhí fáiltiúil, flaithiúil i gcónaí nuair a d'iarr mé ábhar ar bith air. Níor loic sé orm riamh. B'fhéidir go mbeadh deacracht againn an 'spriocdháta' a choinneáil ach bhí a fhios agam riamh go raibh ábhar Bhreandáin slán sábháilte *agus* go mbeadh sé go maith.

Ní dóigh liom gur léigh mé *Lig Sinn i gCathú* ó chéadfhoilsíodh é ach cuimhním fós ar na carachtair bheoga – Bilín, Bean Mhic An Adhastair, Nuala, an deartháir rónaofa etc., agus ar na heachtraí barrúla, go háirithe an cluiche iomána. Tá siad chomh gléineach inniu i m'intinn agus a bhí nuair a léigh mé an leabhar ar dtús. Bhí Breandán in ann eachtraí barrúla a cheapadh agus a rianadh go máistriúil. Ní ardlitríocht í an leabhar ach caithfidh tú a ghéilleadh go bhfuil sí barrúil! Is trua, b'fhéidir, gur lig Breandán leis an gcaracatúracht sa leabhar sin, ach nach dána an mhaise do Ghaeilgeoirí i gcónaí a bheith ag súil le *opus magnum* litríochta ó gach scríbhneoir a chruthaíonn é féin. Agus nuair nach ardlitríocht a chuireann an scríbhneoir bocht ar fáil bíonn na Gaeilgeoirí céanna an-réidh le cáineadh agus le beag-is-fiú. Níor thóg sé ró-fhada ar Bhreandán an ceacht sin a fhoghlaim.

Ba dhuine é Breandán a d'fhág níos saibhre thú i gcónaí. Is cuimhin liom gur tháinig sé amach chun an tí chugam uair amháin le hagallamh a dhéanamh do chlár raidió nó rud éigin. Tharla go raibh m'fhear céile Criostóir sa bhaile le fliú an lá céanna agus b'in an chéad uair ar chas sé le Breandán. Nuair a luaigh mé ainm Bhreandáin le Crios an lá cheana is é a dúirt sé, 'Ba charachtar é cinnte. Bhí an-nádúr ann. Ní fhéadfá dearmad a dhéanamh de tar éis bualadh leis. Fear ba ea é ar mhaith leat castáil leis arís agus arís eile!'

Sea, ba dhuine é Breandán a d'fhág a rian pé áit a raibh sé. Bhí tuiscint agus gean aige ar dhaoine agus thuig na daoine é sin. Sea, fear iontach, fear annamh. Ba phribhléid iontach é aithne a chur air agus is aoibhinn na cuimhní a mhaireann ina dhiaidh. Go dtuga Dia suaimhneas síoraí dó!

Tháinig Caoilfhionn Nic Pháidín i gcomharbacht ar Phroinsias Ní Dhorchaigh mar eagarthóir ar *Comhar* in Aibreán 1979 agus fuair sise an cúnamh céanna ó Bhreandán a fuair Proinsias uaidh:

Bhí oifigí *Chomhar* i Sráid Ghairdnéir i lár slumaí na cathrach ag an am. Thug Breandán an-mhisneach agus an-chúnamh dom, ar bhealach praiticiúil, le rudaí beaga, le smaointe agus a leithéid. Agus dhéanfadh sé rud ar bith duit, gan beann ar airgead, mar ní bhíodh mórán airgid ag *Comhar* an t-am sin. Bhí bealach ar leith aige le misneach a thabhairt do dhaoine agus le cabhrú le daoine, rud nach raibh coitianta ag an am. Ba mhór an rud do mo leithéidse go raibh duine mar Bhreandán, a raibh aithne ar fud na tíre air, ansin chun cabhrú liom. Scríobh sé rudaí greannmhara nár chuir sé a ainm leo in aon chor. Bhí daoine míshasta leis an gcaighdeán Gaeilge a bhíodh i d*Tuarascáil* san *Irish Times* ag an am agus scríobh Breandán agus mé féin *Tuaplascóp*, leagan grinn de *Thuarascáil*. Ó Bhreandán a tháinig an smaoineamh. Níos deireanaí ansin scríobh sé cúpla sraith – 'Idir Dhá Chathair' nuair a bhí sé i bPáras. Bhíodh a cholún féin aige san *Irish Times* ag an am céanna.

Eisean a thug cúnamh dom nuair a bhíos ag déanamh eagarthóireachta don *Irish Times* idir 1984 agus 1987. Bhíos tar éis éirí as *Comhar* agus ní raibh aon bhaint agam le hiriseoireacht ag an am. Bhí duine uathu a dhéanfadh coimisiúnú ar na colúin Ghaeilge. Thosaigh *Beocheist* an t-am san agus bhí sé i gceist gur daoine sa saol poiblí, nach mbíodh ag plé le cúrsaí Gaeilge de ghnáth, a sholáthródh na haltanna – Pádraig Ó Muircheartaigh agus a leithéid. Bhí Dónal Foley tar éis bháis agus bhí géarghá le hathnuachaint a dhéanamh. Bhí baint ag Jim Downey le hé seo a thosnú. Bhí *Tuarascáil* fós ann agus bhí baint ag Déaglán de Bréadún leis, ach ní raibh an teideal 'Eagarthóir Gaeilge' aige fós. Nuair a tháinig Conor Brady ina Eagarthóir ar an nuachtán ansan theastaigh uaidh go mbeadh Eagarthóir Gaeilge ar an bhfoireann agus chríochnaigh mise an t-am san. Ceapadh de Bréadún i mbun na Gaeilge sa pháipéar go hiomlán agus tháinig Uinsionn Mac Dubhghaill ina dhiaidh sin arís. Ach thug Breandán an-chúnamh dom agus chuir sé in aithne do dhaoine mé. Mholfadh sé gach aon rud a dhéanfá.

Murar foilsíodh *Fás Aon Oíche* de bharr chúrsa Bhord na Gaeilge ar an gCeathrú Rua, foilsíodh sraith altanna le 'Gaeltarra Murphy, B.Comm.' san *Irish Times*, trí cinn acu an tseachtain dheireanach den chúrsa, ag déanamh aoir agus grinn faoin meascán Gaeilge agus Béarla a labhraítear sa nGaeltacht agus faoi dhearcadh na coda eile den tír ar mhuintir na Gaeltachta. Shéan Breandán ar dtús gurbh é féin a scríobh ar chor ar bith iad ach b'fhurasta aithne a stíl scríbhneoireachta agus a acmhainn iontach grinn. Ar aon chuma, d'aithin Tim Robinson scéilín i gceann acu a bhí sé féin tar éis a insint do Bhreandán tamall roimhe sin. Chuala Tim grúpa fear as an áit istigh Tigh Sé (An Chistin) lá ag caint faoi 'an teanga', agus nuair a bhí sé ar tí fiafraí díobh arbh í an teanga Ghaeilge nó an Béarla a bhí i gceist acu fuair sé amach gur ag cur agus ag cúiteamh a bhíodar faoin meáchan atá i dteanga muice. Ceithre cinn de na haltanna seo a foilsíodh ach níl áit agam ach le ceann amháin acu a bhreacadh anseo. Léiriú maith é den tabhairt faoi deara agus den aigne ghéar a bhí ag Breandán, gan trácht ar chor ar bith ar a acmhainn grinn. Ar an 14ú lá de mhí na Samhna a d'fhoilsigh an *Irish Times* an chéad cheann seo den tsraith:

News ón Ghaeltacht (1) – Gaeltarra Murphy, B.Comm.

Bliain Mhór Tourists:

'Caithfidh mé a rá nach bhfuil sorry ar bith orm féin go bhfuil na tourists bailithe leo ar deireadh. Rinne sí an-bhliain gan dabht. Diabhal níos fearr. Dá mbeadh an aimsir go breá is amuigh faoin spéir a bheadh muintir an bhaile s'againne ina gcodladh. Bhí an áit lán le Germans agus Dutch agus Swedanna chuile oíche, nótaí cúig phunt ina nglaic agus iad ag cuartú bed and breakfast. Dúirt an seanlad s'againne gur mhór an peaca go raibh an teach mar a bheadh stán iascán leis na students bheaga. Thógamar twenty-eight acu i mbliana.

'Ba mhaith an oidhe ar na diabhailíní' a dúirt sé 'a gcluasa a tholladh agus iad a chrochadh ar chrúcaí ar an mballa ar nós muigíní ar dhrisiúir, agus na bunk-beds a thabhairt do na foreigners.'

Point of view a bhí ann, gan dabht ach deireann an bhean go bhfuil profit mór ar na students bheaga, le cois iad a bheith fíor-handy le Béarla a mhúineadh do na gasúir s'againn. Bhí an bhean ag déanamh amach go raibh sí ag beathú an lot s'againne ar níos lú ná fiver sa ló. Dalladh cornflakes, glaicíní mince agus fataí brúite, agus neart de na slabaracha milse sin, Angels Delight agus rabharta custard. Deireann mná an bhaile seo gur waste of time a bheith ag coinneáil beatha cheart leo.

Nuair a thagann na parents ar ais ón Spáinn is maith leo iad a fheiceáil séidte suas ar nós footballs bheaga agus dóite ag an ngrian. Bíonn chuile 'O you look ever so healthy, Richard, and did you pick up the cúpla focal?' ar fud an bhaile. Faitíos orainn féin gurb iad an droch chúpla focal a bheadh pioctha suas acu ón seanlad s'againne. Tháinig ceann chugainn arú anuraidh ag iarraidh a fháil amach cén cineál rud 'an calar breac'. Ach i mbliana is ag déanamh suas amhrán Béarla faoi Choláiste Naomh Rip-Off a bhí an gang s'againne.

Ach faoi na tourists: is é dúirt mé nuair a landáil mé isteach ag Tomáisín anocht ag iarraidh pionta gur gheall le old times arís é. Bhí sé ag feistiú juke-box nua sa gcúinne agus abair ceol sa teach! Ní raibh méar i gcluais le cloisteáil ó June ach bitch de ghroup a b'éigean do Thomáisín a hireáil le traditional music a choinneáil leis na Germans agus na Swisseanna. Diabhal blas ná gur fhógair siad cogadh ar an juke-box, an tape country and western agus an dá one-armed bandit nach raibh ag cur isteach ná amach orthu. Murach a raibh siad a chaitheamh d'airgead bheidís barráilte amach ag Tomáisín faoina bheith ag iarraidh saol na háite a athrú.

Ach faoin ngroup: ní raibh acu ach na ceithre poirt mar bhí na groupanna maithe uilig bookáilte ag na hotelanna le fada. Dúirt Colm Pheige liom féin go mbíodh na ceithre poirt ag imeacht trína cheann féin ar feadh an lae chuile lá agus go raibh barúil mhaith anois aige cén chaoi leis an sean-uncail cantalach sin atá sa teach aige a chur go Béal Átha na Sluaighe. Ach gheall an group do Thomáisín go rachaidís chuig an Tech sa ngeimhreadh le tuilleadh poirt a fhoghlaim agus go bpiocfaidís suas smeadar sean-nóis ó records Ghael Linn ach contract a fháil don samhradh seo chugainn!

Tá gang eile ag dul ag ranganna eile, ag weaváil cléibh agus ciseoga le go mbeidh adhart souveniranna stock-pileáilte acu don chéad bhliain eile.

Ach tá distraction mór amháin againn an geimhreadh seo a choinneoidh daoine ó ranganna. Táimid ag fáil an second channel ar an mbaile s'againne loud and clear, a mhac! Tá an seanlad chomh sásta le cat a mbeadh póca air. 'Diabhal tiomanta programme Gaeilge a fheicfear sa teach seo arís,' adúirt sé an oíche ar oscail sí, 'Nach í bean úd na másaí bealaithe . . . Gemma rud éigin . . . a bheas le feiceáil taca an ama a mbeidh *Feic* nó *Droch-Radharc* ag teacht chugainn ar an channel eile. M'anam go mb'fhearr le cuid againn blast den full frontal i ndeireadh ár saoil ná a bheith ag éisteacht le Breandán Ó Muirí nó Proinsias Ó hEithir. Cá bhfios nach mbréagnófaí an seanráite agus go gcorródh bod an tseanduine féin fós!

Is cóir a dúirt an tseanlady nár fhan cuibheas ar bith ann ó bhliain an heat-wave, más cuimhneach libh é. Bhí sé féin agus Pádraicín Mhéine ar fascadh ón ngrian ar chúl an chlaí mhóir ag an Trá Feannta nuair a thosaigh gang ban ag caitheamh díobh ina gcraiceann dearg ar an taobh eile den chlaí uathu go ndeachaigh ag sunbatháil suas lena bpluic. Nuair a tháinig an seanlad aniar bhí sé ar an high doh ceart.

'An ghrian a theagmhaigh leis an gcréatúr,' adeir an tseanlady ach bhí fhios agam féin different. Agus bhí fhios aici féin different freisin mar chuala an teach í ag rearáil suas rougháilte air i lár na hoíche gur dhúisigh na students bheaga is a raibh ann. Ar ndó, is furasta iad a dhúiseacht agus iad nach mór greamaithe dá chéile! Ach ar chuma ar bith soir léithi chuig an sagart ar maidin ag iarraidh air smeachóid chéille a chur sa seanlad agus súil ghéar a choinneáil ar an Trá Feannta.

Ach thar a mhagadh, saothraíonn na daoine airgead mór an tSamhraidh crua freisin. Bhí an bhean faggáilte amach i ndeireadh June agus murach gur shocraigh an mac go dtabharfaí an sack as an bhfactory dó ní thiocfadh sí tríd ar chor ar bith. Tá mé féin ag tarraingt disability agus ní bheadh fhios agat nach reportáilte a bheadh tú dá bhfeicfí ag níochán fataí thú.

B'éigean don mhac deich bpunt fhichead a thabhairt don foreman leis an sack a thabhairt dó ach le cois a bheith a chúnamh dá mháthair bhí sé in ann endurance a tharraingt, ar ndóigh. Tá fhios ag Dia go bhfuil chuile shórt ag obair in aghaidh an fhir bhoicht, Dia dhá réiteach![20]

(Tomorrow: An Gaeilgeoir agus An Carburretter Buggeráilte)

Le linn an chúrsa siúd ar an gCeathrú Rua fuair Breandán an litir seo a leanas ó Bhríghid Bean Uí Éigeartaigh:

Sáirséal agus Dill
37 Br na hArdpháirce
Áth Cliath 6.

An tUasal Breandán Ó hEithir
Óstán Cheathrú Rua
An Cheathrú Rua
Contae na Gaillimhe

9 Samhain 1978

A Bhreandáin a chara,

Fuair mé an chéad dréacht den *Chré Bhocht*, agus léann sé go han-mhaith. Lean ort!

Bhí dréachtchonradh nua i leith *Lig Sinn i gCathú* dá chur chugat ina raibh na cearta aistriúcháin á bhfágáil agat féin. Ní bhfuaireamar aon scéal ó do ghníomhaire, Iníon Cooper, ach feictear dom anois gurb é an bealach is fearr leis an scéal a réiteach glacadh leis go raibh cead agat an t-aistriúchán a thabhairt do Routledge & Kegan Paul. Tabharfaimid sin duit i scríbhinn. Scríobhfaidh mé chuig Routledge and Kegan Paul dá réir, agus seasfaidh cibé socrú a bhí agat leo, má oireann sin duit.

Tá an-áthas orm a fheiceáil gur éirigh chomh maith sin leis an aistriúchán – is dócha gurb shin a bhí i gceist nuair a dúirt tú go bhfuil an chéad chló ídithe.

Faoi dheifir
Bríghid

Seoladh an litir seo a leanas láithreach, i nglan-Ghaeilge agus gan aistriúchán, chuig Routledge & Kegan Paul, agus cuireadh cóip chuig Breandán:

Leis seo tugaimid cead do Bhreandán Ó hEithir a aistriúchán féin ar 'Lig Sinn i gCathú' a chur á fhoilsiú faoin teideal 'Lead Us Into Temptation.'

Sínithe: Eibhlín Ní MhaoilEoin
Finné: Beití Bean Mhic Fhionnlaoich
Dáta: 9 Samhain 1978

Dúirt Breandán sa dialann a choinnigh sé i Londain go gcuirfeadh an leabhrán *An Chré Bhocht* go mór lena sheans ar phost léachtóireachta san ollscoil. An Coláiste Ollscoile, Baile Átha Cliath a bhí i gceist aige, áit a raibh Breandán Ó Buachalla díreach ceaptha ina Ollamh le Teanga agus Litríocht na Nua-Ghaeilge i 1978, i gcomharbacht ar an Ollamh Tomás de Bhaldraithe. Ba mhaith le Ó Buachalla taobh na nua-litríochta den chúrsa léinn a fhorbairt agus ba léir dó go raibh éileamh ag na mic léinn air sin freisin. Chuaigh sé chun cainte le Ó hEithir, ag féachaint an mbeadh suim aige cúrsa scríbhneoireachta a chur ar fáil dóibh. Cúrsa i dteicníc na scríbhneoireachta a bhí i gceist, mar a mhínigh Ó Buachalla dom:

. . . cúrsa gairmiúil i dteicníc na scríbhneoireachta, agus bhí an-fhonn air. Bhí flosc an diabhail air chun é a dhéanamh. Agus do shocraíos-sa leis na húdaráis an t-am san go ndéanfadh sé cúrsa téarma nó cúrsa bliana, agus go bhfaigheadh sé táille dá réir. Táille de réir na huaire an chloig a bhí i gceist; ní post a bhí ann sa ghnáthchiall. D'éirigh go breá leis. Thaitin sé go mór leis féin, thaitin sé go mór leis na mic léinn agus bhí an-éileamh air. Tuigeadh dom gur réitigh sé go mór leis féin go raibh sé ag plé le daoine óga, agus chomh maith leis sin go raibh air, is dóigh liom, beagáinín machnaimh a dhéanamh ar a cheird féin mar scríbhneoir. Agus ba bhreá leis a bheith á phlé sin leis na mic léinn ag an am. Dhein sé é bliain nó dhó. Theastaigh uaimse ó thús go gcuirfí an cúrsa seo ar bhonn níos foirmeálta nó níos buaine.

Ba é an machnamh nó an plean a bhí agam ná go ndéanfaí post buan de, léachtóireacht i nua-scríbhneoireacht na Gaeilge. Bhí an phleanáil ar siúl agam féin agus bhí toil an Uachtaráin ag an am, Tom Murphy, faighte agam, fear a raibh aithne aige ar Bhreandán – bhí a fhios aige cérbh é. Fuaireas-sa a thoilsean agus a chuid cabhrach chun dul ar aghaidh leis an léachtóireacht seo a chur ar bun ar bhonn buan.

Ansan i 1981 nó 1982 tharla an ghéarchéim airgeadais sna hollscoileanna trí chéile, an chéad ghearradh siar mór a tharla, agus thit an tóin ar fad as an bplean. An rud a theastaigh ó Bhreandán agus uaim féin ná post buan ollscoile a chur ar fáil, agus faraor, de bharr easpa airgeadais, níor éirigh leis an bplean ag an am. Do ghoill sé go mór air nár éirigh linn an plean a chur i gcrích.[21]

Seans gurb iad altanna 'Ghaeltarra Murphy, B.Comm.', a tháinig chomh héasca agus chomh nádúrtha sin óna láimh i bhfómhar na bliana 1978, a fhanfas i gcuimhne phobal léitheoireachta Bhreandáin mar bhuaicphointe scríbhneoireachta na bliana sin uaidh; is mór an trua nár scríobh sé níos mó den chineál seo. Ach idir cúrsa Bhord na Gaeilge, léirmheastóireacht cháinteach ar *Lead Us Into Temptation*, míshocracht in RTÉ agus ragairne bhreise bhliantúil na Nollag 1978, ní mórán giúmair a bhí ar Bhreandán nuair a scríobh sé an iontráil dheireanach sa dialann a bhí coinnithe roimhe sin i Londain aige:

2 Eanáir, 1979:

Táim ag léamh T.S. Eliot agus sílim nach bhfuil sé dlite dom líne eile de rath a scríobh go deo mar go bhfuilim chomh dall sin ar oiread sin rudaí agus oiread léitheoireachta is call a dhéanamh agus nach bhfuil am a dhéanamh, agus oiread aimsire caite go fánach (in ainneoin gur tuigeadh dom go raibh sé dá chaitheamh go fánach san am). Is dóigh gurb é an duairceas seo an namhaid a thagann aniar aduaidh ar gach dea-rún agus a chuireann an cogar sa gcluas: 'Éirigh as. Níor baineadh tada as an lá amáireach fós.'

Caithfidh mé strachailt liom ina aghaidh chomh maith agus is féidir.

Nótaí

1 Dialann: 19 Meán Fómhair 1977

2 Breandán Mac Lua

3 Michael O'Halloran M.P.

4 Seán Mac Réamoinn

5 *Lead Us Into Temptation*

6 *The Irish Times,* 10 Márta 1978

7 Márta 1978

8 An Dr Pádraig Ó hIrghile

9 *The Irish Times:* 17 Bealtaine, 1978

10 Liam Ó Flatharta

11 lochán

12 Conor Cruise O'Brien

13 *Scéala Éireann,* Deireadh Fómhair 1978

14 *The Guardian:* 5 Deireadh Fómhair 1978

15 *New Statesman:* 6 Deireadh Fómhair 1978

16 *The Times:* 12 Deireadh Fómhair 1978

17 *The Tablet:* 21 Deireadh Fómhair 1978

18 *The Irish Times,* 1 Samhain 1978

19 *Stones of Aran: Labyrinth,* 172-173

20 *The Irish Times:* 14 Samhain 1978

21 Agallamh le Breandán Ó Buachalla, Lúnasa 1999

16. An Scríbhneoir i nGleic - Dialann i Londain

Níl gníomh is réabhlóidí ar bhealach ná cloí le Gaeilge amháin, ach an gníomh réabhlóideach é a mbeidh toradh air? Sin í m'fhadhb.[1]

Tús na bliana 1979 tharla dhá rud a chuir ardú meanman ar Bhreandán, rud a bhí ag teastáil go géar. Chuala sé ón gComhairle Ealaíon go rabhadar sásta sparánacht scríbhneora a bhronnadh air, ar choinníoll go dtógfadh sé dhá mhí saoire ó RTÉ ar a chostas féin, agus fógraíodh an post mar Eagarthóir Gaeilge i *Scéala Éireann,* post a mbeadh seans an-mhaith aige air agus a thabharfadh deis dó imeacht as RTÉ ar fad. Bhí *Lead Us Into Temptation,* a leagan Béarla féin de *Lig Sinn i gCathú,* ag díol go maith freisin, ainneoin roinnt drochléirmheastóireachta, agus bhí giúmar i bhfad ní b'fhearr ar Bhreandán nuair a scríobh sé chun na Tuirce chuig Nuala Ní Dhomhnaill Lá Fhéile Bríde 1979:

1 Feabhra, 1979.

Cuirim chugat leis seo irisí agus cóip de mo leabhar faoi chlúdach eile agus le haerphost freisin. Tá éirithe go maith leis. Tá 6,500 ceangailte agus scaipthe anois faoi chlúdach crua agus sin an chéad chló ar fad. Tá Pan agus Penguin ag iarraidh na gcearta bog ach is baolach go bhfuil an scannán (bunaithe ar an leabhar) go mór idir neamh agus talamh. Mo chuimhne agus mo dhearmad, beidh áthas ort a chlos go bhfuil an Chomhairle Ealaíon leis an airgead a thabhairt dom an tseachtain seo chugainn, tar éis dom oiread seo litreacha a fháil ó RTÉ ag dearbhú go mbeidh mé ag glacadh dhá mhí saoire ar mo chostas féin. Idir dhá linn fógraíodh an post mar Eagarthóir Gaeilge san *Irish Press* agus chuireas isteach air. Mura n-éiríonn liom é a fháil is cuma dáiríre ach má éiríonn tá sé i gceist agam glacadh leis agus imeacht as RTÉ. Sa gcás go dtarlóidh sé sin beidh mé in ann stuf uait a fhoilsiú go rialta agus tú a íoc go maith freisin. Idir dhá linn ba mhaith liom 'scéal an chailín aimsire' a fheiceáil. Nach ait go rabhas ar an aon *fan* dár chas riamh orm de chuid Anais Nin.

Scríobhas dá moladh san *Irish Times* roinnt bhlianta ó shin agus fuaireas litir
fheargach ón Ríordánach ag liobairt orm agus ag tabhairt óinseach gan
chéill uirthi. Scríobh sí go hálainn agus go cruinn agus táim suite de gur
uaithi a d'fhoghlaim Henry Miller chun scríobh níos cruinne i dtaobh gnéis
ó thaobh na mná, i ndeireadh a shaoil, ná mar a rinne i dtús a chuid
scríbhneoireachta. Is baolach go bhfuil an Ghaeilge easnamhach ar an
gcaoi seo agus is locht é. Munar féidir leatsa an scéal sin a chur ina cheart
ní heol dom éinne eile a d'fhéadfadh.
Slán go fóill agus inis dom nuair a thagann na beartanna chugat. Rud ar
bith eile atá uait, iarr é agus ná dearmad 'An Cailín Aimsire'.
. . . grá mór.
Breandán.

Coicís ina dhiaidh sin, ar an 14ú Feabhra 1979 scríobh sé litir eile
chuig Nuala, á chur in iúl di, i measc rudaí eile, go raibh sé ag athrú a
intinne faoin bpost i *Scéala Éireann:*

Táim ag dul faoi agallamh ar maidin don phost mar Eagarthóir Gaeilge ar
an *Irish Press* ach táim cineál idir dhá chomhairle ina thaobh mar go bhfuil
post páirt-aimseartha á thairiscint dom i UCD agus ní oireann sé dom a dhul
isteach sa gcathair ag plé le hobair oíche. Dá bhféadfainn cúinne a aimsiú
in RTÉ nach mbeadh mórán dua ag dul lena ghiollaíocht b'fhearr liom
fanacht mar a bhfuilim. Beidh a fhios agam cé mar thitfidh rudaí isteach nó
amach as seo go ceann roinnt laethanta ar chuma ar bith.
Táim fós ag sáraíocht leis an gComhairle Ealaíon i dtaobh an airgid . . .

Níor scríobh Breandán aon alt don *Irish Times* ó Mheán Fómhair 1978
go dtí gur thosaigh sé ar shraith nua dar teideal 'Cogar' i ndeireadh mhí
Feabhra 1979, cé is moite de cheann a scríobh sé faoi Fhoclóir
Gaeilge-Béarla Néill Uí Dhónaill ar an 10 Deireadh Fómhair 1978, 'Ag
Fiach Trín bhFoclóir Nua'. Nuair a tháinig Nuala abhaile ar saoire tús
na bliana 1979 bhí cóip den Fhoclóir nua ag fanacht léi tigh Bhreandáin:

Is cuimhin liom nuair a tháinig mé abhaile ón Tuirc i 1979 go raibh an
foclóir ag fanacht liom agus an inscríbhinn seo taobh istigh den chlúdach:

Nuala –

Gach uair dá luíonn do shúil air seo scríobh 100 focal eile

agus cuimhnigh ormsa –

Breandán

M.Fóir 1978.

Agus do dheineas! B'in an cineál ruda a dhéanadh sé. Bhí sé
ana-mhórchroíoch mar sin. Thug sé an chéad eagrán de *The Informer* dom,
mar shampla. Thug sé scata leabhar eile dom, aon leabhar a mbíodh trácht
air anseo in Éirinn agus a mbeadh ábhairín aighnis mar gheall air,
chuireadh sé chugam é. *Fear of Flying* mar shampla, agus chuir sé ceann
eile chugam leis an mbean Mheiriceánach, Anais Nin is dóigh liom; bhí sé
ag iarraidh a fháil amach cad a cheapas-sa den leabhar mar bhean.

Bhí cara liom, Sasanach mná, in éineacht liom agus bhíomar chun seachtain
nó deich lá a chaitheamh in Éirinn agus d'fhiafraíos de Bhreandán cá
rachaimis – ní fhéadfainn dul abhaile – agus dúirt sé 'téigh síos go
Ballylickey House; tá sé ana-dheas.' Agus bhíos-sa amuigh sa phub leis
cúpla uair an taca sin agus an cailín Sasanach seo in éineacht liom agus bhí
ana-chóráite againn leis. Dúirt sé go raibh líonrith air, *vertigo*. Bhíodh sé
sall agus anall go Sasana an t-am sin agus bhí comhrá mór idir é féin agus
mo chara, Ros, faoin *gclaustraphobia* a bhíodh air ag dul síos sa *tube* i
Londain. Agus is cuimhin liom go raibh comhrá agamsa leis timpeall an
ama chéanna mar gheall ar *vertigo* – agus scríobhas-sa dán mar gheall air
sin ar ball. Is é Breandán an t-aon duine riamh gur luas dán leis:

An Piasún (Do Bhreandán Ó hEithir)

An sceimhle

a tháinig ort i mbarr an mháma

gur dhóbair duit

an carr a stop

is luí ar an bhféar

Nó ormsa

in Ard-Oifig an Phoist

ag iarraidh glaoch go Sasana ort
as bosca STP
is nach raghadh na píosaí flóirín
i ngleic sa mheaisín,

scéann sé orainn
in aghaidh na beatha
is sciorrann mar phiasún
amach as gort turnapaí
maidin Shamhna
is an sioc ar an talamh.
Luíonn na gadhair fiaigh
nuair a chloistear glór an ghunna
á lámhach,
is an spainnéar
ullamh faoi scáth na sála
ag fanacht lena sheans.

                                                   Feabhra 1979

Tá sé sa *Dealg Droighin* agus níor dheineas riamh roimhe sin ná ina dhiaidh
sin é, mar ní dheinim. Chuaigh sé i bhfeidhm orm chomh mór ina dhiaidh
sin an chaoi ar inis sé an scéal sin – an líonrith a tháinig air i mbarr an
mháma ar Bhealach Oisín in aice le Cathair Saidhbhín is dóigh liom. Anois,
b'fhéidir nach bhfuil aon dealramh leis seo ach ghabhas-sa trí thréimhse
cúpla bliain ó shin agus fuaireas na babhtaí líonrith seo chomh maith. Is
dóigh liom gur comhartha nó symptom iad go bhfuil cuid díot ag insint scéil
duit nó ag rá rud éigin leat. Is slí é ag do chorp chun rud a rá leat agus is
dóigh liom nár lean Breandán den gcomhairle a bhí a chorp féin a chur air.
Má chuireann tú brú nó repression ar rudaí mar sin ana-sheans go
bhfaighidh tú rud éigin mar ailse as sa deireadh.

Tá tagairt ag Breandán don *vertigo* nó don mheadhrán céanna sin in
aiste dar teideal 'Ó Chill Chrócháin go Corca Dhuibhne' sa leabhar *Willie
the Plain Pint agus an Pápa*, aiste a thugann dearcadh dúinn ar
smaointeoireacht agus ar scríbhneoireacht Bhreandáin i lár na seachtóidí

agus ar an gcaoi ar cheangail sé a chuid léitheoireachta le stair agus le tíreolas a thíre.

Go Londain Shasana, gar go maith do Shepherd's Bush, a chuaigh Breandán i mbun a úrscéil, *Drink the Maddening Wine*, chomh luath in Éirinn is a tháinig an t-airgead ón gComhairle Ealaíon i mBealtaine na bliana 1979. Ní hé amháin go raibh sé ag iarraidh an dá thrá a fhreastal, an iriseoireacht agus an úrscéalaíocht chruthaitheach, ach bhí sé freisin ag smaoineamh i ndáiríre ar an tríú trá – an scriptscríbhneoireacht scannán. Tháinig na haltanna iriseoireachta don *Irish Times* éasca go leor leis tar éis taithí na mblianta, ach bhí an-deacracht aige leis an úrscéal. Ní hé amháin gur airigh sé go raibh air rogha a dhéanamh idir an dá chineál scríbhneoireachta, ach bhí air rogha a dhéanamh freisin idir an dá theanga ina bhféadfadh sé an t-úrscéal a scríobh – an Ghaeilge nó an Béarla. In ainneoin go raibh an teora teanga sáraithe aige ar bhealach amháin, lena aistriúchán féin go Béarla ar *Lig Sinn i gCathú*, bhuaileadh amhras é ó am go chéile faoina chumas tabhairt faoi shaothar bunúsach i mBéarla.

Choinnigh sé dialann i rith na gceithre mhí a chaith sé in árasán leis féin i Londain, ina bhfuil na coinbhleachtaí seo go léir le léamh go soiléir. Fiú amháin ar chlúdach an chóipleabhair inar choinnigh sé an dialann tá an dá theanga ag coraíocht le chéile: tá 'Londain Diary' scríofa taobh amuigh agus 'Londain: May-Sep. 1979' scríofa taobh istigh. I nGaeilge a scríobh sé an dialann i gcaitheamh na gcéad trí mhí agus d'iompaigh sé ar an mBéarla an mhí dheireanach. Chomh maith le cuntas ar na coinbhleachtaí sin go léir, tá cuntas coinnithe freisin aige ar an tseanchoimhlint leis an ól; cuntas a d'athraigh, de réir a chéile, ó bheith ina ábhar taighde don úrscéal ar dtús go bheith ina ábhar imní dó féin go pearsanta ar deireadh.

Bhí sé ag teannadh leis an leathchéad agus ag iarraidh ord agus eagar a chur ar an dara leath dá shaol. Theastaigh uaidh go hintleachtúil scarúint leis an iriseoireacht agus leis an gcraoltóireacht agus luí isteach ar fad ar an scríbhneoireacht chruthaitheach. Ach pé ar bith céard faoin gcraoltóireacht, ní raibh sé éasca scarúint leis an iriseoireacht, ceird a raibh sé ina mháistir uirthi faoi seo. Rud níos bunúsaí fós, níorbh acmhainn dó scarúint léi, fiú amháin anois nuair a bhí airgead faighte ón gComhairle

Ealaíon aige le tabhairt faoin úrscéal. Ach, ar a laghad, bhí an spás fisiciúil aimsithe anois aige dó féin, in árasán i dtuaisceart Londain, áit nach mbeadh aon duine ag cur isteach ná amach air; ní raibh le déanamh as seo go ceann ceithre mhí ach an spás intinne a fháil, le forbairt a dhéanamh ar charachtair agus ar scéal *Drink the Maddening Wine*.

Lig sé a scíth ar dtús, rud a bhí ag teastáil go géar uaidh, ó thaobh coirp agus aigne, agus ansin chuirfeadh sé ord agus eagar ar a smaointe agus ar a lá oibre. Ach ní bheadh sé sin éasca. Is deacair duine agus a chlaonta a dhealú ó chéile agus bhí claonadh láidir, dosmachtaithe beagnach, i mBreandán dul i measc an phobail Éireannaigh a bhí ar gach taobh de i Londain. Ba chuid dá sceideal oibre staidéar a dhéanamh ar an bpobal Éireannach seo, ag Aifreann an Domhnaigh nó cois an chuntair sna hóstaí Éireannacha san oíche, ach ba dheacair é sin a dhéanamh gan titim isteach ar fad leo, rud nár theastaigh uaidh a dhéanamh. Nuair a rinne sé iarracht iad a sheachaint ar fad, bhíodar siúd ina n-imircigh agus bhí sé féin ina dheoraí.

Tá dialanna Bhreandáin, an dialann seo agus dialanna eile a choinnigh sé níos deireanaí, ina bhfuinneoga ar imeachtaí a aigne agus a choirp le linn tréimhsí íogaire ina shaol. Tá an anailís aigneolaíoch a dhéanann sé air féin, anonn agus anall tríd na dialanna seo, ar an gcuid is tábhachtaí ar fad dá bheathaisnéis, gan trácht ar an 'gull's cold eye' a chaitheann sé ar a bhfeiceann sé ag tarlú ina thimpeall i Londain agus ar fud an domhain mhóir taobh amuigh. San Irish Club i Londain a chaith sé an chéad chúpla oíche, go dtí gur shocraigh sé síos in uimhir 20, Menelik Road, London NW2:

18 Bealtaine,1979:

Tháinig mé go Londain ar an eitleán tráthnóna agus mé múchta ag slaghdán. Casadh fear óg orm san aerfort a bhí ag fanacht lena bhean a theacht as Newcastle. Bhí sé thar a bheith neirbhíseach agus fonn uafásach cainte air i dtaobh na bhfadhbanna a bhí aige féin agus ag a bhean mar gheall ar a bheith in aontíos lena muintir sise. Bheadh scéal a bheatha agam murach gur glaodh ar bord mé.

Nílim neirbhíseach a thuilleadh san aer. Níl a fhios agam an comhartha sláinte nó a mhalairt é seo ach is mór an faoiseamh é. Glacaim consaeit leis an Irish Club ar an bpointe a n-iarrann an tseansclíteach atá ar dualgas airgead an tseomra orm roimhré. Braithim go ndeachaigh (ainm fir áirithe as Éirinn) suas orthu go léir.

* Is fearr turas go Londain a shocrú ag pointe éigin sa leabhar. Sórt mionsamhail d'Éirinn an Irish Club: dlí idir dhá choiste agus leath an tí díolta le Arabach. An chaoi ar robáil Murphy beag iad leis an tollán.

* Téann an pearsa láir go Londain chun an scéal go léir a dhíol leis na dreamanna éagsúla ó TV, raidió, nuachtáin agus eile.

Téim a chodladh faoi dhuairceas mar a théim go hiondúil nuair a bhím ag tabhairt faoi chinneadh tábhachtach. Ag an bpointe seo measaim nach bhfuil brí ar bith leis an leabhar agus nach bhfuil ar mo chumas pé brí a d'fhéadfadh a bheith leis a chur i gcrích. Titim i mo chodladh agus codlaím go dona.

19 Bealtaine, 1979:

Ithim an bricfeasta mór uafásach – 2 ubh, pota caife, oiread seo aráin – beartaím éirí as arán. Deireann an guth beag i gcúl mo chinn nach bhfuil aon cheal rudaí le tabhairt suas orm ach gur cóir a bheith cúramach gan iad ar fad a thabhairt suas in éindí. Tosaím ag déanamh imní faoi chúrsaí airgid arís . . . Níl call imní dáiríre ach sórt cosaint in aghaidh obair leanúnach a bheith ag imní faoin gcúis imní is gaire do lámh.

Mrs Bardas romham. Beainín liath Ostaireach nach mian léi fios a bheith ag éinne i dtaobh a cúrsaí. Fiú an 'dea-chara' a thóg an éarlais uaim nuair a shocraigh mé a theacht anseo ní cheadódh sí dó an t-airgead a chuntas. Tá an t-árasán ceart go leor ach ní thagann druid uirthi ach ag cur síos ar ghlaineacht. Cheapfainn gur bean í a chuirfeadh a ceann síos sa leithreas ag cuartú bloghanna cruaite caca le ruaigeadh le vim. (*Mícheart!!* scríofa níos deireanaí ar imeall an leathanaigh) Mar sin féin ní dhearmadann sí an chuid eile den airgead a iarraidh orm. Gheobhaidh sí cuid de faoi dheireadh na seachtaine.

Isteach san 'Crown' ar an mbealach abhaile chuig an flat féachaint ar athraigh an áit mórán ó bhíos ann go deireanach. Níor athraigh. Tá sé níos uafásaí i ngach slí. Éireannaigh agus bleaiceanna is mó a thaithíonn é. Ní fheicfeá ann ach bean fhánach. Tá an Galtymore suas an bóthar uaidh agus é níos bataráilte ná mar bhíodh.

Abhaile go duairc chun codladh gan braillíní. Ach ar a laghad táim istigh anois agus cúpla seachtain agam chun rudaí a chur ina gceart agus modh saoil agus oibre a leagan amach dom féin.

20 Bealtaine, 1979:

Domhnach: Amach go moch agus síos chuig Aifreann 11.00 am i Quex Road. Is geall le baile é mar a thuig mé agus cuireann sin idir áthas agus chonsaeit orm. Éireannaigh i ngach ball ach ciníocha eile feiceálach tríothu. Níl a fhios agam an amhlaidh a theastaíonn uaim an áit a thaithiú nó a sheachaint. Tagann sé i mo cheann gurb in ceann de na rudaí a chaithfidh mé a shocrú le linn na 4 mhí a bheas mé anseo. Ba mhaith liom fanacht uathu ar a lán cúiseanna ach san am céanna airím tarraingt thar a bheith láidir. Ní foláir fanacht as a gcuid áiteanna óil ar aon chuma – an Irish Club, an Centre agus mar sin de.

Teichim as an 'Crown' san oíche mar a bhfuil scata Éireannach den chineál is barbartha cruinnithe. Rud simplí go leor cearr leo: ní mian leo a bheith anseo. Gártha dá gcuid féin acu. 'Come over Clare! You're no good there!' Tagann fear isteach a bhfuil a aghaidh millte ag bualadh. Cheapfainn gur buaileadh le gloine bhriste é – é tuairim 50-60 ach d'fhéadfadh sé a bheith níos óige. Tá sé bogtha go maith, ag siúl spágach agus straois chairdiúil ar a aghaidh bhocht bhasctha. Téann gáir san aer 'Hello Mullahoran.' Téann sé chuig an leithreas. Braithim go bhfuil cineál amhrais orm féin de bharr mé a bheith gléasta mar atáim (cosúil le bleachtaire stáitse) agus bailím liom suas chuig an bpub eile 'Cricklewood Tavern'. Teach Tiobraid Árannach (?) ('Mícheart! Sweeney as Acaill atá ina Landlord' scríofa ar an imeall.) Tá sé níos glaine ach garbh go maith freisin. Abhaile go duairc tar éis glaoch abhaile.

21 Bealtaine, 1979:

Ag socrú isteach de réir a chéile. Cheannaigh mé rudaí beaga don árasán ach baineadh an anáil díom nuair a chuala mé nach raibh mo dhleachta údair sroiste ó RKP cé go bhfuil dul chun cinn déanta faoi dhíol na gcearta cúlpháipéir. Mar sin féin cuireann an scéala lagmhisneach orm. Nuair atáim sa staid áirithe seo glacaim le rudaí mar chomharthaí pisreogacha ádh nó mí-ádh. An Clár nó Árainn? Nó mo chuid duaircis agus an t-ól. Tá mé ag maolú go mór air siúd agus ag díriú ar thriomach iomlán de réir a chéile agus ar aclaíocht freisin.

Tháinig mé chugam féin de réir a chéile agus d'aimsigh mé an séipéal Caitliceach i gCricklewood mar ar rug mé ar eireaball aifreann an tráthnóna (Luan, tabhair faoi deara!) agus dúirt an pobal an paidrín páirteach ina dhiaidh. Chuas de shiúl cos trasna trí Hendon go Hampstead Heath, mar ar ól mé deoch i Jack Straw's Castle – an cineál pub meánaicmeach faiseanta is fuath liom. Abhaile trín 'Castle' agus an 'Cricklewood Tavern' agus a chodladh.

22 Bealtaine, 1979:
Chuir mé romham fanacht istigh agus sin díreach a rinne mé. Tá dhá alt don Times agus cúpla píosa do Thuarascáil déanta agam chomh maith le siopadóireacht agus eagar ginearálta ar rudaí. Táim ag aireachtáil go breá in ainneoin mo shlaghdáin. Caithfidh mé labhairt abhaile anocht. Labhair agus gach rud i gceart. . . . D'aimsigh mé leabharlann bhreá taighde i Hendon agus nuair a tháinig mé abhaile chuaigh mé isteach san Crown mar ar casadh Dub meánaosta orm agus bhí comhrá deas againn go dtí 10.30. Bhí sé trom ar an ól tráth – ina alcólach beagnach – ach mhaolaigh sé agus chaill sé go leor meáchain. Ní fada aon bheirt Éireannach ag caint in ósta go mbíonn caint mar seo ar siúl.

23 Bealtaine, 1979:
Ó b'annamh liom é codail mé go 9.20 ar maidin agus d'fhoghlaim mé go dtéann tú isteach sa gcathair go moch nó go bhfanann tú go meánlae. Níor tharla aon cheo de rath. Aimsir fhuar fhliuch. Rudaí dá réiteach mar sin féin. . . . Cúrsaí costaisí socraithe leis an *Irish Times* agam. Nuair a thagaim abhaile tá foirm faoin bhfón romham. Socróidh mé é sin ar maidin agus ansin beidh mé in ann níos mó ama a chaitheamh sa flat – a thaitníonn go mór liom anois. Tá 3 gafa faoin PTA[2] mar gheall ar mharú Airey Neave. Cheapfainn nach bhfuil ann ach cur i gcéill ach tharlódh freisin gur ag iarraidh eagla a chur ar dhaoine atá siad.

24 Bealtaine, 1979:
Isteach liom ar maidin chun stuf a chur chuig an *Irish Times*. Rinne mé slám glaonna teileafóin ó Ireland House agus síos liom go Fleet Street. Bhí Maeve Binchy ansin agus rinneamar ár gcomhrá. Chuir sí ar athló é trína rá chomh

deas agus is féidir léi a bheith: 'Casfar lena chéile muid agus rachaimid amach ag ithe béilithe móra deireanach san oíche nuair a bheas LÁ MAITH OIBRE DÉANTA AGAINN! Chuir sí i mo cheann rud a dúirt Dónal (Foley) fúithi – agus d'aontaigh mé – go bhfuil sí thar a bheith crua agus tá an ceart aici freisin. Is cosúil go bhfaighidh mé suas le £10 nó mar sin costaisí ón I.T. chun taisteal i Londain a ghlanadh. D'fhágfadh seo go mbeadh suas le £75.00 sa tseachtain agam. Ba cheart go nglanfadh sin costas an turais ceart go leor. Ghlac mé le cuireadh chun dí agus d'ól cuid mhór fíon bán – beoir ina mhullach – béile agus fíon ina mhullach sin. Shiúil mé abhaile ó Kilburn Tube agus mé leathchaoch. Dhúisigh ar maidin agus mé ar buile liom féin.

25 Bealtaine, 1979:
An príomhrud atá le seachaint anois, adeirim liom féin, ná an duairceas agus an intinn 'nach cuma sa diabhal' a leanann é. D'éirigh liom sin a dhéanamh agus d'ith mé mo bhricfeasta. Labhair mé le Proinsias (Mac Aonghusa) ar an bhfón. Tá a shíocháin déanta aige le Muiris!3 Ní mór dom gáire a dhéanamh ach is maith mar tharla. Tá Proinsias sásta mar go bhfuil deireadh leis an sagart bradach. Sin cath eile buaite aige.
Tá Albain agus Sasana ag imirt i Wembley amárach agus tá 7 n-athrú ar fhoireann Shasana. Cineál cathair faoi léigear Londain agus daoine istigh sa gcathair líonraithe. Cheana féin maraíodh fear ar an traein aduaidh de bhrí go ndeachaigh sé i gcabhair ar chailín a bhí á hionsaí. Sádh fear eile. Is geall le hainmhithe iad. Buaidís nó caillidís amárach beidh sé ina raic cinnte.
Sa Tavern tar éis suipéir agus is é an pub is deise thart anseo é. Muintir Thiobraid Árann go láidir ann ach tá sé glan agus cineál homo leathghalánta as Baile Átha Cliath taobh thiar den chuntar, scata ban agus leaidín fiáin rua. Buíon cheoil aréir ann agus oiread fuaime leictreach acu agus a líonfadh Páirc an Chrócaigh. In ainneoin mo shlaghdáin tá mo chluasa fós tinn. An ceol uafásach: sórt (craoltóir aithnidiúil) ag titim i bhfeoil agus ag cailleadh na gruaige ar guitar, stumpa de bhean láidir ag cangailt guma agus ag canadh le guitar ar mike eile, leaid óg ag greadadh na ndrumaí. Ní féidir comhrá a dhéanamh, ní féidir leis na freastalaithe na hordaithe a chlos ach ar éigean ach ní smaoiníonn éinne ar an fhuaim a laghdú. Casann bean as an bpub amhrán faoi Dan Breen agus Seán Hogan. Castar 'Tipperary Town' ar iarratas. Déantar go leor óil. Déanaim suas m'intinn fanacht as na

pubanna go ceann seachtaine – Derby Day b'fhéidir. Tá sé in am luí isteach ar an obair agus ar aon bhealach níl an t-ól ag luí liom ar chor ar bith. Ach codlaím go sámh mar sin féin cé go bhfuilim ag brionglóidí ar Éamonn agus rudaí eile nach féidir liom a thabhairt chun cruinnis anois.

26 Bealtaine, 1979:
Drochlá eile le báisteach agus le fuacht agus le gaoth. Cloisim ar an raidió gur chodail go leor Albanach faoin aer ag Wembley aréir!! Chuala mé agallamh ar an raidió áitiúil inné le Albanaigh agus d'fhiafraigh an bhean: 'Cá gcodlóidh sibh anocht?' 'San óstán', arsa an fear, 'táimid thar a bheith sibhialta.' Níl go leor díobh sibhialta is baolach agus scanraíonn siad an t-anam as go leor de mhuintir an bhaile seo. Tá fuath ag go leor Éireannach anseo dóibh mar gheall ar an Tuaisceart. Caithfidh mé dul a chodladh go luath anocht agus tosaí ag éirí go moch as seo amach.

27 Bealtaine, 1979:
Ag iarraidh bonn a chur faoi thús an leabhair. Faoi dheireadh na seachtaine seo ba cheart go mbeadh rud éigin de rath tosaithe. Tá an aimsir feabhsaithe go mór inniu, an ghrian ag scalladh (trí néalta atá trom go leor) agus na héin ag píoparnaigh. Tá an ceantar seo thar a bheith ciúin. Chuas ag siúlóid tráthnóna ag 4pm trasna na chnoic, síos Finchley Road go Golder's Green. Mura n-imeoinn, is ag éisteacht le cluiche idir Luimneach agus Port Láirge ar an raidió a bheinn! Chuas isteach chuig an crematorium i Golder's Green agus thuigeas den chéad uair gur ar an bplásóg mhór féir i lár baill a scaiptear an luaithreach. Tá fógra ann ag iarraidh ar dhaoine gan siúl ar an bhféar fada. An áit breac le cuimhneacháin agus le bláthanna agus le crainnte beaga atá curtha i gcuimhne ar dhaoine. Trasna an bhóthair tá Reilig Ghiúdach agus Synagogue. An áit álainn ciúin ach aisteach. Tháinig i mo cheann gur ait an cineál *Cré na Cille* a d'fhéadfá a scríobh ina thaobh. Rugas ar Aifreann 7.00 pm áit a ndearna Fr Gallagher ón SMA achaine ar shíntiús chuig na misiúin. Bhí sé leamh agus leadránach as miosúr agus choinnigh mé ag cuimhniú ar Phatsy[4] bocht agus cá bhfuil sé. Slua maith ag an Aifreann – an 9ú ceann ó thráthnóna Sathairn. An séipéal níos deise istigh ná amuigh. Éireannaigh ar fad agus cúpla Afraiceach. Lee Lynch ag

canadh sa Cricklewood Tavern. Tá ceirníní déanta aige seo: tuilleadh d'fhochultúr na nGael i Londain. Ní bhfuaireas aon bhlas ar an oíche. Táim róthaithíoch ar an áit anois agus is gairid go súfaí isteach sa gcomhluadar mé – rud nach bhfuil uaim.

28 Bealtaine, 1979:

Lá saoire bainc é seo agus táim fós ag iarraidh an leabhar a thosaí. Tá tús, lár agus deireadh agam ach táim ag feiceáil guaiseanna róshoiléir. Nóiméad amháin tá eipic agam; an chéad nóiméad eile níl brí leis. Caithfidh mé an chéad chuid de a scríobh agus réabadh liom ansin. Ar a laghad ar bith táim thar a bheith aclaí agus ionann's scartha leis an ól ar fad. Bead, faoi dheireadh na seachtaine seo, le cúnamh Dé. Pé ní a thiocfaidh dá bharr táim sásta go dtáinig mé. Aimsir bhriste arís inniu. É ag cinniúint orm líne abhaile go hÉirinn a fháil. Caithfidh mé fanacht go hoíche anois. Chuas trasna go Hampstead tráthnóna agus bhí lón agam sa vegetarian ansin – thar a bheith go deas agus saor go maith. Chuas chuig 'Finnegan's Wake' a bhí spéisiúil – aisteoirí Meiriceánacha agus sub-titles – script Mary Manning. D'abróinn 'coherent if not intelligible' agus roinnt den chaint barrúil. Seanscannán go leor de Bhaile Átha Cliath – an Pillar. Ach ba é sméar mullaigh an lae léiriú Chekov. Bhí seo ar fheabhas – cé gur seanchóip lochtach a bhí ann agus an fhuaim lochtach go speisialta. I 1955 a rinneadh é sa Rúis. Samsonov a stiúraigh. Bhí sé daite agus dhá thaispeántas den scoth ó Sergei Bondarchuk mar an fear céile agus Ludmila Tselikovskaya i bpáirt na mná. In ainneoin fotheidil a bhí easnamhach agus roinnt barbartha in áiteanna bhí seo ar an leagan scannáin ba shásúla dá bhfaca mé go dtí seo ar scéal gearr ná úrscéal. B'fhiú é a fheiceáil mar is annamh a taispeántar é, deirtear liom.

Ghlaoigh mé abhaile aréir agus tá gach rud ceart. Leag mé súil ar an leabharlann i Swiss Cottage agus táim ag filleadh inniu. Cuid mhór machnaimh agus cuid mhór dea-rún. Thugas mo chuairt dheiridh go ceann píosa ar na hóstáin áitiúla.

29 Bealtaine, 1979:

Táim anseo go leathoifigiúil inniu (Document 1). Chuig an leabharlann i Swiss Cottage. In ainneoin nár chodail mé go sámh táim sách breabhsach. Níl sé ach 20p agus tuairim 10 nóiméad as seo go Swiss Cottage (I Roinn na Staire i leabharlann Swiss Cottage níl ach tuairim 4 leabhar ar stair na hÉireann) ach bhí an leabharlann lán go maith. Áit bhreá agus claonadh mór chun fealsúnachta agus socheolaíochta. Táim chun ballraíocht a bhaint amach. Táim anois ag dul chuig leabharlann eile a bhfuil an stair áitiúil go láidir ann. Tá sí i Neasden. D'aimsíos í agus áit bheag ghleoite atá ann gan aon dabht agus foireann chúirtéiseach freisin. Fuaireas a raibh uaim agus go deimhin ní mórán atá ann i dtaobh Cricklewood ach go bhfuil an ghnáthchonspóid i dtaobh brí a ainme. (The Grange Museum atá air agus cailín deas i Swiss Cottage a thug an t-ainm dom. Go dtí seo casadh na Sasanaigh is deise orm i leabharlanna). Tá ábhar ann le bheith ag tosaí leis ar aon bhealach agus fuaireas scéal suimiúil i dtaobh Graham Frederick Young, an nimheadóir a daoradh faoi dhó as daoine a mharú le nimh. B'as Neasden dó!!

Léigh mé píosa an-mhaith as 'Enemies of Promise' le Cyril Connolly ar maidin agus táim lena léamh arís anois. Sílim gurb é is gá a dhéanamh coinneáil ag obair is cuma céard a thagann sa mbealach. Ag obair agus ag scríobh nótaí. Cur in aghaidh na leisce ar gach bealach is féidir. Anois a chuimhním go bhfuil an *Féach* deiridh ag dul amach anocht. Sin deireadh le tréimhse amháin i mo shaol ar aon nós.

30 Bealtaine, 1979:

Nuair nár bhris mé amach inniu ní bhrisfidh mé amach go deo. Táim á scríobh seo ar an Déardaoin. D'éirigh mé beagán mall agus chaith síoraíocht aimsire ag fanacht leis an mbus go Oxford Circus. Nuair a shroich mé Ireland House rinne mé na glaonna teileafóin agus ar aghaidh liom le mo chuid ábhair go Fleet Street. Ansin thosaigh rudaí ag dul i m'aghaidh ramhar. Chuir mé 4 theachtaireacht chuig Foley ag iarraidh air glaoch orm agus le linn dom a bheith ag fanacht thugas faoi deara (ainm fir), feairín suarach blagaideach, ag breathnú orm amhail is dá mbeadh fúm an troscán a fhuadach. Bhí mé chomh míshuaimhneach agus a d'airigh mé riamh agus le barr ar an donas d'imigh Foley gan glaoch. Bhí cúthach orm ach d'ith mé lón agus bhrúigh fúm, ag cur dea-scenarios in áit na ndroch-cheanna. Ansin ar ais liom chuig Ireland House mar ar chuir Delia ar an bhfón chuig Peter Canning mé trí thimpiste. Ina dhiaidh sin cé d'aimseoinn trí thimpiste ach boss RKP i Henley a dúirt liom go raibh sé le cearta an leabhair a choinneáil é féin agus an paperback a thabhairt amach san earrach. Dúirt sé nár thairg Pan ach £250 ar na cearta!! Ní chreidim, ach mise is measa a tháinig as an scéal agus níor fágadh focal agam.

Mé níos corraithe fós agus an-olc agam chugam féin. Amach go Ealing chuig cruinniú UTOM cé go raibh a fhios agam gur dóigh nach mbeadh Bernadette (Devlin) ann. Tháinig ina dhíle uafásach báistí agus murach pub a bheith in aice láimhe bháfaí mé. Bhí na póilíní istigh ag an gcruinniú i Halla an Bhaile – Pat Arrowsmith, Michael Farrell, Tariq Ali agus gaimse ón SWP. Bhí scata mór ó mhiondreamanna éagsúla ann agus iad ag reic a gcuid páipéar agus a gcuid suaitheantaisí. Fíorbheagán Éireannach. Ar 8pm ní raibh aon amharc ar Bhernadette agus chuaigh Farrell chuig an bhfón. Ar 8.15 tosaíonn an cruinniú (3/4 mall) agus labhraíonn Pat Arrowsmith ar feadh leathuaire agus Tariq Ali ar feadh 20 nóiméad agus an fear ón SWP ar feadh 5 nóiméad. Sílim gur measadh gur bhall den bhrainse speisialta mé féin ach bhailigh na póilíní leo. D'fhág mé ag 9.30 ach thóg i bhfad orm traein a fháil. Bhí na teileafóin donaithe ag na tuilte. Stop an traein ag White City agus ní rachadh níos faide. Shiúil go Shepherd's Bush ach bhí an stáisiún ansin dúnta. Bus go Marble Arch. Bus eile go Cricklewood. Bhí sé 11.00 agus tuile 4 troithe faoin droichead i gCricklewood Lane agus triúr Éireannach istigh ina lár ag síonaíl agus ag pramsáil. Shiúil mé féin agus Albanach óg abhaile an tslí fhada. Bhíos traochta agus in ísle brí agus an lá caite gan tairbhe nach mór. Mé ag aisling liom ar an leaba ag iarraidh éaló ón saol míthaitneamhach.

31 Bealtaine, 1979:

Dhúisigh mé ar 7.30 agus gan thairis sin clóic orm. Chuas chuig an bhfón agus bhí comhrá agam le Éamonn Ó Muirí. Táimid ag fáil ardú agus aisíoc faoi dheireadh an Mheithimh. Go maith. Sin tús maith leis an lá. Chuas chuig na leabharlanna i Child's Hill agus i Swiss Cottage. Táim i mo bhall anois agus – i gcruthúnas go leanann lá séin lá léin – céard a bheadh romham ar an tseilf ach mo leabhar féin. D'éirigh mo chroí agus thugas abhaile chuig bean an tí é.

Ní hé an oiread sin oibre a rinne mé ach tá mé socraithe isteach go maith agus nuair a bheas fón agam beidh mé i bhfad níos neamhspleáí – ach tá mé buartha i dtaobh cúrsaí an leabhair. Is cuma liom ach oiread airgid agus

is féidir a bhaint as. Caithfidh mé dul amach agus glaoch ar an oifig anois
agus b'fhéidir páipéar Éireannach a cheannach.

Comhrá fada agam le bean an tí. Beainín uaigneach thar a bheith
géarchúiseach. Scéal a beatha agam anois.

1 Meitheamh, 1979:
D'fhan mé ar an leaba go dtí 10.30 ag machnamh. Ghlan mé mé féin ó bhun
go barr. Táim ag dul isteach sa mbaile mór anois. Tar éis party Anna táim
chun mí a dhéanamh gan ól go bhfeicfidh mé cén toradh a bheas air. Rinne
mé glaonna teileafóin go leor. Shocraigh mé cúrsaí le Foley agus costaisí.
Fuair mé scéal freisin go bhfuil Kitty Tailer[5] go dona sa bhFrainc. Ní stróc a
bhí ann ach gar go maith dó agus tá an brú fola ard. Níl Liam ach
leathréasúnta. Níl a fhios aige cá bhfuil sé leath an ama.

2 Meitheamh, 1979:
An aimsir thar cionn anois. Marianna dulta ar ais go Learpholl. Mé féin cineál
mífhoighdeach freisin agus rinne mé beagán siopadóireachta. Tá an Pápa sa
bPolainn. Lá é an Satharn le fanacht sa mbaile agus an Domhnach freisin.
Airgead ag tanaíochan. Caithfear airgead a bhaint as R.K.P. ar ais nó ar éigean
mar táim ag dul chuig an Derby ar an gCéadaoin.
Chuas chuig party Anna in Islington. Slua deas ann ach d'ól mé iomarca fíona
agus níl agam ach meathchuimhne ar theacht abhaile. Lá caite amú a bhí ann.

3 Meitheamh, 1979:
Chodail mé amach agus nuair a ghlaoigh mé ar Annabelle Jones bhí leath
an lae caite. Go Kenwood House agus na gairdíní áille atá ina thimpeall.
Lá deas leisciúil. Fear ina shuí ar shuíochán ann ag éisteacht leis an
gcluiche ó Chorcaigh ar raidió. An-chluiche, a dúirt sé. Ar ais chuig flat
Annabelle agus ghlaoigh ar Pheigín agus abhaile.
Chuig mo chuid scannán Beilgeach san ICA san oíche: 'Jeanne Dielman'
(1975), a rinne bean óg 29 bliain d'aois, Chantal Akerman. 198 nóiméad ar
fhad. Is ar éigean a tharlaíonn tada go dtí na 9 nóiméad deiridh agus na 5
nóiméad deiridh astu sin níl ann ach ise ag féachaint ar an gceamara.
Spéisiúil ach thar a bheith tuirsiúil freisin. Caithfidh mé scríobh ina thaobh
amach anseo.

Abhaile faoi chineál néall duaircis de bharr gan aon obair a bheith déanta agam.

4 Meitheamh, 1979:

Isteach go Ireland House ar maidin. Leathuair díreach ó Cricklewood ar an mbus. Thug mé ordú do Chris[6] a bheith ag baint airgid as R.K.P. agus fuair mé ticéad léitheora don British Library. Ar ais chuig an mbanc i gKilburn agus táim á scríobh seo sa flat ar 4.00 p.m. Ag dul chuig suipéar le Anna anocht. Tá an aimsir an-trom inniu agus is geall le bagairt toirní é. Tá mo scéim oibre imithe chun donais ar fad le dhá lá. Caithfimid é a leigheas.

5 Meithamh, 1979:

Lá eile amú. Idir chodladh agus dhúiseacht.

6 Meitheamh, 1979:

Chuig an Derby le Annabelle Jones. Lá álainn gréine. Ócáid phobail sa gcéill is leithne agus is fírinní. (Ag scríobh ina thaobh don Times). Rún daingean mo chuid oibre a dhéanamh go rialta agus go féiltiúil as seo amach.

7 Meitheamh, 1979:

Sreangscéal ó Louis[7] gur cailleadh a mháthair. Amach go Golder's Green áit ar shuigh mé ar feadh an lae ag caint le Louis agus ansin le Elkan. Is é nós na nGiúdach suí sa teach i ndiaidh na sochraide ar feadh 5 lá – gan bearradh ná aon cheo – agus dul chuig seirbhís gach tráthnóna. Is é Elkan an té is ceartirisí i ndiaidh Louis féin. Ní chleachtann David agus ní cosúil go gcleachtann Abraham ach oiread. Níl an cleachtas neamhchosúil – in intinn go háirithe – le cleachtas na gCaitliceach ach nach bhfuil an t-ól ina chuid den tórramh. Níl sé ina chuid chomh mór dá gcultúr ar aon bhealach agus atá sa gcultúr Éireannach agus Laidneach. Cén fáth?

Níl mo chúrsaí féin ach leathréasúnta – an dialann seo féin is ar an Domhnach (10ú) atáim á scríobh. Beidh an teileafón agam ar an Mháirt.

8 Meitheamh, 1979:

Isteach sa mbaile mór mar nár thuigeas an litir a tháinig ó lucht na dteileafón ag rá go rabhas chun é a fháil ar an Mháirt. Mar sin féin, cé gur chuireas leath lae amú, rinne mé obair mhór ar na colúin don Times. Chuas ag siúl san oíche, suas Finchley Road agus d'ól cúpla deoch. Cheapfá ar bhealach nach bhfuil aon cheo do mo choinneáil ó ráig uafásach oibre a dhéanamh ach leisce – ach b'fhéidir go bhfuil m'intinn ar iomarca rudaí in éindí agus airgead – atá á ídiú go tiubh – ina measc. Is é atá le déanamh ná brú ar aghaidh go tréan go dtí go mbíonn an bhua agam nó go mbuaitear orm.

9 Meitheamh, 1979:
Maidin Shathairn agus tuilleadh oibre. Tá an iriseoireacht breá éasca anois ach nílim os cionn mo chúrsa maidir leis an úrscéal fós. Glaoim ar C. agus téimid chuig 'Private Files of J. Edgar Hoover'. Teicníc na teilifíse – athchruthú agus leas á bhaint as seanscannáin freisin – Brod Crawford iontach maith ach an rud ar fad thar a bheith sásúil. Is fiú é a choinneáil i gcuimhne mar mhodh chun drámaí teilifíse a scríobh. Cuid de na pearsain stairiúla iontach – na Kennedys, Nixon, Roosevelt – cuid eile lag, Johnson go háirithe. Martin Luther King thar cionn.

Ag ól agus béile i mbialann bheag Ghréagach agus abhaile. In ainneoin mo ghnáthsheachráin measaim go raibh gá socheolaíoch leis an eachtra. Is gá dom go ndearbhófaí rudaí áirithe dom ó am go chéile agus leanann suaimhneas intinne an dearbhú. Nílim chomh muiníneach asam féin agus a meastar ná mar a ligim orm féin a mheasaim. Is gá dom a bheith níos ionraice liom féin i dtaobh rudaí bunúsacha ach ní foláir dom éirí as a bheith ag féachaint thar mo ghualainn freisin agus ag brionglóidí in áit a bheith ag cruthú.

10 Meitheamh, 1979:
Táim á scríobh seo agus ag éisteacht le Mícheál Ó hEithir ar an raidió. Tá 4 alt scríofa agam agus ábhar do chuid eile. Sin sin ar aon nós. Táim ag dul ag bualadh le Peigín agus Christy sa Dublin Castle ar 7.30. In ainneoin mo chuid cnáimhseála táim ag déanamh bonn. Dá bhféadfainn mo shrón a choinneáil ar mhullach an chlóscríobháin i gcaitheamh na seachtaine seo chugainn. Feicfimid. An é an Béarla atá do mo scanrú? Nílim cinnte. Dúirt B.K.[8] liom go gcaithfinn m'intinn a dhéanamh suas i dtaobh cé acu teanga ina scríobhfainn. Is baolach nach féidir dhá thrá a fhreastal.

11 Meitheamh, 1979:

Scríobh mé alt eile don I.T. agus thugas 5 alt isteach go Fleet St. Is ait mar a fhásann cathair i do thimpeall. Táim anois luite isteach anseo beagnach chomh socraithe is a bheinn i mBleá Cliath. Chaith mé an tráthnóna sa leabharlann taighde i St Martin's St ag léamh faoi chineálacha éagsúla gealtachais. D'ól mé roinnt deochanna. Tháinig mé abhaile, mar a bhfuilim anois, ag éisteacht le Radio Éireann. Táim sásta go leor go bhfuil croí an leabhair anois daingean.

12 Meitheamh, 1979:

Tháinig an fón ar 9.20 a.m. agus mé fós ar an leaba. Beirt leads dheasa. Táim anois feistithe go hiomlán nach mór. Fianna Fáil basctha ag baile agus ní miste sin freisin. Ag cruinniú na hoíche aréir sa Conway Hall ag an Revolutionary Communist Group bhí picéad ar an doras ag 'Tendency'[9] éigin nach n-aontaíonn leo siúd agus a théann thart ag cur isteach ar a gcuid cruinnithe. Tugaim faoi deara go bhfuil cruinniú anocht ag an British Withdrawal from Northern Ireland Campaign. Ní fhéadfainn aghaidh a thabhairt air. Is leor anois dom cruinniú an tSathairn.

Thosaigh mé ar phleanáil agus scríobh an úrscéil dáiríre inniu. Réiteach simplí go leor ar mheilt ama ná fanacht sa teach agus a bheith ag scríobh. Ba cheart go mbeadh sin níos éasca anois leis an bhfón.

13 Meitheamh, 1979:

Glaoch ar maidin ó Chris Green go raibh seic R.K.P. sroiste agus idir sin agus teacht an fón tá crut níos fearr ar chúrsaí anois. Tá pearsain an leabhair ag fás i m'intinn, mura bhfuilid fós ag fás ar pháipéar. Roimh dheireadh na seachtaine beidh siad ansin freisin le cúnamh Dé.

Fuair mé an £900 agus ní foláir nó chuaigh sé sa gceann agam mar in áit dul abhaile chuas ag ól thart i gCovent Garden agus ansin ag ithe agus ag ól sa Spaghetti House. Go hobann ní cuimhneach liom aon cheo eile – fiú glaoch gutháin ón mbaile – ach ar maidin bhí mo chóta agus mo chuid spéacláirí imithe. Ní heol dom cén áit ar fhág mé iad.

14 Meitheamh, 1979:

Chaith mé an lá ag tóraíocht gan toradh. Ait go leor chuas chuig AA sa tráthnóna agus fuair baisc leabhar uathu. Sórt imní orm mar sin féin faoin gcailleadh meabhrach. Ar bhealach is comhartha é go gcaithfidh mé é a mhaolú nó go fiú éirí as gach cineál óil ach amháin fíon le béile. Táim ag cuimhniú air ar aon nós. Tá praghas an óil ag ardú anseo ón Luan ar aon nós.

15, 16, 17 Meitheamh, 1979:

Geamchaoch. Ag iarraidh an taobh is fearr den scéal a fheiceáil. Sheachain mé taom mór drabhláis ar aon bhealach. Seo é an Domhnach agus shiúil mé tuairim 6 mhíle go héasca. Petticoat Lane ina chineál scigaithris ar mhargadh sráide agus Speaker's Corner ina scigaithris ar shaoirse cainte. Cór lucht creidimh as Meiriceá ag canadh iomnaí ag cur isteach ar fhear a bhí ag caint ar dhruganna. Bleaic ag caint ar Éirinn. Seafóid. Abhaile, mar ar ith mé béile deas. Rachaidh mé ag Aifreann a 7.00pm. Ólfaidh mé mo phionta deireanach Bitter agus a chodladh. ('Hó!!' scríofa ar an imeall). Níl scéal dá dhonacht nach bhféadfadh a bheith níos measa.

Tá an scannán ar an bPiarsach faighte ag Louis.[10] Táim anois 11.12 meáchain. Is fada ó bhíos chomh snoite sin.

22 Meitheamh, 1979:

Dé hAoine: Tháinig mo chuid spéacláirí inné agus ina dteannta mo chuid airgid ón mbanc. Chaith mé an lá ag obair agus i ndiaidh an scalladh gréine a bhí againn le trí lá thit báisteach arís tráthnóna. D'fhan mé sa mbaile ag léamh faoin A.A. agus chríochnaigh mé a bhfuil de thaighde riachtanach anois. A chodladh go luath.

Ar maidin is ea airím feabhas na haclaíochta go léir le seachtain agus buntáiste an tréanais ón ól. Gan dabht ar bith tagann sé idir mé agus mo chuid oibre, mo chuid smaointe agus mo shláinte choirp. Ní mór dom gníomhú anois de réir an eolais seo. Níl tráth is fearr chuige ná anois. Mé ag filleadh go hÉirinn agus mí céalacain déanta agam.

Casadh mo chéad fhear Gaeltachta orm san Cricklewood Tavern an oíche cheana – Pádraic. Tá sé ar dhuine chomh leamh agus a casadh riamh orm agus ní cainteoir maith Gaeilge é ach oiread. Tá sé glic go leor le gan tada a inseacht duit ach de bharr gan tada a bheith le hinseacht aige ar aon nós is rí-chuma ina thaobh seo ach oiread. Tá mo thicéad abhaile ceannaithe agam don Domhnach agus ina dhiaidh sin ceisteanna le réiteach in Éirinn

– an *Irish Times* fíor-mhíshásúil agus níl ceannas ar bith san áit gur fiú trácht air. Ní thuigeann tú na rudaí seo go mbíonn tú i bhfad as láthair. Táim ag machnamh freisin ar rud a dúirt Ben Kiely liom i dtús na bliana: nach raibh le déanamh agam ach cúrsaí teanga a shocrú, i.e. mo rogha a dhéanamh idir Gaeilge agus Béarla. Tá sé deacair é seo a dhéanamh faoi láthair mar is cinnte gur i mBéarla is fearr a d'fhéadfaí an leabhar atá i gceist agam a scríobh. Sílim go ndéanfaidh mé mo dhícheall leis agus ansin feicfimid linn. Táim i dtiúin chun na hoibre ach nílim ag obair sách crua fós.

5 Iúil, 1979:

Déardaoin: Ar an Domhnach (24ú) chuas chuig an Patriot Game agus abhaile go hÉirinn. Níor thúisce ann mé ná bhuail aithreachas mé agus cé go bhfuilim ar ais anseo i Londain i mbun oibre arís bhain an turas preab asam. Caithfidh mé an cheist a scrúdú arís mar is deacair liom a shamhlú anois go rabhas chomh suaite agus a bhíos gan aon bhréig. Níor tharla aon cheo suimiúil dom ach oiread. Casadh Bráthair de la Salle orm ar an traein go Trá Lí a d'inis rudaí spéisiúla dom faoin IRA agus faoi na príosúnaigh óga ag dul ar Aifreann – nó gan bheith ag dul ann – ach ní thugaim aon cheo eile chun cruinnis anois.

Aoine, 6 Iúil, 1979:

Jim agus Gay[11] anseo ach ag imeacht amárach. Cúrsaí i Libya go holc ar fad agus ag dul chun donacht go mear. Níl an *Irish Times* ag foilsiú ach píosa sa tseachtain in ionad an dá phíosa a gealladh. Mé i dtiúin don obair ach é ag teacht chun cinn go mall. I ndeireadh thiar caithfidh mé suí anseo liom féin agus gan dul taobh amuigh den doras go dtí go mbeidh an chéad chaibidil críochnaithe.

Satharn 7ú Iúil, 1979:

Anseo sa flat liom féin. Chuas amach go dtí an Cricklewood Tavern aréir agus d'ól 4 phionta. Níor thaitnigh áit ná ól liom agus de bharr mo chuid cantail liom féin tháinig mé abhaile chuig Aindriú bocht agus thosaigh ag argóint leis.[12] Ní raibh air ach uaigneas, an fear bocht. Ar maidin bhí chuile shórt ceart ach tá sé socraithe anois agam an rud atá idir ord is inneoin leis an bhfad seo a dhéanamh – éirí as an ól ar fad ón lá amárach amach. Tá

Aindriú imithe isteach sa mbaile mór agus tá athrú ar an aimsir – tuamanach, dorcha. Nílim chun faic eile a dhéanamh anois ach tús an leabhair. Táim go maith chun tosaigh orm féin maidir le obair don Times. Tá súil le Dia agam go n-éireoidh liom an ceann seo a bhuachan.

Céadaoin 11ú Iúil, 1979:

Rinne mé féin agus Aindriú síocháin agus bhain mé spórt as a chomhluadar ar deireadh. Ar an Domhnach chuamar go Greenwich agus Speakers Corner. Ar an Luan go dtí an Zoo, a bhí thar cionn ar fad. Rinne sé cuid mhór cócaireachta agus níocháin agus tá sé an-mhaith lena lámha, ní hionann agus éinne eile sa teach. Mé go mór faoi thionchar smaointe faoin ól i gcónaí.

Inné chuaigh Aindriú go Chichester ar an traein ó Waterloo. Chuas féin chuig na pictiúirí, 'The Spirit of the Beehive' le Victor Erice san Everyman i Hampstead. Scannán álainn faoi pháistí agus aisteoireacht den scoth. Abhaile trí West Hampstead mar ar ól mé 4 phionta. Níor thaitnigh áit ná ól liom ach is cosúil gur dúil san ól a thug san ósta mé. Tar éis 4 phionta bhíos i gcineál támhnéall agus dá n-ólfainn 2 eile bheinn súgach. Chodail mé ach nuair a dhúisigh mé ar maidin bhíos ar buile chugam féin agus mo cheann sórt brádánach taobh thiar de mo shúile.

Dea scéal ón Times inné freisin; beidh siad ag cur breis i gcló. Seo linn anois, mar adúirt siúd.

Ghlac mé le cuireadh ó Margaretta D'Arcy labhairt ag cruinniú ar an 28ú Iúil i dtaobh na Gaeilge!! Tharlódh é a bheith suimiúil.

Déardaoin 12ú Iúil, 1979:

Chuas amach aréir agus chuir mé féin i mbealach an dainséir arís. D'ól mé 4 phionta Bitter sa Súgán in Islington in éindí le Tim[13] agus a bhean (Treasa Ní Fhátharta as Inis Meáin) agus Máirín Mhicí agus Máirín Mhéiní. Tá rud éigin ag Treasa i m'aghaidh agus níl tuairim agam céard é ach b'aisteach an rud a bheith i suí i Londain ag éisteacht le muintir Inis Meáin ag caitheamh ar mhuintir Inis Mór. Chuireas eolas ar an North London Line ar aon nós agus tháinig abhaile go luath. Táim ag scríobh ar feadh an lae inniu agus rún agam anois fuílleach mo chuid ama i Londain a chaitheamh go fóinteach agus a bheith go hard os cionn mo chúrsa nuair a fhillfidh mé go hÉirinn.

Seo linn in ainm Dé. Mairimid ó lá go lá as seo amach agus beidh a fhios againn cé mar bheas ansin. Más féidir linn an chéad chaibidil agus synopsis iomlán a dhéanamh idir seo agus an Luan beidh linn. B'fhéidir go bhfuilim ró-dhian orm féin ar shlite ach is cinnte go bhféadfainn tuilleadh saothair a dhéanamh gan mórán stró.

Nílim chun aon fhocal eile a scríobh anseo go Luan.

Níor chloígh sé leis an ngeallúint sin, ach lean leis ar an gcéad leathanach eile sa dialann, gan oiread is fiú tagairt a dhéanamh don phisreogacht a bhaineann leis an Aoine, an 13ú lá:

Aoine 13ú Iúil, 1979:

Ar maidin inniu, tar éis go leor caraíochta liom féin, thosaigh mé ar an gcéad chaibidil. Cuireann méid na hoibre cineál scáth orm ach tá an sprioc níos soiléire anois ná mar bhí. Is amscaí liom mo stíl Bhéarla ach má aimsím an stíl cheart táim cinnte go mbeidh rath ar an obair – pé fad a thógfaidh sé.

Aréir i bpub i Golder's Green chuala mé fear óg as Grenada ag iarraidh fear an tí a ghriogadh trína bheith ag inseacht séalta fiannaíochta dó faoi bhualadh craicinn. Mheabhraigh sé dom an cineál a thagann abhaile as Sasana agus a bhíonn ag inseacht scéalta den tsórt seo sna hóstaí. San Cricklewood Tavern aréir thug mé faoi deara an fear rua ar iarraidh arís agus an dúramán mór as Acaill ag freastal leis an gceainnín puisíneach leis an tatú ar a lámha. Is cosúil go bhfuil an tatú arís sa bhfaisean tar éis dó bheith as faisean le fada. Níl sé ró-dhona ar fhir ach féachann sé uafásach ar mhná óga. An Bille faoi Theorannú Ginmhilleadh i Westminster inniu. An Bille faoi chrochadh an tseachtain seo chugainn.

Luan 16ú Iúil, 1979:

Chaith mé an Satharn do mo ghlanadh féin agus chuas amach chuig C. mar ar chaith mé an oíche. Síos go Richmond inné agus siúlóid fhada sa bpáirc mhór fhairsing. Ag meabhrú cúrsaí. Chun díriú go huile agus go hiomlán ar an ngnó idir lámha ní mór dom smacht níos mó a chur orm féin. Chun seo a dhéanamh ní mór dom gach rud a thagann idir mé agus an chuspóir a sheachaint. Mar ghníomh dóchais nó creidimh, b'fhéidir, socraím éirí ar fad as an deoch go mbí an leabhar seo scríofa.

Chuas ar chamchuairt na páirce le linn dom a bheith ar an téad seo agus i measc rudaí eile casadh fear orm a bhí ag éisteacht leis na cluichí as Éirinn. Iontach liom Bráithreachas an GAA. Chuig Aifreann 6 p.m. tráthnóna, á léamh ag sagart nach raibh ach cuid an bheagáin Béarla aige. Slua maith i láthair. Isteach i siopa éisc agus chips mar ar casadh gealt orm a cheap gur eachtrannach mé! Richmond go hálainn. Isteach chuig an Bull and Bush mar a bhfuil Leo Ryan anois. Pub breá. D'ól mé 4 phionta – cé gur leamh liom iad agus ní aireoidh mé uaim dáiríre ach fíon – agus aníos go Kilburn ar an traein (66p return). Isteach i North London Tavern mar a raibh sáraíocht mhór faoi Chill Chainnigh – An GAA arís. Ar aghaidh go dtí an Tavern i gCricklewood a bhí pacáilte agus an feairín rua fós ar iarraidh. D'ól mé 2 phionta agus mé ag breathnú ar scata tincéirí ag ól agus ag sáraíocht. D'fhág mé slán ag an áit agus chodail mé go dtí an 8 ar maidin. Níl le déanamh anois ach leagan ar an obair, gach lá a chaitheamh as féin agus an fuinneamh a dhíriú ar an obair. Táim ag dul chuig an leabharlann i Swiss Cottage anois chun beagán léitheoireachta a dhéanamh. Ina dhiaidh sin chuig na pictiúirí.

Alt suimiúil san Observer faoin gcaoi ar chaith Sasana leis na Giúdaigh le linn an Dara Cogadh Mór. Ní deireann sé gur drogall roimh cheist an mheán-oirthir ba chiontaí leis, cé go bhfuil sin soiléir. Cosnóidh Sasana í féin ar dtús i gcónaí. Féach an P.T.A. – daoine á ndíbirt as Sasana chuig na 6 Chontae, páirt eile den Ríocht Aontaithe más fíor!! Is fiú é sin a choinneáil i gcuimhne.

Luan 16ú Iúil, 1979:

An lá ar fad sa leabharlann i Swiss Cottage (formhór an ama ag léamh Dostoevsky agus a bheathaisnéis) rud a thug misneach dom agus a leigheas mo phóit. Ansin chuig drochscannán 'The Mafu Cage' ('Léirmheas fábharach i Time-Out' scríofa ar an imeall) a bhí dochreidte olc agus amaideach. Am amú ach beimid níos cúramaí as seo amach. Ní ceart a dhul chuig scannán ar bith nach bhfuil deich mbliana d'aois agus is ceart scannáin nua a sheachaint. Ar chuma ar bith táim tosaithe ar an réimeas nua agus ón lá amárach amach beimid ag éirí ón 6.00am.

Ar an 9ú Iúil d'iarr mé ar an AIB mo chuntas d'athrú ó Bhanc na hÉireann i gKilburn. Inniu féin ní raibh tásc ná tuairisc air. Mura mbeidh sé anseo amárach caithfidh mé tosaí ar an bhfón arís.

Thug Dostoevsky suas an cearrbhachas tar éis 10 mbliana trom air, tar éis dó a athair a fheiceáil i mbrionglóid. Airím féin ar shlí go bhfuil Éanna ag breathnú orm riamh ó cailleadh é agus é ag imní i dtaobh mo chuid-sa óil. Pé ar bith scéal é is cabhair chinnte domsa a bheith dá shamhlú sin.

Brisfidh mé rithim na dialainne anseo tamall agus déarfaidh mé beagán faoin gcomhbhá a d'airigh Breandán le Dostoevsky, go háirithe tar éis dó a bheathaisnéis agus bailiúchán iriseoireachta leis, *A Writer's Diary*, a léamh. 'Dialann Annamh Scríbhneora' an teideal a thug Breandán ar aiste bhreá faoi Dostoevsky a scríobh sé, ar fhilleadh abhaile as Londain dó, ina shraith rialta seachtainiúil 'Cogar' san *Irish Times*. Trí scór bliain a bhí Dostoevsky freisin nuair a bhásaigh sé; rugadh é an mhí ar bhásaigh Breandán agus bhásaigh sé an mhí ar rugadh Breandán:

> Rugadh Fyodor Dostoevsky ar an 30ú Deireadh Fómhair, 1821, agus cailleadh é ar an 28ú Eanáir 1881. Chaith sé saol ait, corrach. Daoradh chun báis é sa bhliain 1849 mar gheall ar chomhcheilg neamhdhíobhálach go leor in aghaidh an Impire Nioclás 1; tugadh é féin agus a chompánaigh os comhair na buíne lámhaigh agus fágadh ina seasamh ar feadh roinnt nóiméad iad agus púicíní orthu sar ar hinsíodh dóibh go raibh an breithiúnas báis cealaithe. Dúirt Dostoevsky ina dhiaidh sin go ndeachaigh imeachtaí iomlána a shaoil go dtí sin trína intinn le linn na nóiméad feithimh úd.
>
> Fuair sé ceithre bliana i Siberia agus d'fhág tuairisc iontach ina dhiaidh ar an tréimhse sin sa leabhar *Teach na Marbh*. Bhí sé sna daicheadaí, áfach, sar ar bhláthaigh sé mar úrscéalaí agus is mar úrscéalaí a mhairfidh a chliú. Chuirfinn féin chun tosaigh ar an iomlán é a chuir litríocht na Rúise os ard sa naoú aois déag. Chuirfeadh daoine eile, ar mó é a scil agus ar doimhne é a n-eolas ar litríocht na Rúise, é féin agus Tolstoi ar chomhchéim. Chonaic mé breithiúnas ó scoláire eile fós a dúirt go mba é Pushkin Raphael na litríochta sa Rúis agus go mba é Dostoevsky a Michelangelo.
>
> Pé slí a fhéachann tú air tá sé i measc rí-úrscéalaithe an domhain. Is furasta a bheith ag argóint ina dhiaidh sin. Cuireadh mise in aithne dá shaothar nuair a bhí mé ró-óg le iomlán tairbhe a bhaint as an gcuid is casta de ach fós féin níl rud dár scríobh sé is mó a thugann taitneamh dom ná an scéal fada (nó b'fhéidir úrscéal gearr) dar teideal i mBéarla 'Notes from Underground'. Tá a thús seo chomh borb le speach gan choinne:

'Fear tinn mé . . . Fear feargach mé. Fear míthaitneamhach mé. Measaim go bhfuil rud éigin contráilte le mo ae. Ach níl tuiscint dá laghad agam ar mo ghalar agus níl a fhios agam go cinnte cén pháirt díom atá fabhtaithe. Níl aon chóir leighis dá cur orm, agus níor cuireadh riamh, cé go bhfuil ómós mór agam do phurgóidí agus do dhochtúirí. Lena chois sin táim fíorphisreogach, mura mbeadh ann ach trí oiread sin ómóis a bheith agam do chúrsaí leighis. (Táim foghlamtha go leor le nach mbeinn pisreogach ach pisreogach atáim.) Ní hea, diúltaím glacadh le cóir leighis de bharr mioscais . . .'

De bharr mo leisce níor éirigh liom tuairisc a chur go dtí le gairid i dtaobh saothar Dostoevsky nach raibh agam ach leath-thuiscint ar a bhrí. Leabhar é seo ar a dtugtar *Dialann Scríbhneora (A Writer's Diary)* ach níor éirigh liom cóip de a aimsiú riamh i leabharlanna ná i siopaí leabhar. Cúpla bliain ó shin chuir freastalaí sa siopa leabhar Rúiseach i Charing Cross Road i Londain aineolas i mo leith nuair a chuir mé a thuairisc. Bhí oiread oilc orm gur thosaigh mé ag cur tuairisc saothair Solzhenitsyn, rud a dhírigh an straois uirthi gan mhoill. Ach, ar ndóigh, ní rud nua ar bith sa Rúis an chinsireacht, ach féach gur cumadh litríocht den scoth ina ainneoin agus gan spleáchas don 'tuairimíocht oifigiúil'.

Ach i mí Iúil seo caite, i siopa leabhar cúlpháipéir atá le moladh go hard agus atá i bhfogas céad slat do óstán clúiteach Seán Tracey ar Bhóthar Fulham, Londain, céard d'fheicfinn ach *an leabhar*. I mbliana a foilsíodh an t-eagrán seo i Meiriceá, tá os cionn 1000 leathanach ann agus cosnaíonn sé £7.00 (14.95 dollaer i Meiriceá féin má tá daoine muinteartha gnaíúla thall agaibh!)

Ní shamhlódh go leor daoine cleachtadh na hiriseoireachta le fear a bhí chomh mearbhallach, cruthaitheach, céasta ag céad galar socheolaíoch agus a bhí Dostoevsky. Ní heol dúinn an raibh an tinneas talún ó bhroinn air ach tháinig sé air luath go maith ina shaol. Cailleadh a athair agus a mháthair nuair a bhí sé fós sna déaga agus deirtear gur fhág seo máchaill go leor air. Nuair a chuaigh sé le cearrbhachas ba ghalar gan smacht é ach thug sé suas go hiomlán é nuair a thaispeáin a athair é féin dó i dtaibhreamh, gur bhagair a dhíoltas air!

Mheas mé féin ar feadh i bhfad gurb é a bhí sa dialann seo, nárbh fhéidir liom a aimsiú, nótaí beathaisnéise a bhreac sé ag tráthanna éagsúla dá shaol. Ní hea, ar ndóigh, ach bailiúchán iriseoireachta a d'fhoilsigh sé agus a scríobh sé ina aonar agus a bhain an díolachán is airde amach dár bhain iris Rúiseach ar bith go dtí sin. Mar shaothar aonair tá sé beagnach dochreidte, go háirithe nuair smaoiníonn tú ar an mbrú go léir a bhí ar an scríbhneoir/foilsitheoir.

Is beag ábhar beathaisnéisiúil atá sa dialann. Is mó a bhaineann sé le ceisteanna polaitiúla agus cultúrtha na huaire sa Rúis. Tá sé soiléir gur theastaigh ó Dostoevsky cineál pobail spioradálta a chruthú trí mheán na hirise míosúil agus tá sé soiléir freisin gur éirigh leis. Deireann an té a scríobh réamhrá an eagráin seo gur de bharr *Dialann Scríbhneora* a bhain sé amach a ionad mar phearsa phoiblí a raibh gean an phobail i gcoitinne air . . .

I measc na gceisteanna a chráigh é bhí an dochar a bhí an t-ól ('an vodka damanta') a dhéanamh do chosmhuintir na Rúise agus an bhrúidiúlacht a chonaic sé ina thimpeall, go speisialta sa méid a bhain leis an aos óg. Ach tá an saothar chomh fairsing agus chomh hilghnéitheach go mbeadh sé fánach a bheith ag iarraidh an blas is fánaí de a thabhairt in alt den tsórt seo. Tá cúis speisialta agam lena lua an tseachtain seo nuair a tá cuimhne an Phiarsaigh dá chomóradh. Tá cosúlachtaí móra idir an bheirt sa méid is gur thugadar guth pearsanta d'fhadhbanna agus do cheisteanna casta a linne. Thosaigh fear díobh ina réabhlóidí agus chríochnaigh sé ina aspal ar mhalairt cúise. Chuaigh an fear eile le réabhlóid armtha nuair a mheas sé nár fhreagair modhanna an áitithe a thuilleadh. Bhí spéis ar leith acu beirt i bpáistí, rud a chothaigh amhras in intinní ba tháire ná a n-intinní siúd. D'fhéadfainn a dhul níos faide ach is leor an méid sin faoi láthair.[14]

Máirt 17ú Iúil, 1979:

Deireann Banc na hÉireann go mbeidh an cuntas san AIB amárach. Sin 7 lá oibre a thóg sé – más fíor go mbeidh sé ann ar chor ar bith! Cloisim go bhfuil foilsitheoir Meiriceánach éigin ar mo thóir i mBleá Cliath trí Tony O'Riordan. Tá an I.T. le mo phíosa as leabhar Michael O'Brien a fhoilsiú ar an Satharn. Tagann Aindriú ar ais as Chichester inniu agus socraíonn dul abhaile Dé hAoine. Ansin glaonn Louis ag iarraidh orm filleadh ar an Aoine freisin chun an nuachtscannán a scríobh – rud a oireann go breá dom. Seo é an iarraidh dheiridh abhaile dom le cúnamh Dé go dtí go mbíonn mo thréimhse istigh.

Céadaoin 18ú Iúil, 1979:

Drochghiúmar. Airgead tagtha ón mbanc agus sin rud éigin. Íocaim bean an tí atá ag scríobh litir chuig an M.P. faoi chrochadh – ag cur ina aghaidh. Téann sí dian orm uaireanta ach níl neart aici air. Táim íoctha anois go dtí an 19ú Lúnasa. Caithfidh an fear óg dul abhaile amárach agus mise ar maidin Dé hAoine.

Táim duairc mar go bhfuil an leabhar ag dul i m'aghaidh. Níl sé ag dul in áit ar bith, go deimhin, seachas ar leibhéal na pleanála, atá foirfe go maith anois. Airím tuirseach san intinn agus dá bharr sin tagann fonn óil orm chun cineál cruthaíocht bhréige a chur sa tsiúl agus mé féin a dhíonadh in aghaidh na faidhbe. Ina cheann sin bíonn fonn orm mo chuid feirge a ídiú ar dhaoine eile, cé go dtuigim gur orm féin agus ionam féin atá an fabht. Tá an lá inniu trom, dorcha, brothallach, cé go bhfuil seoide mór gaoithe ann freisin. Ní cabhair ar bith an aimsir ach oiread – ní cabhair aon cheo mar go bhfuilim amhrasach faoi mo chumas. Ach sin seafóid freisin mar nach ndeachaigh mé sa bhfiontar fós. Sin í an tsnaidhm a chaithfear a scaoileadh agus sa seomra seo a scaoilfear í má tá sí le scaoileadh ar chor ar bith.

Chuaigh Breandán go Baile Átha Cliath, ag cabhrú le Louis Marcus a bhí ag déanamh scannáin faoin bPiarsach, *Revival – Pearse's Concept of Ireland*, a taispeánadh ar RTÉ i 1980. Bhí litir as an Tuirc ag fanacht le Breandán i mBaile Átha Cliath ó Nuala Ní Dhomhnaill, mar aon le 'An Piasún' agus dánta eile a bhí cumtha aici dó agus a foilsíodh ina dhiaidh sin in *An Dealg Droighin* i 1981. Níor thúisce ar ais i gKilburn é ná a scríobh sé chuig Nuala, ag gabháil bhuíochais léi faoi na dánta agus ag plé téarmaíochta a bheadh ag teastáil ón scríbhneoir Gaeilge le cúrsaí colna agus collaíochta a phlé, rud a dhéanadh an bheirt acu go minic:

A Nuala, a chara chroí,

Níl fhios agam i gceart conas an litir seo a thosaí mar nach rabhas chomh bródúil ná chomh buíoch i dtaobh aon rud riamh agus a bhíos i dtaobh na ndánta a scríobh tú dom. Is amhlaidh a fastaíodh an litir i ngabhal na stailce poist agus bhí sí romham i mBaile Átha Cliath an tseachtain seo caite nuair a bhíos thiar ag déanamh script scannáin do Louis Marcus. Is ar éigean nár leáigh mé le sástacht agus le sámhas. Ina cheann sin ar fad táid go maith mar dhánta . . . ní mé an breitheamh is neamhspleáí sa gcás gan amhras! . . . ach tuigeann tú féin a bhfeabhas freisin . . .

Maidir leis na ceisteanna a chuir tú orm i dtaobh a bheith ag iarraidh rudaí áirithe a scríobh nó a mhíniú nó fiú a thuairisciú. Tá fadhb mhór anseo. Leat féin amháin a phléigh mé rudaí mar seo i nGaeilge. I gcásanna go rabhas ag dul do chúrsaí suirí agus gnéis i nGaeilge is baolach gur go hindíreach a pléadh a raibh ar siúl. Ní bheadh *fellatio* i gceist, ní gá dom a rá, ná líochán pise ná brille ach oiread. 'Mo bhobailín' a thug cailín géimiúil as Conamara ar a brille. Ní raibh aon fhocal eile aici air. Mar an gcéanna le caint na bhfear; cineál caint indíreach chliathánach a bheadh ann i gcónaí i nGaeilge. Ní dóigh liom go ndéanfadh sin do chúis, ach oiread agus a dhéanfadh cur síos rómánsúil cúis ach oiread . . . 'eascú ag sníomh trí chuigeal bealaithe' nó mar sin de. Tá mise thar a bheith fábharach a bheith im Miller dod Nin . . .

> Breandán.

Domhnach 28ú Iúil, 1979:

Ar ais as Éirinn ar an Déardaoin tar éis an scannán a chríochnú le Louis Marcus agus £350 a fhágáil sa mbanc. Baile Átha Cliath leamh go maith agus cúrsaí RTÉ lofa mar is gnách. Glacadh maith le píosa an O'Brien Press a d'fhoilsigh an *Irish Times* ar an Satharn. Cúrsaí baile go maith agus is dóigh liom cúrsaí airgid ceart anois freisin. Níl ar an bpunt Éireannach anois ach 89p agus beidh gá le fóirthint ó R.K.P. gan mórán achair.

Le Seán Ó Mórdha agus Kitty Mullaney i Londain ar an Aoine mar a bhfacamar radharc iontach taobh amuigh den Irish Club agus gasra Arabach ag dul abhaile tar éis saoire. Le Dónal Mac Amhlaigh ina dhiaidh sin agus iomarca beorach is baolach. Anois táim suite de go gcaithfear cúl a thabhairt leis an ól. Tháinig Tempowski inné agus chaith mé an tráthnóna in éindí leis. Deir sé go loiteann an t-ól an inchinn agus go bhfuilimid beirt san aois is dainséaraí anois. Chuir sé seo iontas orm mar ba ghnách leis a bheith cineál réidh i dtaobh an scéil. Níl le déanamh ach m'intinn féin a shocrú i dtaobh an scéil agus luí isteach ar an obair go fíochmhar. I ndeireadh an Lúnasa ba chóir go mbeadh toradh an tréanais (troscadh?) le feiceáil. Go cinnte ní dhéanfainn cúis ar bith in Éirinn as seo amach dá mbeinn ag dul don ól mar a bhíos.

Ag dul go dtí an Half Moon Theatre anois chun labhairt ar mheath na Gaeilge faoi choimirce Arden agus D'Arcy. An aimsir briste agus Uíbh Fhailí ag bualadh Bhaile Átha Cliath ag leath ama i bPáirc an Chrócaigh. Táim sona go leor ach ní dóigh liom go mbeidh mé ceart go dtí go mbeidh déanta agam de réir mar atáim ag beartú le fada anois.

Chuas go hoirthear Londain agus tharla an gnáthrud. Siúl síos suas, ag fanacht agus ag plé liom féin agus ar deireadh chuas abhaile ar an traein, isteach sa North London Tavern mar ar ól mé cúpla pionta. Ní mór dom éirí as a bheith dian faoi gan glacadh le cuireataí mar sin a thuilleadh. Níl ciall ná réasún le bheith ag glacadh le cuireataí nach bhfuil rún ar bith agam a chomhlíonadh. Deireann Catherine gur fabht ionam é. Tá an ceart aici. Níl ann ach ceann de na fabhtanna.

Tá ceist seo na hoibre agus an óil fós gan réiteach. Táim ag dul ag siúl anois chun breis machnaimh a dhéanamh air. An faitíos atá orm dáiríre ná a bheith ar ais in Éirinn sa riocht ina rabhas le blianta, in áit a bheith ag obair ar na rudaí is tábhachtaí liom anois. Tá baint ag aois leis seo. Tá baint ag nósanna saoil óil leis – easpa smachta agus a bheith in ann obair de shórt áirithe a dhéanamh go tapa agus go maith. Tá baint ag cailliúint meabhrach leis. Dúirt Tempowski gurb é sin an chontúirt is mó. B'fhéidir, i gcúl mo chinn thiar, go dtáinig mé go Londain chun aghaidh a thabhairt ar na fadhbanna seo agus iad a réiteach. Ar shlí tá dul chun cinn mór déanta agam. Táim níos sláintiúla i mo chorp agus níos folláine san intinn. Cuimhním anois ar na céad-oícheanta anseo agus na céad-mhaidineacha freisin agus an drogall. Ach anois táim imithe chun cinn chomh fada sin agus go sílim gur cóir dom a bheith níos bisiúla ó thaobh oibre. Má bháim mé féin san obair anois b'fhéidir go leanfadh na céimeanna eile. Cinnte le Dia ní féidir a dhul ar ais go Baile Átha Cliath gan athruithe móra a chur i gcrích. An donas faoi smacht ná gur gá é a bheith níos iomláine i gcás duine nár bhac leis mórán go dtí go mb'éigean dó bacadh leis. Sin mise agus go leor de mo lucht aitheantais freisin.

Amach ag siúl anois. Chuig scannán agus ansin abhaile. In áit a bheith ag déanamh amach clár ama leagfaimid amach sprioc de chineál eile.

'The Irish Club in Eaton Square resembles Ireland closely: It looks beautiful from a distance, glistening in the sun. It has a solid and respectable exterior. Inside, however, confusion reigns agus disorder rules. It is seedy

and crumbling and in debt. It also possesses the virtues of these vices.'
Mionsamhail d'Éirinn an Irish Club. Nuair atá tú i bhfad uaidh agus an
ghrian ag scalladh air is ionann é agus na tithe áille eile ina thimpeall. Tá
a dhreach seachtrach

Agus d'fhág sé an abairt dheireanach Ghaeilge sa dialann gan
críochnú agus, ar an taobh eile den leathanach céanna, thosaigh sé ar
an gcuntas a scríobh i mBéarla.

4 August, 1979:

Language problem is also concerning me as I feel a certain sense of
apprehension and inadequacy – much of it unnecessary. From now on I
shall keep this diary in English.

Still in a knot as far as the shape and structure of novel goes. Haven't
learned to concentrate deeply and confuse hours spent tossing ideas
around in my head with hours spent working. This bogus form of creativity
is almost as bad as the other form – talking in drink.

The only difference between my present self and my old self is that I seem
to have overcome the sudden depressions which led to abandonment of
work and bouts of drinking. The pattern was so predictable that I am
amazed I wasn't bored by it. But alcohol is a drug and the imagination is
powerful and powers of self-delusion are immense. You started in a
depressed state and gradually warmed to the (and in the) garrulous
camaraderie of the Irish pub into a state of elation and imagined power.
Verbal dexterity seemed to be transformed into timeless and fashioned
words on paper. I have spent over twenty years – give or take a couple of
years – basking in the false but friendly warmth and now find that between
intellectual comprehension and positive reaction to what is a form of
intellectual paralysis there lies another pitfall – a large *scailp,* a chasm – and
this I am now endeavouring to cross. Whether I am getting at the wrong end
of the dilemma first by concentrating so much mental energy on devising ways
of avoiding drink and pubs I don't know. But one has to start somewhere
and back to Ireland I refuse to go without having first beaten my strong and
insidious weaknesses into submission. I do believe in myself but would see
more clearly without the distorting spectacle of alcohol and the effect alcohol

now seems to have on my capacity for concentrated work, concentrated thought and capacity to capture and retain important information. Wiezek[15] says that the brain is the organ most at risk and that unlike the liver the brain doesn't renew the burnt-out cells; certainly, after a certain age it doesn't. It also seems to feed my current obsession with money and the shortage of money – at a time when money is not a problem. So here goes. On Tuesday I go to dinner with Breandán Mac Lua . . . and after that I will just drink minerals or water until the end of the month and then take a long look at the results of this abstemiousness and act accordingly.

Time spent is not altogether time lost. I have at last experienced life on my own in a large city and found it most pleasant and peaceful. It is a dreadful cliché to say that one has at last found one's real self but in my case it was necessary for me to subject myself (and my remaining life's work) to a prolonged scrutiny – this is very stilted language and must be avoided! – I have thought of a very good analogy for my condition at the moment. When walking along a narrow ledge on a high cliff over the sea the cliffman's advice was to walk with outstretched palms against the cliff facing the sea but not looking down at the sea. One was told to move sideways carefully and constantly, never stopping or looking down until the goal was reached. Not alone did I look down but I also stopped dead until I became transfixed – crucified against the cliff by my paralysis. It is now necessary to get moving again and to keep moving. If facing the problem honestly is a necessary prerequisite to its solution I am then on the way to regaining my mobility. Whatever else I lack I most certainly don't want for a challenge worthy of assault!

(Later Saturday): Laid into chapter 1 with a vengeance and got 1000 words down. Improved as I went on and ended quietly happy that at last I am getting under the skin of Kerrigan and Doyle. I am also discovering the differences between journalism and fiction – creative fiction to be exact. Eliot was right when – arguing from the opposite end – he said that journalism at its best survived by accident as its purpose and necessary immediacy are working against that which is at the heart of creativity: to get at what is essential and to strip away the false immediacy with which the journalist invests his report.

'Two men died in Croke Park yesterday: it was that kind of match.'

I now understand the shortcomings of even the best of what I write for newspapers. I also realise how hard I must work from now on and how dedicated I must be. But the feeling of having written a good sentence – a true sentence – one that has a fair chance of living in someone's memory: that is the reward. With the help of God I may yet win this war even if I lose some of the battles as I have been losing them. I now understand – feel even – how alcohol clouds the mind and suffuses it with a false reflection of reality; then, when this euphoria wears off, plunges you down into the depths of depression (which is an accentuated reflection of reality as false as the euphoria which preceded it) out of which the easiest ladder is alcohol and the company of other escapists.

One has, however, to avoid the temptation to preach or to create stereotypes whose action and speech will tell a moral tale. Truly I'm not at all interested in moral tales, only to understand fully the working of the mind which causes actions: words that conceal thoughts as well as words that reveal them. The Doctor is the only character who can justifiably pontificate as he has spent his life and considerable intelligence studying his neighbours and in a position to get to know them when their defences were at their weakest or not in existence at all. But even the Doctor cannot afford to be completely honest as he has something to conceal.

When the young doctor comes in and tries to expose him as an old fogey conservative he pulls a peasant trick on him to damage him in the eyes of the people. Went off twice when he knew a patient was liable to die and left the young doctor to carry the implied guilt for the death. He does confess to Kerrigan who has already heard the story from Paddy Tierney. Tierney who admits all his faults and even exaggerates them can afford to be honest. He has nothing to lose.

5.8.1979:

Misery. Went to Kew and Richmond yesterday and started to drink beer in the evening in the *Bull and Bush*. Came back by train and went into the North London Tavern where I heard Galway had beaten Cork in the semi-final. Had more and more beer and don't remember coming home. Woke with terrible hangover and am here waiting to hear from Máirín[16] who is supposed to be ringing me from Victoria. If I needed a reason to give up drink this is surely it. I am depressed and sick and angry with myself and totally incapable of doing any work at all. This is the end. I must put my foot down once and for all.

Ní raibh sé sin furasta a dhéanamh. As sin go ceann dhá mhí tháinig Catherine agus an chlann, ina nduine agus ina nduine, ar cuairt chuige, mar aon le Jim O'Halloran agus a bhean as Meiriceá agus duine nó beirt eile.

Chonaic Breandán an t-uafás scannán agus chuaigh sé chuig dráma amháin: '*One of my rare vists to theatre – Eliot is wonderful. Must go to more plays!*' Dúirt Chris Green leis go raibh suim ag foilsitheoir Meiriceánach, Methuen Inc. N.Y., san úrscéal a bhí idir lámha aige agus i mbeathaisnéis Liam Uí Fhlatharta agus go raibh suim ag Bodley Head in Ó Flatharta freisin.

Shiúil Breandán tuaisceart London. Thástáil sé formhór mór na mbialann agus bhreac sé nótaí a dhéanfadh treoirleabhar breá don cheantar. Léigh sé go leor agus cheannaigh sé *Diary of a Writer* Dostoevsky le misneach agus spreagadh a thabhairt dó féin.

Fuair sé cuireadh ó RTÉ a bheith páirteach sa tráchtaireacht ar chuairt an Phápa ar Éirinn, rud a thabharfadh saorthaisteal abhaile dó agus bhí sé i rith an ama sin go léir ag iarraidh a bheith ag cruthú agus ag munlú na gcarachtar in *Drink the Maddening Wine*.

Bhí an-deacracht aige smacht a chur ar a chlaonta a bheith ag éisteacht leis an raidió agus ag léamh na nuachtán, go háirithe ón am ar dúnmharaíodh Lord Mountbatten i Sligeach i ndeireadh mhí Lúnasa 1979. Ach faoin am a ndeachaigh sé abhaile le haghaidh chuairt an Phápa bhí sé sásta go maith leis féin.

Have eventually learned what the basic difference is between creative writing and journalism. Hazlitt's style is vastly superior to that of, say, Hermann Melville but then Melville was doing something completely different . . . My problem becomes clearer all the time. I have plenty of energy to deal with journalistic work but the more elaborate the job the harder the task of winding myself up – a good film script, an essay for publication, anything in English. So the problem is twofold; adjusting to creative writing and sustaining my energy over a long period and working on a language which is relatively new to me. In the end one will have to decide on either English or Irish as a medium but I shall postpone that decision until after I have finished the novel.

Bhí tnúthán an dúchais go láidir i gcónaí ann:

Went to Finsbury Park where I met a lovely bunch of lads from Connemara. My heart rose to the beautiful flow of Irish and was sad for them when Galway deservedely lost the All Ireland to Kilkenny. Have notes of my own reaction to the excitement.

'Filleann an Banbh ar an gCráin' a thug Breandán ar a alt san *Irish Times* go gairid tar éis dó filleadh abhaile, inar dhúirt sé:

Bhí sé de sheans liom féin gur shleamhnaíos ar ais tar éis mo cheithre mhí i Londain faoi scáth chuairt an Phápa Eoin Pól agus teist mhaith ar rud éigin seachas scaipeadh teoranta an nuachtáin seo nár thug daoine go leor faoi deara go rabhas imithe ar chor ar bith. Bhraitheas an-chosúil le Tommy Nolan, go ndéana Dia Grásta air, a bhí ina óstóir i gCathair na Mart agus a d'insíodh scéal faoi chustaiméir cantalach leis ar cailleadh agus ar cuireadh a athair i ngan fhios do Tommy. Nuair a chásaigh sé an bás leis go humhal agus go leithscéalach d'fhéach an fear air agus dúirt 'Musha Nolaneen, you weren't missed at all!'
. . . Díobh siúd a bhí eolach i dtaobh m'imirce shealadach níor chreid ach an beagán gur ag dul do bhabhta scríbhneoireachta thall a bhí mé. Ara cén? Colscaradh, a dúirt bean amháin atá níos eolaisí ná mise ar an staid spéisiúil sin. . . . Féachann daoine eile go mímhacánta idir an dá shúil orm agus fiafraíonn: 'An bhfuil chuile shórt ceart agat anois tar éis do thréimhse scíthe?' Sea, dar m'anam! Chuala mé ag dul tharam gur i mainistir áirithe a bhíos ag triomú ar thuar beannaithe éigin agus lucht deasaithe neirbhíní aimhréidhe ag breacadh mo chuid rámhaillí i leabhair nótaí. I knew what it was to be jung and afreud, mar a dúirt an ceann eile![17]

'Suaimhneas don Scríbhneoir' an t-ábhar a tharraing sé chuige in alt eile san *Irish Times* i dtús mhí na Samhna, ina ndéanann sé idirdhealú soiléir idir an scríbhneoireacht chruthaitheach agus an iriseoireacht:

Tá sé tuigthe go coitianta gur beag scríbhneoir cruthaitheach atá in ann maireachtáil ar a fháltas ón scríbhneoireacht amháin. Tá a bhformhór, i ngach aon tír, ag dul do ghairm éigin eile seachas an scríbhneoireacht: múinteoireacht, léachtóireacht, iriseoireacht, craolachán, fógraíocht, post oifige nó státseirbhíse. Éiríonn le corrdhuine greim a fháil ar bhean shaibhir agus a bheith ina chineál lóistéir liteartha coic, mar a déarfá. Sna tíortha sóisialacha bíonn scríbhneoirí clóis agus filí clóis in ann maireachtáil go compordach faoi scáth an réimis; fad is nach dtosaíonn siad ag smaoineamh dóibh féin taobh thiar dá dhroim. Sna tíortha caipitealacha tig le scríbhneoirí déanamh go maith as a bheith ag liobairt an chórais go poiblí ar feadh tamaill agus déanamh níos fearr fós as a bheith dá mholadh ina dhiaidh sin!

I gceann den bheagán scannán teilifíse a rinneadh de Hemingway chuir hippie óg Meiriceánach ceist air mar leanas: 'Cén áit sa domhan mór mearbhlach seo a dtig leis an scríbhneoir an suaimhneas is gá chun saothar cruthaitheach a chumadh, a aimsiú?' D'fhéach Hemingway air agus dúirt: 'Istigh ina chloigeann, a phleidhce!' Ach oiread leis an bhfreagra a thug sé ar Scott Fitzgerald i dtaobh lucht rachmais bhí an freagra beagán ró-éasca.[18]

Thóg Breandán coicís saoire ón *Irish Times* sular thosaigh sé ar shraith rialta eile altanna, faoin seanteideal 'Cogar'. Nuair a tháinig an Nollaig chaith sé a shúil siar ar na deich mbliana a bhí caite, in alt dar teideal 'Deich mBliana Faoi Scéin?':

Tharla an oiread sin nach furasta (go fiú don té a bhí i láthair ag cuid de na tarlachaintí is stairiúla) iad a choinneáil i gcuimhne agus in ord. Fuair Máirtín Ó Cadhain bás ar an 18ú Deireadh Fómhair, 1970, ocht mbliana tar éis dó a dhearcadh ar a raibh i ndán don Ghaeilge agus don tír a chur ar fáil san alt clúiteach 'Do Na Fíréin'. I nDeireadh Fómhair na bliana seo d'éist mé leis an agallamh a thug an tAthair Colmán Ó hUallacháin do *Raidió na Gaeltachta*, bliain roimhe sin, an oíche sar ar cuireadh é. Dúirt sé go leor a bhí fíorchosúil le cuid de na rudaí a scríobh Ó Cadhain san alt úd agus ba mhaith an rud dá bhfoilseodh duine éigin an t-agallamh: cé gur chuala mé ag dul tharam gur éirigh leis an Athair Colmán leabhar a scríobh i dtaobh na gcúrsaí sar ar sciobadh chomh tubaisteach chun siúil é. Níl fúm tada eile a rá i dtaobh staid na Gaeilge sna seachtóidí ach gur chailleamar daoine tréana eile freisin: Seán Ó Ríordáin; Cearbhall Ó Dálaigh; Mícheál Mac Liammóir; an Blaghdach; de Valéra agus a bhean, Sinéad; Seán Ó Riada agus a bhean, Rút . . .[19]

Agus thit néal trom duaircis Dostoevskíoch anuas ar Bhreandán agus scar sé go hiomlán lena ghnáthspleodar iriseoireachta Nollag, nuair a scríobh sé ina alt san *Irish Times* seachtain roimh Oíche Nollag 1979:

Feicimse an Nollaig ag teacht agus líonraíonn sé mé. Ach oiread leis an bhfear a dúirt gur beag rud seachas a shochraid féin nach mbainfeadh gáire as, táim féin mórálach as m'acmhainn grinn, fiú nuair a thagaim féin ina bealach. Is gráin liom, mar sin féin, na hócáidí a éilíonn greann agus gairdeachas agus fuarloch óil ar shlí atá nach mór éigeantach . . . Beidh mé ar ais faoina bheith slán dúinn, go luath sa mbliain nua . . .

Mar a tharla, ní raibh sé ar ais san *Irish Times* sa mbliain nua ná go ceann breis agus dhá bhliain ina dhiaidh sin. Shocraigh sé éirí as an gcolún 'ar fad' agus díriú go hiomlán ar na húrscéalta. Ach ní raibh mórán den bhliain nua caite nuair a bhí colún rialta eile aige ina sheanchrannóg, *Scéala Éireann* agus ní raibh colún rialta san *Irish Times* arís aige go dtí Márta na bliana 1983, tráth ar thosaigh sé ar cholún dar teideal 'Biseach na hAoine'.

Nótaí

1 Dialann: 13 Meán Fómhair 1978

2 Prevention of Terrorism Act

3 Muiris Mac Conghail

4 Patsy O'Toole as Árainn, cara le Breandán a bhí ina shagart thar lear ag an am.

5 Buanpháirtí Liam Uí Fhlatharta

6 Christine Green, gníomhaire nua scríbhneora

7 Louis Marcus

8 Benedict Kiely

9 Revolutionary Communist Tendency

10 Louis Marcus

11 Jim O'Halloran agus a bhean, Gay

12 Bhí mac Bhreandáin, Aindriú, ag caitheamh cúpla lá leis i Londain.

13 Timothy O'Grady, údar *I Could Read The Sky* agus *Motherland*, agus comhúdar *Curious Journey: An Oral History of Ireland's Unfinished Revolution*

14 *The Irish Times:* 7 Samhain, 1979

15 Tempowski

16 Iníon Bhreandáin

17 *The Irish Times:* 12 Deireadh Fómhar 1979

18 *The Irish Times:* 6 Samhain, 1979

19 *The Irish Times,* 14 Nollag 1979

17. Leathchéad Bliain - Go Leor le Scríobh

Tá sé dodhéanta ag scríbhneoir ar bith a shúile a dhúnadh ar bhás a mheán cumadóireachta agus ar theirce a phobail léitheoireachta.[1]

Bhí Breandán leathchéad bliain d'aois ar an 18ú lá de mhí Eanáir 1980 agus thug a bhean, Catherine, a ghaolta agus dlúthchairde le chéile thuas staighre sa nGoat i mBaile na nGabhar an tráthnóna sin leis an ócáid a cheiliúradh. Ní raibh súil ar bith aige féin leis an ócáid agus nuair a shiúil sé isteach ina lár agus a chonaic sé an slua mór baineadh geit as. Ach níor thóg sé i bhfad air teacht chuige féin agus bhí oíche bhreá óil agus comhrá ann, cé gur cuimhneach liom nach raibh sé chomh spleodrach is ba ghnách leis a bheith. Bhí go leor ar a intinn ag an am: an t-úrscéal Béarla *Drink the Maddening Wine*, beathaisnéis Liam Uí Fhlatharta, leabhar faoi nuascríbhneoireacht na Gaeilge *An Chré Bhocht* agus úrscéal Gaeilge *An Teach Gloine* ar foilsíodh sliocht as an mhí dár gcionn i bhforlíonadh a bhí san *Irish Times*. Agus, gan amhras, mórán eile nach eol dúinn. Ach is eol dúinn anois gur scríobh sé agus gur athscríobh sé an chéad cheithre chaibidil de *Drink the Maddening Wine* ach nár chríochnaigh sé an leabhar riamh. Carachtair as saol na hiriseoireachta agus na craoltóireachta is mó atá san úrscéal seo agus 'trioblóidí' an Tuaiscirt agus 'míorúiltí' an Deiscirt – An Mhaighdean Mhuire le feiceáil i Jelletstown – ina orlaí tríd. Cuirtear príomhcharachtar an scéil, Kevin Kerrigan, in aithne dúinn: fear atá ag scríobh leabhair dar teideal *The Begrudger's Guide to Irish Politics* – '*a freelance writer and broadcaster, trying to keep his thoughts away from his imminent departure from St. Sebastian's*', teach téarnaimh nach bhfuil suite rófhada ó Ospidéal St. John of God i ndeisceart Bhaile Átha Cliath. Tá Kerrigan ag teacht chuige féin ó bhabhta mór óil, tar éis dó é féin a náiriú ar chlár teilifíse, nuair a chum sé scéal faoi fheachtas uafáis a bhí in ainm is a bheith beartaithe ag an IRA i Londain; uafás a tharla ina dhiaidh sin agus a bhfuair Kerrigan an chreidiúint faoi réamheolas a bheith aige ina thaobh!

I dteach ósta nach bhfuil suite rófhada ón stáisiún náisiúnta raidió agus teilifíse a chastar cairde agus roinnt de naimhde Kerrigan orainn, áit a bhfuil craoltóirí agus criúnna teilifíse ó thíortha éagsúla ar fud an domhain bailithe agus iad ag fanacht leis an ócáid mhór – fógairt na síochána sa Tuaisceart. Ina measc seo tá Hartigan: 'a television director and the foremost public-house left-wing revolutionary on the southside of the city', agus an namhaid is mó atá ag Kerrigan, Tommie Hedigan, a bhfuil an pictiúr breá seo de i dtús an leabhair:

> . . . the station's senior commentator on public affairs. He was of slight build with piercing blue eyes, a black goatee and a slightly bewildered look as if he was always finding himself in the wrong place. His restlessness was indeed almost legendary. Even when relaxing in a public house he wandered from group to group, conducting as many as four discussions simultaneously.
>
> He moved constantly through the city and around the country, leaving a trail of messages and telephone numbers at which he could be later found or telephoned and at which in turn further messages could be left. But although he used the telephone constantly he rarely accepted calls, preferring to send friends or barmen to convey complicated and often fictitious instructions about his present and future whereabouts. He spoke eight languages and was a member of almost every cultural and artistic organisation in the country. But he was particularly renowned for his sexual exploits, his capacity for talking for hours without saying anything that wasn't so well-qualified as to be meaningless, and for his cavalier attitude to personal finances.
>
> Michael Lucy, Minister for Information, sat uncomfortably on a high stool in the middle of the back snug, with a drink in each hand, while Tommie Hedigan walked around him as he delivered a rambling discourse on the virtues of the peace movement. They had met accidentally some hours previously in a hotel outside the city. Hedigan was phoning a radio report of a meeting of bishops in Maynooth at which he was supposed to be present . . .

Mheabhródh cnuasach na gcarachtar, a bhfuil roinnt mhaith acu so-aitheanta i measc lucht craolacháin agus iriseoireachta na linne, *Do Na*

Fíréin Mháirtín Uí Chadhain in *Combar* fadó do dhuine ach ní rud nua ar
bith tionchar Uí Chadhain a thabhairt faoi deara i scríbhneoireacht Uí
Eithir. Is léir gur tháinig an cur síos ar Hedigan go héasca le Breandán ach
nuair a tháinig sé go dtí an príomhcharachtar, Kerrigan, bhí an-deacracht
aige. Nuair a sheol sé stráice den leabhar go Londain chuig a ghníomhaire
nua scríbhneora, Christine Green, i Lúnasa 1981, dúirt sé léi:

> Dear Chris,
> This is the end of Part 1 and I hope to have Part 2 finished by the end of
> the month. As things now stand the whole thing will run to about 75,000
> words, Part 2 being longer than either Part 1 or 3. With the help of God
> and two policemen it will all be finished by the middle of October at latest.
> I worked out the ending the other day. It has Kerrigan having to get
> himself certified, under an assumed name, in a real mental hospital, as the
> IRA, the Special Branch and Brother Anslem (ón teach téarnaimh) are all
> after him for different reasons

Dhá bhliain ina dhiaidh sin scríobh sé i litir eile chuig Christine Green:

> I am working away on the book and it is taking shape slowly but
> satisfactorily. More about that when I have something to show you . . .[2]

Agus bliain ina dhiaidh sin arís, tar éis dó sliocht eile den scéal a
sheoladh chuici fuair sé an nóta gearr seo uaithi:

> I love the material you sent; the style is terrific and I really think it is a
> winner . . .[3]

Bhí Christine Green ag déanamh a cuid oibre go maith i Londain, ag
scaipeadh an chéad chaibidil de *Drink the Maddening Wine* ar
fhoilsitheoirí agus ba chosúil, ó fhiosrúcháin den chineál seo thíos, nach
mbeadh aon deacracht ann foilsitheoir a fháil don leabhar nuair a
bheadh sí críochnaithe:

Faber and Faber Ltd

22nd January, 1980

Dear Christine,

Drink the Maddening Wine: Breandán Ó hEithir

This is hilarious stuff in the spirit of the great Irish comic writers. Of course, I'd love to see some more when it's ready. Here's hoping Breandán can keep it up.

Happy 1980.

Yours,

With all good wishes,

Robert McCrum.

Chatto & Windus – The Hogarth Press

March 1984

Dear Chris,

Is there any word of the excellent Breandán Ó hEithir and his novel? I often think about it and hope that he has recovered and is banging keys again: do please tell him of my continued interest (unless, of course, someone else has already snapped him up).

Yours ever,

Jeremy Lewis.

Foilsíodh sliocht as úrscéal Gaeilge *An Teach Gloine* i bhforlíonadh a bhí san *Irish Times* i mí Feabhra 1980. 'Titeann An Beilgeach Mór' an teideal a thug sé ar an sliocht agus is léir gurb é RTÉ *An Teach Gloine* agus gurb é Gunnar Rugheimer, an 'Suicidal Finn' i *Drink the Maddening Wine* a bhí á mhúnlú i nGaeilge an uair seo. Seo blas beag den úrscéal ó thús an tsleachta úd a foilsíodh san *Irish Times:*

Níor chuimhneach leis an Nuallánach a bheith chomh santach chun na hoifige ón lá a bhfuair sé an t-ardú céime gan choinne. Dhá bhliain go leith ó shin anois. Bhain an dá ísliú a lean é, in imeacht cúig mhí, go leor den ghiodam as. É féin ba thúisce a d'admhódh gur chabhair éigin nár íslígh a thuarastal. Sa teach gloine íslíonn chuile rud ach an tuarastal agus is í an mheanma an chéad rud a íslíonn . . .[4]

Ar chúpla leathanach scaoilte, i measc a chuid páipéar, bhí nótaí garbha breactha ag Breandán, mar aon le liosta de na carachtair. Níl sé soiléir an i nGaeilge nó i mBéarla a bhí sé i gceist aige an leabhar a scríobh:

The Job – An Teach Gloine
'The outline of a novel about the various cycles of power and humiliation in RTÉ. It begins with Gíománach na nDeochanna cleaning up after an unofficial party in RTÉ to celebrate the ousting of Rugheimer. He thinks about those who are celebrating and what they have gone through and what their prospects are and then it proceeds.
Gíománach na nDeochanna got his name from Máirtín Ó Cadhain who started to rib him after a programme. 'Cheapfainn féin go bhfuil chuile scéal ag gíománach na ndeochanna dá mb'fhiú leis iad a inseacht' . . .

Ó Móráin	Rugheimer	Kennerley
McGuire	John Healy	McGuinness
Sheila Conroy	White	Greally
McCourt	Muiris	
	Hardiman	
	E.J. Roth	

An scéal ar siúl agus is cineál Greek Chorus é Gíománach na nDeochanna ag smaoineamh os ard nó ag caint lena chara – státseirbhíseach singil.

Ach oiread leis an Nuallánach sa scéal thuas bhí Breandán féin ag caitheamh roinnt mhaith ama sa mbaile timpeall an ama seo. Tháinig galar cnis de chineál éigin ar a éadan, rud a d'fhág nár fhéad sé bearradh agus nárbh fhéidir leis dul os comhair an cheamara. Cheap roinnt dá chomhoibrithe gur cleas a bhí ann le fanacht den aer ach i litir a scríobh sé go Corca Dhuibhne chuig Nuala Ní Dhomhnaill, a bhí díreach tagtha abhaile as an Tuirc, dúirt sé:

Cé gur dona liom nach mbeidh tú ag teacht chun na cathrach an tseachtain seo is maith mar tharla freisin. Is amhlaidh a tháinig galar orm nach raibh orm cheana le cúig bliana fichead. Virus é a bhuaileann préamha na gruaige agus na féasóige ar a dtugtar in Árainn 'salachar rásúir' ('barber's rash' i mBéarla). Níl baint ar bith aige le rásúr ná le bearbóir ach mí-aistriú atá ann ar an bhfocal *barba*. Baineann sé leis na faireoga limfeacha atá faoi phréamha na gruaige agus na féasóige agus an uair dheiridh a raibh sé orm chráigh sé mé de bharr dochtúir aineolach in Árainn a raibh i bhfad níos mó spéise aige i ndath an mhíl mhóir i Moby Dick ná i ngalaracha cnis. An babhta seo, d'aithin mé féin na comharthaí sóirt.

Tá sé ionann's glanta suas cheana féin ach níl cead agam bearradh go ceann coicíse eile, nó mar sin, agus b'éigean dom mo chuid gruaige a bhearradh, a la Yul Brenner beagnach, chun deis a thabhairt don íce leighis a cuid oibre a dhéanamh. Ach beidh sin athraithe faoin 13ú agus beidh mé chomh bearrtha le sagart mar a deireadh na seandaoine. Má bhíonn tú anseo ar feadh formhór na seachtaine ní bheidh aon deacracht socruithe a dhéanamh. Tá an t-uafás rudaí le plé agam leat agus ar fhaitíos dearmaid bhreacas síos nótaí. Táim féin ag treabhadh liom agus ní théim mórán i measc daoine. Tugadh clár le déanamh dom faoi Mháirtín Ó Cadhain, clár 60 nóiméad, do chomóradh 10 mbliana a bháis. Scríobhas an bhunscript agus beidh agallamha á ndéanamh i mí na Bealtaine. Ba cheart go gcoinneodh sin m'ainm glan i rannóg an tuarastail go ceann bliana eile ar a laghad!

As seo go lár an Mheithimh an tráth is deise san Iarthar agus sa Deisceart, sin agus an tréimhse ó lár Mheán Fómhair go Samhain. Grá don seanáitreamh a thug orm a dhul ar Raidió na Gaeltachta inné ag plé chúrsaí Árann. Is baolach go ndúirt mé rudaí nár chóir dom a rá le Aire na Gaeltachta (Máire Geoghegan Quinn) – ní rudaí pearsanta, mar is maith liom í – ach rudaí i dtaobh polasaí an stáit agus Fhianna Fáil freisin i leith na Gaeilge.[5]

Bhí Breandán réidh le comhairle agus cúnamh a thabhairt dá chomhscríbhneoir i gcónaí, go háirithe nuair a bhuaileadh lagmhisneach í faoin úrscéal agus faoin gcnuasach gearrscéalta a bhí ar na bacáin aici ag an am. D'fheil sé dósan freisin duine a bheith aige a bhféadfadh sé a chuid deacrachtaí scríbhneoireachta féin a phlé léi. I dtús an tsamhraidh 1980 chuir sé litir chuig Nuala inar chomhairligh sé di:

Cuir isteach ar an bpost i RnaG agus an post múinteoireachta freisin. Is gá duit tosaí ag bogadh arís agus do chuid fuinnimh a chruinniú le chéile in athuair. Ná bí buartha ar chor ar bith faoin scríbhneoireacht; b'fhacthas dom go rabhais ag iarraidh iomarca a chur i gcrích ró-thapa ar aon nós. Caill an meáchan agus leag amach córas aclaíochta duit féin. Chuaigh mise trí bhabhta eile duaircis ó chonaic mé thú agus thugas mo chéad turas scannánaíochta le bliain go leith. Chuir sé mo chlár oibre as a riocht agus thiteas isteach in umar na haimléise – ól, blatheráil i bpubanna na Gaillimhe, dúiseacht faoi dhuairceas ag smaoineamh ar ar fágadh gan déanamh . . . Ní bheidh i do shaol mar scríbhneoir ach ardáin agus ísleáin agus is cuma céard a éireoidh leat a chur i gcrích beidh tú i gcónaí diomúch díot féin. Mar sin a chaithfidh sé a bheith. Ní féidir leat meon an chléirigh bhainc a sholáthar duit féin. An rud atá tábhachtach ná go bpiocfá suas tú féin aníos den talamh, ar nós an dornálaí smiotaithe, agus tosaí ag troid arís. Dá mbeadh d'fhear céile leat bheadh tú níos suaimhní ach go bunúsach is tú féin amháin a chaithfidh déileáil le hoibreacha d'intinne féin, leis an ól (seachain an t-ólachán aonair, ar a bhfaca tú riamh), le do chuid scríbhneoireachta agus le riachtanaisí do choirp. Is baolach, a Nuala, gur ag éirí den talamh a chaitheann ár leithéidí páirt mhór dár saol ach ná teipeadh do mhisneach. Tá bua agat atá annamh agus ní mór a dheachma sin a íoc freisin.

Beidh áthas an domhain orm tú a fheiscint i mBaile átha Cliath agus tig linn cúrsaí a chíoradh tuilleadh. Táimse ag dul chun na Spáinne ar an 1ú Iúil agus ag filleadh ar an 8ú lá. Ag déanamh cláir teilifíse atáim i Malaga agus b'fhéidir go bhfeicfinn an ghrian, nó buama Bascach ar a laghad. Tá súil agam go bhfuil na páistí go maith agus go dtosóidh tú féin ag cruinniú nirt in athuair . . .[6]

Cé go raibh *Féach* ar ais ar an aer arís i 1980, tar éis don chlár 'Pobal' a áit a thógáil ar feadh roinnt bhlianta, is go hannamh a bhíodh Breandán le feiceáil ar *Féach* feasta. Ag déanamh agallaimh le Criostóir

Mac Aonghusa faoi Mháirtín Ó Cadhain a chuaigh sé chun na Spáinne le Seán Ó Mórdha, don chlár speisialta faoin gCadhnach, 'There Goes Cré na Cille', a léirigh Ó Mórdha agus ar scríobh agus ar léigh Breandán féin an script ann. Bhí Criostóir aistrithe as Ros Muc i gConamara go Malaga na Spáinne faoi seo agus thapaigh Ó Mórdha a dheis le clár a dhéanamh faoi Chriostóir féin, *Ó Ros Muc go Málaga*, nár craoladh go dtí Lá Fhéile Pádraig 1982.

Tá cuimhne mhaith ag Seán Ó Mórdha ar Bhreandán a bheith an-ghruama agus an-trína chéile ag an am agus bhí sé an-deacair é a láimhseáil. D'fhan Breandán as féin an t-am ar fad beagnach, rud nach ndearna sé riamh cheana. D'airigh Seán go raibh aigne Bhreandáin in áit éigin eile ar fad. Fiú amháin an criú scannánaíochta, ní raibh mórán caidrimh ag Breandán leo, rud a bhí an-neamhghnách ar fad. Ní fhaca Seán an oiread teannais i mBreandán riamh cheana agus is beag nár theip ar an gcairdeas eatarthu le linn an turais áirithe sin. Bhí deacracht den chineál céanna ag Aindreas ó Gallchóir le Breandán go gairid ina dhiaidh sin le linn dó a bheith ag déanamh cláir toghchánaíochta leis i dTír Chonaill i nDeireadh Fómhair 1980. Bhí drochghiúmar ceart ar Bhreandán agus b'éigean d'Aindreas roinnt de na hagallaimh a dhéanamh é féin cé, nuair a chuaigh an clár amach ar an aer, go sílfeá gurb é Breandán a rinne iad.

Tamall gearr sula ndeachaigh sé chun na Spáinne chabhraigh Breandán le duine de léiritheoirí *Féach*, Joe Mulholland, Liam Ó Flatharta agus a bhuanpháirtí, Kitty Tailer, a mhealladh go hÁrainn le clár teilifíse a dhéanamh faoin bhFlathartach. Bhí caint mhór in RTÉ ag an am ar an gclár tábhachtach deireanach a dhéanamh le Liam Ó Flatharta sula bhfaigheadh sé bás, mar gheall ar é a bheith 84 ag an am. Bhí teipthe ar iarracht nó dhó a rinneadh roimhe sin i mBaile Átha Cliath agallamh teilifíse a chur air mar ní raibh sé éasca i gcónaí tarraingt leis an bhFlathartach. Tá an cur síos seo ar an gcuairt go hÁrainn ag Peter Costello ina leabhar *Liam O'Flaherty's Ireland*:

Together he and Kitty – accompanied by his writer nephew, Breandán Ó hEithir, and Wolfhound Press publisher Séamus Cashman – made a two-day journey to Aran on 16 June 1980 (Liam's first visit in seventeen years) and

visited Gort na gCapall.   There they saw his childhood home, and he
evoked the past for his companion and the friends who came with them,
apostrophising the rock that stood nearby: 'Bail ó Dhia ort, a chloch mhór;
tá aithne agam ortsa.'

After talking to his nieces and seeing their children ('Show me the boys! I'm
not interested in the girls'), and seeing a dramatic performance from his
work by local schoolchildren, a sense of bemusement came over him.
Tired of the manoeuvres of a television crew, he decided he had had
enough. 'Come on Kitty,' he finally growled, 'Let's get the hell out of here.'
They escaped a day early by plane to Galway.[7]

Bhí Breandán éalaithe as Árainn rompu; ní raibh a shárú le fáil ag
éalú as áit ar bith a raibh sé míchompordach ann. Is cuimhneach liom
é a bheith in an-drochghiúmar an samhradh sin agus é a bheith ag tnúth
leis an turas chun na Spáinne ach, de réir gach cosúlachta, ba mheasa
fós a ghiúmar ar fhilleadh ón Spáinn dó.

Nuair a luaití úrscéal nua Bhreandáin, mar a luaigh sé féin é sa litir
thuas chuig Nuala Ní Dhomhnaill, is é an t-úrscéal Béarla *Drink the
Maddening Wine* a bhíodh i gceist agus ní hé an ceann Gaeilge *An
Teach Gloine*. Chuir Proinsias Mac Aonghusa agallamh air ar RTÉ tar éis
dó filleadh ón Spáinn i mí Iúil 1980. Dúirt Proinsias leis:

Mar scríbhneoir Gaeilge is mó atá cáil ort – sin gan bacadh le do cháil mar
chraoltóir raidió agus teilifíse: *Thar Ghealchathair Soir*, *Willie The Plain
Pint*, *Lig Sinn i gCathú*. Ach i mBéarla atáir ag scríobh do úrscéil nua! Sin
athrú mór, feictear dom!

D'fhreagair Breandán:

Is athrú mór é ach tá údar an-simplí leis. Is smaoineamh é seo a tháinig
chugam i bhfad ó shin agus rinne mé iarracht déileáil leis i nGaeilge. Is scéal
é a bhaineas le lucht cumarsáide ar bhealach. Is scéal é a bhaineann le saol
comhaimseartha na hÉireann. Anois, tá dhá bhealach lena scríobh: d'fhéadfá
é a scríobh i nGaeilge an-éasca; é a scríobh sa gcéad phearsa agus é a scríobh
ar bhealach áithrid nach mbeadh an t-uafás comhrá nó mar sin i gceist. Ní

dóigh liom gurb é sin an bealach is fearr lena scríobh. Chun é a scríobh ar an mbealach eile ní mór é a scríobh i mBéarla, nó feictear domsa é sin. Sin rud ar féidir a bheith ag argóint faoi nuair a bheas sé críochnaithe.[8]

Ach níor críochnaíodh riamh é agus níor tháinig aon argóint i gceist. Nuair a d'fhiafraigh Proinsias de san agallamh céanna siúd an i mBéarla a bheadh beathaisnéis Liam Uí Fhlatharta freisin, d'fhreagair Breandán:

Tá mé ag iarraidh ceann a scríobh agus a fhoilsiú i nGaeilge ar dtús agus ansin beathaisnéis níos iomláine agus níos faide b'fhéidir, i mBéarla. Ba mhaith liom ceann a bheith amuigh i nGaeilge ar dtús agus tá spéis ag Sáirséal agus Dill é sin a fhoilsiú, ach é a bheith ar fáil i nGaeilge ar dtús, ar ndóigh.

Bhí Nuala Ní Dhomhnaill, an file, tosaithe ag obair ar an gclár teilifíse *Aisling Gheal* ar RTÉ faoi seo agus chuir sí roinnt smaointe faoi bhráid Bhreandáin, lena thuairim a fháil fúthu. Scríobh Breandán ar ais chuici agus, mar ba ghnách, bhí cur síos beag aige ar a raibh ag tarlú in RTÉ ag an am:

A Nuala, a hee vee star,
Is áthas liom a chlos go bhfuilir ag déanamh oibre do Aisling Gheal agus tá an dá smaoineamh a luann tú go breá, dar liomsa. An t-aon smaoineamh eile a ritheann liom ná go bhféadfaí rud éigin a bhunú ar fhilleadh ar Éirinn agus ar an nGaeltacht agus ar an nGaeilge, tar éis duit a bheith scartha leo. De bhrí nach bhfaca mé an clár le fada nílim i gcruth aon tuairim a thabhairt ar an ábhar, ach is léiritheoir an-mhaith é Tony Mac Mahon agus comhairleoidh sé thú. Tá cailicéireacht mhór ar bun in RTÉ le mí i dtaobh breis cláracha Gaeilge. An fhadhb is mó atá le réiteach ná fadhb pearsanra: nílid ann. Táthar fós i muinín na *balding oldies* (mar a deir an mada beag) agus tá sé tagtha sa lá anois go bhfuil go leor de Ghaeilgeoirí RTÉ (mise féin ina measc) thar a bheith doicheallach roimh chláracha Gaeilge, a thagann agus a imíonn arís de bharr brú seachtrach. Brú é a scanraíonn lucht polaitíochta agus brúnn siad sin Údarás RTÉ agus ar deireadh thiar teannann an bhís ar mhullach maol Uí Eithir. *Thus far passeth the buck*, ní in uachtar ach ar an runga is íochtaraí ar an dréimire.

Táim ag dul chuig oscailt Chumann Merriman anois díreach chun bualadh le Bob Collins (bhíodh sé ina rúnaí ag an Údarás in RTÉ agus anois tá sé ina leas-cheannasaí clár agus freagrach as cláracha Gaeilge agus cúrsaí reatha) agus a rá leis go bhfuil m'intinn déanta suas agam fanacht amach ón scéim nua seo gan barántais áirithe scríofa a fháil. Tuirsíonn cúrsaí na Gaeilge mé ach níl éaló uathu is baolach. Is é an trua Mhuire é mar is álainn agus is úr an meán í ach ní fheicimse i ndán di ach bás ar sliobarna, taobh istigh agus taobh amuigh den Ghaeltacht.

Fuaireas jab deas le déanamh le gairid, dhá lá tar éis dúinn a bheith ag comhrá i mBaile an Teampaill. Fear darb ainm Neville Presho atá ag déanamh scannáin le cabhair airgid ón gComhairle Ealaíon. Bhí scéal aige ach ní raibh script aige agus an fear a bhí ag obair ina theannta ní raibh an scil áirithe sin aige. Le scéal gairid a dhéanamh de d'athscríobh mé an rud cúig uaire agus tá ábhar scannáin réasúnta maith anois aige. D'fhoghlaim mé oiread sin lena linn is go raibh cineál leisce orm táille a ghlacadh, ach ghlacas mar sin féin! Sílim gurb é sin an cineál oibre a ba mhaith liom a dhéanamh sa teilifís as seo amach. Cuma cé na deacrachtaí a bhaineann le scríbhneoireacht – agus is eol dúinn iad – is breá an rud a bheith ag plé le focail agus le smaointe agus smacht a bheith agat ar d'ábhar.

Go n-éirí an t-ádh leat sa bhfiontar agus i ngach fiontar eile. Beidh mé i mBÁC ón gCéadaoin seo chugainn amach go deireadh na míosa agus cuir scéala romhat nuair a bheas tú ag teacht. Táim i bhfoirm níos fearr anois ná mar bhíos nuair a bhís anseo go deireanach . . .

Coinnigh do mhisneach ar foluain.

Do chara go buan, Breandán.[9]

Chuaigh Breandán agus Catherine ar saoire seachtaine i mí Mheán Fómhair go Munich na Gearmáine, áit a raibh an dara mac leo, Brian, ag obair ó rinne sé an Ard-Teistiméireacht. Bhí siad ag iarraidh é a mhealladh abhaile le cúrsa ollscoile a dhéanamh, rud a rinne. Thaitin Munich le Breandán agus dúirt Catherine gurbh é sin an chéad uair ar luaigh sé léi gur mhaith leis imeacht as Éirinn ar fad ar feadh cúpla bliain agus cur faoi i gcathair éigin eile. Dúirt sé i litir chuig Nuala Ní Dhomhnaill i mí Dheireadh Fómhair 1980:

Bhíos as baile, sa nGearmáin agus san Eilbhéis, ón tseachtain dheiridh i mí Mheán Fhómhair go dtí an Aoine, nuair a d'fhill mé chun léacht a thabhairt i UCD. Táim ag dul go Tír Chonaill ar maidin chun an toghchán a thuairisciú do *Féach*. Táim ag obair mar thuairisceoir scannán ar an mbóthar; táim réidh le stiúideo go deo na ndeor (ach amháin nuair a oireann sin dom). Míneoidh mé an t-iomlán duit nuair a chasfar ar a chéile sinn . . . Cinnte ba mhaith liom píosa a dhéanamh libh agus daoibh agus socróidh muid é sin freisin nuair a bheas tú anseo . . .

Níor thúisce ar ais as an nGearmáin é ná thug sé an léacht thionscnaimh sa tsraith 'Léacht Uí Chadhain' i Roinn na Nua-Ghaeilge i gColáiste na hOllscoile, Baile Átha Cliath, i mí Dheireadh Fómhair 1980, deich mbliana tar éis bhás an Chadhnaigh. Bhí iarrtha ag an Ollamh Breandán Ó Buachalla air tús a chur leis an tsraith léachtaí seo i gcuimhne Uí Chadhain agus thug Breandán léacht den scoth, 'Máirtín Ó Cadhain: An Pholaitíocht agus An Ghaeilge'. Ba léir go raibh cosúlachtaí móra idir cás an Chadhnaigh agus cás Bhreandáin féin agus ba léir arís an meas mór a bhí ag Breandán ar an gCadhnach. Thug sé dóthain sleachta as an bPáipéar Bán úd a tharraing an chonspóid ar fad, lena chur i luí ar fhormhór an lucht éisteachta an oíche sin go raibh an ceart ar fad aige féin agus ag an gCadhnach an Rialtas a náiriú nuair a foilsíodh an Páipéar Bán céanna ar dtús. Tá an léacht le fáil in *Léachtaí Uí Chadhain 1980-1988*.[10]

Léigh an Dr Seán Ó Tuama léacht Bhreandáin in *Comhar* mhí na Nollag 1980, agus scríobh sé an litir seo chuig Breandán:

> Roinn Teanga agus Litríocht na Gaeilge
> Coláiste na hOllscoile
> Corcaigh
> 31/3/'81

A Bhreandáin, a chara,

Litir ón spéir chugat. An t-ábhar: 'Mé féin is na Provos . . .'

Bhí tagairtí feicthe agam uait féin (& ó D. Foley, is dóigh liom) le blianta beaga anuas i dtaobh 'mé féin is na Provos' nár thuigeas ró-mhaith. Bhíos chun ceist a chur ort uair nó dhó, ach scaoileas tharam an scéal – nó dhearmadas é. Ach bhíos ag féachaint cúpla lá ó shin ar eagrán na Nollag de *Combar* – beagán déanach, is fíor – agus chonac an scéal céanna agat arís. (Glacaim ón gcaint gurb é do léachtsa ar Mháirtín Ó Cadhain atá ann, cé nach bhfuil sin soiléir ón leagan amach atá ar an ábhar.)

Is léir dom ón gcur síos atá ansin agat go bhfuil míthuiscint bhunúsach i gceist. Baineann an mhíthuiscint sin le idirdhealú a dhéanamh idir an Ghaeilge a bheith ina hábhar éigeantach (riachtanach) ins na hiarbhunscoileannna, agus a bheith ina hábhar éigeantach (riachtanach) le haghaidh scrúduithe Teistiméireachta.

Ba léir do na daoine a bhí sáite sa phlé ag an am ('na big chiefs') nach raibh fonn ní hamháin ar Fhine Gael ach ar Fhianna Fáil an Ghaeilge a bheith ina hábhar éigeantach a thuilleadh le haghaidh na hArd Teiste (i.e. ina 'aon ábhar éigeantach')   Bhí móramh an phobail ina choinne chomh maith. Chuir Comhairle na Gaeilge réiteach nua os comhair Rialtas Fhianna Fáil – is dhiúltaigh siad dó . . .

Ach 'an pacáiste' a bhí ullamh ag Dick Burke – de réir mar a cuireadh in iúl do bhaill Chomhairle na Gaeilge é – is é a bhí ann: deireadh a chur le Gaeilge éigeantach ní hamháin ins na scrúduithe, ach deireadh a chur léi *de facto* ar chlár na n-iarbhunscoileanna (agus go cinnte tar éis na Meán Teiste). Ba é an toradh a bheadh ar bheartas an Bhúrcaigh gan aon mhoill, nach mbeadh ach b'fhéidir 10-20% de scoláirí na hArd Teiste ag déanamh na Gaeilge sa scrúdú sin; agus ar deireadh gurb é gradam na *Laidine* nó *Civics* féin a bheadh ag an ábhar.   Chaith mórán de na 'big chiefs' ar a laghad coicíos ag áiteamh ar airí an Chomhrialtais gan dul ar aghaidh leis an mbeartas sin . . .

An oíche a raibh mé féin is an Móránach ar an dteilifís bhí an beartas sin gan athrú chomh fada is dob eol dúinne sin. Bhí sé socair againn labhairt go láidir – bhí mé féin go pearsanta ag iarraidh dul i bhfeidhm ar Aire amháin a bhí ag féachaint ar an gclár (agus gurbh eol dó *nár thugas* vóta do Fhianna Fáil sa toghchán sin). Agus is é an rud adúrtsa ar an dteilifís an oíche sin go rabhas cinnte, *dá ndeintí ábhar deonach den Ghaeilge ins na hiarbhunscoileanna* go dtiocfadh Provos na Gaeilge as an gclampar náisiúnta a músclófaí. (Táim cinnte nach ndúrt go mbunóinnse iad, is táim 99.9% cinnte nach ndúrt go mbunófaí iad.   Dúrathas liom, áfach, gur fhéachas bagrach agus b'fhéidir amaideach!)   Creidim sin fós.   Creidim, ar a laghad, dá dtéifí ar aghaidh le beartas an Bhúrcaigh go leanfadh clampar i bhfad níos gairbhe ná mar a tharla sa Bhreatain Bheag cúpla bliain ó shin – agus go gcaithfeadh mo leithéidse, in ainneoin easpa tola agus easpa misnigh, a bheith páirteach sa chlampar.

Ach *níor chuathas ar aghaidh le beartas an Bhúrcaigh* (nó neachtar acu, cuireadh tuairisc éagórach ar an mbeartas sin ós ár gcomhair ó thosach chun sinn a bhaint dár mbonnaibh – rud nach gcreidim a bheith fíor).

Athraíodh an pacáiste ag an neomat deireanach: socraíodh *An Ghaeilge a bheith ina hábhar éigeantach do gach dalta scoile in Éirinn – an t-aon ábhar éigeantach den sórt ins na hiarbhunscoileanna – suas go dtí leibhéal na hArd Teiste.* Agus chun é sin a thabhairt i gcrích lean siad moladh a bhí déanta agam féin roimhe sin: in ionad an Ghaeilge a bheith riachtanach ins na scrúduithe Ard Teiste go ndiúltófaí deontais chaipitíochta d'aon scoil nach mbeadh sásta glacadh leis an socrú nua, i.e. Gaeilge a mhúineadh i ngach rang, ar gach leibhéal. (Gheobhaidh tú an comhréiteach sin á mholadh go poiblí agamsa in agallamh gairid liom ar an *Irish Times* – coicíos b'fhéidir (???) sar ar fhógair an Comhrialtas a bpolasaí nua).

Is é sin bhuamar an cath áirithe sin. Ní hé an réiteach ab fhearr é, is dócha, ach ba réiteach cuíosach é; agus dá thoradh sin tá ós cionn 90% de mhic léinn Ard Teiste ag tógaint na Gaeilge mar ábhar scrúdaithe inniu (2 – 3% níos lú ná céatadán na mac léinn atá ag tógaint an Bhéarla.

Fágann sé sin go mbeidh lucht léitheoireachta agus éisteachta ag do leithéidse fós suas go dtí an bhliain 2000 A.D. And who knows before the end what light may shine.

Is fada ó scríobhas litir mar seo go dtí aoinne.

Beir B + B,

Seán Ó Tuama.

D'fhreagair Breandán an litir, mar ba ghnách leis, mar tháinig an nóta gearr seo a leanas ar ais ó Sheán Ó Tuama:

23/4/1981

A Bhreandáin, a chara,

Fuaireas do litir tar éis na saoire, agus gura maith agat. Níor theastaigh uaim dáiríre ach go mbeadh an t-eolas i mball éigin – is é sin nár tharla *tubaist* ach go háirithe.

B'fhearr liom gan an t-eolas sin a phoibliú ró-mhór go fóill – creideann an saol mór gur cuireadh deireadh le *Compulsory Irish*! Agus tá seans go dtosóidh an scéal arís le himeacht aimsire.

　　　Chífeam tú, agus beam ag caint.

　　　　　　Beir beannacht,

　　　　　　Seán Ó T.

Chuaigh Catherine go Páras ar cuairt an fómhar sin (1980) agus chuir sí tuairisc le cairde léi ansin; bhí sí le roinnt blianta roimhe sin ag múineadh Béarla sa Dublin School of English agus fuair sí amach go bhféadfadh sí obair den chineál céanna a fháil i bPáras. Ar fhilleadh abhaile di d'fhiafraigh sí de Bhreandán an raibh sé fós ag smaoineamh ar an tír a fhágáil agus dúirt sé go raibh. Nuair a mhol sí Páras bhí fonn air dul ann láithreach, go dtí gur smaoiníodar beirt go raibh an duine ab óige den chlann, Aindriú, fós ar meánscoil agus go mbeadh cúrsa ollscoile i gceist ina dhiaidh sin. Chaithfí fanacht tamall eile.

Cé go raibh sé éirithe as a cholún rialta san *Irish Times* faoi seo, le níos mó ama a thabhairt don úrscéal Béarla, bhí sé tosaithe anois arís, ar cholún rialta i *Scéala Éireann*. Agus níorbh in é an t-aon éileamh breise a bhí ar a chuid ama. Is minic a d'fhág sé an teach le píosa cainte a thabhairt ag ócáid éigin, agus a loic sé faoi bhealach agus a tháinig sé abhaile agus a chuaigh sé a chodladh, sin nó chuaigh sé ag ól sa nGoat. Cheap daoine gur ar nós cuma liom a ghlacadh sé leis na cuirí seo ach dúirt Catherine nárbh ea. Ar ala na huaire bhíodh sé i gceist aige an rud a dhéanamh, ach ansin bhuaileadh lagmhisneach nó easpa féinmhuiníne é ag an nóiméad deireanach. Chuireadh sé as dó féin freisin, nádúrtha go leor, daoine a ligean síos ar an gcaoi seo, agus ba é an t-aon bhealach a bhí aige lena intinn a shuaimhniú agus le hoíche mhaith chodlata a fháil, roinnt piontaí a ól. Tháinig an tráth i 1981 go raibh deacracht aige codladh, fiú amháin tar éis na bpiontaí, agus mura bhféadfadh sé codladh cén chaoi a bhféadfadh sé obair a dhéanamh an lá dár gcionn?

Rinne sé cúrsa trí seachtaine san Aonad Alcóil in Ospidéal St. John of God i bhfómhar na bliana 1981. Dúirt sé lena iníon Máirín go raibh sé ag iarraidh taighde a dhéanamh i gcomhair an leabhair a bhí sé a scríobh, *Drink the Maddening Wine*. Bhí sise sa gColáiste Iriseoireachta i Ráth Maonais ag an am agus mheabhraigh Breandán duine di a bheadh ag imeacht ar chúrsa Gaeilge. Tá teoiric ag Máirín go raibh Breandán ag iarraidh a bheith ina alcólach agus nár éirigh leis; dá mbeadh sé ina alcólach thógfadh sé sin go leor freagrachta dá ghuaillí. Bhí an t-ól an-tábhachtach i saol Bhreandáin, dar le Máirín:

Ní féidir labhairt faoi Bhreandán gan labhairt faoina chuid óil. Ba chuid bhunúsach dá shaol an t-ól. Bhí dhá chineál óil i gceist: an t-ól sóisialta lena chairde ag malartú scéalta agus nuachta, agus ansin bhí na babhtaí óil a dhéanadh sé nuair a bhíodh sé ag iarraidh éalú ó na taomanna duaircis a thagadh air ó am go chéile agus a bhí ag rith le taobh na bhFlathartach den chlann. Sílim go mbíodh imní air go leanfadh an duairceas seo aon duine dá chlann féin agus sin é an fáth gur thug sé isteach i dtithe ósta ag ól leis muid ag aois an-óg, rud a bhí an-neamhghnách ag an am. Ní raibh mise ach sé bliana déag nuair a d'ól mé mo chéad deoch leis i dteach ósta. Thugadh sé fíon abhaile i gcónaí freisin agus d'óladh muid le chéile sa mbaile é. Deireadh sé linn: 'B'fhearr liom go n-ólfadh sibh in éineacht liomsa ná go mbeadh sibh ag ól le bhur gcairde i bpáirc nó in áit éigin.' Agus bhí an ceart ar fad aige, dar liom.

Ach cheap mé nuair a chuaigh sé isteach i St John of God's go raibh sé ag dul thar fóir, mar ní alcólach a bhí ann. Níor ól sé go rúnda riamh ná ní dhearna sé go leor rudaí eile a dhéanann alcólaigh, cé go gcreidim go láidir go raibh sé ag iarraidh a bheith ina alcólach, ceann eile de thréithe na bhFlathartach. Níor éirigh leis riamh dul thar an líne thanaí sin atá idir a bheith ag ól go trom agus a bheith ina alcólach.

Ach creidim gur theastaigh an t-ól ó Bhreandán le bheith in ann scríobh. D'éiríodh sé as ó am go chéile ach ní bhíodh sé in ann tada a scríobh nuair a bhíodh sé éirithe as.

Nuair a chuala a chairde agus a chomhoibrithe in RTÉ go raibh sé imithe isteach i St John of God's chuir sé an-iontas orthu mar cheapadar nach raibh aon fhadhb mhór ag Breandán leis an ól seachas go n-óladh sé an iomarca ó am go chéile, cosúil le go leor eile. Bhí cuid acu ag ceapadh gur ag iarraidh éalú ó obair nár thaitin leis in RTÉ a bhí sé. Bhí cuid eile fós acu ag déanamh amach gur ag iarraidh taithí i gcomhair a chuid scríbhneoireachta a bhí sé, go háirithe nuair a smaoiníodar gur scríobh sé in alt dar teideal 'Nótaí a Breacadh i dTeach na nGealt' a d'fhoilsigh Seán Ó Mórdha trí bliana roimhe sin in *Scríobh 3* i 1978:

Níl sé i gceist agam an fhírinne iomlán a scríobh sna nótaí seo. I gcoinne mo thola atáim á scríobh ar chor ar bith. Níl fiú an teideal fírinneach go hiomlán. Ní teach gealt é seo sa chiall a bheadh agam féin leis an bhfocal . . .

Mo bhean amháin a thagann ar cuairt chugam. Aici amháin atá a fhios go bhfuilim anseo. Chomh fada is a bhaineann le gach uile dhuine eile táim ar saoire 'in áit chiúin faoin tír ag ligean scíthe'. Tá sin fíor freisin ach ceapann daoine gur ag scríobh leabhair atá mé. Ceapann daoine eile – claonadh ceirde agus claonadh pearsanta – gurb é an t-ól is ciontaí liom ar nós gach uile dhara duine in RTÉ, más fíor don bhéaloideas. Ní dochar ar bith é sin. Sin peaca a mhaithfear . . .[11]

Ba mhór an faoiseamh domsa mar bheathaisnéisí gur tháinig mé ar chúpla leathanach scaoilte i measc pháipéir Bhreandáin ina bhfuil a leagan féin tugtha aige de na fáthanna a thug isteach san Aonad Alcóil i St John of God's i Stigh Lorgan é. (Úsáidim an litir N in áit ainmneacha éagsúla atá luaite ag Breandán sa dialann agus nach mian liomsa a thabhairt anseo):

30th September 1981:
Had interview with Dr Tubridy about my fears of alcoholism and after much persuasion he agreed to admit me to a 3-week very expensive course in the special alcoholic unit at St John of God. I am honestly worried about my drinking and its psychological effect on me as well as my rapidly-weakening physical tolerance. This has been very marked in recent times. I am also anxious to be in top physical and mental form in case I decide to leave RTÉ or go back on contract or take a period of leave without pay next year. Then there is the book and a feeling that I want to experience at first hand and in genuine circumstances (as far as health is concerned) the life of a mental home. This aspect of my sojourn became more obvious to the

staff of J.of G. than I found comfortable. The third consideration concerned my employment. I decided to play the health trick on RTÉ and everyone in RTÉ who tried to push me into unwelcome areas. I find it hard to put these reasons in order of priority – even after going through the experience and coming out in the whole of my health. The following notes are on persons/incidents/reactions (inside and outside hospital) as they occur to me and in no particular order. I decided not to keep notes in hospital due to laziness and to the feeling that I was being watched in a strange way.

Main corridor of hospital with patients wandering hither and tither all day. Impossible to say who was in because of what. Chinese boy with nervous disorder, unable to communicate with anyone except his parents. Priest from (contae) with scruples has been in for over 20 years. Obsession? N's wife, waxen-faced – 'Everyone west of Shannon is mad' – but he is also mad . . .
Alco unit is kind of elitist and creates envy among the other patients. St Anne's is the detoxification ward and the unit recruits from there mainly. Detoxification takes from 4/5 days and is pretty grim progress. 'Duck-Eggs' are the pills taken during this process and those who experience it speak of it with bated breath. People come from St Anne's looking dazed and unaware of most of what happened during their time there.
Surprised at how easily I fitted into the daily working of the unit and how institutionalised I became – perhaps because I came in sober and for devious reasons. Also because I felt I had to justify myself. On this I was right. I was being watched and any slip would have been used to remove me. It was easy enough to play along as I had sufficient reason to be in the place anyway. I could appreciate how people begin to feel so secure in a place like J.of G. that they never wish to leave at all.

25.10.1981:
Went back for my first AA meeting today. Something like a past-pupil visiting boarding school after going to university. One becomes involved in the minute details of what goes on. N's husband who we have only seen at his smarmy rugby club best has become an ogre hated by one and all. Today I met survivors and new arrivals and really idled through an AA meeting listening with half of half an ear to a sombre litany of woes from

a lugubrious (contae) man who went on about meekness and surrendering all to God. To lose all so as to gain all. Publican who bought a second pub so as to have two supplies of booze under his hand also spoke . . .

Had coffee in canteen with N and N and heard latest gossip about N telling N that if he was married to her she wouldn't be in J.of G's but in the Coombe. He gets up at all hours and makes huge meals in the kitchen. A gross man with gross appetites . . . Wife is dead. A binge-man I would say. Only N, N and myself came to represent the past-pupils. The - - - - had an alcoholic boyfriend who hanged himself a few weeks ago.

-.10.1981:

Went to meeting of about 400 past pupils of J.of G. presided over by Dr Tubridy. Talked about problems of recovery and how long a person can drink socially before he becomes a problem drinker. Very vociforous AA members around the hall shriek shrilly about impossibility of social or controlled drinking – intolerance of any view but the accepted AA one. Man with drink taken starts to slag his boss whom he accuses of raking up his past excesses. Turns out he has been on/off for months. Gets squelched by Mrs N whose ripe North Tipp accent I find fascinating.

Subject to attacks of tension and shortness of temper which I have to dampen with an effort of will and which I recognise from my drinking days; all aches and pains, mental and physical, are soluble in alcohol as are all ideals. Only in writing, as I now am, by the fire in the diningroom, do I find release but I find it difficult to get into my stride and the idea of rewriting *Drink the Maddening Wine* scares me.

Why – logically the situation is that between us we earn £250 per week (after tax) and that should be more than enough to keep us going comfortably. I still worry about money – ridiculously and illogically – instead of – (níor chríochnaigh sé an abairt.)

5.11.1981:

Went to Shaw (Dr Shaw) who more or less prepared me for a slip – how easily one lapses into the jargon – and remarked on my rude health. Went to reunion of patients in the convent in Donnybrook – home for fallen women – presided over by N. Only missing persons were N (predictable),

N, the simmering (contae) man, N (due for plastic surgery) and N, who was coming but never turned up . . . Smokefilled room and general air of euphoria – nobody present admitted to urge to drink (barring little stocky N who resisted the temptation.)

Day started with Income Tax demand for Arts Council grant – a threat rather than a promise I would say – which threw me slightly but not sufficiently to disturb my resolution. Everyone complained of mental weariness and sleepiness – even those taking antabuse – and seemed to share my own impatience at not being a new person, full of mental and physical vigour, in two shakes of a shrink's tail.

General impression of fullfaced health – even N in his electric blue suit – only N seemed doubtful about the benefits of sobriety. He wants sobriety and a few pints every night – an impossibility. Agree go meet next month like the witches in Macbeth. Joke about things that happened in the Unit. N the only one left in custody. Husband refuses to accept the problem: 'I cannot have married an alco!'

12.11.1981:

It seems that everyone really knows that I was incarcerated but nobody wants to mention it directly. Talked to N today about her own family and N's family's problem. His father has been more or less cashiered and his mother is constantly drunk. N joined us and it was rather like a post-graduate course in abstinence. N back from Zurich sated. With Shaw again for report on my health and illness. Beginning to tire of it now and want to write about it as soon as possible.

Want to see who survives the first six months and who doesn't. Gives one feeling of being in a war. Who's next for the box. When one's antennae are up one sees and hears news of drink and alcoholism everywhere. Can recall sessions in the group and how I felt the night I went in, how nervous and uncertain concerning my own motives for being there at all. The meals and the suppers and the fear of the letter, the positives and negatives, the cross-examination. N's mad eyes and hysterical laugh and compulsion to talk about everything. N regretting the fact that he could never drink again – only remembering what was pleasant and enjoyable – the old hurler who had it so good until wife died, second wife possessive and ashamed. N's wife also

ashamed, so much that he couldn't go home during stay. Certs going to Aer
Lingus from Cork. Why so many from Aer Lingus in hospital? N,N,N etc.

. . . The room was always blue, grey with cigarette smoke and stank.
Everyone who smoked smoked to excess and never since I stopped
smoking was I so continuously exposed to nicotine.

N with the little voice and hair that looked like a wig and the husband who
failed to understand her problem or refused to do so, according to her, and
who was regarded by all the patients as a total rugby-playing bollix.

Easy to understand why people like to go into an institutuion where their basic
needs are seen to and where the outside world is experienced through a thick
pane of glass and can be shut out by pulling a blind. I often think of the other
patients who were with me and wonder how they are coping – particularly
those whom one expects to break out (and down) first. The quiet fellow from
(contae), N, who was a (gairm) and seemed so calm about going back to the
pubs. Always so well-dressed and told of how he had lost a succession of
jobs and found another, without any great effort, everytime.

N, in the hot seat, accused of trying to curry favour and impress, swearing that
he would never again do anything for anybody. It was an hysterical situation.
Am now realising how faulty my memory and my power of concentration had
become over the years. Now we are shedding the tendency to daydream and
actually learning – or re-learning – to concentrate and learn. Still get anxious
when I think of work in the future or of how time is passing without tangible
achievement. Still, I have learned to conquer stress in the early stages and no
longer have morning depression. S. rang tonight and sounded very depressed
indeed. It is a miserable existence for a highly-strung and sensitive person and
the future holds little hope of improvement.

The man who cut his throat and the blood spurted on to another patient's
dressing-gown and the patient ran into a nearby ward saying 'Look what that
mad fucker did. The wife will eat me – the new dressing-gown she bought
me and it all blood.'

The publican (Sloinne) who bought a second pub so that he would have
enough drink for himself. His wife and daughter are in the hospital.

One night the husband of one of the patients came in with a lot of drink
taken. It went through the lounge like an electric shock. Everyone recoiled
and the wife was also very upset. It was extraordinary to feel the reaction.

22.11.1981:

Missed out on Sunday visit to scene of past successes for second time and spent day talking to Liam Mac Con Iomaire and idling in a tense way, as I had planned the day somewhat differently. One must strive for concentrated work and relaxed leisure rather than the opposite which, unfortunately, has been the case for some time – one fault accentuated by the other.

24.11.1981:

Met N today and talked about sobriety and how long it takes for the bloodstream to get rid of all the alcohol. He said 2 months and I now realise that it is 2 months today since I took a drink which is undoubtedly why my nerves are hopping through my skin.

1.12.1981:

Went into trough of depression and inertia during last week and only came out of it yesterday when I worked it out of my system – or so I think . . . Strangely enough I didn't feel like drinking and I am now of the opinion that alcohol was but an aggravation of another disorder. Today everything is fine and even my German looks appetising. Film festival started yesterday and am going to 9 films. Said to window cleaner at bus stop today that since I packed up drink I always seem to have money in my pocket. He agreed and told me he spends £40 every Saturday between booze and horses. Four drink together and every round is a £5. Very much in the know as far as recent business deals went. Kish, Campbell (Northern crowd), Jerry Doody, Durcan's Merrion Inn. There may be class distinction in this country but there is no class segregation at all. When Charlie Haughey, as Taoiseach, came into the VIP lounge in airport for first time he made a bee-line for Paddy Kelly, the head barman, who is from Artane.

9.12.1981:

Had letter from Dr Rockel inviting me to DDR in May/June to give Irish Course and will arrange accomodation. Gives purpose to learning German and incentive to work even harder at it. N rang to say that she is going for psychiatric treatment at end of December and will be in the institution for 6 weeks. Still no word from embassy in London* but they usually take their time anyway. Tension on the wane generally. Still nowhere near desired level of industry. German progresses. Accepted Rockel invitation. (*My fault in fact)

19.12.1981:

Second 'class' reunion was much like the first except for a dramatic development at the end. It seems that N has been ringing people up and demanding money or performing some sort of blackmail. This surprised nobody who knew him and certainly not me but it is a very good idea, seeing that he knew that at least 2 patients were not known by their employers to have been there. I can see some desperate and unscrupulous person doing this sort of thing on a large scale. My hero could do this to get enough money to get out of the country. Decide to work this in to plot.

30. 12.1981: (5.30):

Catherine is in Italy for course in Italian and we are heading gently for 1982. No promises this time, no *geasa,* no self-imposed pressures – just a clear realisation of the difficulties of making up for squandered time and of keeping the nose to the grindstone, even when one hears the echo of past hilarity, or automatically lapses into mild fantasy.

Has Russian Communism reached its peak in Europe and will the politics of the future concern a new departure as a new form of Capitalistic/Socialism comes to terms with Socialistic/Capitalism? But the two great imperialisms will still remain and will endeavour to keep their respective satellites under control. Eventually, Central Europe will be the ideological battlefield. I would really like to experience this at closer quarters than Dublin allows. This could be another target to aim for during the coming year. So many targets to aim for. It may be possible to get them all in line, or at least in some sort of rotation. I feel this book bursting to get out of me and on to paper and I get an almost sensual pleasure from anticipation and planning and imagining how good it could be and what its impact might be if I succeed in making it as good as it ought to be.

2.1.1982:

Walked home with my father last night and marvelled at the lightness and speed of his step. He seems happy in himself. Christmas is over and New

Year rung in and well-aired by now. Back to work in earnest. Have just heard on radio that anyone who keeps a diary is a fool and am inclined to agree, so I will put this offering away for a month and see what I will then feel like putting on paper.

Ar chúl an chéad leathanaigh de na nótaí dialainne thuas tá na nótaí seo a leanas breactha ag Breandán, amhail is dá mbeadh sé ag smaoineamh ar leabhar a scríobh ar an ábhar:

An Ghearmáin – an áit – na daoine – an Familientag – an Goethe-Institute – ag filleadh abhaile – an teilifís – *Combar* arís – saol Bhaile Átha Cliath athraithe – saol na teilifíse – ag ceannach tí – sin deireadh.
(Pictiúirí agus eile)

Agus díreach thíos faoi sin tá an chéad tagairt don úrscéal *Sionnach ar mo Dhuán* sna nótaí seo a leanas:

Labhair mé le Caoimhín Ó Marcaigh inniu (23.1.1981) agus ghlac sé leis an smaoineamh. Tosóidh mé le Cuid a Dó an tseachtain seo chugainn, ag tiomsú nótaí, eolas agus mar sin de.'

Agus bhreac sé síos liosta teideal don leabhar:

Ceannsú na hÓige
Maidneachan Ard
*Dhá dTrian Gréine
Luan Soir: Máirt Siar
Baint na Sceiche
*Sionnach ar mo Dhuán

Nócaí

1 Litir chuig Nuala Ní Dhomhnaill, Meitheamh 1980

2 Litir chuig Christine Green, 26 Iúil 1983

3 Litir ó Christine Green, 18 Iúil 1984

4 *The Irish Times:* 16 Feabhra 1980

5 27 Márta 1980

6 Meitheamh 1980

7 *Liam O'Flaherty's Ireland:* 106

8 Agallamh RTÉ: 17 Iúil 1980

9 Meán Fómhair 1980

10 Eag. Eoghan Ó hAnluain, An Clóchomhar 1989

11 *Scríobh 3:* 59, 1978

18. Slán le RTÉ, an Oir-Ghearmáin, Spórt

Cuma cé na deacrachtaí a bhaineann le scríbhneoireacht – agus is eol dúinn iad – is breá an rud a bheith ag plé le focail agus le smaointe agus smacht a bheith agat ar d'ábhar.[1]

Ar an gcéad lá d'Aibreán 1983, tar éis dó a bheith ag bagairt le fada, d'éirigh Breandán as RTÉ le go bhféadfadh sé níos mó ama a chaitheamh lena chuid scríbhneoireachta. Bhí sé fós ag iomrascáil le *Drink the Maddening Wine* agus é tamall fada gan script ná fiú amháin nóta a chur chuig a ghníomhaire, Christine Green, i Londain, nuair a chuir sé an litir seo chuici i mí Iúil 1983:

25.7.83

Dear Chris,

. . . I was delighted to hear from you. I had got to the stage of absence from confession that a week in Mount Mellary Abbey, on bread and water, was almost a necessity. I did pass through London – I spent a total of six hours there – while on a visit to GDR in early June. There was just time enough to pick up my visa. The trip was supposed to yield a 45 minute radio programme on life in the GDR and while it afforded me a ringside seat from which to view official bureaucracy in action it did not provide enough material for a programme. They now want me to return in October . . .

One of the reasons for the long silence is that I left RTÉ in April and had to organise enough freelance work to keep me going while I did that which we are forbidden to mention (except when accompanied by a mss.). This was fine until *The Irish Press* went on strike, depriving me of a third of my income at one fell swoop, and it looks like being a long one too. However, apart from that, things are going well. Ruairí (an duine is sine den chlann) got married and was lucky enough to get a job teaching. Máirín (an dara duine) finished her course in Communications and got an EEC job teaching English in France for a year. The other two lads are working away with some success, so the pressure is not at all as great as it was when we last spoke of these matters. Best of all, Catherine is back in the whole of her health. She had a hysterectomy in February and after a couple of uncomfortable months she felt better than she has felt for years. She is working at her old job and sends you her love, as does Máirín (who has just brought me a cup of coffee) and she (Catherine) hopes to see you in London in Autumn.

I am working away at the book and it is taking shape slowly but satisfactorily. More about that when I have something to show you but for all the uncertainty that followed my departure from RTÉ I feel that it was the right thing. Any thoughts of coming to the Merriman Summer School? Maeve[2] is giving a lecture and I hope to be there for a day or two; all my excursions have now to be allied to work but I am not complaining. Give my regards to Andrew and Athena and every success to your good self in your new house, which I hope to inspect before the year is out.

Love, Breandán.

Chuaigh sé chun na hOir-Ghearmáine a trí nó a ceathair de chuarta i ndeireadh na seachtóidí agus i dtús na n-ochtóidí. Rinne sé clár raidió, *East Germany Today*, a craoladh ar Raidió Éireann ar an 6ú Bealtaine, 1985, ina raibh sé chomh báúil agus chomh moltach ar an saol sa tír sin is a bhí sé sé bliana déag roimhe sin nuair a rinne sé a chéad chlár faoin tír ar *Féach*. I gcaitheamh na sé bliana déag sin is iomdha píosa a scríobh sé agus a chraol sé, i nGaeilge agus i mBéarla, ag caitheamh súil charad, seachas súil ghéar, ar phobal agus ar chóras rialtais na hOir-Ghearmáine. Mheabhródh roinnt dá chuid tráchtaireachta ar an Oir-Ghearmáin an seanfhocal: 'seachnaíonn an tsúil an rud nach bhfeiceann sí' do dhuine. Ach, mar a dúirt mé cheana faoin gclár a rinne sé ar *Féach* i 1969, creidim go bhfaca Breandán an oiread sin claontuairisceoireachta ar fud an iarthair faoi na tíortha Cumannacha gur chlaon sé féin an bealach eile beagán, le cur in aghaidh tiarnas impiriúil na meán.

In alt a scríobh sé faoin Oir Ghearmáin do leathanach taistil an *Sunday Press* i 1986, mhol sé go láidir do dhaoine cuairt a thabhairt ar an tír sin le go n-athróidís an dearcadh diúltach a bhí i dtíortha an iarthair:

For it is equally difficult to convince many people in the West – even those who would regard themselves as well-informed – that the reality of life in the GDR is much different, although the Wall is the Wall for all that. Crossing through Checkpoint Charlie, that anachronistic survival of the Cold War is an unforgettable experience. Here history envelopes you as you move from one Germany, where capitalism had been brought to one of its highest peaks, to the other Germany where socialism has brought about its own type of Wirtschaftswunder. For anyone with a sense of history this is a most rewarding journey; particularly at a time when the German people in the two states seem to be reaching out cautiously for more contact.

In the division of Germany after the war, the Russians drew the short straw. East Berlin is rather like the area of Dublin, north of Parnell Square, doing its best to shape up to being a fully-fledged capital city. Indeed, most of the good land, the mineral wealth, the striking scenery – not to mention the flashy cars and the consumer goods – are in the Federal Repubic . . .[3]

Bhí aithne ag an Dr Reinhard Ulbrich as Oirthear Bherlin ar Bhreandán ó thús na n-ochtóidí. Dúirt seisean go bhfaca Breandán go soiléir chomh luath sin féin go raibh sé thar am leasuithe polaitiúla a chur i bhfeidhm san Oir-Ghearmáin agus gur chreid sé go gcaithfeadh na leasuithe sin teacht, luath nó mall. Chaith an Dr Ulbrich cúpla bliain i mBaile Átha Cliath níos deireanaí agus chuir sé féin agus Breandán aithne mhaith ar a chéile:

I think I met Breandán for the first time around 1982 at Humboldt University, East Berlin. Dr Martin Rockel, as the head of the Celtic Studies Department, introduced him to me. Dr Rockel apparently thought that Breandán could give some Irish lectures at that time but his interests were of a more cultural and journalistic nature. If I'm not completely mistaken Breandán, for that purpose, got in touch with the 'Liga fur Volkerfreundschaft', a formally non-government organisation, which provided him with useful contacts around the former GDR. So he travelled to Leipzig for instance where he visited the Hotel Astoria, one of the last grand old world hotels in East Germany. Later he published an article about that place in *The Irish Times*. Apart from that he must have been pretty fascinated by East Berlin as well. At least he told me so during several tours we took together around town. Later (1986) I read in the *Sunday Tribune* that he found it 'just like Dublin in the Thirties'. On 26.1.86 he gave a very lively description of those trips in the *Sunday Press* too.

Between the years 1983 and 1985 Breandán and I had very regular contacts in Dublin where I worked as a reader in German at the National Institute for Higher Education (today DCU). He was very happy that he could show me his town then as I had shown him mine before. Of course we had nightlong discussions in 'The Goat' too, as to how it would go on politically with the Eastern Block in general and with the GDR in particular. We both were convinced that political reforms were long overdue . . .

Breandán also provided me with material for my own book on Ireland *Inseltraum und Erwachen* published in 1988, which was the first one of its kind in East Germany.

Bhí Reinhard Ulbrich agus an Dr Martin Rockel atá luaite thuas ag foghlaim Gaeilge agus Breatnaise in Ollscoil Humboldt in Oirthear Bherlin i ndeireadh na seachtóidí, in éineacht le léachtóir cúnta as an Ollscoil chéanna sin, an Dr Holger Stegat. Chuir seisean, freisin, aithne mhaith ar Bhreandán agus d'éiríodar an-chairdiúil le chéile.

I cannot remember exactly how I met Breandán in 1978 but I think that some student of mine was his interpreter while he toured the German Democratic Republic. She may have told me about him and somehow he came to our university. He had come here to collect material for a book about East Germany (later I learned that he was not able to find an editor who took an interest in such a book). I think he was in East Berlin because he had been invited by some association of East German journalists, and maybe this also was the time when he thought of publishing his novel in German.

His first stay here was the beginning of a friendship. I think I can say that I was his friend. We were very happy when we could arrange that he came over again to be our teacher of Irish for a period of six weeks or so in 1979. It was during those weeks that I realised that our lecturer, Dr Martin Rockel, had quite a good knowledge of Irish Grammar and medieval Irish but no idea of how to pronounce modern Irish Gaelic, and therefore we had learned a totally different fake 'Irish' over the years. Breandán, however, made the best of the situation; he simply taught us and Dr Rockel.

I mentioned our difficulties in getting new books from the west (because here you could not buy any Irish or British book – scientific or non-scientific.) He briefly asked me what I needed, and I mentioned the works of Connolly because just at that time I read a biography of Connolly but I was not able to get hold of his work.

Half a year later or so I attended one of the Ireland conferences at Halle University. It was a special one because Michael O'Riordan, the Irish Communist Party's General Secretary, was its guest. He was treated like a statesman by the GDR authorities, and according to the protocol he had to be addressed as 'Secretary General' and was driven around in a limousine, probably a Volvo. I do not know how the old Dublin bus driver felt in this position – all I remember is that in the break between two conference parts I was asked to come to him. He welcomed me like an old acquaintance and handed me some books, among them four volumns of 'The Collected Works of James Connolly,' with best regards from Breandán. They came from his private library.

That was how Breandán actually helped me in my work.

It was in 1982 that I met four lecturers of German from Irish Universities, among them Dr Colin Walker from Belfast and Dan Farrelly from Dublin. I worked as an interpreter for them, and one evening they suggested that I should come to Ireland to give lectures at the University Colleges.

I stayed with the Ulbrich family in Dublin at that time. I went to Galway, Cork, Limerick and Belfast to give lectures and I visited Breandán in his Dublin home in Dundrum and I spent one or two nights there. He told me a lot about his life, his childhood on Aran, his work for the paper, his plans to write a biography about his uncle Liam. We went to his local, I met his wife who was living in Paris at the time, I met one of his sons and I remember giving him some GDR rock records.

The best discussions that we had were political ones. In Ireland there were European Elections while I was there, and Breandán gave me a lot of insight into how the Irish party system worked. At the same time I realised that he was a man whose heart 'beat on the left side' as the German writer Leonard Frank would have put it. He took a huge interest in what happened in the GDR, and at the same time he showed a critical distance to what we experienced day after day.

Again, Breandán supported me with some 30 books that I could simply choose from his bookshelves. I sent them home by mail, which meant I had to send them to the university because otherwise they would hardly have reached me at my private address. It was the last time that I met Breandán. I do not think Breandán would like Germany as it is now very much. I think he was very interested in the GDR because it was an alternative to the glamour and glitter of the west. I will always remember him as a man of optimistic spirit, of excellent knowledge of people and a very good friend, and I am very grateful that I could have the experience of meeting him for only a few but enjoyable times.

Foilsíodh aistriúchán Gearmáinise de *Lig Sinn i gCathú* Bhreandáin san Oir-Ghearmáin i 1985. Bean nár casadh ar Bhreandán riamh, Sigrid Wicht, a d'aistrigh an leagan Béarla, *Lead Us Into Temptation* agus *Fuhre uns in Versuchung* teideal Gearmáinise an leabhair. D'éirigh liom beagán eolais a fháil faoin gcaoi ar tharla sé sin, ón Dr Gunter Gentsch as Leipzig, agus is comhartha ar an meas a bhí aigesean freisin ar Bhreandán gur fhreagair sé mo litir in ainneoin é a bheith tinn le cúpla mí roimhe sin:

It was more than fifteen years ago, when I met Breandán Ó hEithir in Leipzig. It must have been in 1983, when he came to the Gustav Kiepenheuer Publishing house in Leipzig, in which I was responsible for the edition of works of Western European and American literatures. This publishing house was also very engaged in editing German translations of works of Irish literature (William Butler Yeats, Seán O'Casey, Brendan Behan etc.). Breandán, who had heard of our engagement in the field of Irish literature, offered us his novel *Lig Sinn i gCathú* ('Lead Us Into Temptation') for publication. At a later date, when we had decided to accept this offer and to translate Breandán's work in our publishing house, he came to Leipzig once more, and we discussed all aspects and details connected with the planned translation of his book. In the spare hours we spent together, partly at home, Breandán turned out to be a sociable and vital fellow with a lot of sarcastic humour. Later on Breandán went to Weimar, where he stayed at the guest house of our publishing house.

When the German edition of 'Lead Us Into Temptation,' for which Sigrid

Wicht had made a very competent and careful translation and Breandán himself had written an informative essay, appeared in the series 'Gustav Kiepenheuer Bucherei' in 1985, it met with great approval in the East German public.

But the difficult economic situation in East Germany in the eighties and the changes in the structure of the publishing house in 1990 made later editions of 'Fuhre uns in Versuchung' impossible. But contacts (occasional letters and telephone calls) between Breandán and me continued until his death. I hope that my information will be useful to you and your work and I wish you every success for Breandán's biography.

Dúirt Holger Stegat ina litir siúd gur dhúirt Breandán leis go n-ólfadh an bheirt acu na dleachta údair an chéad uair eile a gcasfaí ar a chéile iad, mar nach raibh cead an t-airgead a thabhairt amach as an tír. Ní raibh aon chéad uair eile ann.[4]

Nuair a bhí sé ag scríobh *An Nollaig Thiar*, a d'fhoilsigh Poolbeg i 1989, d'úsáid Breandán roinnt dá chuimhní ar an Oir-Ghearmáin go healaíonta agus go cliste mar réamhrá dá chuimhní ar Árainn a óige. Sampla maith é seo den iriseoireacht bheathaisnéisiúil chruthaitheach a raibh Breandán ar fheabhas aici, agus a bhfuil sé ina bhuaic aici in *An Nollaig Thiar*.

Sa gcéad litir eile a chuir Breandán as Baile Átha Cliath chuig Christine Green i Londain, i mí Mheán Fómhair 1983, thug sé cuntas mion ar a raibh ar siúl aige ó d'éirigh sé as RTÉ ar an gcéad lá d'Aibreán:

2nd September 1983

Dear Chris,

I was at Merriman and met Maeve and Gordon.[5] Her lecture was the high point of the School. I was one of those locked out but I heard it on the PA system (fire regulations are being observed here ever since the Stardust tragedy) and the fact that President Hillery abandoned the golf course, on a boiling hot day, to sit and listen to her, made a huge impression on the people of Clare.

There are lots of threads to be picked up concerning my doings since Christmas; most of them can lie there until I see you in London at the end of

October. However, after much thought, I decided to leave RTÉ on the 1st of April last (most suitable of days for symbolic and financial reasons) and am bringing in the weekly bread as follows: 1 column in *The Irish Times*, one sports column in the *Irish Press* and one weekly radio programme . . . all this in the sweet and kingly tongue of the Gael, and very little else. In short, I am doing the essential minimum and spend the rest of the week writing. It works out as 3 days journalising and 4 days at the other thing. It took me a while to adjust to the new routine. Like the man who gave up smoking and still coughed in the mornings, I had second thoughts, doubts and withdrawal symptoms but I survived. There is a lot of freelance work to be had but I am resisting the temptation to get involved in anything too time-consuming. I think I have cracked the main problem I had with *Drink the Maddening Wine*, the problem of narration and what the film people call POV . . . the point of view. Most of the early chapters (in the Home) now take place in group therapy sessions which broaden the view-point beyond Kerrigan's own interior monologues. By the way, having gone through the vale of depression and doubt I am now satisfied that it will be very good when I am finished with it. (This is being written at 12.00 noon and I am not in a state of euphoria or drug-induced elation.)

So what else have I been doing?. . . I intend to apply for membership of Aosdána. The elections take place in either July of August 1984 and if successful I would then apply for my £4000 per annum and see what happens. If it all works out, and it is not as impractical as it sounds, I would abandon regular broadcasting and concentrate on writing full-time. The job in UCD has been put into cold storage until the economic situation changes but it will always be a possibility.

I do realise that all this is happening a little late in my days but there it is anyway. The health and the morale are pretty all right and now that the choice has eventually been made it is up to me. When I am in London in October I will take you for a long and unhurried meal (and also inspect Chateau Green) and study the state of play. Don't think that I am not understanding of your patience for the past two years but I do feel that I am through what was a fairly troublesome patch: remarks about the male you know what will be treated with silent mirth.

Give my regards to Andrew and welcome Athena back from the US of A for me. I hope all the Green family are in the pink. Having had a report on your own pinkness at Merriman I can only say – keep it up!

Blessings and benedictions,

    Breandán.

Díol suntais é an caidreamh a bhí ag Breandán le daoine in RTÉ, idir mhná agus fhir, idir Ghaeilgeoirí agus Bhéarlóirí, ón íochtar go dtí an t-uachtar agus istigh i lár báire. An lá céanna ar iarradh ormsa an bheathaisnéis seo a scríobh casadh Charlie Doherty orm, a bhí tar éis RTÉ a fhágáil, mar a bhí mé féin tamall roimhe sin. D'inis mé dó faoin dúshlán a bhí romham agus chuir sé an-suim go deo ann. An gcuirfeadh sé cúpla focal faoi Bhreandán ar pháipear dom? Chuirfeadh, agus míle fáilte, mar bhí an-mheas aige ar Bhreandán – rud is léir ón litir seo a fuair mé uaidh go gairid ina dhiaidh sin. Go deimhin, is í an litir seo an chéad chuid de bheathaisnéis Bhreandáin a cuireadh ar phár, agus ba mhór an t-ábhar misnigh dom í ag an am:

Dear Liam,

I am attempting to put on paper a few words regarding our late friend – Brendan. I knew him through his writings in English, but I was also privileged to know him personally. He was a gentle, intelligent, interesting and humorous person with little time for pomp and ceremony. He never assumed any attitude that would cause him to stand apart from anybody where reasonable standards applied.

Criticism of him can best (possibly only) be found in his own works. He told great stories against himself with courageous frankness. One of his best, I think, was on his failure in all subjects including Irish, when he attempted the entrance exam for one of the preparatory teaching colleges. One can imagine the disappointment to his parents, both teachers, when he returned to Kilronan after such a disastrous performance.

He was, by any standards, a non-institutional man. Brendan did not lie awake at night worrying about governing or controlling bodies, whether they were of the GAA, religious, or of Irish Language hue. On reflection, I think this was a desire to protect his own 'Irishness' or perhaps, better still, his integrity. In other words he was his own man.

His sense of fair play can be estimated from his criticism of reporters of GAA games, including Mícheál O'Hehir, for failing to remark on outrageous physical abuses on the field, designed to 'take out' formidable and skillful players of small physical stature which even led in some cases to permanent injuries.

As a colleague in RTÉ I was often struck, not so much with his popularity which was generally accepted, but rather with the absence of enemies, apart from those who carried a brief for some institution or cause. In an organisation which carried its own share of 'begrudgery' and back stabbing, he remained totally unscathed.

Brendan's greatest attribute was, I believe, to have an exterior quality which was in harmony with his internal spirit, from which sprung his unique dignity – the incomparable Breandán Ó hEithir.

Kind regards and good luck with the work.

Charlie Doherty.

Dhá leabhar faoi chúrsaí spóirt an chéad saothar eile a tháinig ó láimh Bhreandáin, *Over the Bar* i 1984 agus *Ciarán Fitzgerald agus Foireann Rugbaí na hÉireann* i 1985. Cheapfadh duine gurbh aisteach an rogha é ag fear a bhí ag iarraidh a bheith ina scríbhneoir cruthaitheach ach ní rogha a bhí ann, ar bhealach. Is amhlaidh a tairgeadh an oiread seo airgid dó ar iad a scríobh, agus d'airigh sé nárbh acmhainn dó diúltú. Faoiseamh a bhí sa dá leabhar seo freisin, b'fhéidir, ó *Drink the Maddening Wine*, a bhí imithe in aimhréidh air. Is geall le scíth malairt oibre, agus malairt scríbhneoireachta ar fad a bhí ann dó a bheith ag trácht ar eachtraí agus ar dhaoine nach raibh air féin a chruthú.

Thairis sin ar fad, bhí Breandán chomh heolach ar chúrsaí spóirt, idir chluichí Chumann Lúthchleas Gael agus rugbaí, gur airigh sé nach n-ídeodh ceachtar den dá leabhar an iomarca fuinnimh ná ama.

Mar chuid de cheiliúradh céad bliain Chumann Lúthchleas Gael ar fud na tíre i 1984 d'iarr a chomhghleacaí in RTÉ, an léiritheoir Mick McCarthy as Pairtín i gContae an Chláir, ar Bhreandán alt a scríobh dó do iris áitiúil an Chumainn i bPairtín. 'An Pheil agus an Iománaíocht sa Chlár' a thug Breandán mar theideal ar a alt, inar chaith sé súil siar ar chuimhní a óige, ar an stór mór eolais agus seanchais a bhí pioctha suas óna athair aige, agus ar a raibh cloiste agus feicthe agus léite aige féin. Is í an pheil is túisce ba chuimhneach leis a fheiceáil á himirt, cé gurbh í an iománaíocht ab ansa leis. Bhí an iománaíocht chéanna in ísle brí i gContae an Chláir nuair a scríobh sé an t-alt seo i 1984 agus níor mhair sé go bhfeicfeadh sé Corn Mhic Cárthaigh ag dul thar Sionainn siar chucu.

Over the Bar

Bhí Cumann Lúthchleas Gael ag comóradh céad bliain ar an bhfód i 1984 agus d'iarr Philip McDermott ón Ward River Press ar Bhreandán leabhar faoin gCumann a scríobh dóibh, rud a rinne. Roghnaigh Breandán Gaillimh le haghaidh searmanas seolta an leabhair agus craoladh an seoladh beo ar an *Mike Murphy Show* ar raidió RTÉ as Siopa Leabhar Uí Chionnaith ar an naoú lá de Shamhain 1984. Is é a sheanchara, Gearóid Ó Tuathaigh, a roghnaigh Breandán chun – i bhfocla Ghearóid féin:

> . . . an leabhar nua, bríomhar, pearsanta seo ag Breandán Ó hEithir a chur i láthair an phobail. This is a highly personalised, lively and provocative book which, I am absolutely sure, will keep people talking and laughing and reflecting for many many Winter's nights. It gives me great pleasure to launch Breandán Ó hEithir's 'personalised relationship' as he puts it – nothing indecent! – with the GAA, *Over the Bar*. Fógraím an leabhar seolta.

Nuair a d'iarr Mike Murphy ar Ghearóid coimriú gearr a dhéanamh ar an leabhar nua dúirt sé:

> It is a book mostly about Breandán Ó hEithir and partly about the GAA; chapters of autobiography, with a lively and a very irreverent commentary on many aspects of the Gaelic Athletic Association – the games, the players, the *seanchas* and all the folklore about it – and no man better to do it, from a vantage point of deep affection for the games.

Bhí scéilín deas ag Tom Kenny faoin ócáid chéanna:

Bhí beirt againn ag coinneáil súil ar an dá dhoras – doras an tsiopa leabhar agus doras na Dánlainne – mar gheall ar an seoladh a bheith ag dul amach beo ar an raidió. Bhí m'athair ar dhoras na Dánlainne agus bhí clós tógálaithe trasna an bhóthair uaidh. Thug sé faoi deara maor tógála ina sheasamh ag an ngeata ansin agus é ag baint lán na súl as na peileadóirí agus as na hiománaithe cáiliúla a bhí ag dul isteach chuig seoladh *Over the Bar*. Chuala m'athair an fear thall ag rá: 'There's Joe Salmon!; There's Seán Purcell!; There's Frank Stockwell!; There's The Connollys!; There's Enda Colleran!; There's Mattie Mc Donagh!; There's Jim Crowley, the Dublin footballer! . . .'

'Come on in yourself,' a dúirt m'athair leis. 'Oh! I couldn't. It wouldn't be right for me now, Mr Kenny!' a dúirt sé. 'Well, it is my gallery and you are very welcome!' a dúirt m'athair agus d'fhág sé an scéal mar sin. Chuaigh an fear thall abhaile ar a rothar agus ghléas sé suas é féin. Deich nóiméad ina dhiaidh sin shiúil sé isteach sa slua agus bhí lá mór aige ag ól agus ag comhrá le laochra peile agus iomána nach bhfaca sé a bhformhór cheana ach ar pháirc na himeartha. Bhí beár thuas staighre againn agus d'ól sé piontaí in éineacht le Gearóid Ó Tuathaigh agus le Frankie Gavin agus leis na maithe agus na móruaisle eile a bhí i láthair. Agus, ar ndóigh, bhuail sé le Breandán féin. D'insíodh Breandán an scéal sin go minic san Oir-Ghearmáin, a dúirt sé liom, faoin easpa aicmeachais a bhaineann le ócáidí den chineál seo in Éirinn, agus go háirithe i nGaillimh.

Bhí Catherine agus an chlann i nGaillimh le haghaidh an lae mhóir. Tháinig Brian, an dara mac abhaile as Munich le haghaidh na hócáide agus deir sé gur 'lá chroí dílis' ceart a bhí ann do Bhreandán:

Ceann de na buaicphoinntí móra i saol Bhreandáin a bhí ann gan aon amhras; bhí sé i gcomhluadar Sheán Purcell agus Frank Stockwell agus na laochra móra eile a bhailigh le haghaidh na hócáide agus ar cuireadh agallamh orthu ar an gclár beo Raidió. Ócáid an-speisialta a bhí inti dó, i measc an oiread sin dá sheanchairde agus dá sheanlaochra. Is cuimhneach liom bualadh le go leor d'fhoireann na Gaillimhe a ghnóthaigh Craobh na hÉireann i 1980. Chuaigh muid trasna Tigh Neachtain ina dhiaidh sin ag breathnú ar chluiche rugbaí, rud a cheap mé a bhí spéisiúil ann féin.

Ceapaim gur itheamar béile sna Quays agus chríochnaigh muid suas i dteach ósta na gConnollys, The Goalpost, gan dabht. Dúradh liom ina dhiaidh sin, nuair a bhí mé féin agus m'athair ag siúl ar ais chuig óstán an 'Sacre Coeur' agus muid ag tabhairt dhá thaobh an chosáin linn, gur cluineadh muid ag rá le chéile: 'Nach iontach an rud é, anseo i nGaillimh, gur féidir leat 20 pionta a ól agus nach gcuireann sé tada as duit!'

Nuair a labhair mé le Seán Purcell faoi sheoladh *Over the Bar* smaoinigh seisean go speisialta ar chara mór leis féin agus le Breandán, Noel O'Donoghue as Tuaim, a bhí ina gcomhluadar an lá sin agus a fuair bás i lár na nóchaidí. Labhair Seán Purcell go ceanúil faoi Bhreandán agus faoi Noel O'Donoghue:

Noel O'Donoghue was a State Solicitor for East Galway and a great admirer of Breandán's writing. Noel always said that 'Lig Sinn i gCathú' was a much better book than the English translation. Noel has written himself and shared his love of porter with Breandán . . . We met Máirtín Ó Cadhain quite by chance in the Skeffington in Galway once after a seminar in UCG and Ó Cadhain and myself were on the *uisce beatha* that day. Máirtín was a lovely man too. There is a top-class restaurant called 'Cré na Cille' opposite the graveyard here in Tuam; it is owned by Cathal Reynolds, son of Charlie Reynolds, who was a great friend of Máirtín Ó Cadhain's. Breandán knew Cathal Reynolds, and Breandán's picture is hanging in the restaurant.

Is é Jack Mahon, 'the grand archivist of Galway football', peileadóir cáiliúil na Gaillimhe as Dún Mór agus údar *Twelve Glorious Years, Three in a Row, Action Replay* agus *A Glorious Year - Galway's 1998 Football Odyssey*, a labhair go hoifigiúil thar ceann Chumann Lúthchleas Gael ag seoladh *Over the Bar* Tigh Uí Chionnaith. Bhí aithne aige féin agus ag Breandán ar a chéile ó dheireadh na gcaogaidí agus mhínigh Jack dá raibh i láthair gur le gean ar an gCumann agus nach le gráin air a bhíodh Breandán chomh géar agus chomh cáinteach go minic. Bhíodh Jack ag léamh altanna Bhreandáin in *Scéala Éireann* agus san *Irish Times* agus ba é a tharraing aird an phainéil moltóirí ar an alt a bhuaigh ceann de dhuaiseanna Mac Con Midhe do Bhreandán i 1975.

Bhí an t-iománaí cáiliúil, Joe Connolly, Tigh Uí Chionnaith freisin an lá ar seoladh *Over the Bar*. Ní hé amháin go raibh Joe agus a chuid deartháireacha cáiliúla cairdiúil le Breandán ach ba chairde móra le Breandán a athair agus a mháthair freisin, Pat Phádraig Pheaits Anna as Tír an Fhia i gConamara agus Mary Mhicil Phádraig (nó Mary Mháire Sheáinín) as an Trá Bháin in aice láimhe. Is nuair a bhí Joe Connolly ar an Ollscoil i nGaillimh i lár na seachtóidí a casadh Breandán ar dtús air nuair a tháinig Breandán ar ais ansin le labhairt leis an gCumann Éigse agus Seanchais. 'An Bhits Seo de Shaol' a thug Breandán ar a phíosa cainte agus deir Joe go raibh sé an-ghreannmhar:

I 1976 a thosaigh mise ag imirt do Ghaillimh agus is tar éis dúinn Cluiche Ceannais na hÉireann a bhuachaint i 1980 a chuir mé aithne cheart ar Bhreandán. Rinne sé clár fúinn i gcomhair *Féach* i 1981. D'imir an seachtar againne craobhacha contae leis an gCaisleán Gearr ag amanna éagsúla: John, Pádraig, Michael, Joe, Gerry, Tom agus Murt. Chuir Breandán agallamh ar mo dheirfiúracha freisin ar an gclár – Máire, Sarah agus Mena – agus labhair sé le mo mháthair agus le m'athair freisin. Tá an clár go hálainn. Tá cóip de agam ach níor bhreathnaigh mé air le tamall anois.

Ach maidir le *Over the Bar*: níor léigh mé aon leabhar riamh a chuaigh chomh mór i bhfeidhm orm le *Over the Bar*. Brilliant! Do dhuine mar mise a d'imir iománaíocht le Gaillimh bhí sé fíorspéisiúil an rud a rinne seisean sna daicheadaí, ag rothaíocht ó Ros an Mhíl go Gaillimh agus as sin go hInis agus go háiteacha eile níos faide ó bhaile fiú. Bhí tuiscint níos fearr agam ina dhiaidh sin ar an ngliondar a bhí air tar éis dúinn buachaint i 1980, agus i 1987 agus 1988 nuair a ghnóthaigh muid arís é. Shíl mé go raibh Breandán ar dhuine de na daoine ba shaibhre agus ba thráthúla dár casadh orm riamh i mo shaol.

Craoladh an clár teilifíse *Na Connollys* ar RTÉ ar an Aoine, an seachtú lá de Bhealtaine 1982 agus cúpla lá roimhe sin scríobh Breandán alt i *Scéala Éireann* dar teideal 'Castlegar's Connollys At One With The Ash'. Sampla maith é an t-alt céanna den iliomad alt a scríobh sé faoi chúrsaí peile agus iománaíochta – an iománaíocht go háirithe, mar is í ab ansa leis – inar thaispeáin sé an t-eolas agus an tuiscint a bhí aige ar dhúchas ár gcluichí agus ar dhúchas ár muintire. Scríobh sé altanna níos fearr, b'fhéidir, ach roghnaímse é seo mar gheall ar an ngean ar leith a bhí aige d'iománaithe na Gaillimhe agus do Chonnollys an Chaisleáin Ghearr:

The parish of Castlegar on the north-eastern fringes of a rapidly-sprawling Galway city is one of those places which is synonymous with hurling. It is like Ahane, Mooncoin, Blackrock, Toomevara or any of the other storied hurling parishes of Ireland; some still thriving, some sadly lapsed. Galway can boast of parishes with a longer history in hurling – Gort and Killimor would probably head the race for senior membership – but none of them seemed to capture the imagination, locally and nationally, like Castlegar. Their enemies would probably say that Castlegar's fame owes much to factors other than hurling prowess, and that would be hard to deny. It is probably one of the most distinctive places in the country. Fiercely proud and clannish, the people of Castlegar preserved their strongly rural traditions intact, in spite of the enveloping urban concrete.

At the turn of the century Castlegar was an Irish-speaking parish and the people of Aran and Connemara traded with them in that language at the monthly fairs in Galway. The consequences, as far as the Aran islanders were concerned, were not always peaceful, but they were always colourful. An uncle of mine, Tom O'Flaherty, has left this account of the images Castlegar conjured up for him in his youth in Inishmore:

'What stories I heard about Galway when I was a boy! Of the battles between the Aran islanders and the men of Castlegar. The feud started after the buying of a beast. It was alleged that a Castlegar man defrauded an Aran Islander. Blackthorn sticks were called into play. Two mainlanders by the name of Joyce and two Aranmen named O'Flaherty and Connolly were the heroes of the tales told around the turf fires of Gort na gCapall on winter evenings. The Joyces, each wielding two sticks, stood back to back and defended themselves for hours against a small army of islanders.'

I suspect that the tales told around the turf fires of Castlegar were more concerned with hurling than with giving timber to Aran Islanders at Eyre Square. In the club history 'Castlegar: 100 years of Hurling' William Cullinane who hurled for club and county in the thirties, relates a story he heard in 1939 from an old-age pensioner called Kelly from Baile an Phoill:

'In or around 1880 Castlegar was considered to be the best team in the West of Galway. A match was fixed for them to play Craughwell. A friend together with a William Francis and two other friends, Collins and Francis, whose christian names I cannot recollect, started out for the venue at dawn with a horse and cart. Unfortunately, they had only three hurleys between them, so my old friend brought a hatchet and a spoke-shave. They stopped at Merlin Park Wood where they got the makings of a hurley. By the time they reached Craughwell the hurley was formed and perfectly finished. They stopped for Mass in Oranmore and had breakfast of a small loaf each. After the game, which seems to have been uneventful, they had a pint of porter each and bought four more small loaves before heading for home. They arrived back in Baile an Phoill at midnight 18 hours after they set out for Craughwell.'

1980 was an outstanding year in the annals of Castlegar hurling. The club won the All-Ireland Championship (beating Blackrock and Ballycastle in the process) and the county team won both the Railway Cup and the All-Ireland final. Michael Connolly captained Castlegar and his brother Joe captained county and province. Five years previously John Connolly captained the county team to their first National League championship since 1951. Four other Connolly brothers, Pádraig, Murt, Gerry and Tom, also play for Castlegar and Pádraig was a substitute on the All-Ireland winning side.

Next Friday, at 7.00 on RTÉ 1, *Féach* takes a look at the remarkable family which has brought new glory to Castlegar. My interest, which I now declare, is that of reporter and without in any way wishing to make up the viewers' minds in advance I would just say that, for me, the star of the proceedings is Mrs Connolly. Although she has never seen her sons play, she is more involved than a cheering spectator would be. The nearest she came to seeing a match was when she travelled to Limerick to the League final in 1975. She didn't go near the ground, however, but spent an anxious afternoon waiting for the result in a hotel. She describes how she spent the time during which the All-Ireland final of 1980 was played: sitting in the kitchen of her home in Castlegar, trying to pray, and not daring to go into the room where some neighbours were watching television until word was sent down to her that Galway had won. She then went to watch Joe's speech and the interviews in the dressing-room.

Those who were not already aware of the fact that the Connollys are an Irish-speaking family could hardly have escaped the publicity caused by Joe's speech, even if they didn't actually hear it. It had tremendous impact because of the highly-charged atmosphere of Croke Park that day. Many found it more emotional than the very emotional scenes witnessed immediately after the match. Personally, I found the reaction to the speech typical of general attitude found among those favourably disposed towards the language: how wonderful to hear it spoken so beautifully, and what a pity that it is so much trouble to learn the damn thing.

Friday's programme deals mainly with the family and its involvement with hurling. The language spoken is Irish – of the Connemara persuasion – for the Connolly family came to Castlegar from an Trá Bháin when John, Sarah and Pádraig were small and created a Gaeltacht in the house into which the other seven children were born and reared. Native Irish in Castlegar has all but died in a generation or two, but a very Irish tradition lives on, not alone in the continuing dedication to hurling and its lore, but in a way of life and in an attitude to life as well.

It is very pleasant to report, in these circumstances, that not alone is hurling in 'Cashel' as strong as it was when Mr Kelly of Baile an Phoill and his companions set off in the horse and cart to play in Craughwell, fashioning a hurley as they travelled, but that hurley-making has been established at the far end of the parish. Friday's film also gives a glimpse of the Connolly brothers factory where Joe Connolly outlines the process of hurley-making from ash root to finished camán.[6]

Nuair a labhair mé le 'Máthair na gConnollys', mar a bhí aithne ag go leor uirthi, thuig mé láithreach cén fáth go raibh Breandán chomh ceanúil uirthi. Tá mé cinnte nach ndeachaigh sé amú air gur file a bhí inti agus gurb í a chum amhrán molta a baile dúchais, 'Amhrán na Trá Báine', nuair a bhí sí ina bean óg. Ach is cinnte gur thug sé taitneamh freisin dá meanma ghealgháireach agus dá spleodar, dá hacmhainn grinn agus dá cumas cainte. Bhí sise chomh ceanúil céanna ar Bhreandán:

Bhíodh fonn orm Breandán a fheiceáil. Dhéanadh sé maith dhom é a theacht isteach mar bhí a fhios agam cén sórt duine a bhí ann. Níor casadh orainne é go dtí sna hochtóidí ach d'fheiceadh muid thart i nGaillimh roimhe sin é. 'Sin é Breandán Ó hEithir!' Bhí sé cáiliúil. Chonaic mé istigh in Eason's é lá agus bhí mé ag coinneáil súil air. Tá sráid ainmnithe ina dhiaidh anois; cuimhneoidh muid air nuair a fheicfeas muid é sin.

An t-am sin sna hochtóidí bhí a fhios aige an chaoi a raibh mise faoi na cluichí. Ní fhéadfainn breathnú orthu ag imirt, fiú amháin ar an teilifís, agus thuig sé go mbínn ag cur mo pheiríocha díom nuair a bhídís ag imirt. Thuig sé mé níos fearr ná aon duine eile.

Ní dhéanfainn iontas ar bith é a theacht chuig an teach againn an t-am a raibh an rachmall mór ann mar bhí siad ag teacht as chuile chearn an t-am sin. Ach fiú amháin nuair a shocraigh an saol síos ina dhiaidh sin, aon uair a thagadh Breandán go Gaillimh ritheadh sé amach ar cuairt. Bhíodh rud éigin ag teacht aige dom i gcónaí. Thugadh sé bláthanna agus boscaí seacláide chugam agus bhínn á leagan suas ansin agus ag breathnú orthu. D'óladh sé tae agus cáca baile. Bhíodh sé ríméadach as a bheith ag inseacht faoi na gasúir agus faoin mbean agus cé na háiteacha a mbeadh sé ag dul agus mar sin de. Ghlaoigh sé isteach chugam nuair a bhí sé ag tabhairt amach an leabhair sin *Over the Bar* agus chuir sé a ainm air dom. Tá sí agam i gcónaí. Phógadh sé mé i gcónaí nuair a bhíodh sé ag imeacht agus deireadh sé 'Beidh mé ar ais arís go gairid.' Tháinig an lá nach dtáinig sé ar ais.

Tháinig. Agus tháinig lá Mhary Connolly freisin i bhfad sula raibh súil ag aon duine leis. Fuair sí bás leis an ailse, an namhaid chéanna a mharaigh Breandán, i bhfómhar na bliana 1999. Fanfaidh an píosa álainn cainte a rinne Joe Connolly den altóir i Séipéal an Chaisleáin Ghearr, lá sochraide a mháthar, i gcuimhne a raibh i láthair chomh fada is a fhanfas a óráid bhuacach i bPáirc an Chrócaigh i bhfómhar órdha na bliana 1980.

Chuaigh Breandán agus a mhac, Brian, siar go Gaillimh an Luan tar éis d'iománaithe na Gaillimhe Cill Chainigh a bhualadh i gCraobh na hÉireann i 1987. Sin í an chuimhne is fearr atá ag Brian ar Bhreandán agus ar an gcion ar leith a bhí aige ar iománaithe na Gaillimhe:

Bhreathnaigh muid ar an gcluiche sa nGoat agus an nóiméad a raibh sé thart dúirt Breandán gan choinne: 'Gabhfaidh muid go Gaillimh amárach leis an bhfoireann!' Agus chuaigh! Bhí sé iontach! Bhí mise tar éis an MA a chríochnú agus dul go Berlin. Ach bhain gortú beag do mo dhroim agus tháinig mé ar ais go Baile Átha Cliath agus bhí mé ag obair in Oifig An Riaracháin i UCD an samhradh sin. Bhí scoláireacht agam sa nGearmáin a bhí ag tosú i mí Dheireadh Fómhair agus bhí mé breá sásta liom féin. Thiomáin mé féin agus Breandán go Gaillimh ar an Luan. Chuaigh muid thart ar na pubanna éagsúla i nGaillimh agus bhreathnaigh muid ar thaifeadadh den chluiche suas le míle uair sa nGoalpost, teach ósta na gConnollys i mBarr an Chalaidh. Ní dhéanfaidh mé dearmad go deo ar Noel Lane ag fáil scór na bua! D'fhan muid san Imperial Hotel an oíche sin agus ceapaim gur tháinig muid ar ais go Baile Átha Cliath Dé Máirt.

Thar aon duine eile a bhí ag scríobh faoi chluichí Chumann Lúthchleas Gael, ba é Breandán ba mhó a thuig agus ba mhinicí a thagair don pháirt thábhachtach a bhí ag an gCumann i gcneasú chréachta an Chogaidh Chathartha:

As an example of what I mean, and as we have touched on politics and hinted at national reconciliation, allow me to direct your attention to the role of the GAA in post-Civil War Ireland. That tragic and vicious conflict was perhaps even more savage in Kerry than anywhere else I know of. When I hear people bleating about the nice, clean, well-behaved wars we had in this island before the present savagery in the North disgraced our good names (particularly when the bleating takes place in honour of Michael Collins, at Béal na Bláth), I feel like taking the speaker by the ear and leading him to Ballyseedy, near Tralee.

All the more interesting then, to read in The Kerryman of 10 February, 1924, under the heading 'Ex-Internees v. Kerry', the following:

Whatever may be the result of the match between the ex-internees and the Munster champions, it must be admitted that the former are making a decent effort to give a creditable display. Every day during the past week the thud of a football can be heard in the Sportsfield, and the early morning hours are devoted to walking exercises; so that, all things taken into consideration, it will be admitted that the ex-internees are fully determined to pull the laurels from the brows of the Kerry team.

. . . It was a start, and not a bad one either when one considers that both teams contained men who had been engaged in taking more lethal pot-shots at their opponents a short time previously.

Ní dhearna Breandán dearmad in *Over the Bar* ach oiread den chomhairle a bhí ag Earnán de Blaghd do Chumann Lúthchleas Gael ina leabhar *Briseadh na Teorann*, an chéad lámhscríbhinn a tugadh do Bhreandán le cur in eagar do Sháirséal agus Dill i lár na gcaogaidí. B'fhiú le Breandán an sliocht seo a leanas as leabhar an Bhlaghdaigh a aistriú go Béarla in *Over the Bar*.

Ba chóir do na cumainn spóirt agus chultúra uilig crot a chur ar a bpolasaí a ligfeadh dóibh cabhrú le díchur na deighilte polaitíocht-go-creideamh agus tríd sin le díchur na teorann. Ba chóir do Chumann Lúthchleas Gael, mar shampla, bheith an-chúramach sna Sé Contaethe gan é féin a iompar amhail is dá mba eagraíocht do Chaitlicigh amháin é. Gan aon chuid dá náisiúnachas ná dá Ghaelachas a thréigint ba chóir dó tabhairt faoi na mílte Protastúnach a mhealladh, ar dtús chun féachaint ar na cluichí agus, ina dhiaidh sin, chun iad a imirt. Dá bhrí sin ní cóir, ach amháin ar ócáid an-speisialta ar fad, dán diaga Caitliceach a chanadh ná a sheinnt ar chluiche-mhagh de chuid an Chumainn roimh chomórtas báire nó peile, ná ina dhiaidh. Ní cóir, ach oiread, Amhrán na bhFiann a sheinnt ar a leithéid sin d'ócáid sna Sé Contaethe. Rud eile, ní ceart sna Sé Contaethe na príomh-chluichí a imirt ar an Domhnach.[8]

I gcruthúnas gur aontaigh Breandán le comhairle an Bhlaghdaigh scríobh sé féin an méid seo in *Combar* i Samhain na bliana 1960:

Nár mhaith an smaoineamh ag Comhairle Uladh de Chumann Lúthchleas Gael an chéad chluiche i gCraobh Uladh na bliana seo chugainn, ina mbeidh An Dún páirteach, a imirt i mBéal Feirste ar an Satharn?[9]

Agus scríobh sé in *Combar* mhí Mheán Fómhair, 1978:

Níl moladh is mó a d'fhéadfaí a thabhairt don Chumainn Lúthchleas Gael
ná a rá nár scoilt sé riamh! . . . Órnáid ar bhrollach na hÉireann . . . ach
ar son Dé nach bhféadfadh sé dul i bhfeabhas?[10]

Tá bailiúchán spéisiúil nótaí i bpáipéir Bhreandáin a chóipeáil sé as
an *Celtic Times*, an nuachtán seachtainiúil a d'fhoilsigh Mícheál Ó
Cíosóg in 1887 nuair a briseadh as a phost é mar rúnaí ar an eagraíocht
a bhunaigh sé féin. Tugann Breandán roinnt sleachta tráthúla as na
nótaí sin in *Over the Bar* agus tugann sé an chomhairle bheag bhreise
seo uaidh féin do Chumann Lúthchleas Gael:

If the GAA survives, it will have to deal with any new situation that comes
about and may find itself across a table from Harold McCusker, for instance,
who sees the GAA as the Catholic equivalent of the Orange Order, as he
told me during a recent interview. When such a conversation takes place
between equals, enjoying equal rights under whatever new arrangement
eventually emerges from the smoke, Earnán de Bhlaghd's ideas may come
in very useful indeed.

Cusack's views, as expressed in the Celtic Times, are also interesting:

The GAA is non-sectarian – it is non-political in that it was not founded for
political purposes. But I hold that every Irish movement which is
supported by a large section of the robust manhood of the nation is, to a
certain extent, political. The GAA is non-political in so far as that no man's
political convictions, openly and manfully expressed, and consciously
adhered to, are a bar to his entry to the ranks of hurlers. My place of
business is non-political in the same sense and in no other sense. But the
cry of slaves and denationalisers is never heard there. Away with that
miserable subterfuge of craven cowards.[11]

D'fhág Breandán go deireadh an leabhair a raibh le rá aige faoin gcosc
a bhí ag an gCumann ar 'chluichí gallda' agus mheabhraigh sé dá chuid
léitheoirí cé go raibh deireadh curtha leis an gcosc sin ón mbliain 1971 go
bhfuil cosc eile i bhfeidhm fós: an cosc in aghaidh na gcluichí Gaelacha:

But those who still exercise their powers of detection by seeking evidence of the Ban mentality in the GAA today are wasting their time, as well as betraying the very rigidity of mind they abhor in others. They would be better employed in facing up to the unwritten and far more insidious Ban which most effectively keeps Gaelic games out of many Catholic and Protestant schools. Those who control these schools were among the most vociferous critics of the other Ban, when it existed, as it prohibited their rugby, hockey and cricket-playing pupils from also playing Gaelic games – or so they seemed to say. The Ban has long departed but no evidence of change in these schools has been forthcoming.[12]

Dhá mhí sular seoladh *Over the Bar* i nGaillimh bhí forlíonadh speisialta faoi Chumann Lúthchleas Gael san *Irish Times* i gcomhair Chomóradh an Chéid. Bhí aiste ag Breandán ann faoin teideal 'Cineál Éireannachais', agus cé gur cháin sé na botúin Ghaeilge i gcláracha oifigiúla an Chumainn agus an nós a bhí ag oifigigh an Chumainn a bheith ag léimnigh ó Ghaeilge go Béarla leis an leagan dá n-ainm a d'úsáididís, ní raibh sé leath chomh cáinteach ar an gCumann is ba ghnách leis a bheith. Go deimhin, má bhí sé cáinteach ar chor ar bith is ar 'na gluaiseachtaí Gaeilge' a bhí sé cáinteach faoi gan aithris phraiticiúil éigin a dhéanamh ar Chumann Lúthchleas Gael:

> Léiríonn an Cumann Lúthchleas Gael cineál áirithe Éireannachais atá náisiúnach agus, dá bhrí sin, ina bhfuil páirt éigin ag an nGaeilge. Ní thig leis an gCumann Lúthchleas Gael an teanga d'athbheochan, fiú dá mba inmholta an chuspóir sin a chur os a chomhair. Níl éirithe leis an gcumann an iománaíocht d'athbheochan sna háiteanna nach ann di agus is gaire an chuspóir sin do bhunaidhmeanna an chumainn ná athbheochan na Gaeilge. Bhí sé de nós ag Gaeilgeoirí a bheith de shíor ag cáineadh an Chumainn Lúthchleas Gael faoina bheith ar nós cuma liom i dtaobh na Gaeilge, nuair a tháinig mise go Baile Átha Cliath ar dtús. Ní mór dom a admháil go mbínn féin ar an téad sin freisin. Ach nuair a fheicim an staid thruamhéileach ina bhfuil na gluaiseachtaí Gaeilge anois agus nuair a fheicim an staid ina bhfuil an Cumann Lúthchleas Gael – agus beagáinín den Ghaeilge tríd – fiafraím díom féin, cé a chuaigh ar strae?

Seán Purcell agus Breandán, ag seoladh *Over The Bar* i Siopa Uí Chionnaith i nGaillimh i 1984.
(Le caoinchead ó Tom Kenny)

Ag seoladh *Over the Bar* **i Siopa Uí Chionnaith i nGaillimh i 1984**
Ó chlé: Alf Mac Lochlainn, Breandán, Tom Kenny, agus Gearóid Ó Tuathaigh a sheol an leabhar.

Gearóid Ó Tuathaigh, Seán Ó Tuairisc, Tomás Mac Con Iomaire agus cairde eile, ag seoladh *Over the Bar* i 1984.

Catherine von Hildebrand, bean chéile Bhreandáin, agus Tom Kenny.

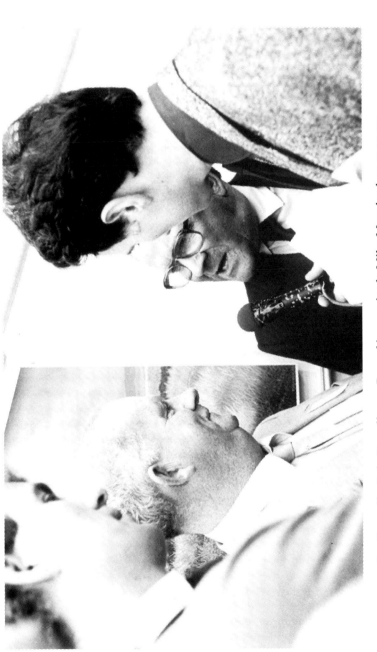

Joe Connolly, Seán Purcell agus Breandán ag caint le Mike Murphy, beo ar an aer
Tigh Uí Chionnaith i nGaillimh, an lá ar seoladh *Over the Bar* i 1984.

Cairde agus gaolta le Breandán bailithe Tigh Uí Chionnaith
i nGaillimh. Ar chlé, in uachtar, tá athair Bhreandáin,
Pádraig Ó hEithir, ag caint le Mattie Mc Donagh.

Pádraig Ó hEithir, athair Bhreandáin.

Pádraig Ó hEithir agus a iníon, Mairéad.

Pádraig Ó hEithir agus iníon Bhreandáin, Máirín.

Breandán agus Johnny Granville i Chez Johnny i bPáras i 1989.

Breandán ag obair ar *Sionnach ar mo Dhuán* i bPáras i 1988.

Breandán agus Proinsias Mac Aonghusa i bPáras i 1989.

Proinsias Mac Canna agus Breandán i bPáras i 1989.

Breandán i bPáras i samhradh na bliana 1989.

Breandán in Árainn i 1989, lena chol ceathar Alice Powell, iníon Alice -
Bríd Bn Mháirtín Uí Dhónaill, agus a n-iníon siúd Sinéad.

Breandán in Árainn i 1989, le garchlann Alice Powell, Breda agus Sinéad.

Breandán i Rennes i 1989, lena iníon Máirín.

Breandán i bPrág faoi Nollaig 1989, lena mhac Brian.

Breandán le cairde in RTÉ: ó chlé, Brian Moran, Éamonn Ó Muirí, Proinsias Mac Aonghusa, Méadhbh Conway Piskorski agus Ciarán Mac Mathúna.

(Le caoinchead ó Bhrian Moran)

Mar níl i ngluaiseachtaí na Gaeilge ach mar a bheadh Páirc an Chrócaigh gan aon bhunchloch clubanna: ceann gan cholainn, gan cumas gluaiseachta, gan speach, gan buille de dhorn ná de chamán. Choinnigh an Cumann Lúthchleas Gael a phúdar tirm i bparóistí na tíre, bhí Dia buíoch de agus bhí – agus beidh is dóigh – beagáinín den Ghaeilge tríd.[13]

Ciarán Fitzgerald agus Foireann Rugbaí na hÉireann

Ar theacht na bliana 1985 bhí borradh bríomhar i bhfoireann rugbaí na hÉireann, rud a chuir ardú meanman ar phobal na tíre agus fonn scríbhneoireachta ar Bhreandán, go háirithe nuair a d'iarr Bord na Gaeilge air, ar mholadh ó Riobard Mac Góráin, leabhar faoin rugbaí a scríobh. Is eol dom gur thaitin córas seo an choimisiúin le Breandán agus is trua nár iarr foilsitheoirí na Gaeilge air tuilleadh leabhar a scríobh.

Bhí Ciarán Fitzgerald ar ais ina chaptaen ar fhoireann na hÉireann agus bhí Mick Doyle ceaptha ina thraenálaí i gcomharbacht ar Willie John McBride. Bhí Albain agus an Bhreatain Bheag buailte ag Éirinn agus chríochnaíodar cothrom leis an bhFrainc. Bhí An Chróin Triarach agus Ceannas na hEorpa ag brath ar an gcluiche mór deiridh i gcomórtas idirnáisiúnta an tséasúir idir Éirinn agus Sasana i bPáirc Lansdúin ar an Satharn, 30ú Márta, 1985 agus nuair a d'aimsigh Michael Kiernan scór na bua cúpla soicind roimh dheireadh an chluiche cluineadh an gháir áthais i bhfad agus i ngearr. Tá cuntas fíorbhreá ag Breandán ar an gcluiche cáiliúil sin agus ar na cluichí a chuaigh roimhe, sa leabhar *Ciarán Fitzgerald agus Foireann Rugbaí na hÉireann* a d'fhoilsigh Coiscéim roimh dheireadh na bliana 1985. I gCaibidil a 6 deir Breandán:

Is é Ciarán Fitzgerald an t-aon imreoir idirnáisiúnta rugbaí a bhféadfadh bonn uile-Éireann a bheith aige ach gur chinn sé éirí as an iománaíocht agus cloí le rugbaí mar gheall ar dheacrachtaí taistil agus imeartha an deireadh-seachtaine. Léiríonn Ciarán Fitzgerald a lán rudaí agus ina measc tá tábhacht na scoile mar láthair theagasc rugbaí. Murach gur fhág sé an mheánscoil i mBaile Locha Riach le dhul ina scoláire cónaithe go Gearrbhaile, ní móide go n-imreodh sé rugbaí ar chor ar bith.

Cé gur i mBéal an Átha a rugadh é, i mBaile Locha Riach a d'fhás sé suas agus le cois a bheith ina iománaí, ina pheileadóir, agus ina imreoir liathróid láimhe, bhí sé ina dhornálaí maith freisin. Bhí sé ar mhionúir na Gaillimhe a d'imir in aghaidh Chorcaigh i gcluiche ceannais na hÉireann i 1970, in éindí le Iggy Clarke, Joe McDonagh agus P.J. Molloy. Ach de réir mar a bhí siad siúd, agus comrádaí scoile eile leis, Seán Silke, ag ullmhú don Chraobh nach raibh le teacht go ceann deich mbliana eile, bhí Ciarán curtha ina oifigeach airm go Baile Átha Cliath agus ag imirt rugbaí go rialta gach Satharn dá chlub, St. Mary's. Idir dheacrachtaí taistil agus bhaol gortaithe b'éigean dó rogha a dhéanamh agus thogh sé rugbaí.

Níor chaill Breandán a acmhainn grinn: déanann sé amach, ó tharla go bhfuil béaloideas ann gur in Éirinn (le linn dá athair a bheith lonnaithe le reisimint d'Arm na Breataine i gCluain Meala) a rugadh William Webb Ellis, an buachaill sé bliana déag as scoil Rugby i Sasana a rith leis an liathróid in 1823 agus a chruthaigh an cluiche rugbaí – go bhfuil dóthain baint ag Ellis le hÉirinn le go bhféadfadh sé sacar nó rugbaí a imirt don tír dá mbeadh sé saolach inniu agus an cumas ann chuige!

Agus seasann sé a cheart do Mhícheál Ó Cíosóg:

> Luaitear an Cíosógach i ngach leabhar a léigh mé i dtaobh tús agus fás rugbaí in Éirinn. Cineál séadchomhartha ag lucht rugbaí é, cé gur léir nach dtuigid cén úsáid atá leis, seachas frimhagadh a dhéanamh faoin gcosc ar chluichí Gallda a chuir an Cumann Lúthchleas Gael i bhfeidhm ag pointí éagsúla dá shaolré. Go dtí seo, ní fhacas éinne de na scríbhneoirí ag cur na ceiste go lom: cén fáth nár glacadh le rugbaí mar chluiche peile náisiúnta in Éirinn?
>
> Tar éis an tsaoil bhí cluiche a bhí gar i gcosúlacht – tugaimis *caid* air – dá imirt go forleathan agus gan de locht air ach nach raibh rialacha, seachas rialacha scaoilte áitiúla, dá bhfeidhmiú. Anois bhí idir rialacha agus cheannas lárnach ann agus an flosc chun aclaíochta agus imeartha, a léirigh an Cumann Lúthchleas Gael a bheith ann, ag borradh i measc ghnáthphobal na tíre.
>
> Tógaimis an Cíosógach i dtús báire. Mar a léiríonn an Bráthair Ó Caithnia, i mbeathaisnéis scópúil Chíosóg, ní cosúil go raibh baint ar bith ag Galldachas nó neamh-Ghaelachas rugbaí lena scarúint féin leis an gcluiche tar éis séasúr imeartha 1881-82. Bhí sé 35 bliana d'aois agus rudaí go leor eile ar a aire. Bheadh sé suimiúil a fháil amach cé mhéad imreoir eile dá aois a bhí ag imirt

an chluiche ag an leibhéal sin san am: ní áirím mar thosaí agus mar chaptaen ar fhoireann a acadaimh féin, ar a dtugtaí na Cusackites . . .

An dream a bhaineann leas as Cíosóg an t-imreoir rugbaí (ba mhó go mór an luí a bhí aige le cruicéad) mar mhaide chun an cosc ar chluichí Gallda a bhualadh, déanann siad dearmad nárbh ann don téarma i gcás na peile go dtí go dtáinig cluiche seachas rugbaí ar an bhfód. Iad sin a deir, go tarcaisniúil, go raibh beirt imreoirí rugbaí – Cíosóg agus a athscoláire, Thomas St. George McCarthy – i láthair ag cruinniú tionsnaimh an Chumann Lúthchleas Gael, níor mhiste dóibh a fhiafraí díobh féin cén cineál eile peile eagraithe a d'fhéadfadh éinne i mBaile Átha Cliath a imirt san am, seachas rugbaí?[14]

Dúirt Edmund van Esbeck ón *Irish Times* faoi Bhreandán:

Sport so much summed up Breandán's life. Life was never weighty for him and he was as much at home in Lansdowne Road as he was in Croke Park. He was a citizen of the world, a man without any pretensions, a man of great wit and a man of great wisdom.

Is ceart dom a lua go bhfuil athruithe móra tarlaithe i saol an rugbaí ó scríobh Breandán an cuntas sin thuas ar an gcluiche i 1985. Tá ré nua na gairmiúlachta tosaithe sa Rugby Football Union; tá Comórtas Chorn an Domhain ar siúl gach ceithre bliana ón mbliain 1987 agus, dá mairfeadh Breandán, bheadh go leor le rá agus le scríobh aige faoin éacht a rinne foireann rugbaí Uladh nuair a bhuadar Corn Chlubanna na hEorpa i 1999, faoi chomh maith is a rinne foireann rugbaí na Mumhan cluiche ceannais an choirn chéanna a shroichint i mbliain an dá mhíle agus, ar ndóigh, faoi gur bhuail Éire an Fhrainc an bhliain chéanna!

An píosa deireanach scríbhneoireachta spóirt a rinne Breandán, script léiritheora a bhí ann i gcomhair scannáin a rinne RTÉ tar éis a bháis. 'Up For The Match' a thug sé air agus léiríonn sé ceird atá difriúil ar fad ó na ceirdeanna eile atá feicthe againn uaidh go dtí seo. Is maith is fiú an script a thabhairt ina hiomláine anseo, le spiorad Chluiche Ceannais na hÉireann a chur ag rith trínár gcuislí:

Up For The Match

A film on the atmosphere of the All-Ireland final week-end in Dublin, from Saturday evening to the moment on Sunday – filmed outside Croke Park – when the roar of the crowd indicates that the match has started.

A teatment by Breandán Ó hEithir, May, 1990.

General Outline of Intention

The central idea is to reflect the atmosphere of the All-Ireland final week-end in Dublin, using a series of images carefully edited; using speech, natural sound and music. The intention would be to allow the film to develop and make its point without a spoken commentary. This is the ideal to aim for but once the film is edited we may find that words, used economically and selectively, might help heighten the atmosphere we seek to achieve. That remains to be seen and our intention at this stage is to select our images and present them in such a way as to render commentary unnecessary.

As the pre-match atmosphere begins to mount on Saturday night and as in recent years more and more formal and informal dinners and gatherings take place that night – not to forget the frantic quest for tickets in bars and hotel lobbies – the film should start on Saturday evening. This would mean having two climaxes: one anticipatory fade out late on Saturday night and the second high-key one at the very end, before the credits roll.

The original idea was to start on Sunday morning and my reasons for changing my mind are that the film gains valuable material, that it may be difficult to sustain 30 minutes of a build-up without a punctuation mark and that we give a more rounded picture of the atmosphere surrounding the event by showing the activities referred to in the script e.g. the Saturday night television special, the dinner at which the 25th anniversary awards are presented, the Sunday newspapers being prepared and distributed, the match programmes being bought by the sellers, etc.

Saturday Evening

As the film will not show the inside of Croke Park on Sunday it might make the ideal starting-point. We could have a sequence showing the groundsmen putting the finishing touches to the pitch, the programmes being distributed, the television equipment being installed, the GAA's electronic equipment being tested, a fruitless search for tickets (this could become a running theme right through the film), the security men patrolling the ground (this could be shot at nightfall and used at the end of the Saturday night sequence).

There would be a sequence in and around bars and hotels with the emphasis on accomodation, food and drink. These sequences will have to be organised beforehand and this gives an opportunity to get pertinent dialogue – a pub offering breakfast and a coach to and from Croke Park to its customers (the Goat Grill does), orders being given to staff, large quantities of sandwiches being made, people being turned away at reception desks and directed to other hotels, the Dublin Tourism office in O'Connell Sreet dealing with enquiries, colours being prepared by the street sellers – and also to actually direct participants. If, for instance, we decide to use a kind of running-gag about the search for tickets, we could use someone who would appear in various locations looking for tickets and ending up outside Croke Park as the match is about to start, still ticketless. One media sequence would be shot in RTÉ as the special programme on television is prepared; people arriving, the studio, the hospitality room and the general nervousness of the atmosphere. The other one would be shot in a newspaper office and printing-works, as the paper is printed, comes off the machine, is parcelled and sent down the country in vans and trucks and taken on to the streets by the newspaper vendors who race around the pubs selling. The streets filling up with wandering fans wearing favours would be another element. This wandering up and down O'Connell St, shouting slogans, greeting friends, trying to find space in the pubs, starting sing-songs, trying to get into the lobby of the Gresham Hotel where tickets are to be had folklorically, is a distinctive element of the Saturday night before the final. There is a lot of material here, as crowds collect outside discos, nightclubs and other places of entertainment.

The formal side of the night would be the dinner for the veterans. This would not be difficult to shoot and could be introduced towards the end of the sequence, not in one piece but in flashes, concentrating on the veterans and the social aspect of the event. It would be interesting to see how many women are present and, if the numbers warrant, to highlight that.

At this point I see this section of the film ending as darkness falls and people leave different places to go to bed, car doors bang, dogs bark at Croke Park, people shout farewells, the occassional drunk howls, the discos empty, the guests leave RTÉ and the city is silent.

Sunday Sequence

Darkness turns gradually to dawn and we have morning noises, with the emphasis on church bells, more newspaper deliveries, people going to the early Masses, cars with colours start coming into the city, the first trains arrive, a plane from Britain arrives in Dublin Airport, shops and cafes begin to do business.

The hotels come to life. People eating breakfast, with varying degrees of enthusiasm. The ticket seekers begin the last quest and this theme is continued right through until the very end.

The sellers of favours take up positions, as do the car park attendants, the buskers, the sellers of fruit and chocolates, the Garda Síochána being alloted and taking up their duties (checking that people have tickets at barriers etc.), the programme sellers (official and unofficial), chipper and burger stand operators and anyone else who catches the camera's lens.

If posible get shots of one of the teams leaving their hotel for a walk in the Phoenix Park. Very discreet and peaceful.

Some families come prepared and have their picnics out of the boot, sometimes as close to Croke Park as Mountjoy Square. It is important to highlight the children; particularly children trotting and dragging their parents towards the stadium.

The pubs open and in the vicinity of Croke Park (Hill Sixteen, the Sportsman's etc.) soon overflow on to the street. Much animated conversation.

This, as well as other scenes, will show how the opposing teams' fans intermingle and indulge in banter about the outcome.

Film on board one of the coaches taking pub customers to the game.

There ought to be a sequence: the Burlington, the Gresham, Barry's and the Castle.

People often forget those who actually live in the little streets around Croke Park and who spend every All-Ireland day virtual prisoners in their houses; looking out at the throngs marching past.

People coming out of the last Masses, particularly the Pro-Cathedral, reading the papers. Perhaps, at some stage, a montage of headlines predicting the result should be given.

Queues form at the Canal End and Hill Sixteen.

The RTÉ radio programme on the match comes on the air from Donnybrook.

The Artane Boys Band arrives at Croke Park.

The stiles and gates open and the crowd surges forward as the stiles begin to click.

Sequence of feet quickening pace, people breaking into a trot, heading for Croke Park.

The minor teams arrive. Close-ups of young tense faces. VIPs arrive and are ushered through the barriers by Gardaí.

The senior teams arrive.

The last stragglers arrive and the streets around Croke Park are gradually deserted. Also film the streets at some distance from the staduim showing the same thing.

Shots of gates of Croke Park closed at Canal End and elsewhere.

Shots of hotels and bars seen previously, now empty except for people watching television coverage of the game.

Film at various points outside Croke Park as the parade is taking place inside, then the National Anthem and then the start of the game: referee's whistle and sustained roar of crowd.

Nótaí

1 Litir chuig Nuala Ní Dhomhnaill Meán Fómhair 1980

2 Maeve Binchy

3 *Sunday Press*, 26 Eanáir 1986

4 Buíochas le Seosamh Ó Cuaig i gConamara, le Jenny Farrell i nGaillimh agus leis an Dr Hanna Behrend sa nGearmáin a chabhraigh liom teacht ar roinnt de chairde Bhreandáin sa nGearmáin.

5 Gordon Schnell, fear céile Mhaeve Binchy

6 *Scéala Éireann:* 4ú Bealtaine 1982

7 *Over the Bar:* 138

8 *Briseadh na Teorann* (177-8)

9 *Comhar:* Samhain 1960

10 *Comhar:* Meán Fómhair 1978

11 *Over the Bar:* 211

12 *Over the Bar:* 213-214

13 *The Irish Times:* 1 Meán Fómhair 1984

14 *Ciarán Fitzgerald agus foireann Rugbaí na hÉireann.*

19. The Begrudger's Guide agus This is Ireland

> . . . our own gentry, i.e. the crooked builders and other fly by night
> chancers who were given the opportunity of robbing and swindling
> their own . . .[1]

Bhí *Drink the Maddening Wine* fós ar na bacáin ag Breandán agus i mí
Iúil 1984 chuir sé an litir seo go Londain chuig Christine Green, a
ghníomhaire scríbhneora:

> Dear Chris,
> This piece should give you a taste of what the finished book will be like . . .
> This means that we are well inside the target area for, barring accidents, I hope
> to be finished well before the end of the month and the text can be made up
> in pages immediately. I am still bearing up under the strain of producing 15
> finished pages a day but will probably wilt as I see the end in sight.
> Your own judgement will be important. If you can relate to the narrative
> and enjoy it then we are on the right track. Please let me know . . .
> All here delighted that you are coming for Merriman. Regards to Andrew.
> Look after yourself.
> Love, Breandán.

Tháinig Christine Green chuig Scoil Shamhraidh Mherriman agus
bhain sí sásamh as, mar is léir ón litir seo uaithi:

> 12 September 1984
> Dear Breandán
> I felt as though I were going down for the third time but I have just
> surfaced long enough to thank you and Catherine for all your wonderful
> kindness. Don't ever tell anyone here, but I always feel petted and
> cossetted and spoilt when I come and see you and the family. This has to
> be kept secret, otherwise there will be office expeditions very soon, and
> not long afterwards you will find yourselves hosting the Dublin
> International Book Fair . . .
> Lots of love, Chris.

I mí Feabhra na bliana 1985 chuir Breandán creatlach an leabhair *The Begrudger's Guide to Irish Politics* chuig Philip McDermott ó Ward River Press, an fear a d'fhoilsigh *Over the Bar* an bhliain roimhe sin:

What I have in mind is a book of between 60,000 to 70,000 words on the history and condition of Irish politics, from 1922 to the present day, from the view-point of the typical Irish cynic – usually called a begrudger – who believes in his heart that we should never have been allowed to govern ourselves.

The following rough draft of an introduction will give an indication of what I have in mind and establish its general tone:

The morning after the Anglo-Irish Treaty of 1922 was signed in London, the Parish Priest of a small parish in West Cork was returning home from church, after Mass, reading *The Cork Examiner.* It was a great day for Ireland, no doubt. Mick Collins and the boys had pulled it off. Old Ireland was free at last.

He exorcized the last lingering memories of the sermons he had preached in the recent past excommunicating them by bell, book and candle as double-dyed murderers of the legal forces of law and order and set his features in an ecstatic smile.

Then, out of the corner of his eye, he saw the village blacksmith walking slowly up the opposite side of the street to his forge.

'Good morning, Con. A great day for Ireland, thank God!'

'Good morning, Father,' muttered the blacksmith, without any enthusiasm whatever, 'I suppose it is a great day for some.'

'Oh come, come, my good man. Cheer up and celebrate Ireland's freedom. The best days are yet to come.'

'Not for me, Father. It was the gentry kept me going and what's left of them are going to leave the country now. Ireland may be free but I'm ruined.'

'Now, Con, my good man, listen to me. Everything will be all right. We are going to have our own gentry now.'

And with those words of hope the Parish Priest sailed off to his breakfast. The blacksmith shook his head slowly and silently but as he turned to go he was heard to mutter: 'Our own gentry? We will in my arse have our own gentry.'

The book would go on to examine the blacksmith's thesis under various headings. One would have to start with the Civil War and its aftermath and then outline the genesis of the main political parties, the lack of difference between them and the various personalities who led them, up to the present time.

This section would include some interesting highlights. For example, W.T. Cosgrave's first visit to the Vatican, surrounded by his own bodyguard with guns drawn and refusing to discuss anything but religion with the Pope ('In our house we always called St Anne 'God's Granny'! Was that a sin for us, Holy Father?'); De Valera taking the oath of allegiance to the British Crown and stating that it was not an oath at all and the consequent growth of perjury nationally; the rise and fall of the Blueshirts; De Valera using the IRA to get into power and then sending for Pierpoint to hang some of them ten years later; the Labour Party's role as a prop for reactionary governments; the Emergency and the men who joined the Irish Navy rather than the infantry so that they could cycle home to their tea every evening; the advent of Seán Lemass as Taoiseach and the arrival of our own gentry at last, i.e. the crooked builders and other fly by night chancers who were given the opportunity of robbing and swindling their own instead of having to go to Britain to do it to strangers; Jack Lynch, the first Free Stater to lead Fianna Fáil, and his vision of Ireland; Haughey, the heel at the hunt, and Fitzgerald, the man with the bogus halo, the two sides of a false coin . . . and much more.

There would also be a section under the general title 'Some Sacred Cows and a rare flock of Bullocks'. This would deal with the Catholic and Protestant Churches, the Irish Language, Divorce and Sex generally, the GAA, Dr Noel Browne, the IRA and more.

The Northern situation would be dealt with under the heading 'A Sacred Cow Apart: that crowd up there.' This would deal with all obvious aspects of the situation, particularly the priest-ridden Protestants and a religious conflict in which neither side wishes to convert the other to its point of view. Various solutions to the problem would be put forward, including that suggested by a Deputy Martin Corry of the Fianna Fáil Party, in the Dáil in the mid-thirties: 'south-westerly wind and poison gas.'

Another section would deal with Dáil Éireann under the heading 'Compliments Pass when the Gentry Meet' which would be a collection of

the choicest nonsense from debates over the years. One example will
suffice here. It is from a debate on the price farmers were getting for their
sugar beet. The speaker was an Old IRA-man from a rural constituency:

'That foreign sugar was imported at £12 a ton higher than the price of the
best white sugar leaving our own factory. When I saw the imports and the
price, I went to the then General Manager of the Sugar Company, General
Costello, and I said: 'We never fought in this country to have a foreign
nigger getting £12 a ton more for his sugar than an Irish farmer.'

At this stage that outline will suffice. The only matter of urgency, if it is
decided to proceed with the book, is the matter of research. That applies
mainly to the Dáil sequence as I have only skimmed the surface of what is
a goldmine; with a deal of deadly dull dross in between.

I would be in a position to start work in May and deliver the mss at the
end of August: naturally, portions of it would be available before that date
which would be the deadline for the last chapters. When we take a
positive decision I will lay out a more precise plan, but the general outline
will be as outlined here. The tone will be that of the confirmed cynic
kicking all arses without fear or favour . . . but well within the laws of libel.

Níor scríobhadh an leabhar i samhradh na bliana 1985 mar a bhí
beartaithe ag Breandán, agus ní leisce ba chúis leis – rud a chuireadh sé
ina leith féin go minic. Bhí míle rud eile idir lámha aige, idir agallaimh,
altanna, léirmheasanna, agus chláracha raidió idir Bhéarla agus Ghaeilge
ar Raidió na Gaeltachta agus ar Raidió RTÉ. Bhí an clár raidió 'To-Day
at Five' ar RTÉ ón mbliain 1984, a raibh Cathal Goan, Ronan
O'Donoghue agus Ed Mulhall ina léiritheoirí air. D'iarr Ed Mulhall ar
Bhreandán mír a sholáthar go rialta dóibh uair sa tseachtain agus chuir
Breandán achoimre ar na nuachtáin áitiúla le chéile, ar ar tugadh 'The
Hidden Ireland'. In aiste dar teideal 'Two Hurlers on a Ditch' a scríobh
Ed Mulhall san iris *Letters from a New Ireland* faoi Bhreandán Ó hEithir
agus faoi John Healy go gairid tar éis a mbáis, deir Mulhall:

Some in RTÉ objected to the title 'The Hidden Ireland', calling it patronising.
That, of course, showed a lack of understanding of the Corkery connection
where the Hidden Ireland was the hidden treasure of native Irish literature,

and to assume that Ó hEithir would have a Hall's Pictorial approach to the provincial press, picking just the quirky and the extreme. This was not Ó hEithir's approach. While always humorous and alert to the unusual, he used the piece to underline various issues and views that might have been ignored by the national press. Thus the picture of the right to life and divorce referenda were very different when viewed from the 'Hidden Ireland', likewise the effect of Winter storms, health cutbacks and emigration.[2]

Fuair Christine Green scéala ó Philip McDermott i bPoolbeg Press, i litir dár dáta an 7ú Eanáir 1986, go raibh *The Begrudger's Guide to Irish Politics* ar an mbealach agus an conradh sínithe:

I spoke to Breandán today so that he and I are at one on the book and everything else. With this letter I am returning the signed agreements. You will notice that I have replaced Ward River with Poolbeg Press; that is because we intend to concentrate our efforts on building one imprint, i.e. Poolbeg Press, rather than two.

Thug Breandán cuairt ar Londain agus ar a sheanghnáthóg, the Irish Club, mar is léir ón litir gan dáta a chuir sé chuig Christine Green am éigin i mí Eanáir 1986. Bhí caint ar eagrán nua de *Over the Bar* i gcomhair na Nollag dár gcionn agus bhí Philip McDermott ag iarraidh ar Bhreandán leabhar beathaisnéisiúil i mBéarla faoi Árainn a scríobh dó:

Dear Chris,

Thank you very much for one of the nicest nights out I had in a long time. By the way, did I seem somewhat glasseyed to you? When I got into the Irish Club I met Anthony Cronin in the lobby and he said 'By Jesus, you have the flu. Get away from me.' I thought he had gone back on the bottle but when I woke in the morning I changed my mind. I just about made it home before falling into bed with a burning throat and wobbly knees. It lasted two days and now I am as right as rain.

I rang Jim Downey today and told him I was giving up the column (as well as giving your regards) and he replied 'Has the bean baron bought you too?' This reference which made no sense to me referred to the departure from *The Irish Times* of Conor Cruise O'Brien, having been offered more money by the Irish Independent and Tony O'Reilly being the bean baron. The paper will have a job finding another southern Unionist to replace him, not to mention an acceptable Northern one. I have half a mind to write to Gageby and suggest Gerry Adams as a substitute.

Now for my questions . . . Has 'Lead us into Temptation' gone out of print at last? . . . Next, when does Philip pay us the remaining royalties on 'Over the Bar' and what changes in presentation would you suggest for the new edition he plans to bring out at Christmas next; apart from the cover and a special preface? Finally, he has been making noises about an autobiographical book dealing with my boyhood and youth in Inishmore. I have other ideas.

I will ring you in a week or two. Again, many thanks for a most enjoyable night and keep on taking whatever it is has you looking so wonderful.

Love, Breandán.

Ainneoin ar dhúirt sé sa litir sin thuas, níor éirigh sé as a cholún seachtainiúil san *Irish Times* go dtí Meán Fómhair na bliana 1989 agus, ansin féin, scríobhadh sé alt don pháipéar ó am go chéile go dtí deireadh mhí Iúil 1990, trí mhí roimh a bhás.

Bhí Michael O'Brien ó 'The O'Brien Press' i Ráth Garbh i mBaile Átha Cliath ag caint le Breandán timpeall an ama seo faoi leabhar nua i mBéarla ar a dtabharfaí *This is Ireland*. I litir chuig Christine Green, dár dáta 19ú Bealtaine 1986, bhí conradh faoi iamh agus an t-eolas seo a leanas:

Dear Chris Green,

. . . We proposed a book to Breandán Ó hEithir. I am not sure if he has mentioned it to you but I will outline it as follows:

The idea basically is to produce a short (about 96 pages) general introduction to Ireland which would describe the cultural, political, historic background to the country and give a certain amount of up to date factual information.

He is very keen to produce this for us and indeed has produced one short piece to demonstrate the style and possible content.

I thought the best thing might be to enclose a draft contract . . .

I look forward to hearing from you soon.

Yours sincerely,
Michael O'Brien
The O'Brien Press.

Phléigh Breandán agus Philip McDermott aistriúchán Béarla a dhéanamh ar úrscéal Phádraic Uí Chonaire *Deoraíocht* agus tá an tagairt seo a leanas ag Christine Green, i litir dár dáta 11ú Meitheamh 1986 chuig Poolbeg Press:

I am seeing Breandán this week – he is in London at the moment. Have you discussed with him the fee for the translation of the Pádraic Ó Conaire story? Would you like me to suggest a figure to you? In order to do that I shall, of course, need to know the length of the story . . .

D'fhreagair Philip McDermott, i litir dár dáta 16ú Meitheamh 1986:

Dear Chris,

. . . Obviously when you wrote to me you had not spoken to Breandán because he was to speak to you about the Ó Conaire story which we have paid him for. He and I agreed on book three, a biography a la *Over the Bar* but set in the Aran Islands during the period he lived there. We want to publish in October 1987 and he is to write as the time suits him best during the coming winter/spring. The payments will be as before and timed to suit his needs and his writing time.

Glad you liked the two new jackets. I would have died if you hadn't. We have discovered a great new talent, John Short, a native of Edinburgh who lectures in the Graphics Dept. of the School of Marketing and Design in Dublin. I am pleased that he is taking these two jackets to show London publishers during July. But wait until you see the one he has done for *Over the Bar*, and the one Martyn Turner (*The Irish Times* cartoonist) did for *The Begrudger's Guide to Irish Politics*. Proofs will be ready in about a week . . .

Yours sincerely,
Poobeg Press Ltd.
Philip McDermott.

Bhí trácht ar leabhar eile fós, ar a dtabharfaí *Murder Most Irish*, sa gcéad litir eile ó Christine Green chuig Poolbeg Press, dár dáta 26ú Meitheamh 1986:

Dear Philip,

. . . Breandán also told me about the arrangements you have made for the translation, so I am glad that is settled. I am not at all sure though, from our discussion, that he is keen to do a book on the Aran Islands yet. We did, however, have a preliminary talk about another idea that he has on Irish Murders, which he seemed very keen on – as did I! I think this should definitely be the next Ó hEithir title and I know you will agree that this is a book Breandán would do splendidly . . .

Yours ever,
Christine Green.

Is go Páras a sheol Christine Green an chéad litir eile chuig Breandán i mí Iúil 1986. Bhí a bhean chéile, Catherine, curtha fúithi i bPáras ó Eanáir na bliana sin agus í ag múineadh Béarla ansin; bhíodh Breandán anonn agus anall, cé gur i mBaile Átha Cliath a bhíodh sé an chuid ba mhó den am. Ní hé amháin go raibh nádúr ag Catherine le Paris, an chathair inar rugadh í, ach bhí a máthair ag múineadh Béarla ansin ó fuair athair Chatherine bás:

I went on the 6th of January. I had a bedsitter in the very centre of Paris and in fact it was so small that I couldn't even ask Breandán to sleep in the place when he came over first. So I booked into a hotel across the street and Máirín came up from Rennes and she stayed in the bedsitter while Breandán and I stayed in the hotel. This is the same hotel the Mac Aonghusas stay in now. Then in April I found a flat outside Paris.
Breandán used to come over for maybe six weeks or maybe three months at times. He would go back to Ireland and work for six weeks there and then come back again for three months or so. His work was in Ireland of course and there was the question of maintaining a residence in Ireland for the purpose of tax immunity or exemption or whatever. I used to get up

and go out teaching. He would start work at about 9 am and would work till about 2pm. He would then go off and walk and would come home at about 7pm for his dinner. He got to know Paris better than I ever did; I used the underground all the time. He would come home full of stories of people he had seen and things he had seen and films he had been to and conversations he had had. I was always intrigued about the conversations because Breandán never learned any French. I would say: 'Did all these people speak English?' And he would say: 'No. Not at all. They spoke French. I spoke broken English, broken German and the odd word of French I have.' Anyway, they seemed to be lively conversations.

Cuireadh agallamh fada ar Bhreandán ar an *Late Late Show* ar RTÉ ar an dara lá de Bhealtaine 1986 agus nuair a d'fhiafraigh Gay Byrne de, i nGaeilge – rud ab annamh leis: 'Canathaobh go bhfuil tú ag imeacht go Paris?' d'fhreagair Breandán: 'Mar go bhfuil mo bhean imithe go Paris! *It is something she always wanted to do, to work and live in Paris. She is teaching English over there . . .*' Nuair a fiafraíodh de an dtaitneodh sé leis a bheith ina chónaí i bPáras dúirt sé, '*I was very dubious in the beginning. I did two reckies and the more I saw of it the more I thought it was a good idea. I'll be back and forth. I have work to do here still. I'm doing a documentary with Muiris Mac Conghail on my native island, Inishmore, some time in the Spring . . . and there are other things . . .*'

Luaim an t-agallamh ar an *Late Late Show* go speisialta mar nuair a chuir Gay Byrne an cheist mhioscaiseach air: '*Are you fed up talking about the Irish Language? You are supposed to have strong feelings about it?*' sheachain Breandán aon chonspóid, mar a sheachnaíodh sé i gcónaí i gcomhluadar, agus dúirt sé an méid seo de ghlór séimh:

I have strong feelings, naturally enough. It is part of me; it would be funny if I didn't. I don't argue anymore about it. As far as I am concerned it is up to other people now. I have done the only thing anyone can do; I have passed it on another generation; my four children have it. And that is that. There will be enough of it around for the rest of my natural life anyway. Sometimes the glass is half empty; somethimes the glass is half full. I think the strongest argument for its retention or its revival or whatever you want to call it was made by Myles na gCopaleen in an essay which is in *The Best of Myles*, an article he wrote attacking the editor of *The Irish Times*, Smylie, who had written in a leading article: 'Why don't we spend the money being spent on the Irish language on the abolition of the slums of Dublin?' And Myles said: 'Why can't we do both, and do lots of other things as well?' And in fact maybe a country that hasn't the will to retain its ancestral language mightn't have the will to improve Dublin or the slums either. God Knows! Look at Dublin!

Dea-scéala faoi leabhar na ndúnmharuithe a bhí ag Christine Green dó, ina céadlitir go Páras chuige:

22nd July 1986

Breandán Ó hEithir
9 rue L.M. Nordmann
92250 La Garenne-Colombes
France

Dear Breandán,
I had a nice letter from Philip[3] the other day; he is very keen on the idea for Irish Murders. All I need to establish is how long it would take to write, and when you think you can reasonably deliver a finished manuscript. He is thinking in terms of a Spring '87 delivery with publication in October. This sounds highly optimistic to me; can you propose some dates yourself? I will send on the O'Brien contract in the next couple of days.
How is summer in Paris?

Lots of love, Chris.

Go gairid ina dhiaidh sin – roimh dheireadh mhí Iúil 1986 is cosúil – tháinig an litir seo ar ais uaidh as Páras:

9 rue L.M. Nordmann,
92250 La Garenne-Colombes,
Wednesday

Dear Chris,

Just a line to keep you up to date on happenings. I have settled in and am working well. It was difficult at first to adjust to the small flat after having a huge house all to myself, almost, for the previous six months. However, Catherine is out for most of the day and I sit here typing away. I have the British Council library in America House, as well as the Pompidou Centre, for research and a change of location. Catherine is well but very tired and a little apprehensive about the final phase of surgery. She will be in Dublin for the month of August and the change will do her good.

I had a card from Philip yesterday from Connemara where he is on holiday. He had just had your letter and he seems very happy with our suggestion. He is all for signing contracts etc. The situation with the 'Begrudger's UNO What' is good. Margaret Daly was here at the week-end and I sent the first third of the mss. home with her on Monday. The next third will follow at the week-end and by mid-week the final section will be on its way. It only takes 2 days for the air-mail express letter to get from here to Dublin. It means, in short, that the whole thing will be with the printers long before the end of the month, so there should be no problems. My only fear is that it should contain anything which events, between now and October, would render meaningless. For that reason I have to write very carefully when dealing with contemporary events, such as the Referendum. There was also a rumour that Garret was going to resign, but it now seems clear that this Government will hang in there until an election is inevitable, i.e. September/October 1987.

I am happy with the book; it is very amusing in parts, serious in others and it contains a lot of information not available elsewhere. The cover is excellent, I think.

In a week or two would you send me a copy of our agreement with O'Brien. As soon as I have finished the 'Begrudger's' I want to send them my plan and as soon as I hear back from them I think I'll write the damn thing and be finished with it. I shall not tell them that tho'!!

So now back to the grindstone! I meant to tell you in London, but the day was so pleasant and relaxed that it slipped my mind, that I have been working on one or two stories – short stories – which I will send on in due course. One of them is good, I think, but a bit on the long side. Mind yourself and keep in touch. Paris looks lovely but tourists are few and far between and everyone is complaining. I must say that I'm not. Now to finish my account of literary censorship in Ireland. It is strange to realise how much everyone thought Ireland had changed in the 60s and to find out how little it really changed under the veneer, much of it applied by the media, particularly television. Most of the programmes certainly do not reflect majority opinions in the country, nor do the crusading programmes seem to affect opinions that much. N (cara leis) told me that the *Late Late Show* on divorce was a 10-nil win for the Pro-Divorce people; then it transpired that she didn't even vote! All grist to the begrudger's mill.

Love to you Miss, Breandán.

Tamall ina dhiaidh sin arís tháinig litir eile gan dáta ó Bhreandán i bPáras:

> 9 rue L.M.Nordmann
> 92250 La Garenne-Colombes
> Tuesday

Dear Chris,

Just to keep you up to date. The 'Begrudgers' is set and I have already corrected half the proofs; the other half should be here in the morning. After that it should be in the shops by the beginning of October as the cover is already printed. Philip rang up and seems very pleased.

I sent an outline for the O'Brien Press back to Michael O'Brien last week for his comments and suggestions. As soon as I hear from him, all being well, I hope to get stuck into it. That's why I would like a copy of the contract as I have actually forgotten what size of book I have contracted for!

. . . It is cooler here now than it has been since April and I find it much better working weather, although not so pleasant for those on holidays.

> Mind yourself,
> Love, Breandán.

Dhá litir eile, gan seoladh ná dáta an uair seo, cé gur léir ón téacs go bhfuil sé fós i bPáras. Is léir freisin gur ag iarraidh brostú leis an leabhar *This is Ireland* do The O'Brien Press atá sé:

Monday[4]

Dear Chris.

Got your letter this morning. Paris is very clammy and the night air is full of little midges seeking whom they can consume. Catherine goes home next Wednesday week to have the last (we sincerely hope) operation and I stay on here to play more music on this machine. I sent the first ⅔ to Hilary O'Donoghue and it is with the typesetter. She is on holidays this week and the last ⅓ will await her on her return. We have decided to have teaser-type chapter headings which I will work on when the text is finished and everyone is happy. It is great having the cover printed. The new edition of *Over the Bar* should be in the shops next week also.

About the Murders . . . Philip's (Poolbeg Press) scenario is indeed optimistic. This is the situation. The research will have to be done in Dublin and will take some time . . . Let's say a month at least . . . After that there is the writing which will take six weeks to two months, depending on the size of the book. There are no transcripts of evidence except in cases which went to appeal, so it would mean having to read a lot of newspapers, national and local.

What I suggest is that Philip fixes his mind on the size of book he wants; then on number of murders. Then I make my choice. That will not be all that difficult as there are some obvious ones . . . the Missing Postman, Kirwan who killed and butchered his brother, etc . . . and the research could then commence. I could get some of the work done while I am still here but ideally I would have to be in Dublin for most of it. So, taking into account the O'Brien book,[5] *Drink the Maddening Wine* which I must finish before I start on anything else, and about 5 stories that I hope to have with you before Christmas, I cannot see myself delivering this murder book before September/October. However, it would be just as well to have the specifications worked out in advance and the legal side of things cleared up (How free is one to write about a murder where people are acquitted and still name the names? The men charged in connection with the Missing

Postman took money off *The Irish Times* not so long ago although Conor Brady, who wrote the piece, thought he was in the clear). So let's settle for a September/October *delivery* of a 90,000 word book, all things being equal? I will not be free to do the research before June next, but would hope to pick my murders at Christmas when in Dublin.

Back to the politics for the final lap – a pleasant feeling. With luck we should wrap up the O'Brien book quickly. Between the Embassy and the Pompidou Centre and the British Council Library (when it re-opens after *8 weeks* holidays) all necessary facts should be available.

Catherine sends her love. Will get in touch as soon as this latest ordeal is over. Thanks for everything. Breandán.

Monday. Post-Phone-Call.[6]

Dear Chris,

. . . I would be just as pleased to get this thing over with for two reasons: all the historical, social and cultural stuff is fresh in my mind after the 'Begrudgers' and I could also do with the advance as I have not been earning anything for the last three months. All the reference books I would need are in the British Council or the library in the Pompidou Centre. See you in early November if not earlier, depending on how the taxman jumps. The weather here is very cold and even the brass nails on the Rue St Denis have track suits on.

Love, Breandán.

I mBealtaine 1987 chuir Breandán cuntas gairid ar cheann de na scéalta don leabhar *Murder Most Irish* chuig Philip McDermott i bPoolbeg Press, mar aon leis an gcreatlach seo a leanas don leabhar féin:

The book would cover in detail some ten or twelve Irish murders of different kinds, both solved and unsolved, committed since the foundation of the State in 1922.

It would start with an introduction, in the form of an essay on Irish murders: what their peculiar distinguishing marks are, what effect the country's political and social history has had on crime, the reasons why certain types of murder still arouse such interest in spite of such widespread killing in Northern Ireland since 1972, and why newspapers in the past devoted such space to murders which had little or no sexual content. The introduction would refer to murders not covered in detail in the book and, in the case of political assassination, to murders committed before the foundation of the State and outside Ireland (as in the case of Sir Henry Wilson).

There follows a synopsis of that introduction as well as a short account of one of the most interesting murders, still officially unsolved but unofficially resolved to the satisfaction of most; that of the Missing Postman of Stradbally, Larry Griffin.

The length of the book would depend on the number of murders finally selected. The introduction would run to at least 5,000 words. The full cooperation of the Public Records Office in Dublin is available in the examination of material. It is also possible to copy, or photograph, some of the more interesting exhibits retained there. The only material not available is the evidence given before the Military Tribunals set up to try members of the IRA at various stages of the State's history.

In the case of some murders it would be desirable to visit the localities and to record what effect, if any, the event has had on present-day life. The actual writing of the book would take between four and five months after agreement on publication had been reached. Some of the preliminary research has already been organised.

Breandán Ó hEithir, May 1987.

Is é cás Larry Griffin, an fear poist as Coill Mhic Thomáisín i gContae Phort Láirge, a facthas go deireanach sa Sráidbhaile, ocht míle as Dún Garbhán, Lá Nollag 1929 agus nár fritheadh a chorp riamh, is mó a raibh suim ag Breandán ann agus is mó a raibh eolas bailithe aige faoi; bhí sé ag bailiú eolais freisin faoi fhear poist eile a d'imigh ar throigh gan tuairisc i gCill Mhichíl i gContae an Chláir i 1926:

> Larry Griffin left the village of Kilmacthomas in County Waterford where he lived with his wife and two children, on Christmas Day 1929, in his postman's uniform and on a bicycle, to deliver mail in the Stradbally area about ten miles away . . .

Larry Griffin was a former British soldier who had served in South Africa and France and had a reputation for conviviality. His round was a long one and as it was Christmas it was customary for each family visited to treat the postman to a drink. As Larry was unlikely to refuse the seasonable hospitality his family were not worried when he failed to return that night, particularly as the weather had been stormy. They assumed that he had stayed in one of the houses where the effect of the day's hospitality might well have overcome him. The following morning, however, when his bicycle and cap were found on the roadside, a mile on the Kilmacthomas side of Stradbally, the search for him began and the affair became increasingly mysterious . . .

Ag deireadh an chuntais a sheol Breandán chuig Poolbeg Press i gcomhair an leabhair, tá an píosa spéisiúil seo a leanas:

For all it's worth, I conclude this outline of the case of the Missing Postman with my own tuppence-worth. During the election campaign of 1986 I was employed by *The Irish Times* to do a daily sketchbook on the election in the hidden Ireland from various parts of the country. While in Waterford I came across a candidate who was campaigning for an unknown Christian Party on a bicycle. My efforts to catch up with him failed near Bunmahon and in the following day's sketchbook I reported that it would not be wise to ask anyone in that area if he had seen a man on a bike in view of what happened in the area in 1929.

That day I went through Stradbally on my way to Cork. It was early and Whelan's pub was not long open when I stopped my car on the other side of the road. I got out and stood looking at the pub, which is beside the Garda station. A man came along the street reading the front page of *The Irish Times*. As he passed me I saluted him and as he replied he gave the double-take which signified recognition. My photograph appeared with my sketchbook every day and I am fairly well-known from my television days. The opportunity was too good to miss so I said:

'Was it upstairs or downstairs it happened?'

He merely quickened his step, but when he was well away from me he tossed a remark over his shoulder in my general direction.

'I think it might be a good idea for you go fuck off out of here.'

As I drove away I noticed people coming to the door of the pub to engage the gentleman in conversation. Familiar as I am with the long Irish memory and the persistence of happenings long ago, it came as a shock to receive such a positive reaction to an event which occured the month before I was born. It showed that things could never be the same in Stradbally.

More interestingly, from the practical point of view, is a late night conversation I had with a man in a hotel in Dungarvan about twelve years ago. We talked of the Missing Postman and how it was that the mystery and the fantasies had obscured the real tragedy suffered by the widow and orphans. The man agreed and said that to make matters worse the poor postman was buried within a mile of his own house and that all the draining and digging was caused by rumours deliberately spread at the behest of those who buried him. The man said that if I came with him he would tell me why, as well as show me the place.

He took his car and drove towards Kilmacthomas, telling me that part of the road was being tarmacadamed in 1929 and that only the soling (the large stones placed under the chips which were then tarred and steam-rolled) had been laid at a place where he would dip his lights, at the time of the disappearance. The body was concealed under the loose stones that night and was never moved at all. The County Council workers resumed work the day after St Stephen's Day and by the time the search had really intensified the steam-roller and the laying of the new surface had already moved on. What was there now was anyone's guess, he said.

Where he dipped his lights, but would under no circumstances stop the car – although it was past midnight – I could not now pinpoint with any accuracy. It was dark, the road was not one with which I was familiar and a certain amount of drink was consumed during the evening. I have not checked with Waterford County Council, or with the files of the *Dungarvan Observer*, if roadworks were taking place near Kilmacthomas in December 1929. It is rumoured that one of those involved spoke of the matter, during the last twenty years, and shortly before his death. It may be just another rumour and it really matters little any more. Larry Griffin's widow is dead, as are all those who were charged in connection with his disappearance, and his family and their descendants do not want to hear of the matter any more.

It is just that the Missing Postman of Stradbally will not really go away.

Ar leathanach scaoilte i bpáipéir Bhreandáin a raibh an ceannteideal 'Murder Most Irish' air, bhí an liosta ainmneacha seo a leanas, amhail is dá mbeadh sé i gceist aige iad a chur sa leabhar: Honor Bright; Mrs Hanly (cúisithe faoi dhúnmharú a fir le nimh i gContae Ros Comáin i 1934); Bernard Kirwan; Maurice Moore; George Plant; Charlie Kerrins; More O'Farrell agus Honor Crowley. Bhí eolas bailithe freisin aige faoi dhúnmharú an Aire Dlí agus Cirt, Kevin O'Higgins, i mBaile Átha Cliath i 1927, fear nár cúisíodh aon duine riamh ina bhás; agus faoi dhúnmharú Robert Bonfield, mac léinn fiaclóireachta scór bliain d'aois as Baile Átha Cliath i 1923, fear nár cúisíodh aon duine ina bhás ach an oiread, agus a raibh An tUachtarán, Liam T. Mac Coscair agus an tAire Tionscail agus Tráchtála, Seosamh Mac Craith, ar na príomhphearsana sa gcás.   D'fhoilsigh Breandán aiste iriseoireachta faoi dhúnmharú Robert Bonfield in *Combar* mhí na Samhna, 1976, agus d'fhoilsigh *Combar* an aiste an athuair i mí na Nollag 1990, tar éis bhás Bhreandáin. I gCiarraí a tharla trí cinn de na dúnmharuithe a raibh sé ag obair orthu: 'Cás Mhoss Moore' a thugtar go coitianta ar cheann acu, 'Cá bhfuil sé?' ar cheann eile acu agus 'An turcaí sa tobar' ar an tríú ceann, faoi fhear a raibh Ó Floinn air, ó cheantar Chill Airne. Bhí agallamh an-bhreá ag Mícheál Ó Sé le Breandán ar Raidió na Gaeltachta faoi na dúnmharuithe Ciarraíocha seo, mí sula bhfuair Breandán bás.

Nuair a lorg Breandán eolas ar an bpobal tríd an *Irish Times*[7] faoi roinnt de na dúnmharuithe seo, fuair sé roinnt litreacha spéisiúla; ina measc bhí 'The Ballad of Honor Bright', a tháinig ó fhear a bhí ina shaighdiúir óg i bPortobello i mBaile Átha Cliath i 1925 nuair a fritheadh corp na mná óige a bhí ina striapach i mBaile Átha Cliath ag an am, agus piléar trína ceann. I sléibhte Bhaile Átha Cliath, in áit a dtugtar Ticknock air, a fritheadh an corp agus is í an líne dheireanach den bhailéad: 'The road that leads to Ticknock is the road that leads to hell.'   Chreid Breandán gur thug na dúnmharuithe éagsúla seo, go háirithe na dúnmharuithe polaitiúla, léargas áirithe ar staid na tíre ag an am – léargas nach bhfaightear go hiondúil i dtráchtais a bhaineann le pearsain aitheanta i bpolaitíocht na linne.

Nuair a bhíodh Breandán i Londain théadh sé ar cuairt chuig Áine Ní Chiaráin agus a fear, Séamus O'Hara, a raibh cónaí orthu i Neasden idir

1986 agus 1989. Thugadh sé cuairt orthu nuair a bhí cónaí orthu i Maigh Eo roimhe sin agus i mBearna i gConamara roimhe sin arís, agus bhí aithne mhaith ag na gasúir air, go háirithe an mac is sine, Ciarán. Chuir Breandán glaoch ar Áine as an Irish Club i Londain lá agus dúirt sé go raibh sé ar a bhealach amach chucu i Neasden:

> Bhí muid uilig ag fanacht leis agus b'fhada leis na gasúir go dtiocfadh sé. Bhí aithne mhaith ag Ciarán air; bhí sé thart ar aon bhliain déag ag an am agus bhí sé an-cheanúil ar Bhreandán. Bhíodar ag éirí mífhoighneach ag fanacht leis, ach sa deireadh d'aithníodar an caipín speiceach dubh ag teacht aníos an bóthar. Bhí mála milseán sa seaicéad mór aige agus bhí an-fháilte roimhe! Agus dúirt Ciarán: 'Cá raibh tú?' Agus bhí timpeallán nó *roundabout* mór millteach i Neasden, agus istigh i lár an timpealláin bhí an teach mór millteach seo agus museum a bhí ann. Ní raibh muide tar éis aon chuairt a thabhairt air go fóill ach bhí Breandán tar éis cúpla uair an chloig a chaitheamh ann, mar an fear a mba leis an teach i dtosach bhí sé tar éis a chlann ar fad a mharú agus ba museum faoi mhurdair agus faoi mhurdaróirí a bhí anois ann! Sin é an fáth go raibh Breandán mall.

D'fhoilsigh Poolbeg Press *The Begudger's Guide to Irish Politics* i nDeireadh Fómhair na bliana 1986:

> . . . a political history of the Irish State since 1922 (with a glance over the border into the the northern one) exclusively from the begudger's point of view. As well as straying down some interesting byways of almost forgotten history, the guide deals in some detail with the great sacred cows and scrub bulls of Irish life: the Language, the Left, the Churches, the Arts, the *Meeja*, the Subversives and some other lesser-known animals. An acerbic look at past achievements and fiascos, the book is dedicated to those deluded souls who believe that this island has a foreseeable future.[8]

Bhí dearmad iomlán déanta ag formhór an phobail faoin am seo ar leabhar dar teideal *A Tourist's Guide to Ireland* a scríobh Liam Ó Flatharta agus a foilsíodh i Londain i 1929, inar thug an Flathartach go binbeach faoi cheithre aicme daoine in Éirinn agus iad ar fad ag tosú

leis an litir P: *Priests, Politicians, Publicans* agus *Peasants.* Thosaigh
Breandán an *Begrudger's Guide* leis na sagairt freisin agus is fiú
comparáid a dhéanamh idir a chuntas féin agus cuntas a uncail Liam.
Mar a chonaic muid ón gcreatlach don leabhar a sheol sé chuig na
foilsitheoirí i mí Feabhra 1985, tosaíonn *Guide* Bhreandáin le blianta
corraitheacha an Chogaidh Chathartha:

> Another good reason for setting out from this point is that the strongest and
> most persistent political force in our State, the Catholic Church and its
> various layfronts and pressure groups, tightened its grip on the country's
> windpipe during these crucial years. We have not spent the recent past on
> the dark side of the moon and are fully aware that conventional wisdom
> would have us believe that this grip is more illusory than real in this
> swinging society with fifty per cent of the population under twenty-five
> years. We are constantly led to believe that because a large chunk of the
> population subscribes to no religious principles whatever, the power of the
> Church is probably less than that of the features pages of the *Irish
> Independent.* It may well be true that the majority of our citizens lack moral
> and social principles, and regard religion as a form of fire insurance, but it
> is very stupid to imagine that this weakens the political power of the
> Church. In fact it may even strengthen it.[9]

Os cionn 55 bliain roimhe sin scríobh Liam Ó Flatharta in *A Tourist's
Guide to Ireland:*

> The power of the priests in Ireland has always been very great, and it is still
> as great as ever. Those foolish people who say that the priests are losing
> their power make, in my opinion, a great mistake. Whenever the priests
> appear to be losing power it merely means that they are changing their
> outward appearance . . .
>
> In each parish there are two or three priests. One is the parish priest. He
> is the great and only power in the district. He is practically master of the
> body and soul of every individual. When they are born they are brought
> before him and he baptises them for a few shillings. When they begin to
> go to school they come under his supervision. He hires and sacks their

teachers at his discretion, very often at his whim. When they become striplings he watches them carefully lest they make love clandestinely. When they reach marriagable age he marries them for a few pounds. When they die he buries them, but before doing so, he levies a further toll in hard cash over their dead bodies . . .[10]

Cé gur mhinic Breandán agus Mick McCarthy, Léiritheoir in RTÉ, ag plé scríbhneoireacht Liam Uí Fhlatharta, ní raibh tada ráite ag Breandán le Mick faoi *A Tourist's Guide To Ireland* go dtí gur tháinig Mick ar an leabhar trí thimpiste ag ceant i dtús na n-ochtóidí. D'iarr sé ar Bhreandán láithreach coimriú a dhéanamh ar na ceithre chaibidil ghearra, le go léifí thar phictiúir iad ar chlár teilifíse ach, de bharr deacracht éigin faoi chearta, níor dearnadh an clár teilifíse riamh. Is as leagan coimrithe Bhreandáin a thóg mise an sliocht thuas, cé go bhfuil eagrán nua den leabhar curtha ar fáil ag Wolfhound Press ón mbliain 1998, mar aon le mórán eile de leabhair Liam Uí Fhlatharta a bhí as cló. Seo é an Réamhrá a scríobh Breandán don chlár teilifíse, tráth a raibh an leabhar as cló:

The year 1929 was one of the most prolific in the life of Liam O'Flaherty. It saw the publication of four books. 'The Mountain Tavern', a collection of short stories; 'The House of Gold', a novel based on the business empire of the McDonaghs of Galway; 'The Return of the Brute', a novel on the horrors of war; and 'A Tourist's Guide to Ireland'.

This small volume of 130 pages got little attention from the critics. It was remaindered, never re-printed and is now a collector's item. It was virtually ignored by Irish newspapers and periodicals and what attention it did receive was far from complimentary.

It fared somewhat better in Britain. 'The Times Literary Supplement', for instance, saw its real point, and was suitably appreciative: 'It is amusing to suppose an innocent and unsuspecting tourist, who has never heard of Mr Liam O'Flaherty, buying this book to assist him on his coming holiday in Ireland, to tell him all about the sights to see, the roads, the hotels, the rules for motors entering the Irish Free State. He will certainly receive a rude shock, but he will have no cause for grumbling. He will have got a little piece of literature, which is very unlikely he would have found inside the pages of a real guide-book, and more wit than there would have been in a hundred guide-books. He will find himself continually chuckling if he be a Saxon, but if an Irishman – supposing an Irishman to want a guide-book to Ireland – his amusement may possibly be mixed with anger.'

One example of that anger, undiluted by the slightest tincture of amusement, was carried around and frequently read aloud by Liam O'Flaherty. Although he held most critics of his works in low esteem, this very short notice, published by a paper in the west of Ireland, was a source of some amusement in later life:

'We have received *A Tourist's Guide to Ireland*, another scurrilous attack on this country from the pen of Mr Liam O'Flaherty; a man who has sold his native land for a lump of hairy bacon.'

O'Flaherty set out to reveal everything he found hypocritical and repellent in Irish life, public and private, so that the imaginary tourist could avoid being deceived and robbed. It was a device calculated to insult and enrage the self-conscious citizens of the infant state whose government had recently made censorship of publications one of its first cultural priorities. In fact, 'The House of Gold' was to have the distinction of being the first novel by an Irish author to be banned by the new Censorship Board for 'being in its general tendency, indecent and obscene.'

O'Flaherty began by examining and classifying those of the Irish people most likely to come into conflict with the tourist.'

Bhí Breandán an-chosúil lena uncail ina mheon ach bhí sé níos réasúnaí ná é ina chuid scríbhneoireachta. Amhail is dá mbeadh faoi a chruthú nach áibhéil a bhí ar siúl ag Ó Flatharta in *A Tourist's Guide to Ireland*, chuir Breandán eolas cruinn ar fáil in *The Begrudger's Guide to Irish Politics* faoi chásanna ar leith, ar nós chás Locke's Distillery i gCill Bheagáin i 1947 a raibh an Teachta Dála Oliver Flanagan as Fine Gael ina phríomhfhinné os comhair an Bhinse Fiosraithe a bhí faoi, agus cás an mhúinteora, Michael O'Shea i gContae an Chláir i 1914, a briseadh as a phost nuair a dhiúltaigh sé géilleadh don sagart paróiste a bhí ag iarraidh air an cúntóir mná a bhí sa scoil leis a phósadh. Is cinnte gur mheabhraigh scéal an mhúinteora do Bhreandán an brú a cuireadh ar a

thuismitheoirí féin fadó Árainn a fhágáil le go bhfanfadh Liam Ó
Flatharta glan ar an oileán. Tá cosúlacht mhór idir an cás freisin agus
cás Dháithí Uí Cheallacháin agus an Athar Murtaí Ó Fearachair, ar
bhunaigh Ó Flatharta a úrscéal *Skerrett* air.

Déanann Breandán comparáid idir an tír seo agus an Íoslainn i
gcaibidil in *The Begrudger's Guide to Irish Politics* agus meabhraíonn sé
go bhfuil tionscal gearrscannán dá gcuid féin, ina dteanga féin, ag pobal
na hÍoslainne. Ansin luann sé An Ghaeilge:

Having mentioned the Icelandic language this is as good a place as any to
take a quick look at that scrub bull, masquerading as a sacred cow, the Irish
Language. It is often said that we have made a total mess of its revival and
while that is true the mess is no worse than any of the other national
messes one wishes to contemplate. In a recent Thomas Davis Lecture,
Professor Joe Lee from UCC raised some interesting points which Icelanders
would probably find amusing, if not strange.

He said that we are unique among the states of Europe in having abandoned
our language 'reputedly to sell the cow.' 'The irony is that other small states,
who lack the imagination to take so apparently progressive a step as
abandoning their obscure language, have sold the cow distinctly more
successfully than ourselves. We bartered the language, but we couldn't even
get a proper price for it. The language is lost unless Government fosters its
revival through example and this is unlikely to happen. The language will
therefore remain a museum piece, to be fleetingly and furtively exhibited on
occasions of public ritual, a ghostly reminder of our unusual feat of losing
on the swings and losing on the roundabouts.'

A recent example of the ritualistic use of Irish, by one not noted for his
devotion to its use, was Garret Fitzgerald' use of it when he spoke at
Hillsborough Castle. As far as could be ascertained it was a way of bringing
the SDLP and the Dublin Government to windward of Sinn Féin and
'Tiocfaidh ár lá'. Be that as it may it was as interesting a public display of
political schizophrenia as was seen in Ireland since Daniel O'Connell
addressed a meeting in Clifden in 1843 and Éamon de Valera addressed
another there about a century later. O'Connell spoke English and hardly
anyone understood him; de Valera spoke Irish and hardly anyone

understood him either.   Small wonder that schizophrenia is tops of the
loonie pops in Ireland, particularly west of the Shannon.[11]

I gcaibidil dar teideal 'Hit me now with my Mother and Child in my
Arms!' molann Breandán do dhuine ar bith a bhfuil suim aige sa scéal
áirithe sin leabhar an Ollaimh J. H. Whyte *Church and State in Modern
Ireland : 1923 -1979*, a léamh agus, taobh amuigh ar fad den éagóir a
rinne an chléir, na dochtúirí agus an Rialtas, tugann Breandán an
chreidiúint atá tuillte aige don Dr Nollaig de Brún faoina chur de stró
air féin Gaeilge a fhoghlaim:

> As most of his education was received in England he had almost no
> knowledge of Irish.   Despite his lack of ministerial experience and the
> formidable tasks facing him, he managed to master the language in a matter
> of months. Soon he was broadcasting in Irish as part of the health publicity
> campaign. For the first and only time in the history of the state a minister
> was actually giving the language the importance in reality that the
> Constitution gave it in theory.   His decision to live up to what he
> considered to be his constitutional obligation brought its own reward. The
> Connemara Gaeltacht, which he began to visit regularly at this time, was to
> become a constant in a turbulent career crammed with contradictions.[12]

I measc na litreacha comhghairdeachais a fuair Breandán faoi *The
Begrudger's Guide to Irish Politics* bhí ceann ó Sheosamh Ó Cuaig, a
sheanchéile comhraic i nGluaiseacht Chearta Sibhialta na Gaeltachta
agus i Raidió na Gaeltachta:

> Nuair a léigh mé an leabhar rinne mé an oiread gáirí. Ní minic a dhéanaim
> é seo – ach shuigh mé síos agus scríobh mé chuige agus tá a fhios agam
> gurb éard a dúirt mé:
>> 'Mar a dúirt mo dheartháir le gairid: 'nuair a chaillfear Ó hEithir ní
>> bheidh aon duine fágtha.'   Tá a fhios agam gurb í scríbhneoireacht
>> na Gaeilge a bhí i gceist aige ach tá tú go maith i mBéarla freisin a
>> Bhreandáin.   Níl a fhios cén gáirí a rinne mé . . .'
> agus chuir mé cúpla focal eile mar sin freisin ann. Well, tháinig litir mhór

fhada ar ais uaidh. Sílim gur thaitin an nóta go hiontach leis. Níor luaigh sé tada faoi na hargóintí a bhíodh eadrainn agus is air sin a bhí sé ag smaoineamh.

Nuair a d'fhoilsigh The O'Brien Press *This is Ireland* Bhreandáin i samhradh na bliana 1987 bhí ráchairt mhór uirthi tar éis na poiblíochta a bhí faighte ag *The Begrudger's Guide to Irish Politics*. Scríobh Dick Walsh ceann de na léirmheasanna is fearr a rinneadh ar an leabhar, san *Irish Times*:

The usual guide to a place is inclined to elbow the visitor in its direction. Breandán Ó hEithir's 'This is Ireland' is, as you might have guessed, more subtle: a nudge, not an elbow, and it includes the odd wink at the natives as well.

He might have called it an intelligent visitor's guide to the people, politics, history and culture of the country, but he's too shrewd a man for that. Besides, no-one knows better than the author of the mighty popular *Begrudger's Guide to Irish Politics* how we like reading about ourselves – if not for the honour, for the outrage.

This one is not as funny as the 'Begrudger'. Although it begins with the news that 'Ireland is a very green place', and the blurb says the writer is known for his 'endless wit', it's not meant to be. I've enjoyed Breandán Ó hEithir's conversation as much as his pieces in Irish and English for this and other papers, and I can assure you that an endless wit is not what he aspires to be. What he does have – and displays here – is a quirky sort of humour and a fine sense of the absurd, laced with the occasional hint of outrage, as when he rails against the pollution of the countryside by the hacienda school of architecture – the 'hyacendas,' as a friend in the Midlands likes to call them.

Perhaps because he intends this book for gentler eyes and ears than ours, Ó hEithir goes easy on the outrage. Indeed, he throws in several warnings about the dangers of adopting a high moral tone – on our old friend, the political stroke, for example – and modestly suggests that, when it comes to pontificating, others may do it as fluently as he does, though in the opposite direction.

Pontification is not his style except, maybe, when he is writing about the

IRA, to whom he refers in tones of warmth that borders on admiration. And he refers to them often – more often than to any other institution, including the Catholic Church, Fianna Fáil and tha GAA.

But don't be misled. This is far from being a tract in favour of anything other than the plain people of Ireland. It's about how and where they live – finely illustrated, too – and how they earn a living or amuse themselves. If their divisions or contradictions prove a puzzle to outsiders, the writer cheerfully admits that he has been more than a little puzzled himself. Dammit, he even seems to enjoy the exasperation.

On the Church, he is almost (well, as near as he is ever likely to be) circumspect. At the end of a lively passage about recent convulsions on abortion, contraception and divorce, during which he discusses whether we are priest-ridden or the priests are laity-ridden, he writes:

'To all these questions there are no accurate answers, merely contradictory opinions. Instead of adding to the confusion by further conjecture let us examine a recent happening.' And off he slopes to the subject of moving statues which, he says, will be more remembered than the referendum on divorce.

With Fianna Fáil he is less happy than usual, noting laconically how Mr Charles Haughey in Government has taken up where Dr Garret Fitzgerald left off (especially on Northern policy) and the pages on the GAA are a good deal less spikey than his splendidly irreverent *Over the Bar*.

This is Ireland contains as much information about the country as any visitor is likely to need and probably more than most of the natives already have. There's an excellent list of places to see, if you haven't been nudged into visiting them already by the affectionate text. And if you have a visiting aunt in the house, don't let her have this book; she'll probably keep it.[13]

'*An excellent and most unusual guide*' a thug léirmheastóir *The Word*, Mary O'Donnell, ar *This is Ireland* agus phioc sí amach sleachta a thaitin léi:

There is nothing Irish people like better than a debate; the longer and the more acrimonious the better. What it is all about matters little, as it is likely to move off in different directions as it gathers impetus . . .

Unlike the British, we do not expect the politicians to be less devious than we are ourselves, or to use language as if they meant to convey their real intentions. What most Irish people object to is that the rogues in public life are not as efficient as the rogues in the private sector; particularly the rogues who emigrated to Britain and the U.S. and made millions in a variety of ways . . . Morality in Ireland tends to have strong sexual connotations and rarely takes account of commercial probity . . .

Those who come from nothing to millions in a short time, and often in dubious circumstances, have no problem in sending their children to the best schools and purchasing their way into what passes for high society in Dublin. . . . For all the many manifestations of spirituality, it is difficult to escape the conclusion that Irish society is fundamentally materialistic. This may be in part a reaction to generations of colonial existence, poverty and other forms of deprivation . . .

Most of this remarkable book is given to a splendid survey of Irish history – from the first settlers' landing near Larne about 8,000 years ago to the general election last February! The chapter on The North is one of the best . . .[14]

Ach san *Andersonstown News* (Satharn, 5 Meán Fómhair 1987) dúirt Bobby Devlin faoi leabhar Bhreandáin:

It is an ideal tool for anyone who needs a 'crash course on Ireland' . . . In a chapter on the recent history of the 'North' he has made a glaring omission in not mentioning the Belfast pogroms of 1969. It was the reaction to this which brought about a resurgence of the Republican movement.

Bhí *This is Ireland* sa gceathrú háit ar liosta *The Bookseller* (21 Lúnasa 1987) de na leabhair Éireannacha is mó a raibh díol orthu. Scríobhadh léirmheas ar an leabhar i mbreis agus deich gcinn fhichead de nuachtáin agus d'irisí, idir bheag agus mhór, ar fud na tíre. Nuair a sheol Breandán cóip den leabhar agus roinnt de na léirmheasanna chuig Christine Green, thagair sé do ráiteas Dick Walsh faoin IRA:

Wednesday

Dear Chris,

Herewith the book and a few cuttings. It is going very well here and if the
American end is worth a damn the reference to my 'positive admiration for
the IRA' (which will come as a great and welcome surprise to my Provo
friends) in Dick Walsh's review should ensure its success with the NORAID
people: that is if they read books at all . . .

Will meet you at airport as arranged. In the meantime, would you take a
look at our contract with O'Brien Press and let me know if we have
serialization rights. It seems that they sold an extract to the *Independent*
(does this remind you of anything?) and as the paper failed to byline it, or
make any reference to its origins, they used a second one which they did
byline very clearly. (I only found out all this last night). I have no
argument about the money, as the extracts were short, but would prefer us
to have it, naturally.

Yours, with love,

Breandán.

PS: The first printing was 5,000: 3,000 for the Irish market and 2,000 for the
USA.

'*Guide with a difference*' a thug Séamus Martin ar leabhar Bhreandáin
sa 'Saturday Column' san *Irish Times*, agus is ar dhearcadh Bhreandáin
ar mhoráltacht na tíre a dhírigh seisean:

> If you go to a pharmacy in the country it is possible that the pharmacist
> will have no compunction in selling you a tube of toothpaste at twice the
> price for which it is available in the local supermarket. He will see nothing
> immoral in this. But if you ask him for a packet of condoms he is likely to
> run you out on to the street.
>
> This is certainly not the type of information to be found in your average
> Bord Fáilte brochure and makes a refreshing change. Ó hEithir, who lives
> for part of the year in Paris, has been particularly busy since his return to
> Ireland at the beginning of this year and his new Radio series, *An
> Ghaeltacht Inniu* will start on RTÉ Radio 1 on Thursday afternoon. With
> producer Cathal Goan, Ó hEithir has travelled right through Irish-speaking

Ireland from Ring to Fánaid and will give a comprehensive report on the state of the language. It was no easy task and on one occasion while interviewing a seanchaí in Baile an Sceilg in Kerry he was called on to assist at the difficult birth of a calf which came into this world with the assistance of a rope tied to its legs. The experience brought to mind the letter from a young Clarewoman studying nursing in Dublin, who wrote to her parents at home on the farm: 'I am now doing gynaecology and obstetrics which in simple terms means that I'm on the rope.'[15]

Fuair mise litir fhada ó Bhreandán in Aibreán 1987 sula ndearna sé timchuairt na tíre le Cathal Goan. Bhí cuireadh faighte aige chuig ócáid a bhí ag mo dheirfiúr, Treasa, in Óstán an Dóilín ar an gCeathrú Rua i gConamara, ag ceiliúradh cúig bliana fichead sna mná rialta. Bhí aithne mhaith ag Breandán uirthi féin agus ar mo dheartháir, Colm, i Londain fadó, nuair a bhíodh sé ag déanamh na gcláracha do *Féach* san Irish Centre ansin. Cé gur 'béadán cathrach' nach féidir liom a thabhairt anseo, a bhí i gcuid mhór den litir, is fiú roinnt den litir a thabhairt, mar sin féin:

Bhí mé istigh Tí Johnny Granville inné agus cé thiocfadh isteach ach iníon le Mike Connolly as an Spidéal atá ag obair in Údarás na Gaeltachta agus lad as Droichead an Chláirín in eindí léi. Bhí sé an-aisteach mar is ar thóir mo sheoladh a bhí sí do dhuine éigin sa mBruiséil ach ar deireadh bhí chomh maith le hochtar againn ag Gaeilgeoireacht agus ceathrar Francach ag seinm ríleanna ar dhá fhéadóg mhóra agus dhá veidhlín. Tá Tí Johnny ar nós mar a bhíodh Tí Néill fadó, plus ceol atá thar a bheith binn agus thar a bheith go maith freisin.

Thabharfainn rud maith ar a bheith sa Dóilín libh. Is cuimhneach liom Treasa go maith san Irish Centre agus chuireamar Colm ar a ghlúine in aice léi sa gcaoi is go bhfeicfeadh do mháthair ag guí é. Tá mé ag teacht abhaile ar an 26ú nó an 27ú Bealtaine agus tá mé ag dul i mbun sraith cláracha i dtaobh na Gaeltachta in éindí le Cathal Goan ansin. Feicfidh mé gan mhoill thú tar éis dom a theacht i dtír. Níl mé ag ól aon deoir ar feadh an tSamhraidh; an aois is ciontaí, gan dabht, ach ní chodlaím go maith ar an teas má ólaim dhá dheoch ar bith. Mo bheannacht ar Bharbara.

Grá. Breandán.

Bhí iarscríbhinn ina chuid peannaireachta féin ar imeall na litreach, inar dhúirt sé:

> Fuair mé leabhar nua ar Haughey ar maidin le léirmheas don S.Press. Measaim go bhfuil clúmhilleadh déanta ar John Healy ann. T.Ryle Dwyer a scríobh é. 'Charlie' is teideal dó.

Dúirt Cathal Goan liom go raibh beagán drogaill ar Bhreandán ar dtús, nuair a d'iarr sé air an tsraith cláracha faoi staid na Gaeilge sa nGaeltacht a dhéanamh. Bhí Breandán tar éis a scríobh agus a rá go poiblí go minic roimhe sin go raibh sé ag éirí as a bheith ag caint agus ag scríobh faoin nGaeilge, agus shíl sé nach ndéanfadh an cineál seo oibre ach gruaim a chur air. Ach sa deireadh thoilig sé é a dhéanamh, cé go raibh sé in ann a inseacht do Chathal roimh ré go minic céard go díreach a bhí roinnt de na hurlabhraithe ag dul a rá! Taobh amuigh den obair ar fad, bhain Cathal agus Breandán sásamh as a bheith ag taisteal i bhfochair a chéile; bhí aithne curtha acu ar a chéile i gcaitheamh na mblianta in RTÉ agus bhí meas an domhain ag an mbeirt acu ar a chéile:

> Cineál Dia a bhí ann domhsa. Tá cuimhne agam gur cheannaigh Mairéad[16] *Lig Sinn i gCathú* domh do mo fichiú lá breithe i 1974 agus ba é an chéad úrscéal riamh i nGaeilge a léigh mé gan stopadh. Thosaigh mé air agus bhí mé á léamh ar an bhus, istigh sa Choláiste (An Coláiste Ollscoile, Baile Átha Cliath) agus ar mo bhealach abhaile domh, agus rachtanna móra gáire ag teacht uaim ar an bhus – ba chuma liom – bhí mé chomh tógtha sin leis! Agus, ar ndóigh, léinn a stuf san *Irish Times*, agus bhínn á fheiceáil ar an teilifís.
> Agus ansin nuair a tháinig mé ag obair in RTÉ chífinn uaim é. Ansin de réir a chéile, ní hé gur chuir mise aithne air ach ba é an cineál é Breandán go gcuirfeadh seisean aithne ortsa. Tá mé ag déanamh gurbh eisean a tháinig chugamsa faoi rud éiginteach. Tá a fhios agat an nádúr sin a bhí ann.
> Ansin fuair mise post mar Léiritheoir Raidió agus ar cheann de na chéad jabanna a bhí le déanamh agam bhí clár a chur le chéile faoi bhás Liam Uí Fhlatharta i Meán Fómhair 1984. Ar ndóigh, chuidigh Breandán go mór liom leis sin. Pádraig Ó Raghallaigh an láithreoir a bhí agam. Bhí Francis Stewart ann agus Benedict Kiely, Eoghan Ó hAnluain, Máirtín Ó Direáin

agus Breandán féin; agus píosa as an chartlann de Sheán Ó Faoláin ag caint faoin bhFlathartach. Bhí Breandán an-sásta leis an chlár agus b'fhéidir gur ól muid cúpla pionta ina dhiaidh. Agus bhínn ag obair ar chláracha eile agus bhíodh sé isteach agus amach.

Ansin i samhradh 1987 rinne muid turas na Gaeltachta le chéile. Thosaigh muid sa Rinn. D'fhan muid in óstán Lawlor's i nDún Garbhán agus bhí muid ag caint le Dóirín Mhic Mhurchú – bean álainn – agus le Eibhlín Uí Dhonnchadha, bean eile a bhí iontach ionraic agus iontach oscailte faoi rudaí. Agus labhair muid le Nioclás Mac Craith, le Mícheál Ó Domhnaill i gColáiste na Rinne, a bhí ag caint faoi laethanta 'An Fhir Mhóir'[17] agus le duine nó dhó eile.

Cathal a bhíodh ag tiomáint agus Breandán ag coinneáil scéalta de chuile chineál leis, faoi scannail, faoi iománaithe agus faoi dhúnmharuithe cáiliúla. Ní raibh mórán baile ná sráidbhaile dá ndeachaigh siad tríd nach raibh scéal ag Breandán faoi nó aithne aige ar dhuine éigin ann.

Chuaigh siad ar ais go Baile Átha Cliath agus ansin thaistil siad le chéile go Corcaigh, go Baile an Easpaig ar dtús agus ansin chuig Gaelscoil Sheáin Uí Riada:

Bhí siad iontach deas i mBaile an Easpaig. Ardú meanman agus tógáil croí a bhí san áit sin. Mná óga is mó a bhí i mbun na scoile agus na páistí iontach gealgháireach – agus líofa. Siar go Baile Bhuirne ansin. Rinne muid agallaimh leis na múinteoirí agus chuaigh muid isteach sna ranganna agus chuir muid agallamh ar chúpla duine. Níor ghá tada eile a dhéanamh, mar nuair a chuaigh na cláracha amach d'aithneofá cén áit a raibh Gaeilge in úsáid agus cén áit nach raibh. Chuaigh muid suas an bealach go Cúil Aodha ansin agus labhair muid le Peadar Ó Riada agus le duine de mhuintir Lionáird a bhí ar tí imeacht thar sáile ag an am. Chuaigh muid ar aghaidh agus stop muid sa Neidín an oíche sin, mar bhí eagla orainn dá gcaithfeadh muid an oíche i gCúil Aodha nach mbeadh muid in ann aon obair a dhéanamh an lá ina dhiaidh sin! D'aithníodh go leor daoine Breandán: 'You're the man who used to be on the television!' Bhí bealach iontach aige ag déileáil leo seo. Bhí sé iontach cineálta leo. Is iomdha duine eile a d'éireodh tuirseach de seo, ach bhí seisean iontach cineálta.

Cheannaigh siad an nuachtán *Kerry Eye* sa Neidín an lá dár gcionn agus bhí Breandán an-ghreannmhar ar an mbealach go hUíbh Ráthach, ag léamh os ard do Chathal faoi chás cúirte ina raibh bean ag cur ciapadh i leith an fhir seo in áit éigin i gCiarraí. Bhí airgead dlite do dhuine éigin, is cosúil, mar dúirt an breitheamh: 'So he put his hand in your pocket, looking for money?' Agus dúirt sise: 'It wasn't money he was looking for, your Honour, when he put his hand in my pocket!' Is é an cineál scéil é a raibh Breandán in ann craiceann a chur air, agus tar éis an gháirí ar feadh an bhealaigh, bhí ar an mbeirt acu dul 'ar an rópa' i mBaile an Sceilg, leis an lao a raibh Séamus Martin ag trácht air san *Irish Times* a thabhairt ó bhó le Dónall Ó Murchadha.

An lá dár gcionn chuaigh siad don Daingean agus labhair siad le Seán Ó Muircheartaigh, fear gnó a bhfuil bialann an Lord Baker aige ansin agus a bhí ina Chathaoirleach ar Chomhchoiste Turasóireachta Chorca Dhuibhne. Rinne siad agallamh le Muiris Ó Conchúir, gníomhaire taistil ar an mbaile agus le Seoirse Ó Luasa as an gCaifé Liteartha, agus bhí Breandán ag caint ar an athrú chun feabhais a bhí tagtha ar An Daingean, ó thaobh na Gaeilge agus ó thaobh gnó de, ó thug sé féin a chéad chuairt ar an mbaile lena veain leabhar, tríocha bliain roimhe sin.

Chuaigh siad siar go Scoil Dhún Chaoin, an bhunscoil a dhún Rialtas Fhianna Fáil i 1970 agus a choinnigh an pobal oscailte dá n-ainneoin go dtí gur athoscail Comhrialtas Fhine Gael agus An Lucht Oibre go hoifigiúil í trí bliana ina dhiaidh sin. Bhí pobal na Gaeilge ar fud na tíre buíoch den Chomhrialtas faoi sin, ach bhíodar míbhuíoch díobh an bhliain dár gcionn nuair a chuireadar deireadh le 'Gaeilge éigeantach' sa gcóras oideachais. Rinne Breandán agus Cathal agallamh le Príomhoide Scoil Dhún Chaoin, Mícheál Ó Dúshláine, agus le roinnt de na daltaí, ag cuimhneamh siar ar na blianta corraitheacha i dtús na seachtóidí. Rinneadar agallamh le Breandán Mac Gearailt, le Páidí Ó Sé agus leis an Athair Pádraig Ó Fiannachta agus ar a mbealach ar ais go Baile Átha Cliath, bhíodar ag cur agus ag cúiteamh faoin gcaoi ab fhearr leis na cláracha a chur le chéile. Ar Chonamara a thug Breandán agus Cathal a n-aghaidh ina dhiaidh sin:

Deireadh mhí an Mheithimh 1987 a bhí ann. Tá cuimhne mhaith agam air mar chuaigh mé féin agus Breandán síos go dtí An Cheathrú Rua agus rinne muid píosa le Pádraig Standún ar dtús agus agallamh le Mairéad Mhic Con Iomaire faoi na Naíonraí. Rinne muid píosa le Pádraig Ó hAoláin faoi chlub Chumann Lúthchleas Gael agus an Ghaeilge i gceantar an Spidéil, agallamh le Peadar Mac an Iomaire i gCois Fharraige, agus agallamh an-mhaith le Nollaig Ó Gadhra i gceantar na bhForbacha agus le Gearóid Ó Tuathaigh i nGaillimh. Labhair muid le Seosamh Ó Cuaig i gCill Chiaráin agus le Uinseann Mac Thómais i Roinn na Gaeltachta sna Forbacha.

Bhí Máirín Uí Ghadhra ag fágáil a tí sna Forbacha nuair a tháinig Breandán agus Cathal ar an tsráid aici le hagallamh a chur ar a fear céile, Nollaig. Dúirt sí leo go raibh sí ar a bealach go Gaillimh ag tóraíocht a leithéid seo de phéint ach go raibh faitíos uirthi go raibh sí imithe den mhargadh ar fad. 'Más seanphéint atá uait' a dúirt Breandán léi, 'téigh soir go Curley's i gCill Rícill agus gheobhaidh tú neart di ann!' Ba gheall le siopa seandachta é Curley's i gCill Rícill ag an am sin, chomh maith le bheith ina theach ósta. Ní ag ceannach péinte a bhíodh Breandán ann, ach ní dheachaigh a raibh ann amú air mar sin féin. Go hÁrainn a thug sé féin agus Cathal a n-aghaidh ina dhiaidh sin:

Ar an 28ú de mhí an Mheithimh chuaigh muid isteach go hInis Mór. Bhí sé ina ghála gaoithe ar an mbealach isteach dúinn agus bhí an oíche sin go dona. Ach an mhaidin dár gcionn, Lá Fhéile Peadar is Pól, bhí an pátrún in Árainn. Tháinig na báid mhóra isteach as Conamara agus bhí lá ar dóigh againn. Rinne muid agallamh le Cóilí Ó hIarnáin, le Pádraig Ó Tuairisg, le Caomhán Ó Goill agus leis an Dochtúir Marion Broderick in Inis Mór, agus le Tarlach de Blácam in Inis Meáin.

Thaistil siad go Tír Chonaill le chéile, go dtí an Ghaeltacht Láir ar dtús, áit ar labhair Breandán le Dom Mac Gloinn agus le hAnnie Uí Dhochartaigh agus go ceantar Ard an Rátha, áit ar labhair sé le Pádraig Mac an Ghoill. Labhair sé leis an Athair Eddie Gallagher i nGleann Cholm Cille agus le John Maloney ar an Charraig, agus labhair Cathal le Frank McHugh i Mucros. Chuir Breandán agallamh ar Chonall Ó

Domhnaill agus ar Annie Bean Uí Dhuibheannaigh as Rinn na Feirste agus ar Mháire Mhic Niallais i nGaoth Dobhair. Ach ba é an chuid ba spéisiúla den chlár ar fad an t-agallamh a chuir sé ar chúigear déagóirí i nGaoth Dobhair: Rónán Mac Aodha Bhuí, Marina Nic Giolla Bhríde, Breandán de Gallaí, Eoghan Mac Giolla Bhríde agus Máire Nic Niallais. Chuaigh Breandán go Maigh Eo leis féin, go 'Gaeltacht Phat Lindsay' mar a deireadh sé féin go minic. Nuair a bhí an clár faoi Mhaigh Eo ag dul amach ar an aer bhí an réamhrá seo ag Breandán leis:

> B'as Contae Mhaigh Eo do chúigear de na hAirí Gaeltachta a bhí san oifig sin ó bunaíodh í. Teist éigin ar éifeacht an phoist gur ag cúngú agus ag cúngú, i dtreo na farraige agus na gcnoc, atá na trí pócaí fíor-Ghaeltachta atá i gContae Mhaigh Eo. Ní hin le rá nach bhfuil Gaeltacht mhór oifigiúil sa gcontae – ceann a cruthaíodh sna caogaidí. Deirtear go ndeachaigh daoine a chodladh sa nGalltacht agus gur dhúisíodar ar maidin sa nGaeltacht.

Labhair sé le Máirtín Ó hEimhrín agus le Seán Ó Gallchóir taobh thiar den Mhuirthead, le Mícheál Ó Seighin i gCeathrú Thaidhg agus leis an scríbhneoir Dónall Mac Amhlaidh a bhí tar éis léacht a thabhairt ag Éigse Riocard Bairéad. I dTuar Mhic Éadaigh labhair sé le Stiofán Ó Donnchú agus le Tomás Ó Tuathail, agus chuir sé agallamh i gCorr na Móna ar an bhfear óg a bhí ina bhainisteoir ar Chomharchumann Dhúiche Sheoigheach ag an am, Éamon Ó Cuív. Bhí Cathal Goan leis nuair a chuaigh sé go Baile Ghib i gContae na Mí, áit ar labhair sé le hUinseann Ó Gairbhí, agus go Ráth Cairn, áit ar labhair sé leis an déagóir Sorcha Ní Fhátharta, leis an mac léinn ollscoile Ciarán Ó Cofaigh, le Beairtle Ó Curraoin, meánmhúinteoir, agus le Bainisteoir Chomharchumann Ráth Cairn, Pádraig Mac Donncha. Bhí luí ar leith ag Breandán le Gaeltacht Ráth Cairn le fada. Thug sé cúnamh, comhairle agus poiblíocht don phobal sin i gcónaí, go háirithe nuair a bhí feachtas ar siúl acu le linn olltoghchán na bliana 1965 ag iarraidh aitheantas a fháil mar Ghaeltacht, rud a fuaireadar sa deireadh i 1967.

Ainneoin go ndearna Cathal agus Breandán chuile iarracht agallamh a chur ar Chathal Ó hEochaidh, a bhí ina Aire Gaeltachta ag an am chomh maith le bheith ina Thaoiseach, níor thoiligh seisean labhairt leo;

ní gá a rá gur thug an tAire Stáit Donncha Ó Gallchóir, chuile chúnamh dá bhféadfadh sé dóibh. Seacht gclár ar fad a bhí sa tsraith agus rinne Breandán an coimriú seo a leanas ag deireadh na sraithe ar na rudaí ba mhó a chonaic sé a bheith mícheart, taobh amuigh ar fad de staid na mbóithre a bhí go fíordhona ag an am:

Easpa seirbhísí trí mheán na Gaeilge ó ionadaithe Stáit, Eaglasta agus comhlachtaí Stát-urraithe.

Tuismitheoirí ag labhairt Béarla lena gclann, amhail is nach raibh Béarla ina ábhar éigeantach sna bunscoileanna.

Dá bhlian sin, agus toscaí eile, Béarla a bheith ag coimhlint leis an nGaeilge i gclós na scoile sa nGaeltacht anois.

Donacht na meán cumarsáide: RTÉ, na nuachtáin (idir laethúil agus áitiúil) mar thacaí don teanga.

Deireadh ar fad, nach mór, le hoideachas tríú leibhéil trí Ghaeilge in ollscoil na Gaillimhe, áit ar cothaíodh é;

Agus an rud is measa ar fad beagnach, tacaíocht chlaon rialtais i ndiaidh rialtais don bhréag-Ghaeltacht, agus an tsoiniciúlacht a chothaíonn sé, mar gur eol do chách nach bhfuil de bhun leis ach ceannach vótaí le hairgead poiblí.

Ar na hábhair dóchais a luaigh sé tá:

Raidió na Gaeltachta a bhfuil éirithe thar barr leis agus neart talamh báin le treabhadh fós aige.

Na Gaelscoileanna, in ainneoin na ndeacrachtaí atá le sárú ag tuismitheoirí, ina bplé le húdaráis Stáit, Eaglasta agus Cumann na mBunmhúinteoirí.

Gaelú follasach An Daingin agus chomh nádúrtha is a glactar leis an teanga anois i gcathair na Gaillimhe.

Féinmhuinín nua a braitear go háirithe i bpáirteanna de Chonamara agus go sonrach i Ráth Cairn.

Oideachas den dara leibhéal a bheith le fáil i nGaeltacht Thír Chonaill trí mheán na Gaeilge,

Agus, thar aon rud eile, b'fhéidir, tuiscint nua forleathan ar pháirt an aonaid is lú sa bpobal – an lánúin atá ag tógáil clainne – i mbuanú na teanga labhartha.

D'fhág sé an focal deireanach déanach sa tsraith ag Seosamh Ó
Cuaig:

> Níl ach bealach amháin le hí a shlánú agus sin é: í a bheith go líofa ag ár
> gclann inár ndiaidh agus iad a bheith sásta í a labhairt agus seasamh léi.
> Sin é an rud is éifeachtaí is féidir a dhéanamh.

Níor thúisce jab amháin curtha de ag Breandán ná bhíodh dhá jab eile
tarraingthe air aige. I bhfómhar na bliana 1987 bhí sé tar éis glacadh le
tairiscint ó Penguin Books leabhar eolais faoi Bhaile Átha Cliath a
scríobh, agus bhí sé ag an am céanna ag obair le Muiris Mac Conghail ar
scannán faoi Árainn, a fuair a theideal *Mórchuid Cloch, Gannchuid Cré*
ó fhilíocht Mháirtín Uí Dhireáin.   Chaith Breandán agus Muiris roinnt
mhaith ama i 1987 agus 1988, – i bhfocla Mhic Conghail féin:

> ag obair ar phortráid dhoiciméide a bhí bunaithe ar shaol comhaimseartha
> phobal Inis Mór; iarracht ar léamh éigin a dhéanamh ar phobal oileánda arb
> í an Ghaeilge a dteanga dhúchais; féachaint conas mar a bheadh amach
> anseo mar le beatha na muintire agus a teanga.

Rinne Muiris go leor den obair in Árainn é féin ach ba mhinic i
dteagmháil le Breandán i bPáras é faoi leagan amach an scannáin agus
faoi fhorbairt agus scríobh na scripte:

> Bhí tuairim láidir ag Breandán ar cad ba chóir a bheith sa scannán a bhain,
> tar éis an tsaoil, lena oileán féin. Pobal beo daoine a bhí ina gcónaí san
> oileán agus, bíodh is go raibh a stair agus a seanchas le ríomh, ba ghá
> léargas a thabhairt ar a raibh ar siúl ag an bpobal beo. Shocraíomar go
> sníomhfaí an pobal, sa mhéid is gurbh fhéidir é, isteach agus amach sna
> láithreacha seandálaíochta, agus ná raghfaí sna seanbhróga leis na
> láithreacha féin in éagmais an phobail bheo.
> B'fhacthas dom, faid a bhíomar ag obair, agus go háirithe nuair a tháinig
> Breandán isteach san oileán le hobair faram, gur mhó go deo a shuim san
> oileán faoi mar a bheadh, seachas an t-oileán mar a bhí; gur ag féachaint
> ar an bhfáistineach a bhí sé, ag féachaint conas a bheadh amach anseo,

agus go raibh ana-shuim aige in aos óg an oileáin. Thugas faoi deara gurb é an rud is mó ar chuir sé suim ann ó thaobh na scannánaíochta de ná an tréimhse lae a chaitheamar sa mheánscoil i gCill Rónáin, mar ar chuir sé agallamh ar rang na hArdteistiméireacha. Chuir sé iallach orm scannánú faoi leith a dhéanamh ar bheirt dhaltaí agus iad i mbun taighde ar éisc shliogáin sa chuan. Bhí cineál de mhórtas ag roinnt leis, an lá áirithe úd, a bhí neadaithe, is dóigh liom, i seasamh neamhspleách na ndaltaí.

B'fhacthas do Mhuiris gur airigh Breandán cineál strainséartha ar an oileán ag an am, agus thug sé suntas ar leith don chomrádaíocht a bhí idir Breandán agus Cóilí Ó hIarnáin:

B'fhacthas do Bhreandán gur laoch a bhí i gCóilí. Bhí an-chumann eatarthu – an cumann san a théann go dtí na rútaí idir beirt fhear. Bhí rud éigin diamhair eatarthu agus dá fhaid dá mbeadh Breandán gan teacht ar an oileán, ba dhóigh leat gur aréir a d'fhágadar slán ag a chéile agus gurb í an athmhaidin acu í mar lena n-athchaidreamh.

Tá seans gurb é an téarma a chaith Breandán i gColáiste Éinde agus ar an ollscoil i nGaillimh faoi deara dó bheith ina 'choimhthíoch' – *'l'étranger'* – mar leis an oileán, agus ar bhealach eile ina choimhthíoch chomh fada agus a bhain leis an gcultúr oifigiúil a bhain leis an nGaeilge. Tá seans leis ann gur bhain sé seo len é bheith ina mhac ag máistir scoile agus nárbh ón oileán dá athair . . . Gan amhras bhí tionchar nach beag ag a uncail, Liam Ó Flatharta, ar Bhreandán, sa treo is ná féadfadh sé a scáil a ghlanadh dá chois. Bhí gean ag Breandán ar a uncail eile, Tom, ach bhí ómós agus b'fhéidir scáth i gceist i gcás Liam.

As Árainn a scríobh Breandán an litir seo le *biro* chuig Christine Green i mí Mheán Fómhair 1987:

Inis Mór
29.9.1987.
Dear Chris,
This is the first handwritten letter in many years, but travelling light, the typewriter had to be sacrificed. We are filming in beautiful weather and it

would gladden your heart to see the waves rising high under the cliffs to the south this morning. On that front all is well and we leave for Dubin on 10th October.

I met Pamela Dix on Thursday night last and we had dinner and a good chat. She is very direct and comes to the point quickly: most un-Irish but very refreshing. The book on Dublin is on and I am doing a rough plan which I will discuss on the phone with her on Monday 12th October. She is going into hospital for 2 – 3 weeks that week and the finished outline will be ready when she gets back to work. We can go over it together when I am in London, but it's really a matter of finding a frame for the material. Thank God, they want a straight book – no slobbery sentimentality or coy memoirs – and there is no connection (as you suspected) with the bogus millenium. We talked (I talked) about the murder book, which is not her department, but she found the idea fascinating and will pass it on. More of that anon. I hope your Paris trip worked well for one and all (you and Catherine) and you can tell me about it when I see you in London.

Am being most Jansenistic at present – no drink at all, clambering over rocks, walking à la Dr Barbara Moore, down to 11-12 (stone/lbs) and feeling great but missing the pints a little. Look forward to seeing you and will ring before I leave Dublin.

> Love,
>
> Breandán.

P.S. What do you think of Irish Audio Arts? They have been on to home again. I think I may suss them out on my way through Galway on the 10th. B.

Bhí Irish Audio Arts i nGaillimh ag iarraidh cead caiséad fuaime a dhéanamh de *The Begrudger's Guide to Irish Politics*; síníodh conradh chun na críche sin go gairid ina dhiaidh sin, ar an tuiscint go mbeadh an caiséad ar an margadh i Márta/Aibreán 1988.

Ba léir gur tharraing ionadaí Penguin Books agus Breandán go maith le chéile mar fuair Christine Green an litir seo cúpla lá ina dhiaidh sin:

30th September 1987

Dear Chris,

This is just a short note to let you know that I met Breandán in Dublin last week for dinner. I thoroughly enjoyed meeting him, and amongst other things we talked quite a bit about the *Dublin* project.

As you said, he is very happy to prepare a proposal for me. We have agreed that the book should have a strong practical value, and essentially be a guide book to the City. He will take in historical background, art, architecture, pubs & restaurants, places of interest and parks etc. He is going to call me after his trip to the Arán Islands to discuss any points that arise before he actually writes a synopsis. I have asked him go give me a very short Introduction, chapter breakdown, with a couple of paragraphs on each; this should be enough for us to make sure that our mutual thoughts are heading in the same direction.

I would love to work with him and indeed with you, and hope that this one comes to fruition.

All best wishes

Yours sincerely
Pamela Dix

Ach ní raibh rudaí chomh simplí sin. Ón litir a chuir Pamela Dix go Páras chuig Breandán ní raibh sí sásta leis an treo a raibh sé ag dul leis an leabhar.

I litir as Páras ó Bhreandán chuig Christine Green i dtús mhí na Samhna 1987, deir sé, '*I am in the middle of the final (I hope!) plan for Penguin and if Pam agrees – even in broad principle – perhaps a trip to London will be necessary this side of Christmas . . .*' agus roimh dheireadh mhí na Samhna tháinig an dea-scéala ó Phenguin Books:

Dear Chris,

I am delighted that you like the synopsis as much as we do. I am also delighted to now be making my formal offer to you for the book. I would like to offer an advance of £6,000, for volume world English Language

rights, including serial. . . . it should be around 100,000 – 120,000 words
long, to make a substantial text . . .

Yours sincerely
Pamela Dix

Chaith Breandán ceithre lá i Londain, ón 16 – 20 Nollaig 1987. Bhuail
sé féin agus Christine Green le Pamela Dix agus socraíodh an 31
Deireadh Fómhair 1988 mar spriocdháta don leabhar, ach go gairid ina
dhiaidh sin d'iarr Christine Green mí eile a chur leis an tréimhse
scríbhneoireachta.

D'íoc Penguin £2,000 mar réamhíocaíocht le Breandán agus faoi féin
a bhí sé anois feoil a chur ar chreatlach *A Guide to Dublin*. Bhí obair
ag teacht ó chuile thaobh anois air agus ní fear é Breandán a dhiúltaigh
d'obair. Anuas sa mullach air sin ar fad fuair sé cuireadh go Talamh an
Éisc i gCeanada i dtús na bliana 1988 le labhairt le 'The Newfoundland
Irish Society'. Bhí roinnt iarchéimithe ó Choláiste na hOllscoile Gaillimh
sa gcumann seo agus d'fhan Breandán in éineacht le duine díobh, an
Dr Michael Maguire as Áth Cinn i gContae na Gaillimhe; bhí duine eile
díobh, an Dr Michael Mangan nó 'Hopper Mangan' mar a thugtaí air i
nGaillmh fadó agus atá ar ais i nGaillimh arís le tamall, imithe go Rásaí
Capall Cheltenham ag an am.

Níor thúisce Breandán ar ais ná a bhí iarann eile sa tine aige:

                                                          Paris, Thursday.

Dear Chris,
Many thanks for the cheque which is now safely lodged in the bank in
Dublin. Newfoundland happened at the last minute, as I feared, as some
fool had posted my ticket to the wrong address in Paris (13 instead of 31)
and the welcoming party met nobody at the airport. Result: Ó hEithir was
rushed across the Atlantic in haste and 48 hours late. However, after that
things could hardly have been better and the hospitality was staggering (I
didn't actually stagger but wobbled quite a bit) and I arrived back yesterday
to recuperate and resume my labours.
I mentioned an offer from the Lilliput Press to edit a collection of writings by

Aran writers and writings about Aran. I wrote to him and explained that I was all booked up for the remainder of the year and the enclosed card indicates his reaction. When I meet Anthony (who did some of the copy editing on *Over the Bar*) I will get him to write to you, outlining his plan. It could be a very interesting collection and I will talk to you about it when we next meet. As things worked out I flew directly from Paris to St John's (via Toronto) and back through Heathrow. I was to ring you from there to say 'Hello' but found myself marooned in the transit lounge with a pocketful of Canadian dollars and no facilities to change; nor could I get out to the bank as it meant entering Britain and then – lots of problems. During my 2 hour wait I was reduced to bumming newspapers from people as I was almost expelled from the bookshop when I offered a credit card to pay for 6 newspapers. I felt like the man in 'The Million Pound Note.'

If this letter seems a bit strange please put it down to air travel hangover. Have a good Easter holiday and I will see you at the beginning of May – in London – bearing some drafts for your perusal. Catherine sends her love. The Germans have diagnosed Brian's problem as a damaged nerve root which will heal itself (they hope) and Aindriú has been given another 3 months in the Donegal job. That's about all . . .

    Love to you and the family,

Breandán.

   Bhí sé ar ais i mBaile Átha Cliath nuair a scríobh sé an litir seo go Londain faoi leabhar eile:

54 Taney Road,
Dundrum 14.
4.6.1988

Dear Chris,

I had a chat with Michael O'Brien and Íde[18] last night and we agreed that an expanded, and rewritten, section of 'This is Ireland' (60 pages) should be prepared as a short pocket-history of Ireland. Michael is to draw up a contract and post it to you soon.

Having had no sucess in contacting Irish Audio Arts in Galway, on ten occasions, I think we can now forget about them – unless they ring us of course!

Apart from that I am getting stuck in to the Penguin book and have informed Pam that I am based here until the year's end. Have you had any thoughts on flogging the paperback rights of 'Lead us into Temptation'? I ask for the simple reason that any occasion of cash would be welcome between now and Christmas. Michael O'Brien will pay us at the end of July but apart from that there will be little stirring. If Philip is still interested would it be worth trying him?

I look forward to seeing you when you come over for Merriman. The family is well – Aindriú has got himself a permanent job in Bray – and I hope all your folk prosper.

                              Love from
                              Breandán.

I litir gan dáta as Baile Átha Cliath chuig Christine Green go gairid ina dhiaidh sin, dúirt Breandán:

I look forward to hearing your ideas about the book of murders in due course. The more I think about it the more it fascinates me in the broadest sense. Poor Honor Bright is even mentioned in 'Finnegan's Wake'!, I discovered yesterday and Ruairí (an mac is sine) tells me that he has found some very interesting but little-known cases during his own rummagings in the Public Records Office . . .

Lily O'Neill an t-ainm ceart a bhí ar Honor Bright agus b'as Contae Cheatharlach í.   Cúisíodh beirt fhear as Contae Chill Mhantáin ina dúnmharú, dochtúir agus ceannfort Gardaí, ach fritheadh neamhchiontach iad.

I Lúnasa 1988 sheol Breandán nóta gearr as Baile Átha Cliath go Londain:

                              54 Taney Road,
                              Dundrum 14.
                              6.8.1988

Dear Chris,
This is the contract we signed with Anthony[19] yesterday. We have agreed

on a plan and a rough format and Ruairí has been assembling material –
some of it is most interesting and not generally available.

Thanks for the work. See you soon.

Love from all here,

Breandán.

Bhí go leor ar phláta Bhreandáin i samhradh na bliana 1988. I mBaile
Átha Cliath a bhí sé fós agus é ag iomrascáil leis an seanchlóscríobhán,
ag iarraidh *Sionnach ar mo Dhuán* a chríochnú agus *A Guide to Dublin*
a thosú, gan trácht ar an iliomad eile píosa scríbhneoireachta a bhí ar
na bacáin aige. Mar a rinne sé cheana, nuair a bhí sé ag críochnú a
chéad úrscéil, choinnigh sé roinnt nótaí an uair seo freisin faoin dul
chun cinn a bhí sé a dhéanamh le *Sionnach ar mo Dhuán:*

22.7.1988:

Thosaigh an t-inneall ag rith arís inniu tar éis cuid mhór strachailte le pé
rud a bhí ag cur bac air le mí anuas. Níl le scríobh anois ach ceithre
chaibidil de leabhar a ba cheart a bheith críochnaithe le dhá mhí. Táim ag
tabhairt seachtain dom féin lena chríochnú anois agus gach le rún mo
bheatha oibre a leasú as seo suas.

An chéad chéim eile anois ceann de na próiseálaithe focal a fháil agus an
cheird sin a fhoghlaim chomh tiubh géar agus is féidir. Níl aon bhealach
as ach tá an costas thar a bheith trom – céard tá nua faoin spéir!

Tá slite ann chun airgead a thuilleamh ach meilleann a bhformhór am agus
tá leabhar seo Penguin ag dul idir mé agus codladh na hoíche agus
suaimhneas intinne an lae.

23.7.1988:

Deas an rud éirí ar maidin agus obair an lae a fheiceáil romhat amach.

26.7.1988:

Tá caibidil 17 clóbhuailte agus foláireamh faighte agam an leabhar a bheith
críochnaithe ar an Aoine. Beidh sé gar go maith dó. Anois a thosaíonn
duine ag iarraidh a bheith ag breith ar a aiféala. B'fhearr breith ar do chiall.

27.7.1988:

Tá sé ina thráthnóna agus tá sé i gceist agam oíche go maidin a dhéanamh de ar an leabhar agus faoi mhaidin Dé hAoine ba cheart go mbeadh sé críochnaithe chun mo shástachta féin, chomh maith le sástacht an fhoilsitheora.

29.7.1988:

Ag tabhairt an 18ú caibidil isteach chuig Caoimhín[20] agus súil agam 19, 20, 21 a chríochnu taobh istigh de laethanta agus iad a thabhairt go Tír Chonaill chuige. Bhain na maidineacha ar RnaG go leor asam ach is cineál druga a bheith ag caint ar an Raidió. Tá ceist an phróiseálaí focal réitithe. Thairg Conor Brady[21] ceann dom ar an 'Caitlín Mo Mhuirnín' ar feadh trí bliana tríd an *Irish Times*. Ba dheas uaidh.

21.8.88:

Nílim iontach díograiseach i mbun na nótaí seo. Droch-choinsias is ciontaí leis mar táim ar gcúl i mo chuid oibre – go háirithe an t-úrscéal. Táim ag obair ar chaibidil 20 inniu agus an ceann deiridh chomh luath agus a bheas sé sin críochnaithe. Tá súil agam le feabhas mór ar mo shuaimhneas intinne ansin. Ruairí ag teacht aníos le labhairt i dtaobh an leabhair eile[22] tráthnóna. Na nuachtáin Domhnaigh lán le fuíoll an phleascáin mhóir lámh leis an Ómaigh.

22.8.1988:

Chuir mé caibidil 20 sa bpost tráthnóna. Ceann le dul. Tá oiread seo léirmheasanna le déanamh freisin ach déanfar amárach iad.

24.8.1988:

Ag tosú ar chaibidil 21 inniu. Súil go mbeidh gach rud glanta as an mbealach faoin Domhnach.

27.8.1988:

I bhfoisceacht cúig nó sé leathanach don deireadh anois agus an deireadh soiléir i m'intinn. Thóg sé rófhada ach tá sé déanta anois agus d'fhoghlaim mé cuid mhaith i dtaobh na ceirde lena linn. Ag dul ar an raidió anois ag clabaireacht faoin Tuaisceart.

28.8.1988:

Chríochnaigh mé an leabhar ar 1.30 inniu – 350 lth. Níl a fhios agam céard a airím – seachas faoiseamh.

11.9.1988:

Tar éis do Ghaillimh Craobh na hÉireann a bhuachan – Máire Noone[23] bás a fháil – agus mise fillte ar sheanpháirceanna catha – tá beirthe agam ar riaráistí oibre, beagnach. Ní mór dom bualadh faoin leabhar ar Bhaile Átha Cliath go gairid nó é a chaitheamh as mo cheann ar fad – céard faoin £2,000?

20.11.1988:

Ag dul isteach in ospidéal amárach faoi chomhair teisteanna. Faitíos mo chraicinn agus mo chuid feola orm ach ní mór é a dhéanamh.

21.11.1988:

Istigh sa chlinic. Scrúdaithe faoi dhó. Dochtúir an-deas. Banaltra as Daingean Uí Chúis. Ag dul abhaile amárach taca an ama seo – le cuidiú an Rí.

22.11.1988:

(6.30) Codladh sámh. Gan a fhios agam sa diabhal cá raibh mé nuair a dhúisigh mé. Ag fual don bhanaltra a deireann liom go bhfuil mo bhrú fola tite. Ag éisteacht leis an nuacht ó RTÉ. Níos compordaí anseo ná mar a bhíos ar maidin inné taca an ama seo.

Guth as Talamh an Éisc ar an Raidió aréir – an Dr Michael Maguire – ag cur síos ar an toghchán agus ar sheansanna Mulrooney – a bhuaigh is cosúil. An áit seo uafásach ciúin ar fad – oíche agus lá – ní thaitneodh sé le m'athair.

Níor cailleadh mé ar aon nós. Tá sé éasca é sin a scríobh anois ach ba bheag greann a bhí sa ngreann a bhí ar siúl agam ina thaobh inné.

An cheist anois – nuair a bheas na torthaí ar fáil – ná céard go díreach is mian liom a dhéanamh leis an gcuid eile de mo shaol. Tá sé sin curtha trí mo cheann minic go leor agam ó thosaigh mé ag imní i dtaobh mo shláinte. Caithfidh mé aghaidh a thabhairt air anois.

22.11.1988:

D.ÓD.[24] sa seomra taobh thíos díom agus fuaireas cuid dá saga le Gael Linn uaidh. Ní dóigh liom gur casadh Áine – a bhean – orm ó Luimneach. Ag feitheamh anois le torthaí na dtrialacha – go mífhoighdeach – agus ag léamh beathaisnéis Nora Barnacle bhocht.

22.11.1988:

(2pm) Tháinig an Dochtúir Erwin isteach anois agus thug sé an scéal dom lena raibh súil agam – ach faitíos orm nach é a chloisfinn. Tá deireadh le hól in Éirinn. Caithfidh mé a dhul faoi bhun 12.00 cloch agus fanacht faoi. Cead ½ bhuidéal fíona a ól sa ló agus tá leibhéal an cholesterol íseal.

Is deas an rud an méid a mheas mé féin a bheith fíor fúm féin a bheith amhlaidh. Níl le déanamh anois ach a chomhairle – ar ionann í agus mo chomhairle féin – a leanacht.

Bhí Breandán ag tnúth go mór le foilsiú *Sionnach ar mo Dhuán* lá ar bith feasta. Bhí Catherine ag teacht abhaile leis an Nollaig dheireanach a chaitheamh in uimhir 54 Bóthar Tí Naithí, mar bhí sé socraithe acu an teach a dhíol san athbhliain. Bhí chuile chosúlacht ar an scéal go ndéanfadh sí Nollaig shona ach, mar a fheicfeas tú sa gcéad dá iontráil eile i ndialann Bhreandáin, ní mar a síltear a bítear.

Nótaí

1 Litir chuig Ward River Press, Feabhra 1985

2 *Letters from a New Ireland:* 247

3 Philip McDermott, Poolbeg Press

4 Deireadh mhí Iúil, is cosúil.

5 *This Is Ireland*

6 Meán Fómhair, is cosúil.

7 3 Samhain 1988

8 *The Begrudger's Guide to Irish Politics:* nóta clúdaigh

9 *The Begrudger's Guide to Irish Politics:* 8

10 *A Tourist's Guide to Ireland:* 18-20

11 *The Begrudger's Guide to Irish Politics:* 179-180

12 *The Begrudger's Guide to Irish Politics:* 128

13 *The Irish Times:* 1 Lúnasa 1987

14 *The Word:* Nollaig 1987

15 *The Irish Times:* 18 Iúil 1987

16 Mairéad Ní Dhomhnaill, amhránaí, bean Chathal Goan

17 'An Fear Mór' an t-ainm cleite a bhí ar Shéamus Ó hEocha, an fear a bhunaigh Coláiste na Rinne agus athair Choilm Uí Eocha a bhí ina Uachtarán ar Choláiste na hOllscoile, Gaillimh tráth.

18 Íde Ní Laoghaire, The O'Brien Press

19 Anthony Farrell, Lilliput Press

20 Caoimhín Ó Marcaigh, Sáirséal . Ó Marcaigh

21 Eagarthóir an *Irish Times*

22 *An Aran Reader*

23 Deirfiúr le máthair Chatherine, duine de na Mulcahys as Sligeach

24 Diarmuid Ó Donnchadha, Múinteoir Dianchúrsaí Gaeilge agus údar *Múineadh na Gaeilge* agus an úrscéil *Ard-Fhear*

20. Sionnach ar mo Dhuán agus Turas na Colóime

Sionnach ar do dhuán
Giorria ar do bhaoite
Nár mharaí tú aon bhreac
Go dtaga an Fhéil' Bríde

Seanmhallacht Iascaireachta

22.12.1988:

Foilsíodh an leabhar i dtús na míosa agus é lomlán de bhotúin cló agus gan aon eagarthóireacht ar fiú trácht air déanta ar an scríbhinn. Airím anois mar a d'aireodh athair a saolófaí leanbh éagumasach dó – ach sa gcás seo is féidir na botúin a cheartú san eagrán cúl páipéir. Mar sin féin baineann sé go mór ón bhfoilsiú lena rabhas ag tnúthán chomh mór.

Mar sin féin nílim chomh duairc agus a cheapfainn a bheinn dá mbeadh a leithéid de rud dá thuar dom. Cúis náire go bhfuil daoine ag caitheamh £10.00 ar chóipeanna de leabhar a bhfuil a chumraíocht seachtrach agus glaine an téacs ó mháchail go mór in aghaidh a chéile. Bheadh fonn ar dhuine Séamus Ó Néill a dhéanamh de féin agus a fhógairt nach scríobhfadh sé focal eile Gaeilge go deo ach is é mo thuairim féin gur tráth cineál cinniúnach i mo shaol é seo agus gur ceart dom díriú go huile agus go hiomlán ar obair idir lámha – agus neart de ann freisin – agus an 'Sionnach' a chur as mo cheann.

I láthair na huaire tá na cúramaí seo a leanas le comhlíonadh – seachas na colúin a choinníonn snáithe faoin bhfiacail:

Leabhar Phenguin ar Bhaile Átha Cliath
Leabhar Árann do Anthony Farrell
Gearrstair na hÉireann do M. O'Brien
'Drink the Maddening Wine'
Svejk don stáitse
Leabhar ar an Nollaig thiar do Phoolbeg
An scannán seo don GAA (?)

Ní thagann easpa oibre i gceist. Tagann leisce i gceist. Ní mór an t-ól a dhíbirt as an mbliain nua – ar mhaithe leis an tsláinte chomh maith le táirgíocht a bhrostú freisin. Ní áirím scannán Árann agus díol an tí seo amach sa mbliain.

Inniu a fhilleann Máirín ó Pháras ar maidin agus Catherine tráthnóna. Tríd is tríd bliain mhaith a bhí inti in ainneoin an duairicis iarshaolaithe leabhair atá orm féin faoi láthair.

24.1.1989:

Thit an leabhar isteach i bpoll portaigh agus chuaigh sé faoi uisce. 'Léirmheas' lán gangaide san *Irish Times* ina bhfuil leisce agus siléig N ciontach a chuir tús leis an dúchan agus in áit cioth litreacha a theacht i mullach an pháipéir níor scríobh ach Proinsias.[1] Mar adúirt an fear nuair a chuir an nathair nimhe gath ina pholl 'Anois a bheidh a fhios agam cé hiad mo chairde.'

Bhí Brian Fallon, Eagarthóir Liteartha an *Irish Times,* an fear a sheol an leabhar go hoifigiúil do Bhreandán in Óstán Buswells i mBaile Átha Cliath roimh an Nollaig, tar éis *Sionnach ar mo Dhuán* a thabhairt do fhear óg darb ainm Proinsias Ó Drisceoil le léirmheas a dhéanamh ar an leabhar i rith na saoire; seo é an léirmheas a ghoill chomh mór sin ar Bhreandán nuair a léigh sé san *Irish Times* é ar an 14ú Eanáir 1989 faoin gceannteideal 'Lead Us Into Shenanigans':

It is virtually impossible for a writer in Irish to set realist fiction in modern urban society. While the novel is pre-eminently the literary form of bourgeois society, Irish is not spoken as a community language outside the rural Gaeltachtaí, the only urban speakers being the revivalists so successfully satirised by Myles na gCopaleen in *An Béal Bocht.* Their antics provide a good deal of the material for this new novel by Breandán Ó hEithir which oscillates between the Gaeilgeoirí and various English-speaking settings. The novel deals with many of the themes of Ó hEithir's previous novel, *Lig Sinn i gCathú* – adolescence, violence, nationalism, sexual initiation. It opens in a mental hospital where young Pádaig Piaras Mac Con Mí (so christened by his IRA father) is confined as a result of heavy drinking. A psychiatrist urges him to write his personal history and the book consists of this account wedged between details of his hospitalisation.

In many ways the book, for all its irony, is reminiscent of the Gaeltacht autobiographies, and if the author cannot, like Tomás Ó Criomhthain, recall being at his mother's breast, he can recall being at his father's side at IRA commemorations from an early age. Nationalism provided the context of his life, and even when he is sent to a rugby-playing boarding-school it is because his father wishes him to qualify as an electrical engineer who will revolutionise IRA bomb-making. But he revolts against his father, botches his exams and goes to work for the thinly-disguised Gaelghlacadóirí, an organisation running language-revival schemes on the proceeds of weekly pools.

Much of the book concerns internal shenanigans in that organisation, and while the unlovable individuals involved may have been hilarious to observe in real life, they have not been artistically transformed into successful fiction. Similarly, the events which surround them (some of them familiar to readers of Ó hEithir's journalism) fail to afford the reader the amusement they obviously hold for the author.

The book reminds one of a drunken conversation, with one irrelevant anecdote after another about a large cast of characters, many of whom appear briefly and to little purpose. All the obsessions of the pub nationalist are to be found between the book's covers: county loyalties, national characteristics, the power of rumour, the memory of past wrongs and, not least, the subject of drink itself.

Yet, for all the characters in the novel, only one is plausibly developed: Pádraig Piaras himself, a hero indeed. Even under medication he is more scheming, witty and rational than anyone else in the hospital and his boundless sexual appetite is only once undermined by his even greater appetite for drink. No woman is other than a one-dimensional object for his gratification, and prejudice against women pervades every macho page. Here is a typical encounter:

'Faoi dheireadh na seachtaine thugas suntas do chailín aimsire nua a bhí ag an sagart pobail, nach raibh le rá ina taobh ach go raibh sí baineann agus gur thoiligh sí castáil liom, le titim na hoíche, i seanscioból, tamall ó theach an tsagairt. Bhí sí thar a bheith téagarthach agus, idir thoitíní, thug sí cead dom póga móra pislíneacha a bhaint di agus a cíocha a fhuint taobh amuigh, agus ansin taobh istigh, dá geansaí. Ach nuair a thiomáin mo dhriopás agus m'fhiosracht go híochtar tíre mé bhuail cuthach í . . .' and so it goes on, each setpiece predictable for pages beforehand.

Men are the only people for whom the hero of the novel displays any affection and, at the end of the novel, after he has possibly impregnated a mother and her daughter, he regrets (with a sentimentality which is another of the book's characteristics) that his actions may have adversely affected some of the male characters in the book.

Naturally, no objection can be made to a novel dominated by a narrator hero provided, in Francis Stuart's phrase, that the novelist delves 'deep, sinking a narrow shaft into his nervous and emotive systems to record what goes on there.' In the present work, there is no delving, no search beyond the superficial.

We are told about the hero's development, and his difficult relationship with his father, but we never feel these things. Furthermore the central role of the hero fails to focus the book which, as if to symbolise the confusion of its purpose, abounds in misprints and spelling errors. The book reads exactly as it purports to be: a therapeutic exercise rather than a work of art. While one can never provide for a genius who may arise and achieve the seemingly unachievable, it is difficult on this evidence to see Ó hEithir or anyone else developing the realist novel as a viable form in Irish. None of the artistically sustained novels in the language is wholly realist: Máirtín Ó Cadhain's great *Cré na Cille* is set among the dead, and the only really successful novel of recent years has been Séamas Mac Annaidh's *Cuaifeach mo Londubh Buí,* a highly experimental work in the manner of B.S. Johnson. The novelist in Irish must, like Mac Annaidh, look to genres which make a strength of what appear to be disabilities.[2]

'The Ó hEithir Novel' an ceannteideal a bhí i gcolún na litreacha san *Irish Times,* ar an litir seo ó Phroinsias Mac Aonghusa cúig lá ina dhiaidh sin:

Sir, – Proinsias O Drisceoil's acid opinions on Breandán Ó hEithir's fine novel *Sionnach ar mo Dhuán* (January 14th) are matters for himself. These

may not be shared by many readers of prose in Ireland. But when he states
that 'it is virtually impossible for a writer in Irish to set realist fiction in
modern urban society' and that 'it is difficult on this evidence to see Ó
hEithir or anyone else developing the realist novel as a viable form in Irish,'
this sweeping statement must be open to challenge.

According to this curious thesis, no one could ever write a novel set in a
place or situation where his own language is not the native tongue. Or is
Mr Ó Drisceoil implying that Irish is a limited rural kitchen language which
cannot cope with the realities of the modern urban world?

One might be reminded of Boers speaking scornfully of 'Kitchen Kaffirs.'
Séamus Ó Néill, Tarlach Ó hUid, Éamon Mac Giolla Iasachta, Aodh Ó
Canainn, Pádraic Ó Conaire, to name but a few, have all their novels in Irish
in non-Gaeltacht and urban backgrounds. But perhaps they also all fail to
reach some special Ó Drisceoil standard.

Mr Ó Drisceoil also appears to be ignorant of the fact that there are lively
Irish-speaking communities with Irish-speaking schools in urban Dublin
and Belfast. Those who form the communities are a far cry from the
revivalist caricatures portrayed by Myles na gCopaleen in *An Béal Bocht.*
Yours, etc.

Proinsias Mac Aonghusa.

Coicís ina dhiaidh sin (6 Feabhra, 1989) bhí litir ó Sheán Mac
Réamoinn san *Irish Times,* faoin gceannteideal 'The Ó hEithir Novel':

> Sir, – At a time when literary criticism has become as complex and esoteric
> a science as quantum physics, the simple certainties expressed by your Mr
> Proinsias Ó Drisceoil (in his review of *Sionnach ar mo Dhuán)* are rather
> refreshing. But his view of the relation of 'realism' to the community of
> discourse falls down in that, like all fundamentalism, it takes little account
> of the real world.
>
> Since the beginning of this century prose writing in Irish has continually
> reflected the bilingual realities of our society, and done so with no small
> success. This is common knowledge to all who read the language, and it
> is mischievous of your reviewer to suggest otherwise to those who don't.
> A rich crop of short stories, from Pádraic Ó Conaire to Seán Mac Mathúna

is clearly our strongest suit. But the comparative dearth of novels says less about the language than about the practitioners: notoriously hundred-yards men rather than milers! The exceptions again beginning with Ó Conaire, do not, I believe, fit very neatly into your reviewer's categories. Certainly to suggest that *Cré na Cille* by-passes 'realism' is no more apt than to say the same about *Ulysses.*

What I find depressing is that the same silly platitudes about the Irish language keep reappearing in modern dress, e.g. the idea that it – or any other language – is 'inadequate' to deal with 'modern' life. They used to say that about Czech and Finnish. I'm sure it was said about Hebrew. It's all nonsense, of course, but how do you prove it? The author of *Sionnach ar mo Dhuán* provides an answer, in his sinewy, gritty, but lucid prose style. But outside the Gaeltacht, who can appreciate this except those odd 'Galegóirí' who escaped the satiric slaughter of *An Béal Bocht?* There's only a few of us left.

Or so your Mr Ó Drisceoil would have us believe. By the way – where does he belong?

Yours, etc.

Seán Mac Réamoinn.

'Can madness not be discussed in Irish?' a fhiafraíonn Muiris Mac Conghail sa gcolún 'Second Opinion' san *Irish Times* ar an 11 Feabhra 1989:

The publication by Sáirséal Ó Marcaigh of Breandán O hEithir's second novel, *Sionnach Ar Mo Dhuán,* just before Christmas last was a significant event by any standards in the world of Irish letters. *The Irish Times* published a review by Proinsias Ó Drisceoil on January 14th, which raises some interesting issues about writing in Irish.

One particular point is central to his critique of Ó hEithir's novel and to his own approach to writing in Irish. He says: 'It is virtually impossible for a writer in Irish to set realistic fiction in modern urban society. While the novel is pre-eminently the literary form of bourgeois society, Irish is not spoken as a community language outside the Gaeltachtaí, the only urban speakers being the revivalists so successfully satirised by Myles na gCopaleen in *An Béal Bocht.*

I would like to comment on some of the points made by Ó Drisceoil in that extract from his article. He suggests that *An Béal Bocht* is about 'revivalists' and that this category of person is also the subject of much of the material of the Ó hEithir novel. *An Béal Bocht* is, in my view, an attack on what Myles believed to be that great book of Tomás Ó Criomhthain, *An tOileánach (The Islandman)*. Myles quite rightly anticipated that with the publication of *An tOileánach* every pseudo-autobiographer in the country would break out in print. Myles wrote in *The Irish Times* in 1965: '. . . I had scarcely put down this great book until I was engaged on a companion volume of parody and jeer . . .'

Frankly there is not any connection between the subject matter of *Sionnach Ar Mo Dhuán* and *An Béal Bocht* except the language in which they were both written. To suggest that 'revivalists,' as that term is understood, are a party to the Ó hEithir text is incorrect.

This then brings us to the major point of the Ó Drisceoil critique: the impossibility 'for a writer in Irish to set realist fiction in modern urban society . . . (as) Irish is not spoken as a community language outside the Gaeltachtaí.'

Ó hEithir obviously anticipates the line followed by Ó Drisceoil. This approach seems to be based on the assumption that a writer cannot write 'realist fiction' in an urban context in a language (Irish, for instance) which is not spoken as a 'community' language in that urban context . . .

Ó hEithir's novel never once brought me to ask where the action was, other than to note the bleak landscape of mental institutions, the awfulness of Baile na gCreabhar in Roscommon and the western seaboard and most of all the unhappiness, generation by generation, of Piaras Mac Con Mí's troubled family . . .

The subject of *Sionnach Ar Mo Dhuán* represents a contemporary preoccupation with schizophrenia, paranoia fuelled by drink and the claustrophobia of Ireland. Proinsias Ó Drisceoil doesn't find much, if anything, to recommend the rather grotesque figures who haunt the pages of hEithir's novel. Unpleasant they may be, but we have here a realism nonetheless . . .

One final point about Proinsias Ó Drisceoil's review: he has written that '. . . all of the obsessions of the pub nationalist are to be found between the book's covers: county loyalties, national characteristics, the power of rumour, the memory of past wrongs and , not least, the subject of drink itself.' It seems to me that much of the strength of the Ó hEithir novel is precisely that it dwells in such an informed way on these issues. In particular, the author's knowledge of sport and his particular preoccupation with the traits and manners of GAA county players fills out descriptions of persons in this novel and often insinuates other darker elements in their lives.

As for 'realist fiction' or the 'realist novel' in the Irish language, the evidence is there for the quest: Mac Lysaght (*Cúrsaí Thomáis*), An Beirneach, Mac Conmara (*An Coimhthíoch*) and, of course, Seosamh Mac Grianna (*Mo Bhealach Féin*). Ó hEithir's *Sionnach Ar Mo Dhuán* sits beside Ó Cadhain on the shelf: the continuity is one of language and creativity.

Muiris Mac Conghail has been working on a film on Aran for the past two years with Breandán Ó hEithir.[3]

Seachtain ina dhiaidh sin arís (18 Feabhra,1989) bhí litir ó Evelyn O Hanlon as Cluain Meala san *Irish Times:*

The various journalistic colleagues of Breandán Ó hEithir who have been writing to your columns claiming that the Irish-speaking community is sufficient to sustain the realistic novel might like to explain what has changed since 1980 when Ó hEithir wrote that he intended to continue as a writer in Irish notwithstanding the fact that it had no future as a community language ('cé . . . nach bhfuil aon cheo i ndán don teanga anois mar theanga pobail.')

– agus litir eile an lá céanna ó Ghabriel Rosenstock, inar dhúirt sé:

Breandán Ó hEithir was lucky to get a review in *The Irish Times*, albeit a controversial one. Of the hundreds (sic) of books published in Irish in the past 10 years how many were graced with a review, good, bad or indifferent, in our daily and Sunday newpapers?

Scríobh Alan Titley léirmheas moltach ar an leabhar i nuachtán seachtainiúil Gaeilge na linne *Anois*, agus seo roinnt sleachta as:

. . . Úrscéal faisnéise beatha atá ann go príomha, má sea, ach is cuid de shaibhreas an leabhair é go dtarraingíonn sé as cineálacha eile insintí chomh maith – má theastaíonn uainn lipéid a chaitheamh timpeall na háite. Tá rúndiamhracht agus, dá bhrí sin, bleachtaireacht de shaghas ann. Cineál *picaresque* é ó thaobh na heachtraíochta de, na tarluithe ag teacht ar shála a chéile agus ár gcara, an príomhcharachtar, mar shnáth ceangail eatarthu. Agus fiú amháin tá macallaí as an *roman á clef* tríd sa mhéid is go bhfuil siad bunaithe (a bheag nó a mhór) ar dhaoine, nó ar chumasc de dhaoine, a aithneoidh saol na Gaeilge. Tugann seo bior breise don leabhar agus b'fhéidir go gceannódh daoine fós é, mar a dhéantar i gCorca Dhuibhne, féachaint an bhfuil siad ann!

Tá stíl Bhreandáin Uí Eithir á sníomh agus á líomhadh le fada. Stíl í a bhfuil géire agus gearradh inti agus nach mbraitheann tú riamh uirthi go dtarraingíonn sí anáil. Brúchtann sí ar aghaidh caol díreach ag bualadh deas is clé agus fágann sí an scéal mar lorg ina diaidh. Ach is comhartha meoin, leis, í stíl agus iompraíonn friotal an leabhair meon an údair go seolta. Tá idir fhuinneamh, bhligeardacht agus ghreann ann a bhaineann an mórtas agus an phostúlacht anuas den chuid is údarásaí agus is poimpéisí daoine agus institiúidí. Is cuma nó nath seanchaite anois é labhairt ar an *Hidden Ireland* nuair is í is ciall leis an chuid sin de shaol na tíre nach dtagann faoi sholas na meán cumarsáide nó an consensus phoiblí. I leataobh ar fad ó chúrsaí lárnacha an scéil is í buaic Uí Eithir ná mionseanchas seo na tíre a bhfuil sé ina mháistir agus ina shaineolaí air agus ar cuma an á athinsint go lom atá sé nó á cheapadh ó bhonn. Nuair a thagaimid ar 'agus thug sé cuntas dom ar . . .' áit éigin sa scéal tá fhios againn go bhfuil eachtra eile chugainn ó fhodhomhan seo na hÉireann nach ionann aon ní ann agus an chuma atá air, agus nach ionann an chuma atá air agus an rud a chonaic tú i dtosach. Cuid dhílis d'úrscéalaíocht Uí Eithir iad seo a chabhraíonn leis a shainmharc pearsanta a chur ar an insint, agus is é an sainmharc pearsanta seo idir stíl agus mheon agus thógáil a dhéanann litríocht den scoth dá scéal . . .

. . . Tamall gairid ó shin thug an t-údar go breá blaistiúil faoi dhaoine 'a bhí ag súgradh leis an scríbhneoireacht.' Cibé ní mar gheall air sin, agus táimse chun an dris chosáin áirithe sin a sheachaint chomh maith, ní aon súgradh scríbhneoireachta é seo ach saothar a scagadh as allas, dua agus cúram don fhocal. Tá a thábhacht féin ag baint le fad, le scamhard, le substaint nuair a thálann sé an oiread sin pléisiúir. Dúirt an t-údar, leis, i nuachtán eile le déanaí 'go raibh ar chumas amadáin éigin d'iriseoir obair bhliana nó tuilleadh a chur ó rath i gcúpla céad focal a scríobhadh faoi dhriopás.' Bíodh cead cainte ag cách ach tuigimis an difríocht, mar a dúirt an tÁrannach eile, idir an coillteán agus fear na gcloch.

Tugtar '*Odyssey* iontach' ar an leabhar seo ar a bhlurba. Ó thaobh a fhairsinge, a réimse, a éagsúlachta tagaim leis. Ach in eireaball an Odaisé amach tagann an laoch abhaile agus bíonn sé socair ann féin. Níl aon teacht abhaile i ndán do laochra Uí Eithir ach iad i gcónaí amuigh ansin ag síuthcoireacht, ag lorg agus ccata tochas orthu ag iarraidh 'cúrsa eile saoil' a leagan amach. Gura fada amuigh iad, a deirimse, agus aontóidh léitheoirí iomadúla an leabhair seo liom.[4]

'Sháraigh Ó hEithir na Geasa' an teideal a bhí ar léirmheas a scríobh Caoilfhionn Nic Pháidín in *Comhar* mhí Márta, inar thosaigh sí le sliocht as leabhar le Milan Kundera faoin úrscéal:

Le roman n'est pas une confession de l'auteur, mais une exploration de ce qu'est la vie humaine dans le piége qu'est devenu le monde.[5]

Tá *Sionnach ar mo Dhuán* ar mhórúrscéalta Gaeilge na linne seo. Is mó a bhaineann sé le *genre* agus le stíl a chleachtann cuid de na scríbhneoirí Eorpacha — Milan Kundera *(The Book of Laughter and Forgetting)*, Hasek *(The Good Soldier Svejk)*, agus Edward Limonov *(It's Me, Eddie)*, ná le haon traidisiún scríbhneoireachta a bhfuil taithí againn air sa Ghaeilge.

Ó foilsíodh *Deoraíocht* le Pádraic Ó Conaire sa bhliain 1910, ní fhacamar ó shin aon úrscéal réadúil Gaeilge a bhfuil an ghéire, an greann agus an acmhainn chruthaitheachta teanga chomh forbartha ann agus atá ag Ó hEithir in *Sionnach ar mo Dhuán*. Chreid Ó Conaire, agus Ó Cadhain ina dhiaidh gurbh é saothrú an phróis réadúil an chloch bhoinn ar a gcaithfí scríbhneoireacht na Gaeilge a thógáil.

Foilsíodh úrscéalta réadúla a bhfuil tábhacht ag baint leo, go háirithe *Cúrsaí Thomáis, Tonn Tuile* agus *Súil le Breith* le Pádraig Standún, ach ba dheacair a mhaíomh gur baineadh aon fhómhar ceart fós as na síolta a bhí curtha chomh luath sin ag Pádraic Ó Conaire le *Deoraíocht*. D'fhág sé sin go léir

folús liteartha mar oidhreacht ag scríbhneoir réadúil an lae inniu sa
Ghaeilge, gan fráma tagartha aige ná comhthéacs oibre dá shaothar, le
teanga mar uirlis ceirde aige nár fuineadh do shráideanna ná do chomhrá
cathrach.   An mar réiteach ar an deacracht bhunúsach sin a chinn
príomhúrscéalaithe ár linne, Diarmaid Ó Súilleabháin, Séamas Mac
Annaidh, Eoghan Ó Tuairisc agus Alan Titley, go rachaidís ag saothrú i
réimsí na samhlaíochta agus na fantasaíochta, rud a rinne gach duine díobh
le cumas agus le hacmhainn ar leith?

Is é Breandán Ó hEithir is túisce dár gcomhaimsirigh a thug faoi úrscéal
réadúil a scríobh ina mbeadh cuid mhór de ghníomhaíocht na gcarachtar
aige á lonnú sa chathair.   Lean drámaíocht na Gaeilge conair na
neamhréadúlachta freisin le blianta fada. Tá drámaí stairiúla againn, drámaí
dátheangacha grinn, agus geamaireachtaí, ach ní fhacamar mórán fós den
dráma réadúil comhaimseartha uirbeach.

Pé col intinne nó bacanna teanga a bhain go dtí seo le saothar réadúil Gaeilge
a shuíomh go hinchreidte i gcathair, tá na geasa sin briste ag Breandán Ó
hEithir san úrscéal seo.   Cruthaíonn sé múnla réadúil do ghníomhaíochtaí
Phípí sa phríomhchathair ó thaobh timpeallachta agus teanga nach bhfacthas
a leithéid go dtí seo in úrscéal Gaeilge. Is úrscéal mór é seo, a chuimsíonn i
bpearsa agus in eachtraí iomadúla *Phádraig Piaras Mac Con Mí (Pípí)* na
tréithe agus na gnéithe is fearr agus is measa de shaol na hÉireann.

Is é greann bearrtha Uí Eithir mórbhua an tsaothair seo. Is é a nochtann an
áiféis, an cur i gcéill, an fhimínteacht, an bladhmann, an leisce, an níos-lú-ná-
macántacht, an mór is fiú, i saol príobháideach na gcarachtar féin agus i saol
poiblí na n-institiúidí. Crochann sé an greann go tomhaiste idir an áiféis agus
an ainnise a thugann na hócáidí is mó truamhéil slán ón maoithneachas.

Is iad na caibidlí tosaigh san ospidéal agus an chuid dheiridh den leabhar
ó chaibidil 14 amach is mó a thug dúshlán Uí Eithir, sa mhéid is go
mbaineann siad le saol *Phípí* i mBaile Átha Cliath, le comhthéacs inchreidte
réadúil cathrach a chruthú.

Seasann taithí na mblianta mar iriseoir agus mar cholúnaí go mór leis an
údar ar dhá shlí. Léiríonn sé arís a chumas chun an teanga a aclú go
cruthaitheach ach go hiomlán laistigh de mhúnlaí a friotail dúchais. Is
máistir é chomh maith ar stíl shoiléir spreagúil próis murab ionann agus
cuid de dhéithe na doiléire atá ag saothrú inár measc . . .

Is fada ó bhaineas oiread taitnimh as aon úrscéal agus a bhaineas as Sionnach ar mo Dhuán. Tá dearadh, cló agus cur amach an leabhair ar fheabhas agus creidiúint dá réir ag dul do Sáirséal Ó Marcaigh as caighdeán na hoibre. I measc foilsitheoirí uile na Gaeilge níl aon chomhlacht eile a chuireann na gnéithe sin den fhoilsitheoireacht i gcrích chomh cruthaitheach agus chomh slachtmhar céanna.

Achainí amháin, áfach. An féidir na botúin chló agus litrithe a cheartú san eagrán bog? Tá breis is trí chéad botún áirithe agam ar mo chóip féin – tá ocht gcinn ar leathanach 236. Is ar éigean má tá aon leathanach sa leabhar saor ó smál; féach 'an chuid sin d'Éireann' lch 4; 'Thosaigh Ghaelghlacadóirí Teoranta . . .' lch 24; '*Fuhrthóir*' lch 26 ach '*Fuherthóir*' lch 256 etc. etc. etc.

'Ó hEithir: major step forward' an ceannteideal a bhí ar léirmheas le seanchara Bhreandáin, Aindreas Ó Gallchóir, san iris *Alpha*, nár mhair i bhfad:

When Frank O'Connor decided to give up his job as a librarian to become a professional writer he was advised by his friend, Osborn Bergin, to stick to the short story because, he said, a novel has to exist in society before it is written.

Joyce notwithstanding, the novel did not exist in Irish society. It's an interesting statement and the case it seeks to make could be sustained if one accepted only one type of novel, taking, say, the great Russian writers as a model: the novelist is there to delineate contemporary society.

On this assumption the first man in this country to lose his footing would be Flann O'Brien – and we can't have that.

Bergin's premise denies the writer the imaginative power to create his own world from the elements he has chosen to bring with him from the one he knows. And this is what Breandán Ó hEithir has done in *Sionnach ar mo Dhuán*, his second novel.

Piaras Mac Con Mí is not unlike the anti-hero of *Lig Sinn i gCathú*. He has the same highly developed sense of irresponsibility, prone to disaster but with, throughout, an instinct for survival which sustains what is at one level a highly readable and entertaining story.

The novel opens in a mental hospital where, it seems to him, he has been 'signed in' as an alcoholic and, therefore, deprived of his freedom but he also finds himself in the company of men who suffer from varying degrees of mental instability. Here the institutional atmosphere, with its strange community of patients, doctors and nurses, is sketched with great skill.

As part of the therapy he is asked to write a biographical essay. This is a device, and a clever one, and although the early part of it is probably overlong, it does explain to some degree the mess in which he finds himself. The manner of his leaving the hospital and his subsequent misfortunes and escapes are both horrifying and, at times, hilariously funny. The sequence in which our hero is dragged to the altar by strong men to be forcibly married is worth a few readings.

Mac Con Mí's behaviour is existentialist throughout and even in the relative calm of the final pages of the novel there is no certainty that he has settled into an acceptance of 'moral values'. His extraordinary odyssey is not over; there is no sign of a life of breakfast, dinner and tea.

In this novel one misses the comfortable, physical landscape of *Lig Sinn i gCathú*, and indeed, a lot of that book's charm.

This is a darker book. It is carefully and consciously written (in Edmund Wilson's phrase), every sentence of it. It is a delight to read, a major step forward in contemporary writing in Irish but unfortunately there is nothing much to compare it with.'

'An Irish Satire' an teideal a bhí ar léirmheas a scríobh Máirín Nic Eoin ar leabhar Bhreandáin in Aibreán 1989 san iris *The New Nation*:

The title of Breandán ó hEithir's second novel, *Sionnach ar mo Dhuán (A Fox on my Hook)*, provides the reader with a clue to its main theme – the utter disillusionment of one Pádraig Piaras Mac Con Mí, whose bizarre republican upbringing, instead of making him an accomplice in his father's zealous efforts for the 'Movement,' has made of him instead a moral degenerate whose feeling of victimisation has deprived him of any sense of social or personal responsibility.

The story opens in the grounds of a hospital where Mac Con Mí has mysteriously been incarcerated and, with the Northern troubles in the background, the initial chapters create the atmosphere of a suspense novel with strong political overtones. The scene is vaguely Kafkaesque at first, but the graphic descriptions and frequent social comment charged with the same raucous humour employed by Ó hEithir in his first novel, *Lig Sinn i gCathú*, ensure that the sense of mystery is soon submerged in the detailed recollection of Mac Con Mí's life story up until then. The story is told in the first person in the form of a hospital journal, and this narrative device, while distancing the author from the actions and opinions of his main character, allows him at the same time to exploit to the full those literary techniques at which he is most adept.

There is no doubt but that Ó hEithir's forceful use of language is capable of commanding and sustaining reader attention, and yet in this novel of 335 pages one is wearied by the predictability of much of the subject matter. A potentially hilarious account of revolt against absurd parental expectations is reduced to tedium by the too frequent recurrence of the all-too-familiar themes – the boy's first sexual encounter, for example, his confession of the deed during a school retreat, the priest's avid interest in the minor details etc. The satire implicit in the account of Mac Con Mí's involvement with the fictitious Irish language organisation Gaelghlacadóirí Teoranta is deadened by the numerous direct jibes at organisations such as Conradh na Gaeilge, Comhaltas Ceoltóirí Éireann, the GAA and Fianna Fáil. A gallery of characters is presented, most of whom make little lasting impression on the the reader, and one feels that the numerous descriptions of Mac Con Mí's sexual adventures are merely attempts to sustain interest in what becomes a long-drawn-out and sagging plot. For the female reader the total objectification of women implicit in their depiction as willing accomplices in an exploitative and rapacious game of sex is hard to stomach, no matter how hard one tries to empathise with the main protagonist in the very male world portrayed in the novel.[6]

'Odaisé An Chraiceálaí Poitín' a thug Tadhg Ó Dúshláine ar úrscéal Bhreandáin i léirmheas an-mholtach a rinne sé ar an leabhar in *Comhar* mhí an Aibreáin, ina ndéanann sé coimriú ar scéal Phádraig Piaras Mac Con Mí, a bhfeiceann sé cosúlachtaí idir é féin agus Máirtín Ó Mealóid in *Lig Sinn i gCathú*:

Castar orainn ar dtús é agus é ina othar, agus ina phríosúnach, sa roinn iata d'Ospidéal Naomh Gréagóir. Le laethanta gan áireamh cruinn roimhe sin bhí sé ar seachrán i bpáirteanna éagsúla de dheisceart na tíre (22). Thosaigh sé ag ól poitín in áit éigin agus ba ina dhiaidh sin a d'imigh sé i ndiaidh a chinn roimhe dáiríre (24). Tá naoi seachtaine ar fad ann ó bhí sé ar an teilifís ag cac ar uibheacha GT, Gaelghlacadóirí Teoranta, an t-eagras Gaeilge a raibh sé ag obair dó (32-33). Is é oighear an scéil é go gcreideann a athair, agus é an-bhróduil as, gur ag troid ar son na cúise ó thuaidh a bhí sé nuair gur ag bualadh leathair i gCiarraí a bhí (35).

Leabhar tábhachtach é seo mura mbeadh ann ach a thoirt: 335 leathanach agus plota traidisiúnta beathaisnéiseach faoin scéal mar a bhíodh fadó in ardlaethanta na húrscéalaíochta. Cuirtear an t-ospidéal agus domhan na díchéille ar fad os ár gcomhair ar dtús (caib. 1-4) agus bímid isteach agus amach as ó am go chéile ina dhiaidh sin (6,12). Caitear súil bheathaisnéiseach siar ar a phréamhacha (5): sochraidí poblachtacha le linn a óige (71), na laethanta saoire thiar i Maigh Eo lena sheanmháthair (8-9, 11), é ar scoil chónaithe Chnocán na Carraige i mBaile Átha Cliath (10,11), thiar ag caoineadh Phat Bhreatnaigh a bháitear (ní aimsítear a chorp agus ní bhíonn aon sochraid ann) agus deireadh le tréimhse dhearfach amháin ina shaol ag an bpointe seo (13). Ó chaibidil 13-18 tá sé ag obair ar na scéimeanna áiféiseacha difriúla a reachtálann Gaelghlacadóirí Teo. chun an Ghaeilge a chur chun cinn: comórtas nua seachtainiúil bunaithe ar rásaí capall i Hong Kong agus san Astráil (13), Gaeltacht nua a bhunú i gCorcaigh (17), leabhar Gaeilge atá curtha ar théip ag an úrscéalaí Meiriceánach, Jake Saroyan, a ullmhú don chló (18).

Caitheann sé an rud ar fad i dtraipisí go poiblí ar an teilifís agus téann ar a theitheadh sa deisceart (19); ar a choimeád in ospidéal Naomh Gréagóir ina dhiaidh sin ó na trioblóidí a tharraing sé air féin (20); teitheann ón ospidéal ina dhiaidh sin agus is sa bhaile i Nead na gCreabhar a fhágaimid ag deireadh é (21).

Tá idir shúgradh agus dáiríre sa mhéid sin ó thosach againn agus ní fada óna chéile ar shlí iad Máirtín Ó Mealóid, mac léinn ollscoile i *Lig Sinn i gCathú*, agus Pádraig Piaras Mac Con Mí, othar, anseo. Institiúid seachas institiúid na hollscoile atá anseo, ámh. Saghas *Cancer Ward* nó *Gulag* de chuid Solzhenitsyn is ea an t-ospidéal. Is é an lionsa é trína mbreathnaítear ar an saol agus más inghlactha mac léinn Ollscoile ar a chamruathar deireadh seachtaine na Cásca ar fud Bhaile an Chaisil d'fhonn ábhar aoire, is éifeachtaí go mór fada anseo é mar nach féidir aon mhilleán a chur air faoi phlé le hábhar ar bith atá faoi their mar go ndeir sé féin *'Táim as mo mheabhair, nach bhfuil?'* (53). Ar an leibhéal is taitneamhaí, mar sin, murab é an leibhéal is tábhachtaí é, is é Pádraig Piaras Mac Con Mí an leabhair seo na súile buile a dhéanann mionainilís le díograis an gheilt ar shaol uile na hÉireann díreach mar a bhí ag an réice mic léinn, Máirtín Ó Méalóid, roimhe seo i *Lig Sinn i gCathú* agus an screamh á bhaint aige d'fhimíneacht chreidimh agus pholaitíochta na tíre. Chuige seo an áibhéil agus an scigaithris go léir, an gháirsiúlacht agus an tíriúlacht agus na cleasanna scaiteolaíochta ar fad eile as mála na haoire tríd síos sa leabhar seo.

D'fhoilsigh an *Sunday Press* léirmheas le hÉanna Mac Cába faoin teideal 'Touching on a Raw Nerve' ar an 25ú Feabhra, 1989:

Breandán Ó hEithir's choice of title for his first bestselling novel, *Lig Sinn i gCathú*, set a worldly, slightly blasphemous tone. The trend is continued in the case of his second substantial offering which takes for its title the first line of an old fishing curse slightly inverted to 'Sionnach ar mo Dhuán' and, thus, we are given fair warning that all kinds of strange things are liable to find their way onto his literary hook and that, indeed, some rare hares could well be set off! In that sense, this novel does not at all disappoint . . .

. . . Let us establish at this point that the whole thing is a huge comic satire with many blind and hollow people leading each other around the proverbial bush, but with great seriousness and idealised intent – grotesque as many of them may be. As the story unfolds, the narrative moves from the present to the past until we are carried along to the events which brought about Pí-Pí's present state of affairs and finally the resolution of his predicaments . . .

Without doubt, the compass of observed and rendered life in this story is narrow. But is it concerned only with deviousness, self-gratification, sex, drink? A long wish-fulfilment inverted in a sense? Is it more concerned with dislocation of personality, with the schizophrenia inherent in our encounters with realities nowadays, realities that seem so stable but yet are constantly shifting, be it the individual vis-a-vis society, morals, politics, language? Answers to the questions so far posed will remain elusive unless we judge the story as satire rather than straight if comic novel.

Máirtín Ó Cadhain's great comic/satire, *Cré na Cille* had for its location the graveyard. Breandán Ó hEithir places his in a mental hospital. This in a way ensures the success of both – a dead end of time and action in the one, a distorted reality which defies the contours of language and experience in the other – a situation of comic bathos in each case. It would be well for us critics to note that in the world created by Ó hEithir many of the likely critical barbs have been anticipated in the subtle concept underlying his work. 'Ní bhíonn rudaí i gcónaí mar a shamhlaítear duit iad a bheith,' as Pí-Pí himself is told at one point! His masterly if irreverent prose and dialogue are beautifully crafted and made to serve eloquently and keenly his probing of many of our prides and prejudices, his touching of raw nerves and his exposure of elements of the Irish psyche.

A pity though that his publisher/proofreader did not serve him as well. Shoddy standards indeed from this once great publishing house.

'Sionnach i gCraiceann eile' an teideal a chuir Ciarán Ó Coigligh ar phíosa a scríobh sé faoi úrscéal Bhreandáin in *Books Ireland* i mí Mheán Fómhair 1989. In áit léirmheas a dhéanamh ar an saothar ionsaíonn sé dearadh an leabhair ar dtús, ansin ionsaíonn sé teoiric Uí Dhrisceoil – nach féidir úrscéal cathrach a scríobh i nGaeilge – agus ansin ionsaíonn sé Ó hEithir faoin rud ar a dtugann sé 'bréantas mífholláin' a chuid scríbhneoireachta:

Tá clúdach deannaigh fíorghránna ar an leabhar seo nár luaigh Proinsias Ó Drisceoil, Alan Titley, Caoilfhionn Nic Pháidín (a mhol an dearadh), Tadhg Ó Dúshláine, Éanna Mac Cába ná Máirín Nic Eoin sna léirmheasanna a scríobh siad uirthi. Bhí na léirmheasanna sin ar fad (fág ceann Nic Eoin as áireamh) léite agam sular léigh mé féin an leabhar. Bhí an comhfhreagras a lean léirmheas cáinteach Uí Dhrisceoil ar *The Irish Times* léite agam freisin. Thairis sin uilig bhí sé ráite ag beirt chairde liom (nach iad na slata céanna tomhais aeistéitice a chuireas siad ag obair ar an litríocht) go raibh an leabhar lofa agus nárbh fhiú í a léamh. Níor thug mé fúithi nó gur fhiafraigh Alan Titley díom an mbeadh spéis agam léirmheas a scríobh uirthi do *Bbooks Ireland*. Sin é cúlra an phíosa seo agamsa.

Thoiligh mé é a scríobh ar thrí údar. Ar an gcéad rud, ba léir dom ó na sleachta as an leabhar a tugadh sna léirmheasanna a luadh thuas go raibh go leor brocamais mhífholláin san úrscéal agus theastaigh uaim é sin a rá go soiléir agus a cháineadh. Ar an dara rud, bhí súil agam go bhfaighinn amach gurbh úrscéal fiúntach *Sionnach ar mo Dhuán*, in ainneoin an bhrocamais, agus go bhféadfainn taitneamh a bhaint as agus iarracht an údair a mholadh ó tharla gur fear Gaeltachta é, Árannach go háirithe, agus duine de na daoine is mó le deich mbliana fichead a spáin gur deis chumasach an Ghaeilge le haghaidh cur síos beacht a dhéanamh ar a liachtaí sin gné de shaol comhaimseartha na hÉireann agus an domhain fré chéile . . . Ar an tríú rud, bhí súil agam go bhféadfainn earraíocht a bhaint as *Sionnach ar mo Dhuán* le cur in éadan theoiric sheafóideach Uí Dhrisceoil nach féidir úrscéal a léireodh suíomh cathrach agus a mbeadh cosúlacht na fírinne air a scríobh sa nGaeilge i ngeall ar nach bhfuil pobal cathrach Gaeltachta againn! Is gearrúlacht ar an scéal go mb'fhéidir go nglacann Ó Drisceoil leis an teoiric seo eile cheana ar fhianaise a laghad a fhoilsíos sé féin i nGaeilge.

Is masla do léitheoir ar bith *Sionnach ar mo Dhuán*. Níl leathanach ar bith mórán san úrscéal céanna nach bhfuil lán le bréantas mífholláin i dtaobh cúrsaí comhriachtana agus eisfheartha. Creidim go mbíonn tionchar morálta ag an litríocht. Ní dhéanfadh an scríbhneoireacht seo maith do dhuine ar bith ach déarfainn go ndéanfadh sé dochar do go leor. Bheadh náire orm an leabhar seo a thairiscint do bhean i ngeall air go bhfuil léiriú leatromach foiréigneach gnéasach ar na mná nach bhfuil iontu ach meaisíní le haghaidh mianta collaí colacha an fhireannaigh a shásamh.

Is scríbhneoir ríchumasach Breandán Ó hEithir agus tá súil agam go bhfágfaidh sé an dramhaíl ina dhiaidh agus go dtarraingeoidh sé chuige féin feasta deiseanna liteartha a bheas níos freagraí le haghaidh a shainléargas ar ghnéithe de shaol agus de shaoithiúlacht na nGael a chur in iúl dhúinn.

Sula bhfágaim *Sionnach Ar Mo Dhuán* is cóir dom a rá go ndearna Úna Ní Chonchúir tráchtas M.A. dar teideal 'Sionnach ar Dhuán

Bhreandáin Uí Eithir' in Ollscoil na hÉireann, Gaillimh i 1999, faoi stiúir an Dr Gearóid Denvir.

Le linn na léirmheastóireacha seo go léir agus na litreacha a lean í, bhí Breandán ag iarraidh a bheith ag obair leis, agus é ag scríobh corrphíosa gearr dialainne sa leabhar nótaí ó am go chéile freisin:

24.1.1989 (ar lean):

Níl seo ann féin ró-dhona; níl ann ach mionrud i gcomparáid leis an £2,000+ nach bhfuil ar mo chumas é a fháil ó Bhord na Gaeilge. Ní go maith a thuigim an scéal ach tuigim nach bhfuil an t-airgead ann agus go dteastaíonn sé uaimse cineál práinneach – cén uair nár theastaigh? Ní mór mo mhuinín i rud ar bith a bhaineann le Gaeilge faoi láthair. Is caillte, amaitéarach, cantalach an dream atá i mbun cúrsaí agus do dhream a bhíonn go síorraí ag lochtú rialtaisí is dona agus is rídhona uathu féin a gcuid cúrsaí a riaradh nuair a tugtar airgead stáit dóibh le cuspóir áirithe a chur i gcrích.

Maidir le obair eile: tá an scannán ar Inis Mór críochnaithe agus é rófhada, cé go bhfuil cuid de go maith. Tá gearrstair na hÉireann críochnaithe ach mé fós ag seasamh siar ó leabhar Penguin. Ag glacadh dáiríre le comhairle an dochtúra agus meáchan caillte go tuairim 12.00 cloch. Gan deoch ó mo lá breithe. Ná déan gaisce.

Go gairid roimh an Nollaig 1988 cuireadh tionscnamh eile fós faoi bhráid Bhreandáin. Bhí Charlemont Films i mBaile Átha Cliath ag iarraidh air oibriú leo ar video 40 nóiméad 'A History of Hurling', a bhí fúthu a dhéanamh i gcomhar le Cumann Lúthchleas Gael. Bhuail Breandán le duine díobh go gairid roimh Oíche Nollag 1988 ach d'fhan sé go hathbhliain leis an gcuntas seo a leanas, faoi sin agus faoi tharlúintí eile, a sheoladh go Londain:

> 54 Taney Road,
> Dundrum 14.
> 4.1.89.

Dear Chris,

A very happy and successful New Year to you. For me it is already proving to be a busy and exciting one. Before getting down to 'work in progress' the big news is that we sold the house here last week. Just like that. Word of mouth and the right couple, who wanted very much to move into this area, turned up. Ireland being Ireland it turned out that the husband's uncle was at school with me. £58,000 said the wife. We have already an offer of £58,000 said my wife . . . £60,000 is the price, said my wife and that was that. They don't seek possession until late August so that takes a lot of pressure off me and also provides me with another deadline . . .

The enclosed 'script' is an attempt by a bunch of shitty ad-men to describe a film on hurling. I have had one meeting with one of them and then got on to my friend the Director General of the GAA. It seems that my name was not on the original list of writers and that I was imposed on Charlemont Films by him. In other words, to keep the GAA (and Kelloggs who are sponsoring it) happy they had to have me. I then sussed out the rate for a job of this nature at the moment – writing the shooting script, doing the interviews, advising the director, and then writing the commentary – and three different film-makers came up with the figure £2,000. When he rang me to say that he was confirming the job I gave him your address, asked him to send a contract to you and when he asked what kind of money I was talking about I said £2,500 and normal travelling and subsistence expenses. He swallowed hard and muttered something about budgets. That price applies to a video for non-commercial showing. A showing on RTÉ, or anywhere else, would be another day's work. So we shall see and have a chat when you read the contract. Truth to tell, it is a job I could do in my sleep and will not take all that much of my time. Naturally, the official story is that it will drive me to the verge of madness and that they are lucky to have me; which is true as far as the co-operation of the GAA is concerned.

I had lunch with Philip[7] after Christmas . . . at this point the phone rang, but as I started I better finish . . . and as I just told you on the phone he wants this Christmas book *An Nollaig Thiar (Christmas in the West)* and the paperback of *Lead us into Temptation*. He will be in touch with you about these matters soon. As will Michael O'Brien about the *Pocket History of Ireland* which I hope to have finished next week,

We have had no word from Anthony Farrell[8] since we sent him a little mountain of material for the *Aran Anthology*[9] but Ruairí will deal with that when it arises and he will keep me informed. It will be a most interesting book and I think he is wise not to rush it. It will be of wide interest in Britain and in the USA.

I am now off to have lunch with my cousin Joyce who is on a flying day trip from London. You sounded great on the phone and, to tell the truth, I feel a new man since my check-up. Ireland sober (and industrious) is Ireland free.

Love,

Breandán.

P.S: Don't forget the O'Brien *This is Ireland* royalties and your share of them . . .

Bhí na nótaí dialainne ag teacht chun críche de réir a chéile, agus iad níos faide ó chéile, go dtí gur stopadar ar fad:

19.2.1989:

Táim 12.00 cloch. Tá conspóid fós ar siúl faoin leabhar san *Irish Times* agus in áiteanna eile *ach* níl pingin d'airgead Bhord na Gaeilge faighte fós. Thug Proinsias[10] £2,000 dom ar iasacht . . . Maidir le bheith ag scríobh i nGaeilge – táim go mór in amhras gurbh fhearr go mór é a chaitheamh i gcártaí. Ach ní déanfar aon cheo faoi dhriopás.

Thaispeánamar an scannán in Árainn. Bhí sé go breá – tar éis deireadh seachtaine Merriman i nGaillimh, nuair a tháinig suas le 500 ag léacht a thug mé.[11] Ag léamh sa leabharlann agus cailín as An Fhairche ag caint ar M.A. a dhéanamh ar mo chuid iriseoireachta – cé nár chuala mé aon smid uaithi ó shin.

Ag brath ar éirí as an ól ar feadh tamaill. An stair ghearr críochnaithe agam ach tá an leabhar ar Bhaile Átha Cliath fós i Limbo.

Bhíos ag seirbhís chuimhneacháin do Peter Dix[12] i gColáiste Cholumba – thar a bheith fuar ar níos mó ná aon bhealach amháin. Ní mór *A Guide to Dublin* a chríochnú ar an gcúis shimplí go bhfuil an t-airgead glactha agus caite.

Ar an 13ú Feabhra, 1989 thagair Michael Finlan, sa gcolún An Irishman's Diary san *Irish Times*, do scannán Árann: '*The writer of the new documentary is Breandán Ó hEithir . . . a nephew of the most famous Aran man of all, Liam O'Flaherty, whose biography he has almost completed . . .'* Ar fhaitíos nach raibh dóthain brú ar Bhreandán! Níl baol ar bith nach raibh sé ag obair air ina cheann ach níor éirigh liom teacht ar oiread is líne de i scríbhinn, ach amháin an aiste 'Liam Ó Flatharta agus a Dhúchas' i *Willie the Plain Pint agus an Pápa.*

Taispeánadh scannán Mhic Conghail *Mórchuid Cloch, Gannchuid Cré* ar RTÉ ar an 16ú Márta 1989 ach níl aon tagairt eile ag Breandán dó ina chuid nótaí dialainne:

28.2.1989:

Go leor cláracha raidió agus teilifíse déanta. Anois ní mór dom suí fúm agus a bhfuil fágtha gan déanamh a chríochnú:

1) *An Nollaig Thiar* (roimh an 22ú)
2) An scannán iománaíochta (roimh an 22ú)
3) An leabhar ar BÁC ——

Táim ag cur isteach ar airgead ón gComhairle Ealaíon – ar bhallraíocht in Aosdána freisin. Níl le déanamh anois ach tuairim 16 huaire oibre in aghaidh an lae a dhéanamh ar feadh 5 mhí. Is féidir é a dhéanamh ach táim i gcónaí mall ag tosú. Ní fearr lá a dhéanfainn é ná inniu féin. Ní mór éirí as a bheith ag glacadh le cuirí anseo agus ansiúd go fánach freisin. Is beag an mhaith a bheith ag éirí go moch mura mbaintear buntáiste as na huaireanta. 'What do you want time for?' mar a d'fhiafraigh Maurice Liston fadó.

17.3.1989:

Go Gaillimh chun labhairt ag dinnéar an IMI sa GSH.[13] Glacaim go hamaideach le cuireadh chun dul siar i ngluaisteán le baintreach (ainm fir as Gaillimh) atá – faighim amach ró-mhall – glanoscartha as a meabhair. Turas uafásach leadránach as a dheireadh ach iontach suimiúil as a thús. Is aisteach go deo an rud a bheith ag taisteal le gealt i lár an lae ghil ghrianmhair. An raibh a fhios agam go raibh (a fear céile) san IRA? Ag ceannach airm sa Rúmáin. Ag caint le Ardeaspag Phárais i bpub i bPáras. A athair – ag iompar nótaí ina chóta ó thaobh amháin de Bhaile Átha Cliath go dtí an taobh eile le pogrom Protastúnach a sheachaint. Do-chreidte.

An dinnéar go deas. An comhluadar go deas freisin.

Shínigh Breandán conradh le Philip MacDermott i bPoolbeg Press i Márta 1989 i gcomhair *An Nollaig Thiar*, cur síos ar a óige in Árainn, agus is léir ón gcéad litir eile a chuir sé chuig Christine Green go raibh sé ag iarraidh a bheith níos cúramaí faoi eagarthóir an uair seo. De bharr nach gcuireadh sé dáta ná seoladh ar roinnt mhaith dá chuid litreacha is deacair a dhéanamh amach cén uair go díreach a scríobhadh iad, ach is léir gur as Baile Átha Cliath, am éigin i mí an Mhárta 1989, a sheol sé an litir seo agus gur ag tagairt do chonradh Charlemont Films i gcomhair scannán na hiomána atá sé ag tús na litreach:

Monday Morning.

Dear Chris,

Here are the contracts. I have done about 5,000 words and it is working out well. I just spoke to Roger Greene, who wants to set up a meeting about the film, and asked him about the contract. He forgot to sign it and send it back to you but will do so today. He says everything is fine with him. I had to change my travel plans for Easter and instead of calling on you on my way to Paris I hope to spend a day in London on the way back – about the 12th April – but I will be in touch with you before that. The weather here is bitterly cold but sunny.

Philip is launching a book on Wednesday so I'll be seeing him about organising an editor for the book. After that everything should run smoothly.

Love,
Breandán.

As Páras a scríobh sé an chéad nóta eile:

Saturday

Dear Chris,

My manager forwarded the contracts from Taney Road. I delivered the shooting script and everyone is happy with it, particularly the GAA. We hope to start filming and interviewing as soon as I get back to Dublin. I will probably leave here for London on Tuesday 11th and spend Wednesday and Thursday there . . . My flight home is at 5.30 on Thursday evening. I will ring you before I leave here. Catherine and Máirín send their love and so does –

Breandán

Faoi Bhealtaine 1989 tháinig fax chuig Christine Green ó Jo O'Donoghue i bPoolbeg Press:

Just to say we have not yet received MS of *An Nollaig Thiar,* despite enthusiastic promises. It is due very shortly, however – probably next week – and I shall put your invoice on hold until then.

Best wishes,

Jo.

Scríobh Breandán an iontráil dheireanach sa leabhar nótaí i mí an Mheithimh – é fós ag tógáil staire agus seanchais óna athair:

4.6.1989:

Lá breithe Dad. Chuamar go Leacht Uí Chonchubhair ag dinnéar. É go breá agus a chuimhne ag obair i gcónaí. Francie Egan ab ainm don spiadóir a bhí ag gardáil na bhfataí ar an taobh eile den abhainn ó tigh Mhick Lynch.

As Baile Átha Cliath a chuir Breandán an chéad litir eile go Londain, le linn dó a bheith ag scríobh píosaí don *Irish Times* faoi olltoghchán gan choinne na bliana 1989:

54 Taney Road,
Dundrum 14.
Saturday 10th June, 1989.

Dear Chris,

Just a progress report. I am back after a week spent rambling around Ireland for *The Irish Times* picking up odd stories on the non-political aspects of the election: 500 words a day, some of them invented in my hotel bedroom. I am feeling much better, am off the tablets, off the booze, walking a couple of miles every night and sleeping like a log. It all happened at a good time, as *The Irish Times* will pay for the rest. Tomorrow I am off again for 3 days and then I shall ring you up and have a chat. Pam[14] rang and told me she had been talking to you, to follow the doctor's orders and that she would then be in touch with both of us again. There was a note here from Michael O'Brien to let me know that he had returned the revised contracts – 'she is looking after you well,' said he! I also enclose this other curious communication from Singapore for your perusal. The election was a surprise to almost everyone, particularly most of the Fianna Fáil party, and is very boring. However, it does give scope for invention and a lot of time for resting. I gave your love to the Cliffs of Moher, but failed to drink your health in sulphur water. Forgive me!

> Much love and gratitude,
>
> from Breandán.

Comhlacht '*Insight Guides, APA Publication, Singapore*' a bhí ag iarraidh ar Bhreandán dul ag scríobh *What to do in Dublin, London, Paris etc*. Dúirt Christine Green leo go raibh Breandán an-ghnóthach ag an am agus go raibh an leabhar faoi Bhaile Átha Cliath ar na bacáin aige, ach d'iarr sí orthu sampla a chur chuici de *What to do in Bangkok* a bhí foilsithe acu.

Bhí conradh sínithe agus réamhairgead íoctha ag Charlemont Films i gcomhair scannán na hiomána faoi seo, mar aon leis an gconradh agus an réamhairgead ó Phoolbeg Press i gcomhair *An Nollaig Thiar* agus ó Lilliput Press i gcomhair *The Aran Anthology*.[15] I mí Iúil 1989 shínigh Breandán conradh le The O'Brien Press agus d'íocadar réamhairgead leis ar dhá leabhar nua: *The Story of Gaelic Sports for Children*, nár foilsíodh, agus *A Pocket History of Ireland*, a foilsíodh níos deireanaí an bhliain chéanna sin. Sula ndeachaigh sé go Páras i mí Lúnasa thug Breandán script *An Nollaig Thiar* ar láimh do Jo O'Donoghue i bPoolbeg Press agus dúirt sé léi nach raibh sé ag dul ag scríobh i nGaeilge go deo arís, tar éis na léirmheastóireachta a rinneadh ar *Sionnach Ar Mo Dhuán*. Thug Jo O'Donoghue an script do eagarthóir den scoth agus tá a shliocht sin agus a shlacht sin ar an leabhar. An míle punt a fuair Poolbeg ó Bhord na Leabhar Gaeilge, chaith siad ar fhógra raidió é. Breandán féin a bhí le cloisteáil sa bhfógra, ag rá: 'Is olc an bhó nach molfadh a lao féin!' Is mór an t-ionadh nach é an seanfhocal eile a raibh sé an-cheanúil air a d'úsáid sé: 'Cé a mholfadh an ghé bhréan mura molfadh sí í féin!' Is mar leabhar do pháistí a cuireadh *An Nollaig Thiar* ar an margadh agus díoladh suas le sé mhíle cóip di. Is deas an leabhar í do shean agus óg agus is álainn an píosa scríbhneoireachta í.

I Lúnasa 1989 d'fhág Breandán slán ag 54 Bóthar Tí Naithí, Dún Droma, agus leis an nGoat, mar a mbíodh an gabhar á róstadh. Go gairid sular imigh sé bhí drochthimpiste de ghluaisrothar ag mac linne, Máirtín, agus bhí sé ar shlat a dhroma in Ospidéal Naomh Uinseann. Rinne Breandán chuile iarracht an imní a bhí orainn a mhaolú. Bhí sé iontach i gcásana mar sin; thug sé mé féin agus ar mo bhean, Barbara, amach chuig an mbialann Síneach 'Sichuan' le taobh an Mill House i Stigh Lorgan, áit a raibh aithne curtha ar an bhfoireann aige ó d'imigh Catherine chun na Fraince. Ar fhaitíos go ndiúltódh muid don chuireadh mheabhraigh sé dúinn go raibh luach an tí díreach faighte aige agus go gcaithfí an ócáid a cheiliúradh! Tar éis béile breá chuaigh an triúr againn isteach ag breathnú ar Mháirtín san ospidéal. Bhí an chros bheag *Soladornosch* ina chába ag Breandán mar bhí sé an-tógtha le cúrsaí na Polainne ag an am, agus bhronn sé an chros go sollúnta ar Mháirtín. D'fhág sé slán againn ar fad an oíche sin agus thug sé a aghaidh ar Pháras cúpla lá ina dhiaidh sin. Go teoiriciúil, bheadh sé ina chónaí go buan i bPáras feasta ach, go praiticiúil, bheadh sé anonn agus anall go hÉirinn beagnach chomh minic is a bhí sé roimhe sin. Dúirt Catherine:

In 1989 Breandán moved his PC over to Paris. We took stock and decided that we would stay in Paris. Breandán would be 60 on the 18th of January 1990 and we decided that we would spend the next ten years in Paris – or stay in Paris as a base – and return to Ireland definitely when Breandán was seventy. We presumed we would live in Galway at that stage. But he returned to Dublin on a regular basis. If anything like a general election came up he came back immediately. He always had interviews to do for radio and television. He was in constant touch with RTÉ and Raidió na Gaeltachta. RnaG would ring at 8am to say they would ring back in ten minutes for a live interview on the phone.

Johnny Granville's pub *Chez Johnny* was the only pub we used to go to; we hardly ever went to *Kitty O'Shea's*. I went to Johnny's more often than Breandán – for a change! When we lived in France I was the one who went to the pub; Breandán preferred to drink wine at home. He stopped drinking whiskey at the height of *Féach*. We had a launch of *Sionnach ar mo Dhuán* in Johnny Granville's. Breandán had told Bord na Gaeilge to send on copies of the book. The day of the launch arrived and they hadn't come and Déirdre's[16] was the only copy and Breandán read from it. We had a great night.

There were some Irish journalists in Paris but Breandán had no French friends except one or two who spoke English. This is something that worried me about Breandán for his own sake, that he had no friends in Paris as he had in Dublin, but when he came back to Dublin he caught up on that. And having no friends in Paris was an advantage because he wasn't distracted from work, so he did his writing and re-writing. Breandán never discussed his work with me till it was ready – till the book was in the last draft. Then I was called upon to check the grammar and spelling.

Bhaineadh Breandán an-taitneamh as scéilín a bhíodh ag Seán Ó Ríordáin faoi Joe Daly Dhún Chaoin agus an tAthair Tadhg Ó Murchú as Corcaigh. Bhíodh an tAthair Tadhg thiar ar an nGráig i gCorca Dhuibhne gach samhradh le scata buachaillí óga as Corcaigh, ag foghlaim Gaolainne. Ach théadh sé ar ais go Corcaigh chomh minic sin gur fhiafraigh Ó Ríordáin de Joe Daly cén fáth a bhí leis sin. 'Chun gur féidir leis teacht ar an nGráig níos minicí!' a dúirt Joe Daly. Bhí Breandán amhlaidh é féin, ag teacht ar ais ón bhFrainc. Chastaí ar Ghearóid Ó Tuathaigh go minic é ar a chuid cuairteanna iomadúla abhaile:

De ghnáth is é an rud a thabharfadh sé duit ná liosta de na rudaí a thug ar ais go hÉirinn é cúpla uair. Bhíodh sé ag tabhairt mar a déarfá, dialann duit, ar mhaithe lena mhisniú féin go minic. Ag caint leis féin a bhíodh sé; ag meabhrú dó féin nach mbeadh sé ar deoraíocht ach ar feadh trí mhí agus ag tabhairt le tuiscint duit gur mór an crá croí agus an ciapadh go raibh air teacht ar ais leis an gclár seo nó an clár siúd a dhéanamh, nó go raibh air bualadh le duine ón *National Geographic* nó rud éigin. Ach, ar bhealach, is ag tabhairt sóláis dó féin a bhíodh sé, go raibh dialann socraithe aige a chuirfeadh ar a chumas a bheith ag dul anonn agus anall.

Thaitin Páras go mór le Breandán, dar le Catherine:

> He loved living in Paris. He loved writing in Paris – nobody ringing up to go for a pint. He wrote *The Begrudger's Guide* in Paris and he wrote *This Is Ireland* in Paris and he would have written quite a lot of *Sionnach ar mo Dhuán* in Paris. And he was writing his articles and his column for *The Irish Times* and wrote things for the *Sunday Tribune* and did interviews for Raidió na Gaeltachta from Paris.
>
> He worked for a few hours and then went off walking for a few hours. Paris fascinated him. He knew all the prostitutes. He would come home with detailed description of what they were wearing this week. He used to go up and down the *rue de Nieve*. He came home one day and said: 'I saw a fabulous one, about six foot two, dressed completely in black leather, high boots, and gloves, and this whip. She was walking up and down the street, cracking this whip – and the street was called *rue de la Fidélité!*
>
> Breandán didn't go to Mass when he was in Ireland but he always went to Mass on Sundays in Paris. He had a very special way of going to Mass. He had seven churches with different nationalities and he would start Mass in one and go from one to the other . . .

Tá an dá thuairim ann faoi cé chomh sona is a bhí Breandán i bPáras. Chuaigh Nuala Ní Dhomhnaill ó RTÉ go Páras i 1987 le cúpla clár teilifíse Gaeilge *Súil Thart* a dhéanamh faoi na Gaeil ansin, agus rinne sí agallamh fada le Breandán, ag siúl cois Seine agus ag cur síos air féin agus ar an gcathair. Thugadar cuairt ar ósta Johnny Granville agus ar bhialann Uí Chearra agus thug Breandán agus Catherine Nuala agus an bheirt a bhí léi – an fear ceamara Eugene O'Connor (a raibh aithne mhaith ag Breandán ar a athair, Éamon O'Connor) agus an fear fuaime, Brendan Frawley – amach chuig bialann Ghréagach a raibh plátaí á mbriseadh inti. Chuaigh siad ina dhiaidh sin ar chamchuairt na cathrach agus bhí dea-ghiúmar ar Bhreandán mar ba ghnách leis, a dúirt Nuala.

Thug Cathal Goan cuairt air i bPáras le linn dó a bheith ag léiriú an chláir raidió *Day by Day* faoi atoghadh Mitterand ina uachtarán in Aibreán 1988. Craoladh an clár beo as Páras agus chuir John Bowman agallamh fada ar Bhreandán. D'ith Cathal béile le Breandán agus le Catherine agus b'fhacthas dó go raibh an-ghiúmar ar Bhreandán. Chaith an lia súl, Peadar Mac Mághnais agus a bhean, Treasa, oíche i bhfochair Bhreandáin i bPáras freisin go gairid roimhe sin. D'itheadar béile leis agus shíleadar go raibh an-ghiúmar air. Bhí aithne acu ar Bhreandán ó na chéad Scoileanna Mherriman agus is é Peadar a chuir a chéad phéire spéaclaí ar Bhreandán. Chaith Séamus Martin ón *Irish Times* lá nó dhó le Breandán i bPáras timpeall an ama chéanna agus bhí Breandán ag cur síos dó ar chomh deacair is a bhíodh sé air scríobh nuair a thagadh mífhonn air. Thagadh fonn air an obair a fhágáil i dtigh diabhail ansin agus bualadh amach agus cúpla deoch a ól, rud nach ndéanadh sé de ghnáth, ach rud a rinne sé go fonnmhar nuair a casadh seanchairde an bealach.   Chuir rue Doudeauville Camden Town i gcuimhne do Shéamus, leis an timpeallacht Arabach a bhí ann. D'airigh sé go raibh aithne ag na comharsana ar Bhreandán amhail is dá mba ann a tógadh é, in ainneoin nach raibh mórán Fraincise ag Breandán.

Nuair a bhí comóradh dhá chéad bliain Réabhlóid na Fraince ar siúl i 1989 rinne RTÉ sraith cláracha teilifíse beo as Páras. Rinne Breandán an tráchtaireacht ar an máirseáil mhór cheiliúrtha ansin Lá an Bastille agus bhí air an chéad leathuair an chloig de a dhéanamh ar líne theileafóin nuair a theip ar an líne cheart. I lár na tráchtaireachta faoi na Cinn Stáit éagsúla a bhí i láthair agus na reisimintí airm éagsúla a bhí páirteach, dhírigh Breandán ar an bpobal Éireannach i bPáras:

> And of course the Irish in Paris should not be forgotten this year, seeing that the Irish presence here in Paris has become a permanent part of life in the city. In fact, two nights ago, we had a launching here of a book, *The Green Cockade*, written by Fr Liam Swords, who lives in the Irish College here, the Irish College which is being returned formally to Irish control later on, in Autumn. Fr Swords is chaplain to the Irish community here, agus beidh eolas maith, in iarthar na hÉireann go speisialta, ar an Athair Swords mar bhí sé ar feadh scaithimh ina mhúinteoir i gColáiste Éinde, i mBóthar na Trá i

nGaillimh. Tá pobal na hÉireann anseo i bPáras thar a bheith líonmhar agus ag dul i méid atá sé. Insíonn sé sin a scéal féin faoi chúrsaí imirce. Deirtear go bhfuil idir cúig mhíle agus ocht míle Éireannach anseo i bPáras, and it is quite a prominent presence too. They publish a paper *An t-Éireannach* which is a trilingual publication. They have an association, they have a branch of Conradh na Gaeilge with over a hundred and twenty members now, and once the Irish College is returned to Irish control they will have a meeting place. At the moment there are eight Irish pubs: Tigh Johnny Granville – beidh eolas ag muintir Ghaeltacht Chiarraí ar Chez Johnny. Tá an dara teach ósta oscailte aige ar an taobh eile den abhainn anois, ar a dtugann sé 'Finnegan's Wake'. Agus tá 'Connolly's Corner' ann, ar ndóigh, agus tá 'Kitty O'Shea's' agus 'Flann O'Brien's' agus mar sin de . . . agus tá bialann an 'John Jameson', bialann Éireannach, rud nach bhfuil le fáil i Londain ná go deimhin i Nua Eabhrac, anseo i bPáras . . .

Díreach sular chríochnaigh Breandán a chuid tráchtaireachta féin ar mháirseáil mhíleata na hiarnóna sin i bPáras, dúirt sé lena lucht féachana: 'There's Mrs Thatcher, looking bored and cold' agus mheabhraigh sé go mbeadh a chomhghleacaí, Cathal O'Shannon, ag déanamh tráchtaireachta ar chlár beo teilifíse eile a bheadh ag teacht as Páras an oíche chéanna sin. Nuair a labhair mé le Cathal O'Shannon faoin ócáid dúirt sé liom go raibh cúpla comhrá fada aige féin agus ag Breandán ag an am agus gur phléadar sraith cláracha teilifíse a dhéanamh faoi dhúnmharuithe cáiliúla Éireannacha. Rinne Cathal a leithéid de shraith cláracha roinnt bhlianta ina dhiaidh sin ach b'éigean dó iad a dhéanamh d'uireasa Bhreandáin. Bhí Breandán marbh agus bhí an tAthair Liam Swords ar dhuine den seachtar sagart a bhí ar an altóir lá na sochraide.

De na cairde Éireannacha ar fad, is iad Proinsias Mac Aonghusa agus a bhean, Catherine McGuinness – An Breitheamh Catherine McGuinness ina dhiaidh sin – is minicí a thugadh cuairt ar Bhreandán agus ar a bhean i bPáras agus cheapadar sin go raibh sé an-sásta go deo leis féin ann. Thug Breandán Catherine McGuinness go hArdeaglais Notre Dame Aoine an Chéasta, le go bhfeicfeadh sí na tairní lenar céasadh Críost, a bhí ar taispeáint ann ag an am. Ní hé amháin go raibh an-ghiúmar ar Bhreandán, a dúirt an Breitheamh McGuinness, ach bhí a dóthain le déanamh aici féin gan tosú ag gáirí, mar bhí sé ag tabhairt tráchtaireachta an-ghreannmhar di ar na peacaí a bhí á n-insint ag na daoine éagsúla do na sagairt, a bhí le feiceáil sna boscaí faoistine gloine a bhí ar chaon taobh díobh sa scuaine chun na haltóra! Dúirt Proinsias Mac Aonghusa:

> D'éirigh muide an-mhór ar fad leo blianta na Fraince. Bhí Catherine thall sula ndeachaigh Breandán anonn, mar is eol duit. Tháinig Breandán agus ní raibh áit san árasán dó agus chuir Catherine isteach in óstán é – sa Grand Hotel Jeanne d'Arc – go bhfuaireadar áit cheart dóibh féin. Ansin an chéad uair a thosaigh mé féin agus mo bhean ag dul anonn chuir siad isteach san óstán sin muide freisin agus bhí an-mheas ar Bhreandán agus ar Chatherine san óstán sin. Ansin chuir mise Gaeilgeoirí eile isteach ann; d'fhanadh lucht Raidió na Gaeltachta ann agus a lán dreamanna eile as an tír seo, agus is mar gheall ar Bhreandán agus ar Chatherine a tharla sé sin.
>
> Théadh muide anonn faoi dhó sa mbliain, faoi Cháisc agus i Meán Fómhair. Chaitheadh muid idir deich lá agus dhá lá dhéag ansin faoi Cháisc agus coicís i Meán Fómhair. Chastaí orainn iad an dara lá thall agus d'itheadh muid lón le chéile agus d'óladh muid cúpla deoch. Bhíodh Breandán ag caint ar an obair a bhíodh le déanamh aige agus ní chuireadh muide isteach air. D'fheiceadh muid Catherine cúpla uair agus ansin sheasadh muide dinnéar do chairde linn i bPáras: Johnny Granville, Paddy McEntee, Breandán agus Catherine agus máthair Chatherine, Déirdre Mulcahy, agus roinnt daoine eile. Chaitheadh muid Domhnach Cásca i gcónaí in árasán Bhreandáin agus Chatherine. D'itheadh muid lón ann agus chaitheadh muid an lá ar fad ann. Luan Cásca ansin théadh muid amach go dtí rue Bobby Sands agus léadh Breandán forógra na Cásca agus thugainnse óráid – nó *vice versa*, chaon dara bliain. Is é Paddy McEntee a fuair amach go raibh a leithéid d'áit ann agus rue Bobby Sands. I ndiaidh an tsearmanais théadh muid go teach tábhairne Ailgéireach a bhí ar rue Bobby Sands freisin. Tarlaíonn sé sin fós, ach go bhfuil Breandán imithe. I nGaeilge a bhíonn an óráid agus i mBéarla a bhíonn Forógra na Poblachta. Bíonn Éireannaigh thall i bPáras i gcomhair na Cásca – bhí Ruairí Brugha agus a bhean thall bliain amháin – nó thiocfadh dream a mbeifeá ag ól leo trí thimpiste an oíche roimh ré!

Ach bhí a iníon, Máirín, ní ba ghaire do Bhreandán ná mar a bhí mórán, agus creideann sise go raibh a hathair míshona i bPáras:

Bhí an ghráin aige ar Pháras. Dúirt sé liom é uair amháin, ar bhealach indíreach. Bhí sé an-deacair air maireachtáil i bPáras. Bhí an t-árasán a bhí acu an-bheag agus bhí mo mháthair i ndrochshláinte, agus níor airigh Breandán sa mbaile i bPáras ar aon chuma – cé gur dhúirt sé i gcónaí gur i bPáras a rinne sé roinnt den scríbhneoireacht ab fhearr dá ndearna sé, agus níor mhaith liomsa aon bhreith a thabhairt air sin. Ach dúirt sé liom gur shíl sé gur bhris sé teorainneacha nua nuair a bhí sé ag scríobh *Sionnach ar mo Dhuán* i bPáras. Agus ansin, nuair a rinneadh léirmheastóireacht chomh géar agus chomh gangaideach ar an leabhar, tá mé ag ceapadh gur bhris sé sin a chroí. Ní gá go dtaitneodh an rud a scríobh Breandán leat ach scríobh sé go maith. Dúirt Dorothy Parker faoi Scott Fitzgerald: 'You may not like his stories but he cannot write badly.'

Is cuimhneach liom nuair a chríochnaigh sé *Sionnach ar mo Dhuán* go raibh sé an-sásta leis féin. D'airigh sé go raibh an rud ab fhearr dár scríobh sé riamh scríofa aige. Ghlaoigh sé orm ar an teileafón, chuaigh mé síos go Páras agus chuaigh muid amach ag ól agus ag ceiliúradh. Agus ansin tháinig an léirmheas gangaideach sin san *Irish Times* ón bhfear sin, Ó Drisceoil. Bhí sé an-bhinbeach. Ghortaigh sé sin Breandán go huafásach. Ghlaoigh sé orm oíche amháin agus bhí sé an-tríA chéile faoi go bhfoilseodh an *Irish Times* léirmheas a bhí chomh géar agus chomh gangaideach. Casadh John McGahern orm ina dhiaidh sin agus labhair sé liom: 'I know who you are', a dúirt sé. 'I met your father in Paris and he was so unhappy.'

Casadh John McGahern ar Bhreandán i bPáras i Samhain na bliana 1989. Bhí McGahern ar dhuine de dheichniúr scríbhneoirí Éireannacha, Breandán féin ina measc, a fuair cuireadh chun na féile *Irlande: Les Belles Étrangères* (Na Stráinséirí Áille) a bhí ar siúl sa bhFrainc an bhliain sin. Ar na scríbhneoirí eile bhí John Banville, Jennifer Johnston, Thomas Kilroy, Derek Mahon, John Montague, Francis Stuart, Sebastian Barry agus Nuala Ní Dhomhnaill. Bhí siad roinnte ina ngrúpaí éagsúla agus ag léamh a saothair in áiteanna éagsúla. Bhí Sebastian Barry, Nuala Ní Dhomhnaill agus Breandán ag dul chun na Briotáine agus ag léamh i mBrest, i Saint Lazaire agus i Rennes – áit a raibh cónaí ar Mháirín Ní Eithir. Chuaigh Máirín amach ag dinnéar leo agus bhí seans aici roinnt mhaith ama a chaitheamh lena hathair, rud nach bhfuair sí seans a dhéanamh arís go dtí go gairid roimh a bhás an bhliain dár gcionn.

Chaith Breandán Nollaig na bliana 1989 i bPrág na Seicslóvaice in éineacht lena mhac Brian agus chuir sé an tuairisc seo as Páras chuig Christine Green i dtús na hathbhliana:

> 31 rue Doudeauville,
> 75018 Paris
> 16.1.1990.

Dear Chris,

Just a progress report on the results of the kicking: you should have Chapter 1 next week. Between now and March 10th, when I go to Ireland to speak to the annual chin-wag of the British and Irish Booksellers, in Galway, the good work will continue. Prague was both interesting and wonderful and Brian has now got work lecturing in the university. As Marxism-Leninism has been abolished as an essential subject (as has the teaching of Russian) they want a course of politics of a different kind. He is delighted to be dealing with his own subject again and I cannot see him leaving Prague in a hurry. Apart from other considerations it will be a wonderful place when it's cleaned up and the shops and cafes are handed back to private ownership. It is so difficult to find a table in a restaurant that I found myself longing for Czech Mícheál Vaughan with cash-register eyes.

Catherine sends her love. She is also working hard – note the use of 'also' – and the weather, so far, has been unseasonably mild and sunny. The next letter will contain Chapter 1.

> All the very best for 1990,
> Breandán

A Guide to Dublin a bhí i gceist ag Breandán mar, cúig lá ina dhiaidh sin, chuir sé litir eile as Páras chuig Christine Green, ag iarraidh uirthi síntiús bliana ar an *Independent on Sunday* a íoc dá mhac Brian i bPrág agus dúirt sé sa litir:

Did you know that the Dublin Vikings carried their coins stuck to their arm-pit hair with wax? Come to think of it, present-day Dubliners might also find it profitable to follow their example. I start my French course tomorrow and I'll be sending you the first fruits of my labours during the week.

Love from both of us,

Breandán

Seoladh an chéad chaibidil de *A Guide to Dublin* chuig Penguin agus faoi thús mhí Márta seoladh creatlach na coda eile den leabhar:

31 rue Doudeauville,

75018 Paris,

1.3.1990.

Dear Chris,

The cheque arrived this morning, thank you very much, in time to waft me to Dublin in the morning. The enclosed gives a fair over-all picture of what the book will be like. From our point of view it's as well to see what, if any, criticism is offered. If they are happy we can make a burst for the tape. The only chapter that worries me is the one on architecture, about which I know as much as the average mongrel knows about his father. However, that is a minor point as I have now successfully (I hope) skated over thin ice in other areas.

By the same token, I have discovered the antidote to guide-book-boredom. I was over in the British Council the other day and began to read part 1 of the new Waugh biography. It's very badly written but I happened on an interesting passage where he had landed himself with a commission that was boring him. It was just before his second marriage and he needed the money. To keep himself amused he began to plan *Decline and Fall* (I think) when his interest in the commission flagged. This struck me as a good idea and it certainly is – It's all right Chris, it really is, now don't worry, I'm not up to any three-card-trick business – THE GUIDE WILL BE FINISHED BY THE END OF APRIL. (C/U STACK OF BIBLES)

I will probably run down from Galway to see my father and will give Clare your love as I pass through. The blessings of Penguin on us all this stormy night.

Love,

Breandán and other half.

Fuair sé scéala ar ais ó Christine Green le hiompú an phoist:

> On no account will you wait for Penguin to respond before making the final push. They will take far too long – apart from anything else they are in mid-sales conference season; and apart from that, they will only have anything sensible to say when they see the balance of the text. If the very worst happens and for some reason they hate the whole thing, we can withdraw with honour intact and sell it to someone else. *Decline and Fall* be damned – make the final push now! Consider yourself drop-kicked.

I Márta 1990 d'fhill cearta *Lead Us Into Temptation* ar ais ar an údar ó Routledge & Kegan Paul agus go gairid ina dhiaidh sin bhí conradh eile sínithe ag Breandán le Poolbeg Press i gcomhair eagráin nua den leabhar, ina mbeadh athruithe beaga agus ceartúcháin déanta aige. Ar theacht an Aibreáin bhí leabhar eile iarrtha air ag comhlacht foilsitheoireachta Hologramme i bPáras, *Les Irlandais*, leabhar céad fiche leathanach nó mar sin faoi Éirinn agus faoi mhuintir na hÉireann. Ón litir i bhFraincis a chuir bean Hologramme chuig Breandán ba léir go raibh roinnt mhaith ar eolas aici féin faoi sheandálaíocht agus faoi mhiotaseolaíocht na hÉireann, agus sheol Breandán an litir ar aghaidh chuig Christine Green:

31 rue Doudeauville,
75018 Paris,
22.4.1990.

Dear Chris,

The enclosed is the letter I mentioned on the phone and I am sending it ahead of us to enable you to digest the romantic rubbish it contains. As Catherine said: 'If she knows that much about it why doesn't she write the book herself.' More of that anon, but in fairness to her (1) she is getting married next Sunday and (2) she was only standing in for the MD who was in the USA on business. All that remains to be said about it at present is that it is a long-term project and that I gave a clear and accurate account of my time-table. More about all that when we meet.

I hope to have the six scripts of the radio version of 'Svejk' with me as well as a new print-out of the Dublin book – minus the 4 outstanding chapters but with the key element completed (i.e. Dublin street by street and suburb by suburb).

It will be lovely to see you and Catherine is looking forward to the trip with great excitement; she hasn't been to London since 1979.

Until we meet, our combined love,

Breandán

and me

Catherine

Bhí Breandán an-cheanúil ar *The Good Soldier Svejk*, ó laethanta na hollscoile i nGaillimh fadó. Rinne sé leagan drámatúil raidió den leabhar, i nGaeilge agus i mBéarla; léirigh Seán Ó Briain an dá leagan ar Raidió RTÉ agus craoladh an leagan Gaeilge ar Raidió na Gaeltachta freisin. Scríobh Breandán faoi údar an leabhair, Jaroslav Hasek:

I bPrague a rugadh é, sa mbliain 1883, agus de bharr cúrsaí a theaghlaigh ba bheag oideachas foirmeálta a fuair sé. Thosaigh sé ag scríobh píosaí do na páipéir nuair a bhí sé óg go maith agus ansin chuaigh sé ar na bóithre ar mhódh a mheabhródh Sean-Phádraic Ó Conaire duit. Rinne sé iarracht faoi dhó socrú síos i bpost i mbanc ach ní raibh aon mhaith ann agus shocraigh sé maireachtáil ar a chuid scríbhneoireachta. Ach sna hocht mbliana idir 1900 agus 1908 níor fhoilsigh sé ach 185 píosa. Taca an ama seo chuaigh sé isteach sa ngluaiseacht ainriaileach agus bhí sé tamall ina eagarthóir ar an bpáipéar a bhí acu. Tharraing seo aird na bpóilíní rúnda air agus os rud é go mbíodh sé ag tabhairt léachtanna don lucht oibre faoin ngá a bhí le ainriail ba mhinic faoi ghlas é . . .[17]

Bhí Meiriceá Theas luaite sa gcéad litir eile ó Bhreandán chuig Chris Green – turas a bhí beartaithe aige féin agus ag Catherine a thabhairt ar an gColóim, tír nach raibh feicthe ag Catherine ó tháinig sí go hÉirinn ar dtús i Márta 1957. Cáil na ndrugaí, nó *magic snuff* mar a thug Breandán orthu sa litir seo thíos, is mó a bhí ar an gColóim ag an am; tagairt atá i dtús na litreach don réamhairgead a bhí Poolbeg Press sásta a íoc ar an eagrán nua de *Lead Us Into Temptation:*

31 rue Doudeauville,
75018 Paris,
18.5.1990.

Dear Chris,

Your letter arrived this morning and the advance is indeed, as you say, very modest. However, it is also important to have the book in print so what about a compromise: they pay the full advance on signing? After all, it is not as if there was a danger of my not delivering the mss. What with going to Colombia – we are booked for the 6th July – the bird in the hand is the bird for the pot, so to speak. Do the best you can and whatever you decide will be fine by me.

I am polishing up the Dublin book and it is not half bad, now that it's finished. Between one thing and another it would be nice for us to meet for a day or two before I go for the magic snuff. Therefore, I will go over with the mss on either the 31st May of 1st June, but will confirm that beforehand.

I have sent the preface for the Aran anthology to Anthony (Lilliput Press) and Ruairí is meeting him to discuss what explanatory notes are needed (these are Ruairí's responsibility) and publication date. I'll see Anthony in Dublin in June. So that job is in hand, thank God.

I am working on the synopsis of the book on Ireland for Hologramme and will deliver it before the end of the month. The same goes for the film idea on the atmosphere in Dublin on the day of the All-Ireland final. I gave it to Roger Greene and he has now sold it to BBC Northern Ireland. As it will not require commentary I am supplying what amounts to a detailed shot-list. He will discuss money with you next month. If the 'Svejk' scripts have not arrived before I do, I will rustle them up myself when I get to Dublin. The new artistic director of the Abbey should be appointed by that time also and we should get word of the stage version for the Peacock.

This is more like one of the memos I write myself occasionally, as proof that I am working! We can run through it when we meet in London. Let's say I'll travel on Thursday 31st and return to Paris at the week-end and will confirm that a week in advance.

Love from Catherine, whom I have persuaded to cut her hours of teaching by half next year.

Love and many thanks,
Breandán.

Faoi seo bhí The O'Brien Press ag cuartú scripteanna, nach raibh scríofa, i gcomhair *The Story of Gaelic Sport for Children* a bhí geallta ag Breandán dóibh. Chuir Christine Green an litir seo, agus an comhréiteach seo, chucu:

> I saw Breandán while he was in London, and I fear that your suspicions were correct and that he does not feel he is in close enough touch with the GAA and its day-to-day concerns to be able to do a creditable job on the contract book. He tells me that he has had conversations with Íde about substituting another book, a diary of his visit to Colombia later this year. If you think this is a sensible substitution, perhaps we should discuss the best way to proceed . . .

As Baile Átha Cliath a tháinig an chéad litir eile ó Bhreandán, scríofa le *biro*, mar aon le cóipeanna de script an scannáin faoin iománaíocht, agus drochscéala faoi fhear a dheirfíre, Máirín:

> Rathgar, Dublin.
> Monday 11th June.
>
> Dear Chris,
>
> These are the scripts and you can read them when you have time and see what best to do with them. They are copies of the director's copies and he has scribbled on them here and there, so it may be necessary to have them typed again. But, as I said, there is no rush and I'll be talking to you before we hit Colombia.
>
> We have a crisis here at the minute. My brother-in-law – my sister Máirín's husband – had three heart attacks last evening and is in intensive care in St Vincent's Hospital. He had the first one at Mass and was lucky that a doctor in the congregation got the heart going again. He is terribly over-weight but may pull through once he didn't go after the first bang.
>
> I am writing this in bed, so forgive the scrawl. Mind yourself.
>
> Much love,
> Breandán.
>
> P.S. Have just rung the hospital. Geoffrey came through the night – 'just about' as the nurse said – and the news is not at all good in the long term.
> B.

Chríochnaigh Breandán *A Guide to Dublin* agus seoladh an script chuig Penguin Books. I dtús mhí Iúil chuir Christine Green an nóta seo chuig Penguin:

> I spoke to Breandán the other day – he was in Dublin en route to Paris – and he said that he would be getting in touch with you by fax over the next week or so. There have already been a number of changes to Dublin since the book was delivered (the new statue of Joyce and so on) and he will take account of the important ones and pass them on to you.

I rith na gcúig seachtaine nó mar sin sula ndeachaigh sé go Meiriceá Theas rinne Breandán sraith agallamh teilifíse do RTÉ, dhá cheann déag ar fad – seisear ban agus seisear fear – sa tsraith 'Cur Agus Cúiteamh' a léirigh Cathal Goan. Dhéanadh sé trí agallamh, leathuair an chloig an ceann, gach Aoine beagnach. Chuir sé agallamh ar Mháire Geoghegan Quinn, Angela Bourke, Máire Holmes, Órna Ní Chionna, Dóirín Mhic Mhurchadha, Barbara Mhic Con Iomaire, John M. Kelly, Liam Ó Maoilmhichíl, Séamus Páircéir, Muiris Ó Rócháin, Tomás Mac Giolla agus Séamus Ó Tuathail. Bhí Breandán marbh faoin am ar craoladh na hagallaimh agus bhí aon cheann amháin acu, an ceann le John M. Kelly ó Fhine Gael, nár craoladh ar chor ar bith. Fuair an fear uasal sin bás an samhradh céanna sin agus, in ainneoin go raibh an t-agallamh ar fheabhas agus go raibh rudaí spéisiúla le rá aige ann faoin Dr Gearóid Mac Gearailt, socraíodh gan an t-agallamh a chraoladh.

Chaithfeadh Breandán a bheith tuirseach tar éis trí agallamh teilifíse a dhéanamh in aon lá amháin, ach obair í a thaitin leis agus obair í a raibh sé go han-mhaith aici, in ainneoin go ndeireadh sé nár thaitin obair stiúideo leis. Deir Cathal Goan go raibh sé go breá spleodrach tar éis dó an tsraith a chríochnú:

> Bhí. Bhí sé go breá. Bhí an World Cup ar siúl. Chuaigh mé féin, é féin agus Paddy Glackin ar an *tear* tráthnóna amháin; tháinig sé ar ais go dtí an teach liom, d'ith sé dinnéar sa teach linn, d'amharc sé ar chluiche sacair agus bhí Mánus, mac linn, ina shuí ar a ghlúin ag amharc ar an chluiche; tá cuimhne mhaith agam air. D'imigh sé an tráthnóna sin agus is dóigh liom gurb in é an uair dheireanach a bhfaca mé é sula ndeachaigh sé go Bogotá.

Timpeall an ama seo freisin a bhí an comhrá deireanach ag a chéadmhac, Ruairí lena athair:

Díreach roimh dhul go Colombia a bhí ann, deireadh Mheithimh nó tús mhí Iúil 1990. Ba é an lá é ar bhuail foireann na hÉireann An Rúmáin i gCorn an Domhain. Bhí sé ar cuairt againn san árasán i Leeson Park agus theastaigh uaimse dul amach ag breathnú ar an gcluiche ar an scáileán mór i gceann de na tithe ósta. Ní raibh seisean ag iarraidh dul amach. Dúirt sé nach mbeadh sé in ann aige agus gurbh fhearr leis fanacht istigh. Ansin d'fhan mise istigh freisin. Ach bhain sé sásamh as an gcluiche ceat go leor, agus bhreathnaigh sé air! Mar nuair a bhíodh muid ag breathnú ar chluiche tábhachtach mar seo sa teach sa mbaile bhíodh sé chomh neirbhíseach sin go minic is go dtéadh sé suas an staighre, agus bhíodh muide ag fógairt suas air céard a bhí ag tarlú sa gcluiche. Caithfidh go raibh sé tuirseach an lá seo. Bhí iontas orm nach dtiocfadh sé amach chuig an teach ósta. Ach b'in é an lá deireanach a raibh comhrá agam leis.

D'imigh Breandán agus Catherine go Bogotá na Colóime ar an séú lá Iúil 1990. Cosúil le gach saoire eile dár thóg Breandán riamh 'saoire oibre', a bheag nó a mhór, a bheadh inti seo freisin. Bhí an 'cogadh cocaine', mar a thugtaí air, ar siúl sa gColóim ag an am. Bhí sé fiosrach go bhfaigheadh sé amach dó féin céard go díreach a bhí ar siúl sa tír úd i bhfad i gcéin, agus go gcuirfeadh sé aithne ní b'fhearr ar mhuintir a mhná ina ngnáthóg nádúrtha féin. Choinnigh sé dialann scríbhneora, mar bhí faoi leabhar a scríobh faoin gcuairt ach níorbh fhada ann é gur athraigh sé a intinn faoin leabhar. De cheal spáis, ní thabharfaidh mé anseo ach creatlach na dialainne:

Is iad garghaolta Chatherine sa dialann seo: a deirfiúr Claudia, a fear céile Juancho agus a seisear clainne: Margarita, Julián Patricio, Camilo, Calera, Juana agus Maria Leticia; agus beirt dheartháracha le Catherine: Patricio (Patrick), agus Martin von Hildebrand a fuair duais speisialta Nobel i 1999 faoina chuid oibre i measc na nIndiach in abhantrach na hAmasóine. Is é an *peso* an t-aonad airgid agus scríobhtar *míle peso* mar $1,000. B'ionann $1,000 sa gColóim ag an am agus £1 Éireannach.

Aoine 6ú Iúil:

An turas aeir is faide dár thugas, ó Pháras go Londain go Caracas go Bogotá . . . Catherine trína chéile i dtaobh a céad thurais ar ais tar éis 33 bliain agus gan í rómhaith ina sláinte le fada ach bisithe thar mar bhí sí bliain go ham seo. Bogotá, agus Juancho agus Patrick (Patricio) romhainn le jeep . . . Inár gcónaí i dteach Phatrick láimh le teach Chlaudia agus neart slí ina dtimpeall. Tógadh an teach do phósadh Phatrick sé bliana ó shin ach níor sheas an pósadh i bhfad agus is minicí Patrick thíos sa dufair ná sa teach agus a shliocht air . . .

Chun na cathrach ar an Luan. Os cionn 5.5 milliún duine sa chathair agus forbhailte atá leagtha amach go céimseatúil agus sléibhte arda ar a chúl – rud a fhágann nach furasta dul amú . . .

Pablo Escobar ar a theicheadh i gceantar Medallín agus glaonn RTÉ ar an gCéadaoin ag iarraidh eolais . . . Patrick ag cur síos ar a chuid oibre ar son caomhnú an dúlra agus na timpeallachta. Mionnaithe dá chuid oibre. É thar a bheith tnáite agus féasóg thiubh, rua air lena thnáiteacht a cheilt. Súile beo gorma. Cosúil le D.A. Mulcahy . . .

Cuairt ar an Universidad del los Andes, an áit ar fhás Catherine suas. Suite go hálainn ar thaobh an tsléibhe faoi bhun Monserrate. Mise – agus ise freisin – ag ceapadh go meabhródh seo oiread sin dá hóige fíorghearr di agus go mbeadh sí trína chéile ach ní raibh ar chor ar bith.

Satharn 14ú Iúil:

Lá breithe Chatherine agus Chalera, iníon Chlaudia. Páirtí mór millteach sa ngairdín. Buíon cheoil as Cota a bhí thar cionn. Buíon cheoil i ngach baile beag agus cabhair chuige sin le fáil ón údarás áitiúil. Go leor acu óg, cailíní freisin – rud, adúirt Catherine, nach mbeadh amhlaidh le linn a hóige féin anseo. Lao rósta, uan agus 2 lapas (ainmhithe ón Llanos) a thug Manito López don teach. Dhá bhairille beorach agus tríocha galún rum agus aguardiente. Suas le 120 duine, ó liath go leanbh, agus an-spóirt den tsaol. Ag caint le cuid mhór daoine – go háirithe bean Mhanito atá ina hollamh le stair Mheiriceá Theas agus Thuaidh. Togha Béarla ag cuid mhór den aos óg . . .

Ar maidin ghlanamar suas an bruscar, d'ith bricfeasta agus táimse anois i mo shuí i dteach Phatrick ag scríobh na nótaí seo. Plean mór ag Martin muid a thabhairt go Popayán le castáil le Indiaigh, treallchogaithe agus

Breandán i mBogotá na Colóime.

Catherine ar ais i mBogotá, lena deirfiúracha Matesa agus Claudia.

Breandán agus a chliamhaineacha nua.

Breandán ag caint le Claudia, taobh amuigh dá teach.

'An gabhar á róstadh' rompu.

Breandán ag 'teannadh isteach'.

Breandán, faoina hata tuí, ar shráideanna Cartagena.

Cartagena: Dubh atá formhór na ndaoine anseo - iarsma ó
thrádáil na sclábhaithe sa 17ú agus san 18ú haois.

Breandán agus Juan Manuel López, a raibh a athair
agus a sheanathair ina nUachtaráin ar an gColóim.

Breandán agus Margarita,
iníon le Claudia.

Breandán agus baill den M-19, atá anois gafa le polaitíocht.

Breandán agus María
Cecilia López, 'Bean na
bliana' i bPopayán i 1999.

'Is maith an t-anlann an t-ocras' - i sráidbhaile Apulo
Ó chlé: Déirdre (máthair Chatherine), Juancho (fear Chlaudia),
Breandán agus Catherine.

'I m'aonar seal' -
Breandán ar imeall
Bhogotá.

Breandán ar ais i bPáras i Meán Fómhair 1990.

Reilig Ghráinseach an Déin i ndeisceart Bhaile Átha Cliath.

Cloigeann cré-umha de Bhreandán, le John Coll, á nochtadh i Seomra Fáilte RTÉ
Ó chlé: Aindriú Ó hEithir, Catherine von Hildebrand agus Bobby Gahan ó RTÉ.

Breandán ó hEithir
by
Seán Ó'Flaithearta

Mixed Media
92 x 76 cm

I bhfómhar na bliana 1990 a rinne a chomh-Árannach
an pictiúr seo de Bhreandán.

Méara na Gaillimhe, An Comhairleoir Mícheál Ó hUiginn ag oscailt
"Bóthar Bhreandáin Uí Eithir" i nGaillimh i 1995
Ó chlé: Sonny Molloy, Tom Kenny, Catherine von Hildebrand,
An Méara, Pádraig Ó hEithir agus Máirín Elliott (Ní Eithir).

Ag Bronnadh Sparánacht Uí Eithir i gColáiste na hOllscoile, Gaillimh i 1995
Ó chlé: Tom Kenny, Chandra Miller (comhbhuaiteoir), Colm Ó hEocha (Uachtarán an Choláiste),
Dorothy Ní Uigín (comhbhuaiteoir), Catherine von Hildebrand agus Nollaig Mac Congáil (Déan Dhámh na nDán).

muintir Smurfit. Chomh fada agus a thuigim ní mór brath ar eitleán ar 6.00a.m. le dhul ann . . .

Domhnach 15ú Iúil:

Lá leisciúil. Kohl ag cuimilt meala le Gorbi sa Rúis. Mrs Thatcher náirithe de bharr a siléige ag briseadh Ridley. Pablo Escobar fós ar a theicheadh. Maraíodh 35 duine i Medallín aréir is cosúil ach níl a fhios agam céard iad na cúiseanna a bhí leis an ár. (Tuairim 18% den phobal gan léamh ná scríobh) Tuilleadh ar an raidió i dtaobh Thatcher a bheith ag tiomsú duáilcí na nGearmánach le cabhair scata staraithe.

Luan 16ú Iúil:

Dhúisigh mé le pian i mo sciathán. Fuacht b'fhéidir, mar tá fuacht san aimsir agus é ina dhíle báistí. Isteach go Bogotá le Claudia gur phostáil cártaí (51 acu) agus gur shiúil isteach go lár na cathrach. Cúpla siopa leabhar gan mórán cuma, thar a bheith dorcha. Mise gan a bheith thar mholadh beirte ar aon nós ach bhreabhsaigh mé go mór nuair a chuamar ag ithe sa La Pola. Bia den scoth – ajiaco . . .

Máirt 17ú Iúil:

Lá dorcha ach an phian i mo sciathán maolaithe go mór tar éis oíche mhaith codlata. Thaispeáin Claudia video de 'La Dolce Vita' dúinn ar maidin. Thar a bheith mall de réir nós na haimsire ach seasann an scéal go maith in áiteacha.

Dé Céadaoin, 18ú Iúil

Scéal: cheannaigh tuairisceoir ó 'Semana' dhá phaicéad cocaine ó mhangairí sráide agus chuir an púdar chuig dhá shaotharlann éagsúla. Ar éigean a bhí rian ar bith den cocaine i gceachtar acu.

Scéal: Patrick agus saotharlann na ndrugaí sa dufair – an t-arm – na treallchogaithe – an leachtaireacht – athrú na saotharlainnc in eitleán airm – grianghraf de in 'El Espectador' ach níor tharla faic. Tá cuid de na treallchogaithe – guerrilleros – in aghaidh na ndrugaí; cuid eile acu sásta airgead a bhleán as na mangairí móra d'fhonn airm a cheannach.

Cineál giorranála orm le dhá lá ach is deacair a rá an ann dáiríre dó nó an ag samhlú giorranála atáim. Tar éis cúpla rum & coke bhí sé bailithe agus chodail mé go sámh.

Pictiúr in 'El Tiempo' de shochraid an phóilí ba shine a bhí ar diúité i gColombia. Chaith sicario i Medallín é. Ní raibh sé ach 63. Seo é an chuid is measa, b'fhéidir, de scéal na ndrugaí ach céard faoi thaobh Mheiriceá? Céard faoi fhadhbanna sóisialta Cholombia féin? Dealús? Ocras?

Déardaoin 19ú Iúil:

Ghlaoigh RTÉ ag iarraidh tuairisc ar chúrsaí drugaí. Rinne mé píosa. Ag dul chuig tae eile tráthnóna i mBogotá le mná a bhí ar scoil le Catherine. Ba cheart go mbeadh sé níos suimiúla ná ceann na Máirte. Caint ar dhul faoin tír amárach.

Aoine 20ú Iúil:

Chuig an Llanos i jeep. Maidin bhreá. Juancho, Clau, Déirdre agus Catherine. Ar thalamh réidh, torthúil an Savanna soir ó Bogotá. Feilmeacha móra. Scéal Juancho faoin tréadlia a tháinig ag dochtúireacht capaill agus a fuair fiacail óir ina dhrad. Ba le mangaire drugaí an stábla agus bhí taipéis ar na hurláir.

De Luain 23ú Iúil:

Ag déanamh socruithe don turas ó dheas go Popayán le labhairt le Indiaigh agus le baill de M-19 atá anois gafa le polaitíocht.

Dé Máirt, 24ú Iúil:

Chuig oifig an P.N.R., Popayán, mar ar casadh María Cecilia López, Laura Simmons[18] agus Claudia Pineras orainn . . . Tá na socruithe do na hagallamha déanta – beagnach – agus thug María Cecilia López chuig béile sinn sa Monasterio, an áit bia is deise (costasaí freisin) ar an mbaile.

Dé Céadaoin 25ú Iúil:

Ag castáil leis an gcéad lucht agallaimh M-19 i dteach na síochána nach bhfuil ach timpeall an choirnéil ón óstlann ach tháinig an tiománaí agus thug ann muid. Cuntas faoi imeachtaí M-19 ar téip – tá súil againn, mar tá an meaisín ag tabhairt trioblóide ar chúis éigin nach dtuigimid.

Chuireamar agallamh ar bheirt Indiach – níor thóg an téip é de bharr laige na gcadhnraí. Fear óg a raibh bróga arda air, gan aon stoca agus sciorta deas gorm. A dhrad lán le fiacla óir – ar nós Oddjob sa scannán – ach é thar a bheith séimh. An fear eile ag fiafraí a dearthár de Chatherine, cé gur cuireadh fainic inné orainn gan é a lua beag ná mór. Caint ar scoilteanna.

Déardaoin 26ú Iúil:
Na cadhnraí ídithe agus chuireamar isteach foireann nua leis an agallamh le María López a dhéanamh. Í thar barr. Ansin thug sí ar thuras ar fud an bhaile sinn agus thóg Catherine go leor pictiúirí. Ansin chuamar chuig an seodóir is gaire dúinn agus cheannaigh fáinne esmeralda do Chatherine. Ag dul ar ais anois dhreach le híoc as le Dinora. Ansin agallamh le Indiach eile. An baile ag taitneachtáil thar barr linn beirt. Thar a bheith suaimhneach, gan sruth mór tráchta agus gan ach beagán gleo. An dath geal atá ar na tithe uilig agus scalladh geal na gréine beagán dian ar na súile ach is beag an bhrí. An díol iontais is mó – na comharthaí atá ar na siopaí agus ar na hóstáin. Sráid Uí Chonaill!

Domhnach 29ú Iúil:
Babhta tinneas airde nó rud éigin a ba chiontaí le droch-chodladh – sin agus go ndeachaigh mé ar an leaba ró-luath le suaimhneas a dhéanamh. Ar chuma ar bith táim ag diúltú do smaoineamh an leabhair ar Cholombia. Cineál seafóideach gan eolas ach ar chuid bheag den tír agus ar chuid is lú ná sin den teanga. Feicfimid. In ainneoin a bheith ag aireachtáil cineál sleaiceáilte, shiúil mé go Suba leis an bpáipéar a cheannach. Tá Déirdre fillte ó Ecuador agus ag imeacht go San Andrés ar an Luan . . .

Dé Luain 30ú Iúil:
An chéad scéal ar an raidió gur mharaigh an tIRA Ian Gow le pléascán a chuireadar faoina charr ar maidin. Ag fágail a thí ag 8.30 a bhí sé agus maraíodh láithreach é. Na gnáthchainteanna amaideacha faoi 'mheatacht' an IRA ach le fírinne is beag an tairbhe an conús bocht a mharú seachas meanmna an IRA a ardú agus sceon a chur ar fhórsaí slándála na Breataine.

Dé Céadaoin 1ú Lúnasa:
Ar mo chois go moch (8.30) gur shiúil píosa den bhaile. An nuachtán scannalach amháin atá tagtha isteach sna siopaí ag an bpointe seo. Na

heaglaisí faoi ghlas. Is cosúil nach mór éirí níos moiche le breith ar ghrásta Dé.

Dá fhaide dá mbím anseo is ea is doimhne mo spéis san Eoraip agus a cúrsaí. Ní thig liom mo chuid féin a dhéanamh d'aon chuid den tír ach b'fhéidir an dúlra, an radharcra agus corr-dhuine. Níl baint ar bith ag an tír le rud ar bith sa saol polaitiúil a bhfuil spéis agam ann, nó atá tábhachtach don domhan mór sna blianta atá romhainn. Sin mar a bhraithim, ar chuma ar bith.

Dé Domhnaigh 5ú Lúnasa:
Dhúisigh mé agus fonn orm a dhul ar eitleán agus filleadh ar an Eoraip. Tharlódh nach bhfuil anseo ach gné den ghalar intinne a shamhlaíonn go bhfuil an rath san áit nach bhfuil an duine ar a bhfuil an galar ar ala na huaire sin. Ní mheasaim é.

Dearmad a bhí ann obair de shórt ar bith – iriseoireacht atá i gceist agam – a shamhlú leis an turas seo. Saoire a ba cheart a bheith ann agus tá dhá mhí saoire rófhada domsa. Sílim go dtosóidh mé ar mo chuid oibre féin ar maidin agus oiread ama agus is feidir thairis sin a chaitheamh i mBogotá. Tá dhá thuras eile beartaithe: ceann don deireadh seachtaine, chuig an Llanos agus ceann eile go Cartagena ina dhiaidh sin. M'intinn déanta suas agam gurb é seo mo thuras deiridh ar Mheiriceá Theas agus bainfidh mé sásamh as a bhfuil fágtha de anois.

An Luan 6ú Lúnasa:
Níor chodail mé néal aréir ach ag brionglóidí. Ní haon chabhair an bheoir ná an rum ach oiread, ach chomh maith leis sin fáim an saol anseo sórt leadránach. Ar chuma ar bith mí ó inniu beimíd ag seoladh linn soir arís chuig saol is furasta a thuiscint.

An Mháirt 7ú Lúnasa:
Cuireadh chuig lón i dteach tuaithe María Fanny agus Gonzalo Ortiz. Tá sé sna cnoic an taobh eile de Cota agus táimid le breathnú ar insealbhú an Uachtaráin Gaviria ar an teilifís – lá saoire náisiúnta atá ann.
An rud is suimiúla domsa ná an tAire nuacheaptha Sláinte, Antonio Navarro, a fheiceáil; te bruite ó M-19 isteach sa chóras daonlathach. Go n-éirí leis. Tá na dochtúirí ar buile – faoi mar bhí lucht na nOllscoileanna nuair a measadh gur i mbun oideachais a cuirfí é.

Dé Céadaoin 8ú Lúnasa:

Cloisim go bhfuil an Ghearmáin le haontú anois faoi lár na míosa seo chugainn ach nach féidir fós aontú ar dháta don olltoghchán. Tá na sóisialaigh ag iarraidh a theacht i dtír ar scanradh na nIar-Ghearmánach roimh chostas athaontaithe agus na Daonlathaigh Chríostaí ag iarraidh a theacht i dtír ar dhúil san athaontas. An dtarlódh argóint den tsórt seo sa mbaile dá mbeadh athaontú na tíre i gceist? Is cuma. Ní tharlóidh sé.

Déardaoin 9ú Lúnasa:

Níl aon nuaíocht ón domhan mór. Plé i dtaobh dul, nó gan dul, chuig na Llanos amárach. Admhaíonn Catherine anois go raibh dhá mhí iomarcach mar thréimhse saoire – más saoire é – ach níl neart air anois. Turas go Cartagena curtha in áirithe agus ina dhiaidh sin ní bheidh fágtha ach coicís. Cosúlacht báistí air.

An Luan 13ú Lúnasa:

Lá breithe Ruairí. Ag ullmhú chun dul go Bogotá tar éis lóin. Ag léamh Dinneen: údar síoraí eolais agus grinn. Thug Margarita isteach sinn.

Dé Céadaoin 15ú Lúnasa:

Tá an bheirt againn sa staid chéanna agus ag déanamh amach gur tinneas airde atá ann, cineál éadrom sa gceann, lag sna cosa, babhtaí tobanna de thinneas cinn, aistíl sa ngoile, easpa suime i ngach aon rud.

Déardaoin 16ú Lúnasa:

8.00 a.m. Chodail mé go sámh go dtí tuairim 6.00. Seo é cothram lae ár bpósta ach níl aon cheiliúradh speisialta i gceist. Táimid ag dul ar tae chuig teach Anita, bean a bhí ar scoil le Catherine. Idir dhá linn ba mhaith liom roinnt siúlóide a dhéanamh ó táim ag aireachtáil go maith arís inniu.

Dé Máirt 21ú Lúnasa:

Inár suí moch mar tá airgead le sóinseáil. Ceannaím culaith snámha agus téim sa bhfarraige go muineál den chéad uair i mo shaol. An fharraige bog agus an gaineamh níos boige ná mar bhí amuigh ar an hoileáin.

Déardaoin 23ú Lúnasa:

Codladh gan chuma. Dhúisigh ar 1.00 a.m. agus chinn orm titim i mo chodladh in athuair. Shiúil mé an cúlbhealach go Suba agus cheannaigh páipéar ach bhíos chomh tréigthe sin tar éis lóin gur thugas an leaba orm féin. Scéal sa bpáipéar gur loisc treallchogaithe 36 hectare crainnte le Cartón de Colombia (Smurfit) inné . . . D'ól mé go leor rum agus roinnt fíona agus chodail mé go maidin 6.00, gur chuala scéal ar an raidió go raibh Brian Keenan le scaoileadh saor inniu.

Dé hAoine 24ú Lúnasa:

Sin a bhfuil de scéal fós. Mála amháin pacáilte againn . . . Ag éisteacht leis an raidió, ag dúil le scéal faoi Bhrian Keenan agus á scríobh seo, ar nós fuireach calaidh nuair atá fonn farraige ort, ach níl maith a bheith ag diúgaireacht ach saoire 8 seachtainí a sheachaint as seo suas agus cur chun oibre chomh tapaidh agus is féidir.

Dé Domhnaigh 26ú Lúnasa:

Drochoíche gan mórán codlata. Iomarca scíthe atá ligthe agam. Súil a dhul isteach go Bogotá amárach. Ag dul ag lón ag Cecilia Gómez inniu. An ghrian ag scalladh. Buaileann cineál sleaic mé tar éis lóin agus tugaim an leaba orm féin agus fanaim ann ag déanamh trua dom féin. Éirím níos deireanaí ach táim fós gan aon chuma. Tá an tsaoire seo tuairim trí seachtainí rófhada. Ar ais ar an leaba ach is beag a chodlaím ach i néalta fánacha agus go míshuaimhneach.

Dé Máirt 28ú Lúnasa:

I mo shuí ón 5 ag iarraidh bheith ag éisteacht leis an raidió agus ag meilt ama. Catherine ina sámh-chodladh. Téann sí ar ais ar an leaba tar éis bricfeasta agus téimse chuig an Centro Internacional le páipéar a cheannach. Tá sé ina dhíle leanúnach agus fillim ar an árasán, mar a bhfuilim i mo shuí ag breathnú síos amach ar an gcathair faoi spéir liathghorm atá ramhar le báisteach. Níl aon ghaoth ann agus tá an toit ag spré amach os cionn na cathrach. Ag léamh páipéir agus irisí.

N.B: Ídíonn na Stáit Aontaithe 40% de pheitreal an domhain agus caitheann 60% de sin ar iompar.

Táim chun Ulysses a léamh agus buidéal fíona a ól, féachaint an dtiocfaidh biseach orm.

Táim ag bisiú! (1.00)

Táim bisithe! (3.00)

Ar an leaba agus chodail go sámh. Amach ag ithe béile ar 8.00 p.m. sa Pierrot. Thar a bheith go maith.

Dé Céadaoin 29ú Lúnasa:

Ag aireachtáil i bhfad níos fearr ar maidin. (An leabhar ar bhás Galán a cheannaíomar inné gan aon mhaith. Cé mharaigh é, ar aon nós? An bhfuil a fhios ag éinne, tar éis a bhfuil de chaint anois air?) Chuas de shiúl cos isteach sa mbaile mór. Fuair feiceáil ar an bhfáiméad sa Plaza de Toros ó airde taobh thiar de. Cúpla seanchapall crupach ag fanacht leis an mbás i gcineál stábla ar a chúl. Ní mór mo spéis sa scéal go léir . . . Ag léamh Ulysses dom feicim tagairt don Rue Goutte d'Or sa dara caibidil le linn na tuairisce ar Kevin Casey, an sean-Fhínín. Airím baile ag teannadh liom.

Déardaoin 30ú Lúnasa:

An bhitch de fliú orainn fós agus tá mise cineál éadrom sa gcloigeann aige. Clár faoi Bhrian Keenan ar an W.S. ach bhí toirneach san aer agus níor éirigh liom ach cúpla meandar de a thabhairt liom . . .

(Ulysses: tagairt ag Bloom i nGlas Naíon – lth. 116 – do na coirp faoi thalamh: 'Wonder does the news go about whenever a fresh one is let down. Underground communication.' Ach is do na cruimhe atá sé ag tagairt!)

Dé hAoine 31ú Lúnasa:

An lá deireanach den mhí. Ag aireachtáil i bhfad níos fearr. Táim ag dul ag máinneáil isteach go lár na cathrach. Ar ais chuig 'Puente Conejo' (teach Chlaudia) in éindí le Juancho tráthnóna. Cé go rabhas fós cineál guagach ar na cosa, thugas aghaidh isteach ar lár an bhaile mhóir agus bhraitheas an pobal dealbh ag cur chun oibre thart ar mhargadh sráide San Victorino. Daoine ina gcodladh faoin spéir san áit nach gcodlódh gadhar.

Dé Sathairn 1ú Meán Fómhair:

Mo chantal agus mo chuid támáilteachta ag leá. Seo é mo Shatharn deireanach i gColombia. Ag cuimhneamh ar Chraobh na hÉireann amárach agus freisin ar an obair go léir atá le déanamh nuair a bheas mé socruithe síos arís tar éis an turais rófhada seo, arbh fhiú é mar sin féin. B'fhéidir go n-athmhúsclódh mo spéis i rud éigin a scríobh i dtaobh mo thurais ar an tír aisteach seo ach faoi láthair ní airím ach támáilteacht. Scéal faoi Ghlór na nGael i mBéal Feirste ar an World Service ar maidin. Deontas £80,000 bainte díobh ag an rialtas de bharr baint a bheith acu le Sinn Féin. Spéisiúil céard a dhéanfaidh an deisceart anois. Tá 19 múinteoir i gceist sa scéim naíscoileanna atá ar bun i mBéal Feirste.

Dé Domhnaigh 2ú Meán Fómhair:

Chuig an Aifreann le Claudia agus na gasúir. Chuamar go Suba ansin agus cheannaigh cúig bhuidéal fíona. Rinne mé féin agus Patricio lá de agus leáigh an lá leis go deas éasca. Anois agus arís chuimhnigh mé ar Chraobh na hÉireann ach ní bhfuaireas aon scéal agus bhí an teileafón briste ar aon nós.

Dé Máirt 4ú Meán Fómhair:

Pian i mo thaobh le dhá lá maolaithe ag piollaire a thóg mé aréir. Ag pacáil. Ag críochnú na dialainne seo freisin agus ag iarraidh mo chuid sceitimíní a choinneáil faoi smacht. Sílim go rachaidh mé ag siúlóid tar éis lóin agus go gcuirfidh mé gach uile shórt as mo cheann ansin.

Shiúil mé isteach an cúlbhealach go Suba tar éis lóin. An lot, leonadh nó pé rud é féin atá faoi m'ascaill do mo mharú, go háirithe nuair a thugaim aird air, ach mar sin féin rinne mé isteach é, cheannaigh galún rum agus tháinig ar ais ar an bpríomh-bhóthar. Sórt fliú atá ann ach b'fhearr liom uaim é. Thóg mé piollairí, d'ól cupla gloine rum agus chuaigh a chodladh go luath.

Dé Céadaoin 5ú Meán Fómhair:

D'airigh níos fearr ar maidin ach chuaigh ar an leaba arís tar éis bricfeasta agus thóg dhá phiollaire eile. Táim i mo shuí sa ngrian anois ag réiteach don turas abhaile. Níl faic eile le rá i dtaobh an turais ach go raibh sé rófhada. Mar sin féin tá Colombia agus Bogotá níoctha isteach i m'aigne agus is leor sin. Thar rud ar bith eile tá súil agam go n-imeoidh an támáilteacht as mo choimpléasc chomh luath agus a thiocfaidh mé anuas go leibhéal na farraige. Dá bhrí sin, seo deireadh na dialainne seo ó Mheiriceá Theas.

Fuair deirfiúr Bhreandán, Máirín, cárta poist uaidh as an gColóim, inar dhúirt sé:

A Mháirín,

Táimid ag cuimhneamh ort anseo go laethúil agus súil againn go bhfuil tú ag tabhairt aire duit féin. Gnáthoíche i mBogotá aréir, gan ach cúigear póilíní marbh. Mar sin féin tá gnáthshaol ann freisin agus daoine chomh deas agus a chasfaí ort in áit ar bith.

Grá, Breandán. Love, Catherine.

Ba ghearr ina dhiaidh sin go raibh siad féin sa mbaile.

Nótaí

1 Proinsias Mac Aonghusa
2 *The Irish Times:* 14 Eanáir 1989
3 *The Irish Times:* 11 Feabhra 1989
4 *Anois:* 29 Eanáir 1989
5 Milan Kundera, *L'Art du roman*, 43
6 *The New Nation* – No. 5: Aibreán 1989
7 Poolbeg Press
8 Lilliput Press
9 *An Aran Reader*
10 Proinsias Mac Aonghusa
11 Léacht faoi Árainn; thug Éamonn Ó Tuathail as Árainn léacht faoi Inis Meáin agus Inis Oírr an oíche chéanna
12 Ó Raidió Éireann
13 Great Southern Hotel
14 Pamela Dix as Penguin Books
15 *An Aran Reader* a tugadh ar an leabhar ina dhiaidh sin agus bhí Breandán marbh nuair a foilsíodh í i 1991.
16 Máthair Chatherine
17 *The Irish Times:* 21 Eanáir 1974
18 Maraíodh an bhean seo le stoic gunnaí bliain ina dhiaidh sin.

21. Ceann Scríbe agus Cuimhní Carad

Is gearr a bhíonn an t-imeacht ag teacht.

– Seanfhocal.

Tar éis naoi seachtaine sa gColóim d'fhill Breandán agus Catherine ar Pháras ar an 8ú lá de Mheán Fómhair 1990. Le linn dóibh a bheith as baile d'athraigh Penguin Books a n-intinn faoi *A Guide to Dublin* ach, de réir an chonartha a bhí sínithe eatarthu, ní raibh ar Bhreandán an t-airgead a bhí íoctha leis a thabhairt ar ais. Bhí an litir seo ó Christine Green ag fanacht leis i bPáras:

> Disappointing news to greet you on your return, but not so surprising in view of the earlier response . . . Indeed, given the change in direction Penguin has undertaken since Pam's departure, I was expecting it . . .
>
> But as I said to you before, we'll have no problem selling it elsewhere – would you prefer Philip[1] or Michael[2] to have first look? I've asked Tony Lacey about the illustrations Pam commissioned; whoever does do it may want to pick them up from Penguin . . .
>
> Longing to hear all about Colombia – any chance you'll be in London at all? Love to Catherine,
>
> Chris.

Bhí Duais Liteartha an Bhuitléirigh le bronnadh ar Bhreandán roimh dheireadh na míosa i mBaile Átha Cliath ag an bhForas Cultúir Gael-Mheiriceánach.[3] Bronnadh an duais cheana air i 1975. Lig sé féin agus Catherine a scíth i bPáras ar feadh cúpla lá agus tháinig siad go Baile Átha Cliath ar an 13ú lá de Mheán Fómhair.

Ní raibh sé i bhfad sa mbaile gur bhuail sé isteach chuig Cathal Goan in RTÉ. Dúirt sé le Cathal go raibh saoire iontach aige i Meiriceá Theas agus gur thom sé é féin sa bhfarraige den chéad uair riamh. D'itheadar béile le chéile agus bhí dea-ghiúmar air:

Chuaigh muid go Domhnach Broc tráthnóna Aoine amháin agus d'ith muid
lón agus d'ol muid dhá bhuidéal fíona sa bhialann thuas staighre i Madigan's.
Tháinig sé ar ais go RTÉ liomsa ina dhiaidh sin agus chaith sé suas le uair an
chloig san oifig liom, ag caint agus ag comhrá agus ard-ghiúmar air. D'imigh
sé agus é ag gáirí.

Chuaigh Breandán agus Catherine siar go Gaillimh ar chuairt lae.
Nuair a pháirceáladar an carr i nGaillimh sheasadar isteach chuig Tom
Kenny agus shocraíodar bualadh le chéile sa siopa leabhar arís ag a
leithéid seo d'am an tráthnóna sin. Cé bhuailfeadh isteach Tigh Uí
Chionnaith an tráthnóna céanna ach Dickie Byrne:

> Buailim isteach chuig Tom Kenny i gcónaí nuair a bhím ag dul thart agus
> bhí Breandán ansin ag caint le Tom agus é ag fanacht le Catherine.
> Chuaigh mé féin agus é féin amach go Bewley's ag ól caifé. Ní raibh ann
> ach leathuair an chloig. Bhíomar ag gáirí faoi gur caifé a bhíomar a ól,
> athrú mór ó na seanlaethanta! Ní raibh Breandán ag ól mar a bhíodh sé.
> Bhíomar ag caint faoin bhFrainc. Sula ndeachaigh sé chun na Fraince bhí
> sé ag fiafraí díomsa faoi, mar bhí tréimhse caite agamsa sa bhFrainc roimhe
> sin. Ach ceapaim nár fheil an Fhrainc dó. Ceapaim go raibh sé uaigneach
> ann. Bhíodar ag caint ar theach a cheannach i nGaillimh, sílim.

Thug Tom Kenny ainmneacha roinnt ceantálaithe dóibh an mhaidin
sin agus bhreathnaíodar ar theach i gceantar Bharr an Chalaidh i
nGaillimh. Ní hé go raibh sé i gceist acu teach a cheannach i nGaillimh
lom láithreach, a dúirt Catherine; ní raibh siad ach ag breathnú thart, ag
féachaint cé mar a thaitneodh leo amach anseo. Is í an chuimhne is mó
atá ag Catherine ar an lá sin i nGaillimh, nuair a d'fhilleadar chuig an
gcarr go raibh clampaí curtha ar na rothaí faoi bheith páirceálta go
mídhleathach. Chaitheadar an oíche i nGaillimh, d'fhuascláíodar an carr
an lá dár gcionn agus d'fhilleadar ar Bhaile Átha Cliath.

Bhí áthas ar leith ar Tom Kenny bualadh le Breandán an lá sin i
nGaillimh mar bhí sé ag eagrú taispeántas portráidí de scríbhneoirí
Éireannacha i gcomhair chomóradh leathchéad bliain an tsiopa leabhar,
agus theastaigh portráid de Bhreandán uaidh ó láimh an ealaíontóra óig

as Árainn, Seán Ó Flaithearta. Bhí cloigeann cré-umha de Bhreandán ag Tom cheana féin ón dealbhadóir Gaillmheach John Coll, ach theastaigh an phortráid Árannach uaidh. Bhí Breandán breá sásta leis an smaoineamh agus socraíodh go rachadh Seán Ó Flaithearta go Baile Átha Cliath leis an bportráid a dhéanamh. Bhí an-áthas ar Sheán mar bhí sé tar éis aithne a chur ar Bhreandán i bPáras an bhliain roimhe sin nuair a chaith sé féin agus cara leis bliain ag péinteáil ansin. Bhuaileadh sé le Breandán go minic i bPáras agus chloiseadh sé go leor scéalta uaidh faoina sheanathair féin, athair a mháthar, Johnny Mhicil Ó Conghaile, a bhí ina chomharsa béal dorais ag muintir Uí Eithir nuair a d'aistrigh siad siar as Cill Rónáin go hEochaill i 1940.

Rinne Seán na réamhsceitseanna de Bhreandán san árasán i bPlás Wilton i mBaile Átha Cliath; rinne sé suas le 20 sceits ar fad in aon lá amháin agus phéinteáil sé an phortráid níos deireanaí. Ba í an phortráid dheireanach de Bhreandán í mar, faoin am ar oscail an taispeántas i dtús mhí na Samhna, bhí Breandán marbh. Fear as Béal Feirste a cheannaigh an phortráid agus, cé go bhfuil caitheamh beag ina dhiaidh ag Tom Kenny anois nár choinnigh sé féin í, ar a laghad ar bith tá a fhios aige go bhfuil sí ag fear a bhfuil meas an domhain aige ar Bhreandán Ó hEithir.

Bhronn Uachtarán na hÉireann, an Dr Pádraig Ó hIrghile, Duais Liteartha an Bhuitléirigh, arbh fhiú $5,000 í, ar Bhreandán thar ceann an Fhoras Cultúir Gael-Mheiriceánaigh sa gCeoláras Náisiúnta i mBaile Átha Cliath ar an Aoine an 28ú Meán Fómhair 1990; bronnadh duais filíochta O'Shaughnessy ar John Montague an oíche chéanna. Bhí cuireadh faighte ag Breandán ón bhForas roimhe sin timchuairt na Stát Aontaithe a dhéanamh an t-earrach dár gcionn le léacht faoi 'A Sense of Place' sa litríocht. Bhí an Dr Ó hIrghile ar tí éirí as an Uachtaránacht ag an am agus bhí an slua mór a bhí i láthair ag iarraidh a n-amharc deireanach a fháil air sula bhfágfadh sé Páirc an Fhionnuisce. Le linn do Bhreandán a bheith ag glacadh na duaise uaidh ghuigh sé séan agus sonas ar an Uachtarán ina shaol nua. Bhí mise agus mo bhean, Barbara, i gcomhluadar Bhreandáin agus Chatherine an chéad chuid den oíche sin sa gCeoláras Náisiúnta; níor fhan siadsan leis an gcoirm cheoil a bhí sa halla mór tar éis an bhronnta. Ní raibh Breandán chomh spleodrach is ba ghnách leis a bheith, cé go bhféadfadh baint a bheith ag foirmeáltacht agus ag dínit na hócáide leis sin, ach bhíomar i gcomhluadar na beirte acu cúpla oíche roimhe sin i mbialann sa Mill House i Stigh Lorgan agus shíl muid nach raibh Breandán ar fónamh. Níor ith sé mórán agus ní raibh an fíon féin ag cur aon chineál suaircis air. Níorbh ócáid spleodrach í, níorbh ionann is na lónta a bhíodh againn leis sa teach, le linn dó a bheith sa mbaile ar na turais aonair as an bhFrainc. Níorbh é an cineál lóin é a raibh sé féin ag tnúth leis, sa gcárta poist a chuir sé chugainn as Bogotá:

> 9.7.1990
>
> Níl fhios agam an thoir nó thiar atá sibh faoi láthair ach tá muide ag foghlaim lenár n-anáil a tharraingt ag 2,500 méadar – chomh gar do neamh agus a bheas cuid againn go deo. Bíodh samhradh ar dóigh agaibh agus beidh lón againn leis na scéalta a chur in ord agus in áibhéil.
>
> Grá, Breandán (Le grá mór, Catherine)

Má cuireadh roinnt scéalta in ord an oíche sin níor cuireadh mórán díobh in áibhéil agus b'fhurasta aithne nach raibh Breandán ag aireachtáil go maith. Ós ag caint ar airde é, chuala mé ráite é go mb'fhéidir gurb í éadroime an aeir ag an airde a raibh Breandán ag trácht uirthi sa gcárta poist, a chuir an ailse ag rásaíocht trína cholainn agus a thug giorrúchán saoil dó.

Bhí neart ábhar cainte ag Breandán agus ag Ed Mulhall nuair a casadh ar a chéile in RTÉ iad timpeall an ama seo; ní cosúil gur luadh Duais Litríochta an Bhuitléirigh ar chor ar bith agus ní cosúil go raibh Breandán ag breathnú rómhíshláintiúil ach an oiread:

> The last time I met Breandán Ó hEithir was in the foyer of the RTÉ TV block before he returned to Paris following Cork's double All-Ireland. We talked of travel, of the transformation in East Germany and Czecho-Slovakia, his visit to his wife's roots in Colombia; of politics, of Robinson's nomination and her trip to the islands and Fine Gael's search for a candidate; of work in progress, the book on Irish murders and a satirical novel on RTÉ; of the health of our fathers and of sport. We talked of the new dawn for the Lily Whites now that Kerry's Mick O'Dwyer had come to save them, and the

World Cup, of Éamon Dunphy, Jack Charlton, the storm that had found its tea-cup and the shame-of-being-Irish controversy. But mostly we talked of the Irish team and that one moment in time when the nation held its breath as David O'Leary prepared to take the penalty that would mean victory against Romania and a quarter-final against Italy in Rome. He talked about the background of the Irish team, the second and third generation Irish. He wondered how many Irish abroad shared that moment, were we a nation for those few seconds, could the epitaph be written?[4]

An Luan tar éis Duais An Bhuitléirigh a fháil, an chéad lá de Dheireadh Fómhair, bhí Breandán agus Catherine ag filleadh ar Pháras. Bhí scornach Bhreandáin tinn an mhaidin sin agus nuair a sheas sé isteach chuig an dochtúir teaghlaigh, mar a rinne sé go minic cheana leis an gclamhsán céanna, níor síleadh gur tada docharach a bhí ann. Ansin chuaigh sé féin agus Catherine amach ag fágáil slán ag cara leo i dteach banaltrais i nDeilginis. Ar a mbealach ar ais chun na cathrach dóibh sheasadar i nDún Laoghaire le cuairt a thabhairt ar sheanchara eile leo, Barry Kelly as RTÉ, a bhí in Ospidéal Naomh Mícheál ansin leis an ailse. Loic Breandán ag an nóiméad deireanach agus d'fhan sé sa gcarr agus dúirt sé le Catherine dul isteach chuig Barry dá uireasa. Is é íoróin an scéil go raibh Barry Kelly ar shochraid Bhreandáin cúig lá fhichead ina dhiaidh sin agus gur mhair Barry féin go ceann bliana i ndiaidh Bhreandáin. Chuaigh Catherine agus Breandán chuig an aerfort san iarnóin an lá sin agus as sin go Páras.

Lá nó dhó ina dhiaidh sin bhí Aindriú, an tríú mac, ag dul trí Pháras ar a bhealach abhaile as Prág tar éis a bheith ar cuairt chuig a dheartháir, Brian agus thug sé cuairt ar a thuismitheoirí. Ba léir dó láithreach go raibh a athair tinn:

Bhí deacracht aige análú agus bhí sé mall ag siúl agus shiúladh sé go tapa de ghnáth. An rud is mó is cuimhin liom – nuair a bhí mé ag fágáil, bhí mé chun mo bhealach féin a dhéanamh ón árasán go dtí an stáisiún metro Gare du Nord ach ní shásódh tada mo Dhaid ach teacht chuig an stáisiún in éineacht liom, rud nach ndéanadh sé de ghnáth. Fuair muid an metro ó stáisiún Chateau Rouge agus, chomh fada agus is cuimhin liom, chuaigh an traein díreach as sin go dtí Gare du Nord. Ní dhearna sé mórán cainte; ní raibh mórán fuinnimh aige agus bhíodh air stopadh anois agus arís nuair a bhí sé ag siúl. Coicíos ina dhiaidh sin nuair a tháinig sé abhaile tinn agus nuair a chuaigh sé isteach in ospidéal St. Vincent's níor chuir sé aon iontas orm.

Ar an Aoine an 5ú lá de Dheireadh Fómhair chuaigh Breandán agus Catherine ar an traein ó Pháras go Rennes, ar cuairt chuig a n-iníon, Máirín. Bhí bronntanais as Bogotá acu di agus bhí an próiseálaí focal a thug sé ar iasacht di le linn dó a bheith as baile le bailiú ag Breandán uaithi. Cé go raibh siad ag caint léi ar an teileafón, as Baile Átha Cliath agus as Páras, ní raibh siad feicthe ag Máirín le dhá mhí agus nuair a tháinig siad amach den traein i Rennes agus nuair a chonaic sí Breandán, scanraigh sí:

Bhreathnaigh sé uafásach. Is ar éigean a bhí sé in ann siúl, agus shiúladh Breandán go sciobtha! Bhí sé cosúil le seanfhear. Scanraigh sé mé. Seo anois trí seachtaine sula bhfuair sé bás. Tháinig siad chuig an árasán agus bhíodar ag caint faoin gcuairt go Bogotá agus thugadar na bronntanais dom, muinche agus rudaí eile agus fáinne a cheannaigh sé dom. Ach bhíodh air an seomra a fhágáil go minic agus fuair mé lorg fola, lorg smugairlí fola, ar an mbáisín sa leithreas. Bhí sé timpeall a sé a chlog tráthnóna agus luigh sé siar ar feadh tamaill agus bhí sé ag éisteacht leis an raidió.

Shocraigh mise dinnéar a réiteach san árasán ach ní dhéanfadh tada Breandán ach mé a thabhairt amach chuig *restaurant*. Agus chuaigh muid amach. Ach ní raibh Breandán in ann fanacht ina shuí síos. Bhí air éirí ón mbord arís agus arís eile agus dul amach taobh amuigh agus b'éigean dúinn an béile a fhágáil ansin agus dul amach ina dhiaidh. Chuaigh muid ar ais chuig an óstán a raibh siad ag fanacht ann. Chaill mise mo chuid eochracha an tráthnóna céanna sin mar bhí mé tríná chéile ar fad tar éis é a fheiceáil. B'éigean domsa fanacht san óstán leo an oíche sin freisin. Fuair muid seomra eile agus chuaigh Breandán a chodladh sa seomra sin ach is cosúil nár chodail sé ar chor ar bith.

Ansin ar maidin lá arna mhárach d'oscail comharsa liom doras an árasáin dom. Bhíodar ag fágáil ar an Domhnach. Fuair mé tacsaí ar ais chuig an óstán agus thug mé dóibh an próiseálaí focal. Shiúil mé chuig an stáisiún leo agus bhí a fhios agam go maith go raibh rudaí an-dona agus nach fliú a bhí ar Bhreandán. Bhí a fhios agam nuair a chonaic mé ag dul isteach ar an traein é an Domhnach sin nach bhfeicfinn arís go deo é. Dúirt mé leo glaoch orm nuair a shroichfidís Páras, rud a rinne, agus chaith mé an lá sin ag caoineadh.

Ceapann Catherine gur le linn an deireadh seachtaine i Rennes a thuig Breandán den chéad uair go raibh sé tinn i ndáiríre, agus dúirt sí gur tháinig an tinneas aniar aduaidh uirthi féin freisin:

That was the first we noticed there was a swelling in Breandán's throat. When we came back to Paris I brought him to see the doctor. He was given antibiotics and told to come back at the end of the week. He hadn't got any better and his voice was changing. He was supposed to be in Berlin on the 25th of October. I persuaded him to go back to Dublin. He had VHI. I eventually rang the airport and booked a ticket. I took him out to the airport and he went back to Dublin on the 16th of October; I came over on the 18th. He couldn't swallow. Our doctor, Paul Carson, met him at the airport and brought him to St. Vincent's Hospital, Elm Park. He was dead ten days later.

Tháinig mé ar an nóta seo a leanas a scríobh Breandán go scrábach, mar scríobhfadh sé sa leaba é, i leabhar nótaí ina raibh píosaí coinnithe aige i gcomhair *Drink the Maddening Wine*:

October 1990

Suffering from infected throat ever since returning from Dublin. Miserable. Given treatment for bronchitis at first. Then the medical centre directed me to the hospital close to the Gare du Nord this morning at 10.00. This should get to the root of the matter and life can then resume its normal course. Cannot swallow anything but liquids and have lost 5 pounds in 10 days. To make matters worse I am in the grip of insomnia – as at this moment 11 pm – which is no fun in a small flat. Despite all this I have so far resisted the temptation to feel sorry for myself. All I now need is Hologramme to start Hologramming at me for the book — or worse still *not* to come Hologramming for it.

Sular fhág sé an t-aerfort i bPáras an mhaidin Mháirt sin chuir sé glaoch teileafóin ar Mháirín i Rennes. Bhí a ghlór an-scréachach faoi seo agus, i gcruthúnas nár chaill sé a acmhainn grinn riamh, chríochnaigh sé a chomhrá léi le: '*Over and out, from Willie the Pig!*'

Ar an Aoine an 12ú lá de Dheireadh Fómhair, ceithre lá sular fhág sé Páras, sheol Breandán cóip chugamsa de thuarascáil a d'iarr Proinsias Mac Aonghusa air a chur le chéile do Bhord na Gaeilge. Bhí Mac Aonghusa ina Chathaoirleach ar Bhord na Gaeilge ag an am agus Mícheál Grae ina Phríomhfheidhmeannach. Scríofa ar chlúdach na tuarascála tá:

Tuarascáil ar Staid Láithreach na Gaeilge
Breandán Ó hEithir do Bhord na Gaeilge
Meitheamh 1990.

Bhí an nóta gearr seo – an nóta deireanach a fuair mé ó Bhreandán – istigh leis an tuarascáil:

An Aoine

A Bhilly, a chara,

Fuaireas dose de chineál éigin i mbéal mo chléibh agus táim ar antibiotics le cúig lá, caite san árasán agus chomh cantalach le dris. Níl de mhaith déanta agam ó shin ach gur phriontáil mé é seo. Léigh é agus abair liom céard a cheapann tú de. Tá tuairim láidir agam nach gcloisfear aon fhocal eile ina thaobh chomh fada is a bhaineann le Bord na Gaeilge. Dá mbeadh rud éigin níos fearr le déanamh acu níor mhiste liom ach ní dóigh go bhfuil. Ar chuma ar bith ba mhaith liom do thuairim a fháil air. Níor thaispeáin mé do dhuine ar bith é – ach cóipeanna a thabhairt do Mhac Aonghusa agus Grae – mar sin coinnigh agat féin agus Barbara é go fóilleach. Tugaigí aire daoibh féin.

Beannachtaí,

Breandán.

Léigh mé an tuarascáil – 35 leathanach, spás dúbailte – agus chuir mé líne faoi na moltaí seo a leanas – na cinn ab fhearr a thaithin liom – le go bhféadfainn iad a mholadh, ar scríobh ar ais dom chuige:

– I bhfeachtas ar bith ar son na hathbheochana a eagrófar anois is é an t-aon mhana feiliúnach: 'Gaeilge – Ortsa a bhrathann / Irish – It's up to you', nó rud éigin ar an téad sin.

– Dá bhféachfadh Gaeilgeoirí uile na tíre, ó bunaíodh an stát, chuige go raibh Gaeilge mhaith ag a gclann féin . . . cén pobal Gaeilgeoirí a bheadh sa stát anois?

– Caithfidh pobal na Gaeilge, go haonarach agus trí pé gluaiseacht atá ann, brú a chur agus a choinneáil ar an Taoiseach go dtí go ndéantar beart . . .

– Tá bás nó beatha na Gaeilge sa nGaeltacht ag brath go hiomlán anois ar dhul chun cinn na teanga sa stát go hiomlán . . . B'fhéidir go bhfuil cuid de phobal na Gaeltachta, go speisialta na máithreacha atá ag tógáil a gclainne le Béarla, éirithe searbh. Tréigfidh pobal na Gaeltachta an teanga níos sci, ptha má fheiceann siad an athbheochan náisiúnta á tréigean . . . Níor thug Fianna Fáil ar ais an Ghaeilge éigeantach, mar a ghealladar, nuair a tháinig siad ar ais in oifig.

– Céard is féidir a dhéanamh nuair a thosaíonn cuid ar bith de phobal na Gaeltachta ag iompú ar an mBéarla? Faic beo, ach iarracht a dhéanamh ar iad a mhealladh ar ais . . . Tá pobal Chonamara níos trodaí ná Gaeltachtaí eile.

– Fágaim gluaiseacht na nGaelscoileanna chun deiridh mar gurb é seo an tuar dóchais is deireanaí atá tagtha ar an bhfód. Sa méid is go bhfuil patrún ar bith le tabhairt faoi deara sa stair ghearr seo i mo dhiaidh, seo é: gur tharla rudaí áirithe timpeall na Gaeilge mar gur chinn duine nó eagraíocht iad a thosú . . .

– Thóg sé i bhfad ar thuismitheoirí i bpáirteanna éagsúla den tír cúlú na Gaeilge sa chóras a thabhairt faoi deara go soiléir. Dá bhrí sin, cé gur comharthaí dóchais na scoileanna nua tá siad ag freagairt d'fhaillí an stáit agus tá an stát ag cur gach dris chosáin is féidir i mbealach a mbunaithe . . . is cinnte gur tábhachtaí Gaelscoil a bhunú i mbaile ná craobh 'páipéir' den Chonradh. An t-údar? go bhfuiltear ag tabhairt cuspóir chinnte do dhaoine ina n-áit dhúchais féin.

– Tá an 'acceptable level of Irish' i réim sa ngnáthchóras oideachais ach cé nach thar oíche a tháinig sé d'éirigh leis a theacht aniar aduaidh ar ghluaiseacht eagraithe na Gaeilge . . . Ní mian liom paidir chapaill a dhéanamh as dúnadh na gColáistí Ullmhúcháin. Is léir don dall anois an díobháil a rinne sé . . . Theastaigh ó chomhairleoirí an Aire Oideachais an bhéim a bhí ar an nGaeilge sna Coláistí Oiliúna agus sa gcóras bunscolaíochta fré chéile a laghdú. Chuige sin níor mhór deireadh a chur le córas a bhí ag cur sruth cainteoirí dúchais, chomh maith leo siúd a bhí ar aon chéim líofachta leo, isteach sna Coláistí Oiliúna gach bliain.

– I gcás na nGaelscoileanna ba cheart eolas beacht a fháil ar na deacrachtaí is práinní atá le sárú agus féachaint chuige go bhfoilseofar go forleathan – agus i mBéarla – na deacrachtaí éagsúla atá á gcur ina mbealach ag an stát. Poiblíocht ar bith den tsórt seo is tairbhí go mór mar thaca leis an nGaeilge é ná céad litir ag freagairt tuairimí buile Kevin Myars (sic) san *Irish Times.*

– Cén fáth go gcailleann oiread sin den dream a fhaigheann bunoideachas agus meánoideachas trí Ghaeilge a máistreacht ar an teanga i mbeagán achair? Ar fhéach dream ar bith go dtí seo leis na cúiseanna a aimsiú trí mheán suirbhé? Tá sé in am sin a dhéanamh anois . . .

– . . . an ghlúin idir ocht mbliana déag agus deich mbliana fichead a thabhairt isteach in obair na Gaeilge. Céard tá á gcoinneáil as? Is cinnte nach cabhair ar bith iomarca daoine atá níos sine ná a n-aithreacha a bheith rompu ar garda i ngach gné ceannasach d'obair na Gaeilge.

– Nuair a bheadh atheagar curtha ar ghluaiseacht na Gaeilge, mar atá molta, ba cheart feachtas bolscaireachta a chur ar siúl, den tsórt a luaigh mé i dtús na tuarascála seo. Cuspóir simplí a bheadh leis: a léiriú do dhaoine go bhfuil bás nó beatha na teanga ag brath anois ar gach duine aonair agus an cinneadh a dhéanann sé.

Scríobh mé chuige agus chuir mé cóip de na moltaí sin thuas, a roghnaigh mé as a thuarascáil féin, isteach leis an litir agus mhol mé go haer iad. Molaim fós iad. Níor thúisce sin déanta agam ná fuair mé scéala óna dheirfiúr, Mairéad, go raibh Breandán san Aonad Dianchúraim in Ospidéal Naomh Uinseann i mBaile Átha Cliath, go raibh sé gan aithne gan urlabhra agus nach raibh cead ag aon duine dul ar cuairt chuige ach a mhuintir féin. Nuair a shroich sé Baile Átha Cliath Dé Máirt, an 16ú Deireadh Fómhair, chuaigh sé díreach chuig an Dr Paul Carson mar bhí coinne déanta aige leis. Ghlaoigh an Dr Carson ar Ospidéal Naomh Uinseann agus fuair sé leaba dó agus chuaigh Breandán chuig an ospidéal leis féin. Bhí sé in ann siúl síos an pasáiste chuig an teileafón agus glaoch ar a dheirfiúr, Mairéad agus ar a mhac, Ruairí. D'iarr sé ar Ruairí fallaing sheomra agus péire slipéirí a thabhairt iseach chuige, ach go mbeidís sách luath an lá dár gcionn:

Bhí siad tar éis glaoch orm as Páras roimhe sin, ag rá go raibh sé ag teacht anall chuig an Dr Carson ach níor síleadh go raibh ábhar imní mór ar bith ann. Fuair mé glaoch uaidh as an ospidéal agus ní raibh sé in ann caint go ró-mhaith. Bhí drochscornach air. Dúirt sé liom go raibh an Dr Carson tar éis breathnú air agus nach raibh sé iontach sásta leis; go raibh sé á chur isteach i gcomhair tástálacha; an dtabharfainn fallaing sheomra agus slipéirí isteach chuige agus go mbeidís sách luath lá arna mhárach. Chuaigh mé amach ar maidin agus cheannaigh mé fallaing sheomra – bhí slipéirí agam – agus thug mé isteach chuige iad. Ach i gcaitheamh na hoíche bhí sé tar éis éirí i bhfad ní ba mheasa. Bhí orthu píobán a chur síos ina scornach lena choinneáil ar oscailt agus bhí sé ar aerthóir nó *ventilator* acu. Ní raibh sé in ann caint nuair a chuaigh mise isteach chuige agus níor labhair sé arís ina dhiaidh sin. Ach bhí aithne agus éisteacht aige, ceart go leor. Bhí a shúile oscailte agus bhí mé ag caint leis. Thuig sé mé agus bhí sé ag déanamh comharthaí agus mar sin de. An rud ba mheasa faoi – bhí a fhios againn i gcónaí cé chomh mór is ab fhuath leis a bheith tinn. Cé gur *hypochondriac* a bhí ann ní raibh sé tinn riamh, seachas fliú anois agus arís. An lá ina dhiaidh sin tháinig Mamaí trasna agus bhí sé tar éis éirí níos measa cheana féin. Dúirt an dochtúir san ospidéal linn go mairfeadh sé ó thrí mhí go dtí sé mhí agus go mbeadh sé ag dul go St. Luke's mar go raibh dianchóireáil radium ag teastáil uaidh. Ní raibh dóchas ar bith ann go dtiocfadh sé as. Chuaigh mé isteach chuige cúpla uair chuile lá agus faoin Luan dár gcionn bhí sé tar éis éirí i bhfad níos measa. Fuair sé bás ar

maidin Dé hAoine, an 26ú lá, thart ar leathuair tar éis a hocht. Shroich mise
an t-ospidéal ag an naoi agus bhí sé marbh faoin am sin.

Bhí Léacht Uí Chadhain ar siúl sa gColáiste Ollscoile, Baile Átha Cliath
Déardaoin an 25ú lá de Dheireadh Fómhair agus scaip an drochscéala i
measc a raibh i láthair – go raibh Breandán Ó hEithir, a thug an léacht
thionscnaimh deich mbliana díreach go ham sin, go dona tinn san
ospidéal, ceathrú míle síos an bóthar. Fanann an oíche sin go gléineach
i mo chuimhne. Bhí mo bhean, Barbara agus m'iníon Nuala ag an léacht
in éineacht liom. Barbara a bhí ag tiomáint, rud a d'fhág gur óladh cúpla
deoch tar éis na léachta, mar ab iondúil a dhéanamh. D'fhág muid
Eoghan Ó hAnluain agus Peter Browne sa mbaile ar an taobh ó dheas
den chathair agus bhí sé tar éis a haon a chlog ar maidin nuair a shroich
muid féin an baile ar an gCarraig Dhubh. Bhí ár gclann ar fad fanta ina
suí ag súil isteach linn mar bhí Pádraigín Ní Mhaoláin tar éis glaoch níos
luaithe, lena rá gur chuala sí go raibh Breandán ar a chailleadh. Chuaigh
mé féin agus Barbara isteach chuig an ospidéal láithreach; bhí mé ag
iarraidh é a fheiceáil sula bhfaigheadh sé bás. Bhí sé mar bheadh sé ina
chodladh agus é ag srannadh. Chuir mé cogar ina chluais, ag gabháil
bhuíochais leis faoin am a caitheadh. Leis an gcaoi ar stop sé ag srannadh
ar feadh meandair, shíl mé gur chuala sé mé. D'fhág an bheirt againn
slán aige; bhí Barbara chomh ceanúil air is a bhí mise.

Fuair Breandán Ó hEithir bás thart ar leathuair tar éis a hocht ar maidin,
an 26ú lá de Dheireadh Fómhair 1990. Bhí scéala a bháis imithe amach
ar an aer roimh an meánlae agus bhí sé ar na nuachtáin ar fad ar an
Satharn agus ar an Domhnach agus as sin arís go ceann seachtaine,
beagnach. Tháinig a iníon, Máirín, abhaile as Rennes agus bhí deacracht
ag a mhac, Brian, eitilt a fháil abhaile as Prág. Nuair a shroich sé Munich,
áit a raibh cónaí ar a uncail, Cesco, bhí scéala báis a athar ag fanacht leis,
agus ar an eitilt go Baile Átha Cliath ar an Satharn bhí an scéala báis le
feiceáil aige ar na nuachtáin a bhí daoine a léamh ar gach taobh de:
'*Breandán Ó hEithir, writer, broadcaster and journalist, dies in Dublin*'.

Bhí mé liom féin. D'airigh mé an-trína chéile. Bhí caitheamh ina dhiaidh
agam nach bhfaca mé é sula bhfuair sé bás. Ní raibh sé feicthe agam ó thug

sé féin agus Catherine cuairt orm féin agus ar mo bhean, Dana, i bPrág i Nollaig na bliana 1989.

Scaip scéala báis Bhreandáin Uí Eithir i bhfad agus i ngearr agus is comhartha ar an aithne a bhí air agus ar an ómós a bhí dó an píosa a bhí ar an *New York Times* ar an Satharn:

Breandán Ó hEithir, Irish Writer, Dies at 60

DUBLIN, Oct. 27 (AP) – Breandán Ó hEithir, a social critic and author of the first Irish-language novel to lead the country's best-seller list, died on Friday. He was 60 years old. Mr Ó hEithir, who divided his time between Dublin and Paris, was admitted to St. Vincent's Hospital last week and was diagnosed as having cancer.

His novel 'Lig Sinn i gCathú', published in 1976, was the only Irish-language book ever to top Ireland's hardback best-seller list. Translated into English as 'Lead Us Into Temptation', the book was set in a university town in 1948, the year Ireland declared itself a republic and withdrew from the Commonwealth. The book was also translated into German, and the accumulation of royalties in East German marks encouraged Mr Ó hEithir to travel in that country . . .

He is survived by his wife, three sons and a daughter. The funeral service will be held Tuesday.

De na píosaí iomadúla iarbháis a scríobhadh faoi Bhreandán an deireadh seachtaine sin, ba é an píosa a scríobh Tom O'Dea sa *Sunday Independent* ar an 28ú lá de Dheireadh Fómhair (in ainneoin beagán míthuisceana faoi Bhreandán castáil le Catherine in Aerfort Bhaile Átha Cliath) an píosa ab fhearr ar fad, dar liom, a ghaibhnigh pearsa agus spiorad Bhreandáin:

In his student days at UCG, Breandán Ó hEithir ran with a lively crowd, many of them, like himself, on Gaeltacht scholarships. The memories of those days – and Ó hEithir had a phenomenal memory – turned up many years later in his novel *Lig Sinn i gCathú*, whose title displayed his unstuffy irreverence and his knack of standing things on their heads.

Galway is a town not far from *Tír na nÓg;* it keeps the mind and the spirit young in all those who fall under its spell. Breandán Ó hEithir returned to it as often as he could, but he was never sentimental about it, and all his stories about it had a hard edge. Like his uncle, Liam O'Flaherty, he had a hard mind – a mind that minced everything that went into it, until it re-emerged with his own individual stamp upon it. With such a mind he was not easily taken in by fools or knaves – a goodly collection of whom he stored in his memory banks, and whose foolishness and knavery he often recounted to his friends, always spiced with the sharp tang of his blistering wit.

Like O'Flaherty, too, he was a great traveller with a sense of adventure. He travelled Ireland in his early days selling books in the Irish language, often to an unresponsive market. Later, he travelled the country with the *Féach* team, making some of the best current affairs programmes ever transmitted by RTÉ. In later years, he travelled around Europe, even to the extent of penetrating the Iron Curtain and finding, when he looked closely at the people there, that they were a bit like those he left at home. Perhaps it was also in the spirit of adventure that, at the age of 25, he responded to a request to pick up a passenger at Dublin Airport. The passenger was Catherine von Hildebrand, a beautiful multilingual girl of 17 who had travelled quite a bit of the world as a diplomat's daughter. Before long, he married her. To this day, Catherine wears that arresting beauty of face and character that first startled Breandán.

As editor of *Comhar,* Breandán published an article by Máirtín Ó Cadhain, called *Do na Fíréin* – probably the most celebrated, hated, loved and most frequently quoted af all articles ever published in Irish. It was a work of marvellous and unremitting mischief, and it gave recollected pleasure to Ó hEithir all his life. One of Breandán's heroes was H. L. Mencken, the American journalist with the sharpest tongue of his time. The two men shared a dislike of hypocrisy and pomposity, and each had the verbal equipment to deal with it.

The political events of the past week in Ireland would have enraptured Ó hEithir, and he would have been the first to spot the objective correlative – Eliot's phrase was one his favourites – to send the whole thing up and make flitters of it. In my opinion, Breandán Ó hEithir was the finest writer of journalistic Irish we have ever had. It always had a great clarity, which was no more than a reflection of his clarity of mind. It had bite, even when he wasn't satirising someone or some institution. It had great style, in contrast with much Irish language journalism, which is frequently as plain and as lifeless as a grammar-book.

In his days in *The Irish Press* – where he was Irish Editor – Breandán encountered Ben Kiely and Brendan Behan. His recollections of Kiely were always full of warmth and high regard, and he was the greatest single repository of Behan stories and Behanism I have ever met. He was as unsentimental about Irish as he was about everything else. To the chagrin of many Irish speakers, he acknowledged that the language was dying, and that there was no point in pretending otherwise. As for himself, he simply went on speaking and writing the language all his life. And, by the way, I believe that he and Proinsias Mac Aonghusa were the two finest speakers of Irish that RTÉ has ever had. Their language was racy, but luminously correct; it was muscular and flexible.

Curiosity was Breandán's outstanding characteristic. As he absorbed information, his eyes gleamed with interest and excitement. It was this, more than anything else, that made him such a fine journalist: everything was grist to his mill. In the mind of the public he is probably best remembered for his pioneering and fearless work on *Féach*, in the days when that programme looked under stones and found strange and wonderful beasties that no one else knew were there, or was too eager to say *Ná bac leis*.

Tom O'Dea

Bhain scéala a bháis geit as go leor de chairde agus de lucht aitheantais Bhreandáin a bhí ar a mbealach chuig Oireachtas 1990 in Inis i gContae An Chláir an deireadh seachtaine sin. Ba í Seachtain An Oireachais an tseachtain ba ghnóthaí sa mbliain ag foireann Cláracha Gaeilge RTÉ agus ní mórán codlata a fuair Cathal Goan ná roinnt dá fhoireann an tseachtain sin, ag freastal ar An Oireachtas in Inis agus ar shochraid Bhreandáin i mBaile Átha Cliath.

Mheabhródh sochraid Bhreandáin an píosa duit a scríobh sé féin faoi shochraid an scríbhneora Fyodor Dostoevsky:

Bhí a shochraid ar cheann d'ócáidí móra na linne sa Rúis. Meastar gur shiúil os cionn 80,000 duine i ndiaidh an chróchair agus bhí an slua sin ag freagairt don phearsanra ilchineálach a faightear ina chuid leabhar. Bhí polaiteoirí agus státseirbhísigh chéimiúla ann, saighdiúirí, aos ollscoile, striapacha, mic léinn, scríbhneoirí aitheanta agus scológa gan léamh ná scríobh. Bhí tuairisc a shochraide léite agam sular chuir mé eolas ar a shaothar mar iriseoir agus mheasas gurbh iontach an rud do scríbhneoir ar bith an cineál sin aitheantais a fháil óna phobal féin.[5]

San aiste siúd ar thagair mé di roimhe seo, 'Two Hurlers On A Ditch' san iris *Letters from a New Ireland,* scríobh Ed Mulhall as RTÉ:

I stood with the editor of *The Irish Times*[6] outside Donnybrook Church at Breandán Ó hEithir's funeral. The talk was of elections. We discussed briefly our own small parts in the enfolding drama: *The Irish Times* and the Duffy tapes, the interview with Lenihan on the Six-One news (of which I was an editor), what it was like being on the other side of a breaking story, the scene as Brian Lenihan and Bertie Ahern listened to the Duffy tape for the first time before going on with Seán Duignan. But mainly the talk was of that evening's confidence vote in the Dáil, the PDs and the price of their support. On the fringes of the crowd, which included poets, writers, broadcasters, politicians and the plain people of Aran and Dundrum, was Máire Geoghegan-Quinn who had had the 'serenity to accept that which we cannot change' on the formation of the FF/PD coalition. PD Minister Bobby Molloy had just left for what turned out to be a crucial meeting with the Taoiseach. On one thing we were all agreed, Breandán would have loved the occasion. He would have been on top of the latest gossip, with detailed accounts of who rang who, who said what to which soldier, and who drove where in 1982. He would have relished the ironies of Bobby 'Íosagán' Molloy with the Aran Fianna Fáil vote pushing Haughey, Lenihan and the Party to the limits of their loyalty to avoid a General Election.

Within hours the drama had reached its climax. On that evening's Six-One RTÉ political correspondent Donal Kelly broke in with the dramatic news that having failed to get Brian Lenihan to resign the Taoiseach had sacked his long-time friend and colleague. There followed a specially prepared retrospective on Lenihan's ministerial career . . .

Ní raibh aon easpa ábhar comhrá sna tithe ósta nuair a scaip sochraid mhór Bhreandáin tráthnóna Dé Luain agus arís Dé Máirt, tráth ar tugadh an corp go Glas Naíon lena chréamadh. Bhí portráid de Bhreandán ar crochadh ar an mballa i roinnt de na tithe ósta: an phortráid pinn a rinne Wendy Shea de, faoina chaipín speiceach, i gcomhair *Sionnach ar mo Dhuán* agus atá ag tógáil áit Bhreandáin féin i roinnt mhaith de thithe ósta na tíre ó shin. Ach is sa nGoat, seanghnáthóg Bhreandáin i mBaile na nGabhar, a bhailigh formhór na muintire agus na ndlúthchairde, lena racht bróin agus cumha a chur díobh ar an seanbhealach, le cúpla deoch agus cúpla amhrán. Nuair a dhún an Goat roinn Pat Kavanagh agus Irene Hayden a dteach agus a raibh ann go fial flaithiúil le lucht an tórraimh agus na sochraide. Dúradh roinnt de na hamhráin a dúradh go minic cheana ar ócáidí dá leithéid: 'Seinntear fonn le fonn agus seinntear fonn le mífhonn.'

Casadh a chomhchraoltóir Árannach, Máirtín Jaimsie Ó Flaithbheartaigh orm go gairid ina dhiaidh sin agus dúirt sé go duairc: 'Tá coinsias na Gaeilge marbh'. Níor thúisce básaithe Breandán ná bhí amhrán caointe cumtha dó ag craoltóir eile as Raidió na Gaeltachta, an file Ciarán Chiaráin Feistí Ó Fátharta as an Máimín, amhrán a chuala mé casta go hálainn agus go brónach go gairid ina dhiaidh sin ag cailín beag deich mbliana d'aois, Mairéad Ní Chonghaile, in Inis Meáin, Oileáin Árann. Chum Ruairí Mac Con Iomaire, mac léinn meánscoile as Baile Átha Cliath, 'Caoineadh Bhreandáin Uí Eithir', fonn mall a chasann sé ar an bhfeadóg mhór agus ar an dordveidhil agus shnoigh Diarmaid Mac an Adhastair íomhá Bhreandáin in adhmad. Bhronn Tom Kenny an cloigeann cré-umha a rinne John Coll de Bhreandán ar Bhobby Gahan in RTÉ, agus tá sé ar an mballa sa Seomra Fáilte i bhfoirgneamh na stiúideonna teilifíse i nDomhnach Broc, áit ar ól agus ar dháil Breandán féin a liachtaí sin 'deoch an dorais' tar éis cláracha iomadúla *Féach* agus cláracha plódaithe olltoghcháin. Chaoin Ruth agus Déirdre Ní Mháirtín, beirt iníonacha le Anita agus Séamus Martin, Breandán go ciúin agus go sollúnta. Chuir Ruth leabhrán álainn le chéile, mar thionscnamh dá céim ealaíne san NCAD (An Coláiste Náisiúnta Ealaíne agus Deartha) i Sráid Thomáis i mBaile Átha Cliath an bhliain ar bhásaigh sé, ina bhfuil coimriú ar a shaol agus ar a shaothar. Agus i dtús an leabhráin tá dán a chum a deirfiúr óg, Déirdre:

Do mo chara, Breandán.	To my friend, Breandán.

Silim deora fós duit, a Bhreandáin.	I cry for you still, Breandán.
feicim thú sna sráideanna	I see you in the streets
cé nach bhfaca mé thú ag siúl	Although I have not seen you walk
le fada an lá.	for many a day.
Scríobhaim chugat go minic	I write to you much
Cé nár léigh tú focal de mo chuid.	although you never read a word of mine.

Focla gleomhara gan chosaint.	Loud words with no protection.
A Bhreandáin, measaim nach	A Bhreandáin, I wonder can you
bhfuil tú in ann iad a chloisint.	hear them?

There is a portrait on my wall,
of you, it's only an echo.
You were lost too soon.

Now time of memories.
Memories, that were in full flower,
That leave under the shadow of Death.
I am afraid Breandán,
That my memories will be stolen from me.
Just as you were stolen from us.

Tháinig cairde Bhreandáin i nGaillimh le chéile, gur eagraíodar Aifreann éagnairce ansin i gceann na míosa, le seans a thabhairt dóibh siúd nach raibh in ann dul go Baile Átha Cliath ar a shochraid cloch a chur ina charn níos gaire do bhaile. Is é an Canónach Pádraig Ó Laoi a dúirt an tAifreann agus, in áit seanmóir a thabhairt, labhair sé go ceanúil agus go spóirtiúil, sa teanga ab ansa leis, faoin iarscoláire ab ansa leis. Chas Pat Lillis 'Róisín Dubh' ar áilleacht an domhain agus chas sí féin agus an chuid eile de chór glórmhar Sonny Molloy, le haon chroí mór amháin, iomainn i nGaeilge agus i mBéarla agus i roinnt eile de theangacha na hEorpa. Labhair Tom Kenny thar ceann na muintire thiar agus mheabhraigh sé dóibh go raibh na scéalta a bhí aige féin faoi Bhreandán níos feiliúnaí don stól ard ná don ardaltóir. Ansin tharraing sé chuige cúpla líne leis an bhfile, Patrick Kavanagh:

To be dead is to stop believing in
the masterpieces that we will begin to create tomorrow[7]

Agus ar an nóta sin chuathas ar ais go dtí an stól ard Tigh Freeney, áit ar thug muintir an tí sin a n-ómós deireanach do Bhreandán Ó hEithir, an mac léinn a caitheadh amach as an áit tráth, agus an scríbhneoir agus craoltóir cáiliúil a tháinig ar ais go minic ina dhiaidh sin agus a rinne ceann dá chláracha deireanacha teilifíse cois an chuntair ansin go gairid roimh a bhás.

Bhí cairde na Gaillimhe ag iarraidh rud praiticiúil éigin a dhéanamh le cuimhne Bhreandáin a bhuanú sa gcathair sin agus scríobh Tom Kenny go Páras chuig Catherine ag iarraidh a comhairle. Mhol sise go mbunófaí sparánacht a chabhródh le mac léinn éigin gach bliain MA i Litríocht na hÉireann a bhaint amach in Ollscoil na hÉireann, Gaillimh, i nGaeilge nó i mBéarla. D'eagraigh Tom Kenny agus a chairde 'Oícheanta Bhreandáin Uí Eithir' anseo agus ansiúd ar fud na tíre, inar léadh sleachta as saothar Bhreandáin, inar casadh ceol agus amhráin agus lenar bailíodh dóthain airgid le Sparánacht Bhreandáin Uí Eithir a bhunú. Bhí an tOllamh Nollaig Mac Congáil, in Ollscoil na hÉireann Gaillimh, páirteach sa bhfiontar ón mbliain 1995, tráth ar bronnadh an sparánacht den chéad uair. Ar an ócáid áirithe sin i nGaillimh dúirt an tOllamh Mac Congáil:

An rud is mó a chuaigh i bhfeidhm ormsa, maidir le saol, maidir le smaointe, maidir le scríbhneoireacht Bhreandáin Uí Eithir, go mbaineann sé leis an aois seo níos mó ná cuid mhór den dream atá ann i láthair na huaire. Ó thaobh an léinn, ó thaobh na scríbhneoireachta de, seo an duine is mó a raibh cur amach aige ar shaol na n-ilmheán cumarsáide. Cuimhnígí air: na hirisí, nuachtáin logánta, náisiúnta, Gaeilge, Béarla, Raidió Éireann, Raidió Teilifís Éireann, Raidió na Gaeltachta. Ba cheart go mbeadh a ainm in airde i stair na meán cumarsáide sa tír seo.   Cé go bhfuil sé ag tabhairt an fhéir tá sé i bhfad níos gaire do na daoine óga agus don chineál oibre atá ar siúl acu ná muidne, seanfhondúirí dheireadh an chéid.   Ba mhaith liom comhghairdeas a dhéanamh le muintir Bhreandáin féin, lena lucht aitheantais ar fad, cairde agus mar sin de, as ucht cuimhne agus éacht Bhreandáin Uí Eithir a bhuanú san aois seo agus isteach sa chéad aois eile.

I 1995 freisin ainmníodh bóthar i nGaillimh i ndiaidh Bhreandáin, 'Bóthar Bhreandáin Uí Eithir' atá trasna ón áit a mbíodh Mahon's Hotel fadó, cúpla céad slat soir ó Óstán an Bhóthair Iarainn ar an bhFaiche Mhór.   Scaip clann Bhreandáin cuid de luaithreach a n-athar sa bhfarraige in Árainn, síos ó Theampall Chiaráin agus ó theach na muintire in Eochaill, san áit a mbíodh Breandán ag iascach nuair a bhí sé beag.   Tá an chuid eile dá luaithreach curtha in uaigh a mhic, Rónán, i Reilig Ghráinseach an Déin i mBaile Átha Cliath.

Nuair a chiúnaigh rudaí tar éis na sochraide agus nuair a léigh mise, an athuair, an litir a chuir Breandán chugam in éineacht leis an tuarascáil do Bhord na Gaeilge, thuig mé go bhféadfadh tábhacht ar leith a bheith ag Breandán leis an dá fhocal 'go fóilleach': 'coinnigh agat féin agus Barbara go fóilleach í.'   Ba léir nár theastaigh uaidh, mar a dúirt sé féin sa litir, 'nach gcloisfí aon fhocal eile ina taobh chomh fada is a bhaineann le Bord na Gaeilge.'   Choinnigh mé an tuarascáil agam féin 'go fóilleach' agus leathbhliain tar éis a bháis thug mé do *Adhmhaidin* ar Raidió na Gaeltachta í, áit ar pléadh go ciallmhar, tuisceanach í.   Ach nuair a thóg na meáin chumarsáide eile, idir Bhéarla agus Ghaeilge, an scéal ó Raidió na Gaeltachta is ar éigean a tugadh aird ar bith ar na moltaí, ach díríodh go huile agus go hiomlán ar dhá abairt as tús na tuarascála:

Níl sa 10,000 nó mar sin cainteoir dúchais atá fanta sa tír ach an gnáth-thinreamh ag cluiche ceannais contae beag agus níl sé ach beagán níos mó ná ballraíocht láithreach Pháirtí Cumannach na Breataine. Níos measa fós, ó thaobh a bhfuil i ndán don teanga, tá cónaí ar chuid mhaith de na cainteoirí seo i bpócaí scáinte atá go dearfa ar an leabhar ag an bhfiach agus gur deacair pobail Gaeilge a thabhairt orthu ar chor ar bith, m.sh. Béal Átha an Ghaorthaigh, Uíbh Ráthach fré chéile agus furmhór na Bréag-Ghaeltachta i dTuaisceart Mhaigh Eo.

Cé gur léir ón gcéad abairt thuas gur 'sa nGaeltacht' a bhí i gceist ag Breandán seachas 'sa tír', mar sin féin tharraing an figiúr íseal 'deich míle cainteoir dúchais' caint agus conspóid láithreach. Scríobh Proinsias Mac Aonghusa, an fear a d'iarr ar Bhreandán an tuarascáil a chur le chéile sa gcéad áit, ina cholún 'Barr Bua' sa nuachtán seachtainiúil *Anois:*

> Bhain mé an-spórt as an bpoiblíocht ar fad a tháinig as foilsiú bradach tuairisce faoin nGaeilge agus faoin nGaeltacht a chuir Breandán Ó hEithir ar fáil do Bhord na Gaeilge i Meitheamh na bliana seo caite. Tuairisc inmheánach a bhí i gceist; níor shíl Breandán riamh gur thuairisc í a bheadh le foilsiú; dá gceapfadh bheadh a raibh le rá aige curtha i gceann a chéile ar bhealach a d'fheilfeadh don phobal. Bheadh sé fós ag rá mórán na nithe céanna. Ach ní hionann tuairisc phríobháideach agus ceann poiblí. Is cuma cé a chlis agus a thug an tuairisc do na meáin chumarsáide. Níl aon dochar déanta ach a mhalairt . . .
>
> Tig liomsa scríobh go húdarásach faoi seo: is mise a d'iarr air tuairisc a chur le chéile faoi sheasamh na Gaeilge sa Ghaeltacht agus a chuir ina luí air gurbh eisean an té ab fhearr leis sin a dhéanamh . . . Is de bharr na gclár raidió a rinne sé féin agus Cathal Goan faoi na Gaeltachtaí roinnt blianta roimhe sin a thuig mé gurbh eisean an té ab fhearr le fíricí faoi na Gaeltachtaí a chur ar phár . . . Níor mheas mé gurbh eisean an té ab fheiliúnaí agus ba mhó eolas maidir le heagraíochtaí Gaeilge le deich mbliana anall . . .
>
> Ar ndóigh, is thart ar 35,000 duine ar Gaeilgeoirí dúchais iad a chónaíonn sna ceantair Ghaeltachta agus is dóigh go bhfuil thart ar 70,000 duine eile sa tír ar féidir Gaeilgeoirí ó bhroinn a thabhairt orthu. . . . Nílim in ann a rá cad chuige ar thug sé líon chomh beag sin nuair nach bhfuil an figiúr ag teacht le haon fhíric. Is cinnte nach le droch-chroí a rinne sé sin agus is oth liomsa nár thug mé faoi deara i gceart é nuair a chéadléigh mé an tuairisc.[8]

Is spéisiúil an rud é go raibh Breandán níos flaithiúla ná sin fós faoi líon na nGaeilgeoirí dúchais, san eagrán speisialta den *National Geographic Society,* 'Discovering Britain and Ireland', a foilsíodh i 1985:

Only 58,000 native speakers remain, in areas of varying size on the western fringes of Counties Donegal, Mayo, and Galway, and in smaller pockets of Counties Kerry, Cork, and Waterford. Some of these patches of the Gaeltacht are so small that there is little hope for their survival. But the language may not completely die. Irish is still a required subject in the schools, and almost a third of the Irish population claim to have a good knowledge of it.

Tar éis mórán altanna agus litreacha sna nuachtáin agus mórán plé ar an raidió agus ar an teilifís bhí aon toradh fiúntach amháin ar an rírá go léir: bhunaigh Donncha Ó hÉallaithe an fhéile phobail 'Pléaráca Chonamara' lena thaispeáint nach raibh an ceart ag Ó hEithir faoin nGaeltacht a bheith ag fáil bháis. Tá íoróin áirithe ag baint leis sin freisin, mar gur fhoilsigh Donncha Ó hÉallaithe tuarascáil san iris *Cuisle* in Eanáir 1999, tar éis dó anailís a dhéanamh ar dhaonáireamh na bliana 1996, a thabharfadh le tuiscint nach raibh figiúr Uí Eithir chomh mór as miosúr ar fad is a mheas daoine ag an am. Tá leagan iomlán de thuarascáil Bhreandáin le fáil in *Comhar* mhí an Mheithimh 1991 – an chomaoin dheireanach a chuir a chomharba eagarthóra, Tomás Mac Síomóin, ar Bhreandán agus an chomaoin chonspóideach dheireanach a chuir Breandán féin, tar éis a bháis, ar an iris ab ansa leis, *Comhar*.

Is eol dom gur scríobh Breandán aon litir amháin eile ar a laghad agus seans maith gurbh í an litir dheireanach í sula bhfuair sé bás. Bhí aithne ag Peadar Ó Flatharta, Stiúrthóir Chomhdháil Náisiúnta na Gaeilge, ar Bhreandán ó laethanta *Féach*, nuair a thagadh Breandán ar cuairt chuige agus é ina mhúinteoir óg i Scoil an Chnoic, i Leitir Mealláin i gConamara. Bhíodh Peadar an uair sin ag scríobh gearrscéalta breátha in *Comhar* agus bhíodh Breandán á ghríosadh le níos mó a scríobh. I 1988 nuair a bhí Peadar ag iarraidh a intinn a dhéanamh suas faoi ghlacadh leis an bpost mar Stiúrthóir ar an gComhdháil d'iarr sé comhairle ar Bhreandán agus ba mhór an t-ábhar misnigh dó gur dhúirt Breandán leis, tar éis dó a mhachnamh a dhéanamh ar an scéal, gur chóir dó glacadh leis an bpost, cinnte.

Ansin nuair a bronnadh Duais an Bhuitléirigh ar Bhreandán sa gCeoláras Náisiúnta níor fhéad Peadar a bheith i láthair agus chuir sé litir go Páras ina dhiaidh, ag traoslú a ghradaim leis agus ag iarraidh a thuairime faoi rudaí a bhain lena phost sa gComhdháil. Is cuimhneach le Catherine go raibh freagra ar litir Pheadair scríofa ag Breandán agus ceaptar go raibh an litir sin ina phóca aige an lá ar tháinig sé faoi dheifir go Baile Átha Cliath agus a ndeachaigh sé san ospidéal. Tá an litir, agus pé eolas nó moltaí a bhí inti, imithe ar troigh gan tuairisc. Ach murar tháinig Peadar ar an litir sin dom i gcomhair na beathaisnéise seo, tháinig sé ar phíosa beag gleoite dom a fuair sé ó láimh Breandáin sa mbliain 1981. Is é Peadar a bhí ag leagan amach clár na ngeallta bád do Fhéile an Dóilín ar an gCeathrú Rua i samhradh na bliana sin agus d'iarr sé ar Bhreandán píosa a scríobh dó le cur sa gclár. Dhúisigh na báid mhóra cuimhní na hóige i mBreandán, go háirithe cuimhní ar sheanbhádóirí Chonamara a bhíodh ag tarraingt mhóna go Céibh Cill Rónáin in Árainn nuair a bhí sé ina ghasúr, agus a d'fhág a scileanna, a scéalta agus a seanchas ina ndiaidh, mar a rinne Breandán freisin ar a bhealach ealaíonta féin. Thuig Breandán níos fearr ná mórán an chomaoin a chuir na bádóirí seo agus a leithéidí orainn go léir agus chúitigh sé an comhar leo trína n-ainmneacha a bhuanú sa bhfocal scríofa:

Báid agus Bádóirí na Cuimhne

In Inis Mór chuir tú eolas ar mhóin i bhfad sar a bhfaca tú an portach as a dtáinig sí. An leacoighre, a sciúr na creaga loma, a chroch léi pé cineál bogaigh a bhí os a gcionn; nó feictear anois dom gurb é sin a d'fhoghlaim mé ar scoil. Ba í Céibh Chill Rónáin an spota ba choimhthíche ar an oileán. Ba ann a thosaigh an bóthar goirt go gealchathair agus chuig na críocha ab fhaide ó bhaile. B'ann, freisin, a tháinig iomlán an fháltais i dtír: an Dún Aengus ('weather and other circumstances permitting') as Gaillimh; báid phléisiúir sa Samhradh; báid iascaigh as an mBreatain, as an Spáinn agus as an mBriotáin; bád guail as Oileán Mhanainn, go bliantúil . . . agus na báid mhóna go féiltiúil, ó earrach (cé aige a bhfuil cuimhne ar sheanmhóin anois?) go deireadh an fhómhair.

Cé mhéad den tsaol áirithe sin a fhanann i mo chuimhne anois? Níos mó ná mar a mheas mé nuair a hiarradh orm rud éigin a scríobh don leabhrán seo. Bhreac mé síos na hainmneacha is túisce a tháinig isteach i mo cheann: Tom Bottle, Peadar Báille, Joe Pháid, Maitias Tom, Pádraic Phatchín

Ó Briain, Jimmy an Oileáin, Pádraic Ghriallais, na Gasúir, Peadar Choilm Mhóir, Seoigheach Snámh Bó, Mártan Phádraicín, Jimmy Phatchín John, na Brianaigh, an Gríofach, Mártan Phádraic Mhíchíl . . .

Níor náireach do Bhreandán an fáltas a bhí tugtha i dtír aige féin sular imigh an taoille go tobann óna bhád. Nuair a thráigh a rabharta mór saoil, in aois a thrí scór bliain, thosaigh cuimhní clainne agus carad ag líonadh isteach ón díthrá. D'fhág sé bean agus ceathrar clainne ina dhiaidh: Catherine von Hildebrand a bhí beagnach deich mbliana ní b'óige ná é féin, agus Ruairí, Máirín, Brian agus Aindriú; fuair Rónán bás i 1975 nuair a bhí sé ocht mbliana go leith.

I 1959 a rugadh Ruairí. D'fhág sin meathchuimhne aige ar an teach ar Bhóthar Chinn Mhuí Thiar nó Kimmage Road West i dTír An Iúir, sula ndeachaigh an chlann chun na hIar-Ghearmáine i samhradh na bliana 1963. Bhí cuimhne ní b'fhearr aige ar an mBack Lodge i nDún Droma ar fhilleadh abhaile ón Iar-Ghearmáin dóibh roimh Nollaig na bliana 1964, agus ar thréimhsí gearra a chaitheamh le gaolta agus le cairde sular aistrigh siad isteach ina dteach nua féin, uimhir 54 Bóthar Tigh Naithí, Dún Droma, i bhfómhar na bliana 1966:

An chuimhne is mó atá agam ar Bhreandán ó m'óige ná gan é a bheith timpeall. Bhíodh sé ag taisteal nó ag obair le *Féach*, agus fiú amháin nuair a bhíodh sé i mBaile Átha Cliath ní thagadh sé abhaile go dtí deireanach san oíche. Caithfidh mé a rá nach mórán caidrimh a bhí agam leis nuair a bhí mé ag fás aníos. Is cuimhin liom go leor daoine a d'fhan ar feadh tamaill sa teach againn. Bhí sé an-fhlaithiúil ar an gcaoi sin. Nuair a tháinig Nuala Ní Dhomhnaill go Baile Átha Cliath i dtosach bhí sí ag fanacht linn ar feadh cúpla mí, sílim. Agus is cuimhin liom uncailí éagsúla, deartháireacha mo mháthar, ag fanacht linn, Cesco agus Martin von Hildebrand nuair a bhí siad ag dul ar an Ollscoil anseo. Bhí Con Houlihan ag fanacht linn uair amháin agus is cuimhin liom gur bhris an leaba faoi. Ach dáiríre, níor thosaigh mé ag cur aithne ar bith ar m'athair go raibh mé sa mheánscoil, thart ar 1973 nó 1974.

Ghoill na trí bhás a bhí sa gclann i dtús na seachtóidí ar shean agus ar óg sa teach: bás mháthair Bhreandáin, Delia in Eanáir 1973, bás dhearthair Bhreandáin, Éanna, i Márta 1974 agus bás an mhic ab óige, Rónán, i Márta 1975. D'fhéadfaí a rá nár thosaigh Breandán ag cur aithne cheart ar a chlann – ar a chlann mhac go háirithe – go dtí tar éis bhás Rónáin. Ba é Aindriú ba gaire in aois do Rónán agus an duine den chlann ba gaire a bhí dó ar gach bealach:

Bhí mé deich mbliana beagnach nuair a fuair Rónán bás. Ba dlúthchara liom é; bhí sé bliain agus ceithre mhí ní b'óige ná mé. Tá cuimhne mhaith agam ar na rudaí a rinneamar le chéile. Bhí mo thuismitheoirí dírithe go hiomlán ar Rónán i gcaitheamh na mblianta sin mar gheall ar é a bheith tinn. Chuir a bhás féin agus bás Enda agus bás Mhamó gruaim ar an gclann ar fad.

Roimh bhás Rónáin ní mórán airde a bhí ag Breandán ar an mbaile, agus cé gur shaothraigh sé dóthain airgid d'fhágadh sé go leor de sa nGoat agus i Madigan's agus i dtithe ósta eile na cathrach. Bhí Ruairí sách sean le cuimhne a bheith aige air seo:

An rud is mó is cuimhin liom nuair a bhí mé óg ná cúrsaí airgid a bheith go dona. Bhí Breandán an-dona le hairgead. Níor íoc sé aon cháin riamh i rith na mblianta a bhféadfá sin a dhéanamh, agus tharraing sé sin a chuid trioblóide féin ina dhiaidh sin. Ansin nuair a chuaigh Rónán san ospidéal, cé go raibh muid sa VHI ní raibh gach rud clúdaithe agus bhí bille uafásach mór le n-íoc. Thug John Kelly, T.D., an-chúnamh dúinn an fhadhb sin a réiteach. Bhí an-mheas ag Breandán ar John Kelly, cé nach raibh mórán measa aige ar Fhine Gael go ginearálta.

Seanscéal anois é, ar ndóigh, go gcuirtí síos chuig an nGoat duine dínn le Breandán a thabhairt abhaile chuig a dhinnéar. Bhíodh ort fanacht i gcónaí agus deoch amháin a bheith agat leis. Ach, lena cheart a thabhairt dó, tháinig sé abhaile i gcónaí gan aon chlamhsán ná tada mar sin, agus d'ith sé gach pioc den dinnéar a bhíodh coinnithe le uaireanta an chloig go minic. Corruair, b'fhéidir go ndéarfadh sé leat dul suas agus a rá le Catherine go mbeadh sé suas i gceann tamaill bhig. Thuig tú ansin nach raibh sé ag teacht. Tá an dá uimhir theileafóin atá sa nGoat de ghlanmheabhair agamsa fós, ó bheith ag glaoch síos, ag féachaint an raibh sé ag teacht abhaile le haghaidh an dinnéir.

Ach faoin am ar thosaíomar ag cur aithne ar a chéile is dócha go raibh mé cúig bliana déag d'aois nó mar sin. Agus, ar bhealach, ní dóigh liom gur éirigh linn riamh aithne a chur ar a chéile, i gcomparáid le Máirín go speisialta, agus Brian freisin. Bhí mise cineál fásta suas nuair a thosaigh Breandán ag caitheamh níos mó ama sa mbaile agus faoin am sin bhíodh Brian sa mbaile i bhfad níos mó ná mar a bhínnse. Cé go raibh suim agam féin agus ag Breandán i roinnt de na rudaí céanna – roinnt áirithe spóirt, stair agus polaitíocht den chuid is mó – ní raibh an cineál spéise agamsa i gcúrsaí spóirt a bhí ag Breandán. Bhí ag Brian, agus b'in é an ceangal ba mhó eatarthu. Ní hé amháin go raibh spéis i spórt ag Brian ach bhí eolas chomh mór aige faoi chúrsaí Chumann Lúthchleas Gael is a bhí ag Breandán féin. Bhí sé sin ina cheangal an-láidir eatarthu. Agus bhí ceangal an-láidir ag Breandán le Máirín i gcónaí.

Go Scoil Náisiúnta Dhún Droma a chuaigh Ruairí ón tús, áit a raibh iarscoláire ó Choláiste Éinde, an lúthchleasaí cáiliúil Niall Mac Suibhne agus athair an lúthchleasaí cháiliúil, Nick Sweeney, á mhúineadh. Chuaigh an bheirt mhac eile, Brian agus Aindriú, go dtí an scoil lán Ghaeilge i Raghnallach, Scoil Bhríde, go raibh siad i Rang a Dó agus ansin chuadar go Scoil Náisiúnta Dhún Droma in éineacht le Ruairí. Bhí ardmholadh acu ar fad ar an scoil sin agus go háirithe ar Niall Mac Suibhne, a chothaigh labhairt na Gaeilge go nádúrtha iontu. Chaith Ruairí samhradh lena sheantuismitheoirí in Árainn nuair a bhí sé a seacht nó a hocht de bhlianta, sular thosaigh a sheanmháthair ag cailleadh na cuimhne agus sular aistríodar go Baile Átha Cliath. Chaith sé seal eile ar chúrsa Gaeilge i Ros an Mhíl i gConamara agus chaith an chlann ar fad samhradh nó dhó ar an Tismeáin ar an gCeathrú Rua i gConamara nuair a bhíodh Breandán ag tógáil áit Aindreis Uí Ghallchóir mar Cheannaire ar Raidió na Gaeltachta i dtús na seachtóidí. Sin í an chuimhne is mó atá ag Brian ar Bhreandán mar bhíodh Breandán sa teach ansin ar maidin, rud nár ghnách leis a bheith i mBaile Átha Cliath. Chaith Aindriú samhradh i gColáiste Chamais i gConamara i 1978 agus d'fhágadh muintir an tí ina shuí é go bhfeicfeadh sé Breandán ar *Féach*.

Chuir sé iontas air, an uair sin agus go minic ina dhiaidh sin, an oiread measa a bhí ag daoine ar a athair:

> Bhíos an-bhródúil as m'athair. An rud is mó a bhain geit asam nuair a bhí mé ag siúl amach le mo bhean, Catherine, tháinig muid ar ais chuig an árasán oíche amháin agus bhí m'athair ar an teilifís, dhá bhliain tar éis a bháis! Baineann sé sin geit asat an chéad uair a dtarlaíonn sé!

Chuaigh an triúr buachaillí ar meánscoil go Coláiste Eoin ar Bhóthar Stigh Lorgan. Faoin am sin bhíodh Breandán sa mbaile níos minicí agus labhraíodh sé Gaeilge leo sa mbaile. D'imir Ruairí agus Aindriú iománaíocht le foireann na scoile agus d'imir Aindriú le foireann Chrócaigh Chill Mochuda ina dhiaidh sin. Rinne Ruairí agus Brian céim agus iarchéim san Ealaín sa gColáiste Ollscoile, Baile Átha Cliath agus rinne Aindriú céim san Eolaíocht Fheidhmeach – Matamaitic agus Fisic – in Institiúid Teicneolaíochta Bhaile Átha Cliath i Sráid Chaoimhín. Den chlann mhac, ba é Brian ba mhó a bhíodh i gcomhluadar Bhreandáin agus d'óladh an bheirt acu pionta le chéile sa nGoat go minic nuair a bhíodh Brian ar a bhealach abhaile ón Ollscoil i mBelfield. D'óladh an bheirt eile deoch le Breandán ó am go chéile freisin ach bhíodh seanchas níos mó ag Brian leis faoin iománaíocht, go háirithe iománaithe na Gaillimhe.

Leis an eolaíocht agus leis an teicneolaíocht is mó a bhí luí ag Aindriú, ábhair nach raibh suim ar bith ag Breandán iontu. Ach nuair a fuair Aindriú post le comhlacht Telectron i mBré, d'fheil sé go breá do Bhreandán duine a bheith sa teach aige a bhí in ann lámh a thabhairt dó leis an ríomhaire nua, chomh maith le teach a choinneáil dó ar feadh trí bliana. Bhí Catherine imithe go Páras ón mbliain 1985 agus bhí Breandán agus Aindriú leo féin sa teach nó gur díoladh é i 1989, tráth a ndeachaigh Breandán go Páras 'go buan', gurbh éigean d'Aindriú bogadh amach agus áit a fháil dó féin.

Fuair Máirín a cuid bunscolaíochta go léir i Scoil Bhríde i Raghnallach. Rinne sí an Mheánteistiméireacht i gColáiste Íosagáin ar Bhóthar Stigh Lorgan agus an Ardteistiméireacht i gColáiste Alexandra agus chuaigh sí as sin go dtí an Coláiste Iriseoireachta i Ráth Maonais, áit ar bhain sí céim amach sa gCumarsáid. Ba í an t-aon chailín sa gclann í agus bhí sí féin agus Breandán an-ghar dá chéile agus an-cheanúil ar a chéile:

Cheap mise go raibh seisean go hiontach agus cheap seisean go raibh mise go hiontach! Ba chineál 'mutual admiration society' muid. Is cuimhneach liom a bheith ag dul ó shiopa go siopa i mBaile Átha Cliath in éineacht leis an lá a raibh mé ceithre bliana d'aois agus muid ag cuartú Pink Elephant i gcomhair mo lá breithe. Ag aois an-óg mar sin ní cuimhní a bhíonn agat ach íomhánna. Is cosúil go mbíodh Breandán ag déanamh grinn faoin bPink Elephant a d'fheiceadh sé agus gur chreid mise go raibh a leithéid ann. Agus nuair a d'fhiafraigh sé díom céard a theastaigh uaim do mo lá breithe ní dhéanfadh tada mé ach Pink Elephant! Shiúlamar siopaí na cathrach ag cuartú Pink Elephant agus nuair nach raibh ceann ar bith le fáil thairg sé cineálacha éagsúla rothair dom, idir thrírothach agus dhárothach, ach ní ghlacfainn le tada ach le Pink Elephant! Blianta ina dhiaidh sin, nuair a bhí mé ag iarraidh rothar a fháil do mo lá breithe mheabhraigh Breandán an lá dom a raibh sé ag brú gach cineál rothair orm agus nach nglacfainn leo!

Bhí sé níos éasca aige liomsa ná leis na buachaillí, ó tharla gur mé an t-aon chailín. Ní hé go raibh sé níos ceanúla orm; bhí sé ceanúil orainn go léir. Ach déarfaidh mé é seo: de na daoine ar fad dár casadh orm riamh ba é an duine ba thábhachtaí ar fad i mo shaol é. Thug sé leabhair dom – thug sé leabhair dúinn ar fad. Labhair muid faoi rudaí le chéile. Phléigh muid chuile ábhar faoin spéir ach cúrsaí reiligiúin. Ceapaim gur mheas Breandán gur rud príobháideach é reiligiún nár bhain d'aon duine eile. D'éiríodh sé an-mhíchompordach nuair a bhíodh reiligiún á phlé sa teach; sílim go bhfuair sé an iomarca de sin óna mháthair nuair a bhí sé féin ag éirí aníos. Ní raibh aon mhuinín aige as eagraíochtaí móra, údarásacha, an Eaglais nó an tArm nó a leithéidí.

Na rudaí is tábhachtaí i saol na hÉireann is é Breandán a mhúin dom iad, cé nach dóigh liom go raibh a fhios aige sin. Bhí sé i bhfad ní ba chriticiúla air féin ná mar a cheap daoine. Ceapaim nach raibh sé sásta ar chor ar bith leis an gcineál duine a bhí ann. Ní raibh snobaireacht dá laghad ag baint leis. Labhródh sé le duine ar bith agus creidim gur óna athair a fuair sé é sin. Ní thugadh sé breithiúnas ar rudaí ná ar dhaoine. Ní aontódh sé le rudaí a déarfainnse nó a dhéanfainn, ach ní dhéanfadh sé iarracht mé a stopadh á ndéanamh.

Nuair a fhaigheann d'athair bás ní bhíonn tú ag iarraidh naomh a dhéanamh de, ach déarfaidh mé an méid seo faoi: cé nach raibh sé ina athair rómhaith nuair a bhí muid beag bhí sé ina athair an-mhaith ar fad nuair a bhí muid ag éirí suas inár ndaoine fásta. Bhí mise trí bliana déag go leith nuair a fuair Rónán bás. Tháinig bás Rónáin aniar aduaidh ar fad ar Bhreandán. Bhí an chuid eile againn réidh lena aghaidh mar dúradh linn go raibh sé le tarlú. Ach ní bhíodh Breandán ansin, agus nuair a tharla sé bhí sé amhail is dá mbuailfeadh bus é. Agus tá an-chreidiúint ag dul dó gur dhúisigh sé suas an uair sin agus gur thuig sé nach raibh aithne aige ar aon duine dá chlann, agus mura ndéanfadh sé an uair sin é nach ndéanfadh sé go deo é. Agus rinne sé iarracht i ndáiríre éirí as an ól agus as an síorthaisteal agus fanacht sa mbaile agus aithne a chur orainn. Is cuimhneach liomsa fós an lá ar tháinig mé abhaile ón scoil agus a bhfaca mé Breandán ansin romham, chuir sé an oiread sin iontais orm! Ceapaim go raibh sé níos éasca aige aithne a chur ormsa ná ar na buachaillí, ach rinne sé iarracht aithne a chur orainn go léir.

Dúirt sé liomsa lá amháin i bPáras: 'Ní féidir liom a chreidiúint go raibh clann chomh maith agam. Níor thuill mé clann chomh maith sin. Níor thug mé tada dóibh.' Thug sé i bhfad níos mó dúinn ná mar a shíl sé. Agus bhí sé i bhfad Éireann níos fearr mar athair ná mar a shíl sé. Ar a laghad, ní raibh sé amuigh ag imirt gailf an t-am ar fad, cosúil le aithreacha eile a raibh aithne againn orthu agus nár labhair lena gclann ó cheann ceann na seachtaine. Ar a laghad bhí Breandán ag déanamh rud éigin spéisiúil. Agus ní ceart é a mheas de réir chaighdeáin an lae inniu. D'fheil sé go breá domsa!

Bhí sé an-bhródúil as na buachaillí agus cheap sé go raibh siad i bhfad níos fearr ná mar a bhí sé féin. Bhí sé sásta gur chríochnaíodar go léir a gcuid oideachais tríú leibhéal, rud nach ndearna sé féin; ghoill sé sin i gcónaí air. Bhí an-ómós aige do Ruairí go háirithe. Bhí na tréithe ar fad i Ruairí ba mhaith leis a bheith ann féin: bhí sé freagrach, bhí sé cineálta, bhí sé tuisceanach le daoine. B'fhéidir gur mar gheall ar an meas a bhí aige ar Ruairí a bhí an caidreamh eatarthu beagán míshocair uaireanta. Bhí áthas air go raibh níos mó féinsmachta ag a chlann ná mar a bhí aige féin agus go raibh muid níos ciallmhaire ná mar a bhí seisean ag ár n-aois.

Ach is cuimhin liom na blianta sula bhfuair Rónán bás, nuair a bhí sé ag ól go trom. Is rud é sin nár thaitin ar chor ar bith linn. I gcaitheamh na gcéad trí bliana déag de mo shaol, cinnte na hocht mbliana is cuimhin liom, d'ól

Breandán an t-uafás. Bhí aithne agam air mar dhuine a bhí ar meisce formhór an ama. Ag breathnú siar anois air is dócha gur blianta corraitheacha a bhí sna seachtóidí lena raibh de stailceanna agus de chorraíl in RTÉ. Bhíodh an teach seo againne lán le réabhlóidithe, Eoghan Harris ag tiomsú cruinnithe polaitiúla sa gcistin, agus go leor rudaí eile mar sin. Bhí mise trí bliana nuair a d'aistríomar isteach go Bóthar Taney agus thart ar 1968 nó 1969 a thosaigh an obair seo. Bhíodh m'athair sáite sa cheardchumann agus i gcúrsaí den tsórt sin in RTÉ. Ní bhíodh sé sa bhaile mórán agus nuair a thagadh sé abhaile san oíche bhíodh sé ar meisce de ghnáth agus chaitheadh sé go leor den lá dár gcionn ar an leaba. Nuair a bhí muid inár ngasúir chiallaigh cruinnithe in RTÉ cruinnithe i Madigan's. Cheap mise gurbh ionann 'cruinniú' agus a bheith ag ól! Mar thagadh sé abhaile ó na cruinnithe go léir agus é ar meisce.

Nuair a bhí Máirín a haon déag nó a dó dhéag thit sé ar a crann go minic dul síos chuig an nGoat agus meabhrú do Bhreandán go raibh sé in am teacht abhaile. Níor thuig sí ag an am gur thaitin sé seo le Breandán agus go mbíodh sé ag fanacht in aon turas go dtiocfadh sí faoina choinne. Ach dhéanadh sé a bhealach féin abhaile ó am go chéile freisin agus bhíodh cleas aige a bhaineadh gáire as an gclann ar fad. Bhíodh na gasúir imithe a chodladh faoi seo ach ní bhídís tite ina gcodladh fós. Nuair a d'osclaíodh sé doras an tí ligeadh sé air féin go mbíodh sé níos dallta ná a bhíodh sé. Ghlaodh sé anuas ar na gasúir agus deireadh sé leo: 'Is mise de Valera agus tá mé dall! Agus is sibhse mo Aide de Camp! Agus cabhróidh sibhse liom suas an staighre, mar ní féidir liom tada a fheiceáil!' Agus bhíodh spóirt an domhain ag na gasúir ag tabhairt 'Uachtarán na hÉireann' suas na céimeanna ar fad go barr an staighre agus á chur a chodladh.

D'éiríodh sé as an ól ó am go chéile freisin agus théadh sé ar aiste bia nó *diet*, nuair a cheapadh sé go raibh rud éigin mícheart lena shláinte, rud a cheapadh sé go minic. Thosaigh sé seo am éigin a raibh Catherine as baile agus Máirín óg fágtha i bhfeighil an tí:

Thosaigh sé seo nuair a bhí mise a cúig déag nó a sé déag de bhlianta. Seo é an t-am dáiríre ar chuir muid aithne mhaith ar a chéile. Timpeall an ama sin théadh mo mháthair chun na hEorpa gach samhradh ar cuairt chuig a muintir féin agus chaith sí samhradh eile san Iodáil ar chúrsa teanga. Mise a bhí i bhfeighil an tí; aisteach go leor ní raibh Breandán riamh fágtha i bhfeighil an tí! Chuile uair dá smaoiním air seo bíonn orm tosú ag gáirí. *Hypochondriac* a bhí ann, mar is eol duit, agus cheannaíodh sé na vitimíní seo. D'oscail siopa sláinte i sráidbhaile Dhún Droma agus choinnigh Breandán an siopa sin ag imeacht ar feadh tamaill. Théadh sé síos chuile mhaidin go dtí an Dundrum Bookshop, atá imithe as le fada anois, agus cheannaíodh sé na nuachtáin. Bhí aithne mhaith aige ar lucht an tsiopa leabhar. Bhí an siopa sláinte béal dorais leis an siopa leabhar agus théadh sé isteach ansin agus thagadh sé abhaile le chuile chineál vitimín dá bhfuil san aibítir. Bhí seilf iomlán sa gcistin lán leis na vitimíní seo agus thógadh sé i bhfad air iad a thógáil chuile mhaidin.

Ansin leag sé amach grádanna éagsúla bricfeasta; bhí sé seo an-ghreannmhar! Bhí grád A B C D agus E ann. D'éiríodh sé ar maidin agus deireadh sé, 'Ceapaim go n-íosfaidh mé bricfeasta grád A inniu.' Agus chiallaigh sé sin chuile shórt dá raibh sa gcuisneoir. Ansin bhí an grád B cosúil leis sin ach an ubh fhriochta a bheith fágtha as, agus bhí grád C agus grád D ann agus mar sin de. Ceapaim gur chiallaigh grád F ubh bhruite agus cupán tae. Agus bhíodh an-spóirt go deo againn leis na bricfeastaí difriúla seo chuile mhaidin. Bhí bricfeasta eile fós ann ach ní cuimhneach liom cén grád a tugadh air: oinniún rósta, a raibh an ghráin agamsa breathnú air, tae dubh agus líomóid ann. Bhí sé an-cheanúil ar oinniúin.

D'éirigh mé an mhaidin áirithe seo agus bhí sé tar éis grád áirithe bricfeasta a ithe agus nuair a tháinig mé isteach sa chistin bhí sé ag caitheamh na vitimíní go léir síos sa bhosca bruscair. 'Céard tá tú a dhéanamh?' a dúirt mé, agus d'fhreagair sé agus é lándáiríre: 'Níl aon mhaith a bheith róshláintiúil!' Agus cúpla lá ina dhiaidh sin thosaigh sé ag ceannach vitimíní arís. Sin í an chuimhne is ceanúla atá agam ar Bhreandán – é ag caitheamh na vitimíní sin go léir síos sa bhosca bruscair.

Sin é an t-am freisin, is dóigh liom, ar thosaigh sé ag fás féasóige agus ag cur rudaí sa gcúlghairdín. Bhí an ghráin ag Breandán ar thalamh agus ar gharraíodóireacht i gcaitheamh a shaoil, ach d'aon léim amháin thosaigh sé ag rómhar an chúlghairdín. Chuile lá nuair a tháinig muid abhaile ón scoil bhíodh orainn dul ag piocadh clocha beaga as an gcúlghairdín, a bhíodh tochailte ag Breandán i rith na maidine. D'éiríodh sé ag a sé a chlog ar maidin amanna agus thugadh sé muigín caifé amach sa gcúlghairdín leis agus thosaíodh sé ag rómhar. Seo é an t-am nach mbíodh sé ag bearradh ach an oiread, ceapaim. Nuair a chuirtí ceist air cén uair a bhí sé ag dul ag bearradh na féasóige deireadh sé: 'Nuair a bheas Éire saor!' Sin nath a bhíodh aige go minic nuair a hiarrtaí air rud éigin a dhéanamh – seilf a chur suas nó jab beag éigin mar sin: 'Déanfaidh mé é nuair a bheas Éire saor!' Deireadh sé le greann é, agus fanann sé i mo chuimhne.

Théadh mo mháthair amach ag múineadh Béarla agus théadh muide amach ar scoil. Ní bhíodh fágtha sa mbaile ach Breandán. Théadh sé chuig 'maidineacha caifé' chuig na comharsain agus bhíodh an-spraoi aige ag insint dúinne tráthnóna faoi scéalta a d'inis sé do na mná comharsain faoi Gay Byrne – scéalta a rinne sé suas é féin! Bhíodh sé ag scríobh go moch ar maidin, ag a ceathair a chlog amanna, agus ag ól muigíní tae nó caifé. Théadh sé ag scríobh arís san iarnóin, tar éis tamall a chaitheamh ag obair sa ghairdín. D'fhás sé glasraí; bhí soilire agus oinniúin dár gcuid féin againn ar feadh bliana amháin! Ansin d'éirigh sé tuirseach den rud ar fad. Díreach cosúil leis na vitimíní! Ach níl amhras ar bith nach *hypochondriac* a bhí ann. Shamhlaigh sé i gcónaí go raibh sé i bhfad níos measa ná a bhí sé. Agus sin é an fáth gur scanraigh sé mise nuair a chonaic mé é, den chéad uair riamh i mo shaol, agus é tinn i ndáiríre.

Chuaigh Máirín chuig an bhFleadh Cheoil in Inis Díomáin in éineacht le Breandán nuair a bhí sí cúig bliana déag. Ní raibh a fhios ag ceachtar acu cén chaoi a dtarraingeoidís le chéile ach thaitin an deireadh seachtaine chomh mór sin leo beirt nár chailleadar aon bhliain as sin go ceann deich mbliana gan roinnt laethanta a chaitheamh i gContae an Chláir le chéile. Chuir sé in aithne do sheanchairde leis í agus, níos minicí ná a mhalairt, thugaidís cuairt fhada nó ghairid ar Scoil Shamhraidh Mherriman. Bhí an chlann ar fad ag teacht go hiarthar an Chláir ó bhíodar an-óg agus chaithidís coicís ar a laghad ar saoire i Sráid na Cathrach gach samhradh ó 1970 go 1975, an bhliain a bhfuair Rónán bás. Chuadar go Cora Finne an samhradh sin agus is ann a bhíodar nuair a fuair Éamon de Valera bás. Bhí sochraid Rónáin agus an dá shochraid a chuaigh roimpi go láidir in intinn Bhreandáin fós nuair a

scríobh sé an aiste 'Sochraid De Valera', a foilsíodh ina dhiaidh sin i
Willie the Plain Pint agus an Pápa:

Thíos i gContae an Chláir a chonaic mé sochraid Éamon de Valera ar an
teilifís. 'I dtaca le sochraidí ní féidir buachaint ar mhuintir na hÉireann', a
scríobh Séamus Ó Maoileoin i *B'fhiú an Braon Fola* agus bhí an ceart ar
fad aige. Cuireann an tréith seo samhnas ar dhaoine agus ní mór dom a rá
nár thuig mé a thábhacht, ó thaobh na haigneolaíochta, go dtí go bhfaca
mé malairt nóis i dtíortha eile . . .⁹

Chuaigh siad go dtí ceartlár dhúiche Mherriman, An Fhiacail, i 1976 agus
ní hé chuile dhuine a chuir fáilte rompu ann, cé nach faltanas pearsanta
ar bith a bhí i gceist. Bhí scéim nua 'Rent an Irish Cottage' tosaithe ansin
agus bhí daoine ar an mbaile a bhí go mór ina aghaidh. Bhí ceann de na
tithe saoire seo tógtha ar cíos ag Breandán agus a bhean agus a chlann
agus nuair a théadh sé chuig an siopa ag ceannach nuachtáin an lae chuile
mhaidin – ba chuid thábhachtach de shaol Bhreandáin nuachtáin na
maidine – ní bhíodh le rá ag fear an tsiopa leis ach '*All gone! All gone!*',
ba chuma an mbíodh na nuachtáin díolta nó nach mbíodh. Aon duine a
bhí ag fanacht sna tithe saoire ní raibh aon pháipéar le fáil aige. Tá '*All
gone*' ina leathfhocal ag an gclann ar fad fós ón tsaoire úd ar an bhFiacail
i samhradh na bliana 1976 agus bhíodar féin '*all gone*' ar ais go Cora Finne
an samhradh ina dhiaidh sin. Is cuimhneach le Ruairí an chlann ar fad a
bheith ag taisteal in iarthar an Chláir lá agus d'imigh an carr as peitreal, rud
a tharlaíodh go minic. Bhí léine dhubh ar Bhreandán agus nuair a stop sé
carr éigin dúirt fear an chairr leis 'Just a minute, Father!', rud a bhain geit
as Breandán. Nuair a chuaigh fear an chairr leis an gcanna beag peitril a
bhí aige a chur i gcarr Bhreandáin agus nuair a chonaic sé bean agus
cúigear gasúr ansin, baineadh geit bheag as féin freisin.

Ní raibh Ruairí ach seacht mbliana nó mar sin nuair a bhí sé in
éineacht le Breandán i Sráid Ghrafton lá agus casadh Seán Ó Ríordáin
orthu. Go gairid tar éis dó imeacht uathu tháinig sé ina rith ina ndiaidh
anuas an tsráid arís agus cóip de *The Course of Irish History,* nach raibh
ach díreach foilsithe ag an am, ceannaithe aige san Eblana Bookshop,
agus 'Do Ruairí, ó Sheán Ó Ríordáin' scríofa aige air:

Is cuimhneach liom gur bhuail mé le go leor daoine in éineacht leis nuair a bhí mé an-óg agus ní cuimhneach liom a leath anois. Is cuimin liom nuair a cailleadh Seán Ó Ríordáin go ndeachaigh mé síos chuig an tsochraid in éineacht leis. Cearbhall Ó Dálaigh a rinne an óráid cois na huaighe. B'in 1977. Bhí mé ocht mbliana déag agus sa gcéad bhlain ar an Ollscoil. Agus chuaigh mé go Tiobraid Árann le Breandán ar shochraid Dan Breen. Bhí an lá ina dhórtadh báistí. Bhí sé chomh dona sin gur pháirceáil muid an carr le taobh na reilige agus d'fhanamar sa gcarr ag breathnú ar na daoine go léir ag dul isteach. Léigh mise *My Fight For Irish Freedom* agus *Guerilla Days In Ireland* nuair a bhí mé an-óg. Bhíodar sa teach ag Breandán. Bhí an-mheas agam ar Tom Barry. Rinne sé an-imprisean orm. Is cuimin liom freisin nuair a cailleadh Coakley, an fear a bhfanadh muid ina theach i Sráid na Cathrach, go ndeachaigh mé síos ar an tsochraid sin le Breandán.

Tá cuimhní breátha ag Máirín ar na turais go Contae an Chláir nuair a bhíodar ina ngasúir. Sheasaidís ar an Aonach i gcónaí i gcomhair béile agus ní airídís an chuid eile den aistear go Sráid na Cathrach. D'fhan roinnt scéalta greannmhara a bhíodh ag Breandán ina ceann, ar nós an scéil faoin oíche a ndeachaigh sé féin agus Breandán Ó Beacháin isteach sa marbhlann in ospidéal i mBaile Átha Cliath nuair a chuala siad go raibh duine aitheantais tar éis bás a fháil. Shínigh an bheirt acu a n-ainm sa leabhar taobh istigh den doras agus an mhaidin dár gcionn bhí na Gardaí ar fud na cathrach ag cuartú dhá chorp a bhí tar éis imeacht gan tuairisc as an marbhlann: 'B.Ó Beacháin' agus 'B. Ó hEithir'! Agus nuair a bhídís ag tiomáint síos bóithríní beaga tuaithe a raibh an Chomhairle Contae tar éis brat tarra agus clocha beaga a chur orthu, bhíodh an-torann ag na clocha beaga ag bualadh an chairr agus deireadh Breandán leo agus chreideadar é, gur leipreacháin a raibh an ghráin acu ar thurasóirí a bhí i bhfolach ar chúl an chlaí ar chaon taobh den bhóithrín, ag caitheamh clocha beaga leis na carranna strainséartha! Samhradh amháin a rabhadar ag dul go Contae an Chláir bhí Aindriú an-óg agus é an-cheanúil ar choileáin bheaga. Bhí 52 coileán beag spáinnéar aige, nach raibh aon duine eile in ann a fheiceáil ach é féin, agus b'éigean iad seo go léir a phacáil isteach i gcúl an chairr nuair a bhíodar ag dul go Sráid na Cathrach. Stopadar i gcomhair béile ar an

Aonach mar ba ghnách, agus tar éis an bhéile chuaigh an chlann agus na coileáin bheaga isteach sa gcarr arís. Bhí an carr agus an chlann leath bealaigh go Luimneach nuair a thug Aindriú faoi deara go raibh péire de na madraí beaga ar iarraidh! Ní nach ionadh, bhí an buachaill beag trína chéile. Agus céard a rinne Breandán? Stop sé an carr, chas sé timpeall agus thiomáin sé ar ais an bealach ar fad chuig an Aonach, phioc Aindriú suas an dá choileán bheaga a bhí ag fanacht leis ag doras an óstáin agus thugadar aghaidh ar Luimneach den dara huair. Mar a dúirt Máirín, a d'inis an scéal domsa: 'Ní hé chuile athair a dhéanfadh é! Bhí sé go hiontach mar sin nuair a bhíodh dea-ghiúmar air. Dhíodh an-spraoi againn leis!'

Nuair a d'fhiafraigh mé de Mháirín céard a cheap sí faoi na léirmheastóirí, idir mhná agus fhir, a dúirt go raibh Breandán drochmheasúil ar mhná ina chuid scríbhneoireachta, dúirt sí gur léir gur daoine iad nach raibh aithne ar bith acu ar Bhreandán. D'aontódh sí go hiomlán le Caoilfhionn Nic Pháidín nuair a scríobh sí faoi *Sionnach ar mo Dhuán*: 'Is i gcomhthéacs an ghrinn is ceart eachtraí ban agus oícheanta fraeice Phípí a mheas, agus ní mar mhasla tomhaiste don chine baineann.' Agus d'aontaigh Máirín go hiomlán le Póilín Ní Chiaráin nuair a dúirt sise:

Ní fhaca mise riamh, i mo dhéileáil féin le Breandán, go raibh sé cuma-liomach faoi mhná. Bhí sé gáirsiúil amanna ach ní raibh sé maslach. Agus bhí bealach ar leith aige agus greann ar leith aige le scéalta gáirsiúla a insint. 'I gcead an chomhluadair' a deireadh sé, agus ar aghaidh leis. Ní dóigh liom gur ionsaí ar mhná a bhí sa rud a scríobh sé ach eachtraí ón saol. Scáthán ar an saol a bhí sna heachtraí sin. Thaitin mná go mór le Breandán agus thaitin comhrá agus comhluadar ban go mór leis. Agus go minic ba mhó a spéis i rudaí a bhí ag déanamh tinnis do mhná ná a bhí ag déanamh tinnis do na fir; bhí a fhios aige fúthu sin cheana féin ar aon chuma. Ach bhí sé ag iarraidh fios a bheith aige céard faoi a raibh mná ag caint agus cén sórt saoil a bhí á chaitheamh acu. Faighim an-deacair a chreidiúint go raibh Breandán drochmheasúil ar mhná ar aon bhealach.

Mhínigh Máirín go soiléir an dearcadh a cheap sise a bhí ag Breandán ar mhná:

Bhí sé ar dhuine den bheagán daoine ar m'eolas a rinne rudaí de réir mar a smaoinigh sé, agus níor lig sé air go raibh sé ar bhealach ar bith eile ach ar an mbealach a raibh sé. Is minic a bhain sé seo truisle as, ach ní dhearna sé aon dochar dúinne. Bhí sé an-cheanúil ar mhná agus bhí mná ceanúil air. An t-aon uair riamh ar airigh mé éad ban eile, ba i gcomhluadar m'athar féin é, aisteach go leor. Bhí sé an-cheanúil ar Nuala Ní Dhomhnaill, File. Agus bhí sé an-cheanúil ar go leor ban eile. Níor chuir sé sin isteach ná amach ormsa; níor bhain sé dom. Bhí an-mheas aige ar mhná. Ní fear é a thabharfadh gean do bhean ar bith. Ní thabharfadh sé gean do bhean nach raibh meas aige uirthi. Is fíor gur thaitin mná slachtmhara leis ach chaithfidís a bheith éirimiúil freisin. Féach an méid cairde ban a bhí aige a ndéanfadh sé rud ar bith dóibh. Bhí sé an-cheanúil go deo ar Phóilín Ní Chiaráin, agus ómós an domhain aige di. Thuig muid ar fad é sin. Bhí muid ar fad i ngrá le Póilín Ní Chiaráin. Bhí áthas orm faoi na mná a thaitin le Breandán. Agus thaitin mná go mór leis, cuma an mná iad a raibh caidreamh fisiciúil aige leo nó mná cosúil le Póilín, a raibh caidreamh ar leith aige léi a bhí an-tábhachtach dó.

Mhúin Breandán níos mó domsa faoi fheimineachas ná mar a rinne aon duine beo eile. Agus mhúin sé níos mó dom faoi bheith i mo bhean ná aon duine beo eile. Is é Breandán, thar aon duine eile, a mhúin domsa le bheith neamhspleách agus saor agus le maireachtáil mar atáim, ar mo chomhairle féin. Ní raibh sé mar a bhí go leor aithreacha eile ag an am, ag iarraidh a gclann iníon a fheiceáil pósta agus tógtha dá lámha. Bhí ómós an domhain ag Breandán do mhná.

Ach oiread le Breandán féin, bhí Máirín agus Ruairí in ann léamh ó bhíodar an-óg ar fad cé nárbh é Breandán ba chúis leis sin ach Catherine agus máthair Chatherine, Déirdre, a bhíodh ag coinneáil leabhar leo ó bhíodar beag bídeach. Ach murar mhúin Breandán léamh dóibh chothaigh sé nós na léitheoireachta iontu nuair a bhíodar ag éirí aníos. Ní hé amháin gur cheannaigh sé go leor leabhar dóibh ach níor chuir sé aon teorainn riamh ar an méid airgid a bhí cead acu a chaitheamh ar leabhair. Dá mhéad dár chaitheadar ar leabhair b'amhlaidh ab fhearr le Breandán é, agus tá a shliocht orthu ó shin, léann siad go leor. Léigh Breandán féin chuile chineál leabhair faoin spéir, agus faoin am a bhfuil an cuntas seo á scríobh tá a chuid leabhar i mboscaí fós ag Ruairí, ag fanacht le áit cheart lena gcur:

Tá boscaí agus boscaí dá chuid leabhar fós agam thuas faoin díon. Bhí beagnach chuile leabhar dár scríobhadh faoi Joyce léite aige; bhí seilf iomlán de na Penguin Classics aige – sin é a chuir mise ag léamh an stuif Gréagach agus Rómhánach; bhí rannóg mhór leabhar Rúiseach aige agus rannóg an-mhór leabhar Meiriceánach. Léigh sé go leor le William Faulkner, le Steinbeck agus, ar ndóigh, le Hemingway. Bhí an t-uafás foclóirí aige: Dictionary of Slang, Dictionary of Historical Slang agus mar sin de, gan trácht ar na gnáthfhoclóirí.

Mura raibh foclóirí na Gaeilge chomh flúirseach leis na cinn Bhéarla, ní hin le rá nár chaith Breandán a dhóthain ama ag póirseáil tríothu, go háirithe Foclóir *Dinneen*, ar mhol Ó Cadhain mar chéile leapan é agus arbh fhiú le Breandán é a iompar an t-aistear fada go Meiriceá Theas leis. Thóg sé a chuid scríbhneoireachta an-dáirire, cé gurb in é an rud deireanach a rithfeadh leis an ngnáthléitheoir. Cheil feabhas a chuid scríbhneoireachta an dúthracht a caitheadh léi. Scríobh sé féin san *Irish Times* i samhradh 1978:

Pé rud a déarfaí faoi *Cré na Cille*, filíocht Uí Dhireáin, Uí Ríordáin agus Mháire Mhac an tSaoi, gearrscéalta Uí Cheileachair, Uí Fhlatharta agus eile, b'fhacthas dom go soiléir, agus is soiléire fós a fheicim agus a chreidim anois é, nach raibh prós againn i nGaeilge a bhí inniúil ar dhul i ngleic go hiomlán le himeachtaí laethúla na tíre ar gach leibhéal. Níor léir domsa go raibh éinne ag smaoineamh ar an gcaoi a raibh mé féin ag smaoineamh, agus leisce é a thabhairt le fios gur cineál cancarán teanga de shórt nua a bhí ionam choinnigh mé mo bhéal dúnta agus rinne mé cinneadh: dhéanfainn féin iarracht an Ghaeilge a bhí agam féin, mo theanga leath-scolárthúil Árannach a leá i bhfoirnéisí éagsúla agus iarracht a dhéanamh í a lúbadh agus a chur faoi ord chomh maith is a bhí ar mo chumas.[10]

Níl amhras ar bith nár chabhraigh a shuim i Hemingway le Breandán suim a chur i scríbhneoirí eile as Meiriceá, agus de réir a chéile thug sé faoi deara go raibh dearcadh na Meiriceánach ar an iriseoireacht agus ar an scríbhneoireacht chruthaitheach difriúil ón dearcadh bhí an taobh seo den Atlantach:

Le linn dom a bheith ar coláiste agus ar ollscoil rinne mé cuid mhór léitheoireachta agus thosaigh mé ag cur spéise go háirithe i scríbhneoireacht Mheiriceá. Bhí sé deacair go leor a theacht ar scríbhneoirí comhaimseartha, fiú i leabharlann an Choláiste Ollscoile, agus níor mhaith do dhuine ainm Hemingway a lua leis an ollamh le Béarla . . . De réir a chéile léigh mé mórán chuile rud dá raibh foilsithe sa taobh seo den domhan agus rinne mé suas m'intinn go raibh go leor le foghlaim ag scríbhneoirí Gaeilge, go speisialta ón sampla Meiriceánach . . .[11]

Ceann de na suáilcí a b'fhacthas dom féin a bheith ag roinnt leis an dearcadh Meiriceánach ar an scríbhneoireacht, i gcomparáid leis an dearcadh Sasanach agus Éireannach, ná nach raibh aon idirdhealú saorga ann idir scríbhneoireacht do nuachtáin agus d'irisí agus scríbhneoireacht chruthaitheach. Ghlac mé leis, ceart nó mícheart, mar chomhartha ar an easpa baothghalántachta a bhaineann le gnéithe go leor de shaol Mheiriceá. Is beag scríbhneoir clúiteach Meiriceánach sa gcéad seo nach raibh ina thuairisceoir spóirt, cogaíochta nó polaitíochta idir amannaí. An mhaith dheireanach a rinne Damon Runyon sar ar cailleadh le hailse é ná babhta ceannais an domhain sa dornálaíocht a thuairisciú don 'New Yorker'. Tá Norman Mailer ag cothú an traidisiúin seo i Meiriceá fós.[12]

Dar liom go bhfuil dearcadh i bhfad níos folláine ag na Meiriceánaigh i gcoitinne ar an scríbhneoireacht ná mar atá ag Eorpaigh, de bhrí go simplí nach n-idirdhealaíonn siad idir ceardaíocht agus ealaín ar mhódh docht, daingean. B'fhéidir gurb é sin an fáth gur chleacht agus go gcleachtann oiread sin scríbhneoirí cruthaitheacha i Meiriceá an iriseoireacht. Féach seo mar ghearrliosta: Caldwell, Cabell, Cather, Dos Passos, Dreiser, Faulkner, Hemingway, Ring Lardner, Sinclair Lewis, Jack London, Henry Miller, O. Henry, Upton Sinclair, Catherine Anne Porter, Mailer . . . b'fhurasta na

heisceachtaí a liostáil. Is ceart a lua mar sin féin gur éirigh le tionscal na
scannán i Meiriceá airgead mór agus airgead bog go leor a chur i bpócaí
scríbhneoirí, cé gur scrios an tionscal céanna cuid acu trína gcaighdeán
beatha d'ardú chuig leibhéal nárbh fhéidir a chothú gan cineál áirithe
striapachais. Ach is furasta a bheith dímheasúil. Ba é an sainmhíniú a thug
Hemingway ar an striapach: 'A woman who doesn't give a f— for nothing'![13]

Is ait liom nach bhfuil ainm Studs Terkel as Chicago, a raibh
ardmheas ag Breandán air, luaite sa liosta sin thuas aige, ach b'fhéidir
gur mar iriseoir amháin a bhreathnaigh sé ar Terkel   Ach oiread le
Breandán féin bhíodh Studs Terkel ag obair leis an raidió agus leis an
teilifís freisin agus bhíodh sé ag déanamh go leor taistil, ag cur
agallaimh ar dhaoine agus ag bailiú ábhar scríbhneoireachta. Bhí agus
tá an-éileamh ar a chuid leabhar agus aistríodh a bhformhór go
príomhtheangacha na hEorpa. Phléadh Breandán agus Gearóid Ó
Tuathaigh Terkel go minic:

> Bhí ard-mheas aige ar Studs Terkel. Bhí go leor daoine ag caint ar Tom
> Wolfe agus an iriseoireacht nua. Bhí Breandán an-eolach air sin agus
> labhair sé go leor faoin iriseoireacht nua agus faoi Tom Wolfe agus na
> leabhair a scríobh Wolfe. Ach an rud a bhí ag Terkel bhí sé an-chosúil leis
> an rud a bhí ag Breandán.
>
> Ar ndóigh, bhí meas aige ar Mailer agus ar Jimmy Breslin, ach ba é Terkel
> an duine ba ghairmiúla díobh, mar dhein Terkel an rud ceannann céanna
> a rinne Ó hEithir. Chuaigh sé isteach i dtithe tábhairne, ar thurais traenach,
> rudaí mar sin. Chuaigh sé isteach i gcomhluadar agus scríobh sé portráidí
> de dhaoine ar fud Mheiriceá, nach portráidí de dhaoine amháin a bhí iontu
> ach portráidí den saol agus de Mheiriceá, de stair Mheiriceá, faisean
> Mheiriceá, uaillmhian Mheiriceá, na mothúcháin go léir a bhaineann le
> daoine a fuair cártaí maithe agus droch-chartaí le himirt i gcluiche an tsaoil,
> mar a déarfá. Bhí sin ar fad mar bhúnábhar ag Terkel. Agus bhí sé in ann,
> trí scéal an duine aonair, cúinne áirithe den saol poiblí, den saol náisiúnta,
> a oscailt agus a oscailt go haoibhinn.
>
> Luaigh Breandán an scríbhneoireacht a dhein Mailer faoi chúrsaí dornálaíochta
> liom go minic mar léiriú eile ar conas a d'fhéadfaí rud níos mó a dhéanamh

as iriseoireacht ar chúrsaí spóirt, agus an léiriú a dhein scríbhinní Mailer ar rudaí bunúsacha i gcultúr Mheiriceá agus bhí sé suas chun dáta i gcónaí ar gach casadh nua a bhí ag teacht ar an iriseoireacht i Meiriceá, suas go dtí an deireadh ar fad. Nuair a chuaigh sé go Páras ansin is ag caint ar Pháras agus conas mar a bhí an pictiúr d'Éirinn ag teacht isteach chuige a bhíodh sé. Ag teacht go dtí an deireadh, b'fhéidir, is mó a bhí sé ag smaoineamh ar chineáil eile scríbhneoireachta, ar na húrscéalta agus mar sin.

Ina chuid leabhar Béarla, *Over the Bar* agus *The Begrudger's Guide to Irish Politics* go háirithe, agus i script an scannáin *Flight from the Snipegrass* go speisialta, d'éirigh le Breandán fráma tagartha dá chuid féin a aimsiú le cur síos a dhéanamh ar chúrsaí polaitíochta agus sóisialta na hÉireann. Rinne sé é sin le meascán dírbheathaisnéise, cuimhní cinn agus tuairimí dá chuid féin ar an stair, nach bhfaighfeá in aon téacsleabhar staire agus nach bhfaighfeá ag an ngnáthiriseoir. Cineál ar leith staraí a bhí i mBreandán, dar le Ó Tuathaigh:

Is dóigh liom gur bhraith sé le himeacht aimsire go raibh an fráma tagartha polaitiúil a bhí aige féin ag teastáil. Theastaigh uaidh é sin a nochtadh. Nuair a bhíodh sé ag caint ar chúrsaí an Tuaiscirt, nuair a bhíodh sé ag caint, cuir i gcás, ar na scoilteanna go léir a tháinig i nGluaiseacht na Poblachta ó aimsir Sheán McBride agus mar sin de, níor leor dó, déarfainn, le himeacht aimsire, na heachtraí agus na pictiúir agus na saghas vignettes seo a chur i bprós i gcolún nuachtáin.
Braithim féin go raibh staraí *manqué* ann, mar a déarfá; gur theastaigh uaidh ar deireadh thiar thall a scéal féin a shuíomh i bhfráma níos mó agus gur theastaigh uaidh é a dhéanamh ar shlí an-phearsanta. Is é sin le rá go raibh sé ag iarraidh bua na scríbhneoireachta a bhí aige agus an greann agus na gnéithe aisteacha agus amaideacha a chonaic sé i bpolaitíocht na tíre a úsáid, ach ag an am céanna, gur theastaigh uaidh scéal na polaitíochta in Éirinn nach raibh inste go dtí sin a thabhairt, agus fráma tagartha dá chuid féin a bheith aige. Agus bhí an dearcadh cliathánach seo aige, a d'oscail cúinne ar shlí an-fhírinneach.
Is é an rud a scríobh sé i roinnt aistí sa *Begrudger's Guide*, agus fiú amháin in *Over the Bar*, scéal a bheatha féin agus cuid den Chumann Lúthchleas

Gael agus cuid de dhílseachtaí logánta paróiste agus an iliomad rudaí eile.

Agus, ar shlí, bhí sé ag iarraidh múnla éigin a aimsiú chun go bhféadfadh sé rud éigin leanúnach a rá faoi stair an Stáit Éireannaigh; cad a thit amach; nóiméad i stair na tíre; 1949 agus fógairt na Poblachta, mar shampla, agus an fráma mór seo mar chúlra aige.

Bhí sé saghas féindrámatúil ann féin mar nár bhain sé le haon aicme pholaitiúil, nár bhain sé le haon dream, nár le héinne é. Dá bhrí sin, ó tharla go raibh a chuid tuairimí aige d'airigh sé go raibh saghas dualgais air; agus an bealach ab éifeachtaí leis an dualgas sin a chomhlíonadh, nuair nár sheas sé don Dáil ná don Seanad agus nuair nár Sheehy Skeffington é, ná a bheith ag dul thart mar 'fhinné' nó mar 'witness'. Bhí sé in ann an greann a bhain le scéal na tíre agus na gnéithe de a ghoill air a dhéanamh 'inláimhseáilte' trí dhul i mbun eachtraíochta nó tríd an *Begrudger's Guide* nó trí chuma éadrom a chur ar rud. Ach bhraitheas i gcónaí go raibh an saghas tuisceana seo aige ar fhráma mór na staire agus gur theastaigh uaidh rud éigin a rá faoi. Agus an cur chuige a bhí aige mar scríbhneoir agus mar iriseoir, bhraitheas go raibh go leor de sin ag teacht ón taithí a bhí aige ar an nGearmáin. Mar ní raibh mórán de in Éirinn. Bhí Myles ann b'fhéidir, ach tá sé deacair cuimhneamh ar mhórán eile seachas Myles a dhein iarracht tráchtaireacht ar ghnéithe den stair agus den idé-eolaíocht oifigiúil a chur i bhfoirm ficsin nó i bhfoirm iriseoireachta ar cuid den fhicsean é.

An rud seo ar fad faoin nGearmáin agus fiú faoi oirthear na hEorpa agus go háirithe an duine atá ar an imeall i gcóras idé-eolaíoch, bíodh sé sa tSeicslóvaic nó sa Ghearmáin nó in Éirinn féin – an 'Good Soldier Svejk', mar a luaigh tú – bhí cuid de sin ag baint le scríbhneoirí an easaontais nó na 'dissident writers' seo, daoine a bhí ar deoraíocht inmheánach idir na daicheadaí agus na hochtóidí in oirthear agus i lár na hEorpa. Bhí tuiscint ag Ó hEithir dóibh siúd. Ceann de na fáthanna, ar ndóigh, i ngeall ar chúrsaí teanga.

Bhíodh Breandán ag léamh Gunter Grass, an scríbhneoir cáiliúil Gearmánach, agus seans gur i gceann dá chuid leabhar siúd, *The Tin Drum,* a fuair sé an smaoineamh *Sionnach ar mo Dhuán* a shuíomh in ospidéal meabhairghalar. Má bhí tubaiste staire na Gearmáine agus na Polainne faoi chaibidil go minic ag Gunter Grass bhí ár dtubaiste staire féin againne anseo in Éirinn chomh fada is a bhain le Breandán – agus ba é tréigean na Gaeilge an tubaiste staire sin. Tá tagairtí iomadúla aige dó ar fud na beathaisnéise seo, gan trácht ar a mhinicí is a rinne sé athrá ar thagairtí an Chadhnaigh. Bhí dúnadh na gColáistí Ullmhúcháin i dtús na seascaidí, nuair a bhí Fianna Fáil i gcumhacht agus an Dr Pádraig Ó hIrghile ina Aire Oideachais, ar cheann de na samplaí ba soiléire lenár linn de pholasaí bréagchráifeach an Rialtais faoin nGaeilge, agus bhí Breandán ar an mbeagán daoine a chuir ina aghaidh. Ba é bás a raibh fágtha de Ghaeltacht Chontae an Chláir, agus 'bás ar sliobarna' Ghaeltacht scáinte Mhaigh Eo, an toradh ba shuntasaí agus ba bhrónaí a bhí ar an bpolasaí bréagchráifeach céanna sin. Ghoill sé seo go mór ar Bhreandán agus ba mhinic ina ábhar comhrá é idir é féin agus Gearóid Ó Tuathaigh:

Bhí an-ghrá aige do Ghaeltacht Mhaigh Eo, ar ndóigh, a raibh fágtha di, ar go leor cúiseanna. Níor thuigeas riamh iad ar fad, ach ghoill sé go mór air. Níl a fhios agam an raibh sé baileach chomh dian ar an Stát mar gheall ar ar thit amach do iarsma de Chontae an Chláir, cé go luadh sé é, ach bhí sé deacair dó a mhaitheamh don Stát Éireannach gur ligeadar 'leá chúr na habhann', mar a deireadh sé féin, teacht ar Ghaeltacht Mhaigh Eo. Bhí sé deacair air dul go Maigh Eo agus rian cos na Gaeilge sa talamh a shiúil sé, mar a raibh Béarla briotach, drochBhéarla briotach tagtha isteach anois agus 'Country and Western' tagtha in áit saol saibhir a bhí ar maos le tagairtí liteartha – an saghas ruda a bhí ag Ó Cadhain. Agus is dóigh liom féin, nuair a théadh sé isteach in aon bhaile thíos faoin tír, i nDurlas Éile nó i Mala, áit ar bith mar sin a raibh Béarla na háite, Béarla na hÉireann – agus bhí an-spéis aige i mBéarla na hÉireann agus sna bealaí cainte a bhí tagtha isteach i mBéarla – bhí cuid áirithe de Bhreandán a bhíodh ag gol istigh ann, mar gur thuig sé cé chomh héasca is a bheadh sé a chinntiú gur i nGaeilge a bheadh an comhluadar sin in aon bhall den tír. Ní bhíodh sé maoithneach faoin rud agus ní bhíodh sé ag bualadh an bhoird mar dhíograiseoir ach bhí cuid éigin de féin a bhíodh ag gol istigh ann. É sin in ainneoin go bhféadfadh sé a chuid féin a dhéanamh de Bhéarla na háite agus de Bhéarla an Chláir, cuirim i gcás, ag éisteacht leis na Micho Russells agus leo siúd nach raibh ach cúpla coiscéim ó shaol na Gaeilge, cúpla coiscéim thar an tairseach trasna ón saol Gaelach agus ó shaol na Gaeltachta mar a bhíodh, agus mar a bhí fós sna Gaeltachtaí bisiúla.

Bhí Breandán ar an mbeagán iriseoirí Béarla sa tír a chonaic agus a thuig i gceart an bochtú teanga a rinneadh agus atá fós á dhéanamh ar shaol na hÉireann. Is beag iriseoir Béarla ná tráchtaire cultúrtha eile a thuig i gceart an chailliúint a bhí sa teanga Ghaeilge a bhí ligthe uainn againn agus atá muid fós a ligean uainn mar a bheadh Dia á rá linn. Gan trácht ar chor ar bith ar an gcineál saoil a mhair Breandán féin, bhí saibhreas saoithiúlachta ag gabháil leis, a thug sé leis óna chúlra muintire agus teanga, lena mheabhair chinn agus lena chuid leathanléitheoireachta, a fhágann go leor de thráchtairí sóisialta agus cúltúrtha an lae inniu easnamhach lena ais. Chuir Gearóid Ó Tuathaigh mar seo é:

Má chuireann tú i gcomórtas é leo siúd san am i láthair ar cás leo cuid de na rudaí céanna, abraimis leithéidí John Waters agus Fintan O'Toole agus daoine den tsórt sin, níorbh in é an saghas iriseora é Breandán. Bhí bealach ag Breandán le breithiúnas a thabhairt gan caipín an bhreithimh a chur air féin in aon chor. Bhí rud éigin eile ar fad aige. Bhí tuiscint aige ar a raibh tarlaithe de bharr an athrú teanga. Tá formhór na n-iriseoirí Béarla bodhar agus dall ar an macalla sin ón stair. Fiú amháin an baile fearainn Gaeltachta nach bhfuil aon scríbhneoir tagtha as agus nach bhfuil aon amhránaí mór curtha ar fáil aige, nach bhfuil aon lámhscríbhinní ná leac chuimhneacháin ann, in aon oíche amháin chomhrá tá an fráma tagartha ó thaobh teanga, litríochta agus tagairtí de, chomh saibhir sin, i gcomórtas le pobal tuaithe an Bhéarla in Éirinn. Thuig Breandán é sin agus ghoill sé air an méid a bhí caillte.

Cé go ndearna sé leagan raidió agus leagan stáitse de *The Good Soldier Svejk* ní fear mór drámaí a bhí i mBreandán. Mar sin féin bhí ardmheas aige ar dhrámaí Tom Murphy agus dúirt Catherine liom gurb é *Bailegangáire* an dráma ab fhearr ar fad a thaitin leis. Rith sé sin liom nuair a léigh mé aiste dar teideal 'Searching for Irish Literature in Irish' a bhí san *Irish Times* i mí Bealtaine 2000, ag iriseoir Indiach, Sugata Srinivasaraju, atá ag obair ar an nuachtán Béarla *Deccan Herald* i ndeisceart na hIndia. Baineann an aiste ní hé amháin le drámaí Tom Murphy ach le scríbhneoireacht Bhreandáin freisin:

It becomes important to ask if a writer subscribes to a certain cosmopolitan world-view or a native world-view. A writer who subscribes to a cosmopolitan world-view mostly deals with cultural universals and not with its specifics. He is under the belief that he is conversing with a larger audience. He is facing the outer world and has turned his back against his culture. Cultural roots are not always important for him. On the other hand a writer with a native world-view is engaged in a dialogue *with* his culture. He is deeply involved in the 'politics of the soil' (a phrase used by Isaiah Berlin in a different context) and for him writing is an unending process. The writer with a cosmopolitan world-view thinks that the perceptions of the person with a native world-view are narrow and provincial . . .

Fintan O'Toole, writing about playwright Tom Murphy, recently said in *The Irish Times:* 'Murphy, too, is not merely a great Irish dramatist, but a great European one. His imagination from the very start has been fabulously cosmopolitan. Far from being stuck in a provincial corner of a marginal society, he has re-animated the common heritage of a European myth.'

According to this literary canon, does it mean that the importance of Tom Murphy would have been undermined had he been 'merely' an Irish dramatist? Is it more important to subscribe to a larger European 'myth' than to an Irish 'provincial' reality. What is the role of the qualifying prefix 'Irish' before the word 'dramatist'? Is it merely an identification tag in the European or global market?

These are truly questions and not conclusions.[14]

'Préamhaíonn an Ghaeilge thú ar shlí ná deineann rudaí eile. Braithim go dtugann an Ghaeilge an ceangal pobail sin duit, in áit ná bíonn sé agat le Béarla uaireanta, go háirithe daoine atá ag obair sna meáin.' Liam Ó Muirthile, file, drámadóir agus úrscéalaí, a rinne an ráiteas sin liom, fear a tógadh le Béarla i gcathair Chorcaí, a d'fhoghlaim Gaeilge ar scoil agus a thom é féin go hiomlán inti i nGaeltacht Chorca Dhuibhne ar dtús agus i litríocht na Gaeltachta agus na Gaeilge go léir ina dhiaidh sin. Is ar Liam Ó Muirthile a d'iarr Breandán, an bhliain sula bhfuair sé bás, teacht i gcomharbacht air san *Irish Times* lena cholún rialta seachtainiúil, 'An Peann Coitianta'. Bhí aithne acu ar a chéile ón am ar thosaigh Liam ag obair mar iriseoir in RTÉ sna seachtóidí.

Thaispeáin Liam ceann de sheoda próis na Gaeilge do Bhreandán lá, an litir cháiliúil a scríobh na manaigh i bPrág sa seachtú haois déag, ag clamhsán leis an bProibhinseal i Lováin go raibh 'spiairí na súl lingsiúil' ag cur scéalta abhaile ina dtaobh agus ag rá gur scata pótairí a bhí iontu. Thug Breandán an-suntas don litir agus ansin tharraing sé píosa le William Hazlitt as a phóca agus thaispeáin sé do Liam é.

Is é Liam an file atá i gceist ag Breandán sa sliocht seo thíos as aiste a scríobh sé in *Comhar* mhí na Nollag 1988, faoi oíche a chaith sé tigh Chon Houlihan in Oileán Chiarraí agus faoi argóint a bhí aige le Con faoi ghearrscéal Hemingway, *Fifty Grand*. Bhí Breandán ag déanamh amach nár scríobhadh scéal níos fearr ná é riamh a raibh spórt mar théama ann agus bhí Con ag iarraidh a bheith ag míniú dó go raibh fabht ann. Bhí Seán Ó Mórdha, a bhí ina gcomhluadar in Oileán Chiarraí an lá roimhe sin, tar éis an oíche a chaitheamh i dTrá Lí agus bhí Breandán tar éis an oíche a chaitheamh Tigh Chon Houlihan:

> Tigh Chon a chaith mise an oíche, i leaba shingil idir é agus an balla. Ar dhúiseacht dom de gheit ar maidin ní dhearna seisean ach dhá bhuidéal leanna a thógáil amach faoin leaba, na claibíní a bhaint díobh agus leanacht den argóint ar thit mise i mo chodladh lena linn in am mharbh na hoíche roimhe. Iriseoireacht spóirt agus dearcadh na Meiriceánach ar ealaín agus ar cheardaíocht na scríbhneoireachta a bhí dá phlé nuair a d'fhill Ó Mórdha ó Thrá Lí.
>
> Bhíomar ag ithe bricfeasta – mairteoil fhriochta agus fataí – a réitigh máthair Chon dúinn, nuair a dúirt sé le Ó Mórdha go raibh sé in am cúl a thabhairt d'argóintí teibí agus d'ordaigh dó bailiúchán aistí le William Hazlitt a thógáil anuas de sheilf sa chistin agus sliocht as a léamh os ard. Is é atá ann píosa a scríobh Hazlitt i gcuimhne ar imreoir liathróid láimhe as Éirinn, darbh ainm John Cavanagh. (Tá tuairim agam go mba as an Uaimh dó ó dhúchas.)
>
> 'Whenever he touched the ball there was an end of the chase. His eye was certain, his hand fatal, his presence of mind complete. He could do as he pleased, and he always knew exactly what to do. He saw the whole game, and played it; took instant advantage of his adversary's weakness, and recovered balls, as if by a miracle and from sudden thought, that everyone gave for lost. He had equal power and skill, quickness and judgement. He

could either outwit his antagonist by finesse, or beat him by main strength . . . As it was said of a great orator that he never was at loss for a word, and for the properest word, so Cavanagh always could tell the degree of force necessary to be given to a ball, and the precise direction in which it should be sent.'

Tharla an eachtra seo i bhfad sular tháinig Con Houlihan go Baile Átha Cliath go buan ach ní fada ó thaispeáin mé an sliocht seo do fhile lena rabhas ag cur síos ar an ngá a b'fhacthas domsa a bheith le fuint na Gaeilge; fuint agus feannadh an phróis go speisialta. Ait mar a tharla, samhlaíodh dósan, mar a samhlaíodh domsa an lá úd in Oileán Chiarraí, gur gheall le cur síos fíormhaith ar scileanna iománaíochta Christy Ring an tuairisc.[15]

An bhliain ar bhásaigh Breandán scríobh Liam Ó Muirthile san *Irish Times,* agus é faoin am sin ina chomharba ar Bhreandán lena cholún seachtainiúil, an cur síos seo a leanas ar iománaí Gaillmheach, i gcluiche ceannais iománaíochta na bliana 1990 i bPáirc an Chrócaigh. Is deacair gan an dá phíosa scríbhneoireachta a chur i gcomparáid le chéile:

Ní mheasaim go dtabharfadh fiche ceamara teilifíse iomlán na lúfaireachta leo ó chluiche iomána. Sampla amháin de sin ab ea cúilín amháin a d'aimsigh Noel Lane ón gcúinne taobh thíos d'Ardán Uí Chíosóig ina rabhas féin. D'fhéadfá an stad leathshoicind a dhein a chorp agus é ag tabhairt fén mbáire a fheiscint, agus an poc don gcúilín ina dhiaidh sin, nuair a d'fhéadfadh cúl a bheith faighte aige. Ní fhéadfadh do dhóthain ceamaraí a bheith agat go deo chun an searradh san a bhain sé as a chorp, a léirigh an cinneadh a dhein sé, a thaispeáint. Fós féin is ceann de na híomhánna buana a thugaim liom ón gcluiche sinsir é.

Cé gur mar chomharba agus nach mar oidhre ar Bhreandán a bhreathnaíonn Liam Ó Muirthile air féin ina chuid colúnaíochta san *Irish Times,* agus cé nach ionann stíl ná mianach colúnaíochta na beirte, admhaíonn Liam gur chuir Breandán comaoin mhór air:

Cinnte, cinnte! Níorbh fhéidir le mo leithéidse a bheith ann, níorbh fhéidir le gnéithe de mo chuid oibrese a bheith ann gan leithéid Bhreandáin. Níl aon cheist ina thaobh san. Mhisneodh sé thú agus measaim gur bua iontach é sin. Níl aon uair ná go dtabharfadh sé misneach duit. Ceann de na rudaí atá déanta agam féin ná an turas seo ar ais go dtí mo phobal féin agus d'áireoinn gurb é Breandán faoi ndear cuid mhaith de sin. Ceann de na rudaí ba mhó a bhain le Breandán ná a shuáilceas ach, ar ndóigh, duine dorcha ba ea é chomh maith. An duine is mó a labhair liomsa ar Bhreandán nuair a bhíos óg ná Seán Ó Ríordáin. Dúirt sé liom, ar an mbealach Ríordánach sin a bhí aige chun rudaí a rá, go raibh Breandán dochreidte; go raibh aithne aige ar gach duine in Éirinn. Chonacsa an Ríordánach ansan mar dhuine aonair, agus Breándán agus aithne aige ar shaol uile na hÉireann, agus b'in iad an bheirt a ghreamaigh i mo shamhlaíocht.

Bhí ardmheas ag Ó Ríordáin ar scríbhneoireacht Uí Eithir agus bhí sé ar dhuine den bheagán sa tír, é féin agus Tom O'Dea, a mhol go poiblí é, rud a bhí ina ábhar mór misnigh do Bhreandán nuair a thagadh amhras air ó am go chéile faoina phobal léitheoireachta. Ba mhór ag Breandán gur áirigh Ó Ríordáin é ar dhuine de na scríbhneoirí ar shamhlaigh sé an cháilíocht 'Raibiléiseach' leo:

Thabharfainn 'Raibiléiseach' ar Mhyles, ar Dhónal Foley agus ar Ó hEithir féin. Mar a dúrt anseo, arís *ad nauseam*, bíonn an tréith seo ginte i nduine agus ní chreidim gur féidir í a chothú. *Rabelais nascitur non fit.*[16]

'Níl aon dallamullóg ar an údar so. Ní mór ná gur friotal ifreanda a fhriotal. Is mar seo a labharfadh an Diabhal dá mba Árannach é.[17]

Ach le filleadh ar Liam Ó Muirthile:

Nuair a chuireas aithne ar Bhreandán ní bhíodh aon phlé foirmeálta againn ach an méid a phléadh muid faoi chúrsaí iomána nó polaitíochta le hais an chuntair. Bhí sé i gcónaí ag iarraidh teacht ar mheon nó ar chuisle an phobail. Thugadh sé fé go comhfhiosach; is dócha gurb in í an oiliúint iriseoireachta a bhí faighte aige, agus an oiliúint chraoltóireachta freisin. Deireadh sé ná raibh slí ab fhearr ná dul go dtí club de chuid Chumann Lúthchleas Gael, dá mbeadh sé ag dul go Gaillimh nó go Corcaigh nó aon áit, agus b'in é an tslí a bhí aige tomhas a fháil ar an bpobal sin. Agus bhí sé ag fiafraí díomsa an raibh aon bhealach níos fearr aimsithe agamsa. Dúrt leis ná raibh, ach dul ag bóithreoireacht dom féin. Dúirt sé go ndéanadh sé féin an rud céanna. Níl aon chur síos feicthe go dtí seo againn ar an mbóithreoireacht úd leis féin; b'fhéidir gurb é sin an chuid is rúnda de Bhreandán. Ba é a dhuine féin é. Rinne sé a chuid machnaimh féin, agus ní mhaitear duit é sa tír seo má dhéanann tú é sin. Glacann an tír seo go breá le daoine atá de réir múnla éigin a leagtar amach dóibh. Is tír an-deacair í seo don duine atá neamhspleách. Agus arís, sin é an fáth go bhfuil tábhacht leis an gceist sin a bhí ag Breandán mar gheall ar conas a bhraitheann tú cuisle nó meon an phobail. Ní féidir leat é a dhéanamh trí mheán an BBC nó Sky News. Cíonn tú in RTÉ é; leathshúil amháin ar Londain agus leathsúil agus leathchluas eile le saol na hÉireann. Tá sé fíor i gcás an-chuid gnéithe de shaol na hÉireann. Ní mórán daoine atá tar éis teacht chun cinn agus a rá: 'Seo é saol na hÉireann. Seo mise. Tá jab le déanamh agam. Táim i mo scríbhneoir, táim i m'iriseoir. Conas a fhéachaimid ar an saol? Cad iad na slata tomhais atá againn de réir na dtéarmaí agus na gcoinníollacha beatha a leagann an tír seo amach dúinn? Táimid beo ar thalamh na hÉireann.' Rinne Breandán é sin.

'Finnéitheacht chruthaitheach' a thug Ó Muirthile ar thréith úd an 'fhínné' i mBreandán ar thrácht Gearóid Ó Tuathaigh uirthi cheana, agus is ag smaoineamh ar scríbhneoireacht Mheiriceá a bhí Ó Muirthile freisin:

Is ina chuid iriseoireachta agus craoltóireachta agus ina chuid scríbhneoireachta Gaeilge go háirithe atá spéis agamsa – agus *Over the Bar* agus *An Nollaig Thiar* ina dhiaidh sin. Is dóigh liom gur an-leabhar é *Over the Bar*. Is dóigh liom gur dhein sé réiteach in *Over the Bar* do ghnéithe de *Sionnach Ar Mo Dhuán*. Braithim an caidreamh sin idir mac agus athair. Sin é an rud is mó a sheasann amach ó mo thaobhsa go háirithe.

Ag caint ar Bhreandán mar thráchtaire nó mar thuairisceoir, ní beag an tábhacht atá ag baint le tuairisceoireacht i sochaí na hÉireann. An tuiscint atá agamsa ar an tuairisceoireacht is í an tuiscint í atá i Meiriceá níos mó ná mar atá i Sasana. Is é sin go bhfuil 'spás leath bealaigh' nó 'half-way house' idir an scríbhneoireacht agus an iriseoireacht. Is féidir é sin a chleachtadh agus creidim féin go raibh Breandán sa spás leath bealaigh sin. Tá sé an-deacair a rá cá bhfuil an spás ach tá sé ann. Agus is saghas finnéitheacht chruthaitheach seachas finnéitheacht dhlithiúil atá i gceist, sa mhéid is gur duine tú atá ag déanamh finnéitheachta ar an saol; go maireann tú sa saol ach san am céanna go ligeann tú é go léir trí do chóras tuisceana agus do chóras mothála agus go gcuireann tú amach arís é ar shlí éigin nua a bhfuil léargas agus tuiscint éigin ann. Agus sin é, dar liom, an príomhrud a bhí ar siúl ag Breandán. Creidim féin más féidir féachaint ar Bhreandán sa tslí sin go bhfaighidh muid tuiscint i bhfad níos gléine ar a raibh ar bun aige. Creidim é sin go láidir. Is é an príomhrud a bhí ag tiomáint Bhreandáin an caidreamh sin a bhí aige leis an bpobal, agus a bhí fhios aige a bhí aige.

Níl aon léargas ceart againn fós ar shaothar iriseoireachta Bhreandáin sa mhéid is go gcaitheann tú dul siar go dtí an *Irish Press;* tá méid áirithe dá chuid iriseoireachta in *Comhar* ar fáil.[18] Seo é an tslí a chímse cúrsaí iriseoireachta i nGaeilge: níl an iriseoireacht i nGaeilge ann ach le céad bliain nó mar sin – an iriseoireacht scríofa – agus tá mearathal ar dhaoine, i mo thuairimse, mar gheall ar na múnlaí liteartha agus na múnlaí iriseoireachta. Iad á rá 'Caithfimid iad a scarúint ó chéile!' Agus á rá go bhfuil géag na hiriseoireachta agus géag na litríochta ann. Is é an t-aon rud amháin é ar deireadh, i mo thuairimse: saothrú an téacs i nGaeilge. Sin é an bunrud. Creidim gur gá féachaint, de réir coinníollacha na teanga féin, ar an saothrú a déantar ar an téacs. Má thógann tú *Allagar na hInise* mar shampla; an múnla atá déanta ar an téacs b'fhéidir a rá gur iriseoireacht atá ansin más maith leat. Agus cad a dhéanann litríocht den iriseoireacht sin? Cuid mhaith de nuascríbhneoireacht na Gaeilge nó nuashaothrú na teanga atá tagtha chun cinn ó aimsir na hathbheochanna i ndeireadh an naoú haois déag, tháinig sé chun cinn ar bhealaí nárbh ionann agus saothrú litríocht an Bhéarla. Is é sin le rá, tháinig múnlaí ar aghaidh tríd na nuachtáin agus múnlaí eile ar aghaidh de thoradh na hidirghabhála idir athbheochanóirí agus muintir na Gaeltachta – scéalaithe, seanchaithe agus a leithéidí sin. Agus measaimse gur gá féachaint ar an saothrú i nGaeilge trí shúile na Gaeilge. Cad is brí leis an iriseoireacht seo? Cad as a dtagann sí? Cén comhthéacs atá ag an iriseoireacht seo? Is sa chomhthéacs sin a chuirimse Breandán dom féin. An chuid is fearr, i mo thuairimse, de scríbhneoireacht Bhreandáin, dhein sé do na meáin é; don teilifís agus don raidió, agus do

na foilseacháin chló. Agus dá bhrí sin creidim go bhfuil Breandán ar
dhuine de na saothraithe téacsa is tábhachtaí san aois seo, sa chomhthéacs
áirithe sin a bhfuilim ag caint air. Déarfainn go mb'fhéidir go bhfuil an
chuid is fearr dá chuid scríbhneoireachta scaipthe go fánach – gan na
leabhair a chur san áireamh.

Ghoill sé ar Bhreandán nár cuireadh a chuid scríbhneoireachta
Gaeilge ar níos mó cúrsaí léinn. Seachas Dáithí Ó hUaithne, a scríobh
léirmheas an-mholtach ar *Lig Sinn i gCathú*, agus Breandán Ó Buachalla
a rinne iarracht post ollscoile a thabhairt dó, d'airigh sé nár thuig go leor
de lucht na n-ollscoileanna céard a bhí ar siúl aige nó, má thuig, nach
raibh aon suim acu ann. D'airigh sé gur cheap go leor den aos léinn
sna Ranna Gaeilge nach litríocht cheart a bhí ina chuid
scríbhneoireachta ar chor ar bith ó tharla gur bhain an gnáthphobal
pléisiúr aisti. Agus ní hé Breandán amháin a bhí diomúch d'aos léinn
na Gaeilge; tá an méid seo le rá ag Liam Ó Muirthile fúthu:

An t-aos léinn! Go sábhála Dia sinn ar chuid acu! Dáiríre, dá mhéad dá
bhfuil gort léann na Gaeilge treafa agam féin – agus chaitheas é a
dhéanamh dom féin mar nach raibh daoine tar éis é a dhéanamh ar mo
shon - is ea a thuigim go bhfuil na léamhanna atá déanta acu ar an litríocht
bearnach, easnamhach agus leisciúil, agus gan a bheith ann. Tá sé ráite ag
Breandán Ó Buachalla ar shlí eile mar gheall ar na scoláirí – agus sin é is
mó atá tar éis a leithéid a rá – gur daoine iad a ghlacann le smaointe daoine
eile ó thaobh na scolárthachta agus ó thaobh an léinn agus ó thaobh na
litríochta, agus gur aiseag síoraí atá ar bun acu.[19] Agus dhíol Ó hEithir as
faillí an aos léinn; fear ar nós Uí Eithir a bhí ag iarraidh a bheatha a
thuilleamh! Cad eile atá éinne againn ag iarraidh a dhéanamh! Agus
b'fhéidir go mairfeadh blúire éigin inár ndiaidh, smut dár mblas, mar a dúirt
an Ríordánach. Agus, dar Dia, maireann smut de bhlas Uí Eithir!

Má fhéachann tú ar an scéal san Ollscoil i gCorcaigh agus na tuiscintí
liteartha a bhí á dteagasc ann – agus d'fhéadfadh sé seo a bheith fíor faoi
ollscoileanna eile chomh maith – ní raibh aon áit don gCadhnach, cuir i
gcás, sa léamh sin ar litríocht na Gaeilge. Agus mura mbeadh áit agat don
gCadhnach ní bheadh áit agat do Ó hEithir. Sin é an pointe, dar liomsa. Is

é an Cadhnach roimis, is dóigh liom, a d'oscail an bealach. Bhí an-tionchar ag an gCadhnach air sa tslí sin. Agus an rud iontach faoin gCadhnach, go raibh sé féin chomh scolártha, ar ndóigh, agus ansin gur chainteoir dúchais é. D'íosfadh sé scoláire gach lá dá mba mhaith leis! D'íosfadh sé a raibh ann acu! Is dóigh liom gurb é an Cadhnach an eochair. Ach is dócha gurbh é Ó Flatharta an duine is mó a bhí ag gualainn Bhreandáin agus nár éirigh le Breandán é a ruaigeadh.

Ní féidir na gnáthshlata tomhais liteartha a chur i bhfeidhm ar Bhreandán. Measaim féin, le bheith macánta leat, gur chaith sé i bhfad an iomarca dua le saothar 'liteartha' a chur ar fáil. Is dócha gur thuig sé nach raibh puinn measa ag an aos liteartha air agus gur bhraith sé, chun an meas sin a thuilleamh, gur ghá dó saothar mór 'liteartha' a chur de. Níor ghá dó é! Sin é atá le rá agam. Níor ghá dó é! Má thógann tú *Lig Sinn i gCathú*, is dóigh liomsa gur sárleabhar dá chineál féin é sin. Níl aon dabht faoi sin. Ach is dócha gur cheap Breandán nár shaothar 'liteartha' é agus go raibh sé de dhualgas air saothar mór 'liteartha' – *Sionnach Ar Mo Dhuán* – a scríobh. Ba mhaith leat a rá leis: 'Ní gá duit é!' D'fhéadfadh sé fanacht ar a bhuille féin. Agus is dóigh gurb in ceann de na botúin a dhein sé.

Tá píosaí breátha scríbhneoireachta i *Sionnach Ar Mo Dhuán* ach níor éirigh leis *Cré na Cille* eile a chur de. Creidim go bhfuil bun-laigí sa leabhar ó thaobh struchtúir. Ceann de na heasnaimh atá orainn nach raibh na heagarthóirí liteartha ann le go bhféadfadh sé é a chur faoina mbráid. An Flathartach féin, bhí sé ag brath ar eagarthóir liteartha. Ba dhuine é Breandán, shamhlóinn, dá rachadh sé i muinín eagarthóra liteartha, go mb'fhéidir go mbeadh an leabhar athscríte aige. Ach níor ghá dó úrscéal a scríobh chun an méid sin a bhaint amach. Sin é mo thuairim féin anois, ag féachaint siar air.

An fáth go bhfuilim féin chomh diongbháilte faoi na rudaí seo, ná go bhfuilim féin tar éis aistear den chineál céanna, más maith leat, a chur díom, sa mhéid is gur chaitheas na buntuiscintí go léir a bhí agam mar gheall ar scríbhneoireacht, mar gheall ar litríocht, a cheistiú ó bhonn agus teacht ar thuiscintí de mo chuid féin, a bheadh préamhaithe ionam féin amháin, de réir mo chuid coinníollacha saoil féin. Agus arís, is ag iarraidh mo bheatha a thuilleamh atáimse leis. Is ar éigean a ardaímse mo cheann uaireanta chun féachaint amach. Agus ansan téim isteach i siopa leabhar agus tugaim faoi deara nach bhfuil aon tuairisc ar mo chuid oibre in aon chnuasach ná in aon *anthology*. Agus deirim liom féin: 'tá an saol liteartha ag dul ar aghaidh le deich mbliana agus táimse ag déanamh mo chuid oibre féin. Cheapas-sa go rabhas ag déanamh obair liteartha chomh maith ach tá dearmad déanta orm.' Agus goilleann sé sin ort. Agus tarlaíonn sé sin. Ach ag an am céanna deireann tú leat féin: 'tá a fhios agam cad tá ar bun.' Is cineál tionscail an scríbhneoireacht liteartha anois dáiríre agus dá mhéad dá mbíonn tú istigh ina lár is ea is lú meas a bheadh agat air. Is cineál *rat-race* atá ann, cuid mhaith de.

Bhí dóchas ag Breandán as 'ollúna óga Gaeilge a chreid sa teanga bheo' nuair a chaith sé súil siar ar a shaol féin mar scríbhneoir, i sraith altanna san *Irish Times* i 1978, faoin teideal 'Scríbhneoireacht na Gaeilge'; is léir go raibh meas aige, an uair sin ar aon chuma, ar chuid den aos léinn Ollscoile. Ach ba é a laoch agus a ghile mear, agus an té ar luaigh sé a ainm arís agus arís eile – Máirtín Ó Cadhain, a raibh a shaothar go léir, go háirithe *Cré na Cille* agus *Páipéir Bhána agus Páipéir Bhreaca*, léite agus athléite ag Breandán:

> – Dá n-iarrfaí orm coimriú a dhéanamh ar phríomhspriongaí an fhuinnimh nua a tháinig i scríbhneoireacht na Gaeilge timpeall tús na gcaogadaí, agus go ceann blianta ina dhiaidh, bheadh liosta den tsórt seo agam: bunú Sháirséal agus Dill agus an Chlub Leabhar, foilsiú *Cré na Cille* agus *Eireaball Spideoige*, saothar *Combar* agus *Feasta* (faoi eagarthóirí lánaimseartha), bunú Bhord na Leabhar Gaeilge, teacht chun cinn ollúna óga Gaeilge a chreid sa teanga bheo, chomh maith le scata scríbhneoirí próis agus filí bisiúla . . .
>
> Tharla rudaí san oideachas a raibh a dtionchur féin acu (nach bhfuil a dheireadh feicthe againn ar chor ar bith fós) agus lena chur i mbeagán focal thaispeáin Éirinn Sheáin Lemass nach raibh aon áit a thuilleadh don scáil ná don tsubstaint a bhain le polasaí athbheochana Fhianna Fáil ó 1932 i leith . . .[20]

> – Go dtí gur thosaíos ag scríobh colún rialta do nuachtán Domhnaigh agus ceann míosúil san iris *Combar* níor luigh sé ceart ar m'intinn go raibh i bhfad an iomarca cainte dá dhéanamh faoi scríbhneoireacht, a chiallaigh

scríbhneoireacht chruthaitheach amháin, agus nach raibh éinne ag tabhairt aird ar mhúnlú próis . . . Léitheoirí ar spéis leo dáiríre an t-ábhar níor mhiste dóibh *Páipéir Bhána agus Páipéir Bhreaca* a léamh . . . Bhíos i láthair ar an Aonach nuair a tugadh an léacht seo ach bhí leaganacha éagsúla den dearcadh seo cloiste roimhe sin agam ón gcainteoir. Thairis sin bhí suas le deich mbliana oibre laethúil curtha isteach agam ag scríobh aistí, tuairiscí, scripteanna scannán, cainteanna raidió agus tráchtaireachtaí iomadúla gan ullmhú, i nGaeilge ar fad, ag plé le hábhair go minic nár pléadh riamh i nGaeilge. Thuig mé go maith go raibh an Cadhnach ag teacht go croí ceiste nach rabhas féin ach ag scríobadh lena huachtar:

'Is cuid d'athbheochan na Gaeilge freisin í an scríbhneoireacht, earra a mbíonn muid síoraí ag déanamh gaisce chúiteach aisti. Sé an prós tathán, coincréid, clocha saoirsinne an tsaoil, agus é chomh garbh, míthaitneamhach leis an saol féin . . .'[21]

Is í iriseoireacht Uí Eithir, mar aon le *Willie the Plain Pint agus an Pápa, An Nollaig Thiar,* agus aistí mar *An Gaeilgeoir in Uimhir a 9* príomhshaothar Bhreandáin, dar le Caoilfhionn Nic Pháidín, a bhfaca muid léirmheas moltach óna láimh roimhe seo ar *Sionnach ar mo Dhuán.* Is í Caoilfhionn Nic Pháidín a chuir an bailiúchán dá chuid altanna as *Combar, An Chaint sa tSráidbhaile,* in eagar go gairid tar éis a bháis agus is í a d'iarr ar Mháire agus ar Bhríd de Grás an clár saothair breá de scríbhneoireacht Bhreandáin a chur i ndeireadh an leabhair sin. Is í Caoilfhionn a d'iarr ormsa aiste bheathaisnéise faoi Bhreandán a chur leis an leabhar céanna, agus is de bharr na haiste sin a d'iarr Bord na Gaeilge orm tabhairt faoin mbeathaisnéis fhairsing seo. Is ionann sin is a rá nach mise a bheadh ag scríobh bheathaisnéis Bhreandáin Uí Eithir ar chor ar bith murach Caoilfhionn Nic Pháidín agus, cé gur minic le cúpla bliain anuas nach é mo bheannacht a chuir mé ar Bhreandán ná uirthi féin, tá mé buíoch anois di faoin gcomaoin a chuir sí orm. Mar chomhartha ar an mbuíochas sin fágaim an focal deireanach anseo aici faoi shaothar scríbhneoireachta Bhreandáin:

Bheadh súil agam féin go ndéanfaimis múnlaí nua a fhorbairt chun scríbhneoireacht na fichiú haoise a mheas, mar ní dóigh liom gur féidir luachanna a thógtar as traidisiún eile a chur i bhfeidhm go hiomlán ar litríocht na Gaeilge, ag féachaint ar chúrsaí gearrscéalaíochta, ar chúrsaí úrscéalaíochta agus mar sin. Tá an chuid is fearr den scríbhneoireacht le fáil i múnlaí eile i gcás na Gaeilge, go háirithe sna nuachtáin. Mar shampla, na scríbhneoirí ab fhearr a bhain leis an tréimhse sin, dheineadar go léir saothar sna páipéir nuachta: Pádraic Ó Conaire, Máirtín Ó Cadhain, Breandán féin, An Ríordánach agus mar sin. Ar shlí, ba ghá don scríbhneoir ceangal le pobal áirithe chun an scríbhneoireacht a fhorbairt ann féin. Tá an-tábhacht ar fad ag baint leis sin, dar liomsa, sa mhéid is nach bhfuil pobal ceart liteartha ann, ar shlí, don 'fhíorlitríocht' i nGaeilge. Ní dóigh liom go bhfuil a gceart tugtha do na daoine sin, agus má deintear é sin, ar chúrsaí ollscoile agus ar chúrsaí léinn amach anseo, beidh ionad an-tábhachtach ag Breandán Ó hEithir.

Cuimhním anois, agus mé ag iarraidh scéal Bhreandáin a thabhairt chun críche, ar an gcéad léacht phoiblí a thug sé féin faoi Mháirtín Ó Cadhain, *Thar Ghealchathair Soir*, ag Scoil Gheimhridh Mherriman ar an Aonach i gContae Thiobraid Árann i 1971, an chéad saothar dá chuid a foilsíodh. Mar seo a chríochnaigh Breandán a scéal an oíche úd:

Bhí sagart pobail againn in Árainn tráth, a bhí in ann seanmóir iontach a thabhairt murach aon rud amháin. Chinneadh de ghnáth air í a chríochnú de réir a mhian. Ba mhinic a chonaic mé ag bordáil le balla é cúig huaire ach théadh na focla sa mhuileann air agus chaitheadh sé bordáil chun farraige arís. Bhíodh an-spórt againn i gcúl an tséipéil ag cur geall le chéile . . . 'Sé pingne go dtabharfaidh sé le balla an babhta seo í!' D'inis mé an scéal do Mháirtín agus chuir sé beagán fonótaí beathaisnéise ar fáil: 'Bhí aithne mhaith agam air. Blueshirt a bhí ann fadó in áit éigin timpeall an Chlocháin. Ach bhí an-Ghaeilge aige, leis an gceart a dhéanamh.' I gcruthúnas nach bhfuil aon cheo ar an saol seo simplí, go fiú ceann críochnúil a chur ar phíosa cainte.

'Ná caillimis ár n-acmhainn grinn!' a deireadh Breandán go minic.

Ghlaoigh Catherine von Hildebrand orm le linn dom a bheith ag iarraidh mo bhád féin a thabhairt le balla anseo, agus bhí scéal an-ghreannmhar aici dom faoi fhear a bhfuil aithne mhaith air i saol na Gaeilge, ach nach bhfuil cead agamsa a ainm a lua anseo. Nuair a stop muid ag gáirí faoin scéal sa deireadh dúirt Catherine, agus d'aontaigh mé léi: '*Breandán would love that story! It is at times like this that I wish Breandán were alive.*'

Nótaí

1   Poolbeg Press

2   The O'Brien Press

3   Irish American Cultural Institute – IACI

4   *Letters from a New Ireland,* 254-5

5   *The Irish Times:* 9 Samhain 1979

6   Conor Brady

7   *Selected Poems* : 1996, 94

8   *Anois:* 18-19 Bealtaine 1991

9   *Willie the Plain Pint agus an Pápa,* 112

10 *The Irish Times,* 28ú Iúil, 1978

11 *The Irish Times,* 28 Iúil 1978

12 *The Irish Times,* 4 Lúnasa, 1978

13 *The Irish Times,* 6 Samhain, 1979

14 *The Irish Times,* 27 Bealtaine 2000

15 *Comhar,* Nollaig 1988

16 'Rabelais ar Iarraidh', *The Irish Times,* 23 Deireadh Fómhair 1975

17 *The Irish Times,* 11 Eanáir 1975

18 *An Chaint sa tSráidbhaile*

19 LÚB AR PHÁR 1 – *An Caoine agus an Chaointeoireacht,* 1998

20 *The Irish Times,* 28 Iúil 1978

21 *The Irish Times,* 4 Lúnasa 1978

Leaḃarliosṫa

Costello, Peter, *Liam O'Flaherty's Ireland*. BÁC: Wolfhound Press, 1996

Dorgan, Val, *Christy Ring*. BÁC: Ward River Press, 1980

De Fréine, Seán, *Saoirse gan Só*. BÁC: Foilseacháin Náisiúnta Tta. (F.N.T.) 1960

Dowling, Doolan, Quinn, *Sit Down and Be Counted*.

Gmelch, Sharon, (Eag.) *Irish Life and Traditions*. BÁC: The O'Brien Press, 1986

Grass, Gunter, *The Tin Drum*. Londain: Secker & Warburg, 1974

Greaves, Desmond C., *Liam Mellows and the Irish Revolution*. Londain: Lawrence and Wishart, 1971

Horgan, John, *Seán Lemass - The Enigmatic Patriot*. BÁC: Gill & Macmillan, 1997

Irish Broadcasting Review, Uimhir 9, Fómhar/Geimhreadh 1980

Kavanagh, Patrick, *Collected Poems*. Londain: Martin Brian & O'Keefe, 1972

Kenny, Tom, *Faces in a Bookshop*. Gaillimh: Kenny's, 1990

Lee, J.J., (Eag.) *Ireland 1945-70*. BÁC: Gill & Macmillan, Barnes and Noble Books, 1979

Mac an Bheatha, Proinsias, *I dTreo na Gréine*. BÁC: F.N.T.

Mathews, Aidan Carl, (Eag.) *Immediate Man*. BÁC: Dolmen Press, 1983

National Geographic Society, *Discovering Britain and Ireland*. 1985

Ní Dhomhnaill, Nuala, *An Dealg Droighin*. Corcaigh: Mercier Press, 1981

Ó hAnluain, Eoghan, *Léachtaí Uí Chadhain 1*. BÁC: An Clóchomhar, 1989

Ó hAnnracháin, Stiofán, *An Comhchaidreamh – Crann a' Chraobhaigh*. BÁC: An Clóchomhar Teoranta, 1985

Ó Buachalla, Breandán, *Lúb ar Phár: 1. An Caoine agus An Chaointeoireacht*. BÁC: Cois Life Teoranta, 1988

Ó Buachalla, Séamus, *Educational Policy in Twentieth Century Ireland*. BÁC:

Ó Cadhain, Máirtín, *Cré na Cille*. BÁC: Sáirséal agus Dill, 1949

Ó Ciosáin, Éamon, *An t-Éireannach*. BÁC: An Clóchomhar Tta., 1993

Ó Direáin, Máirtín, *Feamainn Bhealtaine*. BÁC: An Clóchomhar, 1961

—, *Ó Mórna*. BÁC: Cló Morainn, 1957

Ó Domhnaill, An tAthair Mártan, *Oileáin Árann*. BÁC: Ó Fallamhain, 1930

Ó Flatharta, Liam, *Dúil*. BÁC: Sáirséal agus Dill, 1953

Ó hEithir, Breandán, *Thar Ghealchathair Soir*. BÁC: Cumann Mherriman,1973

—, *Lig Sinn i gCathú* : BÁC: Sáirséal agus Dill, 1976

—, *Willie the Plain Pint agus an Pápa*: BÁC: Cló Mercier, 1977

—, *Lead Us Into Temptation*. Poolbeg Press, 1991 (Routledge & Kegan Paul, 1978)

—, *Over the Bar*. BÁC: Ward River Press, 1984

—, *Ciarán Fitzgerald agus Foireann Rubgaí na hÉireann*. BÁC: Coiscéim, 1985

—, *The Begrudger's Guide to Irish Politics*. BÁC: Poolbeg,1986

—, *This is Ireland*. BÁC. The O'Brien Press, 1987

—, *Sionnach ar mo Dhuán*. BÁC: Sáirséal Ó Marcaigh, 1988

—, *A Pocket History of Ireland*. BÁC: The O'Brien Press, 1989

—, *An Nollaig Thiar*. BÁC: Poolbeg, 1989

—, *An Chaint sa tSráidbhaile*. BÁC: Comhar Teoranta, 1991 (Eag: Caoilfhionn Nic Pháidín)

—, *An Aran Reader*. BÁC: The Lilliput Press, 1991 (Eag: Breandán & Ruairí Ó hEithir)

Ó Mórdha, Seán, (Eag.) *Scríobh* 1-6. BÁC: An Clóchomhair, 1974-1984

Ó Tuairisc, Eoghan, *L'Attaque*. BÁC: Allen Figgis, 1964

O'Flaherty, Liam, *Thy Neighbour's Wife*. BÁC: Wolfhound Press, 1992

—, *Skerrett*. BÁC: Wolfhound Press, 1998

—, *Insurrection*. BÁC: Wolfhound Press, 1998

—, *A Tourist's Guide to Ireland*. BÁC: Wolfhound Press, 1998

—, *Two Years*. Londain: 1930

—, *Shame the Devil*. BÁC: Wolfhound Press, 1981

—, *The Black Soul*. BÁC: Wolfhound Press, 1981

—, *The House of Gold*. Londain: 1929

O'Flaherty, Tom, *Cliffmen of the West*. Londain: 1935

—, *Aranmen All*. An Daingean: Brandon, 1991

Powell, Antoine, *Oileáin Árann*. BÁC: Wolfhound

Robinson, Tim, *Stones of Aran: Pilgrimage*. BÁC: The Lilliput Press,1986

—, *Stones of Aran: Labyrinth*. BÁC: The Lilliput Press, 1995

RTÉ/Mercier Press, *The Pleasures of Gaelic Literature*. 1977

Seoighe, Mainchín, *Maraíodh Seán Sabhat Aréir*. BÁC: Sáirséal agus Dill, 1964

Sheehan, Patrick F., *The Novels of Liam O'Flaherty*. BÁC: 1976

Titley, Alan, *An tÚrscéal Gaeilge*. BÁC: An Clóchomhar Teoranta, 1991

Irisí agus nuachtáin éagsúla, ina measc

Amárach

Anois

Ar Aghaidh

Comhar

Feasta

Inniu

Irish Press

Sunday Press

The Irish Times

Treoir